beck'sche reihe

bsr

Der italienische Schriftsteller und Journalist Corrado Augias versteht es meisterhaft, ungewöhnliche und überraschende Geschichten aus dem Vatikan lebendig zu erzählen und mit scheinbar nebensächlichen Entdeckungen zu einem faszinierenden Panorama der zweitausendjährigen Geschichte des päpstlichen Rom zu verweben. Das Buch beginnt mit dem kaiserlichen Rom zur Zeit der Christenverfolgungen, beschreibt Paläste und Kirchen der Päpste, geht Entführungen und Morden nach, deckt Praktiken von Vatikanbank und Opus Dei auf und gewährt Einblicke in die päpstliche Armee und die heilige Inquisition. Dabei geht Corrado Augias mit einem einzigartigen Gespür für ungewöhnliche Zusammenhänge und ohne Scheu vor historischen Hintertreppen der Frage nach, wie eine religiöse Organisation in der Antike von einer verfolgten Sekte zum Staat werden, in Renaissance und Barock eine atemberaubende Pracht entfalten und sich bis heute als politische Macht behaupten konnte.

Corrado Augias, geb. 1935 in Rom, ist einer der bedeutendsten politischen und Kulturjournalisten in Italien, wo er außerdem als Fernsehmoderator, Kriminalschriftsteller und Theaterautor bekannt ist.

CORRADO AUGIAS

DIE GEHEIMNISSE DES VATIKAN

EINE ANDERE GESCHICHTE DER PAPSTSTADT

Aus dem Italienischen
von Sabine Heymann

Verlag C.H.Beck

Titel der italienischen Originalausgabe:
«I segreti del Vaticano.
Storie, luoghi, personaggi di un potere millenario»

Dieses Buch erschien zuerst 2011 in gebundener Form
im Verlag C.H.Beck.

1. Auflage in der Beck'schen Reihe 2012

Für die deutsche Ausgabe:

Gesetzt aus der Palatino LT Std bei Fotosatz Amann, Aichstetten
Druck u. Bindung: Druckerei C.H.Beck, Nördlingen
Umschlaggestaltung: malsyteufel, Willich,
nach einem Entwurf von lowlypaper / marion blomeyer, München
Umschlagmotiv: plainpicture
Autorenfoto: © laif
Printed in Germany
ISBN 978 3 406 63092 7

www.beck.de

INHALT

Es gab eine Zeit, da habe ich von einer Kirche der Armut und der Demut geträumt, die unabhängig ist von den Mächten dieser Welt. Einer Kirche, die den Leuten Raum gibt, die weiter denkt. Einer Kirche, die Mut macht, vor allem denjenigen, die sich klein oder als Sünder fühlen. Einer jungen Kirche. Heute habe ich solche Träume nicht mehr. Seit ich 75 bin, habe ich beschlossen, für die Kirche zu beten.

Carlo Maria Martini,
Conversazioni notturne a Gerusalemme
(Nächtliche Gespräche in Jerusalem)

VORWORT
DIE ANDERE SEITE ROMS

Bei den hier erzählten Ereignissen geht es nicht um den Vatikan als höchste Institution der katholischen Kirche oder als Symbol des Glaubens. In diesem Buch sind einige bemerkenswerte Geschichten versammelt, in denen es um den Heiligen Stuhl – den Vatikan – geht, einen autonomen Staat, der über Staatsorgane, ein – wenn auch kaum mehr als symbolisches – Hoheitsgebiet, eine Flagge, eine Hymne, eine Währung und eine – ebenso symbolische – Armee verfügt, außerdem über diplomatische Vertretungen in aller Welt mit ordnungsgemäß akkreditierten Botschaftern, den Apostolischen Nuntien. Bemerkenswert sind diese Geschichten in zweierlei Hinsicht. Zum einen, weil sie natürlich die jeweiligen politischen und historischen Umstände widerspiegeln, denen sie ihren Ursprung verdanken. Zum zweiten offenbart die Grausamkeit und nicht selten auch Blutrünstigkeit dieser Geschichten, welch furchtbaren Preis die katholische Kirche zu zahlen hatte, um ihre geistliche Aufgabe mit der politischen Natur eines Staates in Balance zu halten. Man könnte es als den Versuch einer Versöhnung von Himmel und Erde bezeichnen oder, mit den Worten des Evangeliums, von Gott und Mammon.

Diese Vermischung ist von großen Persönlichkeiten und aufgeklärten Geistern, auch aus dem Innern der Kirche, immer wieder angeprangert worden. Seit das Christentum mit Kaiser Theodosius in der Mitte des 4. Jahrhunderts Staatsreligion wurde, gab es keine Epoche, in der sich nicht Stimmen erhoben hätten zur inständigen Mahnung, die Kirche möge auf Gold und Purpur verzichten und zur heiligen Bescheidenheit der Ursprünge zurückkehren. Doch die Fänge der Politik sind eisern, und die einzige Art und Weise, sich aus ihrem Griff zu befreien, wäre der mutige Schritt zu einer endgültigen Trennung gewesen, der aber nie vollzogen wurde. Die Stimmen der Andersdenkenden sind eine kleine Minderheit geblieben. Als Bereicherung des Dialogs hat man sie bezeichnet, bis heute allerdings ist es ein Dialog unter Gehörlosen geblieben.

Diese grundlegende Ambiguität zeigt schon die Figur des *Summus Pontifex.*[1] Wenn der Papst das Wort ergreift, ist es fast nie ganz eindeutig, ob er dies als Oberhaupt einer großen Religion, als Führer und Hirte seiner Herde tut oder als Oberhaupt eines souveränen Staates, als Monarch, der in seiner Person alle Gewalten vereint: Legislative, Exekutive, Judikative. Schon im Titel signalisiert er seine doppelte Natur in einer der wenigen, wenn nicht der einzigen noch existierenden absoluten Monarchie, in der der *Summus Pontifex* regierender Herrscher auf Lebenszeit ist.

Denjenigen Lesern, die mehr über dieses mächtige irdische Staatsgefüge wissen wollen, widme ich am Ende des Buches ein Nachwort, in dem unter anderem auch die notwendigen Unterscheidungen zwischen «Vatikan», «Heiliger Stuhl» und «Katholische Kirche» präzisiert werden.

Es ist eine weitverbreitete Annahme, dass der Einfluss, den die Kirche immer wieder auf weltliche Belange auszuüben vermag, ja vielleicht sogar ihr Überleben als Institution auf eben diese doppelte Identität zurückzuführen sei. Mit Sicherheit aber ist in den letzten zwanzig Jahrhunderten Weltgeschichte die katholische Kirche das einzige Beispiel einer religiösen Konfession, die in so strikter Form als Staat durchstrukturiert war und ist. In der klassischen Antike kam es vor, dass die politische Macht durch religiöse Funktionen kaschiert wurde; nie zuvor aber war das Gegenteil der Fall gewesen, dass also eine religiöse Autorität auch eine präzise politische Physiognomie annahm, zumindest nicht in diesem Ausmaß und für eine solche Dauer. Ebenso unzweifelhaft ist, dass, abgesehen von den offensichtlichen materiellen Vorteilen, diese Konstellation ein großes Gewicht auch für das eigentliche spirituelle Wirken der Kirche hatte, denn ungeachtet aller Anpassungsversuche sind Gott und Mammon nur schwer in Einklang zu bringen.

Der Leser wird sehen, dass in den einzelnen Kapiteln des Buches Themen und Persönlichkeiten von den Anfängen des Christentums bis in die jüngste Zeit behandelt werden. Das erste Kapitel ist sogar einem Kaiser gewidmet, der regierte, lange bevor der Vatikan die uns bekannte Gestalt annahm. Streng genommen könnte man dies für einen Exkurs halten, der vom Thema wegführt. In einem umfassenderen Sinne jedoch habe ich gelegentliche Abschweifungen für notwendig erachtet, um gewisse Koordinaten zu ziehen, die den Ablauf der Ereignisse, die Gesamtheit der Fakten, das Profil oder den Kontext der beschriebenen Persönlichkeiten besser verständlich machen.

Über den Vatikan zu sprechen bedeutet aber genau genommen auch, über Rom zu sprechen. Vom 4. bis fast zum Ende des 19. Jahrhunderts ist die Geschichte des Vatikans mit der Geschichte der Stadt zusammengefallen. Einige der hier vorgestellten Geschichten stellen im wahrsten Sinne des Wortes das dar, was der Titel dieses Vorworts verspricht, «die andere Seite» Roms. Das Buch erhebt jedoch keinen Anspruch auf inhaltliche oder chronologische Vollständigkeit. Es erzählt neben Geschichten von anerkannter historischer oder zeitgeschichtlicher Relevanz solche, die ich persönlich für wichtig halte, aber auch Geschehnisse, von denen ich durch Zufall erfahren habe, zum Beispiel durch den Besuch bestimmter Orte, die Schauplatz der hier erzählten Ereignisse waren – eben die andere Seite Roms.

Corrado Augias

I. EIN HAUS GANZ AUS GOLD
NERO UND DIE GEBURT DES CHRISTENTUMS

Die Christen in Rom erlebten die ersten Verfolgungen lange bevor das Gebiet des *Vaticano* und sein Name die für uns heute gebräuchliche Bedeutung annahmen. In den *Annalen* beschreibt Tacitus, einer der größten Historiker der Antike, wie Nero mit den Todgeweihten auch noch seinen Spott trieb:

> Man hüllte sie in Tierhäute und ließ sie von Hunden zerfleischen, oder sie wurden, ans Kreuz geschlagen und für den Flammentod bestimmt, nach Tagesschluss als Beleuchtung für die Nacht verbrannt. Für dieses Schauspiel hatte Nero seinen Park zur Verfügung gestellt. Zugleich veranstaltete er ein Circusspiel, wobei er im Aufzug eines Wagenlenkers sich unter den Pöbel mischte oder sich auch wirklich auf einen Wagen stellte. Dies führte dazu, dass sich Mitleid regte, wenn auch gegenüber Schuldigen, die die schwersten Strafen verdient hatten: Man nahm an, dass sie nicht dem allgemeinen Wohl, sondern der Grausamkeit eines Einzelnen zum Opfer fielen.[1]

Das Leben der Christen in Rom, der Stadt, die zur Hauptstadt des Katholizismus werden sollte, beginnt also auf die schlimmste Art. Eine Verfolgungswelle folgt auf die andere, einige, darunter die durch Diokletian angeordneten, zeichnen sich durch unerhörte Grausamkeit aus. Die Anhänger der neuen Religion hatten einen sehr schlechten Ruf. Der Historiker Sueton schreibt im *Leben des Claudius*, dass der Kaiser im Jahre 41 die Judäer aus Rom auswies, weil sie, durch Christus aufgewiegelt, ständig revoltierten. Als Paulus kurz nach dem Jahre 60 in der Kapitale des Römischen Reiches ankommt, erzählen ihm die Häupter der jüdischen Gemeinde von den Anfeindungen, denen diese «Sekte» überall ausgesetzt war. Sueton wiederum schreibt im *Leben des Nero*, dass die Christen mit dem

Tode bestraft wurden, weil man sie obskurer Praktiken verdächtigte und für gemeingefährlich hielt.

In der zweiten Hälfte des 1. Jahrhunderts ist das Christentum nur eine der vielen Strömungen des Judaismus, aber mit eigenen, schwer dechiffrierbaren Charakteristika. Tacitus erzählt, wiederum in den *Annalen*, wie leicht es war, nach dem Brand von Rom, der vermutlich auf Neros Konto ging, aufgrund ihres üblen Rufes die Schuld auf die Christen abzuwälzen. Im Versuch, dem Volkszorn zu begegnen, den er gegen sich aufsteigen spürte (dabei braucht man nur an die riesige Zahl der Obdachlosen zu denken), musste Nero einen Sündenbock finden, und er fand ihn in den Angehörigen der neuen, «christlich» genannten Sekte. Tacitus spricht in den *Annalen* auch darüber, und zwar in einer bemerkenswerten Weise, vor allem wegen der reportagenhaften Lebhaftigkeit der Beschreibung:

> Nicht menschliche Hilfe, nicht freigebige Spenden des Princeps oder Sühnemittel für die Götter konnten das schlimme Gerücht aus der Welt schaffen, der Brand sei auf Befehl gelegt worden. Und so schob Nero, um dieses Gerücht zu ersticken, die Schuld auf andere und verhängte über die, die durch ihr schändliches Gebaren verhasst waren und im Volksmund «Christianer» hießen, die ausgesuchtesten Strafen. Dieser Name leitet sich von Christus ab, der unter der Regierung des Tiberius durch den Prokurator Pontius Pilatus hingerichtet worden war. Der für den Augenblick unterdrückte verhängnisvolle Aberglaube griff von neuem um sich, nicht nur in Judäa, wo dieses Übel entstanden war, sondern auch in Rom, wo alle Scheußlichkeiten und Abscheulichkeiten aus aller Welt zusammenströmen und freudigen Anklang finden. Und so wurden zuerst die Personen verhaftet, die sich als Christen bekannten, dann aufgrund von deren Aussagen ein weiterer großer Personenkreis, und sie wurden nicht nur des Verbrechens der Brandstiftung, sondern auch des Hasses gegen das Menschengeschlecht für schuldig befunden.[2]

Überraschend ist nicht nur die Kälte, mit der Tacitus gleich darauf die (oben zitierten) unmenschlichen Qualen beschreibt, denen die Christen ausgesetzt waren. Befremdlich ist auch der fast beiläufige Nebensatz, der unterstellt, die Anhänger dieser Religion seien «durch ihr schändliches Gebaren verhasst».[3] Ein im Übrigen von Sueton bestätigter Umstand, der sie in einem Satz knallhart erledigt: «Christen, eine Sekte mit einem neuartigen und gemeingefährlichen Aberglauben.»[4]

Woher rührt diese «Antipathie» gegenüber den Christen? Juden und Christen wurden des Hasses auf die Menschheit bezichtigt, weil sie in abgeschotteten Gemeinschaften lebten, nicht am öffentlichen Leben teilnahmen, sich vom Kaiserkult fernhielten, erst recht von den religiösen Zeremonien, die in Rom eine starke politische und gesellschaftliche Bedeutung hatten. Sie ließen es nicht zu, dass ihr Gott neben die anderen Götter ins Pantheon gestellt wurde, weil sie den Anspruch vertraten, der ihre sei der einzig wahre Gott. Auf die Koexistenz der Religionen dagegen war die *Pax Romana* gegründet, die unzählige Kulte und Völker vereinigte. Der Anspruch der Christen und der Juden unterminierte also das gesamte Staatsgefüge, umso mehr als der Kaiser eine doppelte Autorität verkörperte, die religiöse und die staatliche. Bis zum Jahr 63 waren die Christen niemals offen verfolgt worden, nach dem großen Brand aber wurden sie zum idealen Sündenbock.

Um den Hintergrund dieses schlechten Leumunds zu verstehen, muss man sich vor Augen halten, dass die Religion in Rom im Wesentlichen öffentlich war, also politisch. Wie schon das archaische «Zwölftafelgesetz»[5] besagte, durfte niemand «auf eigene Faust neue, noch fremde Götter haben, die nicht vom Staat anerkannt waren». Solange diese Voraussetzung respektiert wurde, griffen die Römer nur in solchen Fällen hart durch, in denen eine Religion in den Verdacht geriet, den politischen Umsturz zu betreiben. Nun predigten die Christen zwar nicht in aller Öffentlichkeit und praktizierten auch keine gefährlichen Riten, sie legten aber demonstrativ unverständliche Verhaltensweisen an den Tag. Wenn sie etwa aufgefordert wurden, ihre «Personalien» anzugeben (um einen heutigen Ausdruck zu gebrauchen), weigerten sich viele von ihnen, sich auszuweisen, und beschränkten sich auf den Hinweis, dass ihre Herkunft aus Jesus Christus sei, was für die Obrigkeit natürlich einen nicht tolerierbaren Akt des Ungehorsams darstellte. Sie verweigerten im Übrigen auch den Militärdienst.

Es liegt auf der Hand, warum Nero sie zum Sündenbock für den verheerenden Brand von 64 gemacht hat. In jeder Kultur gibt es eine ethnische, politische oder religiöse Minderheit, der man mit Leichtigkeit jede Schuld zuschieben kann, indem man sich einfach den üblen Leumund zunutze macht, der ihr anhängt.

Nero hat aber nicht nur in der Geschichte des frühen Christentums tiefe Spuren hinterlassen. Es gibt einen Ort in Rom, der eine ganz besondere Faszination ausstrahlt, und das ist seltsam, denn im Grunde genommen besteht er heute nur noch aus nacktem Mauerwerk, stillen Wandelgängen, skelettierten Backsteinkonstruktionen, belebt nur an wenigen Stellen von Fresken- oder Mosaikresten. Es sind die Ruinen der *Domus aurea* (Goldenes Haus), der wahnwitzigen Residenz, die sich Nero hat erbauen lassen.

Woher rührt der Zauber, der jeden Besucher gefangen nimmt in diesem prunkvollsten Kaiserpalast, der jemals erbaut wurde? Vielleicht von der Aura der Persönlichkeit seines Bauherrn, der zum Archetypen der ungebremsten Ausübung von Macht und Willkür wurde? Weit mehr jedoch, zumindest was mich betrifft, von den bewegenden Spuren, die von seinen Entdeckern zurückgelassen wurden, die sich zwischen dem 16. und 17. Jahrhundert zwei Jahrhunderte lang durch ein in die Decke geschlagenes Loch in diese unterirdisch gewordenen und damals noch mit Erde angefüllten Säle abseilten und dort unten zusammengekauert im flackernden Licht der Fackeln (die schwarzen Rußstreifen sind noch zu erkennen) die Fresken betrachteten und ihre ornamentalen Motive kopierten: vegetabile, mit menschlichen oder tierischen Wesen gemischte Formen, nur selten realistisch, fast immer seltsam-imaginär, die aus jedem natürlichen Kanon herausfielen, eine phantastische Welt, in der Menschliches, Pflanzliches und Animalisches in äußerst lebhaften, bizarren Darstellungen zwischen Scherz und Halluzination miteinander verschmolzen. Es sind die berühmten «Grotesken» – das Wort kommt natürlich von *grotta* («Grotte» oder «Höhle») –, und unterirdische Höhlen waren diese Räume tatsächlich geworden, die fast bis oben mit Schutt und Müll gefüllt waren. Ihre Wiederentdeckung hat eine bahnbrechende Mode lanciert, in deren Zentrum die Antike und die römischen Ruinen standen, vergleichbar nur mit der Ägyptomanie, die Napoleons Feldzüge zu Beginn des 19. Jahrhunderts auslösten.

Nach Neros Willen sollte seine neue Residenz auf den Ruinen der im Jahre 64 von dem verheerenden Brand verwüsteten Stadt errichtet werden. Er enteignete ein Areal von 80 Hektar, weil sich sein Palast, so berichtet es Sueton, vom Palatin bis zum Esquilin ausdehnen sollte; der römische Dichter Martial (40 – ca. 102 n.Chr.) wird in seinen *Epigrammen* beklagen, dass «ein einziges Haus inzwischen die ganze Stadt besetzt hat». Um annähernd zu begreifen, über welche Pracht und Ausdehnung dieses Bauwerk verfügte, braucht man sich nur vorzustellen, dass in der Eingangshalle eine 35 Meter hohe Kolossalstatue Platz fand – was etwa der Höhe eines zwölfstöckigen Hauses entspricht. Als (unter Hadrian) diese Statue versetzt werden sollte, mussten wegen ihres enormen Gewichts vierundzwanzig Elefanten ins Joch gespannt werden. Von dieser ungeheuren Skulptur, dem *Colossus Neronis*, leitete sich aller Wahrscheinlichkeit nach im Mittelalter der Name des Kolosseums her. Der griechische Bildhauer Zenodorus hatte den Kaiser nackt dargestellt, mit Attributen des Sonnengottes, den rechten Arm erhoben, den linken angewinkelt, um eine Weltkugel zu halten. Von einer Krone auf der Stirn gingen sieben Strahlen ab, jeder sechs Meter lang, eine Darstellung absoluter Macht und jener Sonne, mit der Nero identifiziert werden wollte. Bemerkenswert, wenn man bedenkt, dass sich dieses Bild der Strahlen über die Jahrhunderte gehalten hat, vom Koloss von Rhodos bis zur Freiheitsstatue von New York.

Der Palast umfasste, wieder Sueton zufolge, drei Portiken von einer Meile Länge, «auch ein künstlicher Teich befand sich innerhalb dieser Anlagen, der wie ein Meer ringsum von Bauten umgeben war, die Städte vorstellen sollten. Obendrein gab es noch Ländereien mit Kornfeldern, Weinbergen, Wiesen und Wäldern in buntem Wechsel, mit einer Fülle von zahmem und wildem Getier aller Arten.»[6] Das gesamte Tal, in dessen Zentrum heute das Flavische Amphitheater (Kolosseum) steht, war von dem See bedeckt, der nach Sueton «fast ein Meer» war. Wo der Besucher heute in das Dunkel und das Schweigen eintaucht, war früher strahlendes Licht, denn das gesamte Gebäude war vergoldet und der Putz mit schmückenden Gemmen und Muscheln versetzt. Dazu weiter Sueton: «Die Speisesäle hatten mit Elfenbeinschnitzerei verzierte Kassettendecken, deren Täfelung verschiebbar war, damit man Blüten auf die Gäste herabregnen lassen konnte. Auch besaßen sie ein Röhrenwerk, durch das man duftende Essenzen herabsprühte.»[7] Hinzu kamen die verschiedenen Marmorsorten, die miteinander kombiniert wurden, um jene Polychromie zu erzeugen, für die die Römer berühmt waren. Gesteine, die aus Spanien, Numidien, Tripolitanien, Ägypten, Asien, Griechenland, Gallien, Kappadokien kamen. Unterschiedlich in Farbe und Konsistenz, einzigartig in ihrer Härte und der Schönheit ihrer Zeichnung, blieben sie im Gebrauch und sollten viele Jahrhunderte später von den römischen Marmorsteinmetzen mit Namen bedacht werden, die allein schon eine ganze Epoche heraufbeschwören: *portasanta, lumachella orientale, pavonazzetto, serpentino, granito degli obelischi, africano.*[8]

Die Farbenpracht war nicht das einzige Charakteristikum, das diese Residenz so phantastisch machte. Auch die Technologie hatte ihren Anteil. Es wurde das Beste aufgeboten, was die Zeit an Mechanik zu bieten hatte: «Der Bankettsaal hatte die Form einer Rotunde, deren Kuppel sich wie das Weltall Tag und Nacht ständig drehte. In den Bädern gab es Wasser aus dem Meer und aus der Albulaquelle.»[9] Die beiden mit der Planung beauftragten Architekten, Severus und Celerus, wussten, dass sie mit diesem Bauwerk entweder Ruhm und Unsterblichkeit erlangen oder alles verlieren würden, möglicherweise auch ihr Leben. Durch den extremen Einsatz herausgefordert und den erlesenen Geschmack ihres Auftraggebers wohl kennend, erfanden sie architektonische Lösungen von einer solchen Bizarrerie, dass sich Tacitus zu dem Ausspruch hinreißen ließ, sie verfügten über die Erfindungskraft und die Kühnheit, «auch was die Natur versagt hatte, durch Kunst zu versuchen».[10]

Nero konnte sich seiner maßlosen Residenz nur sehr wenige Jahre erfreuen und wahrscheinlich sah er sie gar nicht mehr in vollendetem Zustand. Seine Nachfolger sorgten dafür, dass sie zum Großteil zerstört wurde. Schon Domitian veranlasste den Abriss der Gebäude auf dem Palatin, andere ließen den See mit Schutt auffüllen, um den Baugrund für das Amphitheater zu schaffen, Hadrian ließ auf dem Velia-Hügel über das *Vestibulum* der *Domus* den Tempel der Venus und der Roma errichten. Der Pavillon auf dem Oppio-Hügel (von wo aus man heute die *Domus* besuchen kann) überlebte, bis er im Jahr 104 durch einen Brand teilweise zerstört wurde. Und als Trajan befahl, dort seine großen Thermen zu errichten, ließ der Architekt Appollodorus von Damaskus die darüberliegenden Gebäude niederreißen und die darunterliegenden mit Erde anfüllen, wodurch diese innerhalb der tragenden Mauern zu einem massiven Kubus wurden, der als Fundament für die neu zu errichtenden Gebäude diente. Das Licht versank in Dunkelheit, und alles Gold, die Edelsteine, der vielfarbige Marmor verschwanden unter Tonnen von Erde und Müll. Die extremste Prachtentfaltung verfiel zu Ruinen und fiel einige Jahrhunderte lang dem Vergessen anheim, dem wir nicht unerheblich die teilweise Konservierung dieses herausragenden historischen Zeugnisses zu verdanken haben.

Dem heutigen Besucher wird einiges an Vorstellungsvermögen abverlangt: Weder Malereien noch Mosaike gibt es zu sehen, es ist die Baustruktur selbst, die Aufmerksamkeit verdient, die hohe Kunst des Mauerwerks, der Kuppeln, der Raumaufteilung, das Spiel des durch die *bocche di lupo*[11] von der Höhe der Portiken hereinfallenden Lichts. Einige der Räume sind genau so belassen worden, wie sie Jahrhunderte nach Trajans Auffüllaktion vorgefunden wurden. Dem Blick des Betrachters bieten sich Kubikmeter über Kubikmeter Erde, und in dieser gewaltigen Masse aus toter Materie kann er Ziegelsteine, Geröll, Marmorstücke, Fragmente von Säulen, Bruchstücke von Stukkaturen, Konsolen, Ornamenten identifizieren. Mit der Zuschüttung seiner Gegenwart hat Trajan, ohne es zu wollen, für uns, für die Nachwelt gearbeitet.

Was den tragischen Besitzer dieser Trümmer betrifft, Lucius Domitius Claudius, genannt Nero, so verdanken wir, was wir über ihn wissen, vor allem Tacitus und Sueton; außerdem Plinius dem Älteren, insbesondere dem, was von Plinius in die *Storia Romana* (*Römische Geschichte*) des Griechen Cassius Dio Eingang gefunden hat; schließlich einer Reihe von fragmentarischen Notizen, Bezügen und verstreuten Zitaten hier und da, bis zu den christlichen Autoren späterer Jahrhunderte. Den größten Teil der Fakten jedoch, auf deren Basis sich im Laufe der Jahrhunderte das Bild des umstrittensten Kaisers der römischen Geschichte geformt hat, finden wir in diesen beiden Quellen; keine der beiden gewinnt ihm positive Seiten ab.

Die Verkettung von Umständen, denen Nero seine Ankunft auf dem Kaiserthron verdankt, hätte das Leben eines jeden Menschen gezeichnet, zumal der künftige Kaiser, als alles seinen Anfang nahm, kaum mehr als ein Jüngling war. Seine Mutter Agrippina minor (die Jüngere) war 23 Jahre alt, als sie ihn am 15. Dezember 37 zur Welt brachte, geschwängert von einem dreißig Jahre älteren Mann, den sie nicht liebte, einem arroganten, ausschweifenden Patrizier, den zu heiraten sie von Kaiser Tiberius gezwungen worden war. Sein Name war Domitius Ahenobarbus (wegen seines rotblonden Bartes). Auch ihr Sohn erhält zunächst den Namen Lucius Domitius Ahenobarbus. In ihren Memoiren schreibt Agrippina (nach dem Zeugnis Plinius' des Älteren), das Kind sei mit den Füßen zuerst geboren worden, ein Phänomen, das im Allgemeinen als schlechtes Vorzeichen gewertet wurde. Sueton dagegen schreibt: «Nero wurde in Antium geboren, und zwar neun Monate nach dem Tode des Tiberius. Es war der 15. Dezember [wörtlich: «am 18. Tag vor den Kalenden des Januar», Erg. d. Ü.], und die Sonne ging gerade auf. So kam er eher mit ihren Strahlen als mit der Erde in Berührung.»[12]

Den Beinamen *Nero* bekam er erst später. In der Sprache der Sabiner bedeutete das dem hochgelehrten Aulus Gellius (dem Autor der *Noctes Atticae*)[13] zufolge «stark, mutig». Später sollte der Rufname dazu beitragen, die Persönlichkeit des Kaisers in ganz anderem Lichte erscheinen zu lassen und Dunkelheit und Undurchsichtigkeit, die düsteren Farben der Unterwelt zu assoziieren.

In Neros Leben hatte, wie so oft, die Mutter eine sehr viel größere Bedeutung als der Vater, der im Übrigen vorzeitig starb. Agrippina, Schwester Caligulas und Tochter des großen Generals Germanicus, ist schön, verführerisch, berechnend, ehrgeizig, imstande, sich eiskalt jeder Art von Verführung wirksam zu bedienen, der Worte ebenso wie der nicht minder wirkungsvollen ihres sinnlichen Körpers. Agrippina, genauer: Agrippina *minor* oder Giulia Agrippina, Tochter der anderen Agrippina, *maior* (die Ältere) genannt, der Frau des Germanicus, scheut vor keinem Mittel zurück, nicht einmal vor einer inzestuösen Beziehung mit ihrem Bruder Caligula, wobei sie sich übrigens in Gesellschaft mit ihren Schwestern befand.

Ihr Sohn Lucius Domitius ist gerade drei Jahre alt und ihr Mann gestorben, als sich Agrippina in eine Verschwörung gegen Caligula hineinziehen lässt. Dieser überlebt und beschränkt sich großzügig darauf, sie ins Exil zu schicken, statt sie zu töten. Das Kind wird einer Tante anvertraut, die es ihrerseits zwei fragwürdigen Meistern überlässt: einem Barbier und einem Tänzer. Im Jahr 41 wird Caligula ermordet und Claudius auf den Thron gesetzt, Bruder des Germanicus und daher Onkel der Agrippina, der innerhalb der Familie, aber auch außerhalb als kaum mehr als eine Marionette betrachtet wird. Als Fünfzigjährigem ist ihm ein knapp fünfzehnjähriges Mädchen zur Gattin gegeben worden, das es zu einer gewissen Berühmtheit bringen wird: Messalina, mit Sicherheit eine psychisch gestörte Persönlichkeit, bekannt für ihre Exzesse und erotischen Ausschweifungen, einem tragischen vorzeitigen Tod geweiht. Mit Anfang zwanzig wird sie hingerichtet. Dazu Tacitus in den *Annalen*:

> Während sie [den Dolch] zitternd und vergeblich bald an den Hals, bald an die Brust setzte, wurde sie von dem Tribunen erstochen. Der Leichnam wurde der Mutter überlassen. Claudius wurde beim Essen benachrichtigt, Messalina sei gestorben, ohne bestimmte Angabe, ob von eigener oder von fremder Hand. Claudius fragte auch nicht danach; er verlangte einen Becher und gab sich den üblichen Tafelgenüssen hin.[14]

Wir sind im September 48. Es werden nicht einmal fünf Monate vergehen, und Agrippina ist (im Januar 49) die neue Frau des Kaisers, wobei es keine Rolle spielt, dass er der Bruder ihres Vaters ist, noch ein Inzest also. Ihre Hauptsorge gilt Lucius Domitius, nicht so sehr, weil sie diesen inzwischen fast in der Pubertät befindlichen Sohn besonders liebt, sondern weil sie vorausschauend an das denkt, was sie durch ihn erreichen kann. Agrippina weiß, dass sie in einer von Männern beherrschten Gesellschaft lebt, doch durch den richtigen Einsatz von Lucius kann sie Ziele anstreben, die ihr als Frau direkt versperrt sind.

Eine ihrer ersten, weitreichenden Maßnahmen ist der Rückruf des Philosophen Lucius Annaeus Seneca, eines der brillantesten Denker seiner Zeit, aus dem langen, zermürbenden Exil.[15] Gleichzeitig lässt sie am 25. Februar 50 Lucius Domitius von ihrem Mann und Onkel, dem Kaiser Claudius, adoptieren. Der neue Name des Jungen wird: Tiberius Claudius Nero Drusus Germanicus. Der nächste Schritt besteht darin, Nero eine angemessene Ehefrau zu besorgen. Kaum ist er sechzehn geworden, wird ihm die zwölfjährige Octavia zur Frau gegeben, die Tochter der nicht betrauerten Messalina, die nach allem, was wir wissen, nicht die geringste Neigung hatte, ihrer Mutter in Sachen sexueller Ausschweifungen nachzueifern.

Agrippina ist etwas über dreißig, ihre Schönheit ist in voller Blüte, ihre Macht über den Kaiser bemerkenswert. Für ihren Sohn sind die vorbereitenden Weichen gestellt: eine, wenn auch fingierte, kaiserliche Herkunft, eine Ehefrau von adäquatem Rang, der beste «Hauslehrer», der in Rom zu finden ist. Auf dem Weg zum Thron sind aber noch einige nicht unbedeutende Hindernisse zu überwinden. Das erste besteht darin, dass auf dem Thron bereits Claudius sitzt, der zwar über fünfzig, aber noch bei guter Gesundheit ist. Zum zweiten kommt in der Erbfolge vor Nero noch Claudius' Sohn Britannicus, ein schüchterner, introvertierter Junge, den Neros Ankunft in der «Familie» brutal in den Schatten gedrängt hat. Auch darum muss sich Agrippina kümmern. Sie beginnt mit Claudius, dessen möglichen Schwachpunkt sie bereits identifiziert hat: seine große Vorliebe für Pilze. Ich überlasse Tacitus die Erzählung dieses Mordes:

> Später ... wussten die Schriftsteller jener Zeit zu überliefern, das Gift sei in ein schmackhaftes Pilzgericht gegossen worden. Man habe die Wirkung des Mittels nicht sofort wahrgenommen, sei es, dass man nicht darauf achtete, oder dass Claudius betrunken war. Zugleich schien ihm ein Durchfall geholfen zu haben. Daher bekam es Agrippina mit der Angst zu tun, und da das Äußerste zu befürchten war, zog sie ohne Rücksicht auf den üblen Eindruck, den dies bei den Anwesenden machen musste, den schon vorsorglich eingeweihten Arzt Xenophon bei. Dieser habe dem Claudius, als wolle er ihm beim Erbrechen nachhelfen, wie man glaubt, eine mit rasch wirkendem Gift bestrichene Feder in den Hals gesteckt, wohl wissend, dass es mit Gefahr verbunden ist, größte Verbrechen zu beginnen, und Lohn einbringt, sie durchzuführen.[16]

Am Tag darauf, dem 13. Oktober 54, wird Nero siebzehnjährig von der begeisterten Menge und von den Prätorianern, die an dem Komplott beteiligt waren, zum Kaiser ausgerufen. Viele waren, wie Agrippina, an seiner Thronfolge interessiert, auch Seneca, doch darauf kommen wir noch zu sprechen. Tacitus berichtet, dass sich am Abend dieses ersten Tages ein Tribun zu dem neuen Kaiser begab, um, dem militärischen Brauch entsprechend, das nächtliche Losungswort für die Palastwachen zu erfragen. Nero antwortete: «*Optima mater*» – «Die beste aller Mütter»! Im kaiserlichen Palast ist der unglückliche Britannicus inzwischen allein; es wird nicht mehr lange dauern, und er wird dasselbe Schicksal erleiden wie sein Vater. Das Mordinstrument wird auch diesmal Gift sein.

Neros Problem ist nun seinerseits, dass er sich, kaum dem Jünglingsalter entwachsen, zweier schwerer Lasten entledigen muss: seiner Mutter und seines Erziehers Seneca. Zunächst aber ist sein Auftreten geradezu vorbildlich moderat. Berühmt geworden ist die Anekdote, wie Nero, der ein Todesurteil zu unterschreiben hatte, verbittert ausrief: «Ach, hätte ich doch niemals schreiben gelernt!» Nero hält die Beziehungen zum Senat, die von jeher mit äußerster Sensibilität zu handhaben waren, auf einem Niveau exemplarischer Korrektheit. Das zeigt sich an der meisterhaften (von Seneca verfassten) Antrittsrede, in der er versichert, er habe das Amt angenommen, weil es vom Heer so gewollt und darüber hinaus durch die Autorität des Senats bestätigt worden sei. Da seine Jugend nicht vom Blut der Bürgerkriege oder von familiären Auseinandersetzungen getränkt gewesen sei, bringe er auch keinen Hass und keinen Groll mit in sein Amt. Nero skizziert sein Regierungsprogramm und verdammt den Missbrauch, der so oft die Ursache von Gewalt und Hass geworden sei. Sein Haus, so fügt er mit Nachdruck hinzu, solle Korruption und Intrigen verschlossen bleiben, der Hof und der Staat würden als getrennte Einheiten weiter bestehen. Alles in allem ein hervorragendes Debüt, dem entsprechende Maßnahmen folgen. Als einige beflissene Senatoren vorschlagen, zu seinen Ehren goldene und silberne Statuen aufzustellen, verweigert dies der junge Kaiser entschieden, ebenso wie er den Vorschlag zurückweist, das Kalenderjahr nicht im Januar, sondern im Dezember, dem Monat seiner Geburt, beginnen zu lassen. Zu Beginn also ist seine Herrschaft eine der besten, die Rom je hatte. Die Völker der Halbinsel erleben eine Zeit des Friedens und relativen Wohlstands. Der Frieden befördert den Handel, lässt die Preise für Grund und Boden und Immobilien steigen, verschafft den Unternehmern durch große öffentliche Aufträge stattliche Gewinne, reduziert die Arbeitslosigkeit auf ein Minimum.

Der eine oder andere erinnerte sich noch, dass die Anfangszeit unter Caligula ebenfalls vielversprechend war, bevor sich der Kaiser mit dem Fortschreiten seiner Geisteskrankheit zur Gottheit erheben ließ und den schamlosesten Ausschweifungen hingab. Die anfängliche Besonnenheit des neuen Kaisers wurde allerdings kompensiert durch die Exzesse seiner Mutter, die eine Art Terrorregime errichtete, um ihre Rachegelüste auszuleben. Ein Vorfall mag eine Vorstellung von der Maßlosigkeit von Agrippinas Anmaßungen geben: Sie bat ihren Sohn um die Erlaubnis, an den wichtigsten Senatssitzungen teilnehmen zu dürfen. So etwas war noch nie vorgekommen, und die Antwort war dementsprechend: Es sei nicht möglich, diesem Wunsch nachzukommen. Daraufhin überredete sie Nero, die Versammlung in der Bibliothek des Kaiserpalastes einzuberufen, damit sie aus einem benachbarten Raum hinter einem im Rücken der Versammlung angebrachten Vorhang die Debatte verfolgen und die verschiedenen Positionen zur Kenntnis nehmen konnte.

Eine der ernsthaftesten Krisen brach nach der Ermordung des armen Britannicus aus. Weil der Leichnam des Jungen bläulich angelaufen war, also eindeutige Symptome einer Vergiftung aufwies, ließ

Nero das Gerücht verbreiten, die Todesursache sei einer seiner üblichen epileptischen Anfälle gewesen, und verfügte, der Tote solle umgehend auf dem Campus Martius verbrannt werden. Seneca, der die Wahrheit kannte, wurde beauftragt, diese überstürzte Bestattungszeremonie dem Senat plausibel zu machen. Wieder einmal zeigte sich der berühmte Gelehrte der schwierigen Aufgabe gewachsen: «Es [sei] ein Brauch der Vorfahren, jugendliche Leichen den Blicken zu entziehen und deren Beisetzung nicht durch Lobreden oder einen Leichenzug zu verzögern …»[17] etc.

Agrippina ist bestürzt über diesen brutalen Mord. Sie weiß nun, dass ihr Sohn fähig ist, aus eigener Initiative, ohne ihren Rat und ihre Unterstützung schwerwiegende Entscheidungen zu treffen. Der Tod des Britannicus, der sich unter ihren Augen in demselben Hause ereignete, in dem sie Claudius hatte vergiften lassen, löst bei ihr im Hinblick darauf, was sich daraus schlussfolgern lässt, Entsetzen aus. Zu allem Überfluss hatte Nero begonnen, seine Ehefrau Octavia zu verschmähen, und sich in eine Freigelassene namens Akte vernarrt, die seine Leidenschaft entfacht hatte:

> Sie hatte sich bei üppigen Gelagen und durch zweideutige Heimlichkeiten tief in sein Vertrauen eingeschlichen, und auch die älteren Freunde des Princeps wehrten sich nicht dagegen, dass nun eine Frauensperson [als *muliercula nulla* – dt. etwa: nichtsnutzige Dirne – bezeichnet sie Tacitus, Erg. d. A.] die Sinnlichkeit des Princeps befriedigte.[18]

Dann war da noch die schlechte Gesellschaft, nichtsnutzige und gewalttätige Burschen, mit denen der junge Kaiser nach Einbruch der Nacht inkognito loszog, um die Schenken zu besuchen oder unter allerlei Mutwillen in den Gassen umherzuschweifen. Im Laufe weniger Monate war die Situation unhaltbar geworden, für den einen wie für die andere. Der Winter 54–55, der erste seiner Herrschaft, war so streng und regnerisch, dass sich in Rom durch Engpässe bei den Lebensmitteln eine Hungersnot abzuzeichnen begann. Umgehend ließ Nero den Höchstpreis der Schiffsmieten für den Gütertransport einfrieren und gewährte durch den Beschluss, die Schiffe nicht mehr zum Vermögen der Händler zu zählen, gleichzeitig Steuererleichterungen.

Alle diese Demonstrationen inzwischen erworbener Unabhängigkeit lassen Agrippina keine Ruhe. Sie hatte den Aufstieg des Sohnes zum Thron perfekt organisiert, war zu dessen Beschleunigung sogar vor Gattenmord nicht zurückgeschreckt, und nun stellt der Undankbare sie praktisch kalt, schließt sie jedenfalls von seinen Entscheidungen aus. Eine solche Schmach kann eine Frau ihres Temperaments nicht tatenlos hinnehmen, auch weil für sie die Situation langsam gefährlich wird. Sie versucht, Komplotte zu schmieden, um Nero aus dem Weg zu räumen, guckt sogar einen möglichen Nachfolger aus und wendet, als alle diese Versuche erfolglos bleiben, die entgegengesetzte Taktik an: Sie ist sich ihrer Anziehungskraft sicher und wird versuchen, ihren eigenen Sohn zu verführen. Gerade vierzig Jahre ist sie alt und immer noch schön und begehrenswert, vor allem aber ist sie sehr erfahren in allen Liebesdingen und, wie Tacitus schreibt, zu jeder Schandtat bereit (*«exercita ad omne flagitium»*):

> Agrippina sei in ihrer unbeherrschten Gier, ihre Machtstellung zu behaupten, so weit gegangen, dass sie mitten im Tage, zu einer Zeit, da Nero durch essen und trinken erhitzt war, sich wiederholt dem Betrunkenen, aufgeputzt und zur Blutschande bereit, dargeboten habe. Und da die nächste Umgebung bereits Küsse und Liebkosungen als Vorboten der Schandtat feststellte, habe Seneca gegen die weiblichen Verführungskünste Hilfe bei einer anderen Frau gesucht.[19]

Besorgt beauftragt Seneca die amtierende Geliebte Akte, dem Kaiser schonend beizubringen, welche Gerüchte über ihn kursieren und dass die Soldaten sich die Herrschaft eines frevelhaften Imperators nicht gefallen lassen würden. Nero nimmt sich die Botschaft zu Herzen, was zu einer weiteren Verschlechterung der Beziehung zu seiner Mutter führt. Ihre bloße Anwesenheit wird ihm unerträglich. Schließlich dreht sich sein ganzes Bestreben nur noch um die Frage, wie er sie töten soll: ob durch Gift oder den Dolch oder irgendein anderes Gewaltmittel (*«veneno an ferro vel qua alia vi»*).[20] Die Dinge liegen aber nicht so einfach. In kaum einem anderen Fall ist das Binom Hass–Liebe so zutreffend wie hier. Von dem Moment an, als Nero sich von ihr zurückzieht und sich weigert, sie zu sehen, überkommen ihn libidinöse Phantasien, die alle um Agrippina kreisen.

Cassius Dio erzählt, der Kaiser habe sich nach dem Abbruch ihrer Beziehungen immer wieder eine Kurtisane kommen lassen, die Agrippina zum Verwechseln ähnlich sah, und nach dem Geschlechtsverkehr vor seinen Freunden damit geprahlt, dass er mit seiner Mutter ins Bett gegangen sei. Der Wunsch oder besser: die Notwendigkeit, sie zu töten, entsprang auch dieser obskuren Obsession, die durch eine Bemerkung Suetons belegt wird: «Man behauptet auch, er habe schon früher bei gemeinsamen Ausflügen in der Sänfte jedes Mal blutschänderische Gefühle verspürt, und die Flecken an seiner Kleidung hätten ihn verraten.»[21]

Offenbar hat Anicetus, der Befehlshaber der Flotte bei Misenum und ein Freund Neros, die entscheidende Idee zur Durchführung des Mordes. Im Jahr 59 schlägt er dem Kaiser vor, Agrippina zum Minervafest einzuladen, das vom 19. bis zum 23. März in Baia stattfindet. Die Einladung muss ausgesprochen herzlich gewesen sein, denn Agrippina nimmt sie an, reist nach Baia, wo sie von ihrem Sohn liebevoll begrüßt wird, die beiden essen in heiterster Stimmung gemeinsam zu Abend, wobei Agrippina der Ehrenplatz an der Tafel links neben dem Kaiser zugewiesen wird. Nach dem Essen unterhalten sie sich noch ein wenig mit leichter Konversation, bevor Agrippina darum bittet, nach Bauli zurückkehren zu dürfen. Nero begleitet sie zum Schiff, «wobei er noch inniger seine Blicke auf sie heftete und sich an ihre Brust schmiegte, sei es, um seiner Heuchelei die Krone aufzusetzen, oder weil der letzte Blick auf seine in den Tod gehende Mutter seinen sonst so unmenschlichen Sinn zügelte.»[22] Bei Sueton klingt das so: «Mit heiterer Miene gab er ihr das Geleit ... und küsste ihr beim Abschied noch den Busen.»[23]

Die Götter bescheren «eine sternhelle Nacht und eine ruhige, friedliche See» (*«Noctem sideribus inlustrem et placido mari quietam»*).[24] Mit leisem Geplätscher entfernt sich das von den angeketteten Ruderern kraftvoll angetriebene Schiff auf dem schwarzen, unbeweglichen Gewässer. Agrippina, die von der vertrauten Dienerin Acerronia begleitet wird, hat sich am Heck des Schiffes auf ihrem luxuriösen, von einem Baldachin überdachten Nachtlager niedergelassen. Sie weiß nicht, dass auf dem schützenden, scheinbar so anmutigen Dach über ihr einige Tonnen Blei liegen. Auf ein vereinbartes Zeichen wird das Blei gelöst und stürzt auf das Lager. Das hohe Bettgestell behindert jedoch den Fall, die heftige Bewegung des Schiffes kommt den beiden Opfern zu Hilfe, die ins Meer geschleudert werden.

Hier begeht Acerronia einen verhängnisvollen Fehler. Sie hat nicht verstanden, in welch gefährliches Spiel sie da hineingeraten ist, und beginnt laut um Hilfe zu rufen, wobei sie behauptet, sie sei die Mutter des Kaisers. Sofort wird sie mit Stangen und Rudern erschlagen. Agrippina, die schlauer ist, gleitet leise schwimmend davon: «Zuerst schwimmend und dann, von den entgegenfahrenden Kähnen aufgenommen, gelangte sie in den Lucriner See und wurde in ihr Landhaus gebracht.»[25]

Bei dem Attentat erleidet Agrippina nur leichte Verletzungen, sie trägt lediglich eine Wunde an der Schulter davon. Schlimmer als ihre körperliche Verfassung stellt sich jedoch ihre persönliche Lage dar. Als ausgefuchste Schauspielerin und Taktikerin tut sie zunächst so, als habe sie nichts verstanden, und lässt Nero durch einen Freigelassenen eine Nachricht schicken, in der sie ihm mitteilt, durch die Gnade der Götter einem schweren Unfall entgangen zu sein, der Kaiser brauche sich keine Sorgen um die Gesundheit seiner Mutter zu machen.

Nero, der natürlich einen ganz anderen Ausgang erwartet hat, liest zwischen den Zeilen und beginnt, die Rache seiner Mutter zu fürchten. Sie könnte die Legionen in Aufruhr versetzen oder beim Senat vorsprechen. Verunsichert lässt er Seneca und Burrus, den Präfekten der Prätorianer, rufen. Der Philosoph will von Burrus wissen, ob man nicht den Soldaten direkt ihre Ermordung befehlen sollte. Dieser zögert und gibt zu bedenken, dass die Prätorianer im Gedenken an Germanicus dem Caesarenhaus eng verpflichtet seien und es nicht wagen würden, dessen Tochter zu ermorden. Er befürchtet, die Soldaten könnten den Gehorsam verweigern, was katastrophale politische Folgen haben würde. Er zieht sich aus der Affäre, indem er eine andere Lösung vorschlägt. Da es schließlich der Kommandant der Flotte, Anicetus sei, der den Schlamassel zu verantworten habe, solle er die Sache auch zu Ende bringen. Nero nimmt diesen Rat an. Seneca ist vermutlich heilfroh, aus dem Schneider und nur am Rande in das neue Verbrechen verwickelt zu sein, das er aber in jedem Fall für «notwendig» hält. Die Erzählung dieses berühmten Muttermordes findet sich in der Chronik des Tacitus:

> Anicetus umstellte das Landhaus mit Posten, schlug die Tür ein und ließ die Sklaven, die sich ihm entgegenstellten, abführen. Er drang bis an die Tür des Schlafzimmers vor, vor der nur wenige Leute standen. Alle anderen waren aus Angst vor den Eindringlingen davonge-

laufen. Das Schlafzimmer war nur schwach beleuchtet. Drinnen befand sich eine einzige Dienerin, während Agrippina in immer größere Angst geraten war, weil niemand von ihrem Sohn kam, nicht einmal Agermus: ganz anders würde es aussehen, wenn eine erfreuliche Nachricht zu erwarten wäre! Jetzt sei kein Mensch da. Nur plötzliches Lärmen und Anzeichen höchsten Unheils! Als dann die Dienerin wegging, rief sie ihr nach: «Verlässt auch du mich?» Da fiel ihr Blick auf Anicetus, der von dem Trierarchen Herculeius und dem Centurio der Flottenmannschaft Obaritus begleitet war, und sie sagte: «Wenn du gekommen bist, um mich zu besuchen, dann melde, dass ich mich erholt habe; wenn aber, um ein Verbrechen auszuführen, dann glaube ich nicht, dass mein Sohn dich geschickt hat. Er hat keinen Muttermord befohlen.» Die Mörder umstellten das Bett. Zuerst schlug ihr der Trierarch mit einem Knüppel auf den Kopf. Als der Centurio zum Todesstoß das Schwert zückte, streckte sie ihm ihren Schoß entgegen und rief: «Stoße in den Bauch!» Unter vielen Wunden brach sie tot zusammen.[26]

Angesichts solcher Tode, denen bei aller Niederträchtigkeit ihrer Opfer und der Motive der Mörder eine gewisse *Grandezza* nicht abzusprechen ist, habe ich mich immer gefragt, inwiefern das Verhalten ihrer Protagonisten vom Geist der Zeit beeinflusst war oder vom Hang zu einer theatralischen Tragik oder ob vielleicht das Echo der Vorbilder epischen Heldentums aus archaischer Vorzeit eine Rolle spielte. Es ist, als diktiere der Wille, auf irgendeine Weise ein Zeichen in der Geschichte hinterlassen zu müssen, die Worte, die nicht selten würdig sind, in Bronze festgehalten zu werden. In Tacitus' Original hört sich Agrippinas großartige Aufforderung im Moment des Sterbens so an: *«protendens uterum ‹Ventrem feri› exclamavit»* – und angesichts der Tatsache, dass der Auftraggeber des Mordes ihr eigener Sohn ist, strotzt sie vor Symbolik. Nach vollendeter Tat ließ Anicetus noch in derselben Nacht den Leichnam Agrippinas verbrennen, genauso, wie es bereits im Fall des unglücklichen jungen Britannicus geschehen war.

Als er vom Tod seiner Mutter erfuhr, soll Nero ausgerufen haben: «Am heutigen Tag erst wird mir die Regierung übergeben!» Wahr oder falsch, der Satz bringt sehr klar zum Ausdruck, welche Last ihm Agrippinas Präsenz in den ersten fünf Jahren seiner Herrschaft gewesen sein muss. Blieb nur noch Seneca, der Erzieher, der Mensch, der Intellektuelle, der Philosoph, der die Gratwanderung versucht hatte: auf der einen Seite den Anwandlungen des jungen Fürsten, einschließlich der kriminellen, nicht zu widersprechen; auf der anderen der Versuch, ihn insgesamt auf nicht allzu schändliche Ziele einzuschwören. Ich habe oft gedacht, berechtigt oder nicht, dass Seneca zu Nero ein ähnliches Verhältnis hatte wie Machiavelli zu Cesare Borgia, dem Valentinois.[27] Seneca kennt die Grundsätze der hohen Moral, in *De Clementia* (*Über die Güte*), in den *Dialogi*, vor allem aber in den hundertvierundzwanzig *Briefen an Lucilius* entfaltet er die stoische Ethik auf höchstem Niveau, skizziert ein philosophisches Konzept der Suche nach Tugend, praktiziert die höchste Form der Freiheit, beginnend mit der inneren. Weit über die Positionen seiner eigenen Zeit hinausgehend, proklamiert er den Respekt für jede Kreatur, fordert Mitleid gegenüber den Benachteiligten und Unglücklichen, sogar gegenüber den Sklaven.

Seine Weltsicht ist so großzügig und breit angelegt, dass es vereinzelt Spekulationen gab, ob er nicht heimlich zum Christentum übergetreten sei, wofür man als Beweis den Briefwechsel mit dem heiligen Paulus ins Feld führte, der im Übrigen zu den Apokryphen gehört. Legenden, gewiss, begründet allerdings durch eine *humanitas*, wie sie uns auf gleichem Niveau und von gleicher Bedeutung auch die neuplatonische Welt nur in ganz wenigen Beispielen bietet.

Wie soll man sich erklären, dass ein Mann von solchen Gaben und solch edler Gesinnung sich mit so etwas wie Wucherzinsen abgegeben hat, selbst wenn es sich lediglich um gewöhnliche Bank-Darlehen gehandelt haben sollte, wie wir es heute nennen würden? Dass er mit seiner *Apokolokyntosis*, was wir mit «Apotheose eines Kürbis» (oder einfach: «Veräppelung») übersetzen könnten, den gerade erst ermordeten Kaiser Claudius verspottete? Claudius galt als Dummkopf, als psychisch labil, das ist wohl wahr. Zudem hatte er Seneca zu sieben schmerzlichen Jahren des Exils auf Korsika verdammt; aber einen gerade erst verstorbenen Mann so zu verspotten, bleibt eine unwürdige Aktion, umso mehr in einer Kultur, in der das Gebot *«de mortuis nil nisi bene»* herrschte – «Über Tote soll man nichts als Gutes sagen». Seneca auch verdankt sich die brillante Rechtfertigung der überstürzten Einäscherung des unglücklichen Britannicus. Dahinter kann man natürlich eine politische Motivation vermuten. Solange Britannicus, der legitime Sohn des Claudius, am Leben war, war Neros Herrschaft bedroht. Der Tod des jungen Mannes konnte also als Garantie für den Machterhalt betrachtet werden. Und die Beihilfe zum Mord an Agrippina? Die Motive können auch in diesem Falle als langfristig politisch angesehen werden. Agrippina hatte versucht, ein regelrechtes Terrorregime aufzubauen; außerdem war, solange sie lebte, die «Konstruktion» jenes «gerechten Herrschers», der Seneca vorschwebte, schwierig. Im Gegenteil: Ihre Präsenz hatte ernsthafte Probleme für die mentale Gesundheit Neros verursacht. Die Annahme, ihr Tod hätte beim Kaiser ein gewisses psychisches Gleichgewicht wiederherstellen können, war also durchaus begründet.

Nach dem Muttermord ließ Nero verbreiten, Agrippina habe versucht, ihn ermorden zu lassen, und sich nach Aufdeckung der Verschwörung das Leben genommen. Zum Dank dafür, dass der Kaiser der Gefahr und dem Anschlag seiner Mutter entronnen war, wurden Gottesdienste abgehalten, an die Offiziere verteilte man ein bisschen Geld, um ihre Loyalität wieder zu festigen. Seneca schrieb die Rede, mit der dem Senat die Vorgänge plausibel gemacht wurden, ein Meisterwerk an Heimtücke. Die üblen Taten der Agrippina wurden herausgestrichen, der maßlose Ehrgeiz dieser Frau und ihrer Familie, selbst der Schiffbruch wurde rekonstruiert und als Unfall dargestellt. Tacitus kann sich allerdings die Frage nicht verkneifen: «Doch wo hätte man einen so einfältigen Menschen finden mögen, der dies glaubte?» Auch wurde gestreut, es habe einen Mordversuch an Nero durch einen Freigelassenen gegeben. Doch wer konnte glauben, so fragt wieder Tacitus, «eine schiffbrüchige Frau habe einen Mann ganz allein mit einer Mordwaffe geschickt, der durch die Kohorten und Flotten des Imperators sich durchschlagen sollte?» Seneca, von dem bekannt war, dass er die Reden des Kaisers verfasste, wurde zum bedauernswerten Objekt feindseligen Geredes, «weil er durch eine solche Darlegung ein Geständnis schriftlich abgelegt habe».[28]

Wie lassen sich diese Widersprüche erklären? In gewisser Weise lässt sich Senecas Rolle mit Platons altem Traum vom Philosophen bzw. dem von einem Philosophen inspirierten Mann an der Spitze des Staates vergleichen, der eine kluge Führung und das richtige Gleichgewicht zwischen den Kräften gewährleisten sollte. Eine Herausforderung, die so groß ist, dass in ihrem Namen Verbrechen toleriert werden, die sonst unentschuldbar sind. Es ging also um die Realisierung dieses Traums: einer Art demokratischen Fürstentums, in dem ein Kaiser unter weiser Anleitung im Einklang mit den Interessen des Volkes regiert, ein «gerechter» Princeps als väterlicher Hüter des Senats.

Auf der anderen Seite war da Neros Interesse, auf einen Mann dieses Kalibers zählen zu können, um, flankiert von den unleugbaren dialektischen und rhetorischen Fähigkeiten dieses Philosophen und seinem großen intellektuellen Prestige, die *male bestie* (wilden Bestien) von Senatoren in Schach zu halten. Er konnte sich vorstellen, dass das ausreichen würde, um das Gleichgewicht und den Erfolg seiner Herrschaft zu gewährleisten. Neros Regierungszeit hat positiv begonnen, und selbst Tacitus würdigt den positiven Einfluss des Philosophen, als er in den *Annalen* der Darstellung von Agrippinas Verbrechen hinzufügt:

> Und man wäre den Weg des Mordens weitergegangen, wenn nicht Afranius Burrus und Annaeus Seneca entgegengetreten wären. Diese Lenker des jungen Imperators waren – eine Seltenheit bei gemeinsamer Machtausübung – unter sich einig und übten den gleichen Einfluss auf ihn aus, nur mit verschiedenen Mitteln, Burrus durch seine militärische Tätigkeit und seine Sittenstrenge, Seneca als Lehrer der Beredsamkeit und durch sein leutseliges, anständiges Wesen, wobei sie einander in die Hände arbeiteten, um so den Princeps in seinem noch nicht gefestigten Alter, falls er den Weg der Tugend verschmähen würde, durch Zugeständnisse bei sinnlichen Genüssen leichter zu zügeln.[29]

Wäre also Seneca nicht gewesen, wären die Dinge wahrscheinlich noch schlechter gelaufen. Was die übrigen Vorwürfe gegen ihn betrifft, so waren einige vom Neid diktiert, gegen andere verteidigte er sich selbst, indem er darüber schrieb. In *De vita beata* (*Vom glücklichen Leben*) scheint er den Kritikern, die ihm die Diskrepanz zwischen seinem Leben und seinem Werk zum Vorwurf machten, direkt eine Antwort zu geben. Er schrieb: «Nicht leisten die Philosophen, was sie sagen»[30] und fügte dann hinzu, andere Philosophen zitierend, aber in Bezug auf sich selbst:

> … denn sie alle sprachen nicht davon, wie sie selbst lebten, sondern wie auch sie selbst leben müssten. Über die Tugend, nicht über mich spreche ich, und wenn ich gegen die Laster Scheltreden führe, dann führe ich sie besonders gegen meine eigenen.[31]

Und im selben Text, mit Bezug auf den zweiten Vorwurf, er lebe im Wohlstand und spekuliere mit Geld:

> Es wird der Philosoph großen Reichtum besitzen, aber solchen, der niemandem entrissen und nicht von fremdem Blut befleckt ist, der ohne Unrecht gegen irgendjemanden und ohne schmutzige Geschäfte erworben ist, dessen Ausgang so ehrenhaft sein wird wie sein Eingang, über den niemand seufzen wird – außer den Böswilligen.[32]

Dennoch fällt viel Schatten auf die Figur Senecas. Was die mögliche Parallele zu Machiavellis Vision Cesare Borgias betrifft, so lassen sich ohne weiteres gewisse Übereinstimmungen finden, jedoch in einem vollkommen anderen Kontext. Seneca versuchte, seinen Prinzen zu *formen*, zu *bilden*. Machiavelli beschränkte sich darauf, das politische Projekt des jungen Borgia zu *studieren*, dieses Sprösslings einer furchterregenden Familie, über die Guicciardini geschrieben hatte: «Ihre Verstellung und Heuchelei war am römischen Hofe so bekannt, dass sich darüber ein allgemeines Sprichwort gebildet hatte, der Papst tue niemals, was er sage, und der Valentinois sage niemals, was er tue.»[33] Der Valentinois benutzte seine außergewöhnliche, mit ungeheurem Zynismus gepaarte Energie, um Stadtstaaten und lokale Machthaber, Feudalautonomien und kleine Höfe in Zentralitalien zu unterwerfen, einem Landstrich, der infolge ununterbrochener Machtkämpfe dauerhaft von Blut getränkt war. Sein Plan war es, einen großen, einheitlichen, von allgemeingültigen Gesetzen regulierten Staat zu bilden. Das Ziel war es, das Machiavelli beeindruckt hatte, nicht der Mann, und es besteht kein Zweifel, dass die Zukunft Italiens als Nation eine andere, das Gewicht des Landes in Europa ein ganz anderes geworden wäre, wenn es die politische Einheit bereits im 16. Jahrhundert und nicht erst im schwachen 19. Jahrhundert erlangt hätte.

Die schwierige Gemeinschaft, zu der sich der Philosoph Annaeus Seneca und der Kaiser Nero zusammenfanden, war jedenfalls zum Scheitern verurteilt. Neros Beziehungen zum Senat sind schnell gestört. Mal schmieden die Senatoren im Dunkeln ihre Ränke, mal werfen sie sich Nero unterwürfig zu Füßen. Jede Möglichkeit eines echten Dialogs zwischen den beiden Institutionen ist abhanden gekommen. Seneca begreift nach und nach, dass seine Arbeit vergebens ist, und beschließt im Jahre 62, sich ins Privatleben zurückzuziehen. Seinem Fürsten sagt er: «Aber nun haben wir beide das Maß erfüllt: du, indem du gespendet hast, soviel der Princeps einem Freund spenden kann, ich, indem ich soviel empfing, wie ein Freund von dem Princeps empfangen konnte.»[34] Er schlägt also gewissermaßen ein freundschaftliches Arrangement vor. Es wird ihm nicht helfen zu überleben. Drei Jahre später wird er in eine der berühmtesten und komplexesten politischen Verschwörungen der Antike verwickelt, in die «Pisonische Verschwörung», mit der eine Gruppe von Angehörigen der römischen Senatsaristrokratie und von Militärs aus dem Umfeld des Konsuls Gaius Calpurnius Piso ein Attentat vorbereitete, um sich von Nero zu befreien.

Wieder einmal ist Senecas Verhalten von genialer (oder heimtückischer) Ambivalenz. Zwar nimmt er nicht direkt an dem Komplott teil, weist aber Pisos Gesandten nicht zurück und denunziert ihn auch nicht. Beim Abschied beschränkt er sich darauf, Piso alles Glück zu wünschen, «im Übrigen hänge seine eigene Existenz von der Pisos ab».[35] Waren diese wenigen Worte ausschlaggebend für sein Verderben? Wahrscheinlich hat Tacitus recht: Nero griff die Gelegenheit beim Schopf, um sich eines Erziehers zu entledigen, der ihm inzwischen unerträglich geworden war. Er schickt einen Offizier der Prätorianer zu Senecas Landsitz auf der Via Appia, wo sich der Philosoph zu dieser Zeit aufhält, mit dem Befehl an Seneca, sich das Leben zu nehmen. Über Senecas Tod hat Tacitus eine seiner denkwürdigsten Seiten geschrieben:

> Als er dies und ähnliches, gleichsam für die Allgemeinheit berechnet, gesprochen hatte, umarmte er seine Gemahlin, und weil er jetzt um sie fürchtete, etwas weicher gestimmt, bat er sie inständig, ihren Schmerz zu mäßigen und sich ihm nicht ewig hinzugeben, sondern in der Betrachtung seines der Tugend gewidmeten Lebens die Sehnsucht nach dem Gatten durch tröstende edle Gedanken zu mildern. Seine Frau dagegen beharrte darauf, dass auch ihr der Tod bestimmt sei, und forderte die Hand des Mörders. Da sagte Seneca, der ihrem rühmlichen Entschluss nichts in den Weg legen wollte, zugleich in der Furcht, er müsse die von ihm einzig Geliebte Misshandlungen überlassen: «Ich habe dir die Mittel gezeigt, die das Leben erträglicher machen, du ziehst es vor, rühmlich zu sterben. Ich werde diesem deinem löblichen Entschluss nichts in den Weg legen. Mögen wir beide die gleiche feste Haltung bei diesem tapferen Sterben zeigen und dein Ende rühmlicher sein!» Darauf öffneten sie sich beide gleichzeitig die Pulsadern. Weil bei Senecas durch Alter und spärliche Nahrung geschwächtem Körper das Blut nur langsam abfloss, öffnete er auch die Adern an den Schenkeln und Kniekehlen. Von schweren Schmerzen erschöpft, riet er seiner Gattin, um nicht ihre

> mutige Haltung durch seine Schmerzen zu erschüttern und seinerseits durch den Anblick ihrer Qualen in einen Zustand des Schwachwerdens zu verfallen, in ein anderes Gemach zu gehen. Und da ihn auch im letzten Augenblick seine Beredsamkeit nicht im Stich ließ, rief er seine Schreiber herbei und diktierte ihnen längere Ausführungen, die im Wortlaut veröffentlicht worden sind, weshalb ich mir es erspare, sie umgeformt wiederzugeben.[36]

Paolina, die über alles geliebte Gattin, wird später in letzter Sekunde gerettet. Weil aber nie etwas ohne einen Schatten oder einen winzigen Schönheitsfleck geschieht, behaupten böse Zungen, dass sie nur so getan habe, als wolle sie sterben, also zum Wohle ihres sterbenden Gatten nur Theater gespielt habe. Üble Nachrede wahrscheinlich. Der Philosoph jedenfalls lässt sich angesichts der Tatsache, dass der Tod durch Ausbluten zu langsam eintritt, nach dem Vorbild des Sokrates Gift bringen und begibt sich schließlich in ein Dampfbad, wo er erstickt. Er wurde 69 Jahre alt.

Nero war Verschwörungen gewöhnt. Es verging kein Jahr, in dem ihm nicht von irgendjemandem hinterbracht wurde – sei es, um ihn zu beschützen, sei es, um ihn hereinzulegen –, dass da etwas gegen ihn angezettelt werde. Hauptgarant für seine Sicherheit und gleichzeitig sehr wahrscheinlich selbst Urheber vieler vorgetäuschter Komplotte war Gaius Ofonius Tigellinus, ein Sizilianer von einfacher Herkunft, der, angeklagt wegen eines ehebrecherischen Verhältnisses mit Agrippina, der Schwester des Kaisers, von Caligula ins Exil geschickt worden war. Tigellinus war Rom ein paar Jahre ferngeblieben und hatte Renn- und Circuspferde gezüchtet. Von Claudius zurückgerufen, brachte er es bis zum Präfekten der Prätorianer (im Jahr 62) und wurde dann Neros Günstling. Die Aufdeckung und fürchterliche Ahndung der Pisonischen Verschwörung war der Höhepunkt seiner Polizeiarbeit, Archetyp jeder Art von «Staatsschutz»-Aktionen, der sich spätere Tyrannen so häufig bedienten. Es gab eine ganze Reihe von Aspekten, die es Nero ratsam erscheinen ließen, sich einen so gefürchteten Mann an seine Seite zu holen: Jeder Machtmensch, auch wenn er noch so edel ist, braucht schließlich Handlanger zur Ausführung der Schmutzarbeit; auch die Vasallentreue, die Tigellinus seinem Kaiser gegenüber bewiesen hatte, gepaart mit seinem skrupel- und gnadenlosen inquisitorischen Geschick, sprach für ihn. Außerdem teilte er mit seinem Princeps gewisse Laster, darunter an erster Stelle die sexuellen. Mit den Jahren und dem Fortschreiten seiner Geisteskrankheit praktizierte Nero eine immer exzessivere, immer krankhaftere Sexualität. Sueton erzählt:

> Seine verbrecherischen Neigungen gewannen jedoch immer mehr die Oberhand, und so ging er allmählich von heimlichen Bubenstreichen ganz offen zu schlimmen Schandtaten über .... Sooft er den Tiber hinab nach Ostia fuhr oder am Golf von Baiae vorübersegelte, waren am Ufer an bestimmten Stellen Pavillons aufgebaut, die zum Verweilen einluden und mit allem Tafelluxus ausgestattet waren. Vornehme Damen spielten die Wirtinnen und luden ihn bald hier, bald da zum Landen ein .... Nicht genug, dass er Verkehr mit freigeborenen Knaben und mit verheirateten Frauen hatte, er tat sogar einer Vestalin mit Namen Rubria Gewalt an .... Den jungen Sporus ließ er entmannen und versuchte sogar eine Geschlechtsumwandlung vorzunehmen. Er stattete ihn mit einer Mitgift aus, ließ ihm den roten Brautschleier umlegen und vollzog mit ihm feierlich die Hochzeitszeremonien. Dann ließ er ihn in prächtigem Zug in seinen Palast geleiten und hielt ihn dort wie seine Gemahlin .... Diesen Sporus kleidete er in den Ornat der Kaiserinnen und ließ ihn in einer Sänfte herumtragen. Auf den Festversammlungen und Messen in Griechenland und bald auch in Rom auf dem Kunstmarkt hatte er ihn bei sich und tauschte immer wieder zärtliche Küsse mit ihm.[37]

Der arme Sporus wurde mit dem weiblichen Spitznamen Sabina bedacht. Und weil er (von der Fortpflanzung abgesehen) in beinahe jeder Hinsicht die weibliche Sexualität abdeckte, stellten boshafte Zeitgenossen fest, welch ein Segen es für die Menschheit gewesen wäre, wenn schon Neros Vater Domitius sich solch eine «Frau» genommen hätte. Verhaltenssoziologisch betrachtet würde man heute sagen, dass Nero bisexuell war, denn er konnte mit Männern genauso gut Sex haben wie mit Frauen, und zwar in jeder Rolle. Wenn man Kriterien der Psychiatrie anlegt, ist jedoch klar, dass er unter einer ernsthaften mentalen Störung litt, verschärft durch die vollkommene Verantwortungslosigkeit und Willkür, die ihm seine Position erlaubte. Dazu wieder Sueton:

> Er prostituierte sich selbst in einem solchen Ausmaß, dass sozusagen keine Körperstelle an ihm mehr ohne Makel war. Und endlich dachte er sich ein besonderes Spiel aus. Er schlüpfte in ein Tierfell und stürzte sich aus einem Käfig heraus auf die Schamteile von Männern und Frauen, die man an Pfählen festgebunden hatte. Wenn er genug

> gewütet hatte, ließ er sich von seinem Freigelassenen Doryphoros «fertigmachen». Ähnlich wie er den Sporus zur Frau genommen hatte, hatte er sich diesem vermählt, wobei er die Rolle der Frau spielte und sogar das Schreien und Wehklagen vergewaltigter Jungfrauen nachahmte.[38]

Sueton tendiert generell zu Klatsch und Tratsch, doch nicht einmal er hätte sich Szenen wie diese ausdenken können, wenn es nicht irgendeinen Ansatzpunkt in der Wirklichkeit gegeben hätte. Gleich nach dem Sex kam bei Nero die Lust an exzessiven Tafelfreuden, wobei er die berühmte (oder berüchtigte) römische Kochkunst ins Extrem trieb. Marcus Gavius Apicius, im 1. Jahrhundert n. Chr. ein berühmter römischer Feinschmecker und Koch, hat uns die zehn Bücher *De re coquinaria* (*Über die Kochkunst*) hinterlassen; Petronius, der elegante Arbiter, seinen hinreißenden Roman *Satyricon*.

Die Hauptmahlzeit der Römer war die *cena*, das Abendessen, das in den ersten Stunden unseres *pomeriggio* (nachmittags, zur neunten Stunde: zwischen 14.30 und 15.45 Uhr im Sommer) stattfand und bis zum Sonnenuntergang dauern konnte, bis Mitternacht oder (bei Petronius) sogar bis zur Morgendämmerung. Der gesamte Tagesablauf richtete sich nach dem Sonnenlicht – was am Mangel an künstlichen Beleuchtungsmitteln lag –, zumindest für die gemeinen Bürger. Der Römer stand im Sommer gegen vier Uhr morgens auf, im Winter gegen sieben Uhr. Der Tag war (nach unseren Maßeinheiten) in die zwölf Stunden zwischen dem Sonnenaufgang und Sonnenuntergang aufgeteilt. Wer es sich erlauben konnte (gewiss nicht die Armen und die Sklaven), verzehrte die Mahlzeit halb liegend auf dem *triclinium*, einer leicht gewölbten Liege, auf der sich der Tischgast ausstreckte und mit dem linken Arm abstützte, die Füße (die ihm ein Sklave vorher vom Staub der Straße gereinigt hatte) nackt, die Frau (Ehefrau oder Geliebte) an der Seite des Mannes. Auf der Vorderseite der Toga wurde eine Serviette befestigt, um diese vor Flecken zu schützen. Gabeln waren unbekannt, man benutzte die Finger, um die Speisen aus den Schüsseln zu nehmen, die auf der Tafel standen oder nach mediterranem, von Griechenland bis zu den arabischen Ländern verbreitetem Brauch von den Sklaven herumgereicht wurden. Es gab aber Löffel und Zahnstocher aus Elfenbein, Silber und Gold. Nach jedem Gang brachten die Diener den Tischgästen Krüge, aus denen sie ihnen leicht parfümiertes Wasser über die Finger gossen.

Aufgrund der außergewöhnlichen Dauer der Mahlzeit konnten die Tischgäste, wenn nötig, ihre Notdurft auch bei Tisch verrichten. Auf Kommando näherte sich ein Sklave mit einem Urinal aus Silber oder Bronze. Für die größeren Geschäfte war direkt vor dem Speisesaal Vorsorge getroffen. Petronius erzählt in einer Szene seines Romans, wie der Hausherr Trimalchion, ein neureiches Großmaul, nach Verrichtung seines Geschäfts wieder in den Saal kommt und sagt, während er sich die Hände abspült:

> Verzeiht mir, liebe Freunde, schon seit vielen Tagen will mein Bauch nicht mehr, und die Ärzte sind ratlos. Aber Granatapfelschale hat mir schließlich geholfen, dazu ein Absud von Kienspan in Essig; so hoffe ich, dass mein Bauch wieder wie früher gehorsam wird. ... Wenn also einer von euch sein Geschäft verrichten will, braucht er sich nicht genieren: keiner von uns ist ohne Öffnungen geboren. Ich glaube, es gibt keine größere Qual, als es einzuhalten. Das ist das einzige, was selbst Jupiter nicht verbieten kann. ... Selbst bei Tisch verbiete ich keinem, zu tun, was ihn erleichtert; die Ärzte sagen ja, man soll's nicht einhalten. Und wenn ihr ein größeres Geschäft habt, steht draußen alles bereit: Wasser, Nachttöpfe und sonstige Kleinigkeiten. Glaubt mir: wenn der Dunst ins Gehirn steigt, leidet der ganze Leib am Fluss. Viele, das weiß ich, sind umgekommen, weil sie etwas Natürliches nicht wahrhaben wollten.[39]

Während der endlosen Bankette wurde viel gegessen und getrunken; der Wein hatte einen sehr viel niedrigeren Alkoholgehalt als heutzutage, Trunkenheit bei Tisch war selten. Häufiger waren Symptome von Verdauungsstörungen, denen man, ohne sich von der Tafel zu entfernen, durch diskretes Erbrechen in extra dafür vorgesehene Behälter begegnete, die von den Sklaven flink angereicht wurden. Die Dauer des Banketts hatte auch mit der Langsamkeit der Bedienung und des ganzen Ablaufs zu tun. Zwischen den Gängen ließ der Gastgeber die Tischgäste durch verschiedene Darbietungen unterhalten: Musiker, Feuerschlucker, Zauberer, Tänzerinnen, die auch aufreizende Bewegungen zu machen wussten. Ein weites Feld, das eigentlich größere Beachtung verdient, dies aber ist ein Kapitel über Nero. Also zurück zu ihm, wobei ich mich auf zwei oder drei Hinweise oder Anekdoten beschränke, die so interessant oder so amüsant sind, dass ich sie einfach nicht unterschlagen kann.

Eines der Glanzlichter der römischen Küche war eine *garum* genannte Sauce, die man ohne Übertreibung als ekelhaft bezeichnen kann. Sie wurde hergestellt, indem man in eine Dreißig-Liter-Amphore abwechselnd je eine Schicht aus fettem rohem Fisch (Lachs, Aal, Sardinen) und eine aus aromatischen Kräutern (Anis, Koriander, Fenchel, Minze, Oregano etc.) legte. Die Sauce bestand aus der Flüssigkeit, die sich nach einigen Wochen auf dem Boden des Gefäßes absetzte. Apicius höchstpersönlich, der ganz wild danach war, hatte ein Rezept gefunden, wie man die Penetranz des *garum*-Geruches ein wenig abschwächen konnte, denn im Endeffekt handelte es sich um flüssige Verwesungsrückstände, eine Jauche. Doch lassen wir *garum* beiseite und schauen uns lieber an, welche Höhen raffinierter Verarbeitung eine Speise erreichen konnte, wie es im *Satyricon* erzählt wird:

> Sogleich trug man eine Platte herein; auf der lag ein enormes Wildschwein, das noch dazu eine phrygische Freiheitskappe trug. An seinen Hauern hingen zwei aus Palmblättern geflochtene Körbchen, wovon das eine mit nussförmigen Datteln, das andere mit Datteln aus Theben gefüllt war. Herumgelegt waren kleine Schweinchen aus Kuchenteig, so angeordnet, als ob sie an den Eutern lägen, womit angedeutet war, daß es sich um eine Bache handelte. Diese Schweinchen waren Geschenke zum Mitnehmen. Zum Tranchieren der Wildsau kam nicht jener Campus herein, der das Geflügel zerhackt hatte, sondern ein Riesenkerl mit Bart, die Beine mit Binden umwunden; er trug einen kurzen Jagdmantel aus buntgewebtem ägyptischen Damast. Er zog einen Hirschfänger und stieß ihn mit aller Gewalt dem Wildschwein in die Flanke: da flogen Drosseln aus der Wunde heraus. Vogelfänger standen schon mit Leimruten bereit und fingen die durch den Saal flatternden Vögel sogleich ein. Trimalchio ließ jedem Gast seinen Anteil davon servieren und fügte hinzu: «Nun könnt ihr sehen, was für prima Eichelmast diese Wildsau gefressen hat.» Gleich gingen auch Burschen an die von den Hauern herabhängenden Körbchen heran und verteilten zum Takt der Musik die beiden Dattelarten unter die Gäste.[40]

Die zweite Szene – als reines freizügiges *divertimento* – beschreibt eine Situation von ungebremster, des 18. Jahrhunderts würdiger Libertinage. Um den Vorgang besser zu verstehen, muss man die Vorgeschichte kennen: Eine Dame namens Philomela, die in ihrer Jugend eine ausgefuchste Erbschleicherin gewesen war, ist in die Jahre gekommen und entwickelt ihr altes Gewerbe weiter. Sie prostituiert ihre beiden Kinder, eine Tochter und einen Sohn. Sie bringt also diese Kinder in das Haus eines gewissen Eumolpus, der aus naheliegenden Gründen so tut, als sei er von der Gicht ins Bett gefesselt, und überlässt sie ihm. Dann entfernt sie sich.

> Eumolpus, der so keusch war, dass sogar ich ihm wie ein Lustknabe aussah, lud ohne Aufschub das Mädchen zum gymnastischen Spiel besonderer Art ein. ... Da er aber aller Welt gesagt hatte, er habe die Gicht und sei nierenleidend, so hätte er unser ganzes Spiel in Gefahr gebracht, wenn er den Betrug nicht aufrechterhalten hätte. Um daher seine Täuschung auch weiterhin beizubehalten, bat er das Mädchen, sich rittlings auf seine ihr unlängst empfohlene Güte zu setzen, dem Diener Corax gebot er jedoch, unter das Bett, in dem er lag, zu kriechen und, auf Hände und Füße gestützt, seinen Herrn in Bewegung zu bringen. Der Diener gehorchte dem Befehl, anfangs langsam, und hielt mit den Bewegungen des Mädchens in gleichem Rhythmus Schritt. Als es nun zum Höhepunkt kam, rief Eumolpus dem Corax mit lauter Stimme zu: «Mach schneller!» So amüsierte sich der alte Herr zwischen seinem Diener und seiner kleinen Freundin gleichsam wie auf einer Schaukel. Das hatte Eumolpus bereits zweimal getan, wobei alles vor Lachen brüllte, auch er nicht ausgenommen. Da ich nun nicht durch Untätigkeit ganz aus der Übung kommen wollte, machte ich mich an den jungen Bruder heran, der durch das Schlüsselloch die Balancekünste seiner Schwester bewunderte, und wollte herausfinden, ob er sich etwas gefallen ließe. Es entzog sich auch der erfahrene Knabe keineswegs ...[41]

Auch wenn es Sueton nicht ausdrücklich geschrieben hat, ist es klar, dass Nero immer wieder solche Szenen, solche Gastmähler gesehen oder an ihnen teilgenommen haben muss.

Unter den Frauen des Kaisers gebührt Poppaea Sabina eine herausragende Position, schon aufgrund der abenteuerlichen Anfänge ihrer Beziehung zu Nero: verheiratet mit einem anderen, Ehebrecherin zuerst mit Neros Protegé, dem schönen Otho, dann mit Nero selbst. Eine ebenso anrüchige wie komplizierte Affäre, an deren Ende sich Poppaea machtvoll in den kaiserlichen Palästen niederlässt. Nero ist von ihr derart abhängig, dass er seine Ehefrau Octavia zunächst verstößt und nachträglich eine abscheuliche Verschwörung anzettelt. Tacitus:

> Poppaea …, die schon lange die Geliebte Neros gewesen war und ihn als Ehebrecher und dann als Gatten beherrschte, veranlasste einen von Octavias Dienern, diese eines Liebesverhältnisses zu einem Sklaven zu bezichtigen. … Peinliche Befragungen der Mägde Octavias darüber fanden statt, wobei einige sich unter den schweren Folterungen dazu bewegen ließen, die falschen Beschuldigungen anzuerkennen. Die Mehrzahl beharrte dabei, die Unbescholtenheit ihrer Herrin zu beteuern. Eine von ihnen antwortete dem Tigellinus auf sein Drängen: «Octavias Scham ist keuscher als dein Mund.»[42]

Octavia nimmt das elende Ende vieler Feinde Neros: An einen entlegenen Ort ins Exil verbannt, wird sie von den Prätorianern erstickt, nachdem ihr an Armen und Beinen die Adern geöffnet wurden. Ihr abgeschnittenes Haupt wird nach Rom gesandt, damit der Souverän persönlich den Vollzug der von ihm befohlenen Exekution zur Kenntnis nehmen kann. Poppaea ist nun die wahre Herrscherin, Schöpferin und Animateurin eines Luxus-Ambientes ohnegleichen. Augustus und Tiberius hatten Prachtentfaltung vermieden; Caligula war gestorben, bevor er auch nur einen Bruchteil seiner größenwahnsinnigen Träume hatte verwirklichen können; mit Claudius hatte das Palastleben einen eher «bürgerlichen» Stil angenommen. Und die arme Octavia, in die zweite Reihe gestellt, ungeliebt von ihrem Gatten, hatte nicht einmal im Ansatz die Möglichkeit gehabt, dem Hofleben ein eigenes Gepräge zu verleihen.

Mit Poppaea halten erstmals Pomp und Raffinesse Einzug in Neros Leben. Der Kaiser ist ihr dankbar dafür, er fängt an, Verse zu dichten: auf ihre langen, goldblonden Haare, ihre hell leuchtende Haut. Die römischen Frauen sprechen von nichts anderem mehr: diese Haare, der Glanz dieser Haut. Man versucht, ihr Geheimnis zu ergründen, man klatscht und tratscht, was das Zeug hält, lustvoll wird auf jedes Detail ihrer Exzesse eingegangen. Plinius der Ältere schreibt in seiner *Storia naturale*, die schöne und kapriziöse Kaiserin habe bei jeder Reise 500 Eselinnen im Gefolge gehabt, in deren Milch sie badete, um ihrer Haut die unvergleichliche Helligkeit und Frische zu verleihen. Juvenal versichert, sie habe, um ihr Gesicht vor dem Kontakt mit den Unreinheiten der Luft zu schützen, eine Maske benutzt. Wahrscheinlich handelte es sich dabei um eine fettige und regenerierende Paste, die Poppaea abends auf Gesicht und Körper applizierte und morgens weder entfernte, womit sie eine Prozedur der modernen Kosmetik vorwegnahm.[43]

Trotz dieser offenkundigen Selbstverliebtheit und der damit verbundenen Zeitverschwendung war Poppaea eine intelligente und bewusst lebende Frau. Flavius Josephus versichert in seinen *Antiquitates Judaicae* (*Jüdische Altertümer*, auch unter dem Titel *Jüdische Archäologie* erschienen), sie sei eine «gottesfürchtige Frau» gewesen, und er beschreibt sie als eine Sympathisantin der jüdischen Kultur. Kaum mehr als Andeutungen, Gerede. Im Laufe der Zeit wandelte sich ihr positives Image allerdings ins genaue Gegenteil. Zum Beispiel wurde behauptet, sie sei es gewesen, die nach dem berühmten Brand Roms den Volkszorn auf die Christen gelenkt habe. Anderen Zeugnissen zufolge soll sich Poppaea jedoch, neugierig und scharfsinnig, wie sie war, ganz besonders interessiert am Christentum gezeigt haben, angezogen offenbar von der Exzentrik einer Religion, die einen obskuren gekreuzigten Verbrecher zu ihrem Gott erkoren hatte.

Wir wissen nicht, wie viel Wahrheit in diesen Berichten steckt, aus welchen Motiven oder Interessen heraus sie verbreitet worden sein mögen. Übereinstimmend aber sind die Aussagen der Chronisten darüber, dass das Christentum schon im Geburtsstadium lebhafte Neugier und eine beträchtliche Unruhe erzeugt hat. Wie viele andere ist die neue Religion aus dem Orient gekommen. In den Jahren, über die wir sprechen, hat sie noch keine ausgeprägte Physiognomie, besitzt aber Charakteristika, die ihre Ausbreitung bei den unteren Schichten, bei den Sklaven und den Soldaten erleichterte, wie es im Übrigen aus ähnlichen Gründen auch der Religion des Gottes Mithras ergangen war. Das Christentum aber erreicht gleichzeitig auch die hohen Schichten der römischen Gesellschaft und kann nach und nach sogar auf Anhänger in Kreisen rechnen, die dem Kaiserthron nahestehen.

Zurück zu Poppaea. Seit ihrer Heirat mit Nero blieb diese Frau von unbeständiger und abenteuerlicher Vergangenheit dem Kaiser treu, was aber auch sie vor einem tragischen Ende mit kaum 35 Jahren nicht bewahren konnte. Sie starb ganz plötzlich. Es wurde gemunkelt, sie sei von ihrem Gatten vergiftet worden. Es wurde auch gesagt, Nero habe sie bei einem Zornausbruch mit Fußtritten attackiert, und die damals Schwangere sei daran gestorben. Man vermutete auch eine fatale Frühgeburt aufgrund der Erschöpfung durch die ununterbrochenen Festivitäten, an denen sie gezwungenermaßen teilnahm. Was auch immer die Ursache ihres Todes war, der Kaiser befahl grandiose Begräbniszeremonien. Ihr Leichnam wurde in feierlicher Prozession zum Forum gebracht, der Kaiser persönlich hielt, auf derselben Rednertribüne, von der aus Antonius die Grabrede für Caesar gehalten hatte, die *laudatio*. Ihr Leichnam wurde nicht auf dem Scheiterhaufen verbrannt, sondern einbalsamiert. Plinius zufolge soll Nero bei dem Begräbnis mehr Weihrauch geopfert haben, als ganz Arabien in einem Jahr liefern konnte, um durch ihre Einbalsamierung seinen Traum zu erfüllen: ihre Schönheit zu erhalten.

Mit dem berühmten und in vieler Hinsicht rätselhaften Brand von Rom im Jahre 64, einem kapitalen Ereignis in der Geschichte der Stadt und im Leben Neros, werden die Christen zum ersten Mal Protagonisten und Opfer der kriminellen Szene Roms. Es ist mitten im Sommer und es herrscht eine große Hitze. Nero, der sehr dick geworden ist, leidet darunter ganz besonders. Zwischen ein und zwei Uhr morgens am 19. Juli kommt atemlos ein Amtsdiener nach Antium geprescht, wo der Kaiser seine Sommerfrische verbringt, und teilt mit, dass der Circus Maximus brenne und die Flammen sogar die Kaiserpaläste bedrohten. In der Tat war das Feuer in der Ansammlung übereinandergebauter, ineinander verschachtelter, meist von griechischen und asiatischen Händlern zugleich als Wohnung und Laden genutzter Häuschen, Buden und kleiner Kaufläden direkt am Circus Maximus ausgebrochen. Nero eilt im Galopp herbei und erreicht Rom gerade noch rechtzeitig, um das gesamte Stadtgebiet als Flammenmeer zu erleben und seine eigene *Domus transitoria* (von Sueton als «Durchgangshaus» bezeichnet, weil Nero seinen Palast auf dem Palatin durch einen Portikus mit den Parkanlagen des Maecenas verbunden hatte) in Asche versinken zu sehen.

Sechs Tage brauchte man, um dem Feuer Einhalt zu gebieten, wobei man, um den Flammen die Nahrung zu entziehen, so weit ging, präventiv weitere Gebäude einzureißen. Wohnungen und Läden, Tempel und heilige Stätten brannten nieder, auch das Heiligtum der Vesta, in dem die Penaten des römischen Volkes aufbewahrt wurden. Zahllose Meisterwerke der griechischen Kunst und «antike Werke»[44] wurden zerstört. Wenige Tage später wütete, als Folge des ersten, ein zweiter Brand in einem Stadtteil, den man im heutigen Rom in dem Dreieck zwischen Piazza del Popolo, dem Montecitorio und der Villa Medici ansiedeln kann. Mehr als ein Zehntel des gesamten Stadtgebietes ging in Rauch und Flammen auf, einschließlich des Forums südlich der Via Sacra.

Wie ein Lauffeuer verbreitet sich das Gerücht, es sei Nero gewesen, der den Brand in Auftrag gegeben habe, und mit solcher Wucht, dass die Behauptung von vielen ernstzunehmenden Zeugen aufgenommen und weitergegeben wird. Plinius der Ältere notiert in seiner *Storia naturale* flüchtig, aber so, als sei es eine gesicherte Information: «Nero hat Rom in Brand gesetzt.» Auf der gleichen Linie liegt Cassius Dio: «Er wollte einen Gedanken verwirklichen, den er schon immer gehegt hatte: noch zu Lebzeiten ganz Rom und das Imperium zu zerstören.» Tacitus spricht ein knappes halbes Jahrhundert nach den Ereignissen zwar von einem «... Unglück, bei dem es ungewiss ist, ob es auf Zufall oder auf die Heimtücke des Princeps zurückzuführen war»,[45] fügt aber hinzu, dass diejenigen, die versucht hätten, den Brand zu löschen, mit Drohungen immer wieder von Leuten daran gehindert wurden, die ganz offen Feuerbrände warfen und dabei ausriefen, sie führten nur Befehle aus. Sueton ist sehr viel expliziter. Ihm zufolge setzte Nero Rom so unverhohlen in Brand, dass viele Männer von konsularischem Rang, die seine Kammerdiener mit Pechkränzen und Fackeln auf ihren Grundstücken ertappt hatten, nicht wagten, ihnen entgegenzutreten.

Wozu aber sollte sich der Kaiser, selbst wenn man annehmen muss, dass er geistesgestört war, mit einem so «unpolitischen» Verbrechen dieses Ausmaßes belasten? Der Beweggrund war Tacitus zufolge sein Wahn, Gründer einer neuen, sehr viel schöneren Stadt als der bereits existierenden zu werden, deren Name für immer an ihn erinnern sollte: Neropolis. Tatsache ist, dass der Kaiser beim Wiederaufbau einige urbane Verbesserungen vorschlug, etwa die Verbreiterung der Straßen, die Regelmäßigkeit der Häuserreihen, die Begrenzung der Gebäudehöhe als Schutz gegen künftige Brände. Cassius Dio und Sueton teilen die Vermutung des Tacitus: In seinem Wahn neidete der Kaiser dem Priamus das sublime Vergnügen, dem Untergang und der Zerstörung seiner Stadt und seines Reiches beigewohnt zu haben. Diese Chronisten, die alle keine direkten Zeitzeugen waren, überliefern, dass der Kaiser, während das Feuer wütete, entweder von der «Bühne seines Palastes» (Tacitus) oder «vom

Turm des Maecenaspalastes» (Sueton) oder «von der Anhöhe des Palatins» (Cassius Dio), in sein übliches Theaterkostüm gekleidet, das Haupt von Lorbeer bekränzt, eine Gesangsszene über den Untergang Trojas vortrug und dabei das sich vor seinen Augen abspielende Unglück mit der längst vergangenen Katastrophe verglich. Weit verbreitet und von einer gewissen Plausibilität war die Vermutung, der Brand habe dem Kaiser dazu gedient, das Gebiet freizumachen, auf dem er seinen prachtvollen «goldenen» Palast bauen wollte. Ein interessantes, wenn auch der Phantasie entsprungenes Porträt ist das des polnischen Schriftstellers Henryk Sienkiewicz (Nobelpreis für Literatur 1905) in seinem berühmten Werk *Quo vadis?*, mit dem Untertitel «Roman aus dem Zeitalter Neros». Der Nero des Autors Sienkiewicz ist ein von den Trivialitäten der Welt terrorisierter Ästhet, ein Mann, der im Guten wie im Bösen nur Exzesse kennt. Der über sich selbst sagt:

> «Ich weiß, man hält mich für wahnsinnig. Aber ich bin nicht wahnsinnig, ich suche nur! Ich suche! ... und deswegen will ich mehr sein als ein Mensch, denn nur auf diese Weise kann ich als Künstler der größte sein ... oh, wie vulgär wird die Welt sein, wenn ich nicht mehr bin.[46]

Unabhängig davon, ob der Brand Roms nun Neros Werk war oder nicht, sicher ist, dass professionelle «Brandstifter» auf frischer Tat ertappt wurden, finstere, im alten Rom wohlvertraute Figuren, wie man aus den strengen Strafen für dieses Delikt schließen kann. Die grausamste sah vor, dass der Brandstifter, umhüllt von einer mit leichtentflammbarer Flüssigkeit getränkten Tunika, lebendig verbrannt wurde. In seiner XIII. Satire beschwört Juvenal die zwielichtige Figur des «gedungenen Meuchelmörders», der «vorsätzlich mit Schwefel» Brände legt.[47] Ein weiteres Beispiel ist die Verschwörung des Catilina, bei der das Signal zum Beginn des Staatsstreichs durch das Entzünden von Bränden gegeben wurde. Es ist aber gerade die Verbreitung und Gewöhnlichkeit dieses Vergehens und die Leichtigkeit, mit der man es in einer Stadt mit engen Straßen und überwiegend Holzhäusern begehen konnte, die auch die Gegenthese plausibel erscheinen lässt: Irgendjemand organisierte einen breit angelegten Brand, um ihn dann dem Kaiser in die Schuhe zu schieben. Mit anderen Worten: Auch der Brand könnte eine der vielen gegen Nero angezettelten Verschwörungen sein.

Politisch überlebt Nero die Katastrophe, obwohl ihn der Nachhall des Ereignisses verfolgt, selbst im Abstand von Jahrhunderten. In den ersten Jahren des Christentums ist die Populärliteratur voll von seinen Missetaten, und noch im 6. Jahrhundert schreibt ein Moralist wie Boethius in seiner *Consolatio philosophiae* (*Der Trost der Philosophie*): «Jeder kennt das schreckliche Wüten Neros, der die Hauptstadt verbrannte ...»[48]

Zunehmend versinkt der Kaiser im Wahnsinn. Er schreibt Verse, komponiert Musik, rezitiert und spielt Theater, tut alles, um als Deklamator und Poet in die Geschichte einzugehen und nicht als politischer Führer. Er heiratet in dritter Ehe Messalina Statilia, deren Mann er nach der Pisonischen Verschwörung hatte umbringen lassen – was für ihn aber kein Grund ist, seine «Beziehung» mit dem Kastraten Sporus aufzugeben. Im Gegenteil, als er im September 66 Rom verlässt – die Stadt ist ihm unerträglich geworden –, lässt er sich von Sporus begleiten, nicht von seiner Gattin. Er beschließt, an den Olympischen Spielen in Griechenland teilzunehmen. Mit einem enormen Gefolge bricht er auf und überlässt die Führung der Hauptstadt dem Helius, einem seiner Freigelassenen. In Griechenland nimmt er an allen möglichen Poesie-Wettbewerben teil und natürlich gewinnt er sie alle. Zum Dank lässt er den Griechen drastisch die Steuern senken bzw. erlassen, ohne sich darum zu scheren, wie dieses «Bilanzloch» in Rom wieder gestopft werden soll. Er hat die Eingebung, den Isthmus von Korinth zu durchstechen, beauftragt Ingenieure und Geologen mit der Ausführung, wobei er verkennt, dass dieses Unterfangen, gemessen an den technischen Möglichkeiten der Zeit, vollkommen irreal ist. Bei seiner Rückkehr im März 68 bringt er 1808 in verschiedenen Wettbewerben gewonnene Siegerkränze mit und stellt sie im Triumphzug jubelnd zur Schau.

Er nimmt die neue, soeben großteils fertiggebaute *Domus aurea* in Besitz. Er wirkt glücklich. Die Nachricht, dass die Legionen in Gallien (mit Vindex) und in Spanien (mit Galba) in Aufruhr sind, nimmt er mit Gelassenheit auf. Nach der Vereitelung so vieler echter und falscher Verschwörungen und Rebellionen glaubt er, dass auch diese ihm nichts anhaben können.

Ein verhängnisvoller Irrtum. Wegen des Mangels an Nachschub sind die Getreiderationen fast bei Null angekommen.[49] Der Kaiser hat den Kontakt zur Realität verloren, für Regierende immer ein fataler Verlust. Er unterschätzt die Unzufriedenheit des Volkes. Ende Mai bricht eine offene Rebellion aus. Aus Spanien marschiert Galba auf Rom. Tigellinus flieht, ein Jahr später wird er sich auf Befehl des neuen Kaisers das Leben nehmen müssen. Als Neros Prätorianer, die ihn immer begleitet hatten, sich weigern, die Flotte noch einmal für eine Reise nach Ägypten zu rüsten, ist das als Zeichen des Untergangs nicht mehr zu übersehen.

Es ist Anfang Juni. Nero ist knapp über dreißig, er hat dreizehn Jahre und acht Monate regiert. Zum ersten Mal ist er fast allein. Er geht zu Bett, doch seine Nacht ist voller Alpträume. Er ruft, doch niemand eilt herbei. Er plant, das Volk ein letztes Mal zu erweichen und tränenreich um Verzeihung zu bitten. Er will abdanken, sich nach Ägypten zurückziehen, wo er glaubt, sein Leben mit Theaterauftritten fristen zu können. Um Mitternacht steht er auf und entdeckt, dass auch die Leibwächter das Weite gesucht haben, «nachdem sie zuvor noch die Bettdecken an sich gerafft und sogar das Döschen mit dem Gift mitgenommen haben».[50] Er lässt nach jemandem suchen, von dessen Hand er sich fachgerecht den Tod geben lassen kann, doch selbst dafür ist niemand zu finden. Dazu Sueton:

> Sein Freigelassener Phaon bot ihm sein Landgut an, das in der Nähe der Stadt zwischen der Salarischen und der Nomentanischen Straße etwa am vierten Meilenstein gelegen war. So wie er war, barfuß und nur mit einer Tunika bekleidet, warf er einen alten, verblichenen Mantel über und zog die Kapuze über den Kopf, band sich ein Tuch vors Gesicht und sprang aufs Pferd, nur vier Leute begleiteten ihn, darunter Sporus.[51]

Auf abenteuerlichen Wegen kommt das armselige Grüppchen klammheimlich am Landhaus an. Der einstige Herrscher der Welt muss sich, um seinen Durst zu löschen, mit der Hand Wasser aus einer Pfütze schöpfen. Um den Haupteingang zu umgehen, wird ein Pfad durch das Gebüsch geschlagen. Nero kriecht mit seinem von Dornen zerrissenen Mantel durch Gestrüpp und Röhricht, zwängt sich auf allen vieren in ein enges Loch, das für ihn gegraben wurde, damit er sich solange es geht verstecken kann, wirft sich auf ein schäbiges Matratzenlager. Nach kurzer Erholung befiehlt er, ein seinen

Körpermaßen angepasstes Grab zu schaufeln, und während seine Helfer den Befehl ausführen, ruft er mit gebrochener Stimme mehrfach aus: «Welch ein Künstler geht mit mir zugrunde!» («*Qualis artifex pereo*»). Er ist verstört, weint, fleht die wenigen Anwesenden an, sich umzubringen, um ihm ein Beispiel zu geben und damit die Ermutigung, es ihnen gleichzutun. Niemand gehorcht ihm. Die Ereignisse überschlagen sich:

> Und schon sprengten die Reiter heran, die den Befehl hatten, ihn lebend zu fangen. Als er sie kommen hörte …, stieß er sich den Dolch in die Kehle, wobei ihm sein Kabinettssekretär Epaphroditus Hilfestellung leisten musste. Er war schon fast tot, als der Centurio herbeistürzte und seinen Mantel auf die Wunde presste, um ihn glauben zu machen, er sei ihm zu Hilfe gekommen. Da konnte er noch die Worte hervorbringen: «Zu spät!» und: «Das ist Treue!» Mit diesen Worten starb er, während ihm zum schaudernden Entsetzen der Umstehenden die Augen weitgeöffnet aus den Höhlen traten.[52]

II. DIE HELLEBARDIERE DES PAPSTES DIE SCHWEIZERGARDE – DIE KLEINSTE UND ÄLTESTE ARMEE DER WELT

Am Abend des 4. Mai 1998 werden im Inneren der vatikanischen Mauern, in einem Appartement direkt unter den Privatgemächern des Papstes, drei Leichen entdeckt: zwei Männer und eine Frau, getötet durch Pistolenschüsse.

Drei *morti eccellenti* – «exzellente», prominente Tote also, keine Normalsterblichen: Oberstleutnant Alois Estermann, 44 Jahre alt, Kommandant des päpstlichen Armeekorps, Chef der berühmten Schweizergarde. Ein sehr stattlicher Mann, dem seine Ernennung erst wenige Stunden zuvor mitgeteilt worden war. Auf den Boden gerutscht, mit dem Oberkörper an eine Wand gelehnt seine Frau Gladys Meza Romero, 49 Jahre alt, aus Venezuela stammend und Diplomatin an der Botschaft der Bolivarischen Republik Venezuela am Heiligen Stuhl. Auf dem Boden ausgestreckt, wie der Oberstleutnant, Vizekorporal Cédric Tornay, der jüngste der drei, geboren am 24. Juli 1974 in Monthey (Schweiz), also 24 Jahre alt.

Der Mord an diesen drei Personen stürzt den Vatikan ins Chaos, allerdings nur für kurze Zeit. Noch in derselben Nacht wird der Fall abgeschlossen, auch wenn die Ermittlungen noch neun Monate weitergehen werden. Die Gerüchteküche aber brodelt weiter, vor allem außerhalb Italiens. Es gibt zu viele Lücken, zu viele Einzelheiten des Verbrechens stehen im Widerspruch zur offiziellen Version, und folglich bleiben eine Menge Zweifel und Fragen, auf die es keine Antwort gibt.

Über diesen Dreifachmord werden Ströme von Tinte vergossen. Der Schauplatz des Verbrechens und die Identität der Opfer regen die Phantasie von Journalisten und Autoren an. Schließlich gehörten die beiden Soldaten aus der Schweiz zum ältesten und angesehensten päpstlichen Wachkorps: hundert handverlesene Soldaten, die seit Jahrhunderten die Sicherheit des Heiligen Stuhls, die Unversehrtheit des Pontifex und die Zugangsbeschränkungen an den vatikanischen Mauern garantieren. Schon Tacitus äußerte sich anerkennend: «Die Helvetier sind ein Volk von Kriegsleuten, dessen Soldaten für ihre Kriegstüchtigkeit weithin bekannt sind.»

Dieser vatikanische Kriminalfall hat nie eine befriedigende Aufklärung gefunden. Nur zwei Gewissheiten gibt es zu diesem Dreifachmord: dass erstens die offizielle Version mit Sicherheit nicht mit der realen Dynamik des Tathergangs übereinstimmt; dass zweitens Cédric Tornays Mutter trotz ihrer wiederholten Bittschriften an den Papst nicht der geringste Trost zuteil wurde, den auch jedes elementare Gefühl des Mitleids hätte geboten erscheinen lassen; ganz zu Schweigen drittens von einer glaubhaften Antwort auf ihre berechtigten Fragen. Muguette Baudat, so ihr Name, hat sich mit der offiziellen Version des Tathergangs begnügen müssen, der zufolge ihr Sohn Cédric das Ehepaar Estermann umgebracht und anschließend Selbstmord begangen habe.

Diese Version war den Medien vom vatikanischen Pressesprecher Joaquín Navarro-Valls geliefert worden, einem ehemaligen spanischen Journalisten, Mitglied des Opus Dei, und zwar bereits wenige Stunden nach der Tat. Nach seiner Rekonstruktion des Verbrechens hat sich Vizekorporal Tornay für die Verweigerung einer von ihm erwarteten Auszeichnung (der Verdienstmedaille Benemerenti) am Kommandanten gerächt und ihn in einem außer Kontrolle geratenen Wutanfall gemeinsam mit seiner Ehefrau erschossen. Aufgewühlt habe er sich anschließend selbst getötet. Der Pressesprecher fügte hinzu, der junge Mann habe an psychischen Störungen gelitten und Drogen (Cannabis) genommen. Die später vorgenommene Autopsie wird in seinem Hirn einen Tumor feststellen, der seinen ohnehin angeschlagenen psychischen Zustand noch verschlimmert haben soll. Am Ende seiner Rekonstruktion der Fakten wird Navarro-Valls wörtlich sagen: «Ich glaube nicht, dass die Autopsie andere Ergebnisse zutage fördern wird als die Ihnen heute unterbreiteten.»

Am 5. Februar 1999 stellte Rechtsanwalt Gianluigi Marrone, der im Vatikan als Einzelrichter fungierte, in einem Dekret fest: «In der Überzeugung, dass die auf der Grundlage der in der Untersuchung gesammelten Fakten gezogenen Schlussfolgerungen des Staatsanwaltes zu teilen sind, wird ... als Folge des Ablebens von Oberst Alois Estermann, Frau Gladys Meza Romero (verh. Estermann) und

Vizekorporal Cédric Tornay kein Strafverfahren eröffnet. Die Akten sind zu archivieren.»[1] Was die wiederholten Bittgesuche Madame Baudats angeht, wird der Pressesprecher sagen: «Ich verstehe und respektiere den Schmerz der Mutter, die Teilhabe an ihrem Schmerz muss sich aber mit der skrupulösen Respektierung der Wirklichkeit, wie sie durch einen langen und sorgfältigen Untersuchungsbericht belegt wird, vereinbaren lassen.»

Im vorhergehenden, Nero gewidmeten Kapitel begannen die ersten Christen gerade auf der Bühne der Welt zu erscheinen: inbrünstige Anhänger eines Glaubens, der als Bewegung innerhalb des Judentums auf dem Boden Israels entstanden war und sich nun im Okzident auszubreiten begann. Mit einem Abstand von nur wenigen Seiten, in Wahrheit aber einem Sprung über zwanzig Jahrhunderte, befinden wir uns nun inmitten eines Staatsverbrechens, sind konfrontiert mit aalglatten, widersprüchlichen, offensichtlich weit von der Wahrheit entfernten Tatversionen, wie es die von verschiedenen Zeitungen und Fernsehsendern durchgeführten Parallelermittlungen nachgewiesen haben. Die «Geheimnisse des Vatikan» zu rekonstruieren bedeutet auch, einen Erklärungsversuch zu leisten für den himmelweiten Abstand zwischen den Gläubigen, die das Lob des Herrn singend dem Martyrium entgegengingen, und den obskuren Mechanismen, die das Leben politischer und staatlicher Organismen regulieren.

Die Karte der Vatikanstadt im Anhang der zwischen Benito Mussolini und Kardinalstaatssekretär Pietro Gasparri unterzeichneten Lateranverträge zeigt, dass die *Città del Vaticano* im Wesentlichen das Gebiet innerhalb der Leoninischen Mauer umfasst. Ein erster Mauergürtel wurde zwischen 848 und 852 von Papst Leo IV. (847–855)[2] zum Schutz des Vatikanhügels und der alten Petrusbasilika errichtet, als Bollwerk gegen die Angriffe der Sarazenen, die Rom 846 während des Pontifikats von Sergius II. (844–847) geplündert hatten. Leo IV. ließ diese Verteidigungsbarriere nach den Skizzen seines Vorgängers Leo III. (795–816) umsetzen.

Die Arbeiten schritten rasch voran. Die *Domus cultae*[3] lieferten die für das große Bauvorhaben notwendigen Arbeitskräfte. Besonderen

Einsatz zeigten die Bauern von Capracorum und Calisianum. Doch nicht nur sie. Für die Bauarbeiten wurden auch die 849 bei der Seeschlacht von Ostia als Sklaven gefangengenommenen Sarazenen eingesetzt. Dank des finanziellen Beitrags Kaiser Lothars I. (795–855) und des Langobarden-Königs Liutprand (gest. 744) sowie der aus römischen Bauwerken geplünderten Baumaterialien konnte die Mauer innerhalb von vier Jahren hochgezogen werden. Papst Leo erwies sich als unermüdlich. Persönlich überwachte er die Arbeiten, gab den Arbeitern Anweisungen, segnete und betete. In den darauffolgenden Jahrhunderten wurde dieser erste Mauergürtel immer weiter ausgebaut und erweitert.

Heute ist vom ursprünglichen Mauerring nur noch der *Passetto* sichtbar, in Romanesco *er Corridore* (hochitalienisch: *il corridore* – der Korridor) genannt. Leo IV. ließ ihn anstelle einer kürzeren Mauer errichten, die im 6. Jahrhundert von dem Ostgotenkönig Totila erbaut worden war. Ungefähr 10 Meter hoch, hat er von außen das typische Aussehen einer Stadtmauer zum Schutz der Bürger. Kaum jemand kann sich vorstellen, dass sich darin ein Gang befindet, durch den man zu Fuß vom Vatikan zum Castel Sant'Angelo, der Engelsburg, gelangen kann. Kurioserweise war der *Passetto* nach den Erweiterungsarbeiten nicht mehr Teil der Grenzmauer, sondern ein Laufgraben, der mitten durch den Borgo verlief und dadurch eine ganz neue Funktion erhielt. Der *Passetto* wurde nämlich zu einem Fluchtweg, der die päpstlichen Paläste mit der Festung Engelsburg verband.

Dieser (noch heute vorhandene und im Jubiläumsjahr 2000 restaurierte) «Notausgang» hat etwas Romanhaftes, um ihn ranken sich Mythen und volkstümliche Legenden. Der Amerikaner Dan Brown, kein herausragender Schriftsteller, aber ein phantasievoller Plot-Erfinder, macht ihn zum Schauplatz einer bewegten Szene seiner *Illuminati*. Gioachino Belli[4] hat ihn in einem Sonett verewigt (*Er Passetto de Castel Sant'Angiolo* vom 17. Dezember 1845):

Du fragst, was dieser Korridor bezweckt?
Der – da und dort mit Dächlein überdeckt –
Sich von San Pietro zum Kastell erstreckt,
Wo manchesmal das Lüftchen reiner schmeckt?

Das sei dir in zwei Sätzen zugesteckt:
Den hat sich il Signore vorbehalten,
Falls einmal Lust und Laune in ihm walten,
Dass er uns mit Versteckenspielen neckt.

Denn im Kastell – welch leichtes Spiel hat doch
Der Heilge Vater innerhalb des Baus,
Flankiert vom Kellermeister und vom Koch!

Unterm weiß-gelben Banner auf dem Haus
Teilt er von dort behaglich noch und noch
den Segen und Kanonenkugeln aus.[5]

Man muss Bellis originales *Romanesco* ein wenig abmildern, um die bissige Ironie seiner Komposition verständlich zu machen. Der Dichter hatte jedenfalls ins Schwarze getroffen. Im Notfall garantierte der etwa 800 Meter lange Laufgraben dem Papst und seinem Gefolge durch einen geschützten, erhöhten Gang den Umzug vom Vatikan in die Festung. Es war Papst Nikolaus III. (1277–1280), der sich 1277 diese Verwendung der von seinem fernen Vorgänger Leo IV. erbauten Mauer ausdachte. Einen der dramatischsten Notfälle gab es, wie wir gleich sehen werden, im Mai 1527.

Die Trasse der Leoninischen Mauer bildete vor und nach den verschiedenen Erweiterungen die Form eines Hufeisens: Ausgehend vom Hadrian-Mausoleum (später: Castel Sant'Angelo), das schon im 9. Jahrhundert als Kastell genutzt wurde, zog sie sich den Vatikanhügel hoch und führte vom Gianicolo wieder hinunter zum Tiber. An der Basis war diese Mauer vier Meter dick, zwölf Meter hoch und nach römischem Muster von vierundvierzig Türmen und einigen Toren durchsetzt, die zum Großteil noch heute vorhanden sind: Das dem Castel Sant'Angelo am nächsten liegende Tor, das zunächst den Namen Posterula Sancti Angeli erhielt, wurde später zur Porta Castello; bei der Chiesa di San Pellegrino befand sich die Porta Sancti Peregrini, später auch Porta Viridaria oder Porta Sancti Petri genannt (noch heute sichtbar hinter dem rechten Flügel der Bernini-Kolonnaden, in der Neufassung von Papst Alexander VI. von zwei Türmen bewacht). Schließlich öffnete sich nach Trastevere, bei der Kirche Santo Spirito in Sassia, die Posterula Saxonum, die später zur heutigen Porta Santo Spirito wurde. Die alten Quellen nennen auch ein nach Cornelia oder Aurelia benanntes Tor, das wahrscheinlich mit der Porta Sancti Petri identisch ist.

Im päpstlichen Rom bildete die *Città Leonina* (die Leoninische Stadt, auch Leostadt) eine Bastion zur Verteidigung der päpstlichen Monarchie. Nach der Rückkehr aus der avignonesischen Gefangenschaft, die von 1309 bis 1377 gedauert hatte, wurde den Päpsten nämlich klar, dass der Vatikan besser zu verteidigen war als der Lateran, ihre ursprüngliche Residenz, nicht zuletzt dank der außerordentlichen Festung, die Castel Sant'Angelo darstellte. So machte man sich also daran, innerhalb des Leoninischen Mauergürtels neue Gebäude zu errichten und zu befestigen. Die Mauern wurden instandgesetzt, verbreitert, verstärkt, und um den neuen militärischen und bautechnischen Anforderungen zu entsprechen, wurden weitere Tore geöffnet. Die Mauern, von denen das Staatsgebiet der *Città del Vaticano* (mit den Kolonnaden) heute umfasst wird, sind von Papst Paul III. (1534–1549) – mit Michelangelo als dem Architekten der erste Bastion – und von Papst Urban VIII. (1623–1644) in Auftrag gegeben worden.

Auf einem Plan von Mariano Vasi aus dem 18. Jahrhundert (*Vetus Planum Urbis Romae*) sind die Haupttore zu sehen: Porta San Petri, die später durch Porta Castello ersetzt wurde; Porta San Pellegrini: zwischen diesem Tor und Castel Sant'Angelo verläuft der *Passetto*; Porta Pertusa, das nördlichste, vom Bastione di San Giovanni geschützte Tor: fast immer zugemauert, hier hielt Christina von Schweden ihren Einzug; Porta Fabrica (auch Porta Fornacum genannt), die, wie der Name schon sagt, der Anlieferung von Baumaterial diente; Porta Turrionis, später wegen der nahegelegenen Kaserne Porta Cavalleggeri genannt, ist heute abgerissen, doch hat die Stelle, wo sie einst stand (und wo man noch die Reste des Turrione sehen kann), bis heute diesen Namen behalten. Hier brachen 1527 die Landsknechte Karls V. ein; Porta Santo Spirito, die in der heute existierenden Form von Antonio da Sangallo dem Jüngeren gestaltet wurde.

Am äußersten Ende des *Passetto*, gegenüber der Piazza San Pietro, beginnt die Via di Porta Angelica. In vergangenen Zeiten führte diese Straße, wie ihr Name andeutet, zur Porta Angelica. Als eine Folge des Konkordats, das auch unter der Bezeichnung *Conciliazione* (Versöhnung) bekannt ist, wurde an der linken Straßenseite entlang eine moderne Mauer gebaut, wie eine regelrechte Grenze zwischen zwei Staaten. Hier befindet sich heute Porta Sant'Anna, der einzige

Eingang zum Vatikan für Besucher, aber auch für viele Vatikanbürger. Wer kein Eingangsvisum hat, sollte allerdings gar nicht erst versuchen, diese Schwelle zu überschreiten. Als Kontrollposten an dem Tor dienen seit mehr als einem halben Jahrhundert die päpstlichen Soldaten, die Hellebardiere des Papstes. Oder besser: die Schweizergarde.

Und damit sind wir wieder bei unserem Thema, den außergewöhnlichen Abenteuern der ältesten Armee der Welt, außerdem der einzigen auf der Grundlage eines religiösen Glaubens gebildeten. Abgesehen von den beiden im 19. Jahrhundert gegründeten und später wieder aufgelösten pontifischen Korps (der *Guardia nobile* von Pius VII. und der *Guardia palatina* zu Ehren von Pius IX.) gab es noch die Korsische Garde. 1528 nämlich nahm Clemens VII. (1523–1534) zu seiner eigenen Sicherheit sechshundert korsische Soldaten in Sold. 1637 wurde das Kontingent halbiert und 1662 infolge der Zusammenstöße zwischen den Korsen und den Männern des Duc de Créqui, seinerzeit französischer Botschafter in Rom, aufgelöst.

Die Päpstliche Schweizergarde dagegen hat ihren Ursprung offiziell 1506, im Rom der Renaissance, als der 1503 gewählte Julius II. della Rovere (1503–1513) die Tagsatzung, die Versammlung der Abgesandten der Schweizer Eidgenossenschaft, darum ersuchte, ihm die Rekrutierung einiger Dutzend junger Männer als Leibgarde zu gestatten. Am 21. Juni 1505 unterbreitete der Luzerner Prälat Peter von Hertenstein den päpstlichen Antrag, Ende Oktober desselben Jahres begann die Rekrutierung, zumeist in der Gegend von Luzern und Zürich. Innerhalb weniger Monate wurden es 150 Söldner, die sich im tiefsten Winter zu Fuß von Luzern entlang der Via Francigena, der alten Frankenstraße, auf den Weg nach Rom begaben.

Angeführt wurde der Marsch vom Prälaten Hertenstein und dem Kommandanten der Garde, Hauptmann Kaspar von Silenen. Die 150 *Gwardiknechte* machten eine erste Station in Mailand, wo Hertenstein bei der Filiale der Fugger Bank 500 Dukaten abhob.[6] Einen nächsten Halt machten die «Schweizer» in Acquapendente, einer kleinen Stadt in der Südtoskana, um weitere 200 Dukaten von den Fuggern zu kassieren Am 22. Januar 1506 erreichten sie die Tore Roms, am folgenden Tag legten sie ihre Uniform an, in den Farben der Rovere: Rot und Gelb. Von der Porta del Popolo marschierten sie durch den Campo de' Fiori zum Vatikanhügel, präsentierten sich dem Pontifex und bezogen Quartier.

Der Elsässer Prälat Johannes Burchard, päpstlicher Zeremonienmeister und gewissenhafter Chronist, registriert das historische Ereignis in seinem Tagebuch: «Am 22. Januar 1506, gegen Abend, überschritt eine Gruppe von 150 Schweizer Soldaten, geführt von Hauptmann Kaspar von Silenen, die Porta del Popolo und zog in Rom ein.» Vor Julius II. hatte bereits Papst Sixtus IV. (1471–1484) eine Allianz mit den Konföderierten geschmiedet und den Vertrag geschlossen, der die Möglichkeit der Rekrutierung von Söldnern vorsah. 1479 hatte er für sie in der Nähe der Chiesa di San Pellegrino Unterkünfte bauen lassen. Und Innozenz VIII. (1484–1492) hatte vor, sich ihrer gegen den Herzog von Mailand zu bedienen. Auch Alexander VI. (1492–1503) wird während der Allianz der Borgia mit dem König von Frankreich die Schlagkraft der konföderierten Soldaten nutzen. Es war aber Julius, der Papst Michelangelos, der die offizielle Geburtsstunde des Korps der Schweizergarde einläutete.

Julius II. war ein kriegerischer Papst, der sich zum Ziel gesetzt hatte, den Kirchenstaat zu stärken und die in Rebellion befindlichen Territorien zurückzuerobern. Für seine Leibgarde hatte er sich den französischen König zum Vorbild genommen, der seit 1497 seine persönliche Sicherheit einer eidgenössischen Schweizer Einheit von hundert Mann anvertraute.[7] Julius II. wollte die doppelte Anzahl, musste sich am Ende aber mit 150 Mann begnügen. 1521 hatten die Schweizer Orte, darunter das bereits reformierte Zürich, Leo X. ein höheres Kontingent gestellt.

Zur tragischen «Bluttaufe» des kleinen Korps, zur ersten echten Bewährungsprobe der im Eid formulierten Pflichterfüllung, die auch das Opfer des eigenen Lebens einschloss, kam es am 6. Mai 1527. Anlass war der *Sacco di Roma*, eine der verheerendsten Invasionen, die die Stadt jemals erlebte.[8] 147 Schweizer fielen bei dem Versuch, Papst Clemens VII. zu verteidigen. Am Morgen des 6. Mai 1527 gab Generalhauptmann Bourbon, der im Dienste Karls V. stand und sein Hauptquartier im Kloster Sant'Onofrio auf dem Gianicolo bezogen hatte, von dort aus das Zeichen zum Angriff an drei Fronten: der Mauer des Campo Santo Teutonico, der Porta Santo Spirito und der Porta del Torrione. Hier waren die Gefechte am heftigsten, beim Sturm auf die Stadtmauer wurde Bourbon tödlich getroffen. Durch ein Haus an der Mauer, das überraschend eine von den Verteidigern übersehene Öffnung bot, gelang es den spanischen Söldnern, in die Stadt einzudringen.[9] Nach einigen Stunden blutigster Kämpfe fielen auch die übrigen Truppen in den Borgo Santo Spirito und den Borgo San Pietro ein, eine Horde von ca. 14 000 Landsknechten stürmte die Stadt. Die Schweizergarde, die sich zu Füßen des Obelisken zusammengefunden hatte, der noch heute beim Campo Santo Teutonico steht, und die wenigen noch übriggebliebenen römischen Truppen leisteten ebenso erbitterten wie aussichtslosen Widerstand. Die Schwert- und Hellebardengefechte sollten bis in die Stanzen Raffaels und ins Innere der Sixtinischen Kapelle vordringen. Kommandant Kaspar Röist wurde vor den Augen seiner Frau Elisabeth Klingler von den Spaniern massakriert. Von den 189 Schweizer Soldaten konnten sich nur zweiundvierzig retten: diejenigen, die Papst Clemens VII. unter dem Kommando von Herkules Göldli zu seinem Zufluchtsort, dem Castel Sant'Angelo, begleitet hatten. Die übrigen wurden, gemeinsam mit 200 Flüchtlingen, vor den Stufen des Hauptaltars von Sankt Peter niedergemetzelt. Dass Clemens VII. und seine Männer sich retten konnten, war einzig und allein durch den *Passetto* möglich.

Die « frommen Landknechte», eine kampferprobte professionelle Infanterie aus bayerischen und Tiroler Söldnern und einigen spanischen Abteilungen, die im 16. Jahrhundert den Kern der deutschen Militärkraft bildete und in ganz Europa gefürchtet war, waren die Protagonisten des *Sacco di Roma*. Plünderung war damals ein Recht, das den Söldnerheeren bei ausgebliebenen Soldzahlungen zugestanden wurde. Zu diesem Wüten, dem keine Grenzen gesetzt waren, gehörten Vergewaltigungen, die auch in Rom an der Tagesordnung waren. Die *Lanzi* (von ital. *lanzichenecchi*) machten selbst vor Klosterpforten nicht Halt, die sie durchbrachen, um sogar die Klausurschwestern zu vergewaltigen. Die Gewalt und Brutalität, mit der sie vorgingen, erklärt sich daraus, dass die deutschen Truppen aus überzeugten Anhängern der «neuen Lehre» Luthers bestanden (zehn Jahre zuvor hatte die Reformation begonnen), in deren Augen der Papst der Antichrist und Rom die große Hure war. In ihnen brodelte also nicht nur der bei Söldnern übliche Drang nach gewaltsamer Unterwerfung, sondern darüber hinaus unbändiger Hass und mörderische Rachsucht. Das kaiserliche Heer und Frundsbergs Landsknechte waren vom Geist eines antipäpstlichen Kreuzzugs beseelt. Die Folgen für die Bevölkerung und die Denkmäler der Stadt waren fürchterlich.

Acht Tage lang tobten sie ihre Wut in Plünderungen und Übergriffen aus. Sogar die Gräber der Päpste wurden aufgebrochen, um sie zu plündern, der Leichnam Julius' II. ausgegraben, die Gebeine der Apostel in alle Himmelsrichtungen verstreut. Am Ende fielen etwa viertausend Personen Plünderung und Pest zum Opfer; der Wert der Beute entzieht sich jedoch einer seriösen Berechnung. Zum Raub und zur Gewalt gesellte sich antipäpstlicher Hohn und Spott. Unter den Augen des Papstes wurde vor dem Castel Sant'Angelo die Parodie einer kirchlichen Prozession aufgeführt, mit der Clemens aufgefordert wurde, die Segel und die Ruder der *Navicella*, des Petrusschiffchens, an Luther herauszugeben. Die Landsknechte johlten: «*Vivat Lutherus pontifex!*» («Es lebe Papst Luther!»). Doch damit nicht genug. In Raffaels Fresko *La Disputa del Santissimo Sacramento* (Die Disputation um das Allerheiligste Sakrament) in den Stanzen wurde Luthers Name mit dem Schwert eingeritzt.

Nicht nur Reliquien und Kunstwerke wurden zerstört, beim *Sacco di Roma* ging außerdem ein weiterer, unermesslicher Schatz verloren: der größte Teil der Goldschmiedearbeiten der Kirchen.

Zur Erinnerung an diesen Tag steht unter Bernardino Passeris Büste in der Via dei Penitenziari:

Il 6 maggio 1527
ravvolto nella bandiera
di sua mano strappata
alle irrompenti orde borboniche
qui presso cadde a difesa della patria
nel proprio e nel nemico sangue
Bernardino Passeri romano
orefice, padre di famiglia.
Perché tanto esempio frutti insegnamento
ed emulazione ai posteri.
La società degli orafi di Roma
al loro fratello d'arte e di cuore
nuovo ricordo consacrano
23 ottobre 1885

Am 6. Mai 1527
fiel hier in Verteidigung des Vaterlandes
umhüllt von der Bourbons Horden
eigenhändig entrissenen Fahne

im eigenen und im Blut des Feindes
Bernardino Passeri, römischer
Goldschmied und Familienvater.
Auf dass sein großartiges Beispiel den Nachkommen
ein nachzueiferndes Vorbild sei.
Von der Gesellschaft der Goldschmiede Roms
ihrem Bruder in der Kunst und des Herzens
zur ewigen Erinnerung gewidmet
23. Oktober 1885

Am 5. Juni 1527 musste Clemens VII. kapitulieren und harte Bedingungen akzeptieren: die Übergabe der Festungen Ostia, Civitavecchia und Cività Castellana, den Verzicht auf die Städte Modena, Parma und Piacenza sowie die Zahlung von 400 000 Dukaten, ein stattliches Lösegeld zur Befreiung der zahlreichen Gefangenen. Außerdem wurde, und dies interessiert uns im Kontext unserer Geschichte besonders, die Schweizergarde aufgelöst. An ihre Stelle traten zweihundert Landsknechte, vier Kompanien deutscher und spanischer Soldaten. Der Papst konnte durchsetzen, dass den überlebenden Schweizern das Recht zuerkannt wurde, in die neue Garde einzutreten. Doch nur zwölf von ihnen nahmen das Angebot an. Die anderen wollten mit den verhassten Landsknechten nichts zu tun haben. Es vergingen zwanzig Jahre, bis Paul III. im Jahre 1548 beschloss, das Korps der päpstlichen Hellebardiere neu zu bilden.

Zur Erinnerung an den 6. Mai 1527 werden die «Schweizer» Rekruten bis heute an diesem symbolträchtigen Tag vereidigt. Die neuen Rekruten kommen in großer Gala-Uniform auf dem Damasushof zusammen, um aus dem Munde des Kaplans den Text der Eidesformel zu hören:

> Ich schwöre, treu, redlich und ehrenhaft zu dienen dem regierenden Papst und seinen rechtmäßigen Nachfolgern und mich mit ganzer Kraft für sie einzusetzen, bereit, wenn es erheischt sein sollte, selbst mein Leben für sie hinzugeben. Ich übernehme dieselbe Verpflichtung gegenüber dem Heiligen Kollegium der Kardinäle während der Sedis-Vakanz des Apostolischen Stuhls. Ich verspreche überdies dem Herrn Kommandanten und meinen übrigen Vorgesetzten Achtung, Treue und Gehorsam. Ich schwöre, alles das zu beachten, was die Ehre meines Standes von mir verlangt.

Die Rekruten treten, einer nach dem anderen, einen Schritt vor und schwören, die linke Hand an die Gardefahne gelegt und die rechte mit gespreizten Fingern (als Symbol der Dreifaltigkeit) zum Schwur erhoben: «Ich, [Name, Erg. d. Ü.], schwöre, alles das, was mir soeben vorgelesen wurde, gewissenhaft und treu zu halten, so wahr mir Gott und seine Heiligen helfen.» Und bei den Heiligen wird besonders an die Schutzheiligen der Schweizergarde gedacht, an St. Martin (11. November), St. Sebastian (20. Januar) und St. Niklaus von Flüe, *Defensor pacis et pater patriae* (Verteidiger des Friedens und Vater des Vaterlandes, 25. September).

Nach der Bluttaufe vom Mai 1527 hatte das Heer des Papstes andere Herausforderungen zu bestehen, alle aber erheblich weniger schwer, abgesehen von einer Episode im Jahre 1859, die als «Blutbad von Perugia» in die Geschichte eingegangen ist. Während des zweiten Unabhängigkeitskrieges hatten sich etwa 800 junge Männer aus Perugia freiwillig dem savoyischen Heer angeschlossen. Gleichzeitig hatte sich in der Stadt ein Komitee von Aufständischen gebildet, das nach dem Scheitern der Verhandlungen mit dem päpstlichen Gesandten eine provisorische Regierung ausrief und die Stadt Vittorio Emanuele II. anbot. Von Anfang an war aber klar, dass Pius IX. nicht bereit sein würde, diesen Teil seines territorialen Hoheitsgebietes aufzugeben, dass er vielmehr die Aufruhrstimmung zum Vorwand nehmen würde, um die Revolte exemplarisch niederzuschlagen. An diesem Punkt befahl die provisorische Regierung der Bevölkerung, sich auf die Verteidigung der Stadt einzustellen.

Am 20. Juni erreichten die päpstlichen Truppen, ungefähr 2 000 Mann, zum Großteil Schweizergarden unter dem Befehl von Oberst Anton Schmidt, die Stadttore Perugias. Die Freiwilligen-Truppen, schlecht ausgebildet und noch schlechter bewaffnet, versuchten sich in der Verteidigung, die aber sehr schnell niedergezwungen wurde. Dabei fielen zehn der Papstgetreuen und dreißig Männer aus Perugia. Die Schweizer strömten in die Stadt und machten sich derselben Gewalttaten schuldig, die drei Jahrhunderte zuvor von den *Lanzi* verübt worden waren.

Bemerkenswert ist das Verhalten von Placido Acquacotta, dem Abt des Klosters San Pietro, der in den Labyrinthen und Kellern des Konvents Dutzende von Zivilisten in Todesangst versteckte und ihnen damit das Leben rettete. Ein Beispiel dafür – und wir werden in diesem Buch noch einige davon sehen –, wie sich einfache Ordensbrüder abweichend und wesentlich «christlicher» verhielten als die Hierarchien, denen sie formell unterstellt waren. Der Gelehrte Pasquale Villari (1827–1917) schrieb in seiner *Storia generale d'Italia* (Allgemeine Geschichte Italiens, 1881):

> Es wurden dreißig Häuser geplündert, in denen – nach dem Bekenntnis Schmidts persönlich – ein Massaker an den Frauen begangen wurde; es wurden ein Kloster, zwei Kirchen, ein Krankenhaus und ein Waisenhaus besetzt, in dem es unter den Augen der Lehrerinnen und der Kameradinnen zur Vergewaltigung zweier junger Mädchen kam. Den Ungeheuerlichkeiten der Plünderer folgten, als legitime Dreingabe, die von Schmidt ausgeübte Standgerichtsbarkeit, die ihm und seinen Schergen vom Papst verliehenen Orden und die von Kardinal Pecci [dem späteren Papst Leo XIII., Erg. d. A.] abgehaltenen feierlichen und pompösen Begräbniszeremonien mit der teuflisch provozierenden Inschrift auf dem Katafalk: *Beati mortui qui in Domino moriuntur.*

Das Massaker konnte dem Furor Giosuè Carduccis[10] natürlich nicht entgehen, der in seiner Gedichtsammlung *Juvenilia* (XCII) wenige Tage später mit heißer Feder ein donnerndes Sonett schrieb, in dem er die Schweizer als «Katholikenwölfe» und «Mördergezücht» bezeichnet:

> Nicht länger nährt des Frevels feige Wut
> Die Hure Rom auf ihrem Sündenfest;
> Mit dicken Lippen dürstet sie nach Blut,
> Lässt ein die Katholikenwölfe, lässt
> Sie los aufs Volk, bis allen Sand die Flut
> Von Vergewaltigung und Gräuel nässt;
> Und dass uns noch mehr graut vor solcher Brut,
> Hebt sie zum Häuptling Christus aufs Podest –
> Christus, den Meister, der die Freiheit lehrt,
> Der in die Scheide schickte Petri Schwert,
> Und der nicht tötet, nein, verzeiht und stirbt.
> Gib, Gott, dass Blitz das Mordgezücht verdirbt
> Und dass der Schoß, aus dem die Schande schwärt,
> Dahin, woher er stammt: zur Hölle fährt.[11]

Das «Blutbad von Perugia» ist ein heute fast vergessenes Ereignis, hatte seinerzeit jedoch ein enormes, auch internationales Echo, zumal von den Gewalttaten die amerikanische Familie Perkins betroffen war, die sich rein zufällig zu Gast in Perugia befand. Am 25. Juni des

Jahres berichtete die New York Times unter dem Titel *The massacre at Perugia*: «Die Soldaten waren völlig hemmungslos, sie schienen jedem Gesetz abgeschworen zu haben und drangen nach Gutdünken in alle Häuser ein, begingen grauenhafte Morde und andere Barbareien an wehrlosen Bewohnern, Männern, Frauen und Kindern.»

Umstritten ist die Frage nach der persönlichen Verantwortung Pius' IX. an dem Blutbad, ob die Schweizer also lediglich den Befehl erhalten hatten, die Revolte zu ersticken, oder darüber hinaus die Lizenz zu jeder Art von Gewalttaten gegenüber der Peruginer Bevölkerung nach gewonnener Schlacht. Unleugbar jedenfalls ist seine Verantwortung für die anschließenden Enthauptungen, wie aus einem Befehl Cavalier Luigi Mazios, des stellvertretenden päpstlichen Ministers, an Oberst Schmidt hervorgeht:

> Hiermit beauftragt der unterzeichnende Commissario Sostituto Ministro Eure Exzellenz, der Santità di N.S. die Provinzen aus der Hand einiger Aufständischer zurückzuerobern, und dabei empfehle ich Ihnen Strenge, denn dies soll Anderen zum Beispiel dienen und sie von der Revolution fernhalten. Ich erteile Ihnen darüber hinaus die Berechtigung, die in den Häusern angetroffenen Aufständischen enthaupten zu lassen und, um der Regierung die Kosten zu ersparen, sowohl die Verpflegung als auch die Ausgaben für die bevorstehende Mission der Provinz in Rechnung zu stellen.[12]

In den darauffolgenden Jahren hatte das Heer des Papstes ein ruhigeres Leben. Jahrhundertelang haben die «Schweizer» die weltliche Macht (*il potere temporale*) des Vatikans sichergestellt – bis zum Juli 1870, als der Französisch-Preußische Krieg der «Herrschaft» des Pontifex ein Ende setzte. Aus dem englischen Exil nämlich reklamierte Napoleon III., der regierende Kaiser der Franzosen, seinen Herrschaftsanspruch über Frankreich und zog deshalb zwischen dem 4. und 6. August seine Truppen aus der päpstlichen Hauptstadt ab. Die italienische Regierung verlor keine Zeit: Kaum wurde Napoleon vom Kriegsglück verlassen, ließ sie das päpstliche Territorium von der Armee des *Regno d'Italia* umzingeln. Nach der Niederlage von Sedan und der Ausrufung der Französischen Republik wurde die militärische Belagerung verstärkt, und am 20. September 1870 schlugen die *bersaglieri* des Generals La Marmora etwa auf der Höhe der Porta Pia eine Bresche in die Stadtmauer, marschierten in Rom ein und vereinigten die Stadt mit dem neun Jahre zuvor proklamierten Königreich. Pius IX., der jedes Blutvergießen vermeiden wollte, gab dem Kommandanten der päpstlichen Streitkräfte, General Kanzler, den Befehl, die Verteidigung auf das zu beschränken, was notwendig erschien, um zu demonstrieren, dass man nur der Gewalt weichen würde. Am Tag darauf wurden die päpstlichen Truppen entlassen, nur die Schweizergarde blieb erhalten.

So endet eine jahrhundertelange Ära, in der es für die Päpste unerlässlich war, zur Verteidigung ihrer Territorien, also ihrer weltlichen Macht, eine Armee im Sold zu haben. Von nun an sollte die Schweizergarde nur noch die Aufgabe haben, die Unversehrtheit des Papstes und die Sicherheit der vatikanischen Paläste sowie der päpstlichen Sommerresidenz Castel Gandolfo zu garantieren. Die einmal von Stalin gestellte Frage, über wie viele Divisionen denn der Vatikan verfüge, hatte also wenig Sinn.

Eine wichtige Station in der Geschichte der Schweizergarde waren die Lateranverträge, die am 11. Februar 1929 zwischen dem italienischen Staat und der Kirche geschlossen wurden. Der Vertrag besteht aus einem Vertragstext und einem Anhang. Mit ersterem wurde dem Heiligen Stuhl die absolute souveräne Gewalt über den Vatikan eingeräumt. Der Vertrag legt die vatikanischen Zuständigkeiten aufs Genaueste fest. In Artikel 3 heißt es:

> Italien anerkennt das volle Eigentum sowie die ausschließliche, unumschränkte souveräne Gewalt und Jurisdiktion des Heiligen Stuhles über den Vatikan, wie er gegenwärtig besteht, mit all seinem Zubehör und seinen Dotationen. Hierdurch wird zu den besonderen Zwecken und unter den im vorliegenden Vertrag genannten Bedingungen die Vatikanstadt geschaffen. Die Grenzen der genannten Stadt sind auf dem Plan angegeben, der als Anlage I zu dem vorliegenden Vertrag einen integrierenden Bestandteil desselben bildet.[13]

Ein weiterer Absatz klärt und präzisiert die Frage der Zugänge und Grenzen:

> Im Übrigen herrscht Einverständnis darüber, dass der Petersplatz, obwohl er zur Vatikanstadt gehört, auch in Zukunft in der Regel der Öffentlichkeit zugänglich bleibt und der Polizeigewalt der italienischen Behörden untersteht. Ihre Organe haben am Fuße der Treppe zur Peterskirche haltzumachen, obwohl diese nach wie vor für den öffentlichen Gottesdienst bestimmt bleibt, und sich des Besteigens der Treppe sowie des Betretens der Basilika zu enthalten, es sei denn,

> dass die zuständige Behörde um ihr Eingreifen ersucht. Hält der Heilige Stuhl es für angebracht, den Petersplatz für besondere Feierlichkeiten vorübergehend für den öffentlichen Verkehr zu sperren, so werden die italienischen Behörden sich hinter die äußeren Linien der Berninischen Kolonnaden und ihrer Verlängerung zurückziehen, falls sie nicht von der zuständigen Behörde zum Bleiben aufgefordert werden.[14]

In Wahrheit ist die Fläche des Staates der Vatikanstadt nicht auf die 44 Hektar innerhalb der Mauern beschränkt. Das Patrimonium des Heiligen Stuhls erstreckt sich auf zahlreiche Basiliken, Seminare, Abteien, Klöster und viele Immobilien, denen die Lateranverträge zum Teil das «Privileg der Extraterritorialität» und allen die «Befreiung von Expropriationen und Steuern» zuerkennen.

Die Schaffung des neuen Staates der Vatikanstadt stellte auch die Eidgenossenschaft vor eine heikle Frage, da es sich von dem Zeitpunkt an um die Einberufung ihrer Bürger in ein ausländisches «Heer» handelte. Das Problem wurde vier Tage nach Unterzeichnung der Verträge durch einen Beschluss des Schweizer Gesamtbundesrats gelöst, der feststellte:

> Die päpstliche Garde kann nicht als ausländische, bewaffnete Einheit gemäß Artikel 94 des militärischen Strafrechts betrachtet werden; da diese Truppe eine einfache Wachpolizei ist, kann jeder, wie bisher, in ihren Dienst treten, ohne die Zustimmung des Gesamtbundesrates einzuholen.

Durch die Gründung des neuen Staates der Vatikanstadt wurde die Installierung neuer Kontrollposten am Arco delle Campane (Glockentor) und an der Porta Sant'Anna (Annator) notwendig. Der Portone Borgia dagegen wurde geschlossen. Ebenfalls im Jahr 1929 begann man mit den Bauarbeiten für die offiziellen Unterkünfte der Offiziere und Unteroffiziere der Garde, und in dieser Zeit wurde auch die Restaurierung der kleinen Chiesa di San Martino e Santo Sebastiano abgeschlossen, die 1568 von Papst Pius V. (1566–1572) im Quartier der Schweizer erbaut worden war. Die Chiesa San Pellegrino dagegen, die jahrhundertelang zur Geschichte der Schweizer gehörte, wurde der *Vigilanza* (Wache) des Vatikans zugewiesen.

Auf der Homepage der Römischen Kurie werden die für einen päpstlichen Soldaten notwendigen Eigenschaften in aller Klarheit aufgeführt:

> Ich bin Schweizer Bürger. Ich bin römisch-katholisch. Ich habe einen einwandfreien Leumund. Ich habe die Schweizer Rekrutenschule absolviert. Ich bin zwischen 19 und 30 Jahre alt. Ich bin mindestens 174 cm groß. Ich bin ledig. Ich habe eine Berufslehre oder eine Mittelschule abgeschlossen.

Männlich also, Schweizer Staatsbürger, mittlere Größe, unverheiratet, katholisch, mit einem Schulabschluss – das ist der Schweizergardist. Die Mindestdauer des Dienstes beträgt zwei Jahre. Das monatliche Gehalt beläuft sich auf circa 1 350 Euro. Heiraten darf man frühestens mit 25 Jahren, nach drei Jahren Dienst, der Erreichung des Dienstgrades Korporal und der Verpflichtung, der römischen Kirche mindestens drei weitere Jahre zu dienen.

Was sind in der alltäglichen Praxis die Aufgaben eines «Schweizers»? Zwei Drittel des Personals werden zur Bewachung der Eingänge des Apostolischen Palastes eingeteilt: im Cortile di San Damaso, im Cortile del Belvedere, in den Loggien, in der Sala Regia, vor den Büros des Staatssekretariats und vor den Privatgemächern des Papstes. Die Garde kontrolliert außerdem die Außeneingänge: am Cancello Petriano, am Arco delle Campane, am Portone di Bronzo und an der Porta Sant'Anna. Bei allen offiziellen Anlässen in Anwesenheit des Papstes leisten die Schweizer Dienst als Ehrengarde sowie Kontroll- und Ordnungsdienste: bei den Liturgiefeiern im Petersdom, bei den Generalaudienzen, bei Besuchen ausländischer Staatsoberhäupter. Dann sind da noch die Inspektionen, die Marsch- und Schießübungen, die Proben der Kapelle, der Trommler, des Chores.

Die Schweizergarde hat einen Bestand von 110 Soldaten, aufgeteilt in drei Geschwader, die sich alle drei Stunden ablösen. Ein Geschwader ist im Dienst, ein zweites dient der Verstärkung, das dritte hat frei. Unter der Führung des Kommandanten operieren drei Offiziere und eine Gruppe von Unteroffizieren. Die Offiziere und Feldwebel leisten ihren Dienst normalerweise in Zivil. Die Uniform wird nur bei repräsentativen Anlässen oder beim Exerzieren getragen. Der Kaplan ist einem Oberstleutnant gleichgestellt. Der Kommandant hat die Gesamtleitung der Garde inne und ist für die Rekrutierung und die Aufrechterhaltung der Disziplin zuständig. Die Schweizer essen in der internen, von den Albertiner Schwestern verwalteten Mensa.

> Die Fahne der Schweizergarde wird durch ein weißes Kreuz in vier Felder unterteilt, von welchen das erste das Wappen des regierenden Papstes trägt und das vierte jenes von Papst Julius II., beide auf rotem Grund; das zweite und das dritte Feld tragen die Farben des Korps, welche blau, rot und gelb sind. Auf den Schnittpunkt der Kreuzbalken ist das Wappen des Kommandierenden Hauptmanns gesetzt. (Reglement der Schweizergarde, Artikel 3)

Das Wappen des Kommandanten wird traditionellerweise mit den Farben seines Herkunftskantons hinterlegt. Apropos Farben: Die farbenfrohe Uniform der Schweizer ist ein Markenzeichen des Vatikans. Wie alte Filme beweisen, erhielt sie ihre heutige Gestalt erst im 20. Jahrhundert. Der Entwurf für eine Uniform soll sich bis zu Michelangelo zurückverfolgen lassen, es scheint aber, als habe sich der Meister persönlich nie wirklich damit befasst. Gesichert ist dagegen der Einfluss Raffaels und seiner Bilder. In seinem Fresko *Cacciata di Eliodoro dal tempio* (Die Vertreibung des Heliodor aus dem Tempel), das im Vatikan in der Stanza di Eliodoro zu bewundern ist, stellt Raffael um Julius II. herumgruppiert einige Soldaten der Schweizergarde dar, die mit weiten, kniekurzen Hosen und dem auf der Hüfte endenden Wams bekleidet sind. Der Stoff, aus dem diese Uniformen gefertigt sind, ist aus Wolle. Papst Clemens IX. (1667–1669) hatte dem *Conservatorio delle ragazze mendicanti* (Armenhaus der Bettelmädchen) das Exklusivrecht auf die Stofflieferung für die Bekleidung der Garde gewährt. Die Renaissance gestaltete ihre Kleidung nicht nur raffinierter, sie reicherte sie auch durch leuchtende Farben an: Papst Leo X. (1475–1521) fügte dem Blau-Gelb der «della Rovere» das Rot hinzu, sodass nun auch die Farben der Medici vertreten waren.

Die Französische Revolution hatte ebenfalls Einfluss auf die Schweizergarde: es kam der Zweispitz mit seiner Kokarde und dem französischen Kragen. Auch der extrem breite Schultergurt aus Leder, der von der rechten Schulter bis zum linken Oberschenkel reichte und an dessen Ende die Scheide für den Säbel befestigt war, wurde übernommen. Dem Kommandanten Jules Repond (1910–1921) verdankt sich der aktuelle Schnitt der Uniform der Schweizergarde. Von Raffaels Fresken inspiriert, schaffte er die Hüte ab und ersetzte sie durch die noch heute üblichen Baskenmützen, an denen die Rangabzeichen befestigt sind. Er führte den weißen Kragen anstelle der mehr oder weniger gefältelten Halskrause ein. Nur noch zur Galauniform gehören die auffallende Halskrause, weiße Handschuhe, ein heller Metallhelm mit weißer Straußenfeder für den Kommandanten und den Feldwebel, mit dunkelvioletter Feder für die Offiziere, mit roter für die Unteroffiziere und die Hellebardiere und mit gelb-schwarzer auf schwarzem Helm für die Trommler und Pfeifer. Auf den beiden Seitenteilen des Galahelms ist im Relief die Eiche der della Rovere abgebildet. Die Alltagsuniform für die normalen Wochentage ist ganz in Blau gehalten.

Heute gehört die Uniform der Schweizergarde zur vatikanischen Folklore. Es hat übrigens nicht an prominenten Kritikern gefehlt. Stendhal zum Beispiel zeigte sich alles andere als begeistert von ihrem Kostüm. Mit folgenden Worten erzählt er nach seinem Besuch am 7. März 1828 im Vatikan, wie er «unter der Kolonnade des Petersplatzes» nach dem Eingangstor zum Vatikan sucht: «Der Fremde erblickt am Ende des rechten Halbrunds merkwürdige Gestalten, die Kleider aus roten, gelben und blauen Tuchstreifen tragen: es sind die guten Schweizer, mit Hellebarden bewaffnet, in der Tracht des 15. Jahrhunderts.»[15] Einige Jahrzehnte später, 1864, sieht Hippolyte Taine die Schweizergarden in der Sixtinischen Kapelle und stempelt sie als «kunterbunt» wie «mit einem Opernkostüm bekleidet» ab.

Als die Schweizergarde am 6. Mai 2006 ihr 500. Jubiläum feierte, sagte Papst Benedikt XVI. in seiner Predigt:

> Unter den vielfältigen Ausdrucksformen der Gegenwart der Laien in der katholischen Kirche findet sich auch jene ganz einzigartige der Päpstlichen Schweizergarde: Es handelt sich um junge Männer, die von der Liebe zu Christus und zur Kirche motiviert sind und sich so in den Dienst des Nachfolgers Petri stellen. Für einige von ihnen ist die Zugehörigkeit zum Korps der Garde zeitlich begrenzt, für andere verlängert sie sich so, dass sie zu einer Entscheidung für das ganze Leben wird. Für einige, und das sage ich mit großer innerer Freude, hat der Dienst im Vatikan die Antwort auf die Berufung zum Priester- oder Ordensleben reifen lassen. Ein Schweizergardist zu sein, bedeutet aber für alle, Christus und seiner Kirche vorbehaltlos zu folgen – in der Bereitschaft, für sie das eigene Leben hinzugeben.

Die Bereitschaft, das eigene Leben hinzugeben oder es auf mysteriöse Weise zu verlieren, wie im Falle von Alois Estermann, seiner Frau Gladys Meza Romero und Cédric Tornay.

Um 20.46 Uhr am Abend des 4. Mai 1998 klingelt im Hause Estermann das Telefon. Es ist eine kleine, elegante Dienstwohnung, gleich neben der Porta Sant'Anna. Wir befinden uns hier mitten im neuralgischen Zentrum der Vatikanstadt, im «Quartier der Schweizer», ganz in der Nähe des Nikolausturms, in dem die berüchtigte Vatikanbank IOR (*Istituto per le opere di religione del Vaticano* – Institut für die Werke der Religion) ihren Sitz hat. Am Telefon ist ein alter Freund aus Orvieto, er möchte Oberst Alois Estermann gratulieren, der nur acht Stunden zuvor zum Kommandanten der Schweizergarde ernannt worden ist. Alois nimmt den Hörer ab und antwortet.

«Wir haben über die Vereidigungszeremonie und über das Wetter gesprochen», wird der «Freund aus Orvieto» in seiner Aussage vom 7. Mai 1998 berichten, und: «An einem bestimmten Punkt gab es eine Unterbrechung, als sei der Hörer auf die Brust gelegt worden oder auf irgendetwas Weiches. Kurze Zeit darauf habe ich in einiger Entfernung Stimmen gehört, eine davon sehr wahrscheinlich die seiner Frau, dann noch ein Geräusch und einen scharfen Knall, dem in sehr kurzer Folge ein weiterer scharfer Knall folgte und weitere Schläge in größerer Entfernung.»

Zur gleichen Zeit hört auch eine im selben Stockwerk wohnende Nonne das Geräusch einiger dumpfer Schläge. Sie läuft auf den Treppenabsatz und sieht, dass die Tür der Estermann-Wohnung weit offen steht. Es ist 21.04 Uhr. Vorsichtig blickt sie hinein, schreit. Die Szene, die sich ihren Augen bietet, ist grauenhaft: auf dem Fußboden und an den Wänden überall Blut. Auf dem Boden drei Leichen: zwei Männer, ausgestreckt und mit dem Gesicht nach unten, und eine Frau, mit dem Rücken an eine Wand gelehnt. Alle drei durch Schusswaffen getötet. Die Toten sind keine gewöhnlichen Opfer, und sie werden die heiligen Mauern des Vatikans gehörig ins Wanken bringen.

Alois Estermann ist nie ein x-beliebiger Offizier gewesen. Er hat eine atemberaubende Karriere hinter sich, vor allem nach dem Attentat auf Papst Karol Wojtyła. An jenem Tag nämlich, dem 13. Mai 1981, machte der damalige Hauptmann Estermann seinem Schwur alle Ehre und rettete dem Pontifex das Leben, indem er ihn mit seinem eigenen Körper abschirmte und sich als Schutzschild vor den Papst warf. In den Augen vieler eine Heldentat, in den Augen anderer eine opportunistische, verspätete und daher überflüssige Geste –

denn einer der auf den Papst gerichteten Schüsse hatte bereits sein Ziel erreicht.

Um 21.30 Uhr, wenige Minuten nach der schockierenden Entdeckung, ist in dem kleinen Appartement des Ehepaars Estermann ein unaufhörliches Kommen und Gehen von hohen Prälaten, vatikanischen Beamten und Männern des *Corpo di Vigilanza* (der Polizeitruppe des Vatikanstaats)[16] zu beobachten. Um 22 Uhr kommt Gianluigi Marrone, Einzelrichter der *Città del Vaticano*. Noch immer liegen die drei leblosen Körper auf dem Boden. Keine Anfrage auf Unterstützung oder Zusammenarbeit erreicht die italienischen Behörden aus dem Heiligen Stuhl. Im Apostolischen Palast versenkt sich der Papst ins Gebet. Vor den Mauern des Vatikans, gegenüber der Porta di Sant'Anna, bildet sich ein Massenauflauf von Journalisten, Fotografen, TV-Kameraleuten und Schaulustigen.

Im Chaos dieser ersten Stunden gibt es außer über die Identität der Opfer keinerlei gesicherte Erkenntnisse. Dennoch verbreitet kurz nach Mitternacht (um 00.10 Uhr) das Pressebüro des Heiligen Stuhles ein Bulletin, n° 184 vom 5. Mai 1998: «Der Korpskommandant der päpstlichen Schweizergarde, Oberstleutnant Alois Estermann», liest man in dem Text, «wurde gemeinsam mit seiner Gattin Gladys Meza und dem Vizekorporal Cédric Tornay in seiner Wohnung tot aufgefunden. ... alle drei [wurden] durch Schusswaffen getötet ... Unter dem Leichnam des Vizekorporals wurde dessen Dienstwaffe entdeckt ... Die bislang festgestellten Einzelheiten deuten darauf hin, dass der Vizekorporal Tornay in einem plötzlichen Anfall von Wahnsinn gehandelt hat.»[17]

Wenig später erläutert der vatikanische Pressechef, Joaquín Navarro-Valls, den Journalisten den Tathergang. Der Vizekorporal habe mit seiner Pistole zunächst das Ehepaar Estermann getötet und anschließend Selbstmord begangen. Zur Erhärtung dieser Version erklärt der Pressesprecher, Tornay habe knapp anderthalb Stunden vor dem Doppelmord einem Kameraden einen Abschiedsbrief an seine Familie übergeben. «Der Vatikan hat die moralische Gewissheit, dass die Ereignisse sich so zugetragen haben», schließt Navarro-Valls mit großer Entschiedenheit.

Noch vor der Autopsie, vor den Ermittlungen, den Verhören, der Auswertung der Spuren am Tatort, den ballistischen Untersuchungen verbreitet der Heilige Stuhl seine offizielle Version des Tathergangs, basierend auf einer «moralischen Gewissheit», die jeden

Zweifel im Keim ersticken soll – gerade einmal drei Stunden nach der Tat. Diese drei Leichen sind aufgrund ihrer Identität und des Ortes, an dem sie aufgefunden wurden, «explosiv».

Am 5. Februar 1999 unterzeichnet Richter Marrone, wie gesagt, das Dekret zur Einstellung des Verfahrens: kein Strafverfahren zum Tode des Oberstleutnants Alois Estermann, seiner Frau Gladys Meza Romero und des Vizekorporals Cédric Tornay. Der Fall ist nun zwar abgeschlossen, was aber fehlt, ist ein gerichtlicher Urteilsspruch, der Tornays Schuld explizit bestätigt.

Auch hier schafft der Heilige Stuhl Abhilfe, und mit dem Untersuchungsbericht im Bulletin des Presseamts am Heiligen Stuhl n° 55 vom 8. Februar 1999 wird die Lücke geschlossen, die nach der Verfügung zur Archivierung des Verfahrens noch geblieben war. Auf neun Seiten – einer Collage aus Textauszügen des Berichts, der bei Richter Marrone von Nicola Picardi, dem zuständigen Staatsanwalt des Vatikans, eingereicht wurde – wird der junge Vizekorporal festgenagelt: ein durchgeknallter, schwerkranker, drogenabhängiger Mörder und Selbstmörder. In dem Bulletin ist nämlich Folgendes zu lesen: «Die Autopsie hat in Tornays Schädel eine taubeneigroße subarachnoidale Zyste zutage gefördert …, welche den vorderen Teil des linken Stirnlappens eingeengt und schließlich deformiert hat.»[18] Das ist aber noch nicht alles: «Die chemisch-toxikologischen Analysen … haben im Urin … Spuren eines Stoffwechselprodukts von Cannabis-Metaboliten nachgewiesen.» Und weiter: «Einen dritten Faktor … stellt eine zum Ausbruch kommende Lungenentzündung dar.» Also geistesgestört, auf Droge und krank.

Fehlt nur noch ein Motiv, das selbst ein so heruntergekommenes Subjekt wohl oder übel zur Tat getrieben haben muss. Hier ist es: «Die Nachricht, dass ihm [von Oberst Estermann, Erg. d. A.] eine Auszeichnung in Form der Benemerenti-Medaille verweigert worden war.» Tornay, verrückt und nachtragend, sei also «von einer akuten mentalen Kurzschlussreaktion übermannt [worden], die ihm vollständig oder zumindest in beachtlichem Maße jegliche Fähigkeit zur Selbstbeherrschung nahm».

Die Dynamik des Verbrechens wird hypothetisch so rekonstruiert: Tornay klingelt an der Tür, tritt in die Wohnung ein, «gibt zwei Schüsse auf Oberst Estermann ab, der zu Boden stürzt, ein dritter Schuss geht ins Leere und bleibt in der Metallummantelung des linken Fahrstuhlpfostens stecken, der vierte trifft Frau Estermann, die mit dem Rücken gegen die Wand kippt und abwärts rutscht, schließlich richtet der Vizekorporal die Waffe gegen sich selbst».

Fünf Schüsse im Ganzen, abgefeuert aus der Dienstwaffe des jungen Tornay: «Unter Tornays Leiche», liest man weiter im Bulletin n° 55, «wurde eine Pistole der Marke SIG Mod. 1975 gefunden. Sie ist Schweizer Bauart, Kaliber 9 mm, versehen mit der Matrikelnummer A-1-101-415; im dazugehörigen Magazin befinden sich normalerweise sechs Patronen, in diesem Fall war nur noch eine vorhanden …, die Waffe erwies sich in der Folge als die Dienstwaffe des Vizekorporals.»[19] Die fünf am Tatort gefundenen Patronenhülsen sollen also aus dieser Pistole stammen. Und die Schüsse soll Tornay abgegeben haben. Kein Zweifel möglich, denn die Gutachter haben an seiner rechten Hand «Partikel gefunden, die eindeutig zu Schmauchspuren gehören.»[20]

Für den Heiligen Stuhl ist der Fall gelöst, jenseits aller berechtigter Zweifel. Dennoch, gewisse Zweifel bleiben. Selbst Einzelrichter Marrone macht in einem Interview mit der Tageszeitung *La Nazione* vom 9. Juni 2002 das Zugeständnis: «Wenn sich solch schwerwiegende Vorfälle ereignen, über deren Hergang Zweifel bleiben, muss man versuchen, sich der Wahrheit approximativ so weit wie möglich zu nähern.» Nicht nur das. In einem Brief an Tornays Mutter vom 1. März 2000 schreibt Marrone, bezugnehmend auf das vatikanische Bulletin n° 55: «Die vom Vatikan erstellten Dokumente können von der Justizbehörde keine formale Bestätigung beanspruchen.»

Genug, um Muguette Baudat davon zu überzeugen, dass die Dinge anders gelaufen sein müssen, als die Spitzen des Vatikans behaupten, und dass ihr Sohn, der arme Vizekorporal, das unschuldige Opfer einer grausamen Inszenierung geworden ist, zur Verschleierung der wahren Gründe des Blutbads, und zu Unrecht des Mordes beschuldigt. «Mir wurden nichts als Lügen aufgetischt, ich bin verzweifelt», erklärt sie am 18. Juni 1998 gegenüber dem italienischen Wochenmagazin *Panorama*, «es gibt da zu viele Geheimnisse, zu viele Lügen des Vatikans.» Madame Baudat lässt sich das nicht bieten, die offizielle Version der Vorgänge überzeugt sie nicht. Am 6. Juli 2000 lässt sie durch die beiden Pariser Rechtsanwälte Jacques Vergès und Luc Brossollet die Wiederaufnahme der Ermittlungen beantragen. Wiederholt, aber vergeblich versuchen die beiden Anwälte, Zugang zu den vatikanischen Justizbehörden zu erhalten. Die Antwort ist immer dieselbe: Es ist nicht möglich.

Am 11. April 2002 schicken sie sogar ein «Gesuch an Seine Heiligkeit, Papst Johannes Paul II., zur Wiederaufnahme der Ermittlungen» und verweisen auf einige ihrer Ansicht nach noch ungeklärte Punkte: vor allem die weit geöffnet vorgefundene Wohnungstür der Estermanns, so als sei jemand in großer Eile geflohen und habe sie dabei offengelassen; dann das Rätsel der vier benutzten Gläser, die in der Wohnung gefunden worden sein sollen – ein Umstand, der die Anwesenheit einer vierten Person nahelegt; schließlich die Ergebnisse einer zweiten, in der Schweiz durchgeführten Autopsie, bei der im Kopf des Vizekorporals keine Spur von einem Hirntumor gefunden worden war. Hinzu kommt: «Die Dienstpistole, mit der sich Tornay umgebracht haben soll», schreiben die Rechtsanwälte, «schießt mit Munition eines Kalibers von exakt 9,41 mm …, das Einschussloch an Cédric Tornays Hinterkopf hat dagegen einen Durchmesser von nur 7 mm.» Hat es also eine zweite Pistole gegeben? Und hat sich Tornay mit dieser umgebracht?

Das ist noch nicht alles. Der reale Schusswinkel der Patrone im Schädel des Vizekorporals, die Fraktur der vorderen Schneidezähne und die Position der Waffe unter der Leiche des jungen Mannes legen für die französischen Rechtsanwälte die Vermutung nahe, dass «die Waffe dem Opfer gewaltsam in den Mund gesteckt worden sein muss». Wenn nämlich Cédric sich selbst getötet hätte, hätte die Pistole durch die Wirkung des Rückstoßes in einem Abstand von einem, anderthalb Metern vom Körper liegen müssen. Kurz und gut, Tornay ist «selbstermordet» worden, sein Selbstmord vorgetäuscht. Auch er ist also ein Opfer, genau wie Alois und seine Frau, kein Mörder.

Was den Brief betrifft, der dem Hellebardier Claude Gugelmann wenige Stunden vor seinem Tod vom Vizekorporal übergeben worden sein soll, so haben die französischen Rechtsanwälte nicht den geringsten Zweifel, dass es sich um eine eklatante Fälschung handelt. In dem Schreiben hatte sich Tornay an seine Mutter gewandt, sie um Verzeihung gebeten «für das, was ich getan habe» (ohne weitere Präzisierung) und beklagt, dass er vielen Ungerechtigkeiten ausgesetzt gewesen sei. Nach einer formalen und graphologischen Analyse des Textes durch Experten erklären die beiden Rechtsanwälte: «Diese Fälschung ist in großer Eile … von einer Person hergestellt worden, die dem Vatikan zumindest nahestehen muss, deren Muttersprache Italienisch ist und die nur einige wenige Informationen zu Cédric Tornays Karriere in der Schweizergarde, über seine Familie und seine Pläne hatte.»

Nicht nur das: Der Brief ist an die Mutter gerichtet, der Autor schreibt auf den Briefumschlag aber einen falschen Nachnamen, Chamorel, den von Madame Baudats zweitem, seit langem geschiedenen Ehemann. Ein Name, wohlgemerkt, den der Sohn in der Korrespondenz mit seiner Mutter niemals benutzte. Verdächtigerweise ist genau dieser Name aber auf einem Formular vermerkt, das Cédric einmal ausgefüllt hatte und das in den Archiven der Schweizergarde aufbewahrt wurde. In einem gewöhnlichen Kriminalfall würde dieses Detail die gesamte bisherige Konstruktion zum Einsturz bringen und den Weg zur endgültigen Aufklärung ebnen. Im Fall des Vatikans dagegen müssen wir uns damit begnügen, den vielen anderen eine weitere Ungereimtheit hinzuzufügen.

Verkompliziert wird der Fall durch das Auftauchen einer mysteriösen Figur, eines Mannes, der Tornay sehr nahestand: Diakon Jean-Yves Bertorello, «Padre Yvan» genannt. Wie in dem Gesuch an den Heiligen Vater zu lesen ist, hat Bertorello «am 6. Mai 1998 Frau Baudat getroffen und vor Zeugen wiederholt beteuert, dass Cédric ermordet worden sei, dass er dafür schriftliche Beweise habe und dass er sich deshalb in Lebensgefahr befinde ..., und nachdem der Heilige Stuhl seine Existenz zunächst einfach geleugnet hatte, hat er sich nun zum Nachweis verpflichtet, dass [Bertorello] nicht die geringste Verbindung zum Vatikan hatte».

Um Klarheit zu erhalten, fordern die französischen Juristen die Wiederaufnahme der Ermittlungen. Am 17. April 2002 wird ihr Gesuch vom Präsidenten des vatikanischen Appellationsgerichts, Monsignor Francesco Bruno, abgelehnt. Die, wie die französischen Anwälte sie charakterisieren, «Obstruktionspolitik des Vatikans» bringt den Fall juristisch endgültig zum Abschluss; Frau Baudat nimmt von einem Prozess gegen den Vatikan Abstand. Zu den bedauerlichen Aspekten dieser zwielichtigen Geschichte gehört die absolute Gleichgültigkeit der Autoritäten des Vatikans gegenüber dem Schmerz von Cédrics Mutter, der sogar die Einsicht in den Autopsiebericht ihres Sohnes verweigert wird. Die dazu vorgebrachte Rechtfertigung lautet: Der Vatikan hat die einschlägigen internationalen Normen niemals ratifiziert.

Die Unmöglichkeit, der Wahrheit auf irgendeine Weise auf die Spur zu kommen, hat es natürlich nicht verhindert, sondern im Gegenteil noch zusätzlich dazu beigetragen, dass die Gerüchte, Hypothesen und Rekonstruktionen, die eine ganz andere Version der Fakten ergeben als die des Heiligen Stuhls, nicht verstummt sind. Schon am 7. Mai 1998 schreibt die Tageszeitung *Berliner Kurier*, Alois Estermann habe seit 1980 als Spion für die Stasi gearbeitet – ein Umstand, der vom Vatikan kategorisch abgestritten wird.

Zwei Bücher wirbeln eine Menge Staub auf. Im ersten, *Verbum dei et verbum gay* (Edizioni Libreria Croce, 1999) von Massimo Lacchei, wird die Hypothese eines Verbrechens aus Leidenschaft aufgestellt. In Form einer kaum verhüllten Schlüssel-Erzählung werden (nie bewiesene) Gerüchte einer morbiden homosexuellen Beziehung zwischen Tornay und Estermann aufgegriffen. Lacchei wird daraufhin von Madame Baudat wegen übler Nachrede verklagt, dann aber wegen eines Formfehlers freigesprochen.

Das zweite, *Bugie di sangue in Vaticano* (wörtlich: Blutlügen im Vatikan, Titel der deutschen Ausgabe: *Ihr habt getötet*), verfasst von einer Gruppe aus Geistlichen und Laienbrüdern aus dem Vatikan, die sich *Discepoli di verità*, also «Jünger der Wahrheit», nennen, erzählt von einem mörderischen Konflikt im Innern der Heiligen Mauern. Oberst Estermann, seine Frau und Vizekorporal Tornay sollen Opfer eines seit langem schwelenden internen Machtkampfes geworden sein, der zwischen Anhängern von Opus Dei und der Geheimlogen im Herzen der Kurie ausgebrochen war. Dieser Rekonstruktion zufolge soll Alois Estermann (der seit Jahren aufs Engste mit der *Obra*[21] verbunden war, wie vom italienischen Wochenmagazin *Epoca* im Mai 1996 unwidersprochen geschrieben wurde) der starke Mann gewesen sein, der von Opus Dei an die Spitze des päpstlichen Heeres gesetzt wurde, um die Apostolischen Paläste und die Bewegungen des Heiligen Vaters kontrollieren zu können. Aber nicht nur. Der «Opus-Plan» habe darauf abgezielt, die Schweizergarde in eine super-effiziente militärische Spezialeinheit zu verwandeln, imstande, die enorme Macht des *Corpo di Vigilanza* zu neutralisieren, der seit eh und je «ein Instrument der Logen-Seilschaft» gewesen sei. Der Estermann-Mord hätte demzufolge dazu gedient, die hegemonialen Bestrebungen von Opus Dei auf diesem Gebiet von Anfang an im Keim zu ersticken, und Tornay sei lediglich das zufällige Opfer, die notwendige Tarnung gewesen, um den Fall in der gebotenen Eile zu einem Abschluss zu bringen.

Der Rekonstruktion der *Discepoli di verità* zufolge soll sich der

Dreifachmord folgendermaßen zugetragen haben: «Vizekorporal Tornay sei gegen Ende seiner Schicht, kurz vor 19 Uhr, überwältigt und – noch in Uniform und mit der Dienstpistole bewaffnet – in den Keller geschleift worden. … Danach habe man in den Kellerräumen Tornays ‹Suizid› begangen, indem man ihn mit einer schallgedämpften Pistole vom Kaliber 7 mm erschoss. Mit Tornays Dienstwaffe habe man danach die Estermanns in ihrer Wohnung im zweiten Stock eliminiert. Anschließend habe man Tornays Leiche in das Appartement gebracht, um den Amoklauf zu inszenieren.»[22]

Hypothesen, Verdachtsmomente, Mutmaßungen in einem Fall, der trotz weiterer rechtsmedizinischer Gutachten noch immer viele dunkle Seiten und ungelöste Rätsel aufweist. Ein Dreifach-Mord in den Mauern des Vatikans, mysteriöse Interessen, das Gesetz des Schweigens, ein komplexer Plot mit vielen Nebenhandlungen, ein Krimi der Extra-Klasse. Vielleicht kommt die Wahrheit niemals ganz ans Licht, zumindest nicht in den nächsten Jahren, auch wenn wir bereits heute mit einer gewissen Berechtigung behaupten können, dass sie jedenfalls mit der offiziell verkündeten nicht übereinstimmt.

III. KREUZ UND SCHWERT
DIE KONSTANTINISCHE SCHENKUNG – EINE FÄLSCHUNG

Der Arco di Costantino (Konstantinsbogen) neben dem Kolosseum ist eines der bekanntesten und zugleich unbekanntesten Monumente Roms. Hinter ihm beginnt die schöne Straße, die an den Ausläufern des Palatin entlang zur Piazza di Porta Capena führt, zu dem Durchgang an der alten Servianischen Mauer, an dem ursprünglich die Via Appia begann. Ganz in der Nähe befand sich der *Fons Camenorum* (der Ortsname Capena ist eine Verzerrung dieses Namens), eine sehr klare Quelle, wo die vestalischen Jungfrauen das Wasser für ihre Riten schöpften. Doch über den Bogen müssen wir sprechen und über den Mann, dessen Namen er trägt: Kaiser Konstantin (ca. 280–337), der das Gesicht und die Geschicke des Römischen Reiches so grundlegend veränderte, den Mann, der das Christentum legitimierte, den Gründer Konstantinopels, der neuen Hauptstadt des Reiches. Menschlich eine beklagenswerte Figur – doch welche Persönlichkeit der Geschichte kann man schon allein aufgrund ihrer menschlichen Qualitäten beurteilen? Und als Politiker war Konstantin herausragend, im Urteil einiger Historiker sogar einer der größten überhaupt.

Der Konstantinsbogen, der seine Erfolge feiert, befindet sich in einer exponierten Lage. Er ist sehr groß, sehr sichtbar, dennoch gehört er, ich wiederhole es, zu den «weniger bekannten» Denkmälern. Ebenso wie die beiden Spiralsäulen (die Antoninische und die Trajanssäule) muss auch dieser Triumphbogen, wenn man seiner Bedeutung gerecht werden will, richtig «gelesen» werden.

Der Platz, an dem der er errichtet wurde, war dem Kult der Roma Aeterna geweiht; hier stand der große, von Hadrian erbaute und von Maxentius restaurierte Doppeltempel der Venus und der Roma.[1] Heute ist von diesem Gebirge aus Marmor, den man extra aus Griechenland hatte kommen lassen, nur noch der Ziegelsteinkern mit der der römischen Stadtgöttin Roma geweihten Apsis erhalten und dahinter die der Venus geweihte. Armselige Reste eines der kolossalsten Bauwerke der antiken Welt. Daneben stand die riesige Bronzestatue, die Nero dargestellt hatte, bevor man sie in die des Apollon umwandelte, des Sonnengottes, das Haupt umrahmt von einer Strahlenkrone als Symbol für die Unsterblichkeit der *Urbe*. Im Mittelalter, in den Jahren des Kampfes der Fürstenhäuser um die städtische und päpstliche Vorherrschaft, wurde das Gebiet in eine Festung verwandelt, die Monumente der Antike wurden dem Erdboden gleichgemacht, ihr Baumaterial zu Kalk gebrannt und ihre Metallteile zur Herstellung von Waffen oder Münzen geschmolzen.

Die Interpretation des Konstantinsbogens ist komplex, denn es handelt sich um ein Spolienwerk, das also aus Elementen älterer Denkmäler und Gebäude zusammengesetzt ist. Der Kunsthistoriker Federico Zeri hat es intensiv erforscht, und überwiegend auf seinen Ergebnissen basieren diese wenigen, hier zusammengetragenen Hinweise. Die beiden Frontalseiten sind von jeweils vier hohen Säulen geprägt. Das Monument ist aus weißem Marmor, die Säulen dagegen (auch wenn man das heute aufgrund der Luftverschmutzung kaum noch unterscheiden kann) sind aus gelbem numidischem Marmor. Oberhalb der Seitenpfeiler sind in einer rechteckigen Rahmung insgesamt acht paarweise positionierte Medaillons angebracht. Die Rechtecke waren ursprünglich aus Porphyr, einem sehr harten roten Gestein von besonderem Charakter. Es hatte nämlich die Anmutung von Purpur, einer Farbe, die ausschließlich dem Kaiser und seiner Gattin vorbehalten war. Und das Rot des Porphyrs repräsentierte mit dem Gelb der Säulen (Purpur und Gold) die Farben Roms – bis heute, einschließlich der Fußballmannschaft AS Rom: den *Giallorossi*, den Gelb-Roten. Die antiken Monumente und Skulpturen waren ursprünglich alle farbig, auch die Statuen waren nicht weiß, wie wir sie heute sehen, sondern naturalistisch eingefärbt bzw. bemalt.

Die Säulen des Bogens sind von Statuen gekrönt: acht Barbaren, gefangene Daker. Die acht Medaillons (Clips) stammen von Kaiser Hadrian, genauer: Konstantin hat sie von einem Hadrianmonument abreißen lassen, um mit ihnen sein eigenes zu schmücken. Im Inneren des Hauptbogens sind zwei Szenen zu sehen: Der Kaiser nimmt zu Pferde die Huldigung eines knienden Barbaren entgegen; der Kaiser zieht durch die oben zitierte Porta Capena siegreich in die

Stadt ein. Nur ist dieser Kaiser nicht Konstantin, sondern Trajan. Auch in diesem Falle handelt es sich um die Plünderung und Wiederverwertung von Teilen eines älteren Bauwerks.

Wenn man die erste Tafel links oben an der Fassade in Richtung Palatin genau betrachtet, sieht man den Kaiser, auf einen Sockel gestellt, dem das Haupt eines Barbaren präsentiert wird. Ursprünglich stellte die Skulptur Mark Aurel dar, dessen Kopf einfach durch den Konstantins ersetzt wurde. Noch ein Diebstahl. Eine der wenigen Szenen, die tatsächlich aus Konstantins Epoche stammen, ist diejenige unter den Medaillons, wieder auf der dem Palatin zugewandten Seite, die den «Sieg bei der Milvischen Brücke» feiert, neben einer weiteren mit der «Belagerung Veronas». Die Historiker weisen auf die derbe, grobschlächtige Machart dieser Darstellungen hin, im Gegensatz zur Feinheit der Reliefs aus den vorhergehenden Epochen.

Warum ließ Konstantin die Denkmäler anderer plündern, um sie zu seinen eigenen zu machen? Die Gelehrten stellen dazu verschiedene Theorien auf: Man sei im 4. Jahrhundert nicht mehr fähig gewesen, Skulpturen wie früher zu fertigen – eine Ansicht, die allerdings durch bemerkenswerte Werke aus dem gleichen Jahrhundert dementiert wird, zum Beispiel durch den sogenannten *Janus quadrifrons* (Janusbogen). Eine andere Theorie schreibt die Plünderungen der Eile zu, mit der dieser Bogen errichtet werden musste, um einen Kaiser zu feiern, der beträchtliche Verwirrung und Unruhe stiftete mit der neuen Religion, zu deren Beschützer er sich aufgeschwungen hatte. Einer dritten, von Zeri vertretenen Theorie zufolge war Konstantins Spolienverwendung ideologischer Natur: Er habe Reliefs aus Monumenten Trajans, Hadrians und Mark Aurels herausbrechen lassen und die Bildnisse dieser Kaiser durch sein eigenes ersetzt, weil er es war, Konstantin, der den neuen kaiserlichen Geist verkörperte.

Ein Quäntchen Wahrheit ist möglicherweise in jeder dieser drei Theorien. Tatsächlich ist es denkbar, dass der Kaiser es eilig hatte, seinen Triumphbogen zu sehen, und dass die schmeichelhafte Inschrift (oben im Zentrum, auf der dem Kolosseum zugewandten Seite) sein ramponiertes Image aufpolieren sollte, denn die Römer waren irritiert von seinen religiösen Innovationen. Die Inschrift, deren Buchstaben im Original in Bronze glänzten (die Löcher der Bolzen, an denen sie befestigt waren, kann man noch sehen), erinnert daran, dass der Senat und das Volk von Rom das Monument dem Kaiser Caesar Flavius Constantinus Maximus, dem frommen und glücklichen Augustus, gewidmet haben, der seine Feinde durch Geistesgröße und göttliche Eingebung (*instinctu divinitatis*) besiegt hatte. Klugerweise gibt die Inschrift nicht zu erkennen, welche Gottheit es war, der er diese Eingebung zu verdanken hatte.

In Rom kann man noch weitere Reliquien Kostantins finden. Die auffälligsten, die harmlosesten sind seine beiden Köpfe. Der erste, kolossale, befindet sich seit langem im Kapitol, im Hof des Palazzo dei Conservatori (Konservatorenpalast). Er gehörte zu einer 12 m hohen Statue, die in der Apsis der Maxentius-Basilika stand. Der Kaiser war sitzend dargestellt und symbolisierte das Ideal einer politischen Macht im Einklang mit der Gottheit, und umgekehrt auch die himmlische Herrschaft, die dank Seiner auf die Erde herabgestiegen war.

Ein zweiter, diesem sehr ähnlicher Kopf ist 2005 auf verschlungenen Wegen bei den Ausgrabungen im Trajansforum wiedergefunden worden. Das ungefähr 60 cm hohe Marmorporträt befand sich eingeklemmt in einem Abwasserkanal, wer weiß, wie lange schon, entweder weil man sich eines verhasst gewordenen Kaisers entledigen wollte oder, naheliegender, weil die abgerundete Form des Schädels sehr geeignet schien, das von Geröll verstopfte Rohr freizustoßen.

Ahi Costantin di quanto mal fu matre
non la tua conversion / ma quella dote
che da te prese il primo ricco patre!

O Konstantin, wie vielen Unheils Mutter
War nicht dein Glaube, aber jene Schenkung,
Die du dem ersten reichen Vater machtest![2]

So stempelt Dante im 19. Gesang der Hölle die «Schenkung», mit der Konstantin, der erste Kaiser, den man als Christen bezeichnen kann, Papst Silvester I. (314–335) «reich» machte. Der Kaiser errang den militärischen Sieg, dem er seinen Thron verdankte, 312 in der berühmten Schlacht an der Milvischen Brücke gegen den Rivalen Maxentius. Der Legende nach soll Konstantin am Vorabend des entscheidenden Gefechts, vielleicht sogar wenige Augenblicke vor der

Schlacht, am Himmel die wundersame Erscheinung eines leuchtenden Kreuzes (oder einer Wolke in Form eines Kreuzes) mit dem Schriftzug «*In hoc signo vinces*» («In diesem Zeichen wirst du siegen») beziehungsweise «*Hoc signo victor eris*» («Unter diesem Zeichen wirst du Sieger sein») erschienen sein. Doch selbst die Legende ist konfus. Das Kreuz hatte nicht die später übliche Form, es war eher ein im 90-Grad-Winkel gedrehtes «X» mit einer auf sich selbst zurückgebogenen Spitze, ein von einem kleinen «O» gekröntes «T». Konstantin ließ dieses Signum auf den Schilden anbringen, seine so beseelten Soldaten stellten sich dem Feind und besiegten ihn. Maxentius starb im Kampf oder fand den Tod in den Fluten des Tibers, in den er sich bei einem Fluchtversuch hineingestürzt hatte – ganz genau weiß man das nicht. Das Kreuz also, das in der Antike noch ein Symbol der Schande gewesen war, hatte den Sieg herbeigeführt. Der Sieg an der Milvischen Brücke ist der Beginn einer Geschichte, die die gesamte antike Welt umwälzen sollte und die ihre Wirkung bis in unsere Tage zeitigt. Konstantin gestattete den Christen, die das Symbol des Kreuzes übernehmen werden, mit seinem Toleranzedikt[3] von 313 die freie Ausübung ihres Glaubens.

Einer anderen Legende zufolge haben die Dinge sich jedoch anders zugetragen. Geraume Zeit vor der Schlacht soll der an Aussatz erkrankte Kaiser nach wiederholtem Eintauchen in ein Bad, das ihm vom künftigen Papst Silvester I. verschrieben worden war, geheilt worden sein. Ob nun aus dem einen oder dem anderen Grund, Tatsache ist, dass Konstantin der erste Kaiser war, der das Christentum zur *religio licita* (lat. erlaubte Religion) erklärte, ihm also die Zulassung zu den Kulten des Kaiserreiches gewährte und auf diese Weise seine Verbreitung beförderte. Zutiefst dankbar für den Sieg über den Rivalen oder für die Heilung von einer abstoßenden Krankheit soll er dem Papst und seinen Nachfolgern einen kaiserlichen Status verliehen haben, der seinem eigenen ebenbürtig oder sogar überlegen war: durch eine Urkunde, die unter dem Namen *Donatio* oder *Constitutum Constantini* (lat. Konstantinische Schenkung) bekannt wurde; dazu später mehr.

Nachdem er seinen Mit-Herrscher Licinius[4] ausgeschaltet hat, regiert Konstantin allein. Er versucht, den christlichen Geist in die Gesetzgebung einfließen zu lassen, indem er beispielsweise die qualvollen Hinrichtungen durch Kreuzigung und die Gladiatorenkämpfe abschaffen lässt. Sein Privatleben und die Methoden seiner

Herrschaftssicherung sind aber nach wie vor voller Grausamkeiten und ausgesprochen «unchristlich». Seinen Schwiegervater Maximian lässt er hinrichten und später auch seinen Sohn Flavius Crispus, der von seiner Stiefmutter Fausta zu Unrecht bezichtigt worden war, ihr nachzustellen. Fausta wird diese Verleumdung ihrerseits mit dem Leben bezahlen. Konstantin verbreitet zwar das Christentum, lässt sich aber erst kurz vor seinem Tod taufen. Für unsere Geschichte von Bedeutung ist, dass er sich mit dem Konzil von Nicäa (325) zum glühenden Schutzherren der neuen Religion wandelt. Im Widerspruch zu der in seinem Edikt proklamierten Toleranz lässt er die Anhänger des Arius verfolgen. Es ist die erste Verfolgung mit umgekehrten Vorzeichen: nicht mehr gegen die Christen gerichtet, sondern gegen die Gläubigen der alten Religionen oder, wie im Falle der Arianer, gegen solche, die als «Häretiker» betrachtet werden. Doch das ist erst der Anfang. 392 wird Kaiser Theodosius ein Edikt erlassen, mit dem heidnische Opfer und sogar der einfache Besuch eines nicht-christlichen Tempels mit strengen Strafen belegt werden, nicht ausgeschlossen auch die Todesstrafe. Im Laufe weniger Jahrzehnte also vollzieht sich ein radikaler Umbruch, der wieder einmal die Frage aufwirft, wie viel von der Toleranz des Glaubens übrigbleibt, wenn sich zur geistlichen die politische Macht hinzugesellt.

Von den Legenden abgesehen stellt sich zunächst die Frage, aus welchen Gründen sich Konstantin auf die Seite des Christentums schlug. Es handelte sich dabei im Grunde um eine neue Religion, die der römischen Tradition klar zuwiderlief und die mit Argwohn und Feindseligkeit betrachtet wurde, weil sie die Einheit von religiösem und staatlichem Geist bedrohte, mit anderen Worten den «Patriotismus», der einer der Grundpfeiler für Roms Stärke gewesen war. Möglicherweise war dem Kaiser als gewieftem Politiker klargeworden, welche vitale Kraft in dem neuen Glauben steckte, und er beabsichtigte, ihn zur Stärkung des kulturellen und politischen Zusammenhalts seines Reiches zu nutzen. Vielleicht hielt er Christus sogar für eine Offenbarung des *Sol Invictus*.[5] Dafür spricht, dass er einige wichtige Festtage des Christentums mit denen der Sonnenreligion zusammenlegen ließ: z. B. den Sonntag (im Deutschen wie im Englischen *sun-day*), der im Italienischen zu *Domenica* (Tag des Herrn) geworden ist. Der 25. Dezember, der Geburtstag des Sonnengottes und des Gottes Mithras wurde auch der Geburtstag Jesu. In der neuen Hauptstadt des Ostens, Konstantinopel, wurden christliche Kirchen errichtet, doch beließ der Kaiser auch die heidnischen Tempel in Funktion. Er selbst behielt sein ganzes Leben lang das Amt des *Pontifex maximus* bei und bekehrte sich erst auf dem Totenbett zum Christentum.

In Rom gibt es ein kleines, sehr verstecktes Oratorium, in dem der kaiserliche Schenkungsakt ausführlich illustriert ist und das deshalb neben dem Konstantinsbogen und der Milvischen Brücke ebenfalls zu den Orten der Erinnerung an Konstantins Amtszeit gehört. Es ist von außerordentlicher Faszination, dem hl. Silvester geweiht, im Innern des Gebäudekomplexes der Santi Quattro Coronati (Basilika der Heiligen Vier Gekrönten). Ein Fresken-Zyklus stellt dort die berühmte «Schenkung» dar. Über das Oratorium habe ich in meinem vorhergehenden Buch *Die Geheimnisse Roms* (Kapitel «Die Türme der Angst») ausführlich geschrieben. Für unsere Zwecke reicht es zu wissen, dass Papst Innozenz IV. (1243–1254) den Freskenfries im Zuge des Kampfes gegen Friedrich II. aus Gründen malen ließ, die wir heute als «Propaganda» bezeichnen würden.[6]

Der Legende nach ist der Kaiser, wie gesagt, durch das Werk des frommen Bischofs Silvester auf wundersame Weise vom Aussatz geheilt worden. Der Heilige ließ Konstantin dreimal in das Wasser der Lateraner Taufkirche tauchen, und am Ende dieses reinigenden Rituals waren die Symptome der unreinen Krankheit verschwunden. Wie man sich gut vorstellen kann, war der Kaiser überaus dankbar und überließ in dem als *Constitutum Constantini* in die Geschichte eingegangenen Dokument dem römischen Papst im Gegenzug die Suprematie über alle Herrscher der Erde. Darauf bezieht sich Dante, wenn er von der «Schenkung» und vom Reichtum spricht.

Was Dante nicht wusste, als er seine *Göttliche Komödie* schrieb, ist, dass es in Wahrheit eine *dote* an Silvester niemals gegeben hatte. Die sogenannte Schenkung war durch ein gefälschtes Dokument zertifiziert worden, das neben den (wahrscheinlich vom zaristischen Geheimdienst *Ochrana* zum Beleg einer jüdischen Weltverschwörung fabrizierten) «Protokollen der Weisen von Zion» eine der eklatantesten Fälschungen der Geschichte ist. In dem kurzen lateinischen Text erklärt der Kaiser seinen Willen, dem Papst und allen seinen Nachfolgern «bis zum Weltenende» – unter Androhung der ewigen Verdammnis bei Zuwiderhandlung – Rom, Italien und die gesamte Westhälfte des römischen Reiches zu schenken. Dem römischen Papst wurden also kaiserliche Insignien und Vorrechte über alle Territorien verliehen, in deren Besitz er gelangt war, was aus dem Mann, der als Stellvertreter Christi auf Erden schon über den *potere spirituale*, also die geistliche Macht verfügte, unter dem Strich den mächtigsten Mann des Planeten machte, den Kaiser der Kaiser, den Souverän gar, von dem alle anderen zu ihrer Legitimation erst geweiht werden mussten.

So entstand der *potere temporale*, die weltliche Macht der Päpste, ihr kaiserlicher Status. Ganz nebenbei entstand aus dieser falschen Urkunde aber auch die «italienische Frage», die über Jahrhunderte hinweg die politische Situation Italiens und Roms nachhaltig beeinflussen sollte und die von den brillantesten Intellektuellen Italiens immer wieder als Ursache aller möglichen Missstände angeprangert worden ist, von Dante bis Machiavelli, von Guicciardini bis Ariost, von Alessandro Manzoni bis zum Grafen Cavour.

Die genaue Entstehungszeit des Dokumentes ist unbekannt, auch wenn der Text traditionell mit 324 datiert wurde, also dem Jahr vor dem von Konstantin höchstpersönlich einberufenen Konzil von Nicäa (heute İznik in der Türkei). Heute wird sie von den meisten Wissenschaftlern zwischen der Mitte des 8. und der Mitte des 9. Jahrhunderts angesetzt. Historisch würde die Redaktion eines Dokuments zur Festigung der päpstlichen Macht in eine Epoche passen, in der diese vor allem von langobardischen Herrschern heftig bekämpft wurde, die der Kirche von Rom meist unversöhnlich gegenüberstanden. In diesen stürmischen Zeiten hatten die Päpste begonnen, sich auf die Monarchie der Franken zu stützen, deren Könige zum Katholizismus konvertiert waren. Knapp vierhundert Jahre dauerte diese Phase der allmählichen Konstruktion eines Glaubens und einer politischen Macht, deren Merkmale immer klarer zum Vorschein traten. Mitte des 8. Jahrhunderts schließlich ist die Zeit reif für einen wichtigen Wechsel, von dem wir heute wissen, dass er epochal gewesen ist.

Papst Stephan II. (752–757) benötigt Hilfe, um seine Besitztümer zu verteidigen, nachdem der Langobardenkönig Aistulf ihm Ravenna entrissen hat. Er bittet den Kaiser von Byzanz um Beistand, den dieser ihm aber verweigert. Er wendet sich daher an den König der Franken, Pippin den Kleinen. Nachdem das Terrain sondiert ist, überquert der Papst die Alpen und begibt sich persönlich zur Abtei Saint-Denis (bei Paris), in der die Reliquien des heiligen Dionysius aufbewahrt wurden – der Legende nach der erste Bischof von Paris.[7] Dort weiht er am 28. Juli 754 den Frankenkönig Pippin und seine Familie, verleiht ihm und seinen Nachkommen den Titel *Patricius Romanorum* und macht sie damit zu Verteidigern des Patrimoniums von St. Peter.[8] Im Gegenzug überlässt Pippin dem Papst weite Territorien auf der Apenninhalbinsel, die nach heutiger Geografie mehr oder weniger der Emilia, der Romagna und einem Teil der Marken entsprachen.

Mitgebracht hat der Papst das *Constitutum Constantini*, jenes Dokument also, das den Beschluss Kaiser Konstantins attestiert, den Heiligen Petrusstuhl über jeden anderen irdischen Thron zu stellen und ihm kaiserliche Würde zuzuerkennen. Unter anderem ist darin zu lesen:

> Und weil die Macht der Kaiserherrschaft irdisch ist, so haben wir beschlossen, die unantastbar-heilige römische Kirche ehrfürchtig hochzuhalten und in noch höherem Maße als unsere eigene Kaiserherrschaft und unseren irdischen Thron den heiligsten Thron des seligen Petrus ehrenvoll zu erhöhen, indem wir ihm Macht und Ruhmesglanz und Kraft und Ehre der kaiserlichen Herrschaft zuerteilen. Und indem wir es so entscheiden, legen wir unantastbar fest, dass er den Erstrang auf solche Weise innehaben soll über die vier höchsten Patriarchensitze in Antiochia, Alexandria, Konstantinopel und Jerusalem, wie auch über alle Kirchen Gottes auf dem gesamten Erdenrund, und der Priester, der in dieser Situation der unantastbar-heiligen römischen Kirche selbst aufgetreten ist, soll als der Höhere und als Erster vor allen Priestern der ganzen Welt auftreten und durch sein Urteil soll alles, was für den Gottesdienst und auch für die Festigkeit des Glaubens der Christen zu besorgen ist, geordnet werden … Dafür übergeben wir dem seligen Silvester, unserem Vater, dem höchsten Priester und allgültigen Papst der Stadt Rom und all seinen priesterlichen Nachfolgern, die bis zum Weltende auf dem Thron des seligen Petrus sitzen werden, von jetzt an den Palast unseres Reiches … wie auch die Provinzen der Stadt Rom und Gesamtitaliens und auch die Gebiete des Westens, Länder und Städte … .

Die Kirche wird zur Eigentümerin eines Großteils Italiens erklärt und als religiöser Staat betrachtet, dessen Souverän Christus höchstpersönlich ist, der durch den Papst als Stellvertreter Christi auf Erden regiert.

Das Dokument ist eine Fälschung. Das aber weiß Pippin nicht und will es auch nicht wissen. Er ist höchst zufrieden, gemeinsam mit all seinen Nachkommen zum legitimen Herrscher geweiht worden zu sein, und bereit, diese unermessliche Gefälligkeit zu erwidern. Er besiegt den Langobardenkönig Aistulf in der Schlacht und erklärt mit dem Frieden von Pavia (756), dass Ravenna und die *Pentapolis*[9] für alle Zeiten dem Heiligen Stuhl abgetreten werden. Es ist die Geburtsstunde des Kirchenstaates. Als Aistulf zu Tode kommt, bricht aus Stephan II. der ganze angestaute Groll gegen ihn heraus; in einem Brief an Pippin bezeichnet er ihn schonungslos als «Anhänger des Teufels, Sauger des Blutes der Christen, Zerstörer der Kirchen, vom Streiche Gottes getroffen und hinabgestoßen in den Schlund der Hölle».

Eine Folge dieser Allianz war die Krönung Karls (später der Große genannt), des Sohnes von Pippin (der Kurze oder Kleine genannt) zum Römischen Kaiser, die in der Weihnachtsnacht (25. Dezember) des Jahres 800 nach einer feierlichen Messe in der Petersbasilika von Papst Leo III. vollzogen wurde. Seit der Absetzung von Romulus Augustulus 476 hatte es im Westen keinen Herrscher mehr gegeben, der zu solchen Würden aufgestiegen war. In jener Nacht gab Leo III. *urbi et orbi* (der Stadt und dem Erdkreis) nicht nur zu verstehen, dass der Titel wieder vergeben wurde, sondern auch, dass der Papst von Rom jetzt sein legitimer Verwalter war. Das in der Basilika anwesende, entsprechend instruierte Volk brach in den dreifachen Jubelruf aus: «Karl, dem Erhabenen, dem von Gott gekrönten, großen und Frieden bringenden Kaiser der Römer, Leben und Sieg!»

Nach den Karolingern gelangten die Ottonen an die Spitze des *Sacrum Romanum Imperium*, es bleibt jedoch bei der päpstlichen *suprematia* über die ausschließlich politische und militärische Macht der Kaiser. Ein schwieriges Gleichgewicht, das mehr oder weniger bis zum Investiturstreit[10] hielt, der zwischen dem energischen Papst Gregor VII. (Hildebrand von Soana, 1073–1085) und Kaiser Heinrich IV. ausbrach, wobei es unter anderem um die wichtige Entscheidung ging, ob auch der Kaiser oder ausschließlich der Papst Bischöfe einsetzen dürfe. Jeder der beiden Protagonisten – ausgesprochen starke Persönlichkeiten – hatte dabei natürlich die Aufwertung der eigenen Machtposition im Auge. Am 22. Februar 1076 exkommunizierte der Papst den Kaiser und erklärte ihn für abgesetzt. Zuvor jedoch hatte Heinrich seinerseits bereits Gregor seines Amtes enthoben und dabei geltend gemacht, dass ihm der Titel *Rex Romanorum* das Recht verleihe, die Papstwahl zu bestätigen.

Der Konflikt wurde (provisorisch) durch den sprichwörtlich gewordenen «Gang nach Canossa» beigelegt, bei dem der Kaiser gezwungen war, im Büßergewand vor die Burg Canossa zu ziehen und dort vom 25. bis zum 27. Januar 1077 drei Tage lang in eisiger Kälte zu warten, bis der Papst geneigt war, ihn zu empfangen. Über die Bedeutung dieser berühmten Episode sind sich die Historiker uneins: ob der Kaiser dort tatsächlich gedemütigt wurde oder ob es sich nicht vielmehr um ein diplomatisches Manöver handelte, das den Kaiser zwar einiges an Prestige kostete, gleichzeitig aber so schlau eingefädelt war, dass er dadurch später seine Handlungsfreiheit zurückerlangte. Doch das ist eine andere Geschichte, kehren wir zum *Constitutum* zurück.

Die vom Papst in Canossa demonstrierte Standhaftigkeit war in gewisser Weise durch ein sehr strenges Dokument (vielleicht) aus der Feder Gregors VII. persönlich aus dem Jahre 1075 vorbereitet worden, das als *Dictatus papae* in die Geschichte eingegangen ist. Die Authentizität des Schriftstücks aus dem Briefregister Papst Gregors VII. ist in Frage gestellt worden, doch, ob nun authentisch oder nicht, reflektiert es mit Sicherheit die Prinzipien der sogenannten Gregorianischen Reformen,[11] mit denen der Führungsanspruch des Papstes in Kirche und Welt bestätigt wird. In 27 Punkte unterteilt, wird etwa in den Punkten 9 und 12 festgelegt, dass alle Fürsten nur des Papstes Füße küssen dürfen und dass es ihm erlaubt sei, Kaiser abzusetzen. Neben den Abschnitten zur Kirchenordnung und den Zuständigkeiten sind die drei folgenden Konzepte gleichermaßen beeindruckend: «Dass er von niemandem gerichtet werden darf.» (19); «Dass die römische Kirche niemals in Irrtum verfallen ist und nach dem Zeugnis der Schrift niemals irren wird.» (22); «Dass er Untergebene vom Treueid gegenüber Sündern lösen kann.» (27). Es handelt sich um Leitsätze, die ihre juristische Grundlage offenkundig ausgerechnet in dem (nach einer verbreiteten Hypothese der Historiker) drei Jahrhunderte zuvor in der vatikanischen Kanzlei hergestellten *Constitutum* haben. Unter Punkt 23 wird ein weiteres Gebot dekretiert, das den Päpsten eine gewissermaßen automatische Heiligkeit zuspricht: «Dass der römische Bischof, falls er kanonisch eingesetzt ist, durch die Verdienste des heiligen Petrus unzweifelhaft heilig wird ...»

Etwa drei Jahrhunderte lang blieb das Dokument zur Absicherung der weltlichen Macht der Päpste im «Winterschlaf»,[12] denn es ergab sich nicht die geringste Notwendigkeit, *per tabulas*, also durch die Vorlage schriftlicher Dokumente, die von niemandem in Frage gestellte Vorherrschaft des Papstes nachzuweisen.

In sehr viel schwieriger gewordenen Zeiten erwies es sich jedoch als unabdingbar, den Nachweis für die juristischen Grundlagen zu erbringen, auf der die Herrschaft basierte. Innozenz IV. verstieg sich zu der Aussage, nicht Konstantin, sondern Christus persönlich habe Petrus und seinen Nachfolgern alle Macht einschließlich der weltlichen verliehen. Zu denjenen, die schon frühzeitig mit Klarheit und Nachdruck die «Schenkung» kritisierten, gehörte neben Dante noch ein weiterer großer Geist dieser Epoche, Iacopone da Todi (1230/36–1306), ein Franziskaner der strengsten Ausrichtung, ein «Armer Gottes» und wie Dante ein Feind von Bonifaz VIII. (Benedetto Caetani, 1294–1303), mit dem er unter anderem wegen des «Armutstreits» in Konflikt geriet.

Bonifaz VIII. war ein äußerst machtbewusster Papst und deswegen bei seinen Zeitgenossen umstritten. Nach der erzwungenen Abdankung seines Vorgängers Cölestin V. (Juli bis Dezember 1294), der sich als weltfremder Eremit ohne Lateinkenntnisse den Aufgaben des Papsttums nicht gewachsen gezeigt hatte, forderte er von den europäischen Herrschern mit aller Schroffheit die Rechte des weltlichen Primats ein – bis hin zum Recht, diese abzusetzen. Als Bonifaz VIII. Papst wird, ist Sizilien in der Hand der Aragoneser, der englische König weist seine Ansprüche auf Schottland zurück, vor allem aber maßt sich der König von Frankreich, Philipp IV. (der «Schöne»), an, den französischen Klerus zu besteuern und diese Steuern einzubehalten. Bonifaz protestiert, der König verweist die päpstlichen Steuereintreiber des Landes und beschlagnahmt die Gelder.

Die Auseinandersetzung ist heftig und setzt in kleinerem Maßstab, aber nicht minder gewaltsam, den Investiturstreit zwischen Papst Gregor VII. und Kaiser Heinrich IV. fort. Der Legende nach sollen die Gesandten Philipps des Schönen so weit gegangen sein, den Papst in Anagni öffentlich zu ohrfeigen, ein Eklat mit sehr dramatischen Folgen. Wäre hier nicht ein «Petrus-Erbe» involviert, hätte es sich einfach um den Kampf zweier Herrscher gehandelt, die sich gegenseitig außer dem Geld auch noch Teile der Macht streitig machen. Einer der beiden Herrscher jedoch ist gleichzeitig das Oberhaupt einer Religion und will nicht weichen, denn er beansprucht, von Gott persönlich in sein Amt eingesetzt zu sein. Ein lebhaftes Porträt des Bonifaz gibt im 19. Jahrhundert Ferdinand Gregorovius in seiner *Geschichte der Stadt Rom im Mittelalter vom V. bis XVI. Jahrhundert*. Hier die Beschreibung des Krönungszugs:

> Bonifatius saß auf einem schneeweißen, mit Decken aus cyprischen Federn behängten Zelter, die Krone Silvesters auf dem Haupt, gehüllt in die feierlichen Papstgewänder; zu seinen Seiten schritten, in Scharlach gekleidet, zwei Vasallkönige, Karl und Karl Martell, die Zügel des Pferdes haltend.[13]

Der Prunk dieses Umzugs stand in einem ungewöhnlichen Kontrast zur Einzugsprozession seines Vorgängers nur wenige Monate zuvor. Der arme Cölestin V., Pietro da Morrone aus Molise (Abruzzen), hatte sich, auf einem Esel reitend, in der Kutte des Eremiten auf den Weg zu seiner Amtseinführung begeben. Er kann sich nur kurz auf dem Petrusthron halten, so wie es all den Päpsten ergangen ist, die sich demütig und bescheiden gaben, um dem Geiste des Evangeliums näher zu sein. Cölestin wird abdanken (Dante spricht im 3. Gesang der Hölle von seinem «*gran rifiuto*» – seiner «großen Verweigerung»).[14] Kurze Zeit später ließ ihn Bonifaz, wie schon gesagt, in Gewahrsam nehmen, Gerüchten zufolge ordnete er darüber hinaus auch seine Ermordung an.[15] Bonifaz ist ganz das Gegenteil Cölestins, selbstsicher, anmaßend, skrupellos und, wenn notwendig, zu jeder Schandtat bereit, auch der, das Jahr 1300 als «Heiliges Jahr» neu zu erfinden, was sich im Übrigen als sein größter Erfolg erweisen wird. Noch einmal Gregorovius:

> Der Zudrang war beispiellos. Rom bot Tag und Nacht das Schauspiel von heergleich hereinströmenden oder herausziehenden Pilgern dar ... Es kamen Italiener, Provençalen, Franzosen, Ungarn, Slawen, Deutsche, Spanier, selbst Engländer ... Sie zogen einher im Pilgermantel oder in den Nationaltrachten ihrer Länder, zu Fuß, zu Pferde, auf Karren, Müde und Kranke führend, beladen mit ihrem Gepäck ... Wenn sie in der sonnigen Ferne den finstern Wald der Türme der

heiligen Stadt erscheinen sahen, so erhoben sie den Jubelruf «Roma! Roma!», wie Schiffer, die nach langer Fahrt auftauchendes Land entdecken.[16]

Die Jubelfeier stärkte die persönliche Position des Papstes, vor allem aber vermehrte sie sein Vermögen. Die Chronisten der Zeit errechneten einen Zustrom von zwei Millionen Pilgern. So groß ist der Andrang, dass einer von ihnen notiert: «Oft sah ich Männer wie Weiber unter die Füße getreten, und mit Mühe entkam ich selbst einige Male dieser Gefahr.» Auch Dante war in jenen Tagen in Rom, und nicht zufällig beginnt seine *Göttliche Komödie* mit der Zeile *«Nel mezzo del cammin di nostra vita»* in der Osterwoche des Jahres 1300.[17] Gregorovius notiert:

> [Bonifatius] konnte in jenen Tagen in der Fülle eines fast göttlichen Machtgefühles schwelgen wie kaum ein Papst vor ihm. Er saß auf dem höchsten Throne des Abendlandes, welchen die Spolien des Reiches schmückten, als der «Vikar Gottes» auf Erden, als das dogmatische Oberhaupt der Welt, die Schlüssel des Segens und des Verderbens in der Hand; er sah Tausende aus allen Fernen vor seinen Thron kommen und sich vor ihm wie vor einem höheren Wesen in den Staub werfen. Nur Könige sah er nicht. Außer Karl Martell kam kein Monarch nach Rom, als Bekenner von Sünden den Ablass zu nehmen.[18]

Diese prominenten Abwesenden hätten Bonifaz Sorge bereiten müssen, vielleicht taten sie das auch. Wir können nicht wissen, ob sich der hochmütige Papst drei Jahre vor dem Ende seines Lebens darüber im Klaren war, dass das von ihm gewollte Jubiläum den Höhepunkt seines Pontifikates, aber auch den Beginn seines Niederganges markierte. Und damit nicht nur das Ende seiner persönlichen Existenz, sondern einer ganzen Epoche der Geschichte des Papsttums. Nach der öffentlichen Ohrfeige nahm Bonifaz, in seinen Palast eingeschlossen, ein elendes Ende:

> Die Tage, welche der unglückliche Greis im Vatikan hinlebte, waren über alles Maß furchtbar. Wilder Schmerz um seine Misshandlung, das Gefühl der Ohnmacht, Misstrauen, Furcht, Rache, freundlose Einsamkeit bestürmten sein leidenschaftliches Gemüt … . Man erzählte, dass er sich in sein Gemach verschloss, die Nahrung verweigerte, in Tobsucht fiel, sein Haupt gegen die Mauer stieß und endlich

> auf seinem Bette tot gefunden ward. Die Feinde Bonifatius' VIII. gefielen sich darin, sein Ende in den grellsten Farben auszumalen, und gemäßigte Gegner sahen in seinem Fall das Gottesurteil über den Hochmut der Mächtigen. Ein päpstlicher Geschichtsschreiber, welcher wohl in Rom war, als Bonifatius starb, sagt dies: «Am 35. Tage nach seiner Gefangennahme starb er; sein Geist war außer sich; er glaubte, dass jeder, der zu ihm kam, ihn gefangen nähme.» Diese einfachen Worte enthalten ein richtigeres Maß von Wahrheit als die dramatischen Schilderungen anderer Erzähler. Bonifatius VIII. starb, 86 Jahre alt, am 11. Oktober 1303 und wurde in einer vatikanischen Gruftkapelle beigesetzt, die er sich selbst erbaut hatte. ... er war der letzte Papst, welcher den Gedanken der weltbeherrschenden Hierarchie so kühn aufgefasst hat wie Gregor VII. und Innocenz III. Aber von diesen Päpsten war Bonifatius VIII. nur eine verunglückte Nacherinnerung.[19]

Kehren wir nach diesem (notwendigen) Exkurs über Bonifaz zum *Constitutum* zurück. Trotz hartnäckiger Opposition aus der Kurie und dem zuweilen skrupellosen Gebrauch, der von dem Dokument gemacht wird, werden die Stimmen, die auf der Möglichkeit einer Fälschung insistieren, immer lauter und hartnäckiger. Die Kritik intensiviert sich, auch von Seiten derer, die zwar nicht die Authentizität des *Constitutum* in Frage stellen, aber der Ansicht sind, der Papst solle den Ertrag seines Herrschaftsbereichs jedenfalls nicht sich und seiner Kirche, sondern, dem Beispiel der Apostel folgend, den Armen zukommen lassen.

Immer wieder kommt auch Dante auf den Skandal einer reichen Kirche in einer Welt voller Armut zurück. Im 16. Gesang des Fegefeuers schreibt er:

Dì oggimai che la Chiesa di Roma,
per confondere in sé due reggimenti,
cade nel fango, e sé brutta e la soma.

Sag, dass in unserer Zeit die römische Kirche
Weil sie in sich vereinigt zwei Gewalten,
Tief in den Schmutz mit ihren Lasten falle.[20]

Im 27. Gesang des Paradieses erteilt er Petrus das Wort, der sagt:

Non fu la sposa di Cristo allevata
del sangue mio, di Lin, di quel di Cleto,
per essere ad acquisto d'oro usata

Die Braut des Herren ward nicht auferzogen
Mit meinem, Linus' und des Cletus Blute,
Um später feil mit Gold gekauft zu werden[21]

Zu denjenigen, die mit größter Leidenschaft die Korruption in der Kirche angreifen, gehört der Philosoph Marsilius von Padua (1280–1343), der den Papst gar mit der Schlange im Garten Eden vergleicht, unter deren Haut sich der Teufel verbarg: «*Ille magnus, serpens antiquus, qui digne vocari debet diabolus et sathanas*» («Jene große, alte Schlange, die zu Recht Teufel und Satan genannt werden muss»). Marsilius ist auch einer der Ersten, die in der weltlichen Macht des Papstes den Ursprung vieler Missstände Italiens erkannten, während ein großer Humanist deutschen Ursprungs, Nikolaus von Kues (1401–1464), der Erste sein wird, der die historische Unmöglichkeit der Authentizität des *Constitutum* nachweist. Zu dieser Schlussfolgerung kommt Kues ausschließlich durch historisch-philologische Forschung, also auf der Basis einer akkuraten wissenschaftlichen Prüfung, mit der er feststellt, dass es vom *Constitutum* in den antiken Quellen nicht die geringste Spur gibt.

Seine brillante Beweisführung ordnet der hohe Prälat in eine globale Vision der Kirche ein. Danach soll die Kirche die Einheit aller christlichen Glaubensrichtungen repräsentieren, und genau diese These vertritt er beim Konzil von Basel (1433) mit seiner Schrift *De concordantia catholica* (*Über die allumfassende Eintracht*). Die Fälschung des Dokuments ist inzwischen, wie wir heute sagen würden, ein «hochaktuelles» Thema geworden. Es werden nur noch wenige Jahre vergehen, bis 1440 ein weiterer brillanter Humanist, der Römer Lorenzo Valla, ein ebenso kurzes (wenig mehr als hundert Seiten) wie überzeugendes Dokument verfasst. Es heißt: *De falso credita et ementita Constantini donatione* (Über die fälschlich für wahr geglaubte und erlogene Schenkung Konstantins des Großen).

Doch Valla begnügt sich nicht mit dem wissenschaftlichen und damit unanfechtbaren Nachweis, dass die Urkunde aus historischen und linguistischen Gründen nicht authentisch sein kann. Er setzt mit dialektischer Durchschlagskraft und solider Argumentation die Anklage obendrauf, die katholische Hierarchie sei eine der Ursachen für den Ruin Italiens, sie spiele aus Machtgier mit «falschen Karten», sie habe die Fälschung des *Constitutum* aus hegemonialen Gründen in Auftrag gegeben, was einer Religion unwürdig sei, die man vorgebe zu verteidigen. Auf diese Weise habe man das Andenken der alten Päpste und der ersten Christen aufs Schlimmste unter anderem dadurch beleidigt, dass man das päpstliche Amt mit einem der Lehre Christi zuwiderlaufenden Prunk ausgestattet habe. Eines der sichtbarsten Zeichen dieses Prunkes und des Herrschaftswillens ist das *Triregnum*, eine Tiara in Form einer hohen Kuppel mit drei Kronen, die außerliturgische Kopfbedeckung, die alle Päpste bei ihrer Krönung trugen. Die Kronen symbolisierten den Papst jeweils als Vater der Könige, Rektor der Welt, Stellvertreter Christi auf Erden.

Vallas Text ist in jenen Jahren weitverbreitet, wird aber erst im April 1506 in Straßburg publiziert und ruft ein insgesamt mäßiges Echo hervor. Die Würfel waren aber nun einmal gefallen. Die Daten zeigen dies. Im Jahre 1506 wird der Grundstein zum neuen Petersdom gelegt. Am 31. Oktober 1517 werden Martin Luthers historische 95 Thesen eine Protestbewegung gegen die Korruption in Rom auslösen, mit der die Christenheit und Europa gespalten wird. Eine harte Ermahnung, das Schlimmste, was der Kirche als Glaubensgemeinschaft passieren konnte. Dennoch trug sie nur in geringem Maße dazu bei, die korrupten Sitten der Hierarchie zu ändern.

Wenige Jahre zuvor, im Mai 1493, hatte Papst Alexander VI. (Rodrigo Borgia, 1492–1503) auf Bitten des Königs von Spanien in eine Auseinandersetzung mit Portugal eingegriffen, die bei der Aufteilung der «atlantischen Inseln» im Mai 1493 entstanden war. Um diese Parteinahme zu rechtfertigen, hatte sich der Papst beim Erlass der Bulle *Inter Caetera*[22] ein weiteres Mal auf das *Constitutum* berufen, obwohl inzwischen allgemein bekannt war, dass es sich um eine Fälschung handelte. Das Dokument stellte den europäischen Kolonialismus auf eine rechtliche Grundlage und läutete die ideologische und kulturelle Kolonialexpansion des römischen Katholizismus ein. Auch in diesem Falle ist das Datum von Bedeutung. Das Streitobjekt der beiden katholischen Nationen waren die neuen, auf dem amerikanischen Kontinent gerade erst entdeckten Länder. Der Borgia-

Papst, so fragwürdig sein Handeln auf geistlichem Terrain gewesen sein mag, bewies hier eine beispielhafte geopolitische Intuition: Als erstes Staatsoberhaupt begriff er auf Anhieb, dass diese «Inseln» mit ihren noch ungewissen Grenzen ein Zukunftspotential bergen konnten. Hätte es sich nicht um einen Seelenhirten gehandelt, wäre er zu bewundern. In seine Entscheidung flossen höchst verwerfliche Erwägungen ein. Wie der Jesuit Giovanni Botero in seinem Hauptwerk *La Ragion di Stato* (*Die Staatsraison*, 1589) mit entwaffnender Naivität einräumen wird, fühlte sich die katholische Kirche vor allem in der Pflicht, die kolonialen Besitztümer der beiden europäischen Nationen anzuerkennen, die am heftigsten gegen die Muslime gekämpft hatten.

Die inzwischen immer weitere Kreise ziehende Anerkennung der Tatsache, dass das *Constitutum* eine Fälschung war, gefährdete jedenfalls die weltliche Herrschaft der Päpste nicht. Machtfragen werden weder durch den Glauben noch durch Urkunden entschieden, sondern einzig und allein durch Stärke und Blutvergießen. Eine erste Begrenzung der irdischen Macht der Kirche kam nicht durch Lorenzo Vallas Philologie zustande, sondern durch den Augsburger Reichs- und Religionsfrieden (September 1555), der dem Kampf zwischen Katholiken und Lutheranern ein Ende setzte. Von dem Augenblick an hatten die deutschen Fürsten die Freiheit, entweder der einen oder der anderen Religion anzugehören, eine Freiheit der Wahl, die ihre Untertanen jedoch nicht besaßen («*Cuius regio, eius religio*» – «Wessen Land, dessen Religion»).[23]

Eine der Klauseln dieses Reichsgesetzes – das *Reservatum ecclesiasticum* (lat. der geistliche Vorbehalt) – legte fest, dass ein katholischer Fürstbischof oder geistlicher Reichsfürst Rechte und Einkünfte, Land und Herrschaft verlor, wenn er zum Protestantismus übertrat. Er konnte die Güter also auch seiner eigenen Familie nicht vererben. Nur für die vor 1552 vollzogenen Konfessionswechsel blieb das Erbrecht für die kirchlichen Güter und Besitzungen erhalten. Die protestantischen Fürsten hielten dies zwar für inakzeptabel und verweigerten die Zustimmung, der Kaiser fügte aber aufgrund seiner Machtvollkommenheit den «geistlichen Vorbehalt» als Klausel in den Augsburger Vertrag ein – wodurch sie automatisch zu einer schwächeren Anordnung wurde. Diese Uneindeutigkeit in einer Grundsatzfrage war eine der Ursachen des Dreißigjährigen Krieges.

Der nächste Schritt auf diesem langsamen und blutigen Weg zur

Durchsetzung der Säkularität war fast ein Jahrhundert später der Westfälische Friede (1648), der dem Dreißigjährigen Krieg ein Ende setzte und in Europa eine Ordnung festlegte, die in der Substanz bis ins Zeitalter Napoleons in Kraft blieb. Für das Thema unseres Kapitels ist vor allem die Tatsache von Interesse, dass die neue internationale Ordnung ein System herstellte, in dem sich die Staaten untereinander ausschließlich als Staaten anerkannten, jenseits der Glaubenszugehörigkeit ihrer jeweiligen Herrscher. Es entstand also eine internationale Gemeinschaft, die den gegenwärtigen laizistischen und konfessionslosen Staatskonzeptionen schon recht nahekam. Das Konzept der staatlichen Souveränität begann das Licht der Welt zu erblicken.

Die hohen katholischen Würdenträger begriffen auf Anhieb, welche Konsequenzen dieses Prinzip möglicherweise haben konnte, und in der Tat wurde der Westfälische Friede als Niederlage betrachtet. Dem Papsttum gingen viele Diözesen und sehr viele Klöster verloren, vor allem aber sah es seine politische Bedeutung ernsthaft eingeschränkt. Mit aller Kraft versuchte Fabio Chigi, der päpstliche Repräsentant bei den Friedensverhandlungen, sich dem Vertrag entgegenzustellen. Am Ende geschlagen, verweigerte er ihm die Unterschrift und bezeichnete ihn als *«L'infame pace che tanto cede agli heretici»* («Der infame Friede, der den Ketzern so viel zugesteht»). Sieben Jahre später wird derselbe Chigi unter dem Namen Alexander VII. (1655–1667) Papst. Er wird der Papst Berninis sein, der ihm im Petersdom ein kostbares Mausoleum errichtet, ein Papst, der sehr viel für die Verschönerung Roms und für die Bereicherung seiner eigenen Verwandtschaft getan hat.

Unter den großen Veränderungen, die im Laufe des 16. Jahrhunderts Gestalt annehmen, ist diese für Italien vor allem deshalb von herausragender Bedeutung, weil die weltliche Macht der Päpste noch hauptsächlich auf die Apenninhalbinsel konzentriert war. Vielen großen Geistern war damals bewusst, welche Gefahr in der Expansion einer Macht lag, die nur eine geistliche hätte sein dürfen. In den 1520 von Kardinal Giulio de' Medici (von 1523 bis 1534 Papst unter dem Namen Clemens VII.) in Auftrag gegebenen *Istorie fiorentine* (*Geschichte von Florenz*) schreibt Niccolò Machiavelli bei aller Vorsicht Folgendes:

> Alle Kriege, die [von einem bestimmten Moment an – Anm. d. A.] von Barbaren in Italien geführt wurden, waren zum größten Teil von den Päpsten selbst verursacht, und alle Barbaren, die das Land überschwemmten, sind fast immer von ihnen selbst gerufen worden. Dieses Vorgehen setzt sich fort bis in unsere Zeit; und es hat Italien uneinig und krank gemacht.

Auch Francesco Guicciardini bringt in seiner *Geschichte Italiens* von 1539 mit mehr als deutlichen Worten zum Ausdruck, welche Verdorbenheit und Korruption das vom politischen Machtdenken geleitete Handeln der Kirche verursacht hat:

> Von jetzt an waren die Gegenstände ihrer Sorgen und ihrer Geschäfte nicht mehr die Heiligkeit des Lebenswandels, nicht mehr die Beförderung der Religion, nicht mehr der Glaubenseifer und die Nächstenliebe, sondern Heeresmacht, Kriege gegen Christen, so dass sie mit blutigen Gedanken und mit blutbefleckten Händen das heilige Opfer vollzogen, ferner Anhäufung von Schätzen, neue Satzungen, neue Kunstgriffe, neue Ränke, um von allen Seiten her Geld zusammenzuscharren; und zu diesem Zwecke gebrauchten sie ohne Scheu die geistlichen Waffen; zu diesem Zwecke verkauften sie ohne Scham Heiliges und Profanes.[24]

Klare und erschreckende Worte, eine Anklageschrift, die Guicciardini in den *Ricordi* («Erinnerungen») noch expliziter formulieren wird, in denen er so weit geht, die kirchlichen Hierarchien «einen ruchlosen Haufen» zu nennen, und sich wünscht, sie «entweder ohne Laster oder ohne Macht» zu sehen.

Doch natürlich denken nicht alle so. Der Philosoph Tommaso Campanella (1568–1639) etwa schätzte «die größte Herrlichkeit Italiens im Papsttum», wünschte sich gar die Vorherrschaft der Päpste über die Herrscher der Erde herbei. Und der italienische Philosoph Giovanni Botero (1544–1617), Autor eines immens ausführlichen Werkes über die Staatsraison (*Della Ragion di Stato*) in zehn Bänden, wird schreiben:

> Unter allen Gesetzen gibt es nicht ein einziges, das den Fürsten gewogener ist als das christliche: denn es unterwirft ihnen nicht nur die Körper und, wenn nötig, die Vermögen der Untertanen, sondern auch die Seelen; und es fesselt nicht nur die Hände, sondern auch die Gefühle und sogar die Gedanken.

Andere aber, selbst innerhalb der Kirche, hatten verstanden, dass die Schlacht um das *Constitutum* der Vergangenheit angehörte. Zum Beispiel erkannte Kardinal Robert Bellarmin (Roberto Francesco Romolo Bellarmino, 1542–1621), ein Jesuit, äußerst scharfsinniger Geist und unerbittlicher Inquisitor, dass es für die angeblich von Konstantin gewährte weltliche Macht der Päpste kein Schaden wäre, zu dem Dokument auf Abstand zu gehen. Denn die Päpste verfügten über eine Investitur von ganz anderer Tragweite, die sich auf weit mehr als ein wertloses Stück Papier berief. Zuvor schon hatte nämlich der Kardinal und Kirchenhistoriker Cesare Baronio (1538–1607) vertreten, dass die Tatsache der Fälschung des Dokuments nicht nur kein Schaden, sondern sogar ein Vorteil sein konnte: Da Petrus und seine Nachfolger alle Macht von Christus persönlich erhalten hatten, war ein kaiserliches Dokument, letztendlich also das Dokument eines sterblichen Menschen, das diese Macht anerkannte, geringerwertig und infolgedessen unerheblich.

Dieses Kapitel kann nicht die ganze Geschichte des *Constitutum* erzählen, über das es ausgezeichnete Studien gibt. Es will nur eine kleine Perspektive zur Einordnung dieses gefälschten Dokuments in den Kontext der Nationalgeschichte Italiens eröffnen, auf die diese angebliche Hinterlassenschaft Konstantins erhebliche Auswirkungen gehabt hat und bis heute hat.

Vom 17. Jahrhundert an begann es mit der weltlichen Macht des Heiligen Stuhls bergab zu gehen, nicht aufgrund dieses grob manipulierten Stück Papiers, sondern aufgrund vielfältiger Ursachen, die die römischen Würdenträger zunehmend in Kontrast zu den neuen Zeiten brachten. Die Philosophie der Aufklärung beschleunigte das Phänomen, die beiden großen Revolutionen des 18. Jahrhunderts (die Amerikanische und die Französische) hatten in einem mit Waffen und Ideologien ausgefochtenen Krieg auch die römische Kirche unter ihren Gegnern. Die Geheimgesellschaften, allen voran die Freimaurer, sahen im Vatikan einen Feind. Die Antwort der hohen katholischen Würdenträger war die Denunziation der Anhänger jeglicher egalitärer Philosophien, vor allem der Sozialisten, als Feinde Gottes. Zwei Jahrhunderte lang haben sich die größten Intellektuellen, Philosophen, Historiker, Naturwissenschaftler alle Mühe gegeben, die organisierten Religionen als eines der größten Hindernisse für die Erneuerung, für die Gleichheit der Menschen, für die Anerkennung der Bürgerrechte darzustellen.

So tiefgehend war der in diesen Jahren vollzogene Bruch mit der Vergangenheit, dass nicht einmal der Restaurationswille des Wiener Kongresses (1815) nach den napoleonischen Erschütterungen imstande war, den vorher bestehenden Zustand wiederherzustellen. Die weltliche Herrschaft der Päpste war in dieser Periode bereits mehrfach für hinfällig erklärt worden. Das erste Mal im Februar 1798, als die französischen Besatzungstruppen die Römische Republik ausriefen und Papst Pius VI. (1775–1799) verhafteten, der im Jahr darauf schwerkrank als Gefangener in Valence sterben sollte. Das Experiment war nur von kurzer Dauer, es war aber immerhin nach einem Jahrtausend das erste Mal, dass so etwas passierte. Ein machtvolles Signal, das aber keine weiteren Folgen hatte. Das zweite Mal war 1809, als Napoleon nach der Verschlechterung der Beziehungen zwischen dem Kaiser der Franzosen und dem Vatikan das Ende der weltlichen Macht des Papstes und die Annexion der päpstlichen Territorien erklärte. Das dritte Mal war 1849, als eine neue Römische Republik, diesmal durch mutige Patrioten errichtet, während ihres ebenso glorreichen wie kurzlebigen Bestehens (von Februar bis Juni) unter anderem eine der fortschrittlichsten Verfassungen Europas erließ. Das vierte Mal, und diesmal endgültig, war im September 1870, als Rom mit dem neugeborenen *Regno d'Italia* (Königreich Italien) vereinigt und zu seiner Hauptstadt wurde.

Wie diese Ereignisse zeigen, war die Konstantinische Schenkung und die weltliche Macht des Papstes im Kontext der Entwicklung Gesamteuropas zu einem vornehmlich italienischen Problem geworden, also zu einem Kampf um die Vorherrschaft über die Apenninhalbinsel. Eine pure Machtfrage, gewiss, verkompliziert aber durch eine jahrhundertealte Tradition und die Furcht vor den neuen Zeiten sowie die Angst der katholischen Hierarchie, dass mit dem Glauben auch die spirituelle Freiheit der Kirche wanken könnte.

Vergeblich hatte sich der Graf Camillo di Cavour, der Urheber der italienischen Einheit, bis wenige Monate vor seinem Tod darum bemüht, den Papst zu beruhigen. Gerade das geistliche Interesse, hatte er dem Papst empfohlen, lasse die Aufgabe des anachronistischen Anspruchs auf weltliche Herrschaft geraten erscheinen. Als

Ministerpräsident war er mehrfach auf das Thema zurückgekommen und hatte dem Papst weitgehende Garantien angeboten: «Heiliger Vater, wir werden Euch die Freiheit geben, die Ihr seit drei Jahrhunderten von allen großen katholischen Mächten vergeblich fordert ... wir sind bereit, in Italien dieses große Prinzip zu proklamieren: freie Kirche in einem freien Staat.»

Nichts half, um das eher psychologisch als politisch begründete Misstrauen von Papst Pius IX. und seinen hohen Würdenträgern auszuräumen. Das Motto «freie Kirche in einem freien Staat» klang in den Ohren des Papstes alles andere als beruhigend, eher wie eine Drohung. Ganz zu schweigen vom glühenden Antiklerikalismus eines Teils der *Risorgimento*-Bewegung, der dieses Misstrauen noch beförderte. Giuseppe Garibaldi beispielsweise verbarg seine Aversion gegen die Kirche nicht; Guicciardinis Argument verkürzend, schrieb er an eine englische Freundin: «Die päpstliche Theokratie ist die schrecklichste Plage, von der mein armes Land befallen ist; achtzehn Jahrhunderte Lügen, Verfolgungen, Scheiterhaufen und Komplizenschaft mit allen Tyrannen Italiens haben diese Plage unheilbar gemacht.»

Es gab allerdings auch innerhalb des Katholizismus selbst eine starke Strömung, die Cavours Einstellung teilte, die Gefahr der weltlichen Herrschaft des Papstes für die Kirche und die Wirksamkeit ihrer Lehre ganz klar erkannte und sich der schwierigen Kompromisse bewusst war, die das politische Geschäft der Spiritualität aufzwingt. Das schreibt der Priester und Philosoph Antonio Rosmini, das schreibt auch der größte katholische Schriftsteller Italiens, Alessandro Manzoni: «Ich glaube, als die Religion in Frankreich ihres äußeren Gepränges beraubt wurde, als sie keine andere Kraft mehr hatte als die Jesu Christi, konnte sie lauter sprechen und wurde mehr gehört.»

Das Problem wird noch lange ungelöst mitgeschleppt. Wie schon erwähnt, wird erst am 11. Februar 1929 Benito Mussolini als Regierungschef im Lateranpalast das Konkordat mit der Kirche unterzeichnen. Im Gegenzug erkannte der Vatikanstaat die Legitimität des Königreichs Italien an. Ein Vertragswerk, das von vielen Seiten in zahlreichen Klauseln als nachteilig für Italien erachtet wurde, insbesondere in der für den italienischen Staat sehr teuren Finanzkonvention. Pius XI. (1922–1939), der damalige Papst, kommentierte den Abschluss dagegen mit offenkundigem Wohlgefallen: «Wir glauben,

Gott damit Italien zurückgegeben zu haben und Italien Gott.» Sehr viel nüchterner notierte der kommunistische Denker Antonio Gramsci in seinen *Gefängnisheften*:

> Die Kapitulation des modernen Staates, die durch die Konkordate zustande kommt, wird maskiert, indem Konkordate und internationale Verträge verbal gleichgesetzt werden. Aber ein Konkordat ist kein gewöhnlicher internationaler Vertrag: im Konkordat kommt es de facto zu einer Souveränitätsüberschneidung auf einem einzigen Staatsgebiet; alle Artikel eines Konkordats beziehen sich auf die Bürger nur eines der verhandelnden Staaten, über welche die Hoheitsgewalt eines fremden Staates bestimmte Rechte und Befugnisse der Rechtsprechung rechtfertigt und fordert ... Das Konkordat ist folglich die Anerkennung einer doppelten Souveränität auf ein und demselben Staatsgebiet. [Was bedeutet in der modernen Welt die von den Konkordatsverträgen in einem Staat geschaffene Situation in der Praxis? Sie bedeutet die öffentliche Zuerkennung bestimmter politischer Privilegien an eine Kaste von Bürgern eben dieses Staates.] Sie ist zwar nicht mehr dieselbe übernationale Form von Souveränität, die dem Papst im Mittelalter formell zuerkannt war, aber sie ist ein daraus abgeleiteter Kompromiss.[25]

Von dem 1929 unterzeichneten Vertrag hat die oben erwähnte Via della Conciliazione zwischen Petersplatz und Tiberufer ihren Namen. Nach dem Ende des Zweiten Weltkriegs wurden die Lateranverträge in die Verfassung der Italienischen Republik (in Kraft seit dem 1. Januar 1948) aufgenommen, wo es in Artikel 7 heißt: «Der Staat und die katholische Kirche sind, jedes im eigenen Ordnungsbereich, unabhängig und souverän. Ihre Beziehungen sind durch die Lateranverträge geregelt.»[26] Ja-Stimmen: 350; Nein-Stimmen: 149. Unter den Ja-Stimmen waren auch die der von Palmiro Togliatti geführten Kommunisten, und es fehlte nicht an Polemiken. Der Artikel 7 widersprach generell dem Geist der Verfassung, besonders aber Artikel 3, der festlegt: «Alle Staatsbürger haben die gleiche gesellschaftliche Würde und sind vor dem Gesetz ohne Unterschied des Geschlechtes, der Rasse, der Sprache, des Glaubens, der politischen Anschauungen, der persönlichen und sozialen Verhältnisse gleich.» Nach dem Krieg war die Kommunistische Partei (*Partito Comunista Italiano*, PCI) mit an der Regierung, Togliatti war bis 1948 Justizminister und an der Aushandlung der Verfassung beteiligt. Jahrelang wurde Togliatti nachgesagt, er habe die Säkularität des

Staates verkauft, um seinem PCI die Regierungsbeteiligung zu erleichtern. Wenn das der Grund gewesen sein sollte, so war es ein politischer Fehler, und er hat nicht viel gebracht. Nach der Wahlniederlage 1948 wurden die Kommunisten in die Opposition getrieben, wo sie dreißig Jahre lang geblieben sind.

In den achtzehn Jahrhunderten seit dem Beginn dieser Geschichte ist viel Wasser unter den Brücken des Tibers hindurchgeflossen. Die Fälschung der Konstantinischen Schenkung ist im Grunde eine lächerliche Angelegenheit, die aber tragische Folgen hatte, und zwar so nachhaltige wie kaum eine andere. Die weltliche Vorherrschaft der Päpste hat elf Jahrhunderte gedauert und endete erst am 20. September 1870, als auch Rom und seine unmittelbare Umgebung vom neugeborenen Königreich Italien annektiert wurden. Von der «Souveränitätsüberschneidung», wie Antonio Gramsci es nennt, ist die Geschichte Italiens gravierend beeinflusst worden. Hier haben sich Arroganz, Besitzgier, ernsthafte Besorgnis um die Geschicke der Institution Kirche, aber auch Scheinheiligkeit, schräge politische Manöver, Halbwahrheiten und Tricks vermischt und überlagert, die das politische Leben seit jeher begleiten. Die Geschichte der Konstantinischen Schenkung stellt aber ein seltenes Erkenntnisinstrument dar, vor allem seit die Fälschung des Dokumentes nachgewiesen war. Der Erkenntnis, dass es nicht einmal einer Organisation, die für sich in Anspruch nimmt, göttlich inspiriert zu sein, gelingt, sich den Schwächen, Ängsten, Lügen zu entziehen, von denen jede gewöhnliche Institution befallen ist. Das macht den Heiligen Stuhl menschlich, sehr menschlich. Vielleicht allzu menschlich.

IV. DER PREIS DES RUHMS

WAHNSINN ALS PROJEKT: DER PETERSDOM

DIE VATIKANISCHE BASILIKA SAN PIETRO, der Petersdom, die Kirche der Päpste, ist einer der größten jemals zu Ehren einer Gottheit erbauten Tempel. In seiner Baugeschichte kondensiert sich ein menschliches und spirituelles Abenteuer, das in der Welt kaum seinesgleichen hat. Die komplexe Entstehungsgeschichte des ehrwürdigen Gebäudes, zunächst in der von Kaiser Konstantin gewünschten Version, dann in seiner endgültigen Renaissance-Architektur, markiert, auch dank der Symbolkraft, die von ihr ausging, einige der fundamentalen Momente der Geschichte der katholischen Religion.

Eine Basilika von gewaltigen Ausmaßen, die bis zu 20 000 Personen fassen kann, 194 Meter lang und oben an der Kuppel mehr als 130 Meter hoch. Auf einer Grundfläche von mehr als zwei Hektar. Die 13 Statuen der Fassade sind beinahe 6 Meter hoch. In den Kirchenschiffen erheben sich 148 Säulen, die in einer Höhe von 44 Metern die Decke berühren. Die von Bernini in die vier Zentralpfeiler eingefügten Statuen sind jeweils 5 Meter hoch, 2 Meter hoch die drallen Putten, die die Weihwasserbecken tragen; 30 Altäre gibt es, 147 Papstgräber. Grandios in den Dimensionen und in der Struktur wird die Basilika unvergleichlich, wenn man sich die Menge der Kunstschätze klarmacht, die sie enthält, und die Meisterschaft der Künstler, die an ihrer Ausgestaltung beteiligt waren.

Das Bild des Petersdoms ist so geläufig, dass es angesichts der visuellen Abnutzung, der es unaufhörlich ausgesetzt ist, geradezu verbraucht wirkt. Das führt dazu, dass der größte Teil der Menschen, die ihn betrachten, ihn nicht wirklich «sehen», sich nicht immer wieder aufs Neue von ihm überwältigen und faszinieren lassen, was eigentlich zu erwarten wäre. Selbst wenn die Verbreitung seiner Silhouette über alle erdenklichen Medien eine bemerkenswerte Propagandawirkung für die Kirche entfaltet, so ist mit Sicherheit die

Wahrnehmung seiner architektonischen und künstlerischen Einzigartigkeit abgestumpft. Mit der Zeit ist die Basilika des hl. Petrus zum Petersdom geworden, nichts weiter, als habe sie immer dort gestanden, unwandelbar, die Zeit überdauernd, ewiger Archetyp, das Emblem der katholischen Religion par excellence, Sitz ihres *Summus Pontifex*, ihres «Obersten Priesters».

Zur Abschwächung der Wirkung hat im Übrigen auch die Öffnung der Via della Conciliazione beigetragen, wodurch der Petersdom schon vom Ufer des Tibers aus zu sehen ist, und das macht ihn zum simplen Hintergrund einer schönen Straßenansicht. Wie grundlegend anders muss die Seherfahrung doch früher gewesen sein, das Erstaunen und die Überraschung, wenn sich demjenigen, der aus dem Dunkel der engen Gassen der alten Spina di Borgo herauskam, unversehens die ungeheuerliche Wucht und Größe der Basilika in ihrer ganzen Pracht darbot.[1]

Die Basilika hat eine bewegte, zuweilen dramatische Geschichte. Jeder Gebäudeteil ist lange diskutiert, bis ins Detail studiert, verworfen, neu entworfen und schließlich so realisiert worden, wie wir ihn heute kennen, um konzeptionell und symbolisch den größtmöglichen Bedeutungsgehalt in sich zu vereinigen – eine geballte Ladung an Mahnung, aber auch Faszination, sichtbares Zeichen einer unermesslichen Macht.

Dieses Kapitel erzählt aber nicht die Geschichte der Basilika, zumindest nicht die ganze. Es gibt hervorragende Bücher darüber, die Geschichte ist lang und kompliziert, reich an Episoden, die fast alle eine Erwähnung wert wären. An dieser Stelle sollen nur einige dieser Ereignisse zusammengetragen werden; die Hintergründe zum Beispiel, die dazu führten, dass gewisse Kunstwerke, die die Basilika ausschmücken oder sogar zu ihren Charakteristika gehören, sich dort befinden, wo sie sich befinden, zu welchem Zweck sie in Auftrag gegeben wurden, zu welchem Nutzen und zu welchen Kosten. Und wenn ich Kosten sage, meine ich nicht nur die finanziellen. Im Übrigen werde ich auf Sankt Peter und einige der Künstler, die dort gearbeitet haben, in den folgenden Kapiteln immer wieder zurückkommen müssen, weil die Basilika natürlich auch ein Repertoire darstellt, ein Geschichtskonzentrat, das auf der einen Seite die himmlischen Glückseligkeiten heraufbeschwört, auf der anderen aber auch Monumente und Gräber enthält, die sehr irdische menschliche Schicksale in Erinnerung rufen. Heiligengeschichten natürlich, aber auch die Eskapaden von Königen und Königinnen, illustren Damen und Herren, die alles andere waren als Heilige, weshalb die Frage zulässig ist, was sie getan oder nicht getan haben, um ein Begräbnis im höchsten Tempel der Christenheit zu verdienen.

In weit zurückliegenden Zeiten war der Vatikan ein unwirtliches, fast unbewohntes, in einem bescheidenen Hügel gipfelndes Gebiet jenseits des rechten Tiberufers. In den ersten Jahrzehnten der christlichen Zeitrechnung hatten Caligula und später Nero, wie wir gesehen haben, am südlichen Abhang des vatikanischen Hügels, zur Linken der heutigen Basilika, einen *Circus* erbauen lassen. Einen von vielen, die damals in der Stadt zu finden waren und die man in der modernen Bedeutung des Begriffs «Stadien» nennen könnte, also Orte der Unterhaltung und der Emotionen, der Massen und des Geschreis, wo sich die sportliche Herausforderung häufig zu einem öffentlichen, erklärtermaßen politischen Event entwickelte. Aufgrund ihrer architektonischen Kühnheit und ihres Fassungsvermögens waren es fast immer großartige Bauwerke. Auf den Rängen des Circus Maximus konnten bis zu zweihundertfünfzigtausend Zuschauer sitzen, den Circus Caligulas und Neros schmückte in der Mitte der *Spina*[2], ein ägyptischer Obelisk aus rotem Granit – derselbe, der heute im Zentrum des Petersplatzes steht. Um diesen Obelisken im Jahre 37 unserer Zeitrechnung nach Rom zu transportieren, musste eigens ein Schiff gebaut werden.

Wenige Jahrzehnte später, im Jahre 67, ein Jahr vor Neros Tod, wurde der Legende nach in diesem *Circus* der Apostel Petrus hingerichtet: Kephas («Stein/Fels», Gräzisierung des aramäischen *kefa*), der Fischer, das Oberhaupt der christlichen Gemeinschaft von Rom, zum Tode verurteilt durch Kreuzigung, aber, wie er selbst es verlangt haben soll, kopfüber, denn er sah sich nicht als würdig an, auf die gleiche Art und Weise zu sterben wie sein Meister. Sein Leichnam soll in einem armseligen Erdloch am Straßenrand neben dem Circus verscharrt worden sein. Einige Jahrhunderte später nahm Kaiser Konstantin – der erste, der die neue Religion voll anerkannte – den Vorschlag der christlichen Gemeinschaft von Rom gern auf, zur Erinnerung an dieses Opfer an demselben Ort eine Basilika zu erbauen.

Und so begannen die kaiserlichen Architekten um 320 mit der Planung des Baus. Die Basilika sollte so ausgerichtet werden, dass der Mittelpunkt – ihr eigentlicher Existenzgrund – mit dem Stück Erde übereinstimmte, von dem man glaubte, dass dort der Apostel begraben worden war. Um dieses Ergebnis zu erzielen, musste sich die Hauptachse des Baus an der Ost-West-Richtung orientieren. Da das Gelände aber von Nord nach Süd ein großes Gefälle aufwies, waren, noch bevor ein einziger Stein gesetzt werden konnte, gewaltige Erdarbeiten nötig. Von Anfang an wurde das Werk deshalb als «Wahnsinn» bezeichnet.

Es ging dabei praktisch um nichts Geringeres als die Abtragung großer Teile des Vatikanhügels, die angemessene Drainage des Gebietes, auf dem sich zahlreiche Sumpfkrater befanden, die Errichtung sehr robuster Substrukturen und Fundamente, die imstande waren, dem enormen Gewicht des künftigen Gebäudes standzuhalten. Außerdem war der Abriss bzw. die Stilllegung der alten Nekropole notwendig, die sich teilweise auf diesem Gelände befand und in der Heiden und Christen lange Zeit Seite an Seite begraben worden waren. Konstantin soll 326, ein Jahr nach dem grundlegenden Konzil von Nicäa, eigenhändig zum Spaten gegriffen haben, um beim Graben der Fundamente den ersten Stich zu tun, wie so viele andere Staatsoberhäupter nach ihm.

Die Bauarbeiten schritten rasch voran, was die in jüngster Zeit bei Ausgrabungen zutage geförderten Reste zu beweisen scheinen. Auch diese erste Basilika hat, genau wie die spätere, die an ihre Stelle treten wird, bemerkenswerte Dimensionen: eine Fassade von 64 Metern, die fünf Schiffe, in die sie unterteilt war, von 90 Metern Länge, das Querschiff mit einer Breite von 24 und einer Höhe von über 30 Metern (18 und 15 Meter die jeweiligen Höhen der Seitenschiffe). Die Ädikula, unter der sich das Grab mit den sterblichen Überresten des Petrus befand, liegt (entweder weil man sich verrechnet hatte oder weil es so gewollt war) fast einen halben Meter tiefer als der Boden: Das Ganze ist jedenfalls von einem ca. 3 Meter hohen, mit Marmor verkleideten Schaukasten umschlossen, während das Grab mit zyprischen Bronzeplatten verschalt ist.

Vor dem Eingang der Konstantinischen Basilika befand sich ein großes, innen von Säulenhallen umgebenes, «Paradies» genanntes Atrium, in seinem Zentrum (zumindest seit dem Jahr 1000) ein Brunnen, dessen Wasser aus der *Pigna* sprudelte, dem kolossalen Pinienzapfen aus Bronze, der heute in dem gleichnamigen Hof (Cortile della Pigna) des Vatikans steht. Dieses Wasser diente den Gläubigen vor dem Betreten der Basilika zur rituellen Reinigung, damit wuschen sie sich zumindest Gesicht und Hände. Das Zeichen des Kreuzes mit den im Weihwasser angefeuchteten Fingern ist noch heute ein symbolisches Überbleibsel dieser antiken Waschungen. Das armselige Grab des Petrus, der in nackter Erde bestattet worden war, hatte sich so in ein kostbares Mausoleum verwandelt.

Fast gleichzeitig begannen leider auch schon die ersten von Geschäftsinteressen geleiteten Fehlentwicklungen: Wer auf der Mauer neben dem Grab seinen Namen eingravieren lassen wollte – und das wollten viele –, musste den diensthabenden Diakonen eine Spende geben. Eine Praxis, die sich beträchtlich ausweiten und in den folgenden Jahrhunderten zur Ursache tiefgreifender Konflikte und Kämpfe werden sollte.

Die Ausgaben für das Bauwerk waren gewaltig, zumal der Kaiser vor der Kirche eine Anlaufstelle und einen Ort der Einkehr für die Gläubigen vorgesehen hatte, um ihnen Gelegenheit zu geben, an dem Ort zu beten, an dem der Apostel und erste *Pontifex* sein Martyrium erlitten hatte, auf dass sein Beispiel den Glauben eines jeden festige. Was Konstantin selbst betrifft, seinen Glauben (und dessen Anerkennung), so hob die Widmungsinschrift auf dem Bogen zwischen Kirchenschiff und Querschiff hervor: *Quod duce te mundus surrexit / in astra triumphans / hanc Costantinus Victor tibi condidit aulam (Unter deiner Führung erstand triumphierend die Welt zu den Sternen; diese Halle errichtete dir Sieger Konstantin).* Womit auf Konstantins Sieg gegen Maxentius bei der Schlacht an der Milvischen Brücke, die Geburtsstunde des christlichen Kreuzes, angespielt wird (vgl. Kapitel III).

Zugunsten der neuen Religion wendet Konstantin jedenfalls die größte Energie auf. Neben der Peterskirche lässt er in jenen Jahren ein ganzes Netzwerk von Basiliken von wahrhaft kaiserlichen Dimensionen erbauen: San Giovanni in Laterano (St. Johann im Lateran), mit deren Bau noch vor der Petersbasilika begonnen worden war, knapp über 100 Meter lang; Santa Croce in Gerusalemme (Heilig Kreuz in Jerusalem), auf Wunsch von Konstantins Mutter Helena gebaut, die von einer Reise nach Palästina ein Fragment des wahren Kreuzes Christi mit nach Hause gebracht haben soll; Santo Sebastiano auf der Via Appia, 75 Meter lang; das Mausoleum von Konstantins Tochter Constantia auf der Nomentana, heute unter dem Namen Santa Costanza bekannt (eine der schönsten und beeindruckendsten frühchristlichen Kirchen). Imposante Bauwerke, die alle – einschließlich St. Peter – strahlenförmig angeordnet am Rande des damaligen Stadtgebietes angesiedelt waren.

Im Zeitalter der klassischen Antike war Rom eine Stadt der Monumente, übersät von Standbildern und Statuen: mit Togen bekleidete Figuren in den Foren, Kaiser zu Pferde, grandiose, reich mit menschlichen Abbildern verzierte Thermen und Nymphäen, die Tempel der heidnischen Gottheiten mit Säulen und Mosaiken geschmückt. Vom 4. Jahrhundert an, mit dem Bau der großen Basiliken, und vor allem in den beiden folgenden Jahrhunderten wandelt sich das Bild der Stadt. Das Rom der antiken Monumente verschwindet. Viele Skulpturen werden zerstört, mitunter nur aus Unachtsamkeit, manchmal ganz gezielt aus ideologischen Gründen. Das Christentum tendiert zur Sublimierung seiner Symbole, es zieht eine weniger stoffliche Darstellungsweise als die der Römer vor, ihren Gott veranschaulicht sie eher in der Malerei und im Mosaik als in der Skulptur. Vom 5. Jahrhundert an werden auch im Zentrum Roms an die Stelle der antiken römischen Säulenhallen christliche Kirchen gesetzt. Damals entstehen die Kirche der Santi Giovanni e Paolo auf dem Caelius-Hügel, San Marco unter dem Kapitol, San Lorenzo in Lucina, Santa Maria in Trastevere, Santa Sabina auf dem Aventin, San Clemente nahe beim Kolosseum, Santa Maria Maggiore auf dem Esquilin.

Das christliche Rom, das auf die klassische Antike folgte und sie ablöste, annulliert nicht nur ihr Dasein, sondern sogar ihr Andenken. Wo die Statuen und Altäre der heidnischen Gottheiten standen, stellt es seine eigenen hin, die Schutzgottheiten für die menschlichen Lebensbereiche und Tätigkeiten ersetzt es durch seine Heiligen, die alten Riten durch seine Orthodoxie. Innerhalb weniger Jahrzehnte ist kaum noch eine sichtbare Spur der alten Religionen übrig. Gewiss, da sind die Texte der Philosophie, der Literatur, des Theaters, der Naturwissenschaften, die geduldige Mönche, erfinderische Schreiber, nicht selten große Künstler und Buchmaler akribisch für die Wenigen zu kopieren versuchen, die des Lesens mächtig sind.

Aber von den volkstümlichen Kulten, der breiten, von Rom garantierten religiösen Toleranz bleibt nichts mehr übrig.

Der glühendste Verfechter des Christentums, Paulus von Tarsus (hl. Paulus), überhäuft die Erinnerung an die alten Bräuche und die mit ihnen verbunden Kulte in seinem Brief an die Römer (1, 26–31) mit Schmähungen:

> Ihre Frauen vertauschten den natürlichen Verkehr mit dem widernatürlichen; ebenso gaben die Männer den natürlichen Verkehr mit der Frau auf und entbrannten in Begierde zueinander; Männer trieben mit Männern Unzucht … Und da sie sich weigerten, Gott anzuerkennen, lieferte Gott sie einem verworfenen Denken aus, sodass sie tun, was sich nicht gehört: Sie sind voll Ungerechtigkeit, Schlechtigkeit, Habgier und Bosheit, voll Neid, Mord, Streit, List und Tücke, sie verleumden und treiben üble Nachrede, sie hassen Gott, sind überheblich, hochmütig und prahlerisch, erfinderisch im Bösen, ungehorsam gegen die Eltern, sie sind unverständig und haltlos, ohne Liebe und Erbarmen.»[3]

Ein Schauergemälde, in dem sich die grenzenlose, ohnmächtige Wut eines Neo-Konvertiten von überragender Intelligenz und maßloser Leidenschaftlichkeit offenbart.

Und doch ist es gerade das Modell des kaiserlichen (heidnischen) Rom, das Konstantin im Sinn hat, als er den Bau der neuen Basiliken befiehlt und mit der klaren Absicht vorantreibt, die christliche Macht zu proklamieren und zu manifestieren. Das Mausoleum, das sich der große Kaiser Hadrian am Ufer des Tibers hatte bauen lassen (heute bekannter unter dem Namen Castel Sant'Angelo – Engelsburg), ist in seiner ganzen Würde eines der Vorbilder. Hadrian hatte auf die Stattlichkeit des Bauwerks gesetzt, Konstantin wird es ihm nachtun. In den Machtsymbolen der neuen Pontifices wird im Laufe der Zeit das kaiserliche Vorbild (auch als Übertrumpfung) immer deutlicher wiederzuerkennen sein: in den Dimensionen der Gebäude, der Feierlichkeit der Riten, dem penetranten Geruch des Weihrauchs, der Suggestivkraft der Gesänge, der sich im Gold der Mosaiken spiegelnden Lichter. Alles wird auf eine Vorstellung von Macht verweisen, die sich selbst höher einstuft als die der antiken Kaiser, denn die christlichen Päpste haben über diese hinaus auch noch die höchste Gewalt, Sünden zu erlassen und ewiges Leben zu gewähren. Die Kirche macht sich also zum Erben des Reiches, sieht sich mit einer Mission von universaler Zivilisation beauftragt, die gleichzusetzen oder sogar höher einzustufen ist als die, die Rom in der antiken Welt erfüllt hatte.

Frühchristliche Mosaiken stellen Jesus Christus häufig als einen auf dem Thron sitzenden Kaiser dar, umhüllt von der vergoldeten Toga, *Dominus Dominantium* (Herr der Herren), umgeben von den Aposteln, die wie römische Senatoren dargestellt sind. Die neue Kirche macht sich das universalistische Ideal des alten, im Untergang befindlichen Imperiums zu eigen und unterstreicht die durch sie repräsentierte Kontinuität. Was die Päpste betrifft, so soll der erste, der sich des Titels *Pontifex maximus* bemächtigte, Damasus gewesen sein, der von 366 bis 384 Papst war, auch wenn die Bezeichnung (abgekürzt: *Pont. Max.*) an Giebeln von Kirchen und anderen Gebäuden offiziell erst sehr viel später gebräuchlich wird.

Damasus' Wahl zum Papst war besonders dramatisch, weil der römische Klerus aufgrund von Auseinandersetzungen über die Doktrin und Machtfragen in zwei Fraktionen gespalten war. So kam es, dass zunächst zwei in erbitterter Konkurrenz zueinander stehende Päpste gewählt worden waren, Ursinus und Damasus. Der Historiker Ammianus Marcellinus (um 330 – um 395), der zu den größten spätantiken Autoren gehörte, die in lateinischer Sprache schrieben, und ein außerordentlicher Zeitzeuge der kaiserlichen Dekadenz war, schreibt dazu in den *Rerum Gestarum* (Buch XXXI):

> Damasus und Ursinus, von unmenschlicher Begierde, sich des Bischofssitzes zu bemächtigen, entbrannt, standen bei den widerstreitenden Bestrebungen in heftigstem Kampf gegeneinander, und es kam bei den Gefechten zwischen ihrem beiderseitigen Anhang zu Wunden und Totschlag ... Im Kampfe selbst blieb Damasus Sieger, durch den lebhaften Eifer seiner Partei unterstützt. Übrigens ist bekannt, dass in der Basilika des Sicinius, wo sich die christliche Gemeinde zum Gottesdienst zu versammeln pflegt, an einem Tage 137 Erschlagene gefunden wurden und der wütende Pöbel erst lange nachher sich zur Ruhe bringen ließ. Betrachte ich nun überall die Großtuerei der Stadt, so leugne ich nicht, dass Leute, die nach so etwas Verlangen tragen, um zu ihrem Zweck zu gelangen, die ganze Kraft ihrer Lungen im Zanke aufbieten mögen: denn wer es einmal erlangt hat, ist für immer aller Sorgen überhoben, sammelt sich Schätze von den Spenden alter Frauen, erscheint vor dem Volke nur im Wagen sitzend, mit einem Gewande, das aller Augen auf sich zieht, und hält auf schwelgerische Gastmahle, die selbst die Tafel der Könige überbieten.[4]

Am Ende gelang es Damasus, sich durchzusetzen, auch wenn die Art und Weise, wie er seinen Sieg errang, seinen Ruf als Mann der Religion schädigte. Auf operativer Ebene jedenfalls war er ein Bischof von großer Durchsetzungskraft, der die katholische Orthodoxie gegen verschiedene Häresien verteidigte. Unter seinem Pontifikat wurde das berühmte Edikt des Kaisers Theodosius I. (347–395) *De fide Catholica* (Februar 380) erlassen, mit dem diese Doktrin zur offiziellen Religion des römischen Staates proklamiert und Damasus zu ihrem Oberhaupt gemacht wurde.[5] Doch die Bedeutung dieses Papstes für unsere Geschichte besteht vor allem darin, dass er der erste Bischof von Rom war, der seine Vormachtstellung nicht auf Konzilsbeschlüsse oder sonstige Erlasse gründete, sondern direkt auf das Evangelium, auf das berühmte Petrus-Zitat: «Du bist Petrus und auf diesen Felsen werde ich meine Kirche bauen und die Mächte der Unterwelt werden sie nicht überwältigen.» (Matthäus 16,18) Eine Proklamation, die als fundamentaler Schritt zur Gründung einer regelrechten Papst-Dynastie gewertet wurde, was sich später bewahrheiten sollte.

Kehren wir zu den christlichen Basiliken zurück, die in Nachahmung der öffentlichen Gebäude im antiken Rom errichtet wurden. Diese waren heilige und staatliche Orte zugleich, denn die römische Religiosität tendierte zur Vereinigung dieser beiden Sphären. So wie Romulus und Remus die alte Stadt gegründet hatten, wurden die Heiligen Petrus und Paulus zu den beiden Gründerfiguren des neuen Rom unter dem Zeichen des Kreuzes. In dem Maße, wie sie sich vom rigorosen jüdischen Monotheismus ihres Ursprungs entfernt, errichtet sich die neue Religion nach und nach ihr Pantheon. Nicht mehr der einsame Jehova aus der Bibel, sondern eine ganze vergöttlichte Familie, Eltern und Sohn. Und um sie herum ungezählte göttliche und halbgöttliche Figuren, die im Laufe der Jahrhunderte zu Tausenden anwachsen. Jeder Ort, jede Handlung, jedes Körperorgan wird seinen Schutzpatron bekommen, an den man sich wenden kann, genau wie im antiken heidnischen Pantheon.

In einer immer baufälliger werdenden Stadt, in der die antiken Paläste, die Aquädukte und Tempel geplündert wurden oder zu Ruinen verfielen, vermittelten der Glanz und die Weite der neuen Basiliken und vor allem der Hauptbasilika dem Besucher und dem Pilger unmittelbar und lebhaft den Eindruck, dass die alte Macht von einer neuen abgelöst worden war und dass es nun an der Zeit sei, sich in allen Belangen dieses und des anderen Lebens an sie zu wenden.

Es war also notwendig, die Petersbasilika entsprechend diesem ungeheuren Zuwachs an Macht- und Glaubensaufgaben zu erhöhen, damit alle, von den ganz gewöhnlichen Gläubigen bis zu den regierenden Monarchen, schon unmittelbar beim Eintreten einen Eindruck von der Macht erhielten, von der ihre Legitimität und nicht selten sogar ihre Existenz abhing. Keine Religion hatte jemals so viel gewagt.

Mit den Jahrhunderten war die von Konstantin dereinst mit großer Pracht und Großzügigkeit erbaute Basilika ziemlich heruntergekommen. Papst Nikolaus V. (1447–1455) wird etwa in der Mitte des 15. Jahrhunderts von dem bedeutenden Architekten und Humanisten Leon Battista Alberti (1404–1472) darauf hingewiesen, dass die Mauern im Zentralschiff inzwischen über einen halben Meter aus dem Lot geraten sind. Florenz dagegen hat seit kurzem den neuen, von Brunelleschis großartiger Kuppel gekrönten Dom Santa Maria del Fiore, ein harmonisches Monument, das sich gebieterisch über die Stadt erhebt und sie bis in die von Hügeln begrenzte Ebene beherrscht. Nikolaus V. (mit bürgerlichem Namen Tommaso Parentucelli), der aus Sarzana bei La Spezia stammte, empfindet dies in besonderem Maße als Herausforderung. Er hat den Vatikan als Papstresidenz gewählt und denkt darüber nach, wie man ihn befestigen kann. Er lässt die vier Wachtürme an den Flankenmauern des Castel Sant'Angelo bauen, die Mauern Leos IV. zur Verstärkung mit höheren Bastionen versehen, befiehlt die Trockenlegung und Befestigung der Straßen und Gassen des gesamten Borgo,[6] die zum Schlupfwinkel für Diebe und Halsabschneider geworden waren. (1450 beschreibt der Florentiner Pater Rosello Roselli in einem Brief an Cosimo de' Medici die herrschenden Zustände mit den folgenden Worten: «Diese Gegend ist eine Räuberhöhle: jeden Tag wird hier geraubt und gemordet, als ob die Menschen Hammel wären; es reicht ihnen aber nicht einmal, dass sie tot sind, sogar die Leichen schneiden sie in Stücke wie Rüben.»)

Der Papst ist als ein dem exzessiven Nepotismus abgeneigter Humanist und als Urheber des gesamtitalienischen Friedens von Lodi in die Geschichte eingegangen. Verhasst war er dagegen der kommunalen Opposition in Rom, deren Vertreter ihn als Tyrannen ablehnten. Und schnell waren respektlose Witze über ihn im Umlauf, von denen einige noch lange zur Volkstradition gehören sollten. Seinem Ruf als großer Trinker, der auch bei der Eliminierung von Feinden nicht lange fackelte, ist dieses anonyme Distichon gewidmet: *«Da quando è Niccolò papa e assassino / abbonda a Roma il sangue e scarso è il vino»* («Seit Papst und Mörder Niccolò regiert, / schwelgt Rom in Blut, und Wein ist abserviert.»)[7] Auch Ferdinand Gregorovius fällt über die päpstliche Hofhaltung ein vernichtendes Urteil:

> Das päpstliche Rom dieser Zeit war bereits üppig genug, der Klerus verderbt und verhasst. Die Kardinäle lebten wie weltliche Fürsten, so verschwenderisch, dass sie den Sinn auch anderer als der Republikaner beleidigten. Die Kurialen, zahllose Schwärme von Prälaten, welche Pfründen suchten und genossen, boten der Stadt das hässliche Schauspiel von Übermut, Goldgier und Lasterhaftigkeit dar.[8]

Vieles konnte Papst Nikolaus vollenden, doch nicht alles, was er sich gewünscht hätte. Auf jeden Fall gebührt ihm das Verdienst, deutlich gemacht zu haben, dass das Problem der Baufälligkeit der ehrwürdigen Konstantinischen Basilika nicht länger unter den Teppich gekehrt werden konnte.[9] Ein anderer Papst von großer Tatkraft wird sein Projekt wieder aufnehmen, Sixtus IV. (Francesco della Rovere), der von 1471 bis 1484 rund ein Dutzend Jahre regierte. Sein größtes Werk war der Bau der *Capella magna* der heiligen Paläste, die von ihm dann auch ihren Namen *Cappella Sistina* (Sixtinische Kapelle) erhielt. Um ihrer nicht nur künstlerischen Bedeutung gerecht zu werden, wird ihr in einem der folgenden Kapitel eine ausführlichere Behandlung zuteil.

Sixtus ließ auch neue Straßen bauen, eine neue Brücke (Ponte Sisto) in der Nähe der flussaufwärts gelegenen alten Engelsbrücke, auf der es in Zeiten großen Pilgerandrangs immer wieder zu furchtbaren Staus gekommen war. Während des Heiligen Jahres 1450 hatte es dort am Eingang und am Ausgang ein solches Menschengewühl gegeben, dass zweihundert Menschen erstickten, in den Fluss geschleudert oder unter Pferdehufen zertrampelt wurden. In der Betriebsamkeit der diversen Baustellen immer an seiner Seite ist ein junger Kardinal, der (wie so oft) gleichzeitig sein Neffe war, Giuliano della Rovere.[10]

Auch Giuliano wird Papst werden, sogar einer jener Päpste, die mit der Kraft ihres Temperaments und mit ausgeprägtem Ehrgeiz imstande sind, ihrer Zeit ein Zeichen zu setzen. Nichts Religiöses haben Männer dieses Schlages an sich, es sind *Condottieri*, die mit derselben Bravour fähig sind, ein heiliges Amt auszufüllen, wie sie die Rüstung des Kämpfers tragen würden, die mit der gleichen Effizienz den Weihwasserwedel schwingen wie das Schwert. Giuliano wird 1503 gewählt, im Alter von sechzig Jahren, nach nur eintägigem Konklave. Er wird ein denkwürdiges Pontifikat hinlegen, wie es sich schon in dem Namen ankündigt, den er sich gab, Julius II., unter offenkundiger und direkter Berufung auf Julius Caesar. Ein politischer, ein kriegerischer Papst, Initiator grandioser Projekte, Verfechter einer nationalen Monarchie, deren unbestrittenes Oberhaupt und Kaiser der Papst, der wahre *Pontifex maximus* sein sollte. Als Vorbild hatte er dabei Octavius Augustus vor Augen, er war von einer unbändigen Energie getrieben. Das betraf auch die Künste, die er aber weniger als ästhetischen Ausdruck betrachtete, sondern vielmehr als ein mögliches Instrument seiner Politik.

Entschlossen greift er die von Nikolaus V. nicht zur Vollendung gebrachten Pläne wieder auf und ergänzt sie durch neue. 1506, kaum drei Jahre nach seiner Wahl, beauftragt er Donato Bramante, einen der besten Architekten der Zeit, mit der Planung eines neuen Gebäudes, das an die Stelle der baufälligen Konstantinischen Basilika treten soll. Das Abenteuer wird mehr als ein Jahrhundert dauern, in dem sich mehrere Päpste ablösen. Die äußeren Baustrukturen werden 1626 vollendet, noch wesentlich länger muss man bis zur Fertigstellung der Innenräume warten. Das Volk von Rom beginnt zu munkeln, ein Unternehmen von einer solchen Dimension werde wohl nie wirklich zu einem Ende kommen.

Mit der Arbeit auf der Bramante anvertrauten Baustelle Sankt Peter wurde rasch begonnen, der Grundstein für den Neubau wurde bereits im April des Jahres 1506 gelegt. Die Leitidee war, die alte Kirche nicht gleich zu zerstören, sondern die neue mit den Teilen zu beginnen, die im Verhältnis zu den bereits existierenden außen lagen. Der Abriss begann im Jahr darauf, und es fehlte nicht an Kritik und Polemik zur Methode, mit der vorgegangen wurde, nicht zuletzt weil das alte Bauwerk nach einigen Monaten den unerquicklichen Anblick aller im Abriss befindlichen Gebäude bot: verunstaltet in einigen Teilen, die Gebäudestrukturen beschädigt, die Dächer fast in ihrer Gesamtheit abgetragen.

An diesem Punkt muss ich die Erzählung kurz unterbrechen, um einem Ereignis Raum zu geben, das große Bedeutung nicht nur für das Leben seiner Protagonisten, sondern auch für die Weltgeschichte der Kunst haben sollte. Bei all seinen fieberhaften Aktivitäten plante Julius II. beizeiten auch sein Grabmal. Für dessen Ausführung hatte er an einen dreißigjährigen Florentiner Künstler mit Namen Michelangelo Buonarroti gedacht, der aufgrund einer wenige Monate zuvor vollendeten David-Statue sehr geschätzt wurde. Der Papst hatte einen guten Griff getan, denn Michelangelos künstlerische Vision war in der Tat nicht weniger grandios als seine eigene auf politischem Gebiet. Nachdem er den Auftrag erhalten hatte, entwarf der Künstler nicht etwa ein traditionelles Wandgrab, wie es die Etikette (und das Demutsgebot der christlichen Lehre) vorgeschrieben hätte, sondern einen imposanten Komplex zwischen Architektur und Skulptur, ein freistehendes Mausoleum von pharaonischen Dimensionen, 10 mal 7 Meter, die Höhe entsprechend, geschmückt von vierzig Statuen, jede in doppelter Lebensgröße.

Gleich im April 1505 bricht Michelangelo nach Carrara auf, um persönlich den für dieses gigantische Unternehmen geeigneten Marmor auszuwählen. In den acht Monaten, die er fern von Rom verbringt, ändert der Papst allerdings seine Pläne. Während der Künstler in den apuanischen Alpen umherläuft, um jeden Block, der herausgebrochen werden soll, einzeln auszusuchen, verliert der Papst, vollkommen absorbiert vom Projekt der neuen Basilika, nach und nach das Interesse am eigenen Grabmal. Die Geschichte des Juliusgrabes habe ich im Kapitel «Moses' Abenteuer» meines vorhergehenden Buches *I segreti di Roma* (*Die Geheimnisse Roms*) erzählt und werde sie hier nicht wiederholen. Nur so viel: Michelangelo wird den Auftrag als «die Tragödie meines Lebens» bezeichnen, und die einzigen Statuen, die er für ein nie realisiertes Grab tatsächlich anfertigte, werden die *prigioni* (Gefangenen) und der riesige Mosè sein, die später in der Chiesa di San Pietro in Vincoli aufgestellt werden.

Ende 1505 kehrt der Künstler nach Rom zurück. Einen Monat später, am 14. Januar 1506, wird praktisch unbeschädigt – lediglich der rechte Arm der männlichen Figur fehlt – eine der schönsten Skulpturen, die uns aus der Antike erhalten geblieben sind, wiedergefunden: die Laokoon-Gruppe. Auf einem Weinberg in der Nähe der Titus-Thermen beim Kolosseum hatte sich unter den Füßen einiger Bauern plötzlich ein unterirdisches Gelass aufgetan. Aus dem Boden ragte, halbbedeckt mit Erde, diese unvergleichliche Gruppe hervor. Im Zentrum ein kräftiger Mann, der sich gegen zwei Schlangen aufbäumt, die im Begriff sind, ihn zu Tode zu würgen und zu beißen, sein Gesicht zu einer fast theatralen Maske des Schreckens und des Schmerzes erstarrt. Ihm zur Seite zwei Knaben, beim kleineren, zur Rechten Laokoons, fängt das Gift schon an zu wirken, er liegt im Sterben. Der andere dagegen erweckt beinahe den Eindruck, er könne dem Angriff noch entfliehen. Giuliano da Sangallo soll seinem Sohn Francesco zufolge die Echtheit des Fundes mit dem Ausruf bestätigt haben: «Das ist der Laokoon, von dem Plinius spricht!» Laokoon war ein trojanischer Priester, der die Kriegslist des Odysseus durchschaut hatte und die Trojaner vor dem hölzernen Pferd warnen wollte. Seine Voraussage bezahlte er mit dem Leben, weil die Götter den Untergang Trojas beschlossen hatten: Aeneas sollte nach seiner Flucht aus Troja der Stammvater Roms werden.[11]

Michelangelo war von dem Werk so beeindruckt, dass er Jahre später in Florenz auf einer Mauer des unterirdischen Grabgewölbes der Medici Laokoons Gesicht skizzierte, das er mit erstaunlicher Präzision im Gedächtnis behalten hatte. Ebenso beeindruckt, aus ganz anderen Gründen allerdings, war Papst Julius. In der tragischen Figur des trojanischen Priesters sah der Pontifex das Symbol für die Wiedergeburt, mit der er selbst, der neue Julius nach dem antiken Caesar, die Ewige Stadt prägen wollte. Nachhaltigeren Einfluss hatte die Laokoon-Gruppe aber auf Michelangelo. Viele Kunsthistoriker sind der Auffassung, dass die Entdeckung der Marmorgruppe neue Maßstäbe setzte und seinen Stil für immer veränderte.

Gleich nach Ostern des Jahres 1506 verlässt der Künstler, verbittert über die Wankelmütigkeit des Papstes im Hinblick auf seine künstlerischen Projekte, Rom ein weiteres Mal. Diesmal ist sein Ziel Florenz. 1508 ruft ihn der Papst jedoch zurück, um ihm wieder ein neues Projekt vorzuschlagen. Nicht mehr das Grab, sondern einen, wenn das überhaupt möglich ist, noch grandioseren Auftrag: die Deckenbemalung der Sixtinischen Kapelle, die zu dem Zeitpunkt noch ganz traditionell mit dem üblichen blauen Sternenhimmel dekoriert war. Es ging um die Ausmalung einer Fläche von 1 200 Quadratmetern. Michelangelo wird daraus sein Lebenswerk machen. Vier Jahre lang bleibt er mit dem Kopf im Nacken allein auf den Brückengerüsten[12] und konzipiert, entwickelt und verwandelt eine *architettura pittorica* (malerische Architektur) in Farbe, die einem titanischen Programm aus Figuren, Theologie, Politik Gestalt verleiht.

Bleiben wir aber zunächst in der Basilika, verschieben wir die Fortsetzung der Erzählung über die Kapelle noch ein wenig. 1513 stirbt Julius II., mit siebzig Jahren; es sterben zwei seiner Nachfolger. Nach dem Tode Clemens' VII. de' Medici steigt unter dem Namen Paul III. (1534–1549) Alessandro Farnese auf den Thron, der ein guter Papst sein wird, obwohl zur historischen Erinnerung an ihn auch sein ausgeprägter Nepotismus gehört, einschließlich der Ernennung zweier noch halbwüchsiger Söhne eines seiner natürlichen Söhne zu Kardinälen. Ausgerechnet er ist es, der Farnese-Papst, der Michelangelo gegen Ende 1546 vorschlägt, die Leitung der *fabbrica di San Pietro* (der «Bauhütte» des Petersdoms) zu übernehmen. Der Künstler ist 72 Jahre alt, mit seiner Gesundheit steht es nicht zum Besten, der Posten ist anstrengend. Zunächst zögert er, versucht, diesen Auftrag abzulehnen, den selbst er, der Schöpfer-Gigant, als zu belastend empfindet. Der Papst aber besteht darauf. Vasari schreibt, er habe diesen Beschluss durch wahrhaft «göttliche Eingebung» gefasst. Am Ende gibt der Künstler nach, zu einer Bedingung allerdings: Wenn er die Bauhütte leiten soll, sagt er, will er der Alleinverantwortliche sein, duldet er von keiner Seite irgendeine Einmischung in seine Entscheidungen.

Eine unerhörte Forderung, die nicht nur berufliche, sondern auch politische Auswirkungen hat. Es ist sogar vorstellbar, dass Michelangelo sie in der Hoffnung auf eine Ablehnung vorgebracht hat. Wir, die wir das Ergebnis kennen, können leicht sagen, dass der Papst die beste Wahl getroffen hat. Doch wer konnte in jenem Moment schon behaupten, des Erfolges sicher zu sein? Es ging um ein Bauwerk, das bereits Jahre an Arbeit und «*denari molti*» («eine Menge Geld») gekostet hatte und das dazu ausersehen war, das Zentrum einer Religion zu werden, die, von Luthers Reform und von der Abspaltung der anglikanischen Kirche König Heinrichs VIII. erschüttert, gerade eine epochale Krise durchmachte. Der Künstler war hochberühmt, seine vorhergehenden Werke bewundernswürdig, die Leitung der *fabbrica* aber war selbst für ihn etwas vollkommen Neues, allein schon aufgrund der titanischen Ausmaße des Unternehmens. Unglaublicherweise jedoch akzeptierte der Papst die Forderung. Am 1. Januar 1547 übertrug er Buonarroti durch einen *motu proprio*[13] die Aufgabe praktisch mit uneingeschränktem Mandat und gab ihm schriftlich «jede Vollmacht, nach eigenem Gutdünken zu schaffen oder einzureißen, hinzuzufügen und fortzunehmen und zu verändern, was er wollte».

Die Veränderungen lassen nicht auf sich warten. Michelangelo verwarf Sangallos Entwurf, den er zu kompliziert, zu teuer, zu *«todesca»* (ital. *tedesca*, also zu «deutsch», gemeint ist zu «gotisch») fand. Er ließ einige gerade erst hochgezogene Mauern des Querschiffs abreißen, kehrte zu Bramantes vierzig Jahre zuvor projektiertem Kuppelgewölbe zurück, das er leicht modifizierte. Man kann sich den Protest, den Neid, den Groll vorstellen, den derart drastische Entscheidungen provozierten. Michelangelo wurde Eitelkeit nachgesagt, Geldverschwendung, unverschämter Ehrgeiz.

Um den Bau des Gotteshauses und die entsprechenden Ausgaben zu überwachen, war eigens ein Kontrollorgan geschaffen worden, die *Congregazione dei Deputati* (wörtlich: Kongregation der Abgeordneten, hier: Baukommission). Besonders aus der *Congregazione* wurde heftige Kritik laut, ihre Mitglieder sahen sich ihrer ureigenen Zuständigkeit und Verantwortung beraubt. Im März wurde im Castel Sant'Angelo eine vom Farnese-Papst persönlich geleitete Versammlung abgehalten. Einige Abgeordnete erhoben sich und gaben zu bedenken, dass im Falle einer Bewilligung der Forderungen des Florentiner Künstlers zwei Drittel dessen, was bereits gebaut worden war, abgerissen werden mussten. War das eine vernünftige Operation? Wann hatte es jemals eine solche Verschwendung von Arbeit und Geld gegeben? Umso mehr, als die Notwendigkeit, das Geld für die Bauhütte von Sankt Peter aufzutreiben, zu einem regen Ablasshandel geführt hatte, eine der Ursachen von Luthers Revolte. Und es war doch der Papst persönlich gewesen, der die Bauvorhaben des Sangallo genehmigt hatte, die nun wieder abgerissen werden sollten.

Paul III. aber blieb unnachgiebig, machte Gebrauch von seiner Macht als Souverän und bestätigte, dass von allen zur Prüfung vorgelegten Bauplänen die des Buonarroti seines Erachtens die besten seien und dass man also von jetzt an auf der Grundlage dieser Pläne weitermachen werde.

Michelangelo hatte Bramantes Idee eines Grundrisses in Form eines griechischen Kreuzes (mit vier gleich langen Kreuzarmen) wiederaufgenommen, das in ein Quadrat eingeschrieben und am Schnittpunkt der beiden Achsen von einer großen Kuppel gekrönt war. Folgerichtig ließ er die tragenden Mauern verstärken und machte sie so zyklopisch, wie wir sie heute noch sehen, wohingegen er das Innere der Basilika von Bramantes Säulen und Sangallos umlaufenden Wandelhallen «befreite». Er entwarf die Kuppel und begann mit ihrer Konstruktion. 1564, in seinem Todesjahr, war das Werk bis fast zum Tambourbereich vollendet: mächtige Säulenpaare, die sich mit imposanten, giebelgekrönten Fenstern abwechseln.

Papst Sixtus V. (Felice Peretti, ein Franziskaner, 1585–1590) wird den Bauarbeiten und vielen anderen Werken neue Impulse geben. Gleich nach seiner Wahl 1585 ordnet er eine Reihe von neuen Baumaßnahmen an. Julius II. hatte die Via Giulia und die Via della Lungara an den beiden Ufern des Flusses angelegt; Leo X. und Paul III. hatten den berühmten *Tridente* (den «Dreizack» Via del Corso, Via del Babuino und Via di Ripetta) ausbauen lassen, der von dem Tor, das heute *del Popolo* (des Volkes) heißt, in Richtung Zentrum ausstrahlt; Gregor XIII. hatte die Via Merulana angelegt, um den Lateran mit Santa Maria Maggiore zu verbinden.

Sixtus V. (von dem Belli schreibt:»*un papa rugantino, un papa tosto / un papa matto come papa Sisto*» – «hat man nie / solch einen Stänkerer von Papst, solch strengen, / solch irren Papst gesehen wie Papst Sixtus»[14]) wird in den fünf Jahren seiner Herrschaft alles Mögliche veranlassen. Zum Beispiel lässt er die Statuen von Petrus und Paulus auf die Spitzen der Trajans- und der Antoninasäule setzen; mehr als 20 Kilometer Aquädukte restaurieren (Acqua Felice, später Acqua Pia oder auch Marcia genannt); einige geradlinige, für ihre Zeit grandiose Straßen trassieren; eine Hauptverkehrsader von fast 4 Kilometern Länge projektieren, die von Santa Croce in Gerusalemme über Santa Maria Maggiore auf der Höhe der Quattro fontane (Vier Brunnen) den Quirinal überquerend bei Trinità dei Monti ankommt und folgerichtig im letzten Abschnitt Via Sistina getauft wird. Für unsere Geschichte von Bedeutung ist die Tatsache, dass dieser unbändige Papst im Januar 1588 die Architekten Giacomo della Porta und Domenico Fontana zu sich rufen lässt und anordnet, die unvollendet gebliebene Kuppel der Basilika in kürzester Zeit fertigzustellen.

Die Architekten hatten zehn Jahre veranschlagt. Unter der päpstlichen Knute wird das Werk in zweiundzwanzig Monaten fertiggestellt. Della Porta studiert verschiedene Varianten, verpflichtet sich aber, den Wunsch des Papstes innerhalb der vorgegebenen Zeit zu erfüllen. Er stellt eine Heerschar von mehr als achthundert Arbeitern ein, die Tag und Nacht durcharbeiten und das komplexe Bauwerk schließlich fertigstellen. Am 15. Juni 1590 wird der letzte Stein gesetzt. Sixtus V. ist achtundsechzig Jahre alt und zwei Monate später wird er sterben, schafft es aber gerade noch rechtzeitig, auch dieses spektakuläre Unternehmen vollendet zu sehen. Es setzt dem Petersdom seine Krone auf und wird der Stadt einen der charakteristischsten Züge seiner Silhouette verleihen.

Noch ein weiteres, fast ebenso spektakuläres Vorhaben hat dieser dynamische Papst, dem nur fünf Jahre auf dem Thron vergönnt waren, durchgeführt: die Versetzung des ägyptischen Obelisken. Im 1. Jahrhundert war der stattliche Monolith auf Befehl des Kaisers Caligula von Alexandria nach Rom transportiert worden. Inzwischen lag er da, wo einmal Neros Circus gewesen war, nutzlos und unbeachtet auf der Erde herum. Die Herausforderung bestand darin, ihn heil bis zu dem gestaltlosen, unebenen Platz zwischen der ewigen Baustelle der Basilika und den feuchten, unsicheren, engen Gassen der Borghi zu bringen, die zum Fluss und zum Castel Sant'Angelo führten.

Das Vorhaben erwies sich als enorm schwierig, weniger jedoch wegen des Transports in der Horizontalen, sondern vor allem, weil der Obelisk, um ihn perfekt im Lot auf seinen Sockel herunterzusenken, zunächst in die Höhe gezogen werden musste. Die einzige verfügbare Energie war die der Muskeln von Mensch und Tier, potenziert so weit wie möglich durch Hebewinden und Flaschenzüge, die mit ihren Seilsystemen das Gewicht verringerten. Um diese Arbeit mit ausreichender Sicherheit durchführen zu können, waren sieben Monate Vorbereitung, Hunderte von Menschen und Pferden, Dutzende von riesigen Seilwinden nötig. Die Beschaffung der erforderlichen technischen Vorrichtungen dauerte vier Monate, von April bis September 1586. Für den Transport des Obelisken in der Horizontale wurde eine Hängestraße (*strada pensile*) konstruiert und zur Aufrichtung und Anhebung auf die notwendige Höhe eine doppelte Stellage aus Holz (*castellum*). Unter Androhung der Todesstrafe untersagte ein Edikt das Betreten des Platzes und die Gefährdung des hochriskanten Unternehmens.

Ein Nachfahre Domenico Fontanas, Carlo Maderno, auch er Architekt in der *fabbrica di San Pietro*, hat uns ungefähr hundert Jahre nach den Ereignissen eine detaillierte Schilderung hinterlassen. Er schreibt:

> Fontana stellte fest, wie viel Gewicht eine mit ganzer Kraft von vier kräftigen Pferden und sicheren Fahrseilen mit Abhalterungen in Gang gesetzte, mit zuverlässigen Hanfseilen ausgestattete Seilwinde heben und bewegen konnte, ohne das dicke Seil zu zerreißen. Er erkannte, dass jede Seilwinde ca. 20 000 Libras heben konnte. Er sah also 40 Seilwinden für die Aufrichtung von 800 000 Libras vor und zwei langwegige, von der Kraft einer Seilwinde gedrückte Hebel, um das verbleibende Gewicht des angeseilten Obelisken von 1 400 537 Libras zu heben.[15]

Damit das Werk zu einem glücklichen Ende geführt werden konnte, war es notwendig, dass diese Dutzende von Winden synchron und koordiniert funktionierten. Infolgedessen musste der Regisseur der Operation einen Panoramablick, einen kompletten Überblick über die Kräfte im Spiel haben und die Möglichkeit, Kommandos zu geben, die von allen gehört werden konnten, zumal es damals natürlich noch keine Mikrophone oder Lautsprecher gab. Den Anwesenden wurde absolutes Schweigen auferlegt, die im Übrigen ohnehin alle vor Erregung stumm waren, während durch Trompetenstöße in den verschiedenen Phasen die entsprechenden Befehle gegeben wurden.

Dank der äußerst sorgfältigen Vorbereitung und der beachtlichen Kräfte im Einsatz vollzog sich die Schlussphase beinahe ohne Zwischenfälle:

> Ein jeder widmete sich an seinem Platz und in seiner Funktion mit größter Sorgfalt seiner Aufgabe für das Unternehmen. Zuvor aber, als alle niederknieten und erneut den Beistand Gottes erflehten, ließ der Architekt, der als Leiter der Operation erhöht saß, das Trompetensignal erklingen; woraufhin alle in einer gemeinsamen Aktion begannen, mit 800 Arbeitern die 140 Pferde und 44 Seilwinden in Gang zu setzen. Alle waren so konzentriert, dass die Vereinigung mit der Kraft der Maschinen in großer Geordnetheit vonstatten ging, und man sah, wie der Obelisk sich mit einer Geschwindigkeit vom Boden

> in eine aufrechte Position erhob, die bei den Anwesenden Verblüffung und Verwunderung auslöste. So dass er senkrecht an seinen vorgesehenen Platz herabgelassen werden konnte um 23 Uhr des besagten Tages [10. September 1586], wo Freudentaumel über das glückliche Ende des erstaunlichen Unternehmens kein Ende nehmen wollte.

Die einzige Gefahr soll darin bestanden haben, dass am Kulminationspunkt die Spannung der Seile so groß wurde, dass sie zu rauchen begannen. Innerhalb kürzester Zeit hätten sie Feuer gefangen, mit katastrophalen Folgen. Dem Volksmund nach war es ein ligurischer Seemann, der den berühmten Ausruf tat: «*Acqua alle corde!*» – «Wasser auf die Seile!» So geschah es, und die Aktion war gelungen.

Einige Jahrzehnte später hat Papst Paul V. (Camillo Borghese, 1605–1621) den Grundriss der Basilika noch einmal überdacht. Er wollte ihr nun doch lieber einen Grundriss in Form eines lateinischen Kreuzes geben, das er dem von Michelangelo entworfenen griechischen mit vier gleichlangen Kreuzarmen vorzog. Er beauftragte den Architekten Carlo Maderno, das Kirchenschiff zu verlängern, also die Eingangsfassade nach vorne zu verschieben, nicht zuletzt auch, um das Fassungsvermögen der Basilika zu erhöhen. Praktisch handelte es sich um eine Rückkehr zu der von Michelangelo korrigierten ursprünglichen Longitudinal- oder «langgezogenen» Konstruktion des Sangallo. Maderno setzte das Konzept mit großem Scharfsinn um. Wer den Petersdom heute betrachtet, sieht, dass in der Fassade die von der Kuppel vorgegebene Rhythmisierung durch große Fenster, die sich mit Säulen abwechseln, wiederaufgegriffen wird. Sechs der Säulen konzentrieren sich im Zentrum, als müssten sie das Giebelfeld abstützen, während sie gleichzeitig emphatisch die zentral hervorspringende Loggia betonen, die den wichtigsten Feierlichkeiten vorbehalten ist: der Proklamation des neuen Papstes, den feierlichen Segnungen.

Madernos erster Entwurf gefiel dem Papst nicht sonderlich. Er empfand die Höhe des Gebäudes im Verhältnis zu seiner Länge als zu exzessiv und empfahl dem Architekten, die Fassade auf beiden Seiten zu verbreitern, um das Ganze longitudinal auszutarieren. Jenseits der Lisenen, die das Ganze abschlossen, wurden deshalb über je einem vom Boden ausgehenden Bogen zwei weitere Fenster hinzugefügt und gegen Ende des 18. Jahrhunderts ganz oben mit den beiden von Giuseppe Valadier entworfenen Uhren geschmückt.

Dieses Gebäude sollte Bernini, der damals nicht mehr ganz jung war, 1656 mit einem Vorplatz krönen, der dem Ganzen angemessen war. Das Resultat haben wir alle vor Augen, und es ist nur schwer vorstellbar, dass irgendjemand eine bessere Lösung hätte finden können als diese beiden hinreißenden Kolonnadenarme, die den riesigen Platz, die Brunnen, den Obelisken und die Menge der Gläubigen, die ihn immer wieder füllt, gewissermaßen umarmen.

Wie viel hatte die neue Basilika gekostet? Eine unermessliche Summe. Was im Übrigen sehr gut zu den enormen Ausmaßen dieses Riesenbaus passt und zu den Ambitionen, deren symbolischer Ausdruck er sein sollte. Doch die titanischen Mauern und die Kuppel waren noch gar nichts im Verhältnis zur Innenausstattung und künstlerischen Ausgestaltung, die sie nach und nach erhalten sollte. Wenn die Dimensionen dieses Bauwerks die außerordentliche Macht vor Augen führen sollten, die zu einer solchen Prachtentfaltung in der Lage war, so fügte ihr die endgültige Ausgestaltung der Schiffe und der Außenarchitektur das Siegel der Herrlichkeit hinzu.

Als Bernini, noch einmal er, für die Hauptapsis des Petersdoms das Freudenfest aus Gold und Licht der *Cattedra di Pietro* (Kathedra Petri oder Petrus-Thron) ersann, interpretierte er das königliche Image, das sich die Päpste im Laufe der Jahrhunderte durch die Anmaßung kaiserlicher Privilegien gegeben hatten, aufs Treffendste. Der große Künstler erdachte sich ein Spektakel aus Engeln, vergoldetem Strahlenkranz, Wolkendampf, vier Kolossalstatuen der Kirchenväter des lateinischen Westens und des griechischen Ostens, Schlüssel und Triregnum hochhaltenden Putten – und im Zentrum die Kathedra, der Legende nach die des Petrus, wobei es sich in Wahrheit um einen Thron handelt, der dem Papst 875 von Karl dem Kahlen geschenkt wurde.

Die himmlische Herrlichkeit also; proklamiert auf die strahlendste, feierlichste und expliziteste Weise. Im Übrigen gibt es keinen Organismus auf der Welt, ob Dynastie oder Regierung, Institution oder Kathedra, der sich im spektakulären Pomp der Zeremonien mit der römischen Kirche messen kann: Trauerfeiern, Krönungen, Seligsprechungen. Bei der Frage, wie viel eine solche Prachtentfaltung gekostet hat, geht es also nicht allein um Geld. Gewiss, das Geld war nötig, und damit es ausreichte, wurde vor keinem Mittel, nicht einmal vor der unverfrorensten Simonie haltgemacht, dem skandalösen Ablasshandel, einer der Ursachen von Luthers Revolte.

1507 wurde unter der Regierung Julius' II. die Bulle *Salvator Noster* erlassen, in der spezielle Ablässe für diejenigen angekündigt wurden, die eine Spende gegeben hatten; das Einsammeln des Geldes wurde an die Bischöfe delegiert. *Sacro commercio* (heiligen Handel) nannte man das, eine Art überirdischer Straferlass für die Sünden, mit dem die Gläubigen Jahre um Jahre an Fegefeuer «abzahlen» konnten, einschließlich der Berechtigung, diese Wohltat auch an ihre lieben Verstorbenen weiterzugeben. Die finanziellen Aufwendungen für die päpstliche Hofhaltung rissen Riesenlöcher in die Bilanzen, denn diese Gelder gingen nicht nur direkt an die *fabbrica di San Pietro*, sondern darüber hinaus waren auch die Zinsen zu zahlen, die von den europäischen Bankiers als Finanziers des Vatikans zu den vereinbarten Fälligkeitsdaten eingefordert wurden.

Aller Wahrscheinlichkeit nach wäre es ohnedies zur Spaltung der Christenheit gekommen, gewiss aber wurde sie durch diesen würdelosen Handel beschleunigt. Ende Oktober 1517 schlug (der Überlieferung nach) der deutsche Augustinermönch Martin Luther, ein Theologieprofessor von bäuerlicher Herkunft, seine 95 Thesen an das Portal der Schlosskirche in Wittenberg, mit denen er unter anderem gegen die Praxis des Ablasshandels zu Felde zog. Eine der dort aufgeworfenen Fragen bezog sich direkt auf den kostspieligen Bau des Petersdoms: «Warum baut der Papst, der heute reicher ist als der reichste Crassus, nicht wenigstens die eine Kirche St. Peter lieber von seinem eigenen Geld als dem der armen Gläubigen?»[16]

Zum ersten Mal seit ihrer Gründung setzte die Kirche, die sich «katholisch» nannte, also «universell»,[17] genau dieses Attribut aufs Spiel. Es handelte sich hier nicht um eine der vielen kleinen oder großen «Häresien», die, vor allem am Anfang, ihre Geschichte begleitet hatten. Dies war eine echte, eine dramatische Spaltung, der wenige Jahre später der ehrgeizige Heinrich VIII. noch seine anglikanische Abspaltung hinzusetzte, nach der – neben vielem anderen – der englische Premierminister nicht mehr katholischen Glaubens sein durfte. Erst 1829 erreichte die Regierung des Duke of Wellington (der Napoleon bei Waterloo besiegte) die Verabschiedung des *Catholic Emancipation Act* durch König Georg IV., ein Gesetz zur politischen Emanzipation der Katholiken. Es beseitigte dieses Hindernis wieder und gestattete es den Katholiken, sich wählen zu lassen oder eine Regierung Seiner oder Ihrer Majestät zu führen. Dieselben Majestäten aber rühmen sich weiter des Titels *Fidei Defensor* (Defender of the faith), den sich Heinrich VIII. mit seinem sehr harten Traktat gegen Luther erworben hatte.[18] Widersprüche, die immer dann auftreten, wenn sich in einer Religion Glaube und Politik exzessiv vermischen.

Etwa anderthalb Jahrhunderte nach dem Beginn der protestantischen Bewegung (1656–57) schrieb der Jesuit Kardinal Pietro Sforza Pallavicino,[19] Kardinal und Historiker, seine *Istoria del Concilio di Trento* (*Geschichte des tridentinischen Conciliums*), deren Objektivität, obwohl direkt vom Papst in Auftrag gegeben, bemerkenswert ist. Der vollständige Titel des Werkes lautet *Istoria del Concilio di Trento, scritta dal P. Sforza Pallavicino, della Comp. di Giesù ove insieme rifiutasi con autorevoli testimonianze un Istoria falsa divolgata nello stesso argomento sotto nome di Petro Soave Polano* (Geschichte des Tridentinischen Konzils, geschrieben von P. Sforza Pallavicino, von der Gesellschaft Jesu, wo man sich mit glaubwürdigen Zeugnissen gemeinsam einer falschen Geschichte verweigert, die unter dem Namen Pietro Soave Polano zum gleichen Thema verbreitet worden ist). Hinter diesem Pseudonym verbarg sich der Servitenmönch Paolo Sarpi in Venedig, der bedeutendste italienische Gelehrte seiner Zeit, dessen sehr polemische, gegen die Machtbestrebungen des Papsttums gerichtete Konzilsgeschichte vor allem im protestantischen Europa höchstes Aufsehen erregte. Pallavicinos Werk war also die katholische Antwort auf ein wenige Jahre zuvor publiziertes, sehr polemisches Traktat. Dennoch schrieb dieser Autor:

> Das materielle Gebäude des hl. Peter richtete zum großen Teil sein geistliches Gebäude zugrunde; weil es dem Nachfolger des Julius angebracht schien, so viele Millionen Scudi zusammenzutragen, wie sie der unermessliche Bau dieser Kirche verschlang, und damit genau das zu verursachen, was der Ursprung von Luthers Häresie war, und was die Kirche um viele Millionen Seelen ärmer gemacht hat.

Ob der Jesuit Sforza Pallavicino Recht hatte und was, alles in allem, die Bilanz dieser Geschichte ist, möge jeder für sich entscheiden.

V. KIRCHE OHNE STIMME
VON FRANZ VON ASSISI
ZU DEN BASISGEMEINDEN

EIN SCHLECHTES VORZEICHEN hatte es gegeben im Augenblick der Wahl. Es war im August 1978, Paul VI. war seit wenigen Tagen tot, nach fünfzehn Jahren Regierungszeit. Das Konklave, das den Nachfolger auf den Thron bringen sollte, war sehr schnell gewesen: vier Wahlgänge an einem Tag, kaum mehr als 24 Stunden. Das Resultat: 101 Ja-Stimmen bei 111 Teilnehmern, wie von «gut unterrichteten» Quellen berichtet wurde. Zwischen den beiden Flügeln, den Konservativen mit ihrem Kandidaten Giuseppe Siri, dem Erzbischof von Genua, und den Progressiven, die für den Erzbischof von Florenz, Giovanni Benelli, stimmten, hatte am Ende er den Sieg davongetragen: Albino Luciani, Venezianer, 66 Jahre alt, ein frommer Mann, vielleicht zu fromm für dieses Amt.

Wie gesagt, ein schlechtes Vorzeichen hatte es gegeben: Das traditionelle weiße Rauchzeichen, das die erfolgreiche Wahl verkündet, war in seinem Fall trotz der Beinahe-Einstimmigkeit anfangs grau gewesen und hatte sich dann plötzlich schwarz verfärbt. Wenige Augenblicke später verbreitete Radio Vatikan die Nachricht, und gleich darauf zerstreute die Öffnung des zentralen Fensters der Fassade von San Pietro jeden Zweifel: Johannes Paul I. präsentierte sich den begeisterten Gläubigen. Inzwischen hatte sich auch der schwarze Rauch in der römischen Luft verloren. Der neue Papst hätte gern zu den Gläubigen gesprochen, hätte sofort sein Herz öffnen wollen. Gebieterisch hatte ihn der Zeremonienmeister an die protokollarischen Gepflogenheiten erinnert und empfohlen, sich programmgemäß auf den Segen zu beschränken.

Dass dies ein besonderer Papst war, wurde dennoch verstanden. Seine Sprache war eher die eines Priesters als die eines Herrschers, er lächelte häufig, hatte liebenswürdige Umgangsformen, errötete leicht und gab das auch zu. Er bekannte sogar, welche Furcht ihn ergriffen hatte, als er erfuhr, dass die Wahl zum Nachfolger Petri auf ihn gefallen war («*Tempestas magna est super me*» – «Ein großer Sturm ist über mir»). Wahrscheinlich auch deshalb wählte er zum ersten Mal in der über tausendjährigen Geschichte der päpstlichen Dynastie einen Doppelnamen, Johannes Paul I., als wolle er dadurch ein wenig den Schutz von zwei großen Vorgängern herbeirufen.

Jeder weiß, dass es eines der kürzesten Pontifikate überhaupt wurde, gerade einmal dreiunddreißig Tage, und dass der Tod von Johannes Paul plötzlich kam. Um aber wenigstens ansatzweise zu verstehen, weshalb über die wirklichen Ursachen seines Ablebens so viele Zweifel geblieben sind, muss man zumindest kurz zusammenfassen, was für eine Unmenge von Maßnahmen der sanfte Albino Luciani in diesem einen Monat, in dem es ihm zu regieren vergönnt war, anzustoßen oder auf den Weg zu bringen versucht hatte. Unverzüglich und mit Vehemenz begann er, prozedurale und zeremonielle Details zu revidieren, die, ganz abgesehen von ihrer medialen Sichtbarkeit, alles andere als unbedeutend sind: Er schaffte den *Pluralis majestatis* in Ansprachen und offiziellen Anschreiben ab, was ihm vom Osservatore Romano vor der Veröffentlichung seiner Texte korrigiert wurde; er verzichtete auf die Krönung mit der Tiara (auch *Triregnum* genannt) und bestätigte damit den Willen Papst Pauls VI.; er schaffte den traditionellen Papstthron, die *sedia gestatoria* ab, auf dem die Päpste in einem ägyptisch anmutenden, an eine Opernausstattung erinnernden Bühnenbild von zwölf Knappen getragen und zwei Fächer-Trägern (sie trugen die *flabelli* – Fächer aus wehenden weißen Federn) begleitet wurden; er schaffte auch die prunkvolle Krönungsmesse ab und ersetzte sie durch eine *solenne cerimonia per l'inizio del ministero petrino* (feierliche Zeremonie zur Einführung in das Petrus-Amt); er weigerte sich, während der feierlichen Zeremonien auf dem Thron zu sitzen.

Seltsam, ja geradezu unerhört waren seine ersten Reden. Er sagte, Gott sei Vater, aber mehr noch Mutter: dabei bezog er sich auf das Alte Testament, verletzte aber eine konsolidierte Tradition. Und tatsächlich hat Papst Ratzinger, für den «Gott nur Vater» ist, sie unverzüglich wieder restauriert. Er sprach von sich selbst häufig in menschlichen Kategorien, erzählte von seinen Erfahrungen und seinem früheren Amt, gab Schwächen zu. Man verstand auf Anhieb, dass er ein demütiger Papst war, und ebenso schnell (daran kann ich mich als Chronist noch sehr genau erinnern) wurde gesagt, dass er dem Amt vielleicht nicht gewachsen, dass seine Wahl ein Fehler gewesen sei. Auch wurde gemutmaßt, dass seine Amtszeit aller Wahrscheinlichkeit nach nicht lange dauern würde. Tatsächlich dauerte sie nicht lange. In einem vergangenen Jahrhundert hatte sich Papst Cölestin V. auf dem Rücken eines Maultiers, vielleicht auch eines Esels, auf den Weg zum Papstthron begeben. Wie wir gesehen haben, hatte Bonifaz VIII. keine allzu große Mühe, ihn vom Thron zu stoßen. Johannes Paul I. erklärte sich zum Diener Jesu und der Kirche, und auch in seinem Fall war die Amtszeit nur von kurzer Dauer.

Eines der wenigen Dinge, die man nach seinem unerwartet plötzlichen Tod erfuhr, war, dass in seinem Zimmer ein Exemplar der Wochenzeitung Il Mondo auf dem Tisch gelegen hatte, aufgeschlagen war die Enthüllungs-Story: «*Santità … è giusto?*» («Heiligkeit … ist das richtig?»). Die Zeitung stellte dem Papst persönlich die Frage, ob es richtig sei, «dass der Vatikan weltweit auf den Märkten operiert wie ein ganz normaler Spekulant. Ist es richtig, dass er eine Bank betreibt, mit der er den Kapitalexport und die Steuerflucht italienischer Staatsbürger begünstigt?»

Wir werden gleich sehen, inwiefern das Vorhandensein von Il Mondo im Zimmer von Bedeutung sein könnte. Keinen Zweifel gibt es darüber, dass das Problem der Reichtümer bzw. der bis zur Willkür gehenden Hemmungslosigkeit im vatikanischen Finanzgebaren für Papst Luciani mehr als nur ein «Kummer» war, eher ein wahrer Alptraum. In diesen dreiunddreißig Tagen seines Pontifikats ging er mehrfach auf das Thema ein: Er hatte sogar vor, eine Enzyklika über die Armut in der Welt zu schreiben. Wenn er die Zeit dazu gehabt hätte. Er wünschte sich eine Rückkehr der Kirche zur Armut des Evangeliums herbei und dass mindestens ein Prozent der Einnahmen des Klerus als Zuwendung an die Armen ginge. Die Kirche dürfe weder Macht haben noch Reichtümer besitzen, sagte er.

Er hatte auch noch andere Ideen. Zum Beispiel war er der Ansicht, dass die so marginale Rolle der Frau, auch in der Kirche selbst, überdacht werden müsste. Er war der Ansicht, dass man Verhütungsmittel nicht *sic et simpliciter* (schlicht und einfach) verbieten dürfe, ohne die spezifischen Umstände mitzubedenken, die ihren Gebrauch manchmal ratsam erscheinen lassen, ihn gelegentlich sogar zwingend notwendig machen. Er war der Ansicht, dass Banken, und hier insbesondere die Vatikanbank, ein ethisches Ziel haben sollten, das heißt auch den weniger Wohlhabenden beistehen müssten. (Fast zwanzig Jahre nach seinem Tod, im Jahre 2006, sollte der bangladeschische Wirtschaftswissenschaftler Muhammad Yunus für eine Idee den Friedensnobelpreis erhalten, die gar nicht so weit davon entfernt war: den *Mikrokredit*, also einem System von Kleinkrediten für Unternehmer, die zu arm sind, um von einer normalen Bank Kredit zu erhalten.) Papst Luciani war beinahe ein Revolutionär. Auf diesem Posten, umgeben von einer Kurie mit einer solchen Machtfülle, mit einer solchen Vorgeschichte, konnte er sich einfach nicht halten. In der Tat, er hat sich nicht gehalten.

Ein weiteres beunruhigendes Signal, und diesmal ein sehr ernstzunehmendes, gab es wenige Tage nach seiner Wahl, als die Zeitschrift O. P., Osservatore politico, von Mino Pecorelli (der ein Jahr später ermordet werden sollte) eine Liste mit den Namen von über hundert Geistlichen veröffentlichte, die zur Freimaurerloge gehörten. Es war ein offenes Geheimnis, dass die Zeitschrift von Teilen der italienischen Geheimdienste benutzt wurde, um alle Arten von Botschaften zu lancieren, darunter auch Warnungen und Drohungen. Im Übrigen waren Pecorellis Beziehungen zu Licio Gelli, dem Oberhaupt der zweckentfremdeten Freimaurerloge P2[1] bekannt. Welchen Sinn hatte in diesem Fall die Veröffentlichung der Liste? Auf ihr fanden sich unter anderem die Namen des Staatssekretärs des Vatikanstaates (entspricht dem Staatspräsidenten) Jean Villot, des vatikanischen «Außenministers» Agostino Casaroli, des Kardinalvikars von Rom Ugo Poletti, des mächtigen Direktors der Vatikanbank Paul Marcinkus, des Vize-Direktors des Osservatore Romano Don Virgilio Levi, des Direktors von Radio Vatikan Roberto Tucci.

Albino Luciani musste daraus den Eindruck gewinnen, dass er umzingelt war. Das Öffentlichmachen des geheimen Netzwerks, zu dem diese Männer offenbar gehörten, war eine deutliche Warnung, eine Aufforderung zur Zurückhaltung bei Entscheidungen und dabei, bewährte Strukturen durcheinanderzubringen, die ein konsolidiertes, gewinnbringendes Gleichgewicht garantiert hatten. In die Alltagssprache übersetzt sollte die Liste sagen: Immer mit der Ruhe, Heiligkeit, lassen Sie die Finger davon!

Bei solchen Prämissen war der Verdacht naheliegend, dass der plötzliche Tod Albino Lucianis ein Mord gewesen sein könnte. Eine Hypothese, die von den zahlreichen Ungereimtheiten gestützt wurde, die den Fall begleiteten, und vor allem (wieder einmal) von der Zurückhaltung von Tatsachen bei seiner Rekonstruktion. Die Todesstunde wurde zunächst mit 23 Uhr angegeben, später auf 4.45 Uhr des folgenden Morgens verschoben. Der Fund der Leiche wurde seinem Sekretär John Magee zugeschrieben, nachdem es am Tag zuvor noch geheißen hatte, die Entdeckung sei von der treuen Ordensschwester Vincenza Taffarel gemacht worden. Ein drittes, sich hartnäckig haltendes Gerücht behauptet als gesicherte Tatsache, es sei ausgerechnet Jean Villot gewesen, der das Zimmer als Erster betrat. Es hieß, der Papst habe im Augenblick seines Hinscheidens – in dieser Reihenfolge – das Buch *L'imitazione di Cristo* (dt. *Die Nachfolge Christi*, von Thomas von Kempen), einige Blätter mit Notizen, eine Liste mit Ernennungen, die am folgenden Tag stattfinden sollten, und den Entwurf einer Rede in Händen gehalten. Gewiss ist jedenfalls, dass aus dem Zimmer umgehend einige persönliche Gegenstände entfernt wurden: Brillen, Pantoffeln, Notizen, eine Schachtel Medikamente gegen niedrigen Blutdruck.

Sind das ausreichende Elemente, um daraus einen Mord zu konstruieren? Oder zumindest eine Mord-Hypothese zu entwickeln? Dies jedenfalls tat der englische Investigations-Autor David Yallop, der sich bereits mehrfach mit dem Vatikan beschäftigt hatte und über den Tod Papst Lucianis ein Buch veröffentlichte, in dem er harte Anschuldigungen erhebt: *In God's Name* (*Im Namen Gottes. Der mysteriöse Tod des 33-Tage-Papstes Johannes Paul I. – Tatsachen und Hintergründe*). Ein erfolgreiches Buch, muss man sagen, von dem weltweit sechs Millionen Exemplare verkauft wurden. Was sind Yallops Hauptthesen? Dass zumindest zwei der von Papst Luciani angestoßenen Themen hochgefährlich waren, das eine doktrinärer, das andere eher praktischer Natur.

Das erste betraf die ablehnende Haltung der Kirche gegenüber jeder Art von Empfängnisverhütung, die Johannes Paul I. offenbar wieder zur Diskussion stellen wollte. Einigen hochrangigen Persönlichkeiten der Kurie zufolge, unter ihnen auch Staatssekretär Villot, hätte jede Neupositionierung auf diesem Gebiet einen Verrat an der von Paul VI. in seiner Enzyklika *Humanae Vitae* (Juli 1968) festgelegten Linie bedeutet.

Noch brisanter das zweite Thema, die Finanzwirtschaft des kleinen Staates, insbesondere die Funktionsweise einer Bank wie dem IOR mit seinen Geldflüssen, seiner fragwürdigen Klientel, seinem wiederholten Verrat an den eigenen Zielsetzungen: den «religiösen Werken». Wie wir im Kapitel XI genauer sehen werden, ist nie ganz geklärt worden, ob die Nummer Eins der Bank, Monsignor Marcinkus, von Leuten aus seiner Entourage benutzt wurde oder ob nicht eher das Gegenteil der Fall war, dass also er es war, der sein weitverzweigtes Netz von Kontakten in Italien, Europa, den Vereinigten Staaten nutzte. In den Tagen unmittelbar vor Johannes Pauls I. Tod war die Nachricht durchgesickert, der Papst trage sich mit dem Gedanken, einen Großteil der vatikanischen Reichtümer zu veräußern, um sie für den Bau von Häusern und Schulen in den Teilen der Welt aufzuwenden, deren Elend angesichts des oft maßlosen Reichtums im Westen besonders schreiend war.

Papst Luciani schien also entschlossen, die Kirche wieder zur Armut ihrer Ursprünge zurückzubringen, in den Augen vieler ein inakzeptables Vorhaben, zumal es die Entfernung einiger der einflussreichsten Männer der Kurie mit sich gebracht hätte. Die Chroniken der Zeit berichten von lautstarken Meinungsverschiedenheiten mit dem Kardinal Staatssekretär Villot, die einmal sogar zu einem offenen Zusammenstoß ausgeartet sein sollen.

Angesichts eines so unerwarteten Todes wäre es angezeigt gewesen, durch eine Autopsie des Leichnams jeden Zweifel am offiziellen Bulletin auszuräumen. Sie wurde aber versagt. Eine unerklärliche Weigerung, die die schlimmsten Mutmaßungen über die Ursachen des Ablebens zu bestätigen schien, verschärft noch durch ein weiteres Detail. Das offizielle Bulletin schrieb den Tod einem akuten Herzinfarkt zu. Eine plausible Erklärung, denn ein Infarkt kann jeden treffen, auch eine Person, die sich scheinbar bester Gesundheit erfreut. Dies steht allerdings im Widerspruch zu der Tatsache, dass auf dem Gesicht des toten Papstes kein einziges jener typischen Anzeichen von Schmerz erkennbar war, wie sie eine Herzattacke unweigerlich zur Folge gehabt hätte. Aus all diesen Umständen hat David Yallop seine Hypothese abgeleitet: Zwar sei der plötzliche Tod tatsächlich durch einen Herzstillstand verursacht worden, hervorgerufen allerdings durch ein starkes Gift. Angesichts eines Chors von Stimmen, die keine Ruhe gaben und weltweit von allen wichtigen Medien aufgegriffen wurden, wäre es für die Kirche opportun gewesen, den Ursachen der Tragödie auf den

Grund zu gehen, sie aufzuklären und publik zu machen. Stattdessen wurde wie immer der Weg eines undurchdringlichen Schweigens gewählt.

Verlassen wir den Vatikan mit seinen Mysterien und begeben wir uns – aus Analogie-Gründen, die wir gleich erkennen werden – zu einem weiteren der Wunderwerke Roms: der Basilika San Paolo fuori le Mura (Sankt Paul vor den Mauern).

An Sommerabenden erstrahlt bei Sonnenuntergang das Goldmosaik über der Fassade im Licht der schräg vom Horizont einfallenden Sonnenstrahlen. In diesen Momenten strahlt die Paulsbasilika ihre Pracht am wirkungsvollsten aus: Zwischen den Heiligen Petrus und Paulus erhebt sich auf goldenem Grund die Figur des segnenden Christus; darunter das *Agnus Dei* (Lamm Gottes) auf dem Weltenberg, im Hintergrund die ehrwürdigen Mauern Roms; in der Fensterzone darunter besiegeln die vier Propheten des Alten Testaments die Verbindung zwischen der Bibel der Juden und dem Neuen Testament der Christen.

Allein die Erzählung der weltlichen Geschicke dieser Basilika würde ein ganzes Buch füllen. Der Überlieferung nach wurde sie an dem Ort erbaut, an dem Paulus von Tarsus nach seiner Enthauptung bestattet worden war.[2] Sie wurde 324 von Papst Silvester I. geweiht, umgestaltet, 390 erneut geweiht, war im Hochmittelalter Mittelpunkt eines kleinen, dicht um seine Mauern gedrängten Lehensgutes, bis im Jahre 1348 ein Erdbeben den Glockenturm und einen Teil der armseligen umstehenden Hütten zum Einsturz brachte. Danach wurde sie immer wieder restauriert und umgestaltet, bis zu den dramatischen Tagen Mitte Juli 1823, als ein verheerender Brand sie zum großen Teil zerstörte. Wenige Tage zuvor, am 7. Juli, hatte sich der regierende Papst Pius VII. (1800–1823) das Bein gebrochen. Was zunächst nach einem belanglosen Unfall aussah, stellte sich aufgrund der unzureichenden medizinischen Standards der Zeit als lebensbedrohlich heraus. Die Agonie des Papstes war lang und schmerzhaft. Um ihm nicht noch zusätzliches Leid zu bereiten, wurde ihm nicht gesagt, dass die Basilika niedergebrannt war. Einen Monat später, im August, starb er, mit dem posthumen Trost, im Petersdom in einem herrlichen, von Bertel Thorvaldsen entworfenen Mausoleum[3] bestattet zu werden.

Ein weiteres Mal eigenwillig rekonstruiert, hat St. Paul in der Ausstattung nicht die gleiche überbordende Pracht wie die anderen Patriarchalbasiliken Santa Maria Maggiore oder San Giovanni, dafür hat sie eine besondere Aura. Ob Zufall oder Absicht, die Rekonstruktion des 19. Jahrhunderts stellt eine doppelte Synthese her: zwischen der Schlichtheit des Frühchristentums und der Pracht des Katholizismus der Epoche; zwischen Okzident und Orient, dem Ursprungsland des Juden Saulus von Tarsus und dem europäischen Kontinent; zwischen Rom als europäischer Stadt und Rom als äußerstem Ausläufer des mittleren Orients auf der Sonnenbahn. Unter diesem Gesichtspunkt ist der Quadriportikus, der den Besucher empfängt, emblematisch: das gleißende Mosaik an der Fassade im Hintergrund, das gewaltige Standbild des hl. Paulus im Zentrum (der seine Symbole, das Buch und das Schwert, in den Händen hält), die Palmen, die Granitsäulen, die sich in Dreifach-Reihen auf 10 Meter Höhe erheben, ein zugleich majestätisches und familiäres, römisches und exotisches Ensemble.

Weiter: im Inneren der Basilika über dem Papstaltar das herrliche Ziborium aus dem 18. Jahrhundert, der römische Osterleuchter, das große Apsismosaik, das mit seinen stilisierten Bildern an jene Übergangszeit erinnert, als die neue, christlich genannte Religion allmählich Konturen annahm.[4] Das Querschiff dagegen, mit seinem Pomp und seiner Größe, der mit dem Papstwappen geschmückten Decke, dem Pfauenmarmor der Lisenen, den beiden mit Malachit und Lapislazuli verschalten Altären (ein Geschenk des Zaren Nikolaus I.): ein Gepränge, das ganz und gar der Majestät eines Papsttums entsprach, das als Erbe aus der kaiserlichen Gloria Roms hervorgegangen war.

Man muss sich diese Basilika einmal in ihrer ursprünglichen Form und Lage vorstellen, als dieser Ort noch gottverlassenes Ackerland war, zwei oder drei Kilometer außerhalb des Stadtmauerrings, in der nackten Ebene an einer der trägen Kurven des Tibers. Der Fluss, das Meer, das Reich, die Provinzen, die unruhigen Landstriche Palästinas mit ihren visionären Propheten, ihrem störrischen Glauben an einen einzigen Gott. So hatte alles begonnen. Und man muss sich den Mann vorstellen, dem diese Kirche geweiht wurde. Sein Bild empfängt den Besucher am Eingang, um dann im Innern immer wieder aufgenommen zu werden, als Skulptur oder gemalt, während die Reste seines Grabes und das, was von seinem enthaupteten Körper übrigblieb, unter dem Altar bestattet sein sollen, in einer Krypta hinter einem dichten Messinggitter.

Wer war Paulus von Tarsus wirklich, der hl. Paulus für die katholische Kirche, Scha'ul mit ursprünglichem hebräischen Namen? Wer war er jenseits der Hagiographie, jenseits seiner unbestrittenen Fähigkeiten, seiner in vieler Hinsicht revolutionären Taten, die ihn, den im engen Kreis des Urchristentums zuletzt Angekommenen, zum Ersten machten? Der Mann, den man berechtigterweise «Apostel der Heiden»[5] nannte, der es schaffte, die Predigten der Jesusbewegung auch über die hebräischen Gemeinden hinaus auszudehnen? Der Mann, der sogar als der «wahre Gründer des Christentums» betrachtet wird?

Beinahe alles, was wir über ihn wissen, haben wir von ihm selbst. Die Aufzeichnungen der Apostelgeschichte – die vom Kapitel 13 bis zum Kapitel 28 ausschließlich ihm gewidmet sind – werden von den Historikern nämlich nicht unbedingt als zuverlässig gewertet. Eher stützt man sich auf die sieben der ihm traditionell zugeschriebenen insgesamt vierzehn Briefe, die als von ihm eigenhändig geschrieben (Autographen) gelten.

Scha'ul wurde in Tarsus geboren, in Kilikien (zwischen 5 und 10 n. Chr.), als Sohn einer jüdischen Familie von hellenisierten Pharisäern, sein Vater hatte das römische Bürgerrecht erworben. Er schreibt: «… auch ich bin ein Israelit, ein Nachkomme Abrahams, aus dem Stamm Benjamin» (Römerbrief 11,1).[6] Nachdem er in Jerusalem an der Schule des Rabbiners Gamaliel studiert hatte, wurde er – so eine Version der Geschichte – im Auftrag des Jerusalemer Hohepriesters nach Damaskus geschickt, um die Ordnung in einer Gemeinde wiederherzustellen, in der es drunter und drüber ging, seit einige der Mitglieder Jesus als Messias anerkannten und seinen Lehren folgten. Einer anderen, vielleicht glaubwürdigeren Version zufolge, soll die Reise nach Damaskus aus eigener Initiative unternommen worden sein.

Bleiben wir bei der ersten Version. Die Schwierigkeit des Auftrags lässt darauf schließen, dass der Hohepriester in diesem jungen Mann besondere Talente erkannt hatte. Die Aufgabe war in der Tat heikel: ein Mittelding – würden wir heute sagen – zwischen repressiver Polizeiaktion und Ermahnung zur Rückkehr zu einer orthodoxeren Linie. Seit frühester Jugend hatte sich Paulus höchst motiviert gezeigt, er war von ungeheurer Energie und beseelt von einer klaren Vision seiner Ziele. Hinzu kam die notwendige Leidenschaftlichkeit, sie auch durchzusetzen. Er hatte sich als Verfolger der Anhänger Jesus' hervorgetan, hatte die Steinigung des Märtyrers Stephanus, bei der er persönlich anwesend war, gebilligt. Vielleicht wird er grausamer dargestellt, als er in Wirklichkeit war, ein Quäntchen Wahrheit aber muss wohl dran sein, zumindest was seine Energie und Unbeirrbarkeit betrifft.

Scha'ul bricht also auf und während dieser Reise hat er eine Erscheinung, die sein Leben traumatisch in zwei Hälften aufspaltet – eines der umwälzendsten Ereignisse des Urchristentums. «Unterwegs aber, als er sich bereits Damaskus näherte, geschah es, dass ihn plötzlich ein Licht vom Himmel umstrahlte. Er stürzte zu Boden und hörte, wie eine Stimme zu ihm sagte: Saul, Saul, was verfolgst du mich? Er antwortete: Wer bist du, Herr? Dieser sagte: Ich bin Jesus, den du verfolgst. Steh auf und geh in die Stadt, dort wird dir gesagt werden, was du tun sollst.» (Apostelgeschichte 9, 3–9)[7]

So heftig war das gleißende Licht dieser Erscheinung, dass er blind wurde, so lange, bis ihm ein Jünger Jesu mit Namen Ananias die Hände auflegte, damit er wieder sehend würde. So erzählt Saulus oder Paulus später die Ereignisse, auch wenn nicht auszuschließen ist, dass die «Erscheinung» und die Blindheit die Folgen eines epileptischen Anfalls waren. Es ist jedenfalls auffällig, dass die Geschichte von der Bekehrung des Paulus auf dem Weg nach Damaskus in der Apostelgeschichte dreimal erwähnt wird, während sie in den Paulusbriefen kaum eine Erwähnung findet.

Da Paulus in Damaskus in der Rolle des möglichen Verfolgers ankommt, treten ihm die «Brüder» dort entsprechend misstrauisch entgegen und schicken ihn nach Tarsus zurück, wo er noch eine ganze Reihe von Jahren bleibt, um zu studieren und zu meditieren. Die übrigen Apostel fahren inzwischen erfolgreich mit ihren Predigten fort, allen voran Petrus. In dieser Phase ist es ausgerechnet Petrus, der eine kühne Tat vollbringt, indem er die Einladung eines römischen Hauptmanns namens Cornelius zum Mittagessen annimmt. Sich an die Tafel eines *Goy* zu setzen, bedeutete für einen strenggläubigen Hebräer, nicht-koschere, also unreine Speisen zu sich nehmen zu müssen. Doch auch Petrus hatte eine Erscheinung gehabt, bei der ihn Gott persönlich autorisiert hatte, notfalls das mosaische Speisegesetz zu brechen. Petrus interpretierte das Ereignis sehr großzügig und leitete daraus die göttliche Erlaubnis ab, auch mit Heiden verkehren zu dürfen.

Diese Episode aus der Apostelgeschichte (10) weist Petrus also eine Art Urheberrecht auf die urchristliche Heidenmission zu. Es könnte sich allerdings auch um einen «Präzedenzfall» handeln, der ihm zugeschrieben wurde, um zu legitimieren, was in der Folge die von Paulus gewohnt energisch betriebene Linie werden sollte. Unter den Forschern herrschen zu diesem Punkt lebhafte Meinungsverschiedenheiten, die nicht leicht aufzulösen sind. Historisch gesichert ist nur die Härte des Konflikts, der nun zwischen den Hebräern, die dem Gesetz Moses' treu bleiben wollen, und denjenen ausbrach, die dem Beitritt zu dieser neuen Bewegung wohlwollend gegenüberstanden. Paulus versprach ihnen eine Lockerung nicht nur der Speisevorschriften, sondern auch die Abschaffung der Beschneidung, die er für die vom Heidentum Bekehrten für unnötig hielt.

Physisch und intellektuell war Paulus ein großes Kaliber, er war aber auch cholerisch. Diese Kombination trug natürlich dazu bei, den Disput noch erbitterter werden zu lassen, bei dem es auch um das Dilemma ging, welche Voraussetzungen für die Erlösung notwendig waren. Die Einhaltung von Moses' Gesetz oder der Glaube an Jesus Christus? Über den Primat des Glaubens war sich Petrus mit Paulus offenbar einig. Dennoch hatte er, vielleicht unter dem Druck bestimmter hebräischer Christen, wieder begonnen, sich an die alten Regeln zu halten.

Im Brief an die Galater sehen wir Paulus mit größter Entschlossenheit in Aktion treten. Nachdem er erkannt hatte, dass seine Predigten von vielen verfälscht wurden, und gedrängt von «einigen Leuten, die euch verwirren und die das Evangelium Christi verfälschen wollen», schreibt er wütend: «Wer euch aber ein anderes Evangelium verkündigt, als wir euch verkündigt haben, der sei verflucht, auch wenn wir selbst es wären oder ein Engel vom Himmel. Was ich gesagt habe, das sage ich noch einmal: wer euch ein anderes Evangelium verkündet als ihr angenommen habt, der sei verflucht.» (Galaterbrief 1,7–9) Woher er eine derartige Sicherheit nahm, im Recht zu sein, sagt er gleich darauf: «Das Evangelium, das ich verkündet habe, stammt nicht von Menschen; ich habe es ja nicht von einem Menschen übernommen oder gelernt, sondern durch die Offenbarung Jesu Christi empfangen.»[8] (Galaterbrief 1, 12)

Auch wenn er es nicht explizit sagt, gibt Paulus klar zu erkennen, dass Petrus das Jerusalemer Abkommen nicht respektiert hatte, das ihm das Exklusivrecht der Bekehrung der nicht beschnittenen Heiden überließ. Der Apostel reklamiert seine Vormachtstellung. Er sagt: Obacht, denn ich und niemand anderes bin Jesu getreuester Interpret. Die Wissenschaftler weisen darauf hin, dass nach der Versammlung von Jerusalem (dem sog. Apostelkonzil) und dem heftigen Streit, der darauf folgte, Petrus aus der Apostelgeschichte verschwindet. Von da an ist der Text fast ausschließlich Paulus gewidmet.

Die komplexe Paulus-Doktrin, zu der eine unendliche Exegese vorliegt, kurz zusammenzufassen, ist nicht möglich. Zur Orientierung möchte ich nur wenige Punkte erwähnen. Von Paulus stammt die These, nach der Jesus Christus, um sowohl den Juden als auch den Heiden die Erlösung zu bringen, sterben und wieder auferstehen musste. Paulus preist den Kult der Wiederauferstehung und die Bedeutung der Kommemoration der Christus-Passion. Im ersten Brief an die Korinther schreibt er: «Wenn es keine Auferstehung der Toten gibt, ist auch Christus nicht auferweckt worden. Ist aber Christus nicht auferweckt worden, dann ist unsere Verkündigung leer und euer Glaube sinnlos. Wir werden dann auch als falsche Zeugen Gottes entlarvt, weil wir im Widerspruch zu Gott das Zeugnis abgelegt haben: Er hat Christus auferweckt.»[9] (1. Korinther 13–15) Um Worte wie diese, die der geläufigen Erfahrung des Todes als einer Reise ohne Wiederkehr widersprechen, für überzeugend zu halten, musste der Glaube schon grenzenlos sein.

Um sein Ziel zu erreichen, muss Paulus noch eine weitere doktrinäre Operation vornehmen: Er muss die Figur des Jesus entpolitisieren und an die Stelle des Propheten, der nur für «die verlorenen Schafe des Hauses Israel» (Matthäus 10,5) gepredigt hatte, einen universellen Verkünder der Erlösung setzen. Der «Befreier» Israels wird so zum «Heilsbringer» der Menschheit. Durch die Ausdehnung seiner Botschaft auf die Heiden und die Berufung auf den Glauben an Ihn und nicht auf die Einhaltung des Gesetzes (er schreibt ja auch: «Dass durch das Gesetz niemand vor Gott gerecht wird, ist offenkundig», Galaterbrief 3,11) gibt er den Worten Jesu eine weltweite Dimension, bringt er die Botschaft des Wortes Gottes zu allen Menschen auf der Erde, macht er damit den neuen Glauben *katholikè* (griech.), also universal.

Dies ist nicht mehr die Religion eines einzelnen Volkes. Die Verpflichtung, die jedem Neugeborenen die Religion der Väter aufzwingt, ist abgeschafft, die Wahl des Glaubens hängt nun vom Gewissen eines jeden Einzelnen ab. Und der Glaube genügt, um erlöst zu werden. Vielleicht geht es zu weit, wenn man Paulus als den eigentlichen Gründer des Christentums betrachtet, wie es von einer erklecklichen Zahl von Wissenschaftlern behauptet wird. Mit Sicherheit aber verleiht er dem neuen Glauben eine vor ihm unbekannte Dimension: Er schafft die Voraussetzungen dafür, dass er sich in eine Religion verwandeln kann.

Doch wo liegt die Verbindung zwischen Albino Luciani, der nach nur dreiunddreißig Tagen Herrschaft gestorben ist, und der Paulus von Tarsus geweihten Basilika? Die Verbindung ist indirekt, darum aber nicht weniger bedeutsam. In dieser Basilika nämlich sollte 1973 ein junger Abt bulgarischer Herkuft vom Vatikan zum Rücktritt gezwungen werden: wegen «fortgesetzten Ungehorsams» und weil er die Kirche als «eine demokratische, ganz auf den sozialen Bereich ausgerichtete Gemeinschaft» verstand. Der Abt hieß Giovanni Franzoni und ist einer der vielen Exponenten jener «Kirche ohne Stimme», von der die Geschichte des Katholizismus seit jeher begleitet wird. Eine zeitweise tolerierte, meistens aber von der hohen Geistlichkeit bekämpfte Minderheitenkirche, der es nie gelungen ist, eine Vormachtstellung zu erringen, und die es nur mit Albino Luciani für eine sehr kurze Periode auf den Petrusthron geschafft hat.

«Die Kirche», schrieb Pier Paolo Pasolini 1975 in den *Freibeuterschriften*, «kann nur reaktionär sein: sie kann nur auf der Seite der Macht stehen. Sie kann nur autoritäre und formale Regeln des Zusammenlebens akzeptieren.» Und doch gibt es, wie der katholische Historiker Pietro Scoppola (in der Tageszeitung La Repubblica am 9. Februar 2007) vertreten hat,

> eine Religiosität des Volkes, deren Formen zwar gelegentlich an Aberglauben grenzen, die aber Ressourcen tiefer Humanität und Solidarität bewahrt. Es gibt das beeindruckende Phänomen des christlichen «Volontariats»[10], dem in seiner Kultur und Praxis jede Art von Hegemonialdenken fremd ist. Es gibt kulturelle Institutionen und Reservate, die zwar nicht lautstark agieren, aber dennoch fest verwurzelt sind im Sozialgefüge, und die sich dem Dialog und der Zusammenarbeit mehr und mehr öffnen … Es gibt inzwischen eine schweigende Kirche, die an ihrer offiziellen Ausgrenzung leidet, die aber die Reserve für eine echte Alternative bildet.

Jeder weiß, wer der Vorreiter dieser Kirche war, die wir als die «des Schweigens» bezeichnen: Franz(iskus) von Assisi (1181/82–1226), Paladin eines mystischen Christentums, der sich mit seiner «subversiven» Kraft und Ausstrahlung einer als Institution verstandenen Religion stets widersetzt hat. Francesco rebellierte gegen seinen Vater, entledigte sich all seiner Reichtümer, um sich und sein Leben Gott zu weihen, indem er sich zum Diener der Ärmsten dieser Erde machte. Ein «heiliger Revolutionär», so ist er genannt worden, der in Rom mit Argwohn betrachtet wurde. Sein Orden schloss sich jener breiten Armutsbewegung des 13. Jahrhunderts an, die die Korruption unter den Geistlichen verdammte, weil diese viel zu sehr von materiellen Interessen geleitet und in den blutigen Kampf um die Investituren verwickelt waren.

Franziskus war die erste, aber nicht die letzte Stimme dieses mystischen Christentums. Wenige Jahre nach seinem Tod sollte ein anderer Franziskaner die schönste Hymne an Maria schreiben, die ihr jemals gewidmet worden ist: das *Stabat Mater*. Er hieß Iacopone da Todi (1230/36–1306).[11] 1278 war er als Laienbruder in den Orden eingetreten und hatte die rigoristische Gruppierung der Spiritualen oder *fraticelli* (von der ital. Bezeichnung *frate* für «Bruder/Mönch») gewählt, die in Opposition zur vorherrschenden Gruppe der Konventualen standen. Letztere, die von Papst Bonifaz VIII. unterstützt wurden, wollten die Strenge der franziskanischen Ordensregeln aufweichen. In seiner Herausforderung der konstitutionellen Macht und der Verteidigung des ursprünglichen Geistes des Franziskanertums ging Iacopone so weit, die Gültigkeit der Wahl dieses Papstes in Zweifel zu ziehen. Dafür wurde er zuerst exkommuniziert, später zu lebenslänglicher Haft verurteilt und in das Konventsgefängnis von San Fortunato in Todi gesperrt. Erst nach Bonifaz' Tod (1303) wurde er wieder freigelassen.

Ein anderer Paladin des Armutsideals dagegen hat der Rache der Kirche nicht entkommen können: ein Ketzer aus den Bergen Norditaliens, der Gleichheit, Armut, die Befreiung der Frau, die Revolte gegen die Schikanen von Feudalherren und kirchlichen Würdenträgern predigte. Noch heute lebt sein Name in den lokalen Piemonteser Gruppen von Globalisierungsgegnern fort (den sog. *movimenti antagonisti piemontesi*). Von Ivrea bis Valsesia kann man bis heute auf den Mauern immer wieder den Schriftzug *«Dolcino vive!»* («Dolcino lebt!») lesen.

1291 wurde Fra' Dolcino Mitglied der von Gherardo Segarelli gegründeten Apostelbrüder, eine der vielen in dieser Zeit weitverbreiteten Armutsbewegungen. Der Ketzerei bezichtigt, wurde die Bewegung von der Kirche unterdrückt und Segarelli am 18. Juli 1300 auf dem Scheiterhaufen verbrannt. Daraufhin übernahm Fra' Dolcino die Führung. In der Nähe von Trient lernte er bei seinen Predigten die junge Margherita Boninsegna kennen, nach den Berichten der Chronisten eine bildschöne Frau, die seine Gefährtin wurde und ihn bei seinen Wanderpredigten begleitete und unterstützte.

1304 flüchteten die Apostelbrüder ins Valsesiatal, wo gegen die Unterdrückung durch die Großgrundbesitzer eine Rebellion im Gange war. Die Dolcinianer verbündeten sich mit den Revoltierenden, doch unter der Leitung der Bischöfe von Novara und Vercelli wurde ein mächtiges Heer gegen sie mobilisiert. Die Dolcinianer leisteten erbitterten Widerstand, bis sie, erschöpft von Belagerung und Aushungerung, in der Osterwoche 1307 geschlagen und gefangengenommen wurden. Fast alle Gefangenen wurden getötet. Nach einem oberflächlich geführten Prozess wurde auch Fra' Dolcino zum Tode verurteilt. Auf einem Karren fuhr man ihn durch die Straßen von Vercelli, er wurde gefoltert, mit glühenden Zangen wurden ihm die Nase und der Penis abgerissen. Diese Qualen ertrug er ohne Schreie und Klagen. Man hob ihn auf den Scheiterhaufen. Am Ufer des Sesia wurde er lebendig verbrannt.

Sein Name wurde zur Legende. Im Jahre 1907 errichtete man zum sechshundertsten Jahrestag seines Martyriums in Anwesenheit von zehntausend Personen – die meisten Arbeiter – auf dem Gipfel des Monte Massaro einen Obelisken von 12 Metern Höhe. 1927, zu Beginn der faschistischen Ära, brachten die Schwarzen Brigaden ihn mit Kanonenschüssen zum Einsturz. Es sollten fast noch einmal fünfzig Jahre vergehen, bis im Jahre 1974 an derselben Stelle ein kleineres Denkmal errichtet wurde.

Das Franziskanertum und die Armutsbewegung wurden also vom Vatikan unterdrückt, ihre revolutionäre Sprengkraft mit Gewalt eingedämmt. Und doch kam diese minoritäre oppositionelle Strömung nicht zum Erliegen. Jahrhundertelang verlief der katholische Dissens unterirdisch, parallel zur Machtzentrale in Rom. Doch die «Katholiken der Katakomben» verschwanden niemals vollständig, auch wenn sie in Erwartung weniger feindseliger Zeiten lange Zeit nahezu unsichtbar blieben. Erst im 20. Jahrhundert konnte man diese Kirche der *Ultimi* (der «Letzten», der «Ärmsten») mit Macht wieder zum Vorschein kommen sehen, ein Verdienst, das zum großen Teil dem II. Vatikanischen Konzil gebührt. Zuvor jedoch hatte es Don Milani[12] gegeben, mit seinen Schriften (*L'obbedienza non è più una virtù* – Der Gehorsam ist keine Tugend mehr) und seinen Argumenten («Ich nehme für mich das Recht in Anspruch zu sagen, dass auch die Armen die Reichen bekämpfen dürfen und müssen!»). Er wurde dem Kreis der sogenannten *cattocomunisti* (Kathokommunisten) zugerechnet und wegen des Tatbestandes der «Rechtfertigung einer Straftat» vor Gericht gestellt: weil er die Wehrdienstverweigerung aus Gewissensgründen verteidigt hatte. Bevor das Urteil gesprochen werden konnte, starb er.

Das II. Vatikanische Konzil (1962–1965) eröffnete eine neue Ära der Kirche. Es war die Revanche der Progressiven, es bedeutete die Absage an Jahrhunderte autoritärer Tradition. In Lateinamerika schlossen sich viele Pfarrer, Anhänger der Theologie der Befreiung, dem Kampf der Marxisten an. In Europa entstand die Bewegung der «Arbeiterpriester». In Italien florierten die *Comunità cristiane di base* (Christliche Basisgemeinden). Und in diese breite Bewegung gehört auch die Gemeinde von San Paolo, die in Rom gegen Ende der sechziger Jahre entstand und deren Leiter Dom Giovanni Franzoni wird. Über ihn schrieb Pier Paolo Pasolini 1974: «Es gibt keine Predigt von Dom Franzoni, die nicht, nachdem sie sich zunächst ganz konventionell das Evangelium oder die Paulusbriefe zum Ausgangspunkt genommen hat, unerbittlich mit einem Angriff auf die Macht endet.» Seine Stellungnahmen gegen das Konkordat und gegen den Vietnamkrieg ebenso wie die Solidarisierung mit den Arbeiterkämpfen von 1969 bringen ihm die offene Feindschaft des Vatikans ein. Im Juni 1973 legt Dom Franzoni mit dem Hirtenbrief *La terra è di Dio* (Die Erde gehört Gott) die geheimen Machenschaften des Vatikans im Zusammenhang mit der Bauspekulation in Rom offen. Kurz darauf tritt er vom Amt des Abtes zurück. Viele Gläubige bleiben ihm verbunden, und gemeinsam mit ihnen beginnt er einen neuen geistlichen Weg. Das ist der Beginn der Gemeinde.

1974 befürwortet Franzoni beim Referendum über die Scheidung die Wahlfreiheit der Katholiken. Mit einer Mehrheit von 60 Prozent entscheiden sich die Italiener für das Recht auf Scheidung. Am 27. April teilt ihm Don Ambrogio Porcu, der Staatsanwalt der Cassineser, offiziell die Suspendierung *a divinis «latae sententiae»*[13] mit.

Franzoni hält die Bestrafung für illegal, 200 Priester unterschreiben einen Appell zu seinen Gunsten, die Generalvikare einiger Diözesen senden Solidaritätsbekundungen. Am Tag darauf jedoch erklärt Kardinalvikar Poletti sein «volles Einverständnis» mit der Entscheidung. Dom Franzoni ist suspendiert.

Vor den Parlamentswahlen 1976 kündigt der Ex-Abt an, dass er PCI (*Partito Comunista Italiano* – Kommunistische Partei Italiens) wählen wird. Am 2. August desselben Jahres wird er laisiert.[14] Das Dekret erlässt Kardinal Poletti und begründet es mit «der tiefgreifenden Verstörung, die das Verhalten von Dom Giovanni Battista Franzoni beim Volke Gottes verursacht hat und weiter verursacht»; seinem «wiederholten Ungehorsam»; seiner Weigerung, zwei Jahre nach der Suspendierung *a divinis* «Zeichen effektiver Einsicht» zu zeigen. Franzonis Antwort fällt trocken aus:

> Wir sind zwar in der Kirche, aber ausgegrenzt und unter Verdacht; wir werden erst wieder vollständig in Amt und Würden sein, wenn die Kirche uns nicht mehr die Amputation unserer politischen Wahlmöglichkeiten abverlangt … Wir betroffenen Priester werden aber nicht allein wieder zurückkehren, sondern mit all unseren Gefährten und Gefährtinnen, die wir in der Zwischenzeit bei den Kämpfen in den Fabriken oder auf den Feldern, in den Stadtvierteln oder bei der Solidarisierung mit den Völkern der dritten Welt versammelt haben. Wenn wir alle in der Kirche leben und laut und deutlich unsere politischen Präferenzen bekunden können, dann wird es Grund zum Feiern geben.

Im Februar 2007 bewegte «der hartnäckige Interventionismus der italienischen Episkopalkonferenz» unter der Führung von Kardinal Camillo Ruini gegen das Gesetzesvorhaben zu den *Dico* (*diritti per le coppie conviventi fuori dal matrimonio* – Rechte für die in nichtehelicher Gemeinschaft zusammenlebenden Paare) die Gemeinde zum Eingreifen. «In Opposition zur Linie der katholischen Hierarchie …» erscheint unter dem Titel *Possumus – Lettera aperta alla Chiesa cattolica italiana* (Wir können – Offener Brief an die katholische Kirche Italiens)[15] ein offenener Brief:

> Wir sind überzeugt, dass es keiner Kirche oder Religion zusteht, die Bürger und das Parlament auf die korrekte Interpretation des Naturgesetzes hinzuweisen. Bei solchen Interpretationen hat sich im Übrigen die römische Kirche im Laufe der Geschichte mehrfach selbst widersprochen und könnte auch heute wieder irren. Ihre Mission ist,

gemeinsam mit den Schwesterkirchen, die Verkündigung des Evangeliums … Gerade als Katholiken, aus theologischen Gründen, erklären wir unseren offenen Dissens zur Parteinahme der Italienischen Episkopalkonferenz, die uns vom Evangelium weit entfernt erscheint.

In ihrer entschiedenen Opposition zur offiziellen Linie der Kirche bleibt die Gemeinde nicht isoliert. Sämtliche christlichen Basisgemeinden beziehen Stellung gegen das Diktat des Vatikans zum Thema eheähnliche Lebensgemeinschaft. Am 30. März 2007 gibt ihr nationales Sekretariat ein Dokument heraus, das zu lesen sich lohnt, wenigstens in Auszügen:

Seit Jahren bemühen wir uns – wie viele andere auch –, uns in die von der «Stadt der normalen Familien» produzierten menschlichen Müllkippen einzufühlen. Und wir haben dort Kinder gefunden, die aus Gründen der Familienehre ausgesetzt wurden, verteufelte und der schwärzesten Einsamkeit überlassene ledige Mütter, verstoßene Behinderte, ihrer Familie entzogene Gefängnisinsassen, hoffnungslose Schwule, Paare, die ihrer Würde beraubt wurden, weil sie nicht der Norm entsprachen, von den Eltern missbrauchte Minderjährige, unter dem Feigenblatt der ehelichen Pflicht vergewaltigte Ehefrauen. Heute können ledige Mütter erhobenen Hauptes herumlaufen, ohne von Eltern und Pfarrern zur Abtreibung gezwungen zu werden oder sich an Engelmacherinnen wenden oder die Kinder zur Adoption freigeben zu müssen. Behinderte sind nicht mehr die Schande der Familie, die man in einer Anstalt verstecken muss, weil sie als Zeichen von Sünde gelten. Schwule können ganz offen ein ihnen gemäßes Leben leben. Jugendliche brauchen ihre Beziehungen nicht mehr scheinheilig zu verstecken. Und die Gewalt in der Familie ist kein Tabu mehr. Man sollte aus den Erfahrungen der jungen Generationen und der neuen sozialen Subjekte lernen und bei der Erneuerung der Familie weltweit neue Wege gehen, ohne die Grenzen und Gefahren zu verhehlen, die in jeder Öffnung gegenüber dem Neuen enthalten sind, aber auch ohne Dämonisierung, denn wir sind der Ansicht, dass die Rettung der menschlichen Familie und auch der Ehe nur durch eine solche Erneuerung möglich ist.

Die Basisgemeinden haben einen weiteren herausragenden Exponenten, Don Enzo Mazzi, den Gründer der Basisgemeinde des *Isolotto* in Florenz. Ein Viertel an der südwestlichen Peripherie der Stadt, im November 1954 entstanden, als in einer der ersten Satellitenstädte der toskanischen Hauptstadt die Schlüsselübergabe für eine Parzelle von tausend Wohnungen stattfand: sozialer Wohnungsbau, eine Kirche, eine Pfarrei. Genau hier entsteht gegen Ende der sechziger Jahre Don Mazzis Basisgemeinde. «Der katholischen Hierarchie zu gehorchen», so seine Überzeugung, «bedeutet fast immer Ungehorsam gegenüber den tiefsten, echtesten und am Evangelium orientierten Bedürfnissen des Volkes.»

Noch ein unbequemer Priester unterschreibt den oben zitierten Appell, Don Franco Barbero, Gründer der christlichen Basisgemeinde von Pinerolo. Aufgrund eines vom damaligen Präfekten, Kardinal Joseph Ratzinger, unterschriebenen Erlasses der Kongregation für die Glaubenslehre verliert «der Priester, der die schwulen Paare segnet» am 25. Januar 2003 seinen klerikalen Status. Der Kirche von Rom missfallen aber nicht nur die von Don Franco geschlossenen Hochzeiten zwischen Homosexuellen, sondern auch seine Schriften (mehr als zwanzig Texte zur Christologie), in denen er u. a. folgende Thesen vertritt: dass die Unfehlbarkeit des Papstes nur eine Ideologie sei, für die es in der Bibel keine Anhaltspunkt gebe; dass der Ausschluss von Frauen aus dem Priesteramt eine Frucht des männlichen Chauvinismus und der sexualphobischen Ausrichtung des Vatikans sei; dass die Jungfrauengeburt Jesu eine Legende sei, weil Jesus leibliche Schwestern und Brüder hatte; dass der Zölibat eine bewunderungswürdige Entscheidung sei, die aber nicht aufgezwungen werden könne; dass Heterosexuelle und Homosexuelle die gleiche Würde haben müssten.

Heute sind etwa fünf Millionen Italiener (12 Prozent der erwachsenen Bevölkerung) in der weiten Welt des katholischen Vereinswesens engagiert. Ein Heer von Gläubigen, die nicht immer mit den offiziellen Positionen übereinstimmen, bei denen nicht selten das Zugehörigkeitsgefühl zum Vatikan mit einer autonomen, wenn nicht sogar kritischen Sensibilität einhergeht. *Pax Christi, Noi siamo Chiesa* (Wir sind Kirche), *La Rosa Bianca* (Die weiße Rose) sind einige der progressiv eingestellten katholischen Vereinigungen, die eine Erneuerung der Kirche fordern. Bewegungen sehr unterschiedlicher Natur, mit einer variablen Anhängerzahl, die alle aber theologisch und sozial stark motiviert sind. Ein weiteres bedeutendes Beispiel ist die *Cittadella*, ein Gebäudekomplex im Herzen Assisis, der sich «in der Überzeugung, dass jede Kultur und jede Religion Trägerin authentischer Werte ist», als ein «Ort der Begegnung und der Geselligkeit, beinahe ein Laboratorium der Andersartigkeit» versteht. Von den Geistlichen und Laien der *Cittadella* werden Reflexion und Gebet, Dialog und Konfrontation mit den Zeugen unserer Zeit angeregt: mit Künstlern, Regisseuren, Wissenschaftlern, Theologen, Psychologen, Philosophen, die sich für die Würde des Menschen einsetzen.

Im September 1961 nahm Pasolini an einer dieser Tagungen teil und wurde für ein paar Nächte in die *Cittadella* aufgenommen. In seinem Zimmer fand er, wie alle Besucher, einen Band mit den Evangelien. Zunächst hielt er das für eine Provokation Don Rossis und seiner Freiwilligen, zumal er eigentlich nach Assisi gekommen war, um über ein Filmprojekt über Jesus zu sprechen. Der Titel seines späteren Werkes («Das 1. Evangelium – Matthäus») entstand jedenfalls in diesen Stunden. In seinem Text *Le regole di un'illusione* (Die Regeln einer Illusion) wird der Regisseur notieren:

> Instinktiv streckte ich die Hand nach dem Nachttisch aus, nahm das Buch der Evangelien, das in allen Zimmern liegt, und begann es von Anfang an zu lesen, also beginnend mit dem ersten der vier Evangelien, dem nach Matthäus. Und von der ersten Seite kam ich bis zur letzten und musste mich dabei – daran erinnere ich mich sehr gut, mit Freude allerdings – ein wenig gegen den Lärm der Stadt draußen abschotten, die in Feierlaune war. Am Ende, als ich das Buch niederlegte, entdeckte ich, dass ich zwischen dem ersten Stimmengewirr und den letzten Glocken, die zur Abreise des Pilgerpapstes geläutet wurden [Papst Roncalli weilte zu Besuch in Assisi, Erg. d. A.], diesen harten, aber auch zarten, so jüdischen und jähzornigen Text, der eben dieser nach Matthäus ist, ganz gelesen hatte. Die Idee zu einem Film über die Evangelien war mir schon früher gekommen, dieser Film aber wurde dort geboren, an diesem Tag, in diesen Stunden.

Einen weiteren prominenten Repräsentanten hat diese den Ärmsten nahestehende «Kirche am Rande der Gesellschaft», die offen ist für den Dialog und weit entfernt von der Macht der römischen Kurie, in Don Luigi Ciotti. 1972 wurde er von Kardinal Michele Pellegrino ordnungsgemäß zum Priester geweiht, der ihm als Kirchengemeinde die Straße anbot. Sein öffentliches Engagement hatte bereits 1966 mit der Gründung der Gruppe *Abele* (Abel) begonnen, die in Jugendgefängnissen arbeitet und Hilfen für Drogenopfer bietet. 1982 wirkte Don Ciotti an der Gründung des CNCA mit: *Coordinamento nazionale delle comunità di accoglienza* (Nationale Koordinationsstelle der sozialen Wohngemeinschaften), 260 Organisationen, die mit einem «laizistischen und pluralistischen Ansatz» in allen Arten von Notlagen und gesellschaftlichen Randgruppen operieren. 1995 gründet Ciotti *Libera*, ein Netzwerk von Vereinigungen, die sich im Kampf gegen die Mafia engagieren und die von Bossen der Malavita konfiszierte Güter für soziale Zwecke nutzen. Auch er hat immer wieder Probleme mit den Institutionen und mit der Kirche gehabt: «Solange du denen hilfst, die in Schwierigkeiten sind, bist du gut», hat er Marco Poiti in dessen Buch *Il ritorno di Dio* (Die Rückkehr Gottes) anvertraut, «sobald du aber beginnst, Fragen zu stellen, Ungerechtigkeiten zu kritisieren, wirst du unbequem.»

Es gibt in der katholischen Konfession des Christentums eine große Zahl und Vielfalt an Menschen und Projekten, die das Evangelium verwirklichen, die aber nur wenige kennen und die nur selten an die Öffentlichkeit treten. Ich habe mich auf einige wenige Beispiele und Namen beschränkt, es sind natürlich weit mehr: vom großen (dissidenten) Theologen Hans Küng zum Kardinal Carlo Maria Martini, von den Priestern der Favelas in Lateinamerika bis zu ihren Kollegen in Süditalien, die gegen die Mafia kämpfen.

Auch wenn Papst Albino Luciani ein gehorsamer Diener der Kirche war, so offenbarten gleich seine ersten Worte als Papst, auf welcher Seite sein Herz schlug und welche Richtung sein Pontifikat eingeschlagen hätte, wenn es ihm die Umstände oder die Menschen erlaubt hätten, weiterzumachen. Vielleicht ist Albino Luciani ermordet worden, vielleicht auch nicht. Gewiss ist auf jeden Fall, dass die wenigen ihm verbliebenen Tage von der schmerzlichen Entdeckung überschattet waren, welcher Abgrund zwischen dem Evangelium und dem Amt lag, das über ihn mehr oder weniger hereingebrochen war. Nach dem Ende der Inthronisierungsfeierlichkeiten hatte er sich in den unendlichen Weiten des Vatikans plötzlich allein wiedergefunden, dem undurchdringlichen Geflecht von Interessen und Intrigen ausgesetzt, von einer Kurie umzingelt, die er seinen Plänen und seinem Glauben gegenüber als weit entfernt, wenn nicht sogar offen feindselig empfand, die in diesen Palästen eingeschlossen war, abgeschottet von den Hoffnungen und den Kämpfen sehr vieler gewöhnlicher Gläubiger, sehr vieler einfacher Priester. Giuseppe Siri,

Erzbischof von Genua, hat einmal im Vertrauen mitgeteilt, dass der Grund für den Tod Papst Lucianis wahrscheinlich in seiner exzessiven Emotionalität zu suchen war, in der tiefen Verstörung, die ihn seit dem Tag seiner Wahl nie wieder losgelassen hatte.

Es gab auch Vermutungen, dass es ein unerträglicher Schmerz war, der ihn getötet hat, ein Syndrom, das man umgangssprachlich als «gebrochenes Herz» bezeichnet. Dass der Wirkung dieses Syndroms durch Gift ein wenig nachgeholfen wurde, ist eine Hypothese, die wir weder bestätigen noch ausschließen können.

VI. GENIES UND RIVALEN
BERNINI UND BORROMINI: ZWEI KÜNSTLER PRÄGEN ROM

Es gibt in Rom eine hinreißende kleine Straßenkreuzung, die man leider nur unter Lebensgefahr bewundern kann und die infolgedessen meist übersehen wird. Wenn ich sagen würde, es handelt sich um die Kreuzung zwischen Via Pia und Via Felice, würde kaum jemand verstehen, worum es geht. Wenn man die aktuellen Straßennamen benutzt, ist sie schnell identifiziert: Es ist die Kreuzung der Via XX Settembre mit der Via delle Quattro Fontane. Früher wurde die Via XX Settembre von den Römern Alta Semita genannt, weil sie auf dem Scheitel eines Hügels entlangläuft.[1] Sie führt von der Porta Pia zum Quirinal, und ihren Abschluss bildet heute am einen Ende das wunderbare Tor des Michelangelo, am anderen ein schöner ägyptischer Obelisk zwischen der Dioskurengruppe.

Die zweite Straße, die rechtwinklig zur ersten verläuft, wurde, wie oben bereits erwähnt, von Papst Sixtus V. angelegt. Sie führt von der Kirche Santa Maria Maggiore bis zur Trinità dei Monti (Heilige Dreifaltigkeit vom Berge, über der Spanischen Treppe) und hat ebenfalls je einen Obelisken als Blickfang an den beiden Endpunkten. Einem puren Zufall ist es zu verdanken, dass nicht auch noch der Blick zur Porta Pia auf einen Obelisken fällt. 1822 hatte Papst Pius VII. (1800–1823) nämlich vor, am Pincio einen kleinen, sehr anmutigen Obelisken von neun Metern Höhe aufzustellen, der schon lange im Cortile della Pigna im Vatikan herumgelegen hatte. Abt Cancellieri dagegen beschwor ihn, diesen stattdessen auf dem Turm der Porta Pia zu platzieren, damit der Flaneur von besagter Kreuzung aus auf einen Schlag vier Obelisken bewundern könne. Am Ende setzte sich der Papst durch, und heute steht der Obelisk auf einem kleinen Platz im Pincio-Park, neben der Casina Valadier. Er war von Kaiser Hadrian in Auftrag gegeben worden, der damit an seinen verstorbenen

Geliebten Antinoos erinnern wollte, den er mit diskreter Melancholie darstellt. Aelius Spartianus zufolge soll Hadrian beim Tode des bildschönen Jünglings, der im Nil ertrank, tagelang «wie eine Frau» um ihn geweint haben.[2]

Schade, dass man nicht mitten auf der Kreuzung stehen bleiben kann, die Tag und Nacht von rasendem Verkehr durchquert wird. Alle vier perspektivischen Ausblicke wären eine ausgiebige Betrachtung wert, und sei es nur wegen der Ereignisse, die ihre Geschichte geschrieben haben. Nicht sonderlich bemerkenswert dagegen sind die Brunnen, die (wiederum) Papst Sixtus an der Abschrägung der vier Eckgebäude hat anbringen lassen, eine schlichte Zierde im Vergleich zu den zahllosen unvergleichlichen Brunnen, die Rom sonst zu bieten hat. Vom Bürgersteig aus kann man immerhin einen weniger riskanten, aber ebenso lohnenden Blick auf die Fassade der Kirche San Carlo alle Quattro Fontane (Sankt Karl bei den vier Brunnen) richten, die nicht nur wegen ihrer gedrängten Dimensionen liebevoll San Carlino genannt wird. Diese Kirche ist eines der ganz großen Werke des Meisterarchitekten Francesco Borromini (1599–1667), der sie 1634 für den spanischen Orden der barfüßigen Trinitarier (*Trinitari Scalzi del Riscatto*) entwarf, einem armen, äußerst schlichten Mönchsorden, der sich dem Freikauf der christlichen Gefangenen von den ‹Türken› verschrieben hatte und dessen Hauptaufgabe darin bestand, für diesen Zweck in Europa Geld zu sammeln.

Borromini ist ungemein wichtig für Rom, und seine Bedeutung wäre noch sehr viel besser zu erkennen, wenn er in einer anderen Epoche oder in einer anderen Stadt gelebt hätte, wenn er also nicht von der machtvollen, expansiven Präsenz eines zweiten Genies erdrückt worden wäre: Gian Lorenzo Bernini (1598–1680). Stattdessen begab es sich, dass diese beiden Ausnahmekünstler nebeneinander und nicht selten gegeneinander arbeiten mussten. Uns Nachgeborenen ist damit die Möglichkeit gegeben, zwei grundverschiedene Visionen von Religiosität einander gegenüberzustellen, die in beiden Fällen während der dramatischen Jahre der Gegenreformation im Schatten des Vatikans entstanden sind. Bernini öffnete sich der Welt und umspannte sie mit der Weite seines Genies, Borromini dagegen war verschlossen und zog sich zunehmend in sich selbst zurück, bis zu seinem fürchterlichen Ende, auf das wir noch kommen werden.

Bernini erprobte sein Talent auf allen Gebieten, einschließlich derer, die wir heute Public Relations nennen würden. Im Grunde tat er immer, was er wollte, immer aber mit dem Anschein, vor allem seinen Auftraggeber glücklich machen zu wollen. Auch darin war Borromini das ganze Gegenteil: Er zeigte sich unduldsam und abweisend, hätte im Leben niemals irgendetwas aus Vergnügen getan, stellte in einer Epoche, in der vor allem Gehorsam gefragt war, immer wieder demonstrativ seine Unabhängigkeit zur Schau. Der Rom-Besucher hat das große Glück, im Abstand von nur wenigen hundert Metern, also beinahe Seite an Seite, zwei Hauptwerke dieser beiden Künstler bewundern zu können: San Carlino von Borromini und Sant'Andrea al Quirinale von Bernini.

Beginnen wir mit der Kirche San Carlino. Auf dem winzigen Grundstück, das den Mönchen zur Verfügung stand, gelang es dem damals fünfunddreißigjährigen Borromini, ein Dormitorium für zwanzig Ordensbrüder und ein Refektorium unterzubringen; außerdem die Bibliothek, einen Kreuzgang und schließlich die Kirche selbst einschließlich ihrer unterirdischen Krypta. Die Bauarbeiten für das Kloster begannen im Februar 1635, drei Jahre später wurde mit der Kirche begonnen, deren Bau aber mehrmals unterbrochen wurde. Dies führte jedes Mal zu großen Verzögerungen, vor allem bei der Fassade, die lange Zeit kahl blieb und zu der der Künstler erst in fortgeschrittenem Alter wieder zurückkehren, deren Vollendung er aber nicht mehr erleben wird. Bei seinem Tod war lediglich das Untergeschoss der zweigeschossigen Fassade beendet, sein Neffe Bernardo Castelli wird das Werk zu Ende bringen.

Die Fassade springt im mittleren Teil wie in einer Wellenlinie konvex nach vorn, die beiden Flanken weichen konkav zurück, sie kulminiert oben vor einem winzigen Campanile in einem zugespitzten Dreiecksgiebel. Die Bewegung der Fassade ist stürmisch, es gibt keinen noch so winzigen Bereich, der nicht mit einem Ornament, einer Nische, einer Statue, einem Fries, einem Symbol gezeichnet, geplant, gefüllt wurde. Rechts und links des Eingangstors befinden sich zwei ovale Fenster, unter beiden je ein Hirschkopf, dessen Geweih einen Kreis bildet, in den das Trinitarierkreuz eingeschrieben ist, unter den Köpfen eine Girlande.

Über der Tür ein Stockwerk mit drei Statuen, die aber ein Werk des Neffen Bernardo sind. Die zentrale Figur, eine Darstellung San Carlo Borromeos, steht in einer von zwei großen zusammengewachsenen Flügeln gekrönten Rundnische, darunter zwei Engel, an ihrer Seite jeweils zwei Säulen, die in Kapitelle münden, deren Ornamentalkomplex eine Stilmischung ist. Das Gesims im zentralen Teil öffnet sich zu einer bewegten Balustrade; es folgen weitere Nischen, Säulen, Paneele, Palmenzweige, Kreuze, ein großes Fenster mit Baldachin, ein von weiteren zwei Engeln gehaltenes Medaillon, das ursprünglich ein später verlorengegangenes Affresco der Dreifaltigkeit enthielt. Diese nicht einmal vollständige Beschreibung der Fassade mag ansatzweise eine Vorstellung der enormen Menge an Informationen und Botschaften vermitteln, die der Künstler in eine so begrenzte Oberfläche hineinzupacken wusste.

Wenn man die Schwelle überschritten hat, steht man in einem elliptisch anmutenden Raum,[3] in dem eine helle, fast weiße Farbgebung dominiert, einzig unterbrochen vom Goldbelag einiger kleiner Fenster und der Altarrahmen. Die Wände sind bewegt wie das Äußere. Elastische – konkave und konvexe – Kurven, Säulen, Nischen, einige davon mit rhythmischen Travéen, andere mit einer doppelten Muschel versehen, wieder andere mit spitz zulaufenden Blättern angereichert, wechseln sich ab. Außerdem Reliefs, Gesimse, Vorsprünge, schiefe Ebenen, Kurvenspiele. Die Decke (das Innere des Kuppelgewölbes) ist ein Meisterwerk für sich, mit einem Gewirr von tief in die Fläche gearbeiteten Stuckkassetten, die eine dichte Abfolge von Sechsecken und Achtecken mit dem dazwischengeschobenen Trinitarierkreuz bilden. In den Zwickeln vier Stuckmedaillons.

In die Ausbuchtungen der Wände hat der Architekt Treppen eingearbeitet, die den Eingang zur Sakristei und zwei winzigen Kapellen bilden, eine zur Rechten des Eingangs, die andere zur Linken des Hauptaltars. Hier werden in einer Urne die sterblichen Überreste der «seligen» Elisabetta Canori Mora (1774–1825) aufbewahrt, die Tertiarierin des Trinitarierordens war, eine sehr unglückliche, sehr fromme Frau, die sich, nachdem sie ein bewegtes Familienleben hinter sich hatte, hingebungsvoll den Armen und Kranken widmete. In einem Flur des Konvents sind die beiden Geißeln ausgestellt (eine aus Seilen und eine aus Eisen), mit denen sich die «Selige» hart zu züchtigen pflegte.

Auf derselben Straßenseite in Richtung Piazza del Quirinale steht in ein paar Dutzend Metern Entfernung die Kirche Sant'Andrea, ein meisterhaftes Spätwerk Gian Lorenzo Berninis, erbaut nur wenige

Jahre, nachdem San Carlino 1646 geweiht worden war. Der Bau von Sant'Andrea begann 1658.

Obwohl San Carlino durch ein dichtgewirktes, bewegtes Dekor und eine hohe erfinderische Intensität in Erstaunen setzt, ist der beherrschende Eindruck, den man von dieser Kirche mitnimmt, ihre ergreifende Schlichtheit. Auch wenn man von einem fast hektischen Erfindungsreichtum sprechen kann, ist ihre Grundkonstruktion streng und in der vorherrschenden Farblosigkeit der Raumgestaltung einfach. Wer noch mit diesem kalkweißen Ambiente vor Augen Sant'Andrea betritt, ist wie vom Schlag getroffen, wenn er plötzlich auf die geballte Pracht der unterschiedlichsten Farben trifft: polychromer Marmor, prunkvolle Malereien, das überladene Dekor der Kapellen, die Engel mit wehenden Gewändern, als habe sie ein Wirbelwind in Aufruhr versetzt, theatralisch in ihrer Haltung, emphatisch, schwülstig, herrlich. Weder Borromini noch Bernini verlangten Geld für ihre Arbeit, beide aber beanspruchten als einzige Kompensation, diese in völliger Freiheit und Unabhängigkeit ausführen zu können. Auch deshalb offenbaren diese beiden Kirchen das Wesen ihrer Schöpfer und würden auch ohne Hinzuziehung anderer Werke zum Verständnis ihrer Persönlichkeiten vielleicht schon ausreichen.

Zuallererst die Form: Beide Kirchen haben einen ovalen Grundriss, dennoch ist der Unterschied zwischen der von Borromini konzipierten elliptischen Form und Berninis perfektem Oval bemerkenswert. Unterschiedlich das Licht, von dem das Innere der beiden Gebäude durchflutet ist: weiß und kalt in San Carlino; golden, warm, beruhigend, luxuriös in Sant'Andrea. Unterschiedlich die Ausschmückung, auch weil es dort die armen Trinitarier waren und hier die mächtigen Jesuiten, und in der Tat ist die prunkvollste der Kapellen in Sant'Andrea dem Gründer der Jesuiten, dem hl. Ignatius von Loyola geweiht. Die beiden Meisterwerke sind von so radikaler Unterschiedlichkeit, dass man, wenn da nicht das Verbindende gewisser Symbole wäre, an zwei grundverschiedene Religionen denken könnte. Gerade die Unterschiede sind es jedoch, die uns begreifen lassen, was unter Barock zu verstehen ist, und vor allem, welches «politische» Manifest die Kirche diesem Stil übertrug, der lange Zeit ihr Markenzeichen war.

Doch lässt sich mit dem Begriff des Barock (ital. *barocco*) überhaupt ein bestimmter Stil fassen? Ein definierter Bereich von Raum und Zeit? Bezeichnet er nicht eher ganz allgemein eine Kultur? Eigentlich umfasst der Barock eine Strömung von so überschäumender Vitalität, die sich naheliegender über eine Negation definieren lässt: Barock ist alles, was nicht klassisch ist. Auch wenn der Philosoph Benedetto Croce (1866–1952) unrecht hatte, der ihn als «Nicht-Stil» betrachtete, im Grunde sogar als «geschmacklos», so hat er ihn doch richtig vor allem als Indikator für ein identifizierbares kulturelles und spirituelles Klima gesehen.

Genau dies kann man an diesen beiden Kirchen ablesen. Ihre eklatante Unterschiedlichkeit verweist nicht nur auf die grundverschiedenen Temperamente ihrer Urheber, sondern auch auf zwei grundverschiedene, sehr weit auseinanderliegende geistliche Konzeptionen.

Jeder Künstler kennt die Beschränkungen seines Berufs, die des Architekten sind aber vielleicht am erdrückendsten, denn er hat mit Elementen zu operieren, die fast nicht modifizierfähig sind: dem Material und dem Raum. Als der junge Borromini sich dem Bau des San Carlino widmete, wusste er, dass er alles, was die wackeren Mönche von ihm verlangten, an der Straßenfront der Via XX Settembre entlang auf einer sehr begrenzten Länge von 24 Metern erbauen musste. Und es musste sowohl die Kirche als auch das Kloster hineinpassen. Zu allem Überfluss hatte das Grundstück mit einer durch den Brunnen abgeschnittenen Ecke auch noch eine unregelmäßige Form. Durch die Schwierigkeit genötigt, vielleicht aber auch angeregt, studierte er ausgiebig alle Details und reicherte sie durch eine Unmenge an Finessen und ausgeklügelten Lösungen an, vom Grundriss bis zu den Balustraden, von den Nischen bis zum Glockenturm und zur einzigartigen Innengestaltung der Kuppel. Und der Fassade natürlich: mit Ideen von einer Kühnheit, die einer aufs Äußerste reduzierten Fläche eine Gliederung und einen Atem verliehen, die ohnegleichen waren.

Ein Bereich, den sich kein Besucher entgehen lassen sollte, ist das Kloster. Zugang dorthin hat man durch eine kleine Tür neben dem Hochaltar. Der Grundriss ist eigentlich rechteckig, doch sind die Ecken konvex abgeschrägt, zweistöckige Arkaden umgeben das Geviert mit Säulenpaaren. Die Balustrade im Obergeschoss ruht auf eleganten kleinen Säulen, die Bauchung der Baluster ist einmal nach oben und einmal nach unten gewandt. Im Zentrum ein schöner achteckiger Brunnen, für den Borromini sogar persönlich die krönende Schmiedeeisen-Konstruktion entwarf. In dem kleinen Kreuzgang spielt auch das Licht seine Rolle, das die Schatten der Rundbögen, der Balustraden, der Säulen je nach Tageszeit unterschiedlich modelliert. Damals wurde gesagt, dass diese kleine Kirche in einen der Vierungspfeiler der Kuppel des Petersdoms hineinpassen würde. Das ist zwar richtig, doch wäre es angesichts der Spannbreite und Kreativität dieses Künstlers – trotz seiner tiefen Religiosität – ein Irrtum, Borromini in die Schublade der Sakralkunst stecken zu wollen.

Was zählt, ist der liebevolle und besinnliche Charakter des Ortes, das Wunder, hier Räume zu erleben, deren Zauber wie kaum sonst irgendwo auf der Welt eine Aura der Ruhe und die Heiterkeit des Sakralen ausstrahlt. Biographisch ist von Bedeutung, dass San Carlino der erste Auftrag war, durch den Borromini sich im kleinen Kreis seiner Bewunderer den Ruf eines Architekten erwarb, der fähig war, planerische Begabung mit betriebswirtschaftlichen Fähigkeiten zu kombinieren. An diesem Auftrag verdiente er, wie aus den Dokumenten hervorgeht, keinen Heller: «Wir können bestätigen, dass er von unserer Bauhütte nie einen einzigen Julius erhalten wollte», schreibt Fra' Juan de San Bonaventura, der Prior des Ordens, der gewissenhaft die Oberaufsicht über die Bauarbeiten an der Kirche ausübte. Und der im Übrigen verwundert notiert, dass diese Kirche so schön sei und «so einzigartig nach Ansicht aller, dass es scheint, als gäbe es auf der ganzen Welt nichts ähnlich Kunstvolles und Ungewöhnliches».

Eine weitere scharfsinnige Beobachtung fügt der *Frate* hinzu, wenn er schreibt, dass das Bauwerk «wohlfundiert» sei «auf den Antiken und auf den Schriften der besten Architekten». Schließlich berichtet er, dass bei den Mönchen immer wieder Anfragen von Ausländern eingingen, sogar aus dem fernen Indien, die Einsicht in die Entwürfe und Projektzeichnungen haben wollten. Die größten Elogen widmet er der herausragenden Professionalität, mit der der Architekt die Bautruppe und die Arbeit leitete, beginnend mit der Verteilung

> … der Materialien an die Handwerker auf eine Weise, dass er diese Arbeit, die viele Tage in Anspruch genommen hätte, so einfach macht, obwohl sie schwierig ist, als sei es eine anspruchslose, ganz normale Verrichtung: weil besagter Francesco dem Maurer eigen-

> händig die Kelle führt, dem Stuckateur den Spachtel ausrichtet, dem Tischler die Säge, dem Steinmetz den Meißel, dem Fliesenleger die Fliesen und dem Schmied die Feile, sodass zwar die Qualität auf seinen Baustellen groß ist, nicht aber die Kosten, womit er seinen Konkurrenten eine Lehre erteilt.

In ganz Rom hatte man nie einen Architekten von Rang gesehen, der sich dazu herabließ.

Die Chronik des *Frate* zeigt uns also einen Mann von großem Talent, begierig, sich mit seinen Handwerkern zu unterhalten, fähig, einen jeden in seiner Kunst anzuleiten, nicht weniger als ein Orchesterdirigent, der imstande sein muss, den verschiedenen Instrumentalisten die Dynamik oder die Phrasierung eines Satzes vorzugeben. «Francesco» nennt ihn der Mönch, und in der Tat war dies der wahre Name dieses Mannes, der üblicherweise Borromini genannt wird: Francesco Castelli, geboren in der Schweiz, in Bissone (Tessin), einem bescheidenen Fischerdorf am Luganersee, am 27. September 1599. Über Gian Lorenzo Bernini wissen wir viel mehr, weil ständig über ihn geschrieben wird und seine Werke seit Jahrhunderten an den berühmtesten Plätzen Roms stehen, vor den Augen aller. Über Borromini wissen wir weniger, schon zu seinen Lebzeiten haben ihn die Chronisten vernachlässigt, weil es nicht viele Geschichten über ihn gab, die seiner Existenz Farbe und Leben hätten einhauchen können. Bekanntlich brauchen die Biographen Fleisch und Blut, um ihre eigene und die Phantasie ihrer Leser zu beflügeln.

Im Rom des 17. Jahrhunderts besetzt Bernini mit seinem strahlenden Genie jahrzehntelang so massiv das Zentrum der Szene, dass sie ohne ihn geradezu leer wirken würde. Im Übrigen hatte er sehr früh begonnen, entdeckt durch Kardinal Scipione Borghese, den Neffen Papst Pauls V., der ihn nicht zu Unrecht für ein *enfant prodige* hielt. Bernini arbeitet ohne Unterlass und wird der Stadt eine in vieler Hinsicht endgültige Physiognomie aufprägen. Er ist der Favorit der Mächtigen, er beherrscht das Leben am päpstlichen Hof, er füllt die Weite und den Prunk der Säle mit seiner Präsenz, er erhält fortgesetzt öffentliche und private Aufträge, er ist raffiniert, verführerisch, betört seine Zuhörer, ist sich dabei seines Talents wohl bewusst, vielseitig, gewandt, und er tut nichts, um seine facettenreiche Kreativität zu verbergen. Er ist Maler, Bildhauer, Architekt, Dekorateur, Bühnen- und Kostümbildner für das Theater, Meister der Pyrotechnik.

Man sagt ihm nach, er sei das letzte Universalgenie der Renaissance gewesen. Man sagt ihm außerdem nach, er habe, wie Wagner oder Beethoven, keinen künstlerischen Erben hinterlassen, um damit diejenigen, die sich als seine Nachahmer versuchten, der Lächerlichkeit preiszugeben.

Aber nicht er ist es, sondern sein Gegenpart, der melancholische Borromini, der das Feld der Zukunftsarchitektur bestellt, auch wenn man dies erst Jahrzehnte später entdecken wird. Borromini, der Rivale und in einigen Situationen sogar der Feind, der Mann, der es gewagt hat, Bernini herauszufordern, und dem es bei einer Gelegenheit sogar gelungen ist, eines seiner Werke niederreißen zu lassen, um es durch ein eigenes zu ersetzen.[4] Während Bernini von Natur aus eine theatralische Ader hat, ist der andere ein Mann weniger Worte und noch weniger Kleider, imstande, noch nie dagewesene Linien, Schwünge, Ornamente und Mechanismen zu erfinden. Wie es der Mönch von San Carlino sehr richtig beobachtet hat, schöpft er aus den klassischen Vorbildern, weiß aber, was er verändern muss, um diese zum Vibrieren zu bringen, wie er sie seinem eigenen Geschmack, den technischen Erfordernissen, dem Geist der Zeit auf «einzigartige und außerordentliche» Weise anverwandeln kann.

Francesco Castelli war ein Kind von neun Jahren, als er das nicht immer unbeschwerte Leben am Ufer seines Sees verließ, um nach Mailand zu ziehen. Als Steinmetz-Lehrling arbeitete er in der Dombauhütte und lernte die Geheimnisse der Maurerkunst, die, wenn sie auf höchstem Niveau ausgeführt wird, feinstes Kunsthandwerk ist und bestimmt nicht geringer zu bewerten als die des Kunsttischlers oder Kunstschmieds. Als er Jahre später die Fassade des Oratoriums von S. Filippo Neri bauen ließ, direkt neben der Chiesa Nuova am Corso Vittorio, hatte er vor, die gesamte Fläche so zu modellieren, «als sei sie ein einziges Stück aus Terrakotta».

Da er seinen Wunsch nicht in die Tat umsetzen konnte, setzte er alles daran, zumindest eine analoge Lösung zu finden. Wie man an den Bauten der Antike sehen kann, sind die römischen Ziegel sehr fein und ebenmäßig. Sie nimmt er sich zum Vorbild, genau solche lässt er herstellen, und er ordnet an, die Zwischenräume des Mauerwerks nur mit einer ganz feinen Schicht Mörtel zu versehen, um den Durchmesser der Fugen so gering wie möglich zu halten. Damit kommt er der Idee von «Terrakotta» sehr nahe, mit der er den Wünschen seiner Auftraggeber entsprechen wollte, die von ihm «Positivität und Bescheidenheit» verlangten, um die Fassade des Oratoriums «ärmlich» aussehen zu lassen, das direkt neben der majestätischen Chiesa Nuova von Santa Maria in Vallicella errichtet werden sollte. Dass ein Meisterwerk dabei herausgekommen war, musste schmallippig sogar Bernini zugestehen. Der beanstandete lediglich, dass der Charakter des Gebäudes eher einem «Gartenpavillon» entspreche als einem religiösen Bauwerk.

Kaum dem zarten Jünglingsalter entwachsen, beschließt Francesco, nach Rom zu gehen. Er verlässt also den Mailänder Dom und begibt sich zu Fuß in die katholische Hauptstadt. Er schläft in Klöstern, isst, wo er etwas bekommt. Er ist ein junger Mann, der zwei Feuer in sich spürt: das der Religion und das seines Handwerks. Bei einem Cousin mütterlicherseits, der im Vicolo dell'Agnello (heute: Vicolo Orbitelli) nicht weit von der Chiesa di San Giovanni dei Fiorentini am Tiberufer wohnt, findet er eine Unterkunft. Dieser Cousin namens Leo (Leone) ist ebenfalls Steinmetz und aus derselben Tessiner Region nach Rom gekommen, in der die Kunst des Skulptierens oder Modellierens von Stein verbreitet ist. Diese Region hat der Architektur außer Borromini noch weitere illustre Namen geschenkt, die größten darunter sind Carlo Maderno und Domenico Fontana. Dieser Cousin arbeitet als Maurerpolier in der *fabbrica* des Petersdoms und ist außerdem mit einer gewissen Cecilia verheiratet, einer Nichte des großen Maderno.

Folglich findet Francesco, wie fast alle Immigranten, seine erste Stelle im familiären Umfeld. Auf den Gehaltslisten von San Pietro wird er gleich mit seinem neuen Namen Francesco Bromino oder Borromino geführt. Der Grund dafür soll in seiner Ergebenheit – und der seiner Familie – gegenüber dem heiligen Erzbischof Carlo Borromeo gelegen haben; Bissone gehört zur Erzdiözese Mailand, die im 16. und 17. Jahrhundert von zwei bedeutenden Kirchenfürsten aus der Familie Borromeo geleitet wurde; zu dieser gehörten auch die nach ihr benannten Borromäischen Inseln im Lago Maggiore. Möglich ist auch – sehr viel banaler –, dass der Name dazu diente, ihn von den vielen Castellis zu unterscheiden, die in der Bauhütte arbeiteten.

Der Erste, der ihm etwas zutraut, ist ausgerechnet Maderno, der den jungen Landsmann als Assistenten in sein «Büro» ruft, ihm die Ausführung von Zeichnungen aufträgt und ihn sogar schon die eine oder andere Detaillösung erfinden lässt. Hin und wieder gestattet er ihm, beim Reinzeichnen der Pläne die eine oder andere Variante vorzunehmen. Maderno hat die Sechzig überschritten, im Umgang mit seinem Schüler pflegt er einen barschen Ton, auch wenn hinter dieser Rauheit und Reizbarkeit zu spüren ist, dass er für seinen angeheirateten Verwandten eine Wertschätzung hegt, die gelegentlich an Zuneigung grenzt. Er wirkt älter als 65 (wir befinden uns ungefähr im Jahr 1620), leidet an Nierensteinen und hat so große Schwierigkeiten beim Gehen, dass er auf seinem Klosettstuhl herumgetragen werden muss. Obwohl er es sich nicht anmerken lässt, ist ihm dieser schweigsame und zugleich einfallsreiche junge Mann, der in seinem Studio ein- und ausgeht und imstande zu sein scheint, seine Wünsche im Voraus zu erkennen, ein großer Trost.

Der zwanzigjährige Borromini ist schweigsam. Wenn er nicht arbeitet, studiert er, und in den Arbeitspausen, wenn die anderen Zerstreuung suchen, konsultiert er die Bücher, zeichnet er seine ungewöhnlichen Linien, sucht er nach unerwarteten Lösungen. Seine Bibliothek ist gut ausgestattet, er besitzt Bücher aus vielen Fachgebieten: Mathematik, Hydraulik, Physik. Es finden sich aber auch die Klassiker, ebenso wie Werke aus dem Bereich, den wir heute mehr oder weniger als Chemie bezeichnen würden, der seinerzeit aber Gegenstände einschloss, die an der Grenze zum Übernatürlichen und zur Magie lagen: alchemistische Transformationen, die Symbole und die geheimen Eigenschaften in der Natur der Dinge und der Worte. Möglicherweise gehörte Borromini zu einer Vorgängerorganisation der (offiziell erst 1717 entstandenen) Freimaurerei, die sich *Corporazione dei muratori* (Korporation der Maurer) nannte.[5]

Sein Erscheinungsbild ist, zumindest in jungem Alter, angenehm, sein Biograph Filippo Baldinucci beschreibt ihn mit den Worten «Ein Mann von hohem und schönem Wuchs, mit kräftigen und robusten Gliedern, von starkem Geist und anderen edlen Vorstellungen.» Ein anonymer Stich dagegen zeigt ihn uns – allerdings in bereits fortgeschrittenem Alter – mit unruhigem, strengem Gesicht, offenkundig gezeichnet von einer Neurose, einer «Melancholie», die ihn nie verlassen wird, gepaart mit tiefer Religiosität, die sich durch die Wechselfälle des Lebens noch verstärkt, bis zu seinem verhängnisvollen Selbstmord. Ein heutiger Arzt würde bei Borromini auf Anhieb ein manisch-depressives Syndrom diagnostizieren, eine damals unbekannte, rätselhafte Gemütskrankheit, deren Symptome man zwar erkannte, für die aber niemand eine Therapie parat hatte.

Diese Krankheit kommt auch in Borrominis altmodisch schwarzer, im spanischen Stil gehaltenen Kleidung zum Ausdruck, die in seinen Jugendjahren en vogue gewesen war. Einem weiteren seiner Biographen, Giovanni Battista Passeri, zufolge trat Borromini «immer in derselben Haltung und mit derselben altmodischen Kleidung auf, ohne der Mode zu folgen, wie es heute üblich ist».[6] Dabei darf man aber nicht vergessen, dass Borromini sein Arbeitsleben in der Lombardei begann, die zwei Jahrhunderte lang (bis 1714) unter spanischer Herrschaft gestanden hatte, derselben, von der Manzoni in seinem Roman erzählt.[7]

Borrominis Melancholie erinnert natürlich an die Melancholie eines anderen berühmten italienischen Künstlers, die des Torquato Tasso (1544–1595). Beim Dichter des «Befreiten Jerusalem» (*La Gerusalemme liberata*, 1575) zeigte sich der Wahnsinn allerdings deutlicher und schlug sich in so eklatanten Verhaltensweisen nieder, dass seine Gönner gezwungen waren, ihn an bewachten Orten einzuschließen. Borrominis Melancholie dagegen blieb ganz nach innen gekehrt, die äußeren Symptome beschränkten sich auf eine gewisse Sprödigkeit des Temperaments, auf Schwierigkeiten in den Beziehungen zu anderen Menschen und, wenn man so will, auf eine unnatürliche Keuschheit. Borromini wurde geboren, als Tasso schon vier Jahre tot war, die beiden Künstler haben in sehr unterschiedlichen Gesellschaften gelebt, und doch kann man in ihrer Haltung dem Leben gegenüber mehr als eine Ähnlichkeit erkennen. Der Wahnsinn Tassos war schwerer, die Neurose Borrominis kruder, zwar blieb ihm die Pein der Einweisung erspart, aber im Unterschied zu Tasso hat er, soweit wir wissen, niemals die Zuneigung einer Frau oder eines Freundes erfahren.

Ein einziges weibliches Wesen gab es in seinem Leben, die ergebene Magd Mattea, die lange Jahre in seinen Diensten stand. Am Ende des Tages zog sich Francesco in seine Wohnung zurück, wo seine einzige Gesellschaft die Bücher und die Projekte waren, an denen er im Lichte der rauchenden Flamme einer Öllampe bis tief in die Nacht weiterarbeitete. Eine seltene Zerstreuung war der gelegentliche abendliche Besuch des Oratoriums im Ospedale di Santo Spirito (Krankenhaus zum Heiligen Geist), wo er Giacomo Carissimi dabei zuhörte, wie er an der Orgel die von ihm selbst komponierte Musik spielte. Mit diesen Kompositionen, die mit Palestrina[8] begonnen hatten, entstand die heute als «Oratorium» bezeichnete Musikform, auch sie eines der Gesichter der Gegenreform.[9]

Gian Lorenzo oder besser Giovan Lorenzo Bernini ist durch Zufall in Neapel zur Welt gekommen. Sein Vater Pietro, ein aus Sesto Fiorentino (bei Florenz) stammender Bildhauer, hatte dort auf der Baustelle des Klosters Certosa di San Martino Arbeit gefunden. In Neapel blieb er aber nur kurze Zeit. Im Jahre 1605, mit sieben Jahren, war er mit seiner Familie jedenfalls schon in Rom. All das, was dem nur ein knappes Jahr jüngeren Borromini fehlte, hatte Bernini im Überfluss: Zuneigung, Anerkennung, Reputation, Geld, Ruhm.

Zu Beginn des 17. Jahrhunderts war in Europa eine ganze Reihe von Genies am Werk, die ihre Zeit geprägt haben, von Shakespeare bis Rembrandt, von Galileo bis Descartes, von Leibniz bis Newton. Auch in Rom, wo gleichzeitig Caravaggio, die Carracci-Brüder und Rubens tätig waren, um nur einige zu nennen, war dies eine außergewöhnliche Phase für die Künste. Mehr noch als in den anderen Territorien des Kirchenstaates herrschten in Rom aber die eisernen Regeln, die nach Luthers Reformation von der Kirche auf künstlerischem Gebiet festgelegt worden waren.

Der größte Teil der in dieser Periode entstandenen Werke spiegelt auch ganz klar den devotionalen und erbaulichen Zweck wider, zu dem sie bestellt und ausgeführt wurden. Weil es keine Bourgeoisie gab, wie in anderen Ländern, etwa in den Niederlanden, waren die Auftraggeber ohnehin fast ausschließlich die Kirchenfürsten, reiche, kultivierte Kardinäle, die begierig waren, ihre Wohnsitze, ihre Landhäuser, ihre Parks prachtvoll auszustatten und zu verschönern. Pietro Bernini wurde von Paul V. (Camillo Borghese, 1605–1621) nach Rom gerufen, der 1605 als Kompromisspapst gewählt worden war und sich als ein trockener, pflichtbewusster Bürokrat erwies. Unter anderem gab er bei Bernini den

Bau der Familienkapelle in der Kirche Santa Maria Maggiore in Auftrag, die nach ihm Paolina genannt wurde. Dort realisierte Pietro das, was als sein Meisterwerk betrachtet wird, eine «Mariä Himmelfahrt», in der ineinander verschlungene musizierende Engelsfiguren Jesu Mutter in den Himmel geleiten, während einige der Apostel dem Wunder mit, man könnte sagen, recht besorgter Miene beiwohnen. Die meisten Künstler der Zeit stammten entweder aus Künstlerfamilien oder sie waren in irgendeiner Werkstatt ausgebildet worden. Gian Lorenzo war beides: Er wuchs im Atelier des Vaters auf, atmete von Kindesbeinen an diese Luft, erlernte spielerisch die Geheimnisse der Kunst. Vielleicht wäre er auch ohne dies ein großer Künstler geworden, denn Bernini der Jüngere hatte es, wie Rossini oder Mozart, Picasso oder Stravinskij, nicht nötig, seine Kunst zu erlernen, er hatte sie im Blut.

Papst Paul V. hatte seinen Lieblingsneffen Scipione Caffarelli Borghese, wie damals üblich, zum Kardinal und Oberaufseher des Kirchenstaats gemacht. Scipione ist es, der Gian Lorenzo rufen lässt, neugierig geworden durch die Erzählungen, die über diesen Wunderknaben im Umlauf waren. Domenico Bernini, Gian Lorenzos Sohn, beschreibt in der *Vita* seines Vaters, wie vorbildlich sich der Junge bei dieser so wichtigen Begegnung verhielt: «Er legte eine solche Mischung aus Lebhaftigkeit und Bescheidenheit, aus Unterwürfigkeit und Geistesgegenwart an den Tag, dass er das Herz des Fürsten im Fluge eroberte und dieser ihn umgehend dem Papst vorstellte.» Mit dieser zweiten, noch entscheidenderen Unterredung, sichert sich Gian Lorenzo auf triumphale Weise seine Zukunft.

Um ihn auf die Probe zu stellen, bat ihn Papst Paul V. nämlich darum, ihm aus dem Stegreif und in seiner Anwesenheit einen Kopf zu zeichnen. Kein bisschen eingeschüchtert fragte Gian Lorenzo den Papst mit betörender Naivität, was für einen Kopf er denn wünsche, den eines Mannes oder einer Frau, welchen Alters und welchen Ausdrucks. Das Haupt des hl. Paulus, antwortete der Papst. Innerhalb einer halben Stunde vollendete der junge Bernini den Kopf. Die Ausführung war so, dass der Papst mit einiger Verwunderung zu den umstehenden Kardinälen sagte: «Dieser Junge wird der Michelangelo unserer Zeit.» Auch dieser Satz ist von Domenico überliefert, und natürlich ist es denkbar, dass er aus Sohnesliebe übertrieben hat. Gewiss aber ist die Bewunderung Pauls V., der zwölf Goldmünzen in Gian Lorenzos kleine Hand fallen lässt. Das erste dank seines außerordentlichen Talents selbstverdiente Geld.

Thema dieses Buches ist aber nicht die Kunstgeschichte, sondern die päpstliche Politik, einschließlich der Kunstpolitik. Ich muss mich also auf die Darstellung der einen oder anderen Episode beschränken, die die Beziehung der beiden großen Künstler zueinander und zu der Macht illustrieren, von der alle beide abhingen. Mit einer schlagkräftigen Formel hat der Maler und Historiker Filippo Baldinucci (1624–1696) Borrominis Existenz zusammengefasst: «Er war maßvoll in der Ernährung und lebte keusch. Er schätzte seine Kunst sehr hoch und für die Liebe zu ihr scheute er keine Mühe.»

Ein derart zurückgezogenes Leben konnte ihn natürlich nicht voranbringen. Rom war, wie es schon immer gewesen ist, eine Stadt, in der eine plakative, vollkommen veräußerlichte Religiosität mit einer weitverbreiteten Korruption einherging, und wenn es nicht direkt Korruption war, so doch zumindest ein eingefleischter Opportunismus, bisweilen auch eine Verschlagenheit, die nicht selten an Zynismus grenzte. Selbst wenn sein störrischer Charakter nicht gewesen wäre, hätten schon Borrominis mit hoher Integrität und Moralität gepaarter Eigensinn und seine Rigorosität ausgereicht, um ihn in einem schlechten Licht erscheinen zu lassen. Sein Rivale Bernini dagegen wusste, wie er sich in Szene zu setzen hatte, wie er die Aufmerksamkeit und das Wohlwollen der Anwesenden auf sich ziehen konnte, egal, wen er vor sich hatte. Im Gegensatz dazu vermittelte Borromini den Eindruck, ein herrischer und, mit einem Wort, «unsympathischer» Mann zu sein.

Auch im Verhältnis zum Geld waren die beiden einander äußerst unähnlich. Dem Biographen Leone Pascoli zufolge war Borromini «auf geschäftlichem Gebiet … ziemlich eigen, nie forderte er von irgendjemandem den Lohn seiner Mühen noch war er willens, sich mit den Capimastri zusammenzuschließen, um auch nicht den Schatten des Verdachts auf sich zu lenken, er handle mit Berechnung oder mache mit den übrigen Beteiligten gemeinsame Sache». Man kann sich unschwer vorstellen, wie exzentrisch ein solches Verhalten in diesem Rom wirken musste.

Kaum hat Bernini die Bauleitung und zusätzlich das Amt des Architekten der *Bauhütte von Sankt Peter* übernommen, beruft er Borromini zu seinem Assistenten, vor allem für den technischen Bereich, wo dieser weit fachkundiger ist. Die Zusammenarbeit nimmt einen schlechten Anfang. Offenbar hat Bernini seine Position als Vorgesetzter ausgenutzt, um die Arbeit des Kollegen auszubeuten, wobei er sich verbal zwar in Lobpreisungen über ihn erging, ohne diesen Elogen allerdings die gebührende Vergütung folgen zu lassen. Dazu Baldinucci:

> Trotz der Tiraden, dem Boromino sei es zu verdanken, wenn die päpstlichen Bauarbeiten gut vorangekommen waren, strich der Bernini die Gehälter und Saläre sowohl der Bauhütte als auch des Palazzo Barberini selbst ein und nie gab er für die Mühen von so vielen Jahren irgendetwas dem Boromino, sondern nur schöne Worte.

Im Februar 1631 ist Borromini 32 Jahre alt, er ist nicht mehr der junge Steinmetz, der er fünfzehn Jahre zuvor war, als er in Rom ankam. Und doch wird er für sämtliche von ihm als «Assistent des Architekten» ausgeführten Arbeiten auf der Baustelle des Palazzo Barberini lediglich mit 25 Scudi entlohnt. Bernini hatte für andere, ähnliche Arbeiten 250 Scudi erhalten. Als Borromini dies erfuhr, soll er, einem Biographen zufolge, ausgerufen haben: «Es missfällt mir nicht, dass er dieses Geld erhalten hat, es missfällt mir aber, dass ihm die Ehre meiner Mühen zufällt.» Dennoch fährt er fort, Bernini zuzuarbeiten, auch weil es, so muss man annehmen, anders nicht möglich war. Die Feindseligkeit aber bleibt bestehen, manchmal scherzhaft, andere Male von Missgunst durchdrungen.

Drei Päpste haben Einfluss auf Borrominis Berufsleben. Ihm am gewogensten war zweifellos Innozenz X. (Giambattista Pamphili, 1644–1655), der 1644 als Nachfolger Urbans VIII. Barberini auf den Thron gelangt war. Er war ein typischer Karriereprälat, den seine jahrzehntelange Erfahrung an der Kurie die Kunst der Verstellung gelehrt und gegenüber seinen Mitmenschen misstrauisch gemacht hatte. Von einem Chronisten wird er mit diesen Worten beschrieben: «Kein Freund der schönen Literatur noch der Oratorien noch der Poeten, weshalb sich viele vergebens bemühen, ihm Schriften vorzulegen, denn sie sind von ihm weder erwünscht noch geschätzt.»

Papst Pamphili war nicht nur derb, er geriet auch sehr leicht in Rage, ließ sich dabei zu Gewalttätigkeiten hinreißen, und als ob das nicht genug wäre, war er außerdem sehr hässlich. Die einzige Person, die offenbar in der Lage war, ihn zu besänftigen, war Olimpia Pamphili, geborene Maidalchini, eine Machtfrau und Intrigantin, in zweiter Ehe mit einem seiner Brüder verheiratet (daher der Familienname), angeblich auch die Geliebte des Papstes, dessen Wahl sie befördert hatte. Der arme Innozenz starb im Januar 1655 nach langer Agonie, während der seine Verwandten, und allen voran Donna Olimpia, alles zur Seite schafften, was möglich war. Drei Tage lang ließ man seinen Leichnam in einem Lagerraum hinter der Sakristei von San Pietro liegen. Es waren die Arbeiter, die dort Nachtwache hielten, damit der in Verwesung begriffene Körper nicht von den Mäusen gefressen wurde. Später ließ ihm sein Neffe Camillo in der Kirche Sant'Agnese auf der Piazza Navona ein Denkmal errichten.

Das gemeine Volk von Rom nannte Olimpia verächtlich *La Pimpaccia.*[10] An allen Straßenecken wurde getuschelt, welche Schande es sei, dass «die Regierung Roms einer Nutte» überlassen sei. Ihr Ruf war so nachhaltig desaströs, dass der Impressionist Edouard Manet 1863 das berühmte Porträt der Nackten auf dem Bett, die ihr Gesicht sehr ungeniert dem Betrachter zuwendet (entferntes Modell war Tizians «Venus»), «Olympia» nannte und dabei wahrscheinlich an die große Kurtisane der römischen Gegenreformation dachte.

Ausgerechnet Papst Innozenz X. also, ein Mann, dem jede Liebenswürdigkeit abgeht, begegnet Borromini mit Wohlwollen. Begünstigt wird das durch die Ernennung von Virgilio Spada zum geheimen Almosenier.[11] Pater Spada war ein gebildeter Priester, der zuvor, in den Jahren, als Borromini am Oratorium arbeitete, Prior der Filippiner gewesen war. Durch das neue Amt aufgewertet und gestärkt, macht Spada den Papst auf die Tüchtigkeit des Künstlers und seine beispielhafte Korrektheit in der Lebensführung aufmerksam.

Der Papst, der sich der Favoriten seines Vorgängers zu entledigen wünscht, gibt Borromini den Auftrag, den Palazzo della Sapienza (wörtlich «Palast der Weisheit», die päpstliche Universität) fertigzustellen und dort eine Kapelle zu erbauen. Eine großzügige Geste, doch wieder einmal bedeutet das für Borromini, ein bereits in Teilen von Anderen realisiertes Projekt modifizieren und fertigstellen zu müssen. Und wieder einmal siegt er. Wie ein Chronist der Zeit notiert, bereitete dem Cavaliere Borromini weder «die bunte Mischung aus Ecken und Kanten und geraden und krummen Linien Sorge …, noch das Fehlen von hellem Licht, weil er wusste, dass der Triumph und die Bedeutung des Architekten erst aus den Schwierigkeiten erwächst».

Auch Bernini fürchtete Schwierigkeiten nicht. Man sagt ihm nach, er habe, wenn ihn die Umstände gelegentlich dazu nötigten, das Porträt einer Person zu malen, ohne das Modell vor Augen zu haben, ausgerufen: «Wenn man wissen will, was ein Mann kann, muss man ihn auf die Probe stellen.» Gian Lorenzo erfreute sich sein Leben lang fast konstant der Gunst der Herrschenden, obwohl er, wie man sich leicht vorstellen kann, auf Schritt und Tritt von Eifersucht und Missgunst umgeben war. Ihm am günstigsten gesinnt war jedenfalls Urban VIII. (Barberini), ein ehrgeiziger Mann und Papst, der die Kunst nach dem Trauma der Reformation zum bevorzugten Medium der demonstrativen Zurschaustellung des Triumphes der Kirche, auch ihrer weltlichen und kriegerischen Macht nutzen wollte. Papst Barberini war Berninis großer Gönner, in Rom kursierte das geflügelte Wort: «Wenn ihn Gian Lorenzo nicht zudeckt, kann der Papst nicht schlafen.» Bernini wurde auch als das «Schoßhündchen des Papstes» bezeichnet. Man munkelte, die Vertraulichkeit zwischen den beiden Männern sei so groß gewesen, dass der Papst, um die bösen Zungen zum Schweigen zu bringen, den Künstler dazu gedrängt haben solle, sich eine Ehefrau zu nehmen.

1627 erhielt Bernini von Papst Urban den Auftrag zur Gestaltung seines Grabmals. Er arbeitete jahrelang daran. Majestätisch thront die Statue des Papstes, die zweimal so groß ist wie dessen natürliche Größe, in 4 Metern Höhe, den rechten Arm zum Segen erhoben, feierlich umhüllt von den schweren rituellen Gewändern. Zu seinen Füßen zwei Frauen, die *Carità* (Barmherzigkeit) und die *Giustizia* (Gerechtigkeit), im Zentrum aber vor allem der Sarkophag, auf dem ein verschleiertes Skelett mit dem Schriftband URBANUS VIII BARBERINUS PONT. MAX. hockt. In dem Denkmal mischen sich verschiedenfarbige Marmorsorten mit getönter und vergoldeter Bronze, eine akzentuierte architektonische Aufteilung mit bewusst malerischen Effekten. Das Grabmal allein würde ausreichen, um deutlich zu machen, was der Barock in Rom war und welche Merkmale ihm der genialste seiner Schöpfer zu geben wusste.

Während für Bernini fast alles (fast immer) einfach war, hatte Borromini im Gegensatz dazu stets mit unzähligen Schwierigkeiten zu kämpfen, dazu gehörte auch das Projekt der *Sapienza*. Wenn man den Hof des Gebäudes durch den Eingang am Corso Rinascimento betritt, wird einem auf Anhieb klar, was sich der Künstler hatte einfallen lassen müssen, um an eine Konstruktion anzuschließen, die von anderen nur zur Hälfte fertiggestellt worden war. Der Vorgänger-Architekt Giacomo Della Porta hatte die den Hof beschließende Mauer konkav angelegt, weil er vorhatte, auf dem Rest des Platzes eine in eine viereckige Form eingelassene kreisförmige Kirche zu erbauen.

Borromini änderte alles und entwickelte den Grundriss aus einem auf der Spitze stehenden gleichseitigen Dreieck, das über den Seitenmittelpunkten halbkreisförmig erweitert, an den Ecken aber segmentbogenförmig beschnitten ist: der sechszackige Stern, *Maghèn David*, der Schild Davids, der jüdische Davidstern, Symbol der Weisheit, was sich für eine Kirche der *Sapienza* ja besonders anbot. Darüber hinaus entwirft er die Universitätskapelle, wie schon bei San Carlino, als Zentralbau, hier aber vor allem, um das Anhören der Predigt zu erleichtern, ausgesprochen wichtig in einer Kirche, die für Professoren und Studenten des *Studium Urbis*, der städtischen Universität, gedacht war.

In dem Grundriss verborgen ist jedoch auch eine komplexe Formsymbolik, zumal die beiden gekreuzten Dreiecke, die den «Davidstern» bilden, das Siegel Salomons darstellen, in dem die Synthese des hermetischen und freimaurerischen Gedankens enthalten ist. Kombination und Verflechtung der Linien repräsentieren die vier Grundelemente des Universums: Feuer, Luft, Erde, Wasser. Die Anzahl der Sterne in der Kuppel ist 111, eine Zahl, die auch als 1+1+1 geschrieben werden kann, was in der Summe 3 macht, seinerseits Zahlensymbol des Himmels und der Perfektion (*«Omne trinum est perfectu»* – «Alles Dreifache ist vollkommen»), der Dreifaltigkeit und weiterer, magischer Elemente einschließlich des mystischen Dreischritts: Reinigung, Erleuchtung, Einigung mit Gott.

Der Symbolismus ist ein integraler Bestandteil von Borrominis architektonischer Formensprache. Symbole aus der Magie, der Freimaurerei, der Esoterik, der Mystik werden bei ihm häufig zitiert. Auch das Oratorium der Filippiner strotzt vor flammenden Herzen und Lilien, Symbolen also, die dem Gründer der Kongregation des

Oratoriums, Filippo Neri (1515–1595), lieb und teuer waren. Kronen und Palmenzweige (zuweilen in stilisierter Form) sind Zeichen des ewigen Lebens, sie können aber, wenn sie mit Cherubim-Köpfen und salomonischen Säulen verbunden sind, auch auf das Allerheiligste im Salomon-Tempel verweisen. Der achtzackige Stern, den Borromini in der Bibliothek verwendet hat, symbolisiert die Kirchenväter etc.

Das aufsehenerregendste Symbol an der Chiesa di Sant'Ivo ist die spiralförmig sich in den Himmel schraubende Laterne, die eine kuriose Krönung bildet und noch heute hoch über den Dächern Roms emporragt. Was bedeutet diese seltsame faszinierende Zinne, was soll sie darstellen? Den Turmbau zu Babel? Eine Weinrebe? Eine Muschel? Eine flammende Krone? Oder hat der Kunsthistoriker Maurizio Fagiolo recht, wenn er schreibt: «Die Spirale, Theorem und Emblem der unendlichen göttlichen Weisheit, wickelt sich um den Raum wie die Schlange der Ewigkeit.» Unter den zahlreichen Interpretationen erscheint mir die des Turmbaus zu Babel am plausibelsten, der (seit dem Stufentempel *Zikkuraten* in Mesopotamien) immer wieder als kegelartiger Schaft mit spiralförmig aufsteigenden Stufen dargestellt wird. Das bekannteste Beispiel heute noch existierender *Zikkurate* ist das 52 Meter hohe Minarett von Malwiya in Samarra (Irak), ganz aus Tonbausteinen, aus dem 13. Jahrhundert, ein Meisterwerk der islamischen Kunst (seine Spitze wurde im Irakkrieg beschädigt).

Die Kuppel von Sant'Ivo bereitete ihrem Schöpfer einige praktische und, wie man sagen könnte, konzeptionelle Probleme. Die Auftraggeber hatten nämlich den Eindruck, der Architekt habe die Statik nicht richtig berechnet, und befürchteten, dass «das große Gewicht, das auf die Kuppel gesetzt wurde» ernsthafte Schäden am Gebäude hervorrufen könnte. Der Rektor des *Studium Urbis* ließ Borromini eine Warnung zukommen, mit der «besagter Herr Rektor nämlichen [Architekten] im Hinblick auf einen jeglichen Schaden, der sich in einem Zeitraum von fünfzehn Jahren einstellen könnte, haftbar macht, entsprechend den städtischen Verordnungen». Mit großer Gelassenheit, seiner Berechnungen und seiner Erfahrung sicher, schrieb Borromini zurück und gab eine schriftliche Garantie für die Stabilität der Konstruktion:

> Im Hinblick auf die Verpflichtung der Architekten nach allgemeinem Recht, für die von ihnen erbauten Gebäude fünfzehn Jahre lang die Haftung zu übernehmen, der auch ich, der Unterzeichner, mich nicht zu entziehen beabsichtige ..., verpflichte ich mich, für alle Schäden, die auf der Baustelle der Kapelle und der Kuppel der Sapientia eintreten könnten, die Haftung zu übernehmen.

Die Kuppel steht, wie jeder sehen kann, auch nach dreieinhalb Jahrhunderten noch immer fest und unerschütterlich an ihrem Platz.

Auch Bernini widerfuhren, trotz seines anhaltenden Glücks, im Laufe des Lebens gewisse Demütigungen. Zu einem Desaster entwickelte sich beispielsweise die sehr schlechte Idee Papst Urbans, an den äußeren Enden der Fassade von San Pietro je einen Kampanile anzufügen. Der Künstler wurde 1637 auf Anordnung des Papstes mit der Planung beauftragt. Ein Unterfangen, an dem man sich auch in der Vergangenheit schon versucht hatte, das aber aufgrund von Problemen mit der «sandigen» Konsistenz des Baugrunds, den Grundwasserverhältnissen und dem Zustand der Fundamente unterbrochen worden war. Schon Maderno war kritisiert worden, als er die Basilika in einer Weise «verlängert» hatte, dass die Kuppel vom Platz aus nur noch teilweise zu sehen war (wie es im Übrigen auch heute noch der Fall ist). Allen Problemen zum Trotz verlangte Papst Urban, dass die Glockentürme auf jeden Fall gebaut werden sollten, um das Majestätische des Ensembles zu steigern.

Bernini übernahm den Auftrag, plante zwei große dreistöckige Türme, deren Kosten sich auf 70 000 Scudi beliefen, eine enorme Summe, mehr als das Doppelte im Vergleich zu den von Maderno veranschlagten 30 000 Scudi. Vor der Ausführung beabsichtigte er jedoch, sich durch einige hieb- und stichfeste Expertisen abzusichern, insbesondere die der Kongregation (Baukommission) der ehrwürdigen *fabbrica* und zweier hochrangiger *capomaestri* (Baumeister). Diese stellten übereinstimmend fest, dass die Fundamente ausreichend seien, das Gewicht der neuen Gebäude zu tragen. Filippo Baldinucci schreibt: «Dadurch wurde der kluge Künstler in Stand gesetzt, sich mit voller Sicherheit und Aussicht auf Ehre und Erfolg an das Unternehmen zu machen.»[12]

Doch es kam anders. Bernini hatte die von Maderno bereits gelegten Fundamente beibehalten und wollte darauf seinen Bau errichten, der, wie bei ihm üblich, sehr ausgeklügelt und raffiniert war. 1641 wurde einer der beiden Glockentürme errichtet, doch schon fünf Jahre später unter dem neuen Papst Innozenz X. aus statischen Gründen wieder abgetragen. Bernini soll das als die Niederlage seines Lebens empfunden haben. Er wurde krank.

Zwischen 1646 und 1649 arbeitet Borromini an der Restauration der ehrwürdigen Basilika San Giovanni in Laterano, der *mater et caput* (Mutterkirche aller Kirchen der Welt), die sich in einem derart baufälligen Zustand befand, dass er anfangs versucht war, alles abzureißen und neu zu bauen. Hinzu kam, dass die Bauarbeiten in aller Eile ausgeführt werden mussten, weil das Heilige Jahr 1650 bevorstand. Doch im Dezember 1649, wenige Tage vor der Einweihung, ereignete sich ein Unglück. Die Leiche eines Seminaristen namens Marco Antonio Bussoni wurde mit offensichtlichen Spuren von Schlägen tot aufgefunden.

Eine Ermittlung wurde in die Wege geleitet, unter anderem weil bei den Justizbehörden ein Schreiben einging, in dem behauptet wurde, es handle sich um einen Mordfall. Die Nachforschungen lösten das Rätsel. Bussoni war dabei erwischt worden, wie er einige für die Basilika vorgesehene Marmorblöcke mutwillig beschädigte, indem er «Ecken und Kanten abbrach». Borromini, der darüber informiert worden war, hatte angeordnet, dass die Arbeiter ihn bestrafen sollten. Eine höchst fahrlässige Anordnung? Oder nur eine unklare? Hatten es die Arbeiter mit der Bestrafung übertrieben? Tatsache ist, dass der arme Bussoni durch die Prügel zu Tode kam und dass sein Bruder Giuseppe gegen Borromini ganz offiziell Anzeige wegen Mordes erstattete, was für den der Tat Verdächtigten automatisch Untersuchungshaft bedeutete. Diese Schmach war für den Künstler unerträglich. Um die Schande zu tilgen, richtete er eine Bittschrift an den Papst und bat ihn, die Ermittlung selbst zu übernehmen und durch diesen Schritt eventuelle andere für nichtig zu erklären. Er rief seine Verdienste bei der Restaurierung der Basilika in Erinnerung und gab zu bedenken, dass Bussoni dabei ertappt worden war, einen Schaden anzurichten, der einem Sakrileg gleichkam.

Das Urteil entsprach den Erwartungen, wenngleich die Begründung widersprüchlich war: Zwar wurde Borromini *ex speciali gratia* (aus besonderer Gnade) von der Anklage freigesprochen, aber für drei Jahre nach Orvieto verbannt. Dank einer Intervention Virgilio Spadas wurde das Exil dann leicht verkürzt. Zwei Jahre später, 1652, verlieh ihm der Papst in einer öffentlichen Zeremonie im Petersdom das Kreuz des Christusordens (*la croce dell'Ordine di Cristo*), verbunden mit dem Recht auf den Titel eines *cavaliere*.

Bei mindestens zwei Gelegenheiten arbeiteten die beiden Rivalen zusammen oder zumindest einander gegenüber. Die erste war die Konstruktion des Baldachins auf dem Altarziborium des Petersdoms, eines der Glanzstücke Berninis, an dem Borromini lange Zeit mitarbeitete. Zum Zeitpunkt der Auftragsvergabe war Bernini 26 Jahre alt und sich seines Marktwertes so bewusst, dass er für die Arbeit eine Gesamtrechnung über gut 200 000 Scudi präsentierte. Für die Chronik: Borromini unterzeichnete seinen ersten Arbeitsvertrag im fortgeschrittenen Alter von 35 Jahren. Die Bezeichnung «Baldachin» umschreibt nach dem *Zingarelli* «eine bewegliche Überdachung in Form eines von Pfosten gehaltenen Pavillons, unter dem in Prozessionen das Heilige Sakrament getragen wird».[13] In der Praxis der katholischen Kirche segnete der Papst die Menge der Gläubigen im Schutze eines Baldachins von seiner *sedia gestatoria* (dem tragbaren Papstthron) aus. In einem erweiterten Sinne ist Baldachin ein Zierdach aus kostbarem Stoff (meist Brokat) für Throne, Altäre, herrschaftliche Schlafstätten. Die Bezeichnung kommt von *Baldach,* dem mittellateinischen Namen von Bagdad, der Stadt, aus der die kostbaren Stoffe kamen.

Bernini nahm den Ursprung des Namens wörtlich und konstruierte aus Stein, Bronze und Holz den prachtvollsten Baldachin, der je erdacht worden war. Eine wunderbare Aufgabe selbst für einen Künstler mit seinem Erfahrungshorizont: Es ging darum, den sehr weiten Raum zu füllen, über dem sich Michelangelos Kuppel wölbte. Planung und Ausführung des Werkes erforderten etwa zehn Jahre, und erst nach aufwändigen Recherchen und Vorarbeiten gelang es, die endgültige Lösung zu konzipieren. Die vier Säulen, von der die Überdachung getragen wird, sind spiralförmig gewunden, ein orientalischer Einfluss, der die Säulenform der Konstantinischen Basilika aufnimmt, symbolisch aber auch auf die Weinreben-Ornamentalik aus dem Tempel des Salomon in Jerusalem anspielt. Der Künstler liebte es im Übrigen, den von ihm benutzten Materialien «Bewegung» einzuhauchen, ob es nun Stein war oder, wie in unserem Falle, Bronze, die man – auch dies wieder nur für die Chronik – im Pantheon abmontiert hatte. Bei dieser Gelegenheit prägte Giulio Mancini, der Arzt des Papstes, das berühmte Epigramm «*Quod non fecerunt Barbari, fecerunt Barberini*» («Was die Barbaren nicht getan haben, haben die Barberini erledigt»).

Auf den Kapitellen der vier Säulen befindet sich jeweils eine Engelsstatue, dahinter türmen sich ebenso viele große, wie Delphinrücken geformte Voluten, die sich im Zentrum vereinigen und von einem Globus mit aufgesetztem Kreuz gekrönt sind. Das Resultat ist spektakulär wie ein Bühnenbild und vollkommen überraschend. Und genau das wollte der Künstler erreichen.

Die Vorstellung von Bewegung und Leichtigkeit wird von der Überdachung ebenso aufgenommen wie von den Seitendekorationen, die das Gewebe eines kostbaren, mit Stickereien und Quasten geschmückten Stoffes imitieren. Bernini liebte solche hochvirtuosen Vorspiegelungen, in denen er seinen Sinn für Theatralität auslebte; sie werden zu den Grundelementen der Barockästhetik gehören. Nie jedoch vergaß er das Wesentliche. Sein Baldachin steht in einem 44 Meter hohen Hauptschiff und konkurriert mit einer über 100 Meter hohen Kuppel. Mit seinen 30 Metern vertikaler Ausdehnung entspricht der Baldachin ungefähr einem zehnstöckigen Gebäude, und dennoch erscheint er dem menschlichen Auge in diesem Kontext eher von anmutigen als von imposanten Proportionen. Borromini wurde in der langen Planungsphase des Werkes mehrfach hinzugezogen, vor allem wegen der Überdachung, die Bernini ursprünglich mit einer Statue von übertriebenem Gewicht schmücken wollte. Am Ende wurde die vergoldete Sphäre gewählt, mit der unter anderem das Krönungssymbol der äußeren Kuppel des Petersdoms wiederaufgenommen wird, getragen von Holzvoluten in Delphin-Anmutung, eine harmonische, zum großen Teil von Borromini konzipierte Lösung.

1653 beschloss Papst Innozenz X., dass Borromini die Baustelle der Kirche Sant'Agnese auf der Piazza Navona übernehmen sollte, und hier kreuzen sich die Wege der beiden Männer erneut, wenn auch nur indirekt. Als Erstes ordnet Borromini den Abriss dessen an, was seine Vorgänger bereits gebaut hatten, sowie deren Rauswurf. Die Folge war natürlich heftige Abneigung derselben, umso mehr, nachdem Papst Innozenz nach zwei Jahren unter den oben beschriebenen widerwärtigen Umständen gestorben war. Nun übernahm der Hausherr Camillo Pamphili wieder die Kontrolle über die Baustelle, und von dem Moment an gestalteten sich die Beziehungen zu Borromini stürmisch. Die Auftraggeber sollen so weit gegangen sein, die Arbeiter aufzuwiegeln, während Don Camillo, aufgrund seiner wiedergewonnenen Macht arrogant geworden, Borromini mit Kritik überhäufte, indem er mal die Mauern als wenig solide bezeichnete, mal die Fundamente als unzureichend. Die Atmosphäre wurde schnell unerträglich. Borrominis Tessiner Biograph, Piero Bianconi, beschreibt das sehr drastisch so:

> Die Maurer wussten nicht, was und wie sie es tun sollten, tagelang standen sie mit den Händen in den Hosentaschen da, während der Architekt unsicher, unentschlossen, unbeständig wirkte ... Die Sonne liebkoste die Rundung der Kuppel, streifte den rosigen Pfeiler, der sich im Zentrum des Platzes erhob, die weißen Riesen, die über dem Getöse des Wassers gestikulierten und ihn an den verhassten Bernini erinnerten.

Die «weißen Riesen», auf die Bianconi anspielt, sind die von einem Obelisken überragten hinreißenden Figuren der *Fontana dei quattro Fiumi* (Vierströmebrunnen), die Bernini im Zentrum des Platzes aufgestellt hatte (1648–1651), eine seiner szenografisch geglücktesten Schöpfungen, vielleicht der schönste Brunnen von Rom: bewegt, die Proportionen perfekt abgestimmt auf den Ort, angereichert mit Details von herrlicher Theatralität – die Meeresschlange, der zum Trinken aus der Höhle tretende Löwe, die vom Wind bewegte Palme. Auch Borromini hatte sich, Jahre zuvor, für das Kanalisations-Projekt beworben, mit dem die *acqua Vergine* (die antike Wasserleitung «Aqua Virgo») zur Piazza Navona geleitet werden sollte. Es wurde ihm zwar gestattet, für die technische Seite, also die Zuleitung des Wassers zu sorgen, doch wurde sein ikonographisches Programm für den Brunnen als «zu karg, zu mager, zu schlicht» abgelehnt. Es war, in wenigen Worten, von der Pracht und Herrlichkeit des Bernini-Projektes erdrückt worden. Die vier dargestellten Flüsse Donau, Nil (mit verhülltem Haupt, weil seine Quellen unbekannt waren), Ganges, Rio de la Plata repräsentierten die vier Teile der damals bekannten Welt. Der Felsen wird überragt von einem im Circus Maxentius auf der Via Appia in Bruchstücken wiedergefundenen ägyptischen Obelisken, den Bernini wieder zusammensetzen und restaurieren ließ.

Die Entstehungsdaten von Sant'Agnese und des Brunnens entkräften jedenfalls die Legende, derzufolge die Figuren des Brunnens Gesten der Entrüstung oder der Ablehnung in Richtung der Fassade von Borrominis Kirche zeigen: dass der Rio de la Plata besorgt den Arm hebe, als würde die Fassade jeden Augenblick zusammenbrechen, und der Nil sein Haupt verhüllt habe, um einen solchen Horror nicht ansehen zu müssen. In Wahrheit stand der Vierströmebrunnen schon an seinem Platz, als Borromini an Sant'Agnese arbeitete, die angebliche Verunglimpfung Berninis ist also nur ein Ammenmärchen.

Die Ankunft des neuen Papstes, Alexanders VII. (Fabio Chigi), brachte ab 1655 Bernini wieder ins Zentrum der römischen Szene zurück, wozu auch seine Rolle als Hofarchitekt beitrug. Von dem neuen Herrscher erhielt er einige Großaufträge, darunter: die Kolonnaden auf dem Petersplatz, die *Scala Regia* (Königstreppe) im Vatikan, die Kirche Sant'Andrea al Quirinale, mit der wir das Kapitel begonnen haben. Borromini dagegen wird es gerade einmal gestattet, die von ihm begonnenen Aufträge noch zu Ende zu führen. Es ist unmissverständlich, dass Papst Alexander ihn nicht mag, und auch mit seinen Arbeiten geht es nur langsam und unter vielen Schwierigkeiten voran, vor allem wegen der fehlenden Mittel. In vielen Fällen wird er sie nicht mehr zu Ende bringen können.

Borromini auf den ersten Blick zu mögen fällt nicht leicht, vor allem als Laie, dem die vielen technischen Vorzüge seiner Projekte entgehen. Bernini ist sehr viel zugänglicher, es gibt kein Werk, in dem sich sein Genie nicht manifestiert, zuweilen sogar auf ziemlich drastische Weise. Borromini aber bleibt, wenn man ihn erst einmal entdeckt hat, unvergesslich, auch in seinen kleineren Werken. Ein Beispiel dafür ist die Galerie des Palazzo Spada auf der Piazza Capo di Ferro. Borromini nahm in diesem Gebäude, das heute Sitz des Staatsrates ist, verschiedene Baumaßnahmen vor. In einem Ausläufer des Hofes hatte er einen engen, kaum mehr als 8 Meter langen *corridoio* zur Verfügung, der praktisch unbenutzbar war. Er verwandelte ihn in einen perspektivischen Kolonnadengang, der dank einer ausgeklügelten optischen Manipulation wirkt, als sei er mehr als 20 Meter lang. Eines der geheimen Juwele Roms, aber auch ein kleines präzises Zeichen dafür, dass die auf die Ratio gestützten Gewissheiten der Renaissance im Verschwinden begriffen waren und, wie in diesem Fall, durch ein illusionäres Spiel mit nicht-existenten Räumen ersetzt wurden.

Nichts verbindet, alles trennt die beiden großen Rivalen, nicht nur das ungleich verteilte Glück: das Temperament, die Vision des Lebens, der Umgang mit dem Genuss, der Suche nach Liebe, und, allgemeiner, das Verhältnis zur «Sinnlichkeit» im weitesten Sinne des Wortes, verstanden als Lebensfreude durch die Sinne. Alle Werke Berninis sind Ausdruck dieser Öffnung der Sinne. Alle Werke Borrominis negieren sie. Bernini ist katholisch und pagan, Borromini, wenngleich formal Katholik, scheint den großen europäischen Reformern Luther, Calvin, Zwingli näherzustehen. Bernini spielt, macht Anspielungen, scherzt in seinen Arbeiten; Borromini meditiert, zeigt, prophezeit. Bernini ist alles: Maler, Bildhauer, Architekt, Literat. Borromini ist ausschließlich Architekt, und dies mit aller Strenge; menschliche Figuren interessieren ihn nicht, am allerwenigsten Frauen. Bernini modelliert sie in Marmor, und unter seinem Meißel nimmt der Stein die seidene Weichheit der Haut an.

In der Kunst der Gegenreformation gab es nur eine einzige zulässige Art und Weise, die weibliche Schönheit darzustellen: in Gestalt von Heiligen oder Heldinnen der Mythen. Die von Pluto, dem König der Hölle, geraubte Proserpina (eine Bernini-Skulptur in der Galleria Borghese) ist eine Momentaufnahme unmittelbar vor der Vergewaltigung. Die Finger des Entführers versinken im Fleisch von Proserpinas Schenkel und Rücken, ihr verzweifelter Versuch, sich zu entziehen, macht die drohende Gewalt nur noch offensichtlicher. Die «Verzückung der Heiligen Theresa» (in der Kirche Santa Maria della Vittoria) ist schon unzählige Male als Entdeckung der Sinnlichkeit beschrieben worden. Weniger bekannt, gleichermaßen beredt eine weitere Skulptur: die selige Ludovica Albertoni (in der Kirche San Francesco a Ripa), auch sie festgehalten im Moment des Sich-Aufbäumens und, man möchte sagen, des Aufstöhnens vor nicht zu beherrschender Lust.

Mit dem Pontifikat Alexanders VII. beginnt für Borromini eine Zeit der deutlichen Einschränkung seiner beruflichen Tätigkeit. Das Glück des kreativen Chaos' einer Baustelle wird ihm immer seltener zuteil, und diese schmerzhafte Erfahrung trägt dazu bei, dass in seinen letzten Jahren die bis dahin nur latente Melancholie immer mehr die Oberhand gewinnt. Er lebt in einer kleinen, armselig möblierten Wohnung im Vicolo dell'Angelo, neben der Kirche San Giovanni dei Fiorentini. Sein äußerer Zustand zeigt die Unordnung seines Seelenzustandes. Die Freunde sind bestürzt über seine «physische Auflösung, sein schreckenerregendes Gesicht». Baldinucci erzählt:

> Fast immer litt er an ausgesprochen melancholischer Stimmung, oder, wie einige aus seiner Umgebung sagten, an Hypochondrie, und infolge seiner Krankheit, wozu noch die dauernde Ungewissheit über die Dinge seiner Kunst kam, vertiefte und fixierte er sich im Lauf der Zeit so sehr auf sein ununterbrochenes Grübeln, dass er sich so weit wie möglich der menschlichen Konversation entzog, allein zu Hause blieb, mit nichts anderem beschäftigt als mit dem ständigen Kreisen um trübsinnige Gedanken.

Mehrfach zog sein Neffe Bernardo die Ärzte zu Rate, doch die Psychiatrie, die ja selbst heute in dieser Materie oft noch recht unzulänglich ist, gab es damals noch nicht. Der einzige sinnvolle Rat, den die Ärzte zu geben vermochten, war, ihn um jeden Preis ruhig zu halten, damit er sich nicht verletze. Im Übrigen solle man ihn am besten der Fürsorge der Priester anvertrauen. Baldinucci schreibt:

> Wenige Tage vor seinem Tod ließ er all seine Zeichnungen, die er zur Gravur vorgesehen hatte und nicht mehr verwirklichen konnte, in Flammen aufgehen. Und dies tat er auch aus Furcht, dass dieselben, wenn sie in den Besitz seiner Gegner geraten wären, von diesen entweder für ihre eigenen ausgegeben oder geändert worden wären.

In der Nacht des 2. August 1667, nach Stunden besonders intensiver Erregung und Unruhe, klemmt er sein Schwert zwischen zwei Bettlatten, richtet die Schneide auf sich selbst und stürzt sich mit dem ganzen Gewicht seines Körpers hinein. Die Klinge durchbohrt ihn vollständig. Auf die Schreie des armen, dement gewordenen Künstlers kommt Francesco Massari herbeigeeilt, der leitende Steinmetz von San Carlino und San Giovanni dei Fiorentini, der ihm zu Hause zu Diensten war. Es war ein schrecklicher Stoß, Borromini ist tödlich verwundet, lebt aber noch. Man ruft nach Hilfe, ein Wundarzt zieht das Eisen heraus, auch Männer der Justiz betreten den Tatort. Seinem Beichtvater, der kommt, um ihm die Sterbesakramente zu erteilen, kann Borromini gerade noch sagen, dass er sich die furchtbare

Wunde selbst beigebracht hat, er erzählt von seiner Verwirrung, von seinem Wahnsinn:

> … nachdem ich mich endlich erinnert habe, dass ich das Schwert hier im Zimmer hatte, das am Kopfende meiner Bettstatt über den geweihten Kerzen hing, nachdem ich auch immer ungeduldiger geworden war, weil ich kein Licht hatte, verzweifelt, habe ich nach besagtem Schwert gegriffen, es aus der Scheide gezogen, seinen Knauf auf das Bett gestützt und die Spitze in meine Seite und dann habe ich mich mit all meiner Kraft in das Schwert geworfen, auf dass es in meinen Körper eintrete und ihn durchbohre von einer Seite zur anderen …

Die entsetzliche Wunde führt noch am selben Tag unter großen Schmerzen zum Tode. Der ruhelose Borromini stirbt am 3. August 1667 um 6 Uhr morgens. Die Zeitungen bringen eine kurze Meldung: «Durch Selbstmord gestorben ist der cav. Architekt Francesco Borromini.» Auch die Trauerfeier ist bescheiden, sie wird unter der Kuppel von San Giovanni dei Fiorentini abgehalten, wo sich auch das Grab Carlo Madernos befindet, neben dem er gebeten hatte, bestattet zu werden.

Borromini stirbt mit 68 Jahren, Gian Lorenzo Bernini mit 82, überlebt ihn um rund dreizehn Jahre und fast drei Päpste. In der Tat stirbt Borromini im selben Jahr wie Alexander VII. Chigi, und so konnte Bernini noch Clemens IX. und Clemens X. dienen und ein paar Jahre auch Innozenz XI.

Borromini stirbt auf tragische Weise. Bernini stirbt, wie man eben sterben kann, wenn man die 80 überschritten hat. Sein Sohn Domenico schreibt, er sei 1680 «an einem leichten Fieber erkrankt …, zu dem am Ende noch ein Schlaganfall hinzukam, der letztlich den Tod verursachte». Zunächst überlebt er, bleibt rechtsseitig gelähmt, einschließlich des Arms. Er macht Witze darüber, wie sein Sohn berichtet, behauptet, zufrieden zu sein: «… damit sich wenigstens diese Hand ein wenig ausruhen kann, die so viel gearbeitet hat.» Er lebt noch zwei Wochen, und während die Kräfte allmählich nachlassen, verliert er doch nie seinen klaren Verstand und auch nicht eine gewisse Wunderlichkeit, die ihn Zeit seines Lebens charakterisiert hatte. Er stirbt am 28. November 1680 zu Hause und wird bei seiner Beerdigung in Santa Maria Maggiore von einer großen Volksmenge begleitet.

Ungleich in allem, die beiden, bis zum Schluss.

VII. DER QUIRINAL
DIE ABENTEUERLICHE GESCHICHTE EINES PALASTES

Die piazza del quirinale ist einer der schönsten Plätze der Welt, an drei Seiten geschlossen, an der vierten aufgebrochen zum *Belvedere* auf den fernen, von der Silhouette der Hügel Roms und der mächtigen Kuppel des Petersdoms überragten Horizont. Von dieser «Terrasse» aus leuchtet der Sonnenuntergang an manchen Sommerabenden in einem Wirbel aus Himmelblau, Indigo, Dunkelblau und Rosa, wie es kein Maler je wagen würde, auf die Leinwand zu bringen, aus Angst vor Übertreibung. Eine ergreifende Schönheit, die aber nicht nur von dem ausgeht, was der Blick erfassen kann, sondern auch aus dem Wissen um die Ereignisse, die sich auf dem Gipfel dieses Hügels zusammengebraut und zuweilen überschlagen haben: immaterielle Präsenzen, Erinnerungsschübe, Bruchstücke jüngerer und entfernterer, oft dramatisch, manchmal uneindeutig, in anderen Fällen folgenschwer verlaufener Geschichte. Mit Fug und Recht kann man sagen, dass sich in der Geschichte des Quirinal, seines Platzes, seines Palastes (oder besser: seiner Paläste), seiner Brunnen, seiner Gärten, die Geschichte Roms und des Papsttums, von dem die Stadt jahrhundertelang regiert wurde, fast vollständig abbildet.

Der Name *Quirinale* könnte von *Cures* herrühren, einer antiken Siedlung der Sabiner, die den Hügel als erste bewohnten. Hier ließ Konstantin seine Thermen bauen, um die herum wegen der gesunden Luft auf der Anhöhe Patrizier, Philosophen und Gelehrte ihre Villen bauten, und so entstand rasch ein gehobenes Wohnviertel. Im Mittelalter verlassen und verwahrlost, wurde der Bezirk erst im 16. Jahrhundert wiederentdeckt, als inmitten der Thermen die Statuen der Dioskuren Kastor und Pollux ausgegraben wurden, die man zunächst für Rossebändiger hielt, daher der volkstümliche Name des

Viertels *Monte Cavallo* (Pferdeberg). Papst Sixtus V. (Felice Peretti aus Montalto, 1585–1590) ließ diese Statuen in der Mitte der Piazza neben dem Brunnen aufstellen. Bei den Dioskuren handelt es sich um zwei schöne Standbilder, in feinstem Kunsthandwerk gefertigte Kopien der griechischen, Phidias und Praxiteles zugeschriebenen Originale, mit einem Fehler, den die Inschrift auf dem Sockel fortschreibt und der noch heute diejenigen, die richtig hinzusehen wissen, an eine Reihe von Missverständnissen zwischen Satire und *political correctness* erinnert.

In der zweiten Hälfte des 18. Jahrhunderts nämlich beauftragte Pius VI. den Architekten Giovanni Antinori, die Standbilder oben auf den Brunnen zu setzen und in der Mitte den aus dem Augustus-Mausoleum stammenden Obelisken aufzustellen, den Zwilling eines weiteren Obelisken, der seinen Platz auf dem Esquilin gefunden hat. Nachdem im Jahre 1783 ein erster Versuch misslang, wandelte die Ironie des Volksmunds die ursprüngliche Inschrift OPUS FIDIAE (Werk des Phidias) in das spöttische OPUS PERFIDIAE PII SEXTI (Werk der Treulosigkeit Pius' VI.) um. Drei Jahre später jedenfalls war ein zweiter Versuch erfolgreich, und angesichts der seinerzeit noch recht unzureichenden technischen Instrumente führte die Begeisterung über das Gelingen dieses kühnen Unterfangens zu einer emphatischen Inschrift, in der der Obelisk persönlich seine tausendjährige Geschichte erzählte, die so schloss: INTER ALEXANDRI MEDIUM QUI MAXIMA SIGNA / TESTABOR QUANTO SIT MINOR ILLE PIO (Zwischen diese erhabenen Statuen Alexanders [gestellt] werde ich bezeugen, wie sehr dieser dem Pius unterlegen ist).

Nach der Ausrufung der Republik durch die Franzosen 1798 wirkte diese Herabsetzung Alexanders wie ein Seitenhieb auf Napoleon, weshalb die zweite Zeile etwas abgemildert wurde: TESTABOR SEXTI GRANDIA FACTA PII (Die großen Werke Pius' VI. werde ich bezeugen). Der mit der Korrektur beauftragte Steinmetz hatte es offenbar so eilig, dass ihm ein Flüchtigkeitsfehler unterlief, weshalb hinter dem «s» von *sexti* noch heute der untere Teil des «q» von *quanto* zu erkennen ist. 1818 schließlich wird von Pius VII. (Luigi Barnabà Niccolò Maria Chiaramonti, 1800–1823) die Gesamtkomposition des herrlichen Monuments vollendet. Raffaele Stern entwirft einen neuen Brunnen, für den er ein Becken vom Forum Romanum verwendet, das dort zuletzt als Viehtränke gedient hatte. Bis heute prägt die vom Obelisken überragte Dioskurengruppe die Physiognomie des Platzes.

Schon allein die Dioskuren, der Obelisk und der Brunnen könnten uns eine Idee von der Geschichte vermitteln, die von jeder Einzelheit dieses Platzes fortgeschrieben wird. Dabei ist auch der Park an der Via del Quirinale (von der Piazza aus auf dem Weg zu Berninis Kirche Sant'Andrea aus dem vorangegangenen Kapitel) dazuzurechnen, der sich dem Palast direkt gegenüber befindet: Um ihn anzulegen, wurden zwei Kirchen und zwei Klöster abgerissen. Die Absicht war, dem deutschen Kaiser Wilhelm II., der 1888 Gast des italienischen Königs war, vom Fenster seiner Wohnung im Quirinalspalast eine schönere Aussicht zu vergönnen. Man könnte auch die Cappella Paolina im Inneren des Palastes hinzufügen, die genauso groß ist wie die Sixtinische Kapelle im Vatikan, oder die von Bernini geschaffene Benediktionsloggia über dem Hauptportal, ebenso den robusten Wachturm zu seiner Rechten, der mit Artillerie besetzt war und zur Verteidigung diente. Auch hierfür musste Bestehendes abgerissen werden, in diesem Fall ein Teil der angrenzenden Villa Colonna, um den Kanonen einen ausreichenden Schusswinkel zu garantieren.

Die endgültige Gestaltung des Platzes auf Initiative von Papst Pius IX. (1846–1878) war ein Werk Virginio Vespignanis (1808–1882), eines in jener Zeit vielbeschäftigten Architekten und Stadtplaners. Die fortschreitende Urbanisierung mit der Entstehung neuer Stadtviertel machte die Herstellung eines Verkehrsknotenpunktes unerlässlich. Vespignani nivellierte die Fläche des Platzes, schuf die breite Treppe, die zur Via Dataria hinabführt, und das schöne Verbindungsstück, das mit einer 90-Grad-Doppelkurve zur Westflanke des Hügels führt. Um die Straße anzulegen, musste er die große Freitreppe zu den Marställen niederreißen und eine hohe Mauer als Damm errichten lassen, die er mit schönen Nischen und Statuen schmückte. Mit sehr großer Wirkung, wie schon ein Zeitgenosse schrieb, der an der Mauer entlang zum Platz hinaufgestiegen war: «Es ist schön, wenn man ganz plötzlich, fast unvorbereitet, den grandiosen Baukoloss des apostolischen Palastes, die Consulta, die herrliche Pferdegruppe, den Obelisken, den Brunnen erblickt.»

Eine besondere Erwähnung verdienen die Gemächer des Quirinalspalastes, die für die Ankunft Napoleons in Rom vorbereitet wurden, dem es zwar nie gelang, einen Fuß in die Stadt zu setzen, der aber vorhatte, aus dem Palazzo del Quirinale nach dem Pariser Élysée-Palast in Paris seinen zweiten Regierungssitz zu machen. Unter anderem deswegen hatte er seinem Sohn den Titel *Roi de Rome* (König von Rom) verliehen. Rom und Paris sollten die beiden Hauptstädte seines Reiches werden. Es blieb ihm nicht mehr genug Zeit, das Projekt zu Ende zu führen, weil sich innerhalb von zehn Jahren oder wenig mehr sein Schicksal erfüllte, mit dem bekannten Ende aus Demütigung und Agonie auf Sankt Helena.

Im Sommer 1809 hatte die französische Armee (nach 1798/99) Rom zum zweiten Mal besetzt und Papst Pius VII., wie schon seinen Vorgänger, in Savona gefangengesetzt. Betrachtet man ausschließlich die Effizienz und sieht man von allen übrigen Aspekten ab, so setzte die napoleonische Administration unter der Führung von Baron Camille de Tournon, der als Präfekt der Stadt eingesetzt war, eine bemerkenswerte urbanistische Modernisierung Roms in Gang, wobei dieser sich unter anderem auf Mitarbeiter wie Canova, Camuccini, Valadier, Raffaele Stern stützen konnte. Durch die Anlage einer breiten geradlinigen Verbindungsstraße parallel zur Via Flaminia, dem heutigen Viale Tiziano, beispielsweise wurde das Gebiet zwischen Milvischer Brücke und Porta del Popolo neu strukturiert, außerdem wurde im gesamten Stadtgebiet durch hohe Mauern auf beiden Uferseiten die Eindämmung des Tibers vorgenommen. Auch die bereits unter Papst Sixtus V. begonnene (und erst während des Faschismus restlos fertiggestellte) Trockenlegung der Pontinischen Sümpfe nahm man in Angriff, es entstanden Bars, Restaurants, Sporthallen, Theater und Vergnügungsmöglichkeiten an der frischen Luft. Selbst die Toten wurden nicht vergessen, für sie wurde der Verano-Friedhof angelegt.

Was in unserem Zusammenhang am meisten interessiert, sind die Maßnahmen zur Umwandlung des Quirinalspalastes in eine veritable kaiserliche Residenz. Zum Architekten der künftigen Kaiserpaläste wurde am 28. Februar 1811 Raffaele Stern ernannt, dem ein Palast vorschwebte, in dem «der Charakter und die Pracht der Cäsarenpaläste, deren imposante Reste wir noch heute bestaunen, ineinander aufgehen». Der Zustand, in dem Stern das Bauwerk vorfindet, ist nicht der beste. Mit betrübter Anteilnahme schreibt er:

> Was noch existiert und von den Päpsten bewohnt wurde, ist zu ungleichmäßig und zu klein, um unseren erlauchten Monarchen aufzunehmen … in dem Gebäude fehlt es an allem, die Fenster haben schlechte Glasrahmen, die Fußböden sind aus Terrakotta und in

schlechtem Zustand, das Mobiliar des Papstes bestand aus ein paar mit schlechtem Damast bespannten Polstermöbeln, einigen wenigen Tischen und Holzbänken.

Der Abstimmungsbedarf mit Paris ist groß, ohne Unterlass wird hin- und herkorrespondiert. Zwei Anforderungen müssen unter einen Hut gebracht werden: die Gemächer mit dem größtmöglichen Komfort und Luxus auszustatten und die Restaurierung mit der größtmöglichen Zügigkeit voranzutreiben. Die Bauarbeiten beginnen im November 1811. Es entsteht eine riesige Baustelle, auf der gut 3 000 Arbeiter beschäftigt sind: Restaurierungen an den Deckengewölben, an den Friesen, den Türen, Marmor-Dekorationen (deren Material in der Regel den Trommeln antiker Säulen entnommen wurde), aber auch die Installation sanitärer Anlagen, z. B. Toiletten. Wie Marina Natoli in ihrer wunderbaren Monographie über den Palast anmerkt: «Die Toiletten des Quirinalspalastes waren, nach den für Lucien Bonaparte im Palazzo Nuñez gebauten, die ersten in Rom überhaupt.»[1] Martial Daru, Generalintendant der französischen Krone in Rom, war offenbar mit dem Ergebnis der Arbeiten nicht zufrieden, seiner Ansicht nach gingen die römischen im Vergleich zu den Pariser Bauarbeitern trotz ihres unbestreitbaren Könnens mit sehr viel geringerer Sorgfalt vor. Gerade deren Könnerschaft ist es dagegen, die den Präfekten Camille de Tournon beeindruckt, der in seinen «Erinnerungen» schreibt:

> Die zahlreichen in Rom ansässigen Bildhauer beschäftigen zur Vorbereitung und Ausrichtung der von ihnen verwendeten Marmorblöcke eine beachtliche Zahl einfacher Arbeiter, die mit einer bemerkenswerten Intelligenz und Geschicklichkeit ausgestattet sind … die Gravur und auch die Skulptierung der harten Steine und des Muschelkalks, in die Tiefe oder erhaben, bilden eine richtige Industrie, die ihre herrlichen Produkte nach ganz Europa exportiert. Seinerzeit beschäftigte sie mehr als 80 Personen, ohne die fähigen Künstler mitzuzählen, die sie anleiteten.

Napoleons militärische Niederlagen verhindern den Abschluss dieser Arbeiten. Die Österreicher und die Preußen marschieren nach ihrem Sieg in der Völkerschlacht bei Leipzig Ende März 1814 in Paris ein, am 4. April dankt der Kaiser ab, einen Monat später landet er auf der Insel Elba. Am 24. Mai um 19 Uhr kehrt Papst Pius VII. durch die

Porta del Popolo nach Rom zurück, in der Kutsche begleitet wird er von den prominenten Kardinälen Mattei und Pacca.

Nie wieder wird am Quirinalspalast mit einer vergleichbaren Leidenschaft und Emsigkeit gebaut werden, nie wieder wird er ein ähnlich grandioses Renovierungsprojekt erleben. Raffaele Stern fährt noch eine Weile fort mit seiner Arbeit, doch unter dem Papst sind die verfügbaren Mittel nicht mehr die von einst. Nach dem Tode Pius' VII. 1823 verschlechtert sich die Situation weiter, bis sie unter Pius IX. ihren Tiefpunkt erreicht. Giuliano Briganti schreibt in einer Monographie des Quirinalspalastes: «... was getan wurde, ist nichts als unnützer Zusatz oder, noch schlimmer, respektlose und unkultivierte Verfälschung.»

Viele der für Napoleon geplanten Baumaßnahmen wurden nicht zu Ende geführt oder gar nicht erst realisiert, und daran änderte sich auch nichts, als der Palast nach 1870 zur Residenz der Savoyer wurde. Mit schändlicher Entschlossenheit wurde auch in späterer Zeit dilettantisch Raubbau getrieben, für Hitlers Besuch in Rom zum Beispiel wurde der Flügel zerstört, in dem die exquisiten Gemächer für Kaiserin Josephine untergebracht waren. Nach Ansicht Marina Natolis wirken die wenigen Dinge, die aus jenen Tagen noch übrig sind, heute «beinahe wie archäologische Fragmente», Schatten dessen, was einmal eine der höchstrangigen Kunstkulturen der Welt gewesen war.

Dieses Buch ist der politischen Geschichte des Heiligen Stuhls gewidmet, und zu ihr müssen wir nun zurückkehren. Gregor XIII. (Ugo Boncompagni, 1572–1585) hatte den Quirinalspalast wegen des angenehmen Klimas auf dem Quirinalshügel im späten 16. Jahrhundert zunächst als Sommerpalast errichten lassen. Sixtus V. (Felice Peretti aus Montalto, 1585–1590) ist der erste Papst, der darin stirbt, von Clemens VIII. (Ippolito Aldobrandini, 1592–1605) aber wird er seit 1592 erstmals auf Dauer bewohnt. Bis zu jener dramatischen Nacht des 5. Juli 1808, die den Auftakt der zu Anfang des Kapitels kurz erwähnten Ereignisse markiert, wird der Quirinalspalast als Residenz der Päpste beibehalten. Die Geschehnisse spielten sich folgendermaßen ab: Am 2. Februar 1808 besetzt General Miollis im

Namen des Kaisers der Franzosen Rom. Ein unerhörter Akt, zumal sich der regierende Papst, Pius VII., am 2. Dezember 1804 nach Paris begeben hatte, um der Kaiserkrönung in Notre Dame beizuwohnen. In Jacques-Louis Davids hochberühmtem Gemälde kann man sehen, wie der bereits lorbeerbekränzte Napoleon Kaiserin Josephine die Krone aufs Haupt setzt. Mit melancholischem Gesichtsausdruck sitzt der Papst in einer Ecke, an einem Platz, der allein schon Bände spricht darüber, welche Wertschätzung Napoleon ihm angedeihen ließ.

Auch in der Folge sollten sich diese prekären Beziehungen nicht verbessern. Am 17. Mai 1809 erlässt der Kaiser von Wien aus ein Dekret, mit dem er den römischen Staat an das französische Kaiserreich anschließt, mit dem daraus folgenden Verlust der weltlichen Herrschaft des Papstes. Als juristische Begründung, wenn wir sie so nennen wollen, wird angegeben, dass der durch einen ausländischen Fürsten innerhalb des Reiches ausgeübte Einfluss sich als sicherheitsgefährdend herausstellen könnte, sodass es ratsam erscheine, die durch Karl den Großen an den Bischof von Rom erfolgte Schenkung rückgängig zu machen. In dem Dokument ist zu lesen:

> Als Karl der Große, Kaiser der Franzosen und unser erhabener Vorgänger, den Bischöfen von Rom zahlreiche Grafschaften zum Geschenk machte, schenkte er sie zum Wohle dieser Staaten und damit durch diese Schenkung Rom nicht aufhörte, Teil seines Reiches zu sein; dass in der Folge diese Einheit von geistlicher und weltlicher Macht eine Quelle von Unstimmigkeiten war und noch immer ist, die die Päpste immer wieder dazu gebracht hat, den Einfluss des einen zu nutzen, um die Ansprüche des anderen zu untermauern; dass so die geistlichen Interessen und die himmlischen Dinge, die unwandelbar sind, mit irdischen Angelegenheiten vermischt worden sind, die sich ihrem Wesen nach mit den Umständen und der Politik ihrer Zeit ändern.

Eine Begründung, an der etwas dran ist, aber natürlich auch ein Vorwand – der Argumentation Cavours übrigens nicht ganz unähnlich, die dieser wenige Jahrzehnte später bei dem Versuch verwendet, um die höchst dornige «Römische Frage» auf friedliche Weise zu lösen.[2] Die «himmlischen Dinge» und die politischen Angelegenheiten vertragen sich jedenfalls in den seltensten Fällen und zwingen zu riskanten Kompromissen. Dieser Ansicht stimmten im Übrigen auch die liberalen katholischen Denker bei.

Die Reaktion des Papstes ist eindeutig: Napoleon wird exkommuniziert, und in seiner Bulle *Quum memoranda* vom 10. Juni 1809 lässt er schreiben:

> Die Herrscher sollten wieder lernen, dass sie durch das von Jesus Christus gewollte Gesetz unserem Thron und unserem Befehl unterworfen sind. Auch wir sind Beauftragte einer Hoheit, und zwar einer sehr viel höheren.

Am 5. Juli steigen kurz vor Sonnenaufgang hundert französische Soldaten, unterstützt von einer Handvoll römischer «Jakobiner», an der Straßenfront zur Via del Quirinale, gegenüber der Kirche Sant'Andrea, durch die Fenster des Palastes. Eine Aktion, die einer schweren Beleidigung gleichkommt. Napoleon wird später sagen, es habe sich um eine persönliche Initiative von General Miollis gehandelt, der einen Volksaufstand befürchtete, oder um einen Befehl von General Radet. Jedenfalls nicht um seinen Auftrag. Die Soldaten dringen in den Palast ein, die wachhabenden Schweizer gehorchen dem Befehl, nicht zu reagieren, und lassen sich entwaffnen. Während Napoleon in der Ebene von Wagram im Nordosten Wiens einer seiner schönsten Schlachten entgegengeht, wird in Rom General Radet bei Pius VII. vorstellig und fordert ihn im Namen der kaiserlichen Regierung zum Verzicht auf die weltliche Herrschaft auf.

Der Papst lässt sich nicht einschüchtern, entgegnet sogar mutig: «Wir können weder abtreten noch preisgeben, was uns nicht gehört. Der Kaiser kann uns in Stücke hauen, aber dies kann er nicht von uns verlangen. Hätten wir, nach allem, was wir für ihn getan haben, ein solches Benehmen erwarten können?» Der General teilt ihm mit, dass er ihn an einen anderen Ort überführen muss, der Papst bittet um zwei Stunden Zeit für seine Vorbereitungen, sie werden ihm verweigert; er bittet dann darum, Rom in Begleitung einiger Personen seines Vertrauens verlassen zu dürfen, auch dies wird ihm nicht gestattet. Mit einer nicht untheatralischen Geste greift Pius VII. darauf lediglich zum Brevier und zu einem Kruzifix, steigt in die Kutsche und bricht auf ins Exil.

Dieses unschöne Abenteuer fand, nach viel Mühsal und Schmerz, ein positives Ende. Der Niedergang des napoleonischen Imperiums setzte dem Konflikt ein Ende, Pius VII. konnte aus dem Exil von Fontainebleau nach Rom zurückkehren. Assistiert von seinem äußerst tüchtigen Staatssekretär Ercole Consalvi (der Kardinal wurde, ohne jemals Priester gewesen zu sein), widmete er sich der Restauration seines Kirchenstaates, den ihm der Wiener Kongress beinahe vollständig zurückerstattet hatte. Welch feine Ironie, dass diese Geschichte in einem so kurzen Zeitraum von nur sechs Jahren ihren Anfang und ihr Ende in derselben Stadt nimmt: Wien.

Wenige Jahrzehnte später, 1848, wird der Palast erneut angegriffen, unter noch weitaus dramatischeren Umständen. Auch für Italien und den Kirchenstaat ist 1848 ein Jahr des Aufruhrs und der Umbrüche. In Rom ist die Situation besonders verworren. Wie immer, wenn die Notwendigkeit des Wandels kein politisches Ventil findet, kommt es zu Tumulten, bei denen der Druck der Masse, weil er sich nicht auf ein bestimmtes Ziel richten kann, in alle Richtungen auseinanderdriftet. Bei diesen Tumulten wechseln sich ganz vernünftige Forderungen mit den absurdesten Ansinnen ab. Die Extremisten haben leichtes Spiel, die diffuse Unduldsamkeit zu schüren. Im September beauftragt der Papst einen erstklassigen Mann mit der Regierung: Pellegrino Rossi, Pair von Frankreich, Professor für politische Ökonomie, von den Franzosen als Botschafter nach Rom geschickt, aufgrund seiner diplomatischen Virtuosität in den Adelsstand erhoben.

Rossi soll versuchen, dem päpstlichen Souverän wieder Autorität und ein Image zu geben, gleichzeitig eine weniger rückständige Verwaltung auf die Beine zu stellen und einige unumgängliche wirtschaftliche und soziale Reformen auf den Weg zu bringen. Die Bewältigung dieses schwierigen Auftrags wäre ihm wahrscheinlich sogar gelungen, ihm blieb aber nicht einmal Zeit genug, um auch nur damit anzufangen. Zwei Monate nach der Ernennung zum Premierminister, am 15. November, während er die Freitreppe zum Palast der Apostolischen Kanzlei hinaufsteigt, um die Parlamentssitzung zu eröffnen, stürzen sich zwei oder drei Attentäter auf ihn und töten ihn mit Dolchstößen in den Hals. Rossi hatte begonnen, das päpstliche Reich zu säkularisieren, war Befürworter einer *Lega italiana*, also einer Föderation, bei der jeder Staat seine Autonomie beibehalten hätte. Vorsichtiger Reformismus, genau das, was die Umstände zuließen, und genau deshalb höchst unbeliebt bei den Fanatikern, ein leichtes Ziel für ihren rebellischen Furor, die ewige Tragödie eines jeden politischen Prozesses. Cavour wird Rossi in seiner ersten Rede vor dem italienischen Parlament als eine der schönsten und größten Figuren des *Risorgimento*[3] bezeichnen.

Nach Rossis Tod wird das bis dahin sporadisch aufgetretene Rebellentum zur offenen Revolte. Pius IX. schließt sich im Quirinalspalast ein, der von einer Volksmenge belagert wird. Es ist eine konfuse Revolte, ohne erkennbare politische Richtung. Die Demonstranten fordern den Papst auf, Österreich den Krieg zu erklären, die Privilegien abzuschaffen, einer verfassunggebenden Versammlung zuzustimmen, soziale Reformen in Angriff zu nehmen. Die Menge auf der *Piazza* raunt, schreit, gerät in Aufruhr, wirft sich gegen das Portal. Die Schweizer, eher verängstigt als bedrohlich, eröffnen das Feuer. Nach einem Moment des Schreckens und der Unschlüssigkeit organisieren sich die Revoltierenden neu, in deren Reihen sich auch Soldaten und Stadtpolizisten finden, an der Waffe ausgebildete Leute. Die Schießerei wird heftiger, immer wieder gibt es Versuche, den Palast zu stürmen. Tote und Verletzte auf beiden Seiten, auch der Sekretär des Papstes gehört zu den Opfern.

Unter dem Eindruck dieser Tragödie beschließt Pius IX., Rom zu verlassen. Mit Hilfe des bayerischen Gesandten Karl von Spaur ist die Flucht rasch organisiert: In der Nacht des 24. November flieht der Papst, der sich als Hauslehrer der Familie ausgibt, als einfacher Priester verkleidet nach Gaeta und begibt sich in den Schutz des Königs der beiden Sizilien.

Pius IX., Giovanni Maria Mastai Ferretti, hat ein großes Gewicht in der Geschichte der katholischen Kirche und Italiens, vor allem dank zweier Begleitumstände: einer sehr langen Amtszeit von knapp 32 Jahren und der außerordentlichen politischen und gesellschaftlichen Veränderungen, denen er sich zu stellen hatte. Seine Kindheit fällt in die Jahre kurz nach der Französischen Revolution, als junger Mann erlebt er die napoleonische Ära und die Restauration, in fortgeschrittenem Alter wohnt er den revolutionären Bewegungen bei und muss mit ansehen, wie sich die Ideale des *Risorgimento* durchsetzen und seine Herrschaft in Frage stellen. Als alter Mann muss er es hinnehmen, dass sich die piemontesischen Soldaten seiner Residenz bemächtigen und der Quirinalspalast zum Königshof der Savoyer «Usurpatoren» wird. Ein außerordentlicher Lebenslauf, ein langes Leben, eine sehr schwierige Epoche. Sie hätte mit Flexibilität und einer intellektuellen und politischen Vision von ganz anderem Kaliber bewältigt werden müssen. So war es nicht.

Mit nur 35 Jahren wird Mastai Ferretti 1827 Erzbischof von Spoleto, 1840 Kardinal, sechs Jahre später, beim vierten Wahlgang und mit einer Mehrheit von 36 Stimmen von 50 wird er zum Papst gewählt (am 16. Juni 1846). Bei der letzten Abstimmung hatte er Kardinal Lambruschini geschlagen, einen selbstbewussten Reaktionär, was erwarten ließ, dass seine Amtszeit von einem gemäßigten Reformismus geprägt sein würde. Die italienischen Patrioten begrüßten ihn mit entsprechendem Wohlwollen, einige unter ihnen sahen in ihm sogar die Inkarnation jenes Neoguelfismus,[4] über den der Priester Vincenzo Gioberti in seinem Werk *Del Primato morale e civile degli italiani* (Vom moralischen und zivilen Primat der Italiener) geschrieben hatte. Gioberti schwebte ein vereinigtes Italien mit föderaler Struktur vor, allerdings unter der zentralisierten Führung des Papstes. Sein politisches Programm basierte auf auch in Frankreich verbreiteten Ideen, deren Ziel es war, Religiosität und Nation, Katholizismus und Liberalismus zu versöhnen.

Im Falle Italiens hätte ein dem Neoguelfismus positiv gesinnter Papst dem Projekt eine unerhörte Zugkraft verliehen. Intellektuelle und Künstler katholischer Prägung wie Alessandro Manzoni, Antonio Rosmini, Silvio Pellico, Niccolò Tommaseo hatten die beruhigende Idee des friedlichen Übergangs zu einem föderalen Italien im Namen der Mäßigung und ohne Blutvergießen sehr positiv aufgenommen. Als Gegner dieser Lösung hatten sich dagegen einige katholische und jesuitische Persönlichkeiten ausgesprochen, die nicht ganz zu Unrecht die Gefahr der Konfusion zwischen politischer und religiöser Ordnung fürchteten.

Unter denjenigen, die sich für diese Ideen begeistert hatten, zumindest ganz zu Anfang, befand sich auch Giuseppe Montanelli (der Großvater des berühmten Journalisten Indro), Schriftsteller, Offizier, Abgeordneter, dabei ein ziemlich romantischer Geist. In seinen *Memorie d'Italia* (Erinnerungen an Italien) wird er über seinen anfänglichen Enthusiasmus schreiben:

> Wir haben uns geirrt, und dennoch war dieser Irrtum ein Segen; denn wer weiß, wann sich die italienischen Massen ohne das «Viva Pius IX.» zum ersten Mal vor Begeisterung für das nationale Leben erhoben hätten, von dem sie, ob sie es nun wollen oder nicht, heute tief ins Gedächtnis eingeschrieben ein Bild bewahren, das früher oder später Tatsachen schaffen wird.

Ein sehr ernüchtertes, vermutlich richtiges Urteil darüber, welche Anlässe und Vorwände schon damals Volksbegeisterung auslösten.

Der neue Papst fängt gut an: Er gewährt eine Amnestie für alle politischen Straftaten, führt einige Maßnahmen zum Schutz der Bürgerrechte ein, gewährt ein beschränktes Maß an Pressefreiheit. Rom, wo bis 1815 nur ein *Diario bisettimanale* (ein zweimal pro Woche erscheinendes Journal) publiziert worden war und wo es bis 1846 (!) keine einzige Tageszeitung gegeben hatte, sah plötzlich eine Reihe journalistischer Initiativen von gemäßigtem Liberalismus aufkeimen. Pius IX. war es auch, der die Diskriminierungen und den Wohnzwang der Juden im Ghetto abschaffte. Er genehmigte den Bau einer kurzen Eisenbahnstrecke und gewährte am 14. März 1849 eine Verfassung. Politisch das meiste Gewicht allerdings hatte die Tatsache, dass er einige Einheiten seines Heeres in die Auseinandersetzungen mit Österreich schickte, den berühmten ersten Unabhängigkeitskrieg. Doch diese Haltung war nur von kurzer Dauer, bereits Ende April des gleichen Jahres gab er klar zu verstehen, dass er die italienische Sache fallen lassen wollte: «Wir haben auf Erden», sagte er, «die Stellvertretung Dessen inne, der Schöpfer des Friedens ist ... wir lieben mit derselben väterlichen Liebe alle Völker und alle Nationen.» Als unmittelbare praktische Konsequenz wurden alle seine Truppen, die sich auf dem Marsch in Richtung nördliche Grenzen des Kirchenstaates befanden, zurückgerufen.

Was war geschehen? Über den abrupten Frontenwechsel des Papstes hat es eine lange Debatte gegeben, die Meinungen dazu sind geteilt. Es wurde vom «Verrat an der Sache des Risorgimento» gesprochen, es wurde auf nachdrückliche Pressionen von Seiten der Jesuiten hingewiesen, die diesem Engagement ablehnend gegenüberstanden, es wurde auch behauptet, der Papst habe sich von den «Italienern» instrumentalisiert gefühlt und deshalb den Rückzug angetreten. Möglicherweise ist die Wahrheit eine Summe all dieser Gründe. Dabei mag für einen politischen Menschen, wie es der Papst sein sollte, ausschlaggebend gewesen sein, dass er sich plötzlich darüber klar wurde, in welchem Maße seine Position als Oberhaupt einer Kirche und eines Staates, als Inhaber einer doppelten, geistlichen und weltlichen Macht, seine Doppelrolle als Papst und als König ihm Beschränkungen und Rücksichtnahmen auferlegte, die nicht einmal sein politischer Wille außer Acht lassen konnte.

Sein Gesinnungswechsel oder Verrat, seine Verweigerung, Bewusstwerdung oder wie immer man es definieren will, war eine der Voraussetzungen, wahrscheinlich die einschneidendste, für die tragische Entwicklung, die sich in den folgenden Monaten einstellen sollte. Ein weiterblickender oder weniger von Tradition und Doktrin gebremster Politiker hätte aus diesen Hindernissen ganz andere Konsequenzen ziehen können. Er hätte zum Beispiel die weltliche Macht des Papstes auf den Prüfstein stellen können, die sich zu einem Problem ausgewachsen hatte, dessen Lösung inzwischen unausweichlich geworden war. Im Nachhinein ist das natürlich einfach zu sagen, auf jeden Fall war dies nicht seine Reaktion.

Darüber, was in Rom nach der Flucht des Papstes nach Gaeta passierte, über das kurze ruhmreiche Abenteuer der Römischen Republik habe ich im Kapitel «Fratelli d'Italia – Brüder Italiens» in meinem vorausgegangenen Buch *Die Geheimnisse Roms* ausführlich erzählt. Wer sich dafür interessiert, möge dort nachlesen. Hier dagegen folgen wir Pius IX. in sein Exil, das aber nicht von allzu langer Dauer war: achtzehn Monate, vom November 1848 bis zum April 1850. Die päpstliche Politik der Rückeroberung des Reiches vollzieht sich doppelgleisig. Auf der einen Seite wird die republikanische Regierung diskriminiert, auf der anderen werden die katholischen Mächte Europas zum Eingreifen angespornt. Im Februar wendet sich der Papst an das diplomatische Korps und schreibt:

> An Euch wenden wir uns, damit Ihr unsere Gefühle und unseren Protest an Eure Höfe und Eure Regierungen weitergebt. Nachdem die Untertanen des Papstes, wieder durch das Werk desselben dreisten, der menschlichen Gesellschaft feindlich und unheilvoll gesinnten Klüngels, in den tiefsten Abgrund allen Elends gestürzt worden sind, führen Wir als weltlicher Herrscher, und noch viel mehr als Oberhaupt und Pontifex der Katholischen Religion, Ihnen das Weinen und Wehklagen des größten Teils der genannten päpstlichen Untertanen vor Augen, die darum bitten, von den Ketten befreit zu werden, die sie unterdrücken. Gleichzeitig bitten wir darum, dass das heilige Recht des Heiligen Stuhls auf die weltliche Vorherrschaft beibehalten wird, als dessen legitimer Inhaber er seit so vielen Jahrhunderten universal anerkannt ist.

In einer im April vor dem Heiligen Kardinalskollegium gehaltenen Ansprache mahnt er:

> Wer weiß nicht, dass die Stadt Rom, Hauptsitz der katholischen Kirche, oh weh! inzwischen zu einem Dschungel voller gefährlicher Tiere geworden ist, überladen mit Menschen aller Nationen, die, ob Abtrünnige oder Häretiker oder Meister, wie sie sich nennen, des Kommunismus oder des Sozialismus, und beseelt von schrecklichs-

> tem Hass gegen die katholische Wahrheit, in Wort und Schrift und allen übrigen Ausdrucksformen mit aller Kraft daran arbeiten, pestartige Irrtümer zu lehren und zu verbreiten, und die Herzen und Seelen aller zu verderben, und damit sogar in Rom selbst, wenn das möglich ist, die Heiligkeit der katholischen Religion verdorben wird.

Gleichzeitig schickt Kardinal Antonelli, sein Staatssekretär, den Kanzleien Spaniens, Frankreichs, Österreichs und des Königreichs der beiden Sizilien eine Botschaft, in der unter anderem zu lesen ist:

> Die Angelegenheiten des päpstlichen Staates sind zum Raub eines verwüstenden Flächenbrandes geworden, durch das Werk jener Partei, die jede soziale Konstitution umstürzt und die insbesondere unter dem Vorwand von Nationalität und Unabhängigkeit keine Maßnahme ausgelassen hat, um den Gipfel der Bösartigkeit zu erreichen. Das als grundlegend bezeichnete Dekret stellt einen Akt dar, der von schwärzestem Verrat und abscheulichster Gottlosigkeit nur so strotzt.

Und er schließt: «[Der Papst] wendet sich erneut an dieselben Mächte, insbesondere an die katholischen, die mit solcher Großherzigkeit ihren entschiedenen Willen kundgetan haben … in der Gewissheit, dass sie auch diesmal alles tun werden, damit Ihm durch ihre moralische Intervention in der gebotenen Eile sein Amt zurückerstattet wird.» Der Kardinal spricht von «moralischer Intervention», was hier aber ganz klar gemeint ist, ist die bewaffnete Intervention, und genau so wird die Botschaft de facto auch verstanden.

Die politischen Aktivitäten des Papstes gehen ununterbrochen weiter. Und sie kennen keine Zwischentöne. Sie sind ein Frontalangriff, eine kompromisslose Kampfansage. Aus Gaeta erklärt er die republikanische Regierung für ungültig und illegitim und verbietet unter Androhung der Exkommunikation den «guten Christen» die Teilnahme an den Wahlen, die er als «Sakrileg» bezeichnet. Tatsächlich bringt er viele Gemäßigte davon ab, zur Wahl zu gehen, mit dem Ergebnis, dass (bei einer recht hohen Wahlbeteiligung von 50 Prozent, mit Ausschlägen bis zu 70 Prozent) als Verfassunggebende Versammlung eine *Assemblea* gewählt wird, in der die Extremisten überwiegen.

Wie soll man diese Aktion bewerten? Als politischen Fehler oder als geschickten Schachzug? Indem er die Gemäßigten von den Wahlurnen fernhielt und dadurch den Extremisten das Feld überließ, musste die neugeborene Republik eine (wie wir heute sagen würden) linkslastige Regierung erhalten, die also anfälliger für Exzesse und daher eine leichte Zielscheibe für Kritik sein würde. Das Gleiche wird nach der Porta-Pia-Bresche (am 20. September 1870, s. unten) mit dem *Non expedit* wieder passieren, eine weitere Bestätigung der politischen Linie kurzsichtiger Unnachgiebigkeit.

Man kann sich leicht vorstellen, in welchem Gemütszustand Pius IX., sobald die Umstände es erlaubten, seine Rückkehr nach Rom antrat. Wenn seine Haltung in der ersten Phase des Pontifikats vielen noch uneindeutig erschienen war, ist nun jeder Zweifel gewichen. Er steht für authentische und eingefleischte Restauration, einschließlich der von der Römischen Republik abgeschafften Wiedereinführung der Todesstrafe. Pius IX. konzentriert sich auf die pastorale Arbeit (Seminare, Priester, Missionierung der «Ungläubigen», Kongregationen) und auf einige soziale Werke, um damit einer weitverbreiteten Erwartung des Volkes entgegenzukommen, die nicht ignoriert werden durfte. Doch auch zu Themen der Doktrin und der Theologie im engeren Sinne erweisen sich seine Anschauungen als entschieden reaktionär. Am 8. Dezember 1854 proklamiert er das Dogma der Unbefleckten Empfängnis und setzt mit der Bulle *Ineffabilis Deus* fest:

> Wir erklären, verkünden und entscheiden nun ... die Lehre, dass die allerseligste Jungfrau Maria im ersten Augenblick ihrer Empfängnis auf Grund einer besonderen Gnade und Auszeichnung von Seiten des allmächtigen Gottes im Hinblick auf die Verdienste Jesu Christi, des Erlösers der ganzen Menschheit, von jedem Makel der Erbsünde bewahrt blieb, [dies] ist von Gott geoffenbart und muss deshalb von allen Gläubigen fest und unabänderlich geglaubt werden.

Dieser Akt zeichnet sein Pontifikat tiefgehend. Er wird zum Auslöser empfindlicher Reaktionen in der gesamten katholischen Welt, auch wenn viele Gläubige heute gar keine genaue Kenntnis seiner Bedeutung mehr haben und das Dogma der Unbefleckten Empfängnis mit dem der Immerwährenden Jungfräulichkeit Marias verwechseln. Dem katholischen Wissenschaftler Giovanni Vannoni zufolge beabsichtigte der Papst, dem «luziferischen Hochmut, dem geheimen Motor des demokratischen Gleichheitsgrundsatzes, das Dogma der Unbefleckten Empfängnis entgegenzusetzen, um Maria durch göttliche Gnade vom allgemeinen Gesetz zu entbinden».

Zehn Jahre später verkündet Pius IX. die Enzyklika *Quanta cura* mit dem berüchtigten Anhang *Syllabus errorum*, einer Art Katalog der Irrtümer der Moderne.

Die Zeit rast, auf allen Gebieten überschlagen sich die Neuerungen; die Innovationen und Umwälzungen in Industrie, Politik, in den sozialen Konflikten, in den Massenmedien sind bahnbrechend. Es ist, als stürze die gewohnte Welt, in die der Papst und seine Generation hineingeboren war, geradewegs ihrem Untergang entgegen. In diesem Untergang sieht Pius IX. als geistliches Oberhaupt vor allem die Gefahr, dass seine Kirche nicht mehr der Dreh- und Angelpunkt sein könnte, die Bezugsachse für die Moralität der Menschheit. Diese Furcht treibt ihn um und bewegt ihn dazu, Worte tief bekümmerter Verurteilung zu formulieren:

> Darum haben unsere Vorgänger mit apostolischem Starkmut den ruchlosen Umtrieben der gottlosen Menschen stets Widerstand geleistet. Den Fluten der tobenden See gleich, schäumen diese ihre eigene Verwirrung und Ordnungslosigkeit aus und versprechen die Freiheit, während sie selbst Sklaven der Verderbnis sind. Mit ihren trügerischen Meinungen und höchst verderblichen Schriften waren sie bemüht, die Grundlagen der katholischen Religion und der bürgerlichen Gesellschaft zu erschüttern, jede Tugend und Gerechtigkeit aus der menschlichen Gemeinschaft auszurotten, die Seele und den Geist zu verderben, die Unvorsichtigen und die unerfahrene Jugend von den rechten Grundsätzen der Sitten abzubringen, sie zugrundezurichten, in die Fallstricke des Irrtums zu führen und sie schließlich vom Schoß der katholischen Kirche gewaltsam zu entfernen.

Der *Syllabus* fasst Pius' Ängste zusammen. Es ist ein Dokument, in dem der Fortschritt und alles, was er mit sich bringt, ohne Umschweife verdammt wird: der Liberalismus, die moderne Zivilisation, die Freiheit einschließlich der Presse- und der Gedankenfreiheit. Pius IX. zufolge sind als schwere Fehler zu betrachten: die Scheidung, die Abschaffung der weltlichen Macht der Päpste, die Auffassung, der Katholizismus sei nicht die einzige Staatsreligion sowie schon die bloße Vorstellung einer Trennung zwischen Kirche und Staat. Die Toleranz gegenüber der öffentlichen Ausübung anderer Kulte hält er für unannehmbar, ebenso die offene Kundgebung von Meinungen, Ideen, Gedanken. Der Sozialismus wird als «Seuche» bezeichnet. Die sich im Westen allenthalben ausbreitenden liberalen Gesellschaften sieht er als Verdammnis und befürchtet, fast besessen von dieser Idee (und nicht zu Unrecht), dass die Moderne mit religiöser Indifferenz einhergeht. In derselben Enzyklika beklagt er sorgenvoll:

> Wer sieht denn nicht und begreift mit allen Konsequenzen, wie die menschliche Gesellschaft, losgelöst von den Bindungen an die Religion und die wahre Gerechtigkeit, kein anderes Ziel mehr anstreben kann als die Beschaffung und Vermehrung von Reichtümern und in ihren Taten keinem andere Gesetz mehr folgen kann als der ungezähmten Gier des Herzens, um dem eigenen Vorteil und Gefallen zu dienen.

Worte, die zweifellos einen Aspekt der Moderne zutreffend beschreiben. Die Massengesellschaft ist natürlich auch dies. Gier und Werteverlust gehören gewiss zu den Charakteristika der zeitgenössischen, von Geld und Konsumsucht beherrschten westlichen Gesellschaften. Die Risiken, die der in die Petruszitadelle eingeschlossene Papst sieht, sind dieselben, auf die immer wieder hingewiesen wurde, von den größten Denkern jener Zeit und bis weit ins 20. Jahrhundert hinein. Papst Mastai identifiziert also das mögliche Übel, vernachlässigt aber alles Übrige, also die sozialen Errungenschaften, die Vorzüge der Freiheit, die Ausbreitung des Wissens, die Fortschritte einer wissenschaftlichen Forschung, die sich endlich vom Gängelband des doktrinären Gehorsams freigemacht hat. Vor allem aber verordnet er als Mann, der für sich beansprucht, ein Politiker zu sein, mit seiner Forderung nach totaler Rückkehr zu einem mittlerweile anachronistisch und unmöglich gewordenen Absolutismus die falsche Therapie.

Am 6. Dezember 1864, zwei Tage vor der Veröffentlichung des *Syllabus*, kündigt Pius IX. der Ritenkongregation seine Absicht an, so bald wie möglich ein Generalkonzil einzuberufen, also eine Versammlung aller Bischöfe der Welt, um die von der jüngsten Entwicklung aufgenötigten Themen zum Kirchenleben zu diskutieren. Es wird das zwanzigste in der Geschichte der Kirche sein, und weil es zum ersten Mal im Petersdom abgehalten wird, erhält es den Namen «Erstes Vatikanisches Konzil». Monate aufwändiger Vorarbeiten werden notwendig sein, bevor es tatsächlich eröffnet werden kann. Im Jahr 1866 bricht auch noch der Dritte Unabhängigkeitskrieg zwischen Italien und Österreich aus, wofür die in Rom zum Schutz des Papstes stationierten französischen Truppen abgezogen werden.

Erst am 29. Juni 1868 wird mit der Bulle *Aeterni Patris* die Versammlung einberufen.

Unter der Teilnahme von fast 800 aus allen Teilen der Welt herbeigereisten kirchlichen Würdenträgern beginnt die erste Sitzung am 8. Dezember 1869. Welche Ziele hatte sich dieses feierliche Ereignis gesetzt? Von den Historikern werden vor allem zwei identifiziert, die im Übrigen mit den wichtigsten Entscheidungen der Versammlung korrespondieren: Die vom Papst in seinem *Syllabus* eingenommenen Positionen sollten durch das Votum der Konzilsväter sanktioniert werden. Darin hatte der Papst, wie gesagt, die Moderne verdammt und ihr die negativsten Aspekte und Auswirkungen zugeschrieben. Es ging nun darum, die Stoßrichtung umzudrehen und festzulegen, welche Doktrin die römische Kirche dem Rationalismus, dem Liberalismus, dem Materialismus und vor allem der «unheilvollsten» aller politischen Doktrinen, dem Sozialismus entgegensetzen wollte.

Am 24. April 1870 wird (bei 667 Anwesenden) die Konstitution *De fide Catholica* einstimmig angenommen, in der die dogmatische Natur dieser Religion festgelegt und präzisiert wird, in welchem Sinne die Bibel als von Gott inspiriert zu verstehen ist.

Die heftigsten Auseinandersetzungen gab es aber über die andere, gewichtigere Entscheidung zum Primat des Papstes und seiner Unfehlbarkeit, wenn er *ex cathedra* spricht. Obwohl das Thema bei Eröffnung des Konzils nicht offiziell auf der Tagesordnung stand, wussten alle, dass darüber diskutiert werden sollte, und die Debatte hatte die Teilnehmer schon in der Vorbereitungsphase erbittert und gespalten. Viele Bischöfe, vor allem aus dem französischen, dem österreichisch-deutschen Raum und teilweise auch den Vereinigten Staaten hielten eine dermaßen verbindliche und weitreichende Behauptung für gefährlich, sowohl nach außen und den anderen Religionen gegenüber als auch angesichts der enormen Machtkonzentration in der Person des Papstes, der damit in die Lage versetzt wurde, jede kollegiale Diskussion zu ersticken, nach innen.

Die Verfügung legte nämlich fest, dass der Papst, da er vom Heiligen Geist getragen oder sogar erleuchtet ist, wenn er ein neues Dogma proklamiert oder eine grundlegende Lehrmeinung zur Doktrin entwickelt, nicht irren kann. Nicht zufällig wurde die Konstitution zur Unfehlbarkeit (18. Juli 1870) *Pastor Aeternus* (Ewiger Hirte) genannt. Im vierten Kapitel heiß es in der «Feierlichen Dogmenerklärung»:

> Wir erklären endgültig als von Gott geoffenbartes Dogma …: Wenn der römische Papst *ex cathedra* spricht, das heißt, wenn er in Ausübung seines Amtes als Hirte und Lehrer aller Christen mit seiner höchsten Apostolischen Autorität erklärt, dass eine Lehre, die den Glauben oder das sittliche Leben betrifft, von der ganzen Kirche gläubig festzuhalten ist, dann besitzt er kraft des göttlichen Beistandes, der ihm im heiligen Petrus verheißen wurde, eben jene Unfehlbarkeit, mit der der göttliche Erlöser seine Kirche bei Entscheidungen in der Glaubens- und Sittenlehre ausgerüstet wissen wollte. Deshalb lassen solche Lehrentscheidungen des römischen Papstes keine Abänderung mehr zu, und zwar schon von sich aus, nicht erst infolge der Zustimmung der Kirche. Wer sich aber vermessen sollte, was Gott verhüte, dieser Unserer Glaubensentscheidung zu widersprechen, der sei im Bann.

Es gibt aber mehr als einen Aspekt, der die beiden Entscheidungen des Konzils verbindet, die zum Glauben und die zur Unfehlbarkeit. Aktuell bis in unsere Tage ist zum Beispiel das Verhältnis zwischen Glaube und Vernunft. Die Mysterien des Glaubens, so behauptet die Enzyklika, können von der menschlichen Natur nicht erfasst werden, umgekehrt aber kann die offenbarte Wahrheit niemals den Ergebnissen der rationalen Forschung widersprechen. Kehrt man die Perspektive noch einmal um, so muss sich jede Behauptung, die den erleuchteten Wahrheiten des Glaubens widerspricht, als falsch erweisen. Der Glaube dagegen, so kann man der Konstitution entnehmen, ist nicht vergleichbar mit einer philosophischen Lehrmeinung, die mit der Zeit vervollkommnungsfähig ist; die Glaubenswahrheiten sind ein für alle Mal festgelegt, dem Schutz und der unfehlbaren Auslegung der Kirche anvertraut und können nicht unter dem Vorwand einer vertiefenden Auslegung modifiziert werden. Im Abschlussteil schließlich fließt die doktrinäre Lehre mit der päpstlichen Unfehlbarkeit zusammen.

Dieses Dogma war vom Papst mit Nachdruck gewollt und auch von den Jesuiten aktiv betrieben worden. Die laizistischen Kreise protestierten, aber auch die liberaleren Katholiken erklärten sich entschieden dagegen. Noch während der Diskussion kursierten im vatikanischen Milieu diverse anonyme Schmähschriften (*Ce qui se passe au Concile* – Was beim Konzil passiert; *La dernière heure du Concile* – Die letzte Stunde des Konzils), in denen die Unmöglichkeit einer freien Diskussion angeprangert wurde, die päpstliche Arroganz, sich eine Macht anzumaßen, die, so hieß es, der Lehre des Evangeliums widersprach.

Inzwischen zogen sich, nach dem italienisch-österreichischen Krieg von 1866, mit dem deutsch-französischen Konflikt noch erheblich stürmischere Wolken über Europa zusammen. Viele Bischöfe nutzten die Kriegserklärung Preußens an Frankreich als willkommenen Vorwand, Rom zu verlassen. Dabei handelte es sich um fast sämtliche Exponenten der Minderheit, die das Unfehlbarkeitsdogma ablehnte. Die Abreise war die einzige Möglichkeit, sich der Abstimmung zu entziehen und damit einer Zustimmung, die sie nicht geben wollten und konnten. Es gab auch eine kleine Gruppe von Bischöfen, vor allem aus Mitteleuropa, die sich unter dem Namen «Altkatholische Kirche» zu einer Sekte zusammentaten und eine echte Abspaltung von der römisch-katholischen Kirche vollzogen. Mit dem Ergebnis, dass der Papst bei der Schlussabstimmung am Montag, dem 18. Juli 1870, dem Vorabend des Deutsch-Französischen Krieges, den absoluten Primat und die Unfehlbarkeit nur mit den Stimmen von 433 der ursprünglich 800 Bischöfe erhielt. Zwar war das Ziel erreicht, aber um den recht hohen Preis einer tiefen Spaltung mitten durch das Herz der Kirche.

Von dem außerordentlichen Privileg der Infallibilität machte beispielsweise Papst Pius XII. Gebrauch, als er 1950 das Dogma der leiblichen Aufnahme Mariens in den Himmel mit einer feierlichen Formel verkündete, die dazu angetan sein sollte, abweichenden Interpretationen keinen Raum zu lassen: «Wir verkünden, erklären und definieren es als ein von Gott geoffenbartes Dogma, dass die Unbefleckte, allzeit jungfräuliche Gottesmutter Maria nach Ablauf ihres irdischen Lebens mit Leib und Seele in die himmlische Herrlichkeit aufgenommen wurde.»

Das änderte aber nichts an der nachhaltigen Kritik vieler Theologen, darunter zuletzt Hans Küngs und seines Schülers August Bernhard Hasler, der seine scharfe Missbilligung des Unfehlbarkeitsdogmas vor allem auf die Unmöglichkeit fokussiert, die Grenzen der behaupteten Unfehlbarkeit zu erkennen, auch in Anbetracht der Elastizität des Begriffes *ex cathedra*:

> Wo es opportun erscheint, lässt die Vagheit der Begriffe auf einmal auch eine Auslegung der Unfehlbarkeit zu, die weit über Kathedralenentscheidung hinausgeht. Nun wird auch das ordentliche Lehramt der Päpste unfehlbar – eine Doktrin, die zwar nie zum Dogma

> erhoben worden ist, die aber von vielen Theologen vertreten und vom Prestige des unfehlbaren außerordentlichen Lehramts gedeckt wird. Für die Kurie und den kirchlichen Apparat sind solche «unfehlbaren» Entscheidungen auf tieferer Ebene viel wichtiger als die seltenen Erklärungen «ex cathedra». Die Gloriole der Unfehlbarkeit ist entscheidender als ihre tatsächliche Ausübung.[5]

Im Übrigen ist weder das Dogma der Unbefleckten Empfängnis Mariens noch das der Unfehlbarkeit jemals von den anderen christlichen Konfessionen anerkannt worden, aus Gründen der Doktrin und gleichzeitig des Gleichgewichts in den Beziehungen.

Die 89. und letzte Sitzung des Konzils wurde am 1. September abgehalten. Eine Woche später marschierten die Piemonteser Truppen in den Kirchenstaat ein und am 20. September, wenige Minuten vor acht Uhr, durch eine Bresche, die sie hundert Meter von der Porta Pia in die Aurelianische Mauer gebrochen hatten, auch in Rom und setzten damit der weltlichen Vorherrschaft der Päpste ein Ende. Von Stund an betrachtete sich Pius IX. als Gefangener im Vatikan, der Intendant der Heiligen Paläste weigerte sich, den Schlüssel des Quirinalspalasts auszuhändigen, der in der Zwischenzeit verriegelt worden war, sodass es notwendig wurde, die Tore aufzubrechen, um hineinzugelangen. Der Papst wollte nach außen hin deutlich sichtbar machen, welcher Gewalt er ausgesetzt war. Exakt einen Monat danach, am 20. Oktober, vertagte Pius IX. mit der Bulle *Postquam Dei munere* das Konzil auf unbestimmte Zeit, und in der Tat wird es im Zuge der Vorbereitungen zum Zweiten Vatikanischen Konzil von Papst Johannes XXIII. erst 1960 offiziell beendet.

Inzwischen gingen in Europa die großen Umstürze weiter. Die Niederlage von Sedan setzte dem wackeligen Imperium Napoleons III. ein Ende und erlaubte es König Wilhelm von Preußen, sich im Spiegelsaal des Schlosses von Versailles zum deutschen Kaiser proklamieren zu lassen. Die Folgen der Porta-Pia-Bresche waren von großer Bedeutung auch für das neugeborene Königreich Italien, der Gegensatz zwischen dem Papst und dem König sollte schwerwiegende und nachhaltige Konsequenzen für das Leben der Italiener haben. Im September 1874 erließ die Sacra Penitenzieria die berühmte Bulle *Non expedit* («Es ist nicht angebracht»), die den gläubigen Katholiken nachdrücklich davon abriet, am öffentlichen Leben des Königreichs teilzuhaben.[6] Erst 1905 sollte ein anderer Papst, Pius X. (Giuseppe Melchiorre Sarto, 1903–1914), das Verbot mildern, und erst 1919 ein weiterer, Benedikt XV. (Giacomo della Chiesa, 1914–1922), es ganz aufheben, indem er einem Priester, Don Luigi Sturzo, gestattete, eine Partei zu gründen: den *Partito Popolare Italiano*, die Christliche Volkspartei, aus der dann die *Democrazia Cristiana*, die Christdemokratische Partei, werden sollte.

Warum war diese Reaktion der Kirche so hart und unnachgiebig? Das naheliegendste Motiv ist natürlich der Verlust der *weltlichen Macht*. Nach Jahrhunderten der Vorherrschaft sah sich der römische Papst seiner Herrscherfunktionen beraubt, mit allen vorstellbaren Konsequenzen für den Status, die Interessen, die politische Bedeutung in der Welt. Hinzu kam, dass die Porta-Pia-Bresche zahlreiche Enteignungen von Gütern und Klöstern zur Folge hatte, mit direkten Auswirkungen auf Finanzen und Privilegien, die Bestandteil der weltlichen Herrschaft gewesen waren. Ebenso hellsichtig wie vergeblich hatte der (1861 früh verstorbene) Graf Cavour den Papst ermahnt, darüber nachzudenken, wie anachronistisch im neuen Europa die Aufrechterhaltung einer gleichzeitig weltlichen und geistlichen Macht war. Noch im März 1861 hatte er in einer Rede vor der Deputiertenkammer betont:

> All diese Waffen, mit denen sich die zivilen Mächte in Italien und außerhalb auszurüsten haben, werden überflüssig, wenn der Papst erst einmal auf die geistliche Macht beschränkt sein wird. Und dadurch wird auch seine Autorität alles andere als beeinträchtigt, sie wird in der einzigen Sphäre, die ihr zusteht, einen erheblich größeren Wirkungskreis erreichen.

Den Forderungen lässt er Beruhigungen folgen:

> Wie auch immer Italien in der ewigen Stadt ankommen wird, einvernehmlich oder nicht, kaum in Rom angekommen, wird es sofort nach der Erklärung des Sturzes der weltlichen Herrschaft [des Papstes] das Prinzip der Trennung [von Kirche und Staat] proklamieren und umgehend das Prinzip der Freiheit der Kirche auf breitester Basis verwirklichen.

Derartige Vorhaltungen beeindruckten Papst Pius IX. nicht. Neben den materiellen Verlusten sah er, wie sich im Königreich Italien der schlimmste Zeitgeist behauptete, der Materialismus, den er im *Syllabus* so scharf verurteilt hatte. Im liberalen Rationalismus aufklärerischer Provenienz sah er den Anspruch, die Vorherrschaft der Vernunft über den Glauben zu etablieren – letzte Nachwehe der Französischen Revolution, die die alte theokratische Gesellschaft aus den Angeln gehoben hatte. Nach 1870 hatte Pius IX. keine Hemmungen, die gesamte Führungsschicht des vereinigten Italien kollektiv zu exkommunizieren, und 1873 auch König Vittorio Emanuele persönlich. Von seinem Standpunkt aus betrachtet gab es nicht den geringsten Zweifel, dass er einer der Päpste war, die der geistlichen Mission, von der sie sich beseelt fühlten, zutiefst treu blieben.

Die Enteignung materieller Güter spielte eine gewisse Rolle, doch der tiefere Grund der Auseinandersetzung war ideologisch, also unerbittlich. Der Papst schloss sich in den Mauern des Vatikans ein. Alle Welt sollte wissen, welch gewaltsamer Übergriff der Zwang zur Trennung von Kirche und Staat war. In Italien und ganz Europa stellten Gläubige die Ikone des Papstes als Gefangenen zur Schau. Priester und Ordensschwestern verkauften das Stroh des Lagers, auf dem der Heilige Vater angeblich von der italienischen Regierung genötigt wurde, seine unglücklichen Nächte zu verbringen, als heilige Reliquie.

All dies nährte seinen Zorn, bestärkte seine Überzeugung, dass die neuen Lehrmeinungen Vorboten des Übels waren. Beim Sozialismus verdammte er übrigens weniger die politische Vision oder die ökonomische, sondern das Familienkonzept, den Rollenwechsel der Frau, eine häusliche Moral, die er als antithetisch zur christlichen betrachtete, als ein Instrument «zur Täuschung und zum Verderben der unbedachten Jugend», die von der Lehre der Kirche entfremdet und ungeschützt rein irdischen Idealen ausgesetzt würde. Die Trennung zwischen Kirche und Staat, die Anerkennung der gegenseitigen souveränen Freiheit, auf der Cavour dem Papst gegenüber beharrte, weil er sie für «beruhigend» hielt, war genau das, was der Papst als schlimmste Bedrohung empfand.

Auf der anderen Seite kann man verstehen, dass für eine Institution wie die katholische Kirche, die sich als Hüterin der einzig möglichen Wahrheit betrachtet, jede abweichende Hypothese wie eine Provokation oder sogar Blasphemie klingen muss. Das Misstrauen gegenüber den Ende des 18. Jahrhunderts eroberten Rechten des Individuums bleibt auch bei seinen Nachfolgern sehr lebendig. Pius XI., Papst Ratti, wird mitten im 20. Jahrhundert erklären:

> Wenn es ein totalitäres System gibt, totalitär de facto und de jure, dann ist es das Regime der Kirche, denn der Mensch gehört der Kirche total, er muss ihr gehören, weil der Mensch eine Kreatur des lieben Gottes ist … Er ist Repräsentant der Ideen, der Gedanken und der Rechte Gottes, er ist nichts als die Kirche.

Johannes Paul II., Papst Wojtyła, hat in seiner Enzyklika *Evangelium vitae* sogar geltend gemacht – und in der Folge immer wieder bekräftigt –, dass «die Demokratie …, ungeachtet ihrer Regeln, den Weg eines substantiellen Totalitarismus [beschreitet]», wenn sie im Widerspruch zur Kirchenethik abstimme. Zu ein- und derselben Ideologie, dem «Totalitarismus», wird sich mit Stolz bekannt, wenn sie von der Kirche kommt – sie wird aber verdammt, wenn sie von einer Demokratie praktiziert wird.

In liberalen Kreisen löste der scharfe Gegensatz zwischen dem Königreich Italien und dem Papsttum allerdings gegenteilige Reaktionen aus, was sich in zahllosen antiklerikalen Manifestationen niederschlug. Das reichte von recht vulgären Sprüchen (Garibaldi hatte Pius IX. als «einen Kubikmeter Mist» bezeichnet) bis zu der Obsession, in jeder katholischen Organisation ein obskures Instrument gegen die Nation zu sehen. Es kam sogar die Frage auf, ob es zulässig sei, die Katholiken als vollwertige, mit allen Rechten ausgestattete Bürger zu betrachten. Die Katholiken reagierten ihrerseits mit der Propaganda, das *Risorgimento* und die Einheit Italiens seien ein Ergebnis von Interessen der europäischen Freimaurer, und Cavour selbst, der ein Mitglied dieser Sekte war, nehme Befehle von der internationalen Freimaurerei entgegen, die von London aus die Außenpolitik des kleinen Königreiches Sardinien-Piemont manövriere.

Für viele gläubige Katholiken war und blieb Pius IX. eine Figur von immenser Popularität und großem Ansehen. Mit Recht wird gesagt, mit ihm habe der päpstliche «Personenkult» begonnen, auch weil jenseits der Politik, die er glaubte vertreten zu müssen, und der Härte, mit der er sie vertrat, seine menschlichen Eigenschaften, seine Güte, seine Wärme bemerkenswert waren.

Pius IX. starb am 7. Februar 1878 in Rom im Alter von 86 Jahren und wurde im Vatikan bestattet, allerdings nur provisorisch. Drei Jahre später nämlich, als sein Grabmal in der Basilika San Lorenzo al Verano (St. Laurentius vor den Mauern) fertiggestellt war, wurde sein Leichnam umgebettet. In Absprache mit dem Präfekten und dem Polizeipräsidenten von Rom wurde festgelegt, dass der Transport, um Zwischenfälle zu vermeiden, bei Nacht geschehen sollte. Bestimmte klerikale Kreise ließen die Nachricht aber durchsickern, in der Hoffnung, dass sich die Sympathiekundgebungen, die es zu Lebzeiten des Papstes immer wieder gegeben hatte, wiederholen würden. Dasselbe taten umgekehrt die Antiklerikalen, die aus den entgegengesetzten Gründen mobilmachten.

Die Regierung (das vierte Kabinett Agostino Depretis') war nicht gewillt, einen allzu massiven Sicherheits- und Ordnungsdienst aufzubieten, im naiven Vertrauen auf eine gewisse Diskretion. Tatsächlich nämlich wurde der Weg des Leichenwagens und seiner Eskorte von einer beträchtlichen fahnen- und schilderbewaffneten Menge begleitet. Von der einen Seite wurde der Papst umjubelt, von der anderen mit Ausrufen wie «In den Fluss mit dem Schwein von Papst» beschimpft. Tatsächlich gab es Drohungen, den Leichnam Pius' IX. in den Tiber zu werfen. Es flogen Steine, es wurden Stöcke geschwungen, die Tumulte erreichten einen solchen Pegel, dass sich der Leichenzug, gefolgt von einer johlenden Volksmasse, mit sehr unheiliger Eile zu seinem Ziel bewegte. Der amtierende Papst Leo XIII. protestierte lautstark, fast schien es, als komme die «Römische Frage» wieder auf die Tagsordnung. Der Präfekt verlor seinen Posten, während der Außenminister sich bei den wichtigsten Regierungen Europas entschuldigen musste.

Papst Johannes Paul II. hat Pius IX. am 3. September 2000 auf dem Petersplatz seliggesprochen. Der Quirinal ist heute der Amtssitz des italienischen Staatspräsidenten.

VIII. GRÄBER DER POLITIK
ZU EHREN ZWEIER SÜNDER IM PETERSDOM

ÜBER DEM HAUPTBOGEN der Porta del Popolo, auf der Innenseite, zur Piazza del Popolo hin, ist eine große Platte aus weißem Marmor eingemauert, auf der zu lesen ist: FELICI FAUSTOQUE INGRESSUI – ANNO DOM MDCLV (Zum glücklichen und gesegneten Einzug – im Jahr des Herrn 1655). Auf welchen glücklichen und gesegneten Einzug des Jahres 1655 wird hier Bezug genommen? Die Ankunft welcher Persönlichkeit verdiente eine so dauerhafte Erinnerung?

Die Widmung bezieht sich auf Christina von Schweden, eine der bemerkenswertesten Frauen ihrer Zeit, große Förderin von «Akademien», von lebhaftem Geist, gleichzeitig aber cholerisch, schrill, unbeständig. Christina maß sich mit einigen ihrer größten und auch fragwürdigsten Zeitgenossen, von Ludwig XIV. bis Kardinal Mazarin, von Papst Alexander VII. bis zum Abt Vanini, der von den Zeitgenossen mit dem Beinamen *stupratore,* Vergewaltiger, bedacht wurde.[1] Mit ihnen versuchte sie in punkto Schlauheit oder Brillanz zu konkurrieren, ging aber meist als Unterlegene hervor. Veronica Buckley, eine ihrer besten Biographinnen, hat zutreffend angemerkt, dass Christina sicher «begabten Verstandes» war, ihr aber bei ihrer verzweifelten, hoffnungslosen Suche nach Größe der nötige Funke an Genie fehlte, sodass man ihr Leben in der Bilanz als «eine unregelmäßige Perle des Barock, glänzend und wertvoll, trotz ihrer Unvollkommenheiten»[2] beschreiben müsse.

Nach Christina von Schweden ist in Rom eine Straße benannt worden, die an dem von ihr gegründeten Botanischen Garten des Palazzo Corsini (damals: Riario) vorbeiführt. Am bemerkenswertesten aber ist die Tatsache, dass die Königin eine der wenigen Frauen mit einem prachtvollen Mausoleum im Petersdom ist (ein Werk Carlo Fontanas) und unten in den Krypten mit einem Grab, das durch einen Zufall, der ihr nicht missfallen hätte, direkt neben dem von Johannes Paul II. liegt. Auf dem Sarkophag steht geschrieben: CORPUS CHRISTINAE ALEXANDRAE GOTHORUM SUECORUM VANDALORUMQUE REGINAE – OBIIT DIE XIX APRILIS MDCLXXXIX (Der Leichnam Christina Alexandras Königin der Schweden und der Vandalen – Gestorben am 19. April 1689).

Als sie im Frühjahr 1689 starb, war sie 63 Jahre alt. In Rom war sie dreißig Jahre zuvor angekommen, nachdem sie zugunsten ihres Cousins auf den schwedischen Thron verzichtet hatte. Was hatte sie zu dieser Abdankung gedrängt? Und was hatte sie angetrieben, ganz Europa zu durchqueren, um Katholikin zu werden und sich in der Stadt der Päpste niederzulassen, der Wiege der Gegenreformation? Es ist eine komplizierte Geschichte, in der sich die geheimsten Beweggründe der Seele mit politischen Opportunitäten vermischen, der Zufall und das Zusammenfallen ihres Lebens mit den schrecklichen Jahren, die der Kontinent gerade erlebte. Die Gesamtheit all dieser Umstände hat Christina, die als Protestantin Geborene, die erklärte Lesbierin, die Auftraggeberin eines Mordes, bis in die Herrlichkeit des Petersdoms gebracht.

Schon bei ihrer Geburt als Tochter von Gustav II. Adolf dem Großen und Maria Eleonora von Brandenburg gab es Missverständnisse. Es war der 8. Dezember 1626, und sie kam vom Kopf bis zu den Knien von einer Glückshaube[3] bedeckt zur Welt. Ein seltsames Zusammentreffen (ein Vorzeichen?) wollte es, dass sie in eben dem Jahr geboren wurde, als der Petersdom geweiht wurde. Sie hatte eine kräftige Stimme, eine enorme Vitalität und wahrscheinlich eine genitale Fehlbildung, eine vergrößerte Klitoris, weshalb sie von den Hebammen zunächst für einen Jungen gehalten wurde.

Erst am Tag darauf wurde nach einer aufmerksameren Prüfung der Geschlechtsorgane ihr wahres Geschlecht entdeckt. Dem König, so heißt es, missfiel das nicht besonders, lachend soll er kommentiert haben: «Sie wird geschickt sein, denn sie hat uns alle betrogen.» Ihr Vater, ein tapferer und cholerischer König, starb während des Dreißigjährigen Krieges. Er war ein wackerer Verfechter von Luthers Reformation gewesen, ein entschiedener Gegner der päpstlichen Machtstellung. Was den Skandal umso größer machte, als Christina ihre Konversion verkündete.

Das anfängliche Missverständnis über ihr Geschlecht begleitete sie ihr ganzes Leben lang und könnte die einfachste Erklärung für ihre Homosexualität sein. Mehrmals im Laufe ihres Lebens kam sie auf dieses Thema zurück, das auch der Hauptgrund für ihre Abdankung war. Als sie schon in reifem Alter war, fiel sie eines Tages von einem Einspänner, mit dem sie in großer Geschwindigkeit in die Gärten des Palazzo Corsini hineingefahren war, und blieb mit hochgeworfenen Röcken auf dem Boden liegen, sodass es niemand wagte, ihr zu Hilfe zu eilen. Sie stand allein wieder auf und sagte lachend: «Jetzt wisst ihr also, dass ich weder ein Mann noch ein Hermaphrodit bin, wie es manche glauben machen wollen.»

Mit sechs Jahren auf den Thron gestiegen, übernahm sie mit achtzehn die Regierung des Landes. Als sie zugunsten ihres Cousins Karl Gustav abdankte, war sie achtundzwanzig. Sie hatte zehn Jahre lang regiert, nicht ganz unzufrieden mit ihrem Status, wenn wir ihren eigenen Worten glauben dürfen:

> Der Thron ist meine Wiege gewesen, ich war gerade erst geboren, als ich ihn besteigen musste ... Ich war noch so ein Kind, dass ich weder mein Unglück noch mein Glück verstand. Ich erinnere mich auf jeden Fall, dass ich glücklich war, zu meinen Füßen alle diese Leute zu sehen, die mir die Hand küssten.

Zu den erinnerungswürdigen Ereignissen ihrer Herrschaft gehört der Aufenthalt des französischen Philosophen René Descartes an ihrem Hof, von dem sie als junge Frau, gebildet und neugierig, wie sie war, Philosophie und Mathematik lernen wollte. Der arme Descartes, der gegen seinen Willen und erst auf sehr nachdrückliche Einladung nach Stockholm gereist war, musste seinen Unterricht um 5 Uhr morgens geben, außerdem hatte er in der ungeheizten königlichen Bibliothek vor der Herrscherin ohne Kopfbedeckung zu erscheinen. Mit vierzig Jahren hatte Descartes seine *Abhandlung über die Methode*[4] geschrieben, die für den Gebrauch der menschlichen Vernunft und die Ablehnung jeder Art von Dogmatismus eine Wende bedeutet hatte. Mit über fünfzig Jahren hatte er jetzt plötzlich mit vor Kälte klappernden Zähnen Lektionen zu geben. Er ertrug den eisigen skandinavischen Winter nicht, hatte vermutlich Heimweh nach dem milden Wetter seiner Touraine und starb (im Februar 1650) an einer Lungenentzündung.

Über die Ursache seines Todes kursiert allerdings seit kurzem noch eine andere Version. Der deutsche Philosophieprofessor Theodor Ebert von der Universität Erlangen hat 2009 das Buch *Der rätsel-*

hafte Tod des René Descartes[5] veröffentlicht, in dem er nachzuweisen versucht, dass der Philosoph nicht durch Kälte, sondern durch Gift zu Tode kam. In den Archiven stöbernd, hat Ebert einen Bericht von Descartes' Arzt Johann van Wullen aufgespürt, der «anhaltenden Schluckauf, schwarzen Auswurf, ungleichmäßigen Atem, unstete Augen»[6] diagnostizierte. Symptome, die sich auf eine Arsenvergiftung zurückführen lassen, ein Gift, schreibt Ebert, mit dem die Kirche schon immer eine große Vertrautheit gehabt habe.[7] Das Motiv des Mordes soll der Unterricht gewesen sein, den der Philosoph Christina erteilte, da er geeignet schien, die bevorstehende Konversion der Königin zum Katholizismus zu behindern. Eine vergiftete Hostie, verabreicht von dem Augustiner-Pater François Viogué, soll das Mordinstrument gewesen sein. Der Geistliche hegte im Übrigen einen solchen Hass gegen den Philosophen, dass er ihm sogar die Sterbesakramente verweigerte, denn «Ich will ihn direkt in die Hölle schicken!», soll er gesagt haben.

Ausschlaggebend für Christinas endgültigen Verzicht auf den Thron war das ständige Drängen der staatlichen Würdenträger, sie möge sich endlich einen Gatten nehmen, um dem Königreich und der Dynastie einen Erben zu schenken. Bei einem dieser Versuche verließ sie zornig den Parlamentssaal, später erläuterte sie ihre Verweigerung der Ehe mit größerer Ruhe: «Es ist mir nicht möglich zu heiraten. So verhält es sich damit. Über meine Gründe schweige ich. Mir steht nicht der Sinn nach einer Ehe. Ich habe Gott innig gebeten, er möge meine Gesinnung ändern, es ist mir aber nicht gelungen.» In der Folge erklärte sie mehrfach, der Geschlechtsakt komme ihr wie eine Unterwerfungsgeste der Frau gegenüber dem Mann vor, und dieser Gedanke sei ihr unerträglich. Sie sagte auch: «Ich könnte es nicht ertragen, wenn ein Mann mich so gebrauchte wie ein Bauer seine Felder.» Im Gegensatz dazu steht allerdings eine Aussage, zu der sie sich gegenüber der französischen Königinmutter hinreißen ließ (oder, anderen Quellen zufolge, Anna von Österreich): «Vögeln ist das, wozu die schönen Mädchen gemacht sind.»

Die Frage, ob diese Ablehnung auch Sex mit Frauen betrifft, ist umstritten, es sind aber einige leidenschaftliche Liebesgeschichten Christinas mit Frauen bekannt. Die berühmteste ist die mit der sehr schönen schwedischen Gräfin Ebba Sparre, einer Hofdame, die Christina liebevoll «Belle» nannte. Dem britischen Botschafter stellte sie sie einmal sehr unverblümt mit den Worten vor: «Meine Geliebte, meine Bettgefährtin [my bed-fellow]». Noch als sie bereits viele Jahre in Rom lebte, schickte sie ihr schmachtende Briefe wie diesen: «Wie glücklich wäre ich, wenn ich Euch sehen könnte, Belle, aber obwohl ich Euch immer lieben werde, kann ich Euch nicht wiedersehen, also werde ich niemals glücklich sein können. Ich bin die Eure, wie ich es immer gewesen bin, egal, in welchem Teil der Welt ich mich befinde. Bin ich Euch noch immer so lieb wie einst?» Oder: «Du darfst nicht an einer Freundschaft zweifeln, die schon Jahre der Trennung überdauert hat. Wenn du darüber nachdenkst, welche Macht du über mich hast, solltest du dich auch daran erinnern, dass ich deine Liebe zwölf Jahre lang gehabt habe. Ich gehöre dir, du wirst mich nie verlieren können, erst bei meinem Tod werde ich aufhören, dich zu lieben.»

Eine weitere leidenschaftliche Korrespondenz führte sie mit der Marquise de Ganges, die sie bei einem Spaziergang in Lyon zufällig getroffen hatte, und in die sie sich sofort verliebte. Ebenfalls in Frankreich, aber in Paris, versuchte sie, Mme de Thianges dazu zu bringen, ihren Mann zu verlassen und gemeinsam mit ihr nach Italien zu fliehen. Die faszinierende Dame war sich offenbar ihrer Gefühle nicht ganz sicher, ein wenig wie Zerlina im «Don Giovanni» (*«Vorrei e non vorrei ...»* – «Ich möchte und ich möchte nicht ...»). Ihr Gatte aber, der über den Plan informiert wurde, wandte sich umgehend an den König, der die Flucht verhinderte. Auf der Reise nach Rom war Christina in Hamburg Gast ihres Bankiers Diego Texeira de Sampais. Dessen Nichte Rachel Silva hatte ebenfalls lesbische Neigungen. Die beiden Frauen begannen, miteinander spazierenzugehen oder Kutschfahrten zu unternehmen, wobei sie sich leidenschaftlich geküsst haben sollen.

Christina war nicht schön, das lassen ihre zahlreichen Porträts deutlich erkennen, auch wenn sie versuchen, ihr Aussehen zu verfeinern. Das belegen auch die Zeugnisse der Zeitgenossen. Der englische Reisende Edward Browne schreibt in einem Brief von 1665: «Sie ist klein, dick und ein wenig schief. Gewöhnlich trägt sie einen violetten Samtrock, eine breite Krawatte und eine Männerperücke. Sie ist immer fröhlich, legt ein freizügiges Verhalten an den Tag.» Viele Jahre später, da sind wir schon im Jahre 1688, schreibt ein Franzose, wiederum in einem Brief, mit sehr viel weniger schmeichelhaften Worten: «Sie ist von niedrigem Wuchs, dick und korpulent. Ihre Farbe, die Stimme und die Gesichtszüge sind die eines Mannes. Sie hat eine starke Nase, große blaue Augen, blonde Augenbrauen und ein Doppelkinn, aus dem Bartstoppeln hervorwachsen.»

Das zentrale politische Ereignis ihrer Jugend war der Westfälische Friede, der am 24. Oktober 1648 unterzeichnet wurde und dem Dreißigjährigen Krieg ein Ende setzte. Ein Krieg, der mit seinen Massakern und Plünderungen größtenteils auf dem Boden Deutschlands stattfand, das am Ende in Schutt und Asche lag. Mit dem Vertrag wurde eine Neuordnung Europas begründet, die bis fast in unsere Tage Gültigkeit behielt: Frankreich begann seinen Aufstieg, als der künftige Sonnenkönig erst zehn Jahre alt war, während Spanien nach dem Verlust der niederländischen Provinzen seinen Niedergang erlebte. Zu den Verlierern gehörte auch der Papst. In dem Vertrag sah er das Ende der katholischen Hoffnung auf einen unter dem *Triregnum* Roms vereinigten Kontinent.

Der Westfälische Friede von 1648 brachte mit seinen Religionsartikeln gegenüber dem bislang gültigen Augsburger Religionsfrieden von 1555 einschneidende Veränderungen mit sich. So mussten die Untertanen einen Religionswechsel ihres Herrschers nicht mehr mitvollziehen. Und im Reich waren jetzt alle drei Konfessionen, Katholizismus, Luthertum und Calvinismus, offiziell zugelassen. Die Reaktionen aus Rom waren scharf. Nachdem Papst Innozenz X. die Bedingungen des Vertrags gelesen hatte, protestierte er in seiner Bulle *Zelus Domus Die* aufs Heftigste dagegen und bezeichnete ihn als «null, nichtig, ungültig, ungeheuerlich, ungerecht, verdammenswert, ruchlos, dumm und für alle Zeit bar jeglicher Bedeutung». Nicht mehr als ein Wutausbruch «bar jeder Bedeutung», denn der Papst wollte damit historische Bedingungen vom Tisch wischen, die in ganz Europa herangereift und anerkannt waren.

Und Christina? Die Königin von Schweden, Tochter des großen Gustav II. Adolf, der in diesem Krieg gestorben war, war eine der Garantinnen des Friedens geworden. Wenn es ihr aufgrund höchst privater Gründe nicht gefiel, auf dem Thron zu bleiben, hätte sie sich darauf beschränken können, ihn zu verlassen und weiter eine herausragende und mächtige Persönlichkeit ihres Landes zu bleiben. Sie hätte zur Paladinin der religiösen Toleranz werden und auf diese Weise das Andenken an ihren verstorbenen Vater ehren können. Sie wählte einen anderen Weg, und über die Motive dieser Wahl sind die Biographen unterschiedlicher Auffassung, weil die Quellen verschwiegen sind und weil es beinahe unmöglich ist, in die Seele eines menschlichen Wesens hineinzuspähen. Eine einzige Gewissheit gibt es, dass nämlich ihr Vater, ein unermüdlicher Befürworter der Reformation, ihre Handlungsweise aufs Schärfste missbilligt hätte.

Christina wählte Rom, die Sonne des Mittelmeers, eine mildere Natur, ein weniger kaltes Licht, das sogar den Schmutz und das Elend, an dem es in Rom, wie übrigens auch in ihrem Schweden, nicht fehlte, zu erwärmen imstande war. Wie einer ihrer Biographen schreibt: «Sie hatte auf die Krone verzichtet, wollte aber eine Königin bleiben, im Mittelpunkt der Ereignisse stehen.» Und dies würde ihr in Rom möglich sein. Sich aber als Lutheranerin in der Stadt der Päpste niederzulassen, war nicht möglich, und es war auch nicht angezeigt. Als Königin war sie rechtlich das Kirchenoberhaupt ihres Landes gewesen, genau wie es der König von England nach der Reform Heinrichs VIII. für die anglikanische Kirche war. Die notwendige Voraussetzung dafür, sich in Rom niederzulassen, war die Konversion zum katholischen Glauben.

Das war aber gar nicht so einfach. Die ehemalige Herrscherin brach mit einem Gefolge von lediglich vier Edelmännern aus Schweden auf und machte in Brüssel Station, wo sie im herrlichen Egmont-Palast eine königliche Residenz erhielt. In der Privatkapelle des Palastes, in direkter Nachbarschaft zu ihren Gemächern, schwor sie am Heiligabend des Jahres 1654 dem evangelisch-lutherischen Glauben ab und sprach das katholische Glaubensbekenntnis. Dies war aber nur der erste Schritt, denn die Brüsseler Zeremonie hatte privaten Charakter und konnte die ruhelose Christina sicher nicht zufriedenstellen. In der Tat, einige Monate später ist sie in Innsbruck zu Gast beim Erzherzog Ferdinand, und dort schließlich wird die ehemalige Königin von Schweden am 3. November 1655 in der königlichen Kapelle offiziell in den Schoß der neuen Kirche aufgenommen, mit allem gebührenden Pomp, in angemessenem Habit, im Rahmen einer feierlichen Messe mit *Te Deum*, Glockengeläut, Kanonendonner, Jubel des Volkes.

In Rom war inzwischen Alexander VII. (Fabio Chigi, 1655–1667) auf den Petrusthron gestiegen. In gewagtem Italienisch schickte ihm Christina sogleich einen Brief totaler Unterwerfung: «*Ho manifestato al mondo per obbedire a Vostra Santità aver lasciato con somma allegrezza quel regno dove il riverirla è posto tra i peccati inammissibili ...*» (etwa: «Ich habe der Welt gezeigt, um Eurer Heiligkeit zu gehorchen, mit größter Freude jenes Königreich aufzugeben, wo Ihre Verehrung zu den unzulässigen Sünden gehört.») Die Konversion einer Königin, so taktisch sie auch gewesen sein mag, war nach der tiefen Wunde der Reformation eine wichtige Eroberung für die Kirche von Rom. Und der Papst beabsichtigte, das Ereignis, wie man heute sagen würde, medial auszuschlachten. Auch aus diesem Grund, nicht nur wegen der in Rom wütenden Pest, war Christinas Reiseroute ein wenig umständlicher als nötig. Man brauchte die Zeit, um den Einzug der Neukonvertitin adäquat vorzubereiten: Mantua, Ferrara, Bologna, Pesaro, Ancona, Loreto, Assisi, Bracciano waren die Stationen.

Am Ende gab es einen doppelten Einzug. Der erste fand in der Dämmerung des 10. Dezembers beinahe unbemerkt statt. Nach einigen Tagen der Ruhe aber verließ Christina die Stadt noch einmal und begab sich zur Milvischen Brücke, wo sich ein prunkvoller Tross aus Adeligen, hohen Prälaten, Militärs, Kutschen und Pferden formiert hatte, der sie mit allen Ehren bis zum Petersdom geleitete. Der Papst hatte ein besonderes Fahrzeug für sie herrichten lassen, doch die junge Frau (sie war gerade 29 Jahre alt geworden) zog es vor, auf ihr weißes Reitpferd zu steigen, und so betrat sie die Ewige Stadt durch die Porta del Popolo, die Straßen waren überfüllt mit einer Menge Neugieriger, die ihr zujubelten und applaudierten: in grünen Samt gekleidet, mit dem Schwert gegürtet, einen großen Federhut auf dem Kopf, der Schmuck und Schutz war vor dem grauen Wetter, mit dem sie von Rom empfangen wurde. Übrigens ließ Regisseur Rouben Mamoulian auch Greta Garbo einen solchen Federhut tragen, als er 1933 den Film «Königin Christina» drehte.

Alexander VII. war zufrieden über ihre Ankunft, auch wenn er zunächst eine abwartende Haltung an den Tag legte, denn er wollte diese ruhelose Frau erst besser kennen und einschätzen lernen. Jedenfalls bedeutete ihre Konversion einen spektakulären Punktsieg über den Protestantismus, der Rom den halben Kontinent entrissen hatte. Fabio Chigi, ein strenger und frommer Papst, hatte lange in deutschen Landen gelebt und dort die Schlichtheit der Religionsausübung schätzen gelernt, die Fähigkeit zur stillen Sammlung, die so grundverschieden war von dem lärmenden und in vielen Zügen noch fast heidnischen Glauben, wie er in Rom praktiziert wurde. In sein Schlafzimmer hatte er als konstantes *Memento mori* einen Sarg stellen lassen. Was Frauen betrifft, so hatte er die furchterregende Olimpia Maidalchini aus dem Vatikan entfernt, von der sich sein Vorgänger hatte unterjochen lassen, dessen Schwägerin und vermutlich auch Geliebte sie gewesen war. Als machtbewusste Intrigantin hatte Olimpia den älteren Bruder des Papstes geheiratet und wurde während seines Pontifikats praktisch zur wichtigsten Instanz für die Erteilung von Gefälligkeiten und Gunsterweisen. Das Volk von Rom nannte sie verächtlich «la Pimpaccia» (die Dreiste) oder «die Päpstin» (vgl. Kapitel VI).

Nachdem Olimpia von der Bühne verschwunden war – die übrigens kurz darauf an der Pest starb –, hielt nun die Schwedin Christina Einzug, Intrigantin auch sie, doch mit jener Dosis Naivität, die aus ihr eher eine Träumerin als ein echtes Machtinstrument oder gar eine Gefahr machte. Im strengen Klima des Protestantismus und in der eisigen Kälte ihres Landes aufgewachsen, tauchte die ehemalige Königin nun ein in die römische Barockpracht, in eine Religiosität, bei der liturgischer Pomp nicht selten die Tiefe des Glaubens ersetzte. Eine Stadt der Feste, der Bälle, des Klatsches, der Hofmacherei und der Rennen, in der die Aristokraten-Paläste wie Edelsteine in einem Meer von elenden Hütten verstreut waren und wo die Aristokratie, ob sie nun «weiß» oder «schwarz»[8] war, inmitten einer Plebs erstrahlte, die in der erbärmlichsten Unwissenheit belassen wurde. Eine Stadt, die im Grunde heidnisch geblieben war, in der seltsame, legendenumwobene Objekte wie authentische Reliquien verehrt wurden: ein Arm Josephs von Arimathäa,[9] einer der dreißig dem Judas bezahlten Dinare, ein Fragment des echten Kreuzes, eines der Brote, die Jesus wundersam vermehrt hatte, und sogar seine bei der Beschneidung entfernte Vorhaut.

Der erste Wohnsitz Christinas war einer der schönsten Paläste Roms: Palazzo Farnese, mit der von Annibale Carracci ausgemalten Galerie, einem Markstein der Renaissance-Malerei. Es gab die Feste, bei denen Masken dazu dienten, verbotene Schelmereien und Galanterien zu kaschieren; die Karnevalsrennen am Corso, bei denen Pferde und Esel gegeneinander antraten und an denen die Juden (als *deicidi* – Gottesmörder) zur Volksbelustigung gezwungen wurden, teilzunehmen, auch wenn sie schon alt waren: unter dem Spottgelächter der Menge, die sie zur Zielscheibe von Wurfgeschossen aller Art machte, von faulem Obst bis zu toten Katzen. Das Ewige Rom also der Pracht und der Niedertracht, immer zum Hohngelächter, zur Grausamkeit und zur Freigiebigkeit bereit, immer ein wenig kindisch, immer extrem im Guten wie im Bösen. Im August des Jahres 1686, drei Jahre vor ihrem Tod, sollte Christina «die Hebräer dieser Stadt Rom» unter ihren besonderen Schutz stellen. Eine mutige Tat in einer Stadt, die ihre Juden seit über einem Jahrhundert im Ghetto einpferchte.

Ihres Ranges als Souveränin durchaus bewusst, öffnete sie ihre Salons dem Besten, was die Stadt an Talent, Geist, Macht zu bieten hatte. Ein Großteil der in Rom residierenden Kardinäle, an die dreißig, machten es sich zur Gewohnheit, an ihren Abenden teilzunehmen, hochzufrieden über den zugleich freudigen und festlichen Empfang, der ihnen zuteil wurde.

Unter ihren häufigsten Gästen war ein gewisser Decio Azzolino, der aus Fermo stammte und sich die Schlauheit der heimatlichen Marken bewahrt hatte. Ein Mann von bescheidener Statur und sehr lebhaftem Geist. Fünf seiner neun Schwestern waren Nonnen geworden, so wie einer seiner Brüder (wie er) Priester geworden war. In weniger wohlhabenden Familien galt es als passable Lösung, mitgiftlose Töchter in den Dienst der Kirche zu stellen.

Als Protegé der schlimmen Donna Olimpia war Azzolino zu Zeiten Innozenz' X. als kaum Zwanzigjähriger zum *segretario della Cifra* ernannt worden, also zum Verantwortlichen für die Geheimcodes der päpstlichen Korrespondenz. Ein äußerst anspruchsvolles Amt, wie man sich vorstellen kann, für das man technisches Können brauchte und gleichzeitig über einen ausgeprägten Realismus sowie eine gewisse Begabung für Intrigantentum verfügen musste. Von all diesen Talenten wird er reichlich Proben abliefern und die kirchliche Karriereleiter bis ganz nach oben erklimmen. Abgesehen davon hatte er ein sehr intensives Sexualleben, jedenfalls bis er Christina kennenlernte. Zwischen den beiden war es Liebe, lebenslang, zärtlich und vielleicht auch sexuell (worauf es aber keine sicheren Hinweise gibt). Mit gewissen Schwankungen natürlich, Eifersucht und kleinen Racheakten, wie bei jeder echten Liebe eben.

Noch im Alter sah man die beiden Seite an Seite im Park des Palazzo Corsini spazieren gehen und in aller Ruhe miteinander diskutieren, die neuesten Bücher kommentieren, sich über ihre Krankheiten austauschen, der Schritt langsamer geworden, das jugendliche Feuer vom Alter gebändigt. Von allen Phantasmen, Utopien, Träumen, mit denen die Königin im Laufe der Jahre geliebäugelt hatte, war das Konkreteste, was ihr bleib, als sie einmal die Sechzig überschritten hatte, der alte Kardinal, der einst imstande gewesen war, die Papstwahl zu beeinflussen, und der jetzt begonnen hatte, einen Teil seines Vermögens wohltätigen Zwecken zuzuführen.

In Christinas Leben hat es allerdings auch ein grausiges Ereignis gegeben, das erzählt werden muss, weil es etwas über ihre Mentalität und gleichzeitig über die eigennützige politische Nachsicht aussagt, mit dem sie vom Papst und seinem Hofstaat behandelt wurde. Es geht um einen Mord, noch dazu einen so erbarmungslos verübten, dass er selbst in einem bewegten Leben wie dem ihren unauslöschlich bleibt.

Im November 1657 befindet sich Christina als Gast Ludwigs XIV., des Königs von Frankreich, in Fontainebleau. Zweck ihres Besuches war, herauszufinden, ob der künftige Sonnenkönig ihr bei der Eroberung der Krone Neapels behilflich wäre. Mit bemerkenswerter Naivität oder unbesonnenem Ehrgeiz hatte Christina nämlich geglaubt, sich in die Kämpfe zwischen Frankreich und Spanien einschalten zu können, um sich wieder ein eigenes Königreich zurechtzuschneidern. Ludwig war erst 19 Jahre alt, sein Tutor aber, der äußerst fähige, gerissene Kardinal Mazarin (geboren als Giulio Mazzarino in einem abgelegenen Abruzzendorf und schließlich am französischen Königshof gelandet), hatte ihr gegenüber zu verstehen gegeben, dass man es früher oder später vielleicht versuchen könnte.

In Wahrheit dachte Mazarin an sich selbst und seinen König, die vagen halben Versprechungen waren nur ein Mittel, die rastlose Frau ruhigzustellen, die in Rom noch nützlich sein konnte. Die Monate vergingen, und das Königreich Neapel löste sich immer mehr in Luft auf. Noch schlimmer: Hartnäckig hielten sich Stimmen, die versicherten, Mazarin führe insgeheim Friedensverhandlungen mit Spanien, was für Christina bedeutete, dass sie ihren Plan komplett ad acta legen konnte. Die Ex-Königin hatte diesen Traum aber so lange gehegt, dass sie schon die Uniformen des Heeres hatte entwerfen lassen, an dessen Spitze sie sich setzen wollte: Jacken in Violett und Schwarz mit Silberstickerei. Nun sah es plötzlich so aus, als würde sich alles auflösen wie Nebel in der Sonne. Ihr Ärger, vielleicht waren es aber auch konkretere Gründe, trieb sie dazu, die Verantwortung für diese Schmach dem Stallmeister ihres Gefolges, dem Marchese Gian Rinaldo Monaldeschi, zuzuschreiben, einem möglicherweise unzuverlässigen Bediensteten, der aber gewiss nicht das entsetzliche Ende verdiente, das Christina anordnete, nachdem sie ihn wegen Verrats angeklagt hatte.

Die grauenhafte Szene spielte sich am 10. November in der Hirschgalerie des Schlosses von Fontainebleau ab. Dort war die Königin mit drei Männern, einem Priester und dem unglücklichen Markgrafen zusammengekommen. Christina präsentierte ein Päckchen Briefe von der Hand eines der Männer seines Vertrauens (Francesco Maria Santinelli), in denen Diskreditierendes über sie gesagt wurde. In Wahrheit waren die Episteln von Monaldeschi selbst gefälscht worden, der dies beim Verhör auch unverblümt eingestand und angab, er habe keine böse Absicht damit verfolgt; er brachte einige schwache Ausflüchte vor. Der Mann hatte Todesangst, Christina blieb unnachgiebig, die drei Männer hatten den Degen schon gezogen. An einem gewissen Punkt fiel Monaldeschi der Königin zu Füßen und flehte sie um Vergebung an (auf einem Gemälde im Schloss ist diese Szene zu sehen), sprach lange zu ihr, schluchzend. Die Königin hörte ihm ungerührt zu, am Ende dieses langen Plädoyers sagte sie eiskalt zu dem Priester: «Bereiten Sie diesen Menschen auf den Tod vor.» Nachdem sie dies gesagt hatte, verließ sie die Galerie und zog sich in ihre Gemächer zurück.

Es gab verschiedene Fürbitte-Versuche, auch wurde Christina darauf hingewiesen, dass das Schloss französisches Territorium sei und sie in einem fremden Land zu Gast weilte, dass also die Tötung des Mannes nicht nur das Recht, sondern auch die Gesetze der Gastfreundschaft verletzen würde. Dem entgegnete Christina, dass ihr Recht, als Herrscherin über ihre eigenen Untertanen Gericht zu halten, auch in Fontainebleau unvermindert fortbestehe und der Priester also schleunigst tun solle, was seines Amtes sei. Als klar war, dass nichts mehr versucht werden konnte, versenkte einer der drei Männer mit einem blitzartigen Stoß das Eisen in den Magen des weiter um sein Leben bettelnden Markgrafen. Der Stoß war nicht tödlich, denn unter dem Gewand trug Monaldeschi ein Panzerhemd – was ihm aber am Ende nichts nutzen sollte. Weitere Hiebe wurden gegen ihn geführt, doch auch diesmal war kein Todesstoß dabei. Blutend, verstümmelt – beim Versuch, die Klinge der Angreifer abzuwehren, wurden ihm einige Finger abgehauen – schleppte sich der Markgraf, aus klaffenden Wunden blutend, stöhnend die Wandtäfelung entlang und empfahl in einem nicht enden wollenden Todeskampf seine Seele Gott. Schließlich gelang es einem der drei Henker, ihn zu töten, indem er ihm mit einem langen Schwert von einer Seite zur anderen die Kehle durchtrennte.

Was genau der Markgraf getan hatte, um die Königin zu einer solchen Erbarmungslosigkeit zu treiben, ist nie vollständig geklärt worden. Gewiss konnte es nicht die Fälschung der Briefe gewesen sein: ein stümperhaftes Komplott der Höflinge. Es war die Rede von einer Liebe, die in Hass umgeschlagen war, von vertraulichen Informationen, die der Markgraf benutzt hatte, um ihr zu schaden, von einer Verschwörung, um ihr den Thron von Neapel zu entreißen, von überschwenglichen Schmeicheleien ihr gegenüber, die durch sein Verhalten hinter ihrem Rücken brutal konterkariert wurden. Um der grausamen Exekution einen Anschein von Legalität zu verleihen, wurde bekanntgegeben, der Markgraf sei des politischen Verrats überführt worden. Mazarins Zorn war jedenfalls groß und auch der Papst war so erschüttert, dass er Christina befahl, eine Zeitlang nicht nach Rom zurückzukehren. Ein Befehl, den die stolze Königin ignorierte.

Im Gegenteil, ihr ganzes Leben lang beeilte sie sich jedes Mal, wenn in irgendeiner Weise die Rede darauf kam, ihre felsenfeste Überzeugung zu unterstreichen, im Recht gewesen zu sein. Mazarin hatte sie geschrieben: «Wir Nordländer sind recht hart und an sich gar nicht feige … Über mein Vorgehen gegen Graf Monaldeschi kann ich nur sagen, dass ich an dem betreffenden Tag nicht zu Bett gegangen wäre, ohne so zu handeln – wenn ich nicht ohnehin schon gehandelt hätte. Ich habe keinen Anlass zur Reue.» Im Schloss Fontainebleau kann man heute in einem Schaukasten den Kettenpanzer und das Schwert sehen, mit denen Monaldeschi versucht hatte, sein Leben zu retten. Bei genauem Hinsehen sieht es so aus, als seien zwischen den Maschen noch Blutspuren zu erkennen.

Der Mord an dem Markgrafen hinterließ einen Schatten in Christinas Leben, den sie nie wieder loswurde, obwohl er für sie persönlich keinerlei Folgen hatte. Die Königin kehrte nach Rom zurück, nahm ihr Leben wieder auf: die Akademien, die Begegnungen mit wichtigen Persönlichkeiten und Künstlern, die liebevolle Beziehung zu Kardinal Azzolino. An ihrem «Hof» konnte man des Öfteren Alessandro Scarlatti treffen (der eine Zeitlang ihr «Kapellmeister» war), Arcangelo Corelli, den Cembalisten Bernardo Pasquini, nicht selten sogar Bernini. Zu den bevorzugten Gästen gehörten einige der besten Sängerinnen der Stadt (Angelina Quadrelli, Antonia Coresi, Maria Landini) sowie der Kastrat Antonio Rivani, der *Cicciolino* («Schnuckelchen»), ein Virtuose mit engelhafter Stimme, über den Christina – künstlerisch – extrem eifersüchtig wachte.

Auf dem Platz des alten Stadtgefängnisses Tor di Nona ließ sie ein öffentliches Theater errichten, das erste in Rom, in dem echte Frauen als Schauspielerinnen und Sängerinnen auftraten, ihre «schönen Schützlinge». Papst Clemens X. (1670–1676) hatte einen alten Erlass zurücknehmen müssen, nach dem es Frauen verboten war, auf der Bühne zu stehen. An ihrer Stelle hatten Kastraten mit ihren Falsettstimmen aufzutreten. Ein Verbot, das im Zusammenhang mit der generellen Frauenfeindlichkeit der katholischen Kirche zu sehen ist, die nach dem Konzil von Trient insbesondere von den Jesuiten noch geschürt wurde.

Doch der Aktivismus der Königin beschränkte sich nicht auf das Zuhören und Zusehen und die Konversation. Neben der botanischen Organisation ihrer Gärten baute Christina eine riesige Bibliothek mit ungefähr 30 000 Bänden und fast 10 000 Manuskripten auf, ein bedeutendes Medaillenkabinett, ein wissenschaftliches Labor, in dem sie Alchemie-Experimente durchführte. Wie alle, die sich forschend mit der Welt des Okkulten beschäftigten, wollte sie Blei in Gold verwandeln. In ihrem Fall jedoch mit einem genau definierten Ziel, das schon an Utopie oder eine weitere Illusion grenzte: Mit dem gewonnenen Gold wollte sie eine Armee ausrüsten, um gegen die Türken zu Felde zu ziehen.

Mit dem Gold wurde es natürlich nichts, die Armee blieb eines ihrer verrückten, nie realisierten Projekte. In der Zwischenzeit wählte das Konklave 1676 auf heftigen Druck Ludwigs XIV., der sehr mächtig geworden war, unter dem Namen Innozenz XI. Benedetto Odescalchi zum Papst. Mit ihm kam ein neuer, restaurativer Wind auf: Schließung der Theater, einschließlich des Tordinona, erneutes Bühnenauftritts-Verbot für Frauen, denen es außerdem untersagt wurde, Musikunterricht zu nehmen – Musik sei «der weiblichen Bescheidenheit nicht zuträglich». Es gab Proteste, allerdings vorsichtige, denn der neue Papst führte selbst ein beispielhaft schlichtes und karges Leben und es erschien unklug, einen gerade erst inthronisierten Souverän zu verärgern. Sein Vorgänger Clemens X. hatte Christina eine Rente von jährlich 12 000 Scudi gewährt, Innozenz schaffte sie sehr schnell ab. Es sieht aber so aus, als ob die Betroffene sich nicht weiter darüber aufregte. Sie hatte immer über ihre Verhältnisse gelebt, Schulden gemacht, auf geheimnisvolle Ressourcen zurückgreifen können, mit der Lässigkeit, die nur Menschen kennen, die nie wirklich beengte Verhältnisse kennengelernt haben.

Sie lebte ihr Leben weiter, das inzwischen in sehr eingefahrenen Bahnen verlief, und erlebte neben der langen liebevollen Gewohnheitsbeziehung mit ihrem Kardinal noch die eine oder andere Liebe. Eine ihrer letzten Geliebten war die Tänzerin und Sängerin Angelica Voglia, bekannt auch unter dem Namen *La Giorgina*. Die Beziehungen Christinas zu Frauen sind immer eigenartig und kompliziert gewesen, obwohl im Grunde erklärbar, im Gegensatz zu anderen ihrer Kapricen. Bei einer Reise nach Frankreich zum Beispiel hatte sie partout Ninon de Lenclos kennenlernen wollen, die berühmte Kurtisane, die ins Kloster «geschickt» worden war, weil sie es mit ihren amourösen Gunsterweisungen ein wenig übertrieben hatte. Stundenlang unterhielt sich Christina mit ihr, tauschte Vertraulichkeiten aus und ließ sich sogar Urteilen über die Religion hinreißen, die den Papst, nachdem sie ihm hinterbracht wurden, schwer verärgerten. Die Ex-Königin hatte nämlich erklärt, ihre wahre Religion sei die Lehre der alten Philosophen und alles andere komme ihr lächerlich vor oder wie Hochstapelei.

Wahrscheinlich war sie aufrichtig in dieser lebhaften Wertschätzung eines Lebens frei von festen Bindungen, offen für «Unordnung», im Endeffekt heidnisch. Aus demselben Grund wahrscheinlich hasste sie den Anblick von schwangeren Frauen, sie, die den Thron aufgegeben hatte, um ihren dynastischen Pflichten nicht nachkommen und Mutter werden zu müssen. Als sie erfuhr, dass eine ihrer Zofen in anderen Umständen war, befahl sie, dass sie ihr nicht mehr vor die Augen treten solle.

So blieb sie bis zum Schluss, umgeben vom buntesten und unerhörtesten Hofstaat, den Rom je gesehen hat: erlesene Geister, große Künstler, aber auch Schwindler, Scharlatane, Abenteurer, Zuhälter, Prostituierte. In den letzten Jahren scheint sich ihre spirituelle Orientierung vertieft zu haben, mit der paradoxen Folge, dass sie noch wütender war über die Pracht und Verschwendung am päpstlichen Hofe, vielleicht aber auch nur enttäuschter. Ihrem Azzolino schrieb sie in einem Brief: «Es ist schmerzlich zu sehen, wie viele Millionen des Kirchenschatzes für unschicklichen Luxus und Gratifikationen für absolute Nichtsnutze verschwendet werden, die den Armen das Blut und den Schweiß aussaugen.»

Wahrscheinlich hatte sie begriffen, dass ihr aufgrund ihrer Konversion sehr viel Freiheit eingeräumt und fast alles verziehen worden war. Sie konnte es nicht wissen, aber sicher hätte es ihr gefallen, dass man ihr im Petersdom ein prunkvolles Mausoleum errichten würde. Sie war zwar eine Art verhindertes Genie, aber sie war auch lesbisch, extravagant, gewalttätig und Auftraggeberin eines Mordes. Ihre Präsenz in der Basilika, inmitten von Heiligen, Jungfrauen und Märtyrern (angefangen beim Mitbegründer Petrus) war eindeutig unpassend. Doch noch als Tote behielt Christina die Trumpfkarte, die ihr auch im Leben den immerwährenden Sieg garantiert hatte: eine der schönsten Eroberungen der Kirche zu sein, eine Königin, die der lutherischen Häresie entrissen worden war.

Der Petersdom ist gedrängt voll mit Grabmonumenten. Die meisten davon herausragend, entweder aufgrund ihrer künstlerischen Ausführung oder wegen der Bedeutung der geehrten Persönlichkeiten. Das Mausoleum Christinas von Schweden und das zweite, von dem ich jetzt erzählen werde, finden ihre Begründung dagegen vorrangig in der politischen Strategie der Päpste.

Im linken Seitenschiff, gleich hinter dem Eingang, steht ein herrliches Kenotaph, das Antonio Canova in dem ihm eigenen reinen neoklassischen Stil skulptiert und komponiert hat. Eine verschachtelte Widmungsinschrift lautet: IACOBO III IACOBI II MAGNAE BRIT REGIS FILIO KAROLO EDUARDO ET HENRICO DECANO PATRUM CARDINALIUM IACOBI III FILIIS REGIAE STIRPIS STUARDIAE POSTREMIS ANNO M.DCCC.XIX. (Für Jakob III., den Sohn Jakobs II., des Königs Großbritanniens (und) für Charles Edward und Henry, den Dekan der Kardinalsväter, die Söhne Jakobs des Dritten, die letzten des königlichen Geschlechts der Stuarts, im Jahr 1819).

Der Künstler hat auf diese Weise im Jahre 1819 die Familie Stuart unsterblich gemacht, die drei Jahrhunderte lang über Schottland und bis 1688 über ganz Großbritannien geherrscht hatte. Kurios ist der Ursprung des Namens, weil *Stewart* oder *Steward*, später *Stuart* zunächst nichts als das Amt des Haushofmeisters bezeichnete (eines Majordomus, ein hoher Würdenträger), das König David I., der im 12. Jahrhundert König gewesen war, einem Familienmitglied gewährt hatte. Der Zeitraum, der uns interessiert, kommt aber erst sehr viel später, im 17. Jahrhundert, inmitten der grandiosen Ereignisse, die später als *Glorious Revolution* (Glorreiche Revolution) in die Geschichte eingingen und durch die Großbritannien zum Primat einer konstitutionellen Monarchie kam.

Es geschah, dass der unglückselige Karl I. (1600–1649), König von England, Schottland und Irland, die katholische Henriette Marie de Bourbon heiratete, Tochter Heinrichs IV. von Frankreich und Schwester Ludwigs XIII. Zu Beginn des 16. Jahrhunderts hatte sich einer seiner mächtigen Vorgänger, Heinrich VIII., darüber geärgert, dass der Papst ihm die Scheidung verweigerte, und eine neue christliche Konfession initiiert, die *Anglicana Ecclesia* (Anglikanische Kirche). Sich selbst hatte er zu ihrem Oberhaupt erklärt und damit auch alle seine Nachfolger zu Inhabern dieses Amtes gemacht. Infolgedessen musste Karls Heirat mit einer *Papista* (also einer Anhängerin oder sogar Agentin des Papstes) als höchst unklug betrachtet werden, viele sahen darin in der Tat den Beginn einer Wiederannäherung an Rom.

Infolge der erdrückenden Steuerpolitik, die Karl hatte einschlagen müssen, um seine Kriege zu finanzieren, explodierte der latente Argwohn. Der kontinuierliche Konflikt zwischen Krone und Parlament, das Missverhältnis zwischen dem Willen des Königs und seinen schwachen Machtbefugnissen provozierte, wie immer, wenn sich Anmaßung mit Schwäche verbindet, den Bürgerkrieg. Kurz: Am 30. Januar 1649 endete der König unter dem Beil des Henkers. Anderthalb Jahrhunderte bevor die Jakobiner 1793 in Paris das Haupt Ludwigs XVI. unter der Guillotine zu Fall brachten, sind es die Engländer, die ihren Herrscher um einen Kopf kürzer machen. Übrigens dreht sich der Plot von Alexandre Dumas' Roman *Zwanzig Jahre später* (Folgeroman der *Drei Musketiere*) um den Versuch von Athos und Aramis, dem armen Karl das Leben zu retten. Im Auftrag Henriette Maries, der Gattin von Karl I., dem beim Volk verhassten König, und, wie gesagt, der Schwester Ludwigs XIII., werden Athos und Aramis gemeinsam mit Lord Winter nach England geschickt, um dem in Bedrängnis geratenen König zu Hilfe eilen. Beim Lichten der Anker entdecken sie Mordaunt, dessen Identität von Winter offenbart wird. Aramis versucht, ihn zu töten, doch Athos hindert ihn daran, weil er fürchtet, dass ihn der Teufel geschickt haben könnte, und es besser sei, ihn am Leben zu lassen, ebenso wie man mit seiner Mutter verfahren war … usw.

Als der König schließlich tot ist, wird er auf dem Thron nicht von einem anderen König ersetzt, sondern von einem Tyrannen: jenem

Oliver Cromwell, dem Führer der Puritaner, der durch die Annahme des Titels «Lordprotektor des Commonwealth» zwar seine persönliche Macht bestätigt, aber auch das Phantasma einer Republik heraufbeschwört. Die darauf folgende Restauration durch die Stuarts sieht auf dem Thron hintereinander zwei Brüder, beide Söhne des verstorbenen Karls I.: von 1660 bis 1685 Karl II. und danach, sehr viel kürzer, von 1685 bis 1688, Jakob II.

Wenn behauptet wird, die *Glorious Revolution* von 1688 sei ein schnelles und in der Substanz unblutiges Ereignis gewesen, ist das also keine ganz exakte Beschreibung. Man kann zwar sagen, dass sie sich innerhalb eines kurzen Zeitraums abgespielt hat (ca. drei Monate) und dass es relativ wenige Opfer gab, doch nur, wenn man nicht mitbedenkt, dass die Ereignisse, deren Protagonist, wie wir gleich sehen werden, König Jakob II. werden sollte, den Abschluss eines Konfliktes bilden, der bereits vierzig Jahre zuvor mit der traurigen und chaotischen Herrschaft seines Vaters, Karls I., begonnen hatte. Bevor er für eine kurze Zeit den Thron bestieg, war der Herzog von York, so sein Titel, Kommandant der Royal Navy gewesen (*Lord High Admiral*). Als sich die Engländer 1664 des holländischen Gebietes in Neuholland bemächtigten, wurde ihm zu Ehren die wichtigste Stadt, New Amsterdam, in New York umgetauft.

Seine erste Frau Anna Hyde stirbt 1671 und hinterlässt ihm (neben sechs weiteren Kindern) zwei Töchter, Maria und Anna. Wie in den römischen Kaiserdynastien wiederholen sich dieselben Namen von Generation zu Generation immer wieder. Für seine neue Ehe erwählt Jakob die italienische Prinzessin Maria d'Este von Modena, eine Katholikin, was beim Parlament sofort Verdacht erregt; auch über Maria wird natürlich gemunkelt, sie sei eine Spionin des Papstes. Um die Situation wieder ins Gleichgewicht zu bringen, arrangiert der herrschende Monarch Karl II. eine Ehe zwischen Maria, einer Tochter aus der ersten Ehe seines Bruders, und dem Protestanten Wilhelm III. von Oranien, Statthalter der Niederlande, der seine Nachkommenschaft nach der reformierten Religion erzieht, was die Angst vor der Gefahr einer Rückkehr der katholischen Konfession vertreiben soll.

Doch der Trick mit der Heirat besänftigt die allgemeine Unzufriedenheit nicht. Ein anglikanischer Geistlicher, ehemaliger Jesuit, Titus Oates, verbreitet das Gerücht einer angeblichen Papisten-Verschwörung (*Papish Plot*), mit dem Karl II. durch den katholischen

Jakob ersetzt werden soll. Karls Frau, die portugiesische Prinzessin Katharina Henrietta von Braganza, hatte sich als unfruchtbar erwiesen, und obwohl der König mit verschiedenen Geliebten ein Dutzend Kinder in die Welt gesetzt hatte, fehlte es an einem legitimen Erben. Und dies machte seinen Bruder Jakob zum aussichtsreichsten Kandidaten für die Nachfolge.

Karl II. stirbt im Februar 1685, nachdem auch er auf dem Sterbebett noch zum Katholizismus konvertiert ist. Jakob, der Herzog von York, wird neuer König. Er ist 52 Jahre alt und wird anfangs mit Wohlwollen aufgenommen. Sehr schnell aber ist auch er mit Revolten und Verschwörungen konfrontiert. Seiner «*Nachsichtserklärung*» (*Declaration of Indulgence*) wird vorgeworfen, sie stelle die Katholiken mit den Anglikanern nicht gleich, sondern begünstige sie. Die Situation verschärft sich weiter, als bekannt wird, dass seine Frau, Königin Maria, schwanger ist. Wenn es ein Junge wird, wird er die Oranier vom ersten Rang in der Thronfolgereihe verdrängen.

Jakob II. war ein guter Soldat gewesen, erwies sich aber als schwacher König. Die tragische Erfahrung eines unter dem Henkersbeil gestorbenen Vaters hätte ihm eigentlich eine Lehre sein müssen, er aber wiederholt teilweise die gleichen Fehler. Seinen Katholizismus stellt er ostentativ zur Schau, womit er sofort die einflussreichsten anglikanischen Kreise gegen sich aufbringt. Er besetzt alle Schlüsselpositionen in Regierung, Streitkräften, Universität mit Katholiken, womit er die Protestanten provoziert. Er knüpft wieder diplomatische Beziehungen mit dem Vatikan an, zum ersten Mal seit 1558, und das erregt den Zorn vieler, umso mehr, als Jakob persönlich katholisch, gleichzeitig als König aber Oberhaupt der anglikanischen Kirche ist. Ganz offenkundig ein Interessenkonflikt, wie wir es heute nennen würden.

Der Gipfel der Paradoxie besteht darin, dass sich trotz seiner erklärt pro-katholischen Politik die Zahl der Konversionen nicht erhöht und er selbst von der katholischen Minderheit nur schwach unterstützt wird. Die meisten entscheiden sich dafür, sich nicht allzu sehr zu exponieren, um die guten Beziehungen zur protestantischen Mehrheit nicht zu gefährden. In vielen anglikanischen Kirchen werden die Gläubigen von den Geistlichen gewarnt, vor einer möglicherweise bevorstehenden katholischen Repression auf der Hut zu sein. In London und anderen Städten werden feindselige Akte gegenüber römisch-katholischen Priestern aktenkundig.

Kurz, dem armen Jakob unterläuft ein gravierender Fehler, der schlimmste, den ein Politiker machen kann: Ihm entgeht oder er vernachlässigt die in seinem Volk vorherrschende Stimmung. Während der Regierungszeit seines Bruders Karl hat London zwei tragische Ereignisse erlebt: 1665 eine gewaltige Pestepidemie, im Jahr darauf einen verheerenden Brand (*The Great Fire*), der die Stadt zu einem Großteil zerstörte. Die einfachen Bürger sind solche Notlagen leid und auch der Religionskriege überdrüssig. Viele scheinen bereit, die Botschaft John Lockes und anderer Aufklärer aufzunehmen, die religiöse Toleranz empfehlen und die Anwendung des Prinzips, niemandem eine Religion aufzuzwingen; dass man die Menschen zu einer Kirche zwar hinführen könne, es aber unzulässig sei, sie dorthin zu zwingen. Das Gegenteil von dem, was Papst Innozenz XI. in Rom vertritt, und das ist einer der Gründe, weshalb die Katholiken in England als «abergläubisch» und «götzendienerisch» angesehen sind.

Zu diesen zahlreichen Unruheherden kommt noch eine schwerwiegende Meinungsverschiedenheit zwischen Jakob und seiner Frau Maria Beatrice d'Este. Der König, ein Mann von sehr sinnenfroher Veranlagung, gilt als *a lusty and amorous man* (etwa: ein kraftvoller und erotischer Mann) und unterhält, wie es bei den Mächtigen die Regel war, intime Beziehungen mit zahlreichen Damen. Eines der dauerhafteren Verhältnisse ist eine gewisse Catherine Sedley, die als Geliebte *en titre* gilt. Diese Beleidigung toleriert Maria Beatrice nicht, und es gelingt ihr, Catherine vom Hof jagen zu lassen. Der Skandal nimmt derartige Dimensionen an, dass Jakob noch in hohem Alter der festen Überzeugung ist, der wahre Grund für seine Entmachtung sei dieser Ehebruch gewesen.

Im Mai 1688 begibt sich eine englische Delegation nach Holland, um Wilhelm von Oranien ganz offiziell zum Eingreifen zu bewegen. Der *Statolder* erklärt, dass er als Voraussetzung für die von ihm erwartete Truppenlandung oder bewaffnete Intervention zu seiner Legitimation eine offizielle, von einer beträchtlichen Anzahl von Standespersonen unterzeichnete Anfrage benötige. Der Antrag erreicht ihn am 30. Juni, er ist von wichtigen Persönlichkeiten unterzeichnet, auch wenn nicht alle von dem Rang sind, den sich Jakob gewünscht hätte. Die Situation ist aber inzwischen so unhaltbar geworden, dass das ungenügende Prestige dieser Handvoll Unterschriften rasch in den Hintergrund tritt.

Doch damit nicht genug. Am 10. Juni hat Maria Beatrice einen gesunden kräftigen Knaben zur Welt gebracht, dem die Namen James Francis Edward gegeben werden. Außerdem wird ihm der ungewöhnliche Titel eines Prinzen von Wales verliehen. König Jakob hat nun einen Erben. In den Augen der Anglikaner und Protestanten lässt die Geburt dieses unschuldigen Kindes die Befürchtung des bevorstehenden Comebacks einer Papisten-Dynastie auf den englischen Thron wachsen. Damit verschlechtert sich Jakobs Position weiter. Der Erzbischof von Canterbury und ein Großteil des anglikanischen Klerus weigern sich, die neue Fassung der «Nachsichtserklärung» von der Kanzel zu verlesen, wie vom König befohlen. Wütend will der Herrscher die rebellischen Bischöfe am liebsten vor Gericht zerren, wovon ihm aber abgeraten wird. Man gibt ihm zu bedenken, dass ein nicht unwahrscheinlicher Freispruch der Bischöfe seine Schwäche noch offenkundiger machen würde. Doch der König besteht darauf, der Prozess endet mit dem Urteil «nicht schuldig» und wird, wie vorherzusehen war, zu einer schmachvollen Niederlage. Hier sehen viele Historiker den Beginn des letzten Aktes seines Ruins.

Ein weiterer, wohl den Erschütterungen des Augenblicks geschuldeter Lapsus ist die Drohung mit der Aufhebung des *Habeas Corpus*-Gesetzes,[10] das seit 1679 in Kraft war: eine Garantie für den Angeklagten in einem Strafprozess, ein sehr wichtiges Grundrecht, dessen Prinzip auf die von König Johann Ohneland bereits 1215 unterzeichnete *Magna Charta Libertatum*[11] zurückgeht. Die bloße Androhung einer Beschädigung dieser fundamentalen Errungenschaft war natürlich ein kaum wiedergutzumachender politischer Fehler. Nach ersten Warnungen über eine bevorstehende Invasion wähnt sich der König noch sicher, dass sein Schwiegersohn Wilhelm einen solchen Affront nicht wagen wird; dass seine Tochter Maria den Angriff des Ehemanns auf den Vater verhindern wird. Schon wieder eine Fehleinschätzung. Wir wissen, dass es anders kam, und unzählige Beispiele auch aus der italienischen oder der Geschichte Roms zeigen uns, dass es am Ende immer nur Machterwägungen sind, die den Ausschlag geben.

Tatsächlich bricht Wilhelm am 30. Oktober 1688 auf und landet am 5. November in Torbay in Devon. Es ist seit 1066 das erste Mal, dass an der englischen Küste ein Heer mit feindlichen Absichten landet. Wieder einmal weiß König Jakob nicht recht, was er tun soll: Soll er ihm mit seinen Truppen entgegenreiten und die Hauptstadt ungesichert zurücklassen? Soll er sein Heer um London herum Aufstellung nehmen lassen und sich in der Stadt verschanzen, mit dem Risiko, eine gefährlich unbestimmte Zeit auf die Ankunft Wilhelms warten zu müssen? Die einzigen unter seinen Offizieren, auf die er sich stützen kann, sind die Katholiken, die aber, im Gegensatz zu dem, was der Volksmund zu wissen glaubt, lediglich zehn Prozent der Kommandostellen innehaben. Mehrmals in diesen aufgewühlten Tagen erinnert Jakob den französischen Botschafter und den päpstlichen Nuntius an das Schicksal Edwards II., Heinrichs IV. und Richards II., die alle von ihren eigenen Familienangehörigen ermordet worden waren. Eine einzige Zusicherung hat Wilhelm seiner Frau gemacht: Ihrem Vater soll kein Haar gekrümmt werden, aber bekanntlich braucht es wenig, um das Versprechen eines Mächtigen in Luft aufzulösen.

Jakobs größte Sorge ist, dass ihm sein Neugeborener entzogen und als Protestant aufgezogen werden könnte. Er befiehlt also einem der wenigen Getreuen, die noch bereit sind, für ihn Risiken auf sich zu nehmen, seine Frau und sein Kind heil zu seinem Cousin Ludwig XIV. nach Frankreich zu bringen. Jakob gibt ihnen 24 Stunden Vorsprung und flieht dann selbst bei Nacht und Nebel, nachdem er den Befehl zur Auflösung des Heeres gegeben hat. Für einen Priester gehalten, wird er auf der Straße kontrolliert und zur Rückkehr nach London gezwungen. Wilhelm, der schon in Verhandlungen über seine Nachfolge eingetreten ist, erhält die Nachricht mit Missvergnügen. Um über die Zukunft zu entscheiden, braucht er einen freien und leeren Thron. Jakob wird nun empfohlen oder eher befohlen hinzugehen, wo er will, wenn es nur außerhalb Englands sei. Er wird sich mit einem kleinen Hofstaat wenige Kilometer vor Paris im Schloss Saint Germain en Laye niederlassen, einer der Residenzen der französischen Könige.

Dies ist, kurz zusammenfasst, die Vorgeschichte der *Glorious Revolution*. Eine sehr verwickelte Geschichte, die selbst in der extremen Vereinfachung, mit der sie hier erzählt ist, eine Idee davon vermittelt, welch starke Antriebe die Protagonisten leiteten; welche politischen Ideale und religiösen Faktoren ihre Handlungsweisen bestimmen, vor allem aber, von welch starken Interessen fast immer die Affekte und sogar die Religion dominiert werden. Und doch führte die Summe dieser so unterschiedlichen Elemente und häufig durch Egoismen motivierten Handlungen für die Geschichte der westlichen Zivilisation zu einer bahnbrechenden Reform. Das Endergebnis dieser Kämpfe war die konstitionelle Monarchie, durch die das englische Parlament in die Lage versetzt wurde, der Krone erhebliche Beschränkungen aufzuerlegen. In England und danach auch außerhalb der Insel behauptete sich das politische Prinzip, dass die Macht eines Königs von einer Reihe von Gegengewichten ausbalanciert sein muss, um niemanden auf die Idee zu bringen, das königliche Szepter mit der Keule des Tyrannen zu verwechseln. Auf dem englischen Thron wird jedenfalls nie wieder ein Katholik sitzen.

Wilhelm landet am 5. Oktober 1689, Jakob flieht am 23. Dezember, in der zweiten Januarhälfte wird sich das Parlament versammeln, am 13. Februar wird Wilhelm und seiner Frau gemeinsam die englische Krone angeboten.

Für unsere Geschichte von besonderem Interesse ist aber jenes damals geborene Kind, der Sohn von Jakob und Maria Beatrice, der aus Furcht, er könnte zum Protestanten erzogen werden, in einer dramatischen Flucht aus England gebracht wurde. 1718 lässt sich dieses Kind, inzwischen ein junger Mann Anfang dreißig, in Rom nieder, zu diesem Schritt ermutigt und sehr freundlich aufgenommen von Papst Clemens XI. (1700–1721) und seinen Nachfolgern. Der Papst wird ihm den Palazzo Muti Papazzurri zum Geschenk machen, ein schönes Gebäude mit einem imposanten, säulengerahmten Portal auf der Piazza della Pilotta, gegenüber der heutigen Università Gregoriana. Dem Palazzo fügten die Päpste noch eine stattliche Rente von 12 000 Scudi hinzu, als der unglückliche Thronanwärter Maria Clementina Sobieska heiratet, eine reiche polnische Prinzessin, auch sie katholisch, 14 Jahre jünger als ihr Gatte, Nichte jenes Giovanni Sobieska, der 1683 entscheidend dazu beigetragen hatte, Wien von der osmanischen Belagerung zu befreien.

Natürlich war eine Heirat von so durchsichtiger politischer und religiöser Symbolik nicht ganz einfach zu bewerkstelligen. Als das Gerücht von der Verlobung dieser beiden die Runde machte, kam es zwischen verschiedenen Herrschern, einschließlich des Papstes, zu einer Reihe von halsbrecherischen Schachzügen und Gegenzügen. Geheimkuriere durchquerten in Windeseile Europa, Diplomatie-Experten studierten angemessene Lösungen, Komplotte wurden geschmiedet, um diese Hochzeit zu verhindern. Die junge Prinzessin fand sich plötzlich im Zentrum einer Intrige, die heute einer leidenschaftlichen Fernseh-Soap würdig wäre.

Der entschiedenste Gegner des Vorhabens war Georg I. von Hannover, der König von England und Irland geworden war und befürchtete, dass die Katholische Frage wieder auf seine Insel zurückschlagen könnte, nachdem sie so abenteuerlich und, wie viele seiner Untertanen hofften, endgültig gelöst worden war. Der Kaiser des Heiligen römischen Reiches deutscher Nation, der Habsburger Karl VI., teilte die Besorgnisse des englischen Souveräns. Als er erfuhr, dass Maria Clementina, um nach Rom zu gelangen, durch sein Staatsgebiet reiste, ließ er sie verhaften und in ein Schloss in Innsbruck sperren. Ein ziemlich schauriges Quartier, aus dem die tapfere Prinzessin flüchten konnte, indem sie die Wärter an der Nase herumführte. Um weitere Handstreiche zu verhindern, wurde bei ihrer Ankunft in Bologna per Vollmacht umgehend die Eheschließung mit James vollzogen. Die eigentliche Hochzeit wurde im September 1719 in Montefiascone gefeiert. Papst Clemens XI. proklamierte das Paar – und das war natürlich der politische Sinn der ganzen Angelegenheit – zu König und Königin von England und gewährte ihnen außer dem Wohnsitz in der Stadt und einem weiteren auf den Hügeln im Süden Roms auch noch eine bewaffnete Eskorte.

Der Ehe entstammten zwei Kinder, der Erstgeborene Charles Edward Louis Philip Casimir kam gleich im Jahr nach der Hochzeit zur Welt; der zweite, Henry Benedict, im Jahre 1725. Trotz der dramatischen Entschlossenheit, mit der sie gewollt war, wurde es keine glückliche Ehe. Kurz nach der Geburt des zweiten Sohnes wurde Maria Clementina von einer religiösen Manie ergriffen, zog sich zum Beten in ein Kloster zurück und beschuldigte ihren Gatten abwechselnd des Ehebruchs (was sehr wahrscheinlich berechtigt war) und des Vorsatzes, die Kinder einem protestantischen Hauslehrer anvertrauen zu wollen, was in Rom nicht ganz einfach gewesen sein durfte, nicht einmal für einen, wenngleich entmachteten, Souverän.

Die unglückliche Prinzessin starb 1735 mit nur 32 Jahren. Papst Benedikt XIV., der Bologneser Prospero Lambertini (1740–1758) beauftragte den Bildhauer Pietro Bracci (den Schöpfer des Neptun der Fontana di Trevi) mit einem prunkvollen Grabmonument, das man ebenfalls im Petersdom bewundern kann: eine Komposition aus Marmor, Alabaster und Bronze, die in ihrer Pracht und ihrer bewegten Drapierung an Bernini erinnert, während das Bild der Verstorbenen in einem von einem Engelchen gehaltenen Oval als Mosaik dargestellt ist.

Mit voller päpstlicher Rückendeckung kämpfte der Erstgeborene Charles Edward weiter um die Eroberung des Thrones. Mit 25 Jahren versuchte er eine Landung auf den Hebriden-Inseln (vor der Nordwestküste Schottlands), wo es ihm gelang, die Standarte seines Vaters zu hissen. Dies sogar mit Unterstützung einiger schottischer Clans, doch das änderte nichts an der Haltung der Engländer, und so wurde er schnell wieder aufs Meer hinausgetrieben. Sein Vater hatte den Spitznamen *Old Pretender*, ihm wurde der Name *Bonnie Prince Charlie* verpasst, gelegentlich aber wurde er auch *Young Pretender* genannt, ein Titel, dem ein bissiges Spiel mit der Doppelbedeutung von *Pretender* zugrunde liegt, was sowohl den Thron-Prätendenten als auch den «Heuchler» bezeichnen kann.

Weit mehr als er hätte in Wahrheit sein Bruder Henry diesen Spottnamen verdient, der sich wieder mit dem Titel seines Großvaters Herzog von York schmückte. Nach dem Tod des Bruders reklamierte er weiter das Recht auf den Thron, auch wenn in Europa inzwischen allen klar war, dass eine katholische Restauration in England nicht zu verwirklichen war. Mit nur 22 Jahren hatte Papst Benedikt XIV. Henry 1747 zum Kardinal mit der Titelkirche Santa Maria in Campitelli ernannt. 1761 machte ihn ein anderer Papst, Clemens XIII., zum Bischof der suburbikarischen Diözese Tusculum. Und in der Kathedrale von Frascati ließ Kardinal Henry Benedict Herzog von York die feierlichen Exequien für seinen Bruder zelebrieren, der im Januar 1788 starb. Die Feier wurde mit einem Pomp abgehalten, der eines Königs würdig gewesen wäre, auf dem Sarg waren Krone und königliches Zepter aufgestellt.

Im Leben des Kardinals Herzog von York gibt es keine herausragenden Ereignisse, von dem immer wieder aufkeimenden Gerede abgesehen, dass er in Anbetracht seines Ranges und im Kontext einer Stadt wie Rom seine homosexuelle Präferenz ein wenig zu ostentativ auslebte. Die englische Schriftstellerin Hester Lynch Thrale (1741–1821), Freundin und Biographin Samuel Johnsons, in ihrer Grabinschrift als *Witty, Vivacious and Charming* (geistreich, lebhaft und charmant) bezeichnet, schreibt in ihren berühmt gewordenen Tagebüchern, der Kardinal halte sich «ganz öffentlich einen Buhlen», was von den Italienern als «Geschmacksache» betrachtet werde.

Ein weiteres Zeugnis gleichen Tenors stammt aus der Feder von Giuseppe Gorani (1740–1819), einer großen Persönlichkeit der lombardischen Aufklärung, Soldat, Schriftsteller, Abenteurer, der 1789, gleich bei Ausbruch der Revolution, nach Paris aufbrach (eine Straße in Mailand trägt seinen Namen). Gorani teilte die sexuellen Neigungen des Kardinals, die er nach eigenem Geständnis während seiner Jünglingszeit im Mailänder Kolleg des Barnabiter-Ordens entdeckte. Aus seinen Erinnerungen, einer Quelle erster Ordnung zur Sittengeschichte des 18. Jahrhunderts:

> Ich werde also einfach schreiben, was ich gesehen habe, ohne daraus irgendwelche Schlussfolgerungen zu ziehen. In seinem [des Kardinals] Palazzo wimmelte es von Jünglingen, alle von recht anziehendem Äußeren und wie Äbte gekleidet. Dies ließ mich argwöhnen, dass diese königliche Eminenz einen Geschmack haben könnte, dessen einer seiner Mitbrüder angeklagt wurde.

Ein ähnliches Zeugnis ist uns von Gaetano Moroni (1802–1883) überliefert, der ebenso umfangreiche wie unzuverlässige und parteiische Werke zur Geschichte des Papsttums verfasste. Er erzählt, kaum verhüllt, von der langen Beziehung des Kardinals zu Monsignor Angelo Cesarini, der von ihm in die Würde des Domkapitulars der Kathedrale von Frascati erhoben wurde.

Verdächtigungen, denen jedenfalls so wenig Gewicht beigemessen wurde, dass der Kardinal Herzog von York 1803 Dekan des *Sacro Collegio* (Heiligen Kardinalskollegiums) wurde, was die Inschrift auf Canovas Kenotaph erläutert: DECANO PATRUM CARDINALIUM. Er starb im Juli 1807, und obwohl er so lange Anspruch auf den Thron erhoben hatte, erschienen auf seinem Sarg weder das Szepter noch die Krone, wie es noch bei seinem Bruder der Fall gewesen war, sondern sehr viel einfacher die Mitra und das pastorale Kreuz. Die sterblichen Überreste der Brüder Stuart wurden nach Rom überführt und neben dem Grab des Vaters Jakob III. in der Gruft des Petersdoms eingereiht. 1939 bestellte König Georg VI. für die beiden einen schönen Sarkophag aus rotem Granit, den man heute in den Krypten der Basilika bewundern kann. *Requiescant.*

Die abschließende Bewertung der Tatsache dieser beiden Gräber mit den dazugehörigen Geschichten betrifft auch hier wieder den Unterschied zwischen Kirche und Vatikan, das Hauptthema dieses Buches. Sowohl Christina von Schweden als auch der Kardinal Herzog von York waren bekennende und praktizierende Homosexuelle. Was, das sei ganz klar gesagt, ihren Persönlichkeiten weder etwas nehmen noch hinzufügen würde, wenn nicht die Kirche bis ins 21. Jahrhundert hinein die homosexuelle Liebe offiziell, gelinde gesagt, als etwas Verabscheuungswürdiges deklarieren würde.

Der Vatikan teilt diese Meinung offenbar nicht immer, er geht so weit, zwei prominenten Homosexuellen in der größten Patriarchalbasilika Roms prunkvolle Gastfreundschaft zu gewähren, und vermischt dabei alles: theologische Begründungen und politische Nützlichkeitserwägungen. Übrigens ruhen, wie wir sehen werden, in einer anderen römischen Basilika die Gebeine eines Vielfachmörders, Enrico de Pedis, eines führenden Mitglieds der Magliana-Bande, dem als Belohnung für eine Reihe undurchsichtiger Dienstleistungen ein Begräbnis in der Kirche Sant'Apollinare gewährt wurde, eine offene Verletzung des Kanon 1242 des *Codex Iuris Canonici*: «In Kirchen dürfen Leichname nicht begraben werden, sofern es sich nicht um die Beerdigung des Papstes, der Kardinäle oder der Diözesanbischöfe, auch emeritierter, in ihrer eigenen Kirche handelt.»

Wieder einmal zeigt es sich, dass sich die Ideale des Glaubens und die Staatsraison an Wertmaßstäben orientieren, die sehr weit auseinanderliegen. Das ist aber nichts Neues. Vor vielen Jahrhunderten schon haben Persönlichkeiten von erheblich größerem Rang als der Autor dieses Buches mehr oder weniger dieselben Dinge beklagt. Zum Beispiel Franziskus von Assisi oder Martin Luther.

IX. RÄTSELHAFTE KRIEGERMÖNCHE
AUFSTIEG UND UNTERGANG DES TEMPLERORDENS

Unter allen grossen oder grausamen, denkwürdigen oder kurzlebigen Werken, deren Protagonist der Vatikan über die Jahrhunderte gewesen ist, unter allen Unternehmungen, die durch den Glauben oder aus politischen Interessen angestoßen wurden, kommt keine den Heldentaten und dem Andenken der sogenannten Templer-Ritter gleich. Noch heute, siebenhundert Jahre nach dem Ende ihrer Geschichte, schürt die Kraft ihrer Legende Polemiken, erzeugt Verlegenheit, ist sogar imstande, Schadenersatzforderungen zu provozieren. Wie erklärt sich diese Massivität, dieser Facettenreichtum, diese Nachhaltigkeit der mythischen Aura, die diese Kriegermönche bis heute umgibt?

Es gibt nicht viele Orte in Rom, die eine Erinnerung an die Saga der Ritter bewahren, eine Welt aus Glauben und Abenteuer, aus starken frommen Männern, aber auch Betrügern, heiligen Jungfrauen, erotischen Abenteurerinnen, die ein paar Jahrhunderte lang einem der größten Heldenepen, das Europa je erlebt hat, Leben eingehaucht haben. Wie gesagt, es sind nicht viele Orte, dafür gehören sie für denjenigen, der sie richtig zu sehen versteht, zu den faszinierendsten der Stadt. Einer der ältesten ist die Casa dei Cavalieri di Rodi auf der Piazza del Grillo mit seinem spektakulären Ausblick auf die Trajans- und Augustusforen.

Das Gebäude erbauten im 12. Jahrhundert die «Ritter von Rhodos», wie der alte Name des Souveränen Malteserordens lautet. Noch heute sieht man in Rom Autos mit dem Nummernschild S.M.O.M. (*Sovrano Militare Ordine di Malta*) herumfahren, was darauf verweist, dass dieser Orden ein winziger Staat mit einigen wenigen Gebäuden und einer kleinen Luftflotte ist. Eines dieser Gebäude ist die genannte *Casa*, die im Laufe der Jahrhunderte unzählige Bestimmungen gehabt hat, heilige und profane: Privatwohnung, Schreinerwerkstatt, Kloster der Dominikanerinnen der Santissima Annunziata, deren Auftrag es war, junge Mädchen zum Katholizismus zu bekehren und sich den göttlichen Mysterien zu widmen. Um die Casa dei Cavalieri zu besichtigen, benötigt man eine Genehmigung, die man beim Priorat des Ritterordens in der Via Condotti beantragen muss.

Ebenfalls mit einer Genehmigung kann man die Villa dei Cavalieri di Malta auf dem Aventin besichtigen, auch sie von einzigartiger Faszination. Die allererste Niederlassung geht sogar auf die Zeit vor 1000 zurück und gehört zu jenen frühchristlichen Kirchen und Klöstern, die noch heute die (davorliegende) Via di Santa Sabina zu den würdevollsten der Stadt machen, still und mystisch, dem Getöse des modernen Rom entrückt.

Die Straße endet in einer Piazzetta, die sehr elegant von einer Mauer eingefasst ist, deren Rhythmus durch Obelisken, Nischen und Stelen mit religiösen und Schiffsemblemen definiert ist. Es ist eine den Neoklassizismus vorwegnehmende Vision des Giovan Battista Piranesi, der sie 1764 im Auftrag von Kardinal Rezzonico, dem Großprior der Ritter, entwarf. Auf dem kleinen Platz befindet sich auch das Tor mit dem berühmten Schlüsselloch, durch das man am Ende eines von üppigstem Grün überwachsenen Wandelgangs perfekt eingerahmt die Kuppel des Petersdoms erblicken kann. Kurz darauf hat man durch ein rechteckiges Portal Zutritt zum Gebäudekomplex des Malteser Priorats mit der ebenfalls von Piranesi entworfen Kirche Santa Maria del Priorato, in der sich auch sein Grab befindet.

In dem alten Benediktinerkloster war Hildebrand von Soana (1020–1085) Mönch, der später unter dem Namen Gregor VII. ein – im Guten wie im Bösen – herausragender Papst (1073–1085) wurde. Im 12. Jahrhundert ging das Kloster in den Besitz der Templer über, der Kriegermönche, deren tragisches Schicksal hier erzählt werden soll, und im 14. Jahrhundert an die Ritter von Rhodos, um dann zum Sitz des Großpriorats der Malteserritter zu werden. Die Kirche ist das einzige, was Piranesi, ein Meister der Zeichnungen und Radierungen, jemals «erbaut» hat. Sie ist nicht sonderlich schön, doch ist die Gesamtanlage der Gebäude mit dem das Priorat umgebenden, sehr gepflegten Garten und dem Templerbrunnen aus dem 8. Jahrhundert beeindruckend. Die Schwingungen ihrer Zeit, ihre Aura sind noch heute zu spüren. Man kann sich auch sehr gut vorstellen, wie aus dieser einst als schwindelerregend empfundenen Höhe der Blick auf die Stadt in dem weit darunterliegenden Tal ausgesehen haben muss: der Flusslauf des Tibers, die Glockentürme, die Kuppeln, die Hügelkette, die das Panorama im Westen abschließt.

Ein dritter Ort der Erinnerung an die Templer ist die Kirche und Klosteranlage Sant'Onofrio an den Ausläufern des Gianicolo. In der Kirche aus dem 15. Jahrhundert, die aber vielfach umgestaltet wurde, ist Torquato Tasso bestattet, der seine letzten Lebensjahre in einigen Zimmerchen des angrenzenden Klosters verbrachte. Dort hat das dem Dichter zugeeignete Museum seinen Sitz, in dem neben Manuskripten und kleinen Erinnerungsstücken auch der Lorbeerkranz aufbewahrt wird, mit dem er auf dem Kapitol zum *Poeta laureatus* gekrönt wurde. Der gesamte Komplex steht unter dem Schutz des Ordens der Ritter vom Heiligen Grab zu Jerusalem (*Ordine Equestre del Santo Sepolcro di Gerusalemme*). Auch hier also: Ritter.

Diese Anlage ist, wie die anderen, von einer bis heute intakt gebliebenen Faszination, von der zu allen Zeiten selbst die erlauchtesten Besucher ergriffen waren. Goethe schrieb seinen *Tasso*, nachdem er die Wohnräume des Poeten besucht hatte, und Chateaubriand notierte nach seinem Besuch in den *Memoires d'outre-tombe* hingerissen:

> Sollte ich das Glück haben, meine Tage hier zu beschließen, werde ich mir in Sant'Onofrio gleich neben dem Zimmer, in dem Tasso starb, eine Zufluchtsstätte einrichten. In den Mußestunden meiner Gesandtschaft werde ich dann am Fenster meiner Zelle meine Memoiren niederschreiben. An einer der schönsten Stätten der Erde zwischen Orangenbäumen und grünen Eichen, ganz Rom vor Augen, werde ich jeden Morgen, wenn ich mich zwischen dem Totenbett und dem Grab des Poeten ans Werk mache, den Genius des Ruhmes und des Unglücks beschwören.[1]

Es gibt kostbare Kunstwerke in der Kirche und in anderen Bereichen des Gebäudekomplexes, mehr als das einzelne Werk zählt aber die Luft, die man hier atmet, der Kreuzgang, der Portikus der Wandelgänge, die Gräber, darunter das des Marchese Joseph Rondinin. Der «römische Patrizier» hat sich ein kurioses Grabmonument errichten lassen: ein sehr realistisch gestaltetes Skelett, das den Sarkophag umarmt, der bereitsteht, es bald aufzunehmen.

Selbst im rauen Ungestüm der Schlachten war die Aura dieser

Orte dazu angetan, erhitzte Gemüter zu besänftigten. Als 1849 die ruhmreiche *Repubblica Romana* unter dem Artilleriefeuer der französischen Armee zu fallen drohte, gab es Überlegungen, eine der drei Glocken, und zwar ausgerechnet die mit dem Namen «Tasso», schmelzen zu lassen, um daraus Kanonenkugeln zu gießen. Trotz der begründeten Sorge über den Fortgang der Gefechte befahl Garibaldi, sie aus Respekt vor dem Dichter und der Heiligkeit des Ortes zu verschonen.

Was die Ritterorden einmal gewesen sind, belegt weit mehr als die Geschichtsschreibung ihr grandioses und nachhaltiges Echo in der Literatur, beginnend mit den Gedicht- und Romanzyklen um König Artus und sein unbesiegbares Schwert, seine Ritter und Lancelots Liebesabenteuer. Tassos Grab erinnert uns daran, welch überragende Bedeutung sein Werk *Das befreite Jerusalem* jahrhundertelang für die gesamte europäische Kultur hatte, und dies nicht nur bei den gebildeten Schichten, sondern auch im Sinne eines echten Volksepos.

In Tassos Werk geht es um Magie und edle Taten, um Ritter und edle Kriegerdamen, um Abenteuer, Flucht, Verfolgung, Liebe. *Jerusalem* ist in viele Sprachen übersetzt worden, es wurde von den Barockpoeten geliebt, von den Romantikern gepriesen, hat Maler, Grafiker, Filmregisseure (Enrico Guazzoni, Carlo Ludovico Bragaglia)[2] inspiriert. Der große italienische Dichter Giacomo Leopardi (1798–1837) war am Grab des Poeten zu Tränen gerührt. Chateaubriand schrieb neben der bereits zitierten Passage am 21. März 1829 in einem Brief an Madame Récamier: «Ich bin gestern, zwischen zwei Wahlgängen und in der Erwartung eines Papstes, nach Sant'Onofrio gegangen ... Welch bezaubernde Einsamkeit, welch wundervoller Blick, welch Glück, dort zu ruhen zwischen den Fresken des Domenico Zampieri und denen des Leonardo da Vinci! Ich wünschte, hier bleiben zu können.»[3]

Nur wenige Jahrzehnte vor Tasso hatte Ludovico Ariost[4] das Thema aufgegriffen, als er in seinem Meisterwerk *Orlando Furioso* dieselben Abenteuer besang. Ariost und Tasso erzählen von den Kriegen zwischen Christen und Sarazenen zur Zeit Karls des Großen

(Ariost) oder des ersten, von Gottfried von Bouillon geführten Kreuzzugs (Tasso). Das Ritterwesen gehörte auch damals schon längst der Vergangenheit an, sein Mythos aber dauerte fort, wie man sehr gut auch bei Cervantes sehen kann, in dessen unendlichem Roman sich ein von Ritteridealen durchdrungener *ingenioso hidalgo* (scharfsinniger Junker) selbst als Don Quijote bezeichnet.

Die schier unglaubliche Geschichte der Templer beginnt an einem kalten Herbsttag, dem 27. November 1095, als Papst Odo de Lagery, ein Franzose, der unter dem Namen Urban II. (um 1088–1099) regiert – und von den Historikern als wahrer Nachfolger Gregors VII. betrachtet wird –, das in Clermont (Auvergne), im Herzen Frankreichs abgehaltene Konzil beendet. Die Kirche versucht verbissen, aber vielleicht sollte ich besser sagen: verzweifelt, sich selbst zu reformieren, wobei vor allem die Phänomene Nikolaitismus (die Priesterehe) und Simonie (der An- und Verkauf von Ämtern, sakralen Objekten oder Privilegien) Anlass zur Sorge geben. Urban ermahnt Priester und Laien, einschließlich der Herrscher, tadelt sie, weist einen Weg zur Rettung: ein Kreuzzug zur Befreiung Jerusalems. Fulcher von Chartres (1059 – ca. 1127) hat in seiner *Historia Hierosolymitana* eine der Versionen dieses Appells zitiert:

> Mögen jene, die bislang private, nutzlose Fehden führten zum großen Schaden der Gläubigen, nunmehr in den Kampf gegen die Ungläubigen ziehen, den es nun zu führen gilt und der den Sieg verdient! Mögen jene, die bislang nichts als Räuber waren, nunmehr Ritter Christi sein! Mögen jene, die gegen Brüder und Verwandte kämpften, nunmehr mit gutem Recht gegen Barbaren streiten … Hier waren sie traurig und arm; dort werden sie fröhlich und wohlhabend sein. Hier waren sie Feinde des Herrn, dort werden sie Seine Freunde sein.[5]

Mit Bedacht gewählte Worte voller Leidenschaft, geeignet, ein hehres und genau umrissenes Ziel vorzugeben: keine mit nichtsnutzigen oder niederträchtigen Unternehmungen gefüllte Tatenlosigkeit mehr, sondern der «Heilige Krieg». In Wahrheit hat der Aufruf noch einen weiteren Zweck: die Bestätigung der Macht der Kirche, die Bewahrung ihres Vermögens und ihrer materiellen Potenz, die Fortführung der Gregorianischen Reformen, mit denen das Gesetz der Kirche allen Menschen vorgeschrieben werden sollte, angefangen bei den Herrschern. Man denke nur an die strengen Rechtsnormen der Kirche zur Ehe, denen auch Könige und Kaiser unterworfen waren, weswegen sich Dramen und Schismen ereignen werden.

Das Echo auf den Kreuzzugsaufruf von Clermont ist so groß, dass es dem Papst endgültig die Statur eines wahren Führers des christlichen Westens einträgt. Innerhalb weniger Monate setzen sich Tausende von Männern in Richtung Jerusalem in Marsch. Ihre Reise ist mit grauenhaften Taten gepflastert. Im Rheinland kommt es zu Massenmorden an der jüdischen Bevölkerung, in Ungarn werden die Bauern systematisch beraubt, das gesamte flache Land des Byzantinischen Reiches wird geplündert. Es ist eine bunt zusammengewürfelte Meute, wie jede Armee, besonders aber, wenn es sich um eine Freiwilligenarmee handelt. Seite an Seite marschieren Halunken und Edelleute, Hasardeure und Männer auf der Suche nach ihrem Ideal.

Der erste Kreuzzug ist vielleicht der berühmteste. Er begründet einen Mythos, ist jedenfalls der Auftakt für eine Saga, die praktisch zwei Jahrhunderte lang dauern wird, die sich allerdings aufteilt in einen ersten, dilettantischen und grausamen Teil und in eine offizielle Expedition. Der harte Kern der Armee besteht aus Franzosen, Flamen und Normannen. Führer dieses «Kreuzzugs der Barone» ist unter anderen Gottfried von Bouillon, Herzog von Niederlothringen. Im Juli 1099 wird Jerusalem im Sturm eingenommen und erobert, in einem grausamen Gemetzel wird die Schmach der langen muslimischen «Okkupation» blutig ausgelöscht. In der antiken Hauptstadt wird ein fränkisches, nach dem Tode Gottfrieds von seinem Bruder Balduin II. geführtes Königreich errichtet. Das «Heilige Grab» ist befreit, das Ziel erreicht. Doch was wie ein Endpunkt scheint, ist erst der Anfang.

Hier nun kommen die Templer ins Spiel. Um 1120 nämlich versammelt Hugo von Payns (1080–1136) ein Fähnlein von acht Rittern aus der Bourgogne und der Champagne um sich (es gibt auch Quellen, in denen von 30 Männern die Rede ist) und bricht seinerseits in die alte Kapitale Judäas auf. Die Ritter nennen sich *Pauperes commilitones Christi* (Arme Ritter Christi). In Jerusalem angekommen, beziehen sie Quartier in einem Flügel von König Balduins Palast, der auf den Grundmauern des (von den Römern zerstörten) Salomo-Tempels errichtet worden war. Dort baut die kleine Gruppe ein Kloster, das seinen Namen vom Tempel übernimmt: Sie sind die «Templer-Mönche». Im Zentrum des weitläufigen Gebietes (heute als Esplanade der Moscheen bekannt) erhebt sich ein sakraler Komplex von zwei Moscheen – die Al-Aqsa-Moschee und in der Mitte der Felsendom mit seiner goldenen Kuppel, eines der Glanzstücke muslimischer Architektur, dessen Silhouette noch heute zu den Wahrzeichen der Stadt gehört. In seinem Inneren befindet sich der Felsen, auf dem Abraham seinen Sohn Isaak zu opfern bereit war, und die Stelle, wo Jakob im Traum die Himmelstreppe sah und seinen Altar errichtete. Der Felsen, der als Nabel der Welt und der drei monotheistischen Religionen gilt, war und ist bis heute einer der neuralgischen Punkte der globalen Religiosität und damit natürlich auch einer endlosen Auseinandersetzung.

Der Templerorden ist geistlich und kriegerisch zugleich. Der Historiker Jakob von Vitry, Bischof von Acri, beschreibt sie in seiner *Historia orientalis seu Hierosolymitana* so:

> Einige von Gott bewaffnete und zu seinem Dienst ergebene Ritter entsagten der Welt und weihten ihr Leben Christus. Durch feierliche, vor dem Patriarchen von Jerusalem abgelegte Gelübde versprachen sie, die Pilger gegen Räuber und Wegelagerer zu verteidigen, die Wege zu schützen und dem König und Herrscher als Ritter zu dienen. Sie hielten die Gebote der Armut, der Keuschheit und des Gehorsams ein, nach der Regel der Regularkanoniker.[6]

Die Templer bekennen sich also zu den drei klassischen Gelübden des katholischen Mönchtums, fügen aber noch ein viertes hinzu und vereinbaren damit das Unvereinbare: Jesus Christus in Waffen dienen. Damit dies rechtmäßig geschehen kann, wird, wie wir sehen werden, eine komplexe und verhängnisvolle Weiterentwicklung des Kriegskonzepts notwendig sein. Die Templer tragen einfache Kleidung, weiße Tuniken oder Mäntel, auf der linken Schulter oder auf der Brust hebt sich scharlachfarben ein Tatzenkreuz (*Croix pattée*)[7] ab. Die Aushändigung des Mantels ist ein feierlicher Akt, der aus dem Bewerber einen Templer *ad vitam aeternam* macht: «Die das Leben in der Dunkelheit hinter sich gelassen haben, mögen erkennen, dass es ihre Pflicht ist, dem Schöpfer ihre Seele durch reines und weißes Leben zu empfehlen.»

Ihre Pflicht ist es vor allem, die Pilger durch Patrouillen auf den Straßen nach Jerusalem zu beschützen, denn dort passieren häufig Raubüberfälle und Gewalttaten. Wer sich ins «Heilige Land» begab, um die Orte der Passion Christi zu ehren, musste damit rechnen, von Räuberbanden gewalttätig angegriffen, vergewaltigt, getötet zu werden. Die Sekte der Assassinen,[8] häufige Akteure bei solchen Überfällen, hatten ihren Namen von dem Haschisch, das sie vor ihren Überfällen konsumierten. Berauscht von der Droge, töteten sie ihre Opfer systematisch, nachdem sie sie ausgeraubt hatten.

Der Templerorden entsteht um 1120 in Jerusalem, das offizielle Datum seiner Gründung ist aber der Januar 1129, als ein Provinzialkonzil in Troyes die Prälaten der Champagne und Burgunds versammelt und vor allem der bedeutende Zisterziensermönch Bernhard von Clairvaux anwesend ist, ein sehr einflussreicher Mann, besonnener Politiker, Ratgeber der Mächtigen, Kenner der Doktrin. Zunächst war Bernhard nicht gewillt gewesen, den Templern übermäßige Anerkennung zu gewähren, später änderte sich seine Haltung, sie ändert sich sogar so grundlegend, dass er als Autor eines berühmt gewordenen Dokumentes hervortrat: sein *De Laude novae militiae* ist die rhetorisch meisterhaft formulierte Apologie der Templer:

> Überall in den Ländern und in jener Gegend, die Christus in Menschengestalt und als aufstrahlendes Licht aus der Höhe besucht hat, hört man seit kurzem, es sei eine neue Schar von Rittern aufgetreten … Es handelt sich um eine neue, der Welt noch unbekannte Ritterschaft, die einen zweifachen Kampf zugleich unermüdlich kämpft, nämlich den gegen Fleisch und Blut und den gegen die bösen Geister des himmlischen Bereiches … Ein solcher ist jedenfalls ein unerschrockener Ritter, allenthalben gefeit; seinen Leib bewehrt er mit einer Rüstung aus Eisen, seine Seele aber mit der des Glaubens. Da er nun durch beiderlei Waffen geschützt ist, fürchtet er weder Teufel noch Menschen.

Ihr Motto ist aus Psalm 115 (113B) entnommen: «*Non nobis Domine, non nobis, sed Nomini Tuo da Gloriam*» – «Nicht uns, o Herr, nicht uns, sondern deinem Namen gib Ehre.» Das klingt wie ein Talisman, es sollte sie beschützen, zumindest auf dem Felde des Christentums. Wir werden sehen, dass das nicht ausreichen wird.

Wie kommt ein Mönch wie Bernhard dazu, einen bewaffneten, also auf Krieg ausgerichteten Orden so ausdrücklich zu glorifizieren? Das Urchristentum hatte jede Form von Gewalt abgelehnt. Später hatte Augustinus von Hippo die Lehre vom «Gerechten Krieg» entwickelt:

> Gerechte Kriege pflegt man also solche zu definieren, die Unrecht ahnden; sei es, dass ein Volk oder ein Staat, die mit Krieg zu überziehen sind, es versäumen, das Unrecht wiedergutzumachen, das von den Ihrigen geschehen ist, oder zurückzugeben, was durch Unrecht weggenommen ist. (*Quaestiones in Heptateuchum* V 10)

Folgerichtig war der nächste Schritt die Entwicklung eines weitergehenden Konzeptes, dem des «Heiligen Krieges», des Kriegs also, der in Verteidigung des christlichen Glaubens und der Kirche gegen äußere Feinde (Heiden, Ungläubige) oder innere geführt wird. Das Konzept des «Heiligen Krieges» ist als Jihad auch in der islamischen Welt weit verbreitet, bis in unsere Tage.

Bernhard hatte im Verhältnis zu Augustinus den Sinn insofern erweitert, als er argumentierte, beim Waffengebrauch von Seiten der Templer sei Mord a priori ausgeschlossen:

> Denn der Tod, den man für Christus erleidet oder verursacht, trägt keine Schuld an sich und verdient größten Ruhm. Hier nämlich wird für Christus, dort Christus (selbst) erworben. Er nimmt wahrlich den Tod des Feindes als Sühne gern an und bietet sich noch lieber seinem Streiter als Tröster dar ... «Denn nicht ohne Grund trägt er das Schwert. Er steht im Dienst Gottes und vollstreckt das Urteil an dem, der Böses tut, zum Ruhm aber für die Guten.» [leicht abgewandelt: Röm 13,4; 1Petr 2,14] Ja, wenn er einen Übeltäter umbringt, ist er nicht ein Menschenmörder, sondern sozusagen ein «Mörder der Bosheit», und mit Recht wird er als Christi Rächer gegen die Missetäter und als Verteidiger der Christenheit angesehen.

Mit anderen Worten: Der Heilige Krieg ist der gerechteste aller Kriege. Das Prinzip wird zur Rechtsgrundlage der Kreuzzüge, die darauf ausgerichtet waren, das Heilige Land zurückzugewinnen, dessen sich die Ungläubigen widerrechtlich bemächtigt hatten. Der Ruf *«Deus lo vult!»* – «Gott will es!», mit dem die Kreuzritter zum Angriff schritten, gibt in der Kürze eines Mottos diese ausgeklügelte Lehre wieder. Seither haben die Heere vieler Nationen versucht, ihre Soldaten mit einer gewissermaßen heiligen Rolle auszustatten. Auch die Soldaten der deutschen Wehrmacht trugen auf ihrer Gürtelschnalle den Spruch «Gott mit Uns». Der von Bernhard erarbeitete ideologische Schild diente jedenfalls lange dazu, unter dem unangreifbaren Deckmäntelchen des Glaubens die handfesten politischen und ökonomischen Zwecke dieser Expeditionen zu verschleiern.

Mit einer so kraftvoll und geschickt formulierten Bürgschaft verbreitet sich das Image der Templer rasend schnell. Ihre Unternehmungen und ihre strenge, schlichte Lebensweise sind in ganz Europa in aller Munde. Auch die Legendenbildung ist von Anfang an in vollem Gange. Junge Adelige stehen Schlange, um sich freiwillig zu melden, die Ritter des Tempels werden immer zahlreicher und der Orden immer mächtiger, nicht zuletzt, weil die Aufnahme in der Regel von großzügigen Schenkungen begleitet ist: Landbesitz, Immobilien, Geld, Geschmeide. Spenden kommen auch von Personen, die selbst nicht dem Orden beitreten. Viele Menschen tragen zur Finanzierung des Ordens bei, ging es doch um die Befreiung der heiligen Stätten aus den Händen der Ungläubigen, also um einen Krieg, der aufwändig organisiert und gekämpft werden musste, und der allein schon in Anbetracht der Entfernung sehr hohe Kosten verursachte.

Die militärische Ausbildung der Templer ist exzellent, ihre Disziplin außerordentlich streng: Geächtet sind die Jagd, Karten- und Würfelspiele, verboten ist übermäßiges Lachen, zu viel und zu lautes Reden, verboten ist auch, die Haare über eine gewisse Länge hinaus wachsen zu lassen. Selbst der Schlaf ist strengstens geregelt, die Ritter schlafen «in Waffen», stehen vor dem Morgengrauen auf, sind immer bereit. Wer gegen die Normen verstößt, wird ausgestoßen oder eingesperrt. Einige Verfehlungen sind mit erniedrigenden Strafen belegt: zum Beispiel alleine auf dem Boden essen statt am Tisch gemeinsam mit den anderen, die allerdings, als ständiger Hinweis auf die harten Sitten, das Essen nicht zu zweit aus derselben Schüssel nehmen dürfen, was eine im Mittelalter nicht unübliche Praxis war. Ein immer wiederkehrendes Bild zeigt übrigens zwei Templer im Sattel desselben Pferdes, was allerdings zu boshaften Interpretationen führen sollte.

Elitekorps waren in allen Epochen strengen Regeln unterworfen und sind es noch. Von besonderer Strenge waren bei diesen kämpfenden Mönchen die Normen zum Ausschluss der Frauen, zu denen der Kontakt so scharf untersagt ist, dass nicht einmal erlaubt ist, die eigene Mutter zu küssen (*mulier instrumentum diaboli* – die Frau als

Werkzeug des Teufels). Es ist die übliche argwöhnische Haltung der Mönchsorden gegenüber den Frauen, den – wenn auch unfreiwilligen – Agenten des Teufels: «Gefährlich ist die Gesellschaft einer Frau, weil der Teufel in alter Zeit durch die Gesellschaft einer Frau viele vom rechten Weg ins Paradies abgebracht hat.»

Die Templer sind keine einfachen Ritter wie alle anderen, sondern Soldaten, und zwar in erster Linie für die riskantesten Aufgaben ausgebildet, und das ist das Neue. Es gab vor ihnen bereits einige Ritterorden, die Cavalieri di San Giovanni (Ritter vom Hospital des Hl. Johannes, die Johanniter) oder auch die Cavalieri di Malta (Malteser). Dabei handelte es sich aber um berittene Korps, die für die Pflege und Behandlung von invaliden oder kranken Pilgern in Spitälern sorgten und nur in Ausnahmefällen an Militäraktionen teilnahmen.

Die Templer waren die ersten, bei denen der systematische Waffengebrauch vorgesehen war, und diese Kombination von einer inneren Glaubensrüstung mit der äußerlichen Eisenrüstung erhöhte ihre Attraktivität und potenzierte die Verbreitung ihres Ruhms. Wer einmal Zeuge des schauerlichen Spektakels eines ihrer Angriffe geworden war, mit den wehenden weißen Mänteln, den komplett vom Helm bedeckten Gesichtern, den Reflexen des Sonnenlichts auf den wirbelnden Klingen, wurde die Furcht vor ihnen nicht wieder los. Mit der Zeit trug ihre Tapferkeit, ihre Entschlossenheit, nicht zuletzt ihr Mysterium zur Mythenbildung bei.

Regierender Papst in diesen Jahren war Innozenz II. (Gregorio Papareschi, ein Römer, 1130–1143), und sein Pontifikat gehört zu den unruhigsten. Im Jahre 1130 ist die Christenheit von einem gewaltigen Schisma gespalten, die einander gegenüberstehenden Parteien bekämpfen sich mit allen Mitteln. Auf der einen Seite sind da die Kardinäle, deren Stärke sich auf die Unterstützung des deutschen Kaisers Lothar III. (1075–1137) und zahlreiche Potentaten des italienischen Nordens stützt. Die gegnerische Partei besteht aus anderen Kardinälen, die Pietro Pierleoni zum «Gegenpapst» Anaklet II. gewählt haben, unterstützt vom Normannen Roger (Ruggero) II., König von Sizilien, Apulien und Kalabrien. Dessen Verbündete konzentrieren sich folgerichtig in den südlichen Regionen Italiens, und dies ist wahrscheinlich das erste Mal, dass die Halbinsel eine so eindeutige Trennung in geographische Zonen erlebt, was sich in späteren Jahrhunderten des Öfteren wiederholen sollte.

Zu den vielfältigen Anklagen, die Innozenz seinem Gegner entgegenschleudert, gehört unter anderem auch dessen jüdische Herkunft. Der Antijudaismus der Kirche von Rom ist immer brutal gewesen, ein Vorwurf wie dieser wiegt da schwer. Tatsächlich wird sich Innozenz, auch dank seiner taktischen Fähigkeiten, durchsetzen und der arme «Ghettopapst» ist gezwungen, sich in der Engelsburg zu verschanzen, wo er im Januar 1138 auch sterben wird. Mit seinem Tode wird das achtjährige Schisma aufgehoben, doch ist dies nur eine vorübergehende Lösung. Der Einsatz ist zu groß, das päpstliche Wahlgesetz zu fehlerhaft, die Kämpfe werden auch in den folgenden Jahren erbittert weitergehen.

Bernhard von Clairvaux muss den Ausgang der Auseinandersetzung geahnt haben, tatsächlich schlägt er sich von Anfang an auf die Seite von Innozenz, dem wahrscheinlichen Sieger, und tritt gegenüber dem französischen König Ludwig VI., auf den er großen Einfluss hat, als dessen Fürsprecher auf. Nach dem Ende des Machtkampfes wird er den Templern einen besonderen päpstlichen Schutz einräumen. Mit der Bulle *Omne datum optimum* unterstellt Innozenz II. 1139 den Orden der Mönchskrieger direkt dem Papst und entzieht ihn damit jeder anderen kirchlichen Autorität, einschließlich des Patriarchen von Jerusalem. Darüber hinaus befreit er ihn von allen Steuern und Zollabgaben. Bedeutsam diese Worte: «Gott selbst hat euch zu Verteidigern der Kirche und Gegnern der Feinde Christi gemacht.» Alle religiösen Orden genießen Privilegien, die sie gegenüber anderen Orden, auch säkularen, verbissen verteidigen, sowie gegenüber weltlichen Machthabern. Die Templer werden die Favoriten, von nun an kann nur noch der Papst einen Tempelritter oder ein Mitglied seiner «Familie» exkommunizieren.

Der Orden wird auf diese Weise nicht nur sehr reich, sondern auch sehr mächtig. Die Spenden und Zuwendungen sind so beträchtlich, dass seine Inventare trotz der immensen Ausgaben für die Militärkampagnen (Reisen, Ausrüstung, Festungsbau und -unterhalt) einen starken Aktivposten an beweglichen Gütern und Immobilien aufweisen. Parallel zu den Militäraktionen beginnt nun eine intensive Finanzaktivität. Von verschiedenen Seiten wird behauptet, die Templer seien die Erfinder des Schecks und des Wechselbriefes gewesen. Ganz sicher veranlassen sie die Überweisung von Kapital an weit entfernte Niederlassungen, vereinnahmen den Zehnten für den Papst, gewähren Persönlichkeiten von Rang nach adäquater Antragsbegründung Kredite, bieten den Adeligen, die sich nicht persönlich damit befassen wollen, einen Kämmerei-Service. Der Geldhandel hat allen, die fähig waren, ihn zu betreiben, immer genützt. Die Templer bestätigen diese Regel und steigern in der folgenden Zeit ihren Reichtum und damit ihre Macht immer weiter, auf welche Weise, werden wir gleich sehen, und dies wird Ursache oder Vorwand für ihren Ruin sein.

Die Kämpfe gegen die Muslime führen auf beiden Seiten zu Exzessen von unerhörter Grausamkeit. Eine der furchtbarsten Episoden ereignet sich 1153 (Zweiter Kreuzzug) während der langen Belagerung von Askalon. Ein Belagerungsturm der Kreuzfahrer, der Feuer gefangen hat, wird gegen die Stadtmauern geschleudert. Der Aufprall und die Flammen bringen die Mauern an einer Stelle zum Einsturz. Seit Monaten versuchen die Belagerer, in die uneinnehmbar erscheinende Stadt einzudringen. Bernard de Tromelai, der eine Gruppe von Tempelrittern befehligt, befiehlt den unverzüglichen Einfall in die Stadt.

Im Galopp stürzen sich vierzig Ritter durch die Bresche in der Mauer. Zu ihrem Unglück folgt ihnen keiner, denn das Gros der Truppen ist zu diesem Zeitpunkt anderswo eingesetzt, die Attacke bleibt eine isolierte Aktion. Als den Muslimen die Schwäche des eindringenen Trüppchens klar wird, gewinnen sie schnell die Oberhand. Die Templer werden durch die Hiebe scharf gewetzter Krummsäbel massakriert, kopfüber werden ihre enthaupteten Körper an der Stadtmauer aufgehängt, während ihre Köpfe mit Wurfmaschinen ins christliche Lager geschleudert werden. Der Horror dieses Spektakels verleiht den Belagerern neue Kräfte, denen es schließlich gelingt, in die Stadt einzudringen und den Feinden dieselbe gnadenlose Behandlung angedeihen zu lassen.

Im Verlauf dieser Kriege ist der tüchtigste muslimische General der legendäre Saladin, Salâh-ad-Dîn, im Westen ungerechtfertigterweise als «der grausame Saladin» verschrieen. Es gelingt ihm, ein Heer von über 200 000 Männern unter seinem Banner zu versammeln, und 1174 vollbringt er das eher politische als militärische Wunder, sich die Unterstützung der gesamten muslimischen Welt zu sichern. Im Februar 1179 dringt Saladin nach Galiläa vor und steuert auf Jerusalem zu. Aus dem Inneren der gut ausgerüsteten Festung an der sogenannten Jakobsfurt versperren ihm die Templer den Weg und zwingen ihn zum Rückzug. Im Juni aber geht der unnachgiebige Condottiere wieder zum Angriff über, und diesmal gewinnt er die Oberhand: Die Festung wird eingenommen, die Templer lässt man über die Klinge springen. Auch der Großmeister des Ordens, Odo von Saint-Amand, fällt in die Hände des Feindes. Als man ihm mitteilt, gegen Zahlung eines Lösegeldes könne er die Freiheit wiedererlangen, lehnt er das empört ab. Er wird in Damaskus eingekerkert, wo er infolge der Entbehrungen stirbt.

Der Weg nach Jerusalem scheint nun frei, doch es werden noch Jahre vergehen, bevor es Saladin und seinem riesigen Heer gelingt, die Heilige Stadt zu erobern: im Oktober 1187, nach wochenlanger Belagerung. Die christlichen Symbole, allen voran die Kreuze, werden heruntergerissen und durch die Halbmonde des Islam ersetzt. Das «Hauptquartier» der Templer wird nach Acri verlegt, wo es bis 1291 bleibt.

Saladins Mausoleum befindet sich in der großen Moschee von Damaskus, der Stadt, wo der Gründer eines arabischen Staates, der von Ägypten bis Syrien reichte, das Reich der Ayyubiden errichtet hatte und in der er 1193 starb. Wenn man die Grausamkeit der Zeit in Rechnung stellt, war er ein relativ großmütiger Kriegsherr, der die Christen nach seinem Sieg besser behandelte, als dies die Kreuzfahrer im Falle der Einnahme Jerusalems mit den Muslimen und Juden getan hätten. In Damaskus hat Saladin sogar zwei Gräber. Das eine ist aus Holz und enthält seine sterblichen Überreste. Das andere ist aus Stein und eine Gabe des deutschen Kaisers Wilhelm II. während eines Besuches im Jahre 1898 an Sultan Abdülhamid II. Der Kaiser wollte dem Einfluss der Briten entgegensteuern und durch die Knüpfung guter Beziehungen zum Osmanischen Reich die deutsche Islampolitik einleiten. Ein Traum, der mit dem Ersten Weltkrieg 1918 ein abruptes Ende nahm. Auch der legendäre englische Feldherr Lawrence von Arabien verspürte das (nicht ganz uneigennützige) Bedürfnis, Saladin zu ehren. Als er nach dem Krieg nach Damaskus kam, war eine seiner ersten Handlungen, Saladins Grab die Ehre zu erweisen.[9]

Noch viele Jahre lang wird es weiter Wellen von Pilgern und Kämpfern der Christenheit geben, die in Massen an den Küsten Palästinas oder auch Nordafrikas landen: vom Glauben, von militärischem oder kommerziellem Kalkül, vom Bedürfnis nach Buße geleitete Männer. In Anbetracht der Bedingungen, unter denen man damals reiste, und der Risiken einer jeden Art von Fortbewegung war der Aufbruch zu einer Pilgerreise an sich schon eine echte Strafe. Erst 1229 wurde Jerusalem den Christen zurückgegeben, ohne Blutvergießen diesmal, nach einem auf diplomatischem Wege ausgehandelten Friedensvertrag zwischen Friedrich II. und dem ägyptischen Sultan Malik al-Kamil, einem aufgeklärten Mann, Freund der Künste und der Wissenschaften, den sogar Franziskus von Assisi treffen wollte.

Kaiser Friedrich nimmt Jerusalem in Besitz, wo er sich in der Grabeskirche feierlich die ebenso blutige wie kurzlebige Krone des Reiches aufsetzt. Es wird nur ein halbes Jahrhundert verstreichen, bis am 28. Mai 1291 die Kapitulation von Akkon, der letzten Bastion, das Ende des Königreichs Jerusalem markiert. Die Templer schlagen sich wacker in diesem gut befestigten Städtchen, das 40 000 Einwohner zählte. Am 17. Mai aber gelingt es den Muslimen, eine Bresche in die Mauer zu schlagen und in die Stadt einzudringen. Der Widerstand der Ritter ist hartnäckig, und als die Lage aussichtslos wird, könnten sich viele von ihnen in Richtung Meer retten, tun es aber nicht. Im Gegenteil, nachdem ihre Zahl auf wenig mehr als hundert geschrumpft ist, verschanzen sie sich in der Zitadelle und bieten den wiederholten Angriffen noch eine Woche lang die Stirn. Am Ende weichen sie erschöpft zurück. Nach Europa werden nur sehr wenige zurückkehren. Man muss sich fragen, ob es nicht besser für sie gewesen wäre, in der Schlacht zu sterben statt an den grausamen Qualen, denen sie von nun an ausgesetzt waren.

Ich habe versucht, diese lange, bewegte Geschichte voller erbitterter Kämpfe, Heldentaten und Grausamkeiten, die 1095 (oder 1096) mit dem ersten Kreuzzug beginnt und fast genau zwei Jahrhunderte später mit dem Massaker von Akkon endet, in wenigen wesentlichen Episoden zusammenzufassen. Nach Schätzungen verloren die Templer bei den Kreuzzügen zwischen zwölf- und zwanzigtausend Ritter. Was immer man sonst über sie denkt, an ihrem Glauben und ihrer Treue zum Gelübde kann es keinen Zweifel geben. Man kann darüber streiten, ob es zum Status von Mönchen passt, in vorderster Front zu kämpfen, die riskantesten und infolgedessen auch blutigsten Aufgaben zu übernehmen, eine «Spezialeinheit» zu bilden, wie wir es heute nennen würden. Wenn man zugesteht, dass es genau das war, was die religiösen und politischen Umstände der Zeit verlangten, so braucht man über den Rest nicht diskutieren. Und aufgrund eines grausamen Paradoxes wird es genau dieser «Rest» sein, der den Vorwand für ihre Vernichtung liefert. Ihr Ende wird schnell und von besonderer Grausamkeit sein.

Am 14. September 1307 ordnet der König von Frankreich, Philipp IV. (der Schöne), in einer fast geheim abgehaltenen Sitzung in der Abtei von Maubuisson die massenhafte Verhaftung der Templer an. Was folgt, ist Verrat, Denunziation, Grausamkeit und eine Niedertracht, die sich als Gerechtigkeit ausgibt. Aus welchem Grunde wurde dieser Befehl gegeben? Es waren komplexe Motive, die ein paar, wenn auch kurze Worte der Erklärung verdienen. Der Gegensatz zwischen dem französischen Thron und dem Papsttum hatte schon zu Zeiten des erinnerungsunwürdigen Bonifaz' VIII. (1294–1303) begonnen, der von Dante der Simonie bezichtigt wurde, von Iacopone da Todi, der «neue Antichrist» zu sein, von anderen sogar des Mordes an seinem Vorgänger Cölestin V. (siehe Kapitel III).

Der Konflikt hatte sich sehr zugespitzt, weil der König gewisse Steuern einbehalten hatte, die nach Meinung des Papstes der Kirche gebührten, die Philipp sich aber nicht entgehen lassen wollte. Es ging also um Geld. Im März beruft Philipp im Louvre den Staatsrat ein, bei dem sein getreuer Berater Guillaume de Nogaret eine regelrechte Anklageschrift gegen Bonifaz vom Stapel lässt, in der dieser als Simonist, Ketzer, Sodomit, Mörder bezeichnet wird. Als dem Papst, der sich in Anagni befindet, diese beunruhigende Nachricht zu Ohren kommt, bereitet er eine Bulle zur Exkommunikation des Königs von Frankreich vor. Ihm bleibt aber keine Zeit, diese zu erlassen, denn am Morgen des 7. September brechen die Verschwörer Nogarets, unterstützt von der ihm feindlich gesinnten Familie Colonna, mit dem Ruf «Es lebe der König von Frankreich!» bei ihm ein. Stumm empfängt Bonifaz die Meute, in vollem Ornat auf dem Thron sitzend, die Papstkrone auf dem Haupt.

Hier nun ereignet sich das berühmte (halblegendäre) Attentat, das später als «Ohrfeige von Anagni» in die Geschichte eingehen sollte: Nogaret, der den Befehl hatte, den Papst um jeden Preis nach Paris zu schleppen, soll ihn mit einem Eisenhandschuh ins Gesicht geschlagen haben. Eine unerhörte Beleidigung. Eine der indirekten Vorraussetzungen für das, was danach geschehen sollte. Nach drei Tagen Haft wird Bonifaz befreit, von seinem Trauma aber erholt er sich nicht mehr, sodass er wenige Wochen später stirbt.

Bonifaz' Nachfolger Benedikt XI. (1303–1304) versucht eine Vermittlung zwischen den streitenden Familien. Sie gelingt ihm nur zum Teil, ohnehin ist seine Zeit auf dem Thron kurz. Er stirbt bereits nach wenigen Monaten an Durchfall, nachdem er sehr schmackhafte Feigen zu sich genommen hatte, die aller Wahrscheinlichkeit nach vergiftet waren. Den Wendepunkt und die Hauptfigur unserer Geschichte finden wir in dem neuen Papst, Clemens V., mit bürgerlichem Namen Bertrand de Got, Erzbischof von Bordeaux (1305–1314), mit dem das Avignonesische Papsttum seinen Anfang nimmt. Manche Historiker behaupten, der schlaue Bertrand habe sich den Petrusthron durch das Versprechen erkauft, dem König im Falle seiner Wahl für die Dauer von fünf Jahren alle Zehnten des Königreichs zu überlassen. Auch Dante ist überzeugt, dass Bertrand, «ein Hirte ohne Ordnung» (Hölle, 19. Gesang),[10] das Amt gekauft hat. Tatsache ist, dass Clemens sich in Lyon krönen lässt und von 1309 an Avignon zum Sitz der Päpste bestimmt, eine Ortswahl, mit der er sich de facto unter den Einfluss der französischen Krone begibt.

König Philipp, von wütender Rachsucht ergriffen, will Bonifaz noch als Totem den Prozess machen. Clemens widersetzt sich dieser Absicht nicht und beweist einen subtilen Sinn für Psychologie, indem er zum Schein auf dieses absurde Ansinnen eingeht, sogar die Anhörung bestimmter Zeugen anordnet und sich vorbehält, diese diplomatische Nachgiebigkeit später zu seinen Gunsten zu nutzen. Als der unversöhnliche König Philipp ihm auferlegt, den Templerorden aufzulösen, gibt Papst Clemens sehr zögerlich nach, während er gleichzeitig den Prozess gegen seinen Vorgänger Bonifaz im Sande verlaufen lässt, der eine Schmähung bedeutet hätte, die nicht einmal ein bedenkenloser Papst wie er hinnehmen kann.

Für den König handelt es sich um einen vorteilhaften Tausch. Sich auf die Rache an dem toten Bonifaz zu verbeißen, war nichts als eine jähzornige Extravaganz gewesen, es ist also besser, Clemens zufriedenzustellen, der gute Aussichten auf Wohlverhalten zu gewährleisten scheint. Umso mehr als die Animosität des Königs gegen die Templer ihre Ursache in recht konkreten Gründen hat. Bei einem Volksaufstand gegen die Steuerlast und die hohe Inflation hatten die Templer ihn vor den Tumulten gerettet, indem sie ihm in ihrer Pariser Burg Unterschlupf gewährten. Während ihn das Volk und selbst der Papst wegen seiner Verantwortung für die stark entwerteten Münzen[11] mit dem beleidigenden Spitznamen *roi fausseur* (Falschmünzerkönig) abstempelten, hatten die Ritter die Kühnheit (und Naivität) besessen, ihm in den unterirdischen Gewölben des Tempels ihre überbordenden Schatzkammern zu zeigen. Der Tempel war ein mächtiges Kastell (im heutigen 4. Pariser Arrondissement) mit unzähligen Sälen, Kammern und Zellen, perfekt auch als Kerker geeignet. Eine Zeit lang wurde dort übrigens während der Revolution König Ludwig XVI. mit seiner Familie gefangen gehalten.

Auch bei den nächsten Schritten geht das riskante Spiel weiter. Clemens glaubt, die königliche Inititative unter Kontrolle halten zu können, indem er den Bischöfen volle Handlungsfreiheit einräumt. Der König sorgt dafür, dass in die Kommissionen, die über die schwerwiegenden Anklagen gegen die Ritter zu befinden haben, Männer seines Vertrauens sitzen. Wie so oft bei solchen Verschwörungen bietet sich die Schürzung des verworrenen Knotens durch einen Denunzianten. Ein gewisser Esquieu de Floryan, ehemaliger Sträfling im Gefängnis von Béziers, berichtet, dort einen ausgestoßenen Ritter des Ordens kennengelernt zu haben, der ihm Details über die schändlichen Praktiken der Templer anvertraut habe: dass die Ritter bei der Aufnahme auf das Kreuz spucken müssten; dass sie wollüstige Küsse austauschten und Sodomieakte begingen; dass sie einen seltsamen Götzen anbeteten; dass sich der Großmeister priesterliche Funktionen anmaße und sogar die Absolution erteile. Schon für sehr viel weniger kann man damals auf dem Scheiterhaufen landen.

Das Amt des Großmeisters bekleidet zu dieser Zeit Jacques de Molay, ein Mann von 64 Jahren von bescheidener Herkunft, geboren in der Nähe von Belfort im Elsass. Als sich die Anzeichen verdichten, dass dem Orden großes Unheil droht, versucht er, dem zuvorzukommen, und macht selbst einen Vorstoß beim Papst. Er bittet um Eröffnung einer Untersuchung zur Entlastung der Ritter von den absurden Vorwürfen, die allenthalben im Umlauf sind. Ein verzweifelter Versuch, der natürlich zu keinem Ergebnis führt.

König Philipp hat all seinen Baillis und Seneschallen einen Geheimbefehl erteilt: Zu einem vereinbarten Termin muss die ihnen zugegangene Botschaft geöffnet und müssen die darin enthaltenen Instruktionen auf der Stelle umgesetzt werden. Guillaume Imbert, Dominikaner, Beichtvater des Königs und Großinquisitor von Frankreich, soll die Durchführung überwachen, falls erforderlich, auch ohne Zustimmung des Papstes. Genau das geschieht. In der königlichen Botschaft heißt es:

> Da die Wahrheit nicht anders voll und ganz aufgeklärt werden kann und ein heftiger Argwohn sich auf alle erstreckt hat ..., haben wir beschlossen, dass ausnahmslos alle Mitglieder des selbigen Ordens unseres Königreichs festgenommen, gefangengehalten und dem Urteil der Kirche vorbehalten werden, und dass all ihre Güter, bewegliche und unbewegliche, beschlagnahmt, von uns eingezogen und getreu verwahrt werden.[12]

Der Auftrag kann klarer nicht sein, auch in der Offenbarung der wahren Absichten. König Philipp, der Enkel Ludwigs IX. des Heiligen, ein Frömmler, der nie ein Staatsgeschäft in Angriff nahm, ohne zuvor zwei Messen besucht zu haben, glaubt, zwei Fliegen mit einer Klappe schlagen zu können: die Ketzerei und die in Ritterkreisen überhand nehmenden obszönen Praktiken zu bekämpfen und sich eines Schatzes zu bemächtigen, mit dem er auf einen Schlag all seine, vor allem durch den Krieg gegen England entstandenen finanziellen Probleme lösen kann.

Der königliche Befehl soll schnell und simultan ausgeführt werden, und so geschieht es auch. Am 13. Oktober 1307 nimmt Guillaume de Nogaret persönlich die Verhaftung des Großmeisters vor und sucht ihn im Morgengrauen im Pariser Tempel auf. In den geheimen Gewölben desselben Tempels finden auch die grausamen, von den fürchterlichsten Foltern begleiteten Verhöre statt. Als der Papst diese Nachricht erfährt, ist er gekränkt. Er ist übergangen worden und damit werden seine Autorität und seine Kompetenzen mit Füßen getreten. Dennoch entschließt er sich zwei Wochen später, dem König zu schreiben:

> Ihr habt, geliebtester Sohn, während unserer Abwesenheit den Templern Gewalt angetan und Euch an ihren Gütern vergriffen. Ihr seid so weit gegangen, sie in den Kerker zu werfen. ... wir hatten Euch informiert, dass wir die gesamte Angelegenheit bereits selbst in die Hand genommen haben, wir wollten selbst ermitteln, was die Wahrheit sei ... In Eurem überstürzten Vorgehen werden alle nicht ohne Grund eine beleidigende Missachtung gegenüber Uns und der Kirche von Rom sehen.

Vergebliche Worte, auch weil sie zu spät kommen. Der Papst wird sich zwei Monate in Geduld fassen müssen, bevor er eine Antwort erhält. In der Zwischenzeit hat Nogaret, der äußerst geschickt darin ist, sich zweckdienliche Zeugenaussagen zu verschaffen, eine erkleckliche Anzahl von Rittern aufgespürt und verhört, die vom Orden ausgestoßen wurden oder selbst desertiert waren. Er hat jetzt weit mehr in der Hand als nur das Wort eines Ex-Sträflings, der Gefängnisgeschwätz aus zweiter Hand kolportiert. Die Verhaftungswelle ist nun durch einen ordentlichen Stapel an unterzeichneten und authentifizierten Verhörprotokollen begründet. Von der Folter entkräftet, unter Androhung von noch schlimmeren Torturen, gesteht die Mehrzahl der Verhafteten unter Qualen den einen oder anderen Anklagepunkt. Nogaret und der Großinquisitor wohnen den peinlichen Befragungen höchstpersönlich bei. Schon ein einziges Eingeständnis genügt, um den Angeklagten zum Ketzer zu erklären. Weitere mögliche Anklagepunkte sind dann nicht mehr von Belang.

Der Historiker Georges Lizerand, der die Akten des Templerprozesses studiert hat, wagt in seinem Werk *Le dossier de l'Affaire des Templiers* (Paris 1923) die These, dass das inhumane Vorgehen der Folterknechte in der Weise nicht möglich gewesen wäre, wenn Papst Clemens mehr Nachdruck an den Tag gelegt hätte, statt die vom Großinquisitor angeordneten grausamen Prozeduren mit resignierter Passivität einfach hinzunehmen. Es wird noch mehr Päpste im Laufe der Geschichte geben, auch der jüngeren, die ähnliche Vorwürfe der Kraftlosigkeit und übertriebenen «Vorsicht» auf sich ziehen. Politisches Opportunitätsdenken ist in Angelegenheiten wie diesen die schlechteste Ratgeberin.

Von katholischer Seite ist auch in jüngster Zeit versucht worden, Papst Clemens' Verhalten mit den außerordentlichen Widrigkeiten zu rechtfertigen, mit denen er zu kämpfen hatte. Es bleibt aber die

Tatsache, dass gewisse Maßnahmen, die in seiner Macht gestanden hätten, nicht ergriffen wurden. Zum Beispiel hätte er den Großinquisitor, der ihm als Priester Gehorsam schuldete, absetzen können. Er wird es auch tun, doch wieder einmal, als es bereits zu spät ist. Die wohlwollendsten Historiker zeichnen Clemens als einen friedfertigen, gutherzigen Menschen, nur eben der Regierungsverantwortung in so schwierigen Zeiten nicht gewachsen. Noch dazu mit einem Mann wie Philipp als Gegenpart, der kalt war und gleichzeitig cholerisch, von tiefem Hass beherrscht, der wenige Jahre zuvor die Dreistigkeit besessen hatte, Bonifaz auf dem Papstthron ohrfeigen zu lassen. Denkbar ist auch, dass der Papst befürchtete, ein offener Widerstand hätte das schlimmste Übel heraufbeschworen, nämlich ein Schisma von Seiten des französischen Königs. Auch diese Frage bleibt aber ohne endgültige Antwort. Die Wahrheit ist, dass der Papst zunächst versuchte, durch Hinhaltetaktik einen gewissen Widerstand zu leisten bzw. auf Zeit zu spielen, dann aber aus Gründen, die uns nur teilweise bekannt sind, dem König nachgab und das Feld ihm überließ.

Nogaret will den Orden enthaupten, vor allem hat er es auf den Großmeister abgesehen. Er weiß: Wenn dieser fällt, fällt auch der Rest. In einer der zahlreichen Darstellungen des Prozesses wird das vermutlich durch Folter erreichte Geständnis eines gewissen Giaco zitiert, eines Knappen des Meisters, der behauptet, dieser habe ihn in einer einzigen Nacht dreimal missbraucht. De Molay leugnet dies im Verhör. Bei einem erneuten Verhör gesteht er andere Schuld:

> Der Templerorden, der zum Ruhme des Namens Christi und des christlichen Glaubens gegründet worden ist sowie zur Eroberung und zum Schutz des Heiligen Landes, verleugnet seit langem schon durch Verführung des Satans Christus König, bespuckt während der Aufnahmezeremonie das Kruzifix und vollzieht *alia enormia*.

Später wird er dies zurücknehmen, doch da ist sein Schicksal bereits besiegelt. Es ist immer wieder gefragt worden, was den Meister dazu bewogen haben mag, ein ganz offensichtlich nicht auf Tatsachen beruhendes Geständnis abzulegen. Eine der naheliegendsten Hypothesen geht davon aus, dass der schlaue Nogaret de Molay in ein teuflisches Dilemma gebracht hat: selbst unterzugehen oder den Orden untergehen zu lassen. Mit anderen Worten, der Ankläger war bereit, über die Schande des Missbrauchs an Molays jungem Untergebenen zu schweigen, wenn er im Gegenzug die Schuld des Ordens zugeben würde.

Während all dies geschieht, erklärt sich König Philipp zum Treuhänder des gesamten im Königreich vorhandenen Templervermögens. Er ordnet an, die Güter zum Zwecke eines neuen Kreuzzuges zu beschlagnahmen. Natürlich wird dieser Kreuzzug niemals ausgerufen. Dagegen werden kurze Zeit später die Bauarbeiten für die Kathedrale Notre Dame und die Conciergerie des Königspalastes wiederaufgenommen, und auch seine Münze, der *bourgeois*, wird endlich in einer höherwertigen Metalllegierung geprägt.

Am 22. März 1312 verliest Papst Clemens in der Kathedrale von Vienne die Bulle *Vox in excelso*, in der die schweren Anklagen gegen die Ritter aufgelistet sind: «Jene also waren gegen den Herrn Jesus Christus in eine unaussprechliche Abtrünnigkeit gefallen, in die Frevelhaftigkeit eines schändlichen Götzendienstes, in die verabscheuungswürdige Sünde der Sodomiten und verschienene andere Häresien.» Am Ende der Anklageschrift dekretiert er:

> Nicht als endgültiges Urteil, sondern als apostolische Maßregel heben Wir mit Zustimmung des Heiligen Konzils den Orden der Templer auf, seine Funktionen, die Nutzung seines Habits und seines Namens mit absolutem, ewigem Dekret, verbieten ihn für immer und verbieten strengstens, dass irgendjemand von nun an in ihn eintrete, sein Gewand übernehme, es trage oder beabsichtige, sich wie ein Templer zu verhalten.

Der Papst schafft den Orden nicht ab, er beschränkt sich darauf, ihn aufzuheben, außerdem mit «nicht endgültigem» Urteil, ein Kompromissverfahren, das angesichts so vieler unbewiesener Anklagen sein Unbehagen zum Ausdruck bringt. Er fügt hinzu, dass kein Zugriff auf das Vermögen der Templer toleriert werde, obwohl es von Philipp längst geplündert worden war. Mit einer nachfolgenden Bulle wird der Papst das, was von diesen Gütern übrig ist, den *Cavalieri dell'Ordine di San Giovanni*, den heutigen Maltesern übergeben.

Was de Molay betrifft, so muss er nach sieben Jahren härtester Kerkerhaft mit einer Ernährung, die ihn nur mühsam am Leben erhält, einen letzten Prozess erdulden, der am 18. März 1314 endet. In einer extremen Aufbietung von Würde, vor einem Gericht, das dies bei einem Mann, der nur noch ein Schatten seiner selbst war, nicht vorausgesehen hatte, beendet der Großmeister seine kurze Selbstverteidigung, indem er ausruft: «Obwohl ich weiß, welches Schicksal mich erwartet, will ich keine weiteren Lügen hinzufügen: Ich erkläre, dass der Orden immer rechtgläubig und frei von jedem Makel war und verzichte bereitwillig auf das Leben.» Widerruf bedeutet den sicheren Tod, de Molay weiß, was ihn diese Worte kosten werden.

Noch am selben Abend wird er am Rande der Ile de la Cité vor einer großen Menschenmenge verbrannt. Später erzählte man sich, er habe, als die Flammen schon an ihm hochzüngelten, geschrieen, er werde noch im selben Jahr König und Papst im Angesicht des Allerhöchsten wiedertreffen. Der königliche Notar Geoffroi erzählt in seiner fast idyllischen Verschronik von einem grausamen Tod:

> Als der Meister sah, dass der Scheiterhaufen bereitet war,
> Legte er ohne Anzeichen von Furcht seine Kleidung ab.
> Und er ergab sich, wie ich selbst sah,
> Nackt bis aufs Hemd,
> Ohne Zwang und ohne Widerwillen;
> Zu keiner Zeit zitterte er,
> So sehr man ihn auch zerrte und stieß.
> Sie ergriffen ihn, um ihn an den Pfahl zu binden,
> Und er ließ es furchtlos geschehen.
> (…)
> «Gott weiß, wer im Unrecht ist und gesündigt hat.
> Bald wird ein Unglück über jene kommen,
> die uns zu Unrecht verurteilt haben (…)»[13]

Nach de Molay steigt sein Assistent und Freund Geoffroy de Charney auf den Scheiterhaufen und preist den Meister, der nun zum Märtyrer geworden ist. In der Nacht nach dem Martyrium soll es Zuschauer gegeben haben, die zur Hinrichtungsstätte kamen, um die sterblichen Überreste der beiden als Reliquien aufzusammeln, bevor sie in alle Winde verstreut wurden.

Ob der sterbende de Molay die Prophezeiung nun wirklich ausrief oder nicht, jedenfalls erfüllte sie sich. Papst Clemens kam innerhalb eines Monats und Philipp im November desselben Jahres zu Tode. Der Papst starb an Darmkrebs, der König bei einer Jagd nach einem Sturz vom Pferd. Wie bei vielen anderen gewaltsamen Toden, die als besonders ungerecht oder grausam angesehen werden, erhoben sich die ersten Legenden bereits aus den Flammen des Scheiterhaufens, und dies sollte noch lange so weitergehen.

Tatsächlich war das furchtbare Ende der Templer nicht dazu angetan, ihr Andenken auszulöschen, im Gegenteil: Gerade die Tragik ihres Untergangs trug dazu bei, es bis in unsere Tage lebendig zu halten. Die Geheimhaltung ihrer Prozeduren und Regeln, ihre geheimen Orte, ihr immenser Reichtum, die undurchsichtigen Initiationsriten, der Schatten des Verdachts, der seinerseits wieder Faszination erzeugte – zahlreiche Faktoren trugen das Ihre dazu bei, die Phantasie zu beflügeln. Gewissen Mutmaßungen zufolge sollen die Erben des alten Tempels die heutigen Freimaurerlogen sein, anderen zufolge waren es verschiedene mysteriöse oder okkulte Gesellschaften wie die Rosenkreuzer des 16. Jahrhunderts.

Die Templer sollen sogar von den französischen Revolutionären von 1789 verehrt worden sein, die in ihnen die Opfer zweier Mächte sahen: des Königs und der Kirche. Wieder anderen Hypothesen zufolge sind die posthum entstandenen Templer-Legenden vor allem auf die verwirrenden Konnotationen ihrer Zeremonien zurückzuführen, in denen Sakrales und Profanes, Askese und Sinnlichkeit, Strenge und Tabubruch so miteinander verschmolzen, dass fromme christliche Märchen und satanische Anmutungen kaum noch voneinander zu unterscheiden waren. In jüngerer Zeit hat das Emblem der Templer (die schon erwähnten beiden Ritter auf einem Pferd) auch eine beachtliche Anziehungskraft auf gewisse Gay-Bewegungen ausgeübt.

Ein beeindruckendes Beispiel für volkstümliche Glaubensvorstellungen ist die hier zitierte Zeugenaussage über eine Götzenzeremonie, die am 1. März 1311 vor der päpstlichen Kommission von einem Notar namens Antonio Sicci da Vercelli gemacht wurde, der vierzig Jahre lang in den Diensten der Templer Syriens gestanden hatte, aber kein Mitglied des Ordens war:

> Ich habe mehr als einmal erzählen hören, was in der Stadt Sidon geschah. Ein Edelmann dieser Stadt liebte eine armenische Edelfrau; zu

> ihren Lebzeiten hatte er sie fleischlich niemals besessen, doch nach ihrem Tod, in der Nacht nach ihrer Bestattung, vergewaltigte er sie heimlich im Grab. Nachdem er dies getan hatte, hörte er eine Stimme, die zu ihm sagte: «Komm wieder, wenn die Stunde der Entbindung gekommen sein wird, denn dann wirst du ein Haupt vorfinden, Frucht deines Tuns.» Als jener Tag gekommen war, kam der besagte Ritter zu dem Grab zurück und fand ein menschliches Haupt zwischen den Beinen der bestatteten Frau. Erneut ließ sich die Stimme hören und sagte ihm: «Hüte dieses Haupt wohl, denn es wird dir alles dienstbar machen.» Zu der Zeit, als ich diese Erzählung hörte, war der Kommandant dieses Ortes [Sidon] Mathieu Le Sarmage aus der Picardie. Er war der Bruder des Sultans geworden, der damals in Babylon [Kairo] herrschte, weil der eine das Blut des anderen getrunken hatte, was bewirkte, dass sie als Brüder angesehen wurden.[14]

Eine andere, offenbar weit verbreitete Version derselben Geschichte endet so:

> Er trug das Haupt bei sich, das sein Schutzgeist wurde, und er konnte seine Feinde einfach dadurch besiegen, dass er es zeigte. Zu gegebener Zeit kam der Kopf in den Besitz des Ordens.

Viele Ritter hatten bei der peinlichen Befragung über einen Götzen namens *Baphomet* gesprochen, ein monströses Objekt, das etwas mit der Beschwörung einer Götzenfigur in Form eines Kopfes mit Bart während der dämonischen Zeremonien zu tun hatte. Die ethymologische Herkunft des Wortes *Baphomet* ist ungewiss. Gewissen Spekulationen zufolge soll es sich aus einer Verballhornung des Namens *Mahomet* (der mittelalterlichen Schreibweise von Mohammed) herleiten, und in der Tat taucht der Prophet des Islam in den Prozessprotokollen immer wieder auf. Nach anderen Vermutungen könnte es aus dem arabischen *Abufihamet* entstanden sein, von den Mauren in Spanien als *Bufihimat* ausgesprochen, was «Vater des Verstehens» bedeutet.

In seinem Essay *Die Templer* merkt Alain Demurger an, dass es in all diesen Erzählungen zwei Konstanten gab: die sexuelle Grenzüberschreitung und die Schändung der Toten; das magische Haupt, das den Tod in seinen Augen hat, seinen Besitzer aber so lange unbesiegbar macht, wie er vermeidet, es anzusehen. Der Rückgriff auf das Medusenhaupt, das furchterregende Symbol weiblicher Sexualität, liegt auf der Hand. Und so kann man die Legende wie die Medusensage interpretieren als «eine Repräsentation der mit der Furcht vor der Frau verbundenen Phantasievorstellungen, in die mit der größten Selbstverständlichkeit auch die Themen der Totenschändung, des Inzests und der Sodomie integriert sind.»[15]

Hinzu kommen weitere Elemente von subtiler Esoterik. Zum Beispiel wurde gesagt, der Kopf, von dem in diesen Erzählungen die Rede ist, sei in Wirklichkeit *La Sindone di Torino* (das Turiner Grabtuch), ein ebenfalls als magisch verehrtes Objekt, das zwischen 1204 und 1307, dem Jahr, in dem alle Templer verhaftet wurden, offenbar ein Jahrhundert lang im Besitz des Ordens war. Dieser Möglichkeit hat die italienische Historikerin Barbara Frale ihre Untersuchung *I Templari e la Sindone di Cristo* (Die Templer und das Turiner Grabtuch) gewidmet. Drei Templerritter haben nämlich bei der Befragung durch die Inquisitoren Antworten gegeben, die nahelegen, bei dem angebeteten «Götzen» habe es sich um das Grabtuch gehandelt. Zur Bekräftigung führt die Wissenschaftlerin an, dass Geoffroy de Charney, der treue Gefährte des letzten Großmeisters Jacques de Molay, ein Mitglied derselben Familie de Charney war, bei der 1353 die *Sindone* entdeckt wurde.

Solche schwarzen Legenden, in denen sich auf sehr suggestive Weise orientalische Elemente, Magie und Hexerei, Alchemie und verbotene Sexualität mischten, waren allerdings schon viel früher weit verbreitet. Der Ritter und Dichter Wolfram von Eschenbach (ca. 1170–1220) macht in seinem *Parzifal* aus den Templern die Beschützer des Heiligen Grals, eines sakralen Gegenstandes (aber auch Wortes) voller symbolischer Bedeutungen und Mysterien, der von ihm in den Mittelpunkt einer Reihe von Abenteuern gestellt wird, in denen sich, ein weiteres Mal, mystische und erotische Ekstase mischen. Auch die französischen Troubadoure beginnen in ihrer hinreißenden Sprache vom Gral zu sprechen und tragen auf diese Weise dazu bei, den Kreis eines Mythos zu erweitern, der sich wiederum mit dem der Templer vermischt.

Doch was ist der Gral? Zunächst einmal ist es eine der vielen Jesuslegenden, doch so umfassend und verästelt, dass sie einen ganzen Zyklus füllt. Der geheimnisvolle Gral taucht im Mittelalter in verschiedenen Bedeutungen auf: als Name des Kelches, der beim letzten Abendmahl benutzt wurde; als Schale, aus der Jesus mit seinen Jüngern das Osterlamm aß; als Gefäß, in dem Joseph von Arimathäa nach der Kreuzigung das Blut des Heilands auffing und das er dann mit sich in den Okzident nahm, begleitet von Maria Magdalena, die Christi Ehefrau und Mutter eines seiner Kinder geworden war.

Andere Male wurde der Gral auch als der Teller betrachtet, mit dem die Gläubigen an Gemeinschaftsfesten teilnahmen, ebenso wie Kelch und Lanze nebeneinandergestellt zu sehr durchsichtigen Symbolen der weiblichen und männlichen Energie als Lebensquelle wurden. Die christliche Tradition wird zumindest zwei heilige Gefäße hochhalten: den Eucharistie-Kelch und die Jungfrau Maria. In der *Lauretanischen Litanei* wird die Madonna als *vas spirituale, vas honorabile, vas insigne devotionis* (geistliches Gefäß, ehrwürdiges Gefäß, vortreffliches Gefäß) bezeichnet: denn im Schoß, im Uterus (*vas*) der Madonna ist Gott Fleisch geworden.

In Wolfram von Eschenbachs Versroman ist der Gral kein Kelch, sondern ein *Lapis exillis* genannter Stein. Eine Bezeichnung, die mal als «Stein des Exils» interpretiert und als solche mit der jüdischen Diaspora in Verbindung gebracht wird, mal als *Lapis ex coelis*, also «vom Himmel gefallener Stein». Dem Autor zufolge soll es ein Smaragd sein, der dem Rebellen Luzifer aus der Krone fiel, nachdem dieser durch das Schwert des Erzengels Michael getroffen wurde. Er sei in den Ozean gefallen, durch Magie vom weisen König Salomon gerettet und in einen Kelch verwandelt worden, der dann von Jesus beim letzten Abendmahl benutzt wurde. Einer weiteren und wieder anders lautenden Version der Legende zufolge soll der Stein, in ein Salbengefäß verwandelt, von Joseph von Arimathäa nach England gebracht worden sein, wo er dann verschwand. Es gibt auch eine symbolische Interpretation, nach der der Gral, je nach den Umständen, Symbol der westlichen Tradition, des Unbewussten, des Heiligen Herzens Christi, der Sexualität wird.

Das Wort «Ende» wird hinter die Geschichte dieses mysteriösen Objektes mit an Sicherheit grenzender Wahrscheinlichkeit niemals gesetzt werden. Doch ist genau dies die Kraft der Legende: Solange sich die Physiognomie des «Grals», seine exakte Natur in den Nebeln zwischen Phantasie und Realität verflüchtigt, wird seine inzwischen tausendjährige Faszination weiterleben. Jedenfalls stark genug, um von den ersten Gralsromanen des 12. Jahrhunderts bis zu Filmen wie «Indiana Jones» in unseren Tagen immer wieder neue «Erzählungen» hervorzubringen. Das älteste bekannte literarische Werk zur Gralssuche ist *Perceval ou le conte du Graal* (*Perceval oder die*

Erzählung vom Gral, ca. 1180) von Chrétien de Troyes. Wenige Jahre später wird das Motiv in Deutschland, wie gesagt, von Wolfram von Eschenbach aufgegriffen, um sich schließlich dank Richard Wagner («Lohengrin», «Parsifal») bis in unsere Tage zu retten.

Jenseits der nebulösen Legende ist da aber zumindest eine Episode, die uns noch immer beschäftigt. An jenem schicksalhaften Tag im Oktober, an dem Philipp IV. seine Kommissare aussandte, um die Festnahmen durchzuführen, gelang es einem Templerbezirk, den Massenverhaftungen unversehrt zu entkommen. Es waren die Ritter, die in Bézu in der Provence, nicht weit von Rennes-le-Château Quartier bezogen hatten. Wie es scheint, konnten sie sich retten, weil der Kommandant dieser Garnison ein gewisser Seigneur de Got war, ein Mann also mit demselben Familiennamen wie Papst Clemens V.

Vor etwa einem halben Jahrhundert (1956) begann in Frankreich eine Reihe von populärwissenschaftlichen Studien über das Rätsel von Rennes-le-Château zu erscheinen. In diesen Büchern, die häufig den Tonfall von Volkserzählungen hatten, wurden Ritter, Merowingerdynastie, Rosenkreuzer und vor allem der verlorene Schatz der Templer bzw. jener Teil ihres Vermögens, den sich der gierige König Philipp nicht hatte unter den Nagel reißen können, bunt durcheinandergemischt. 1984 erschien auch in Italien der Weltbestseller dreier Autoren: Michael Baigent, Richard Leigh, Henry Lincoln. Der Titel: *Der Heilige Gral und seine Erben. Ursprung und Gegenwart eines geheimen Ordens. Sein Wissen und seine Macht*. Die These: Die katholische Kirche soll sich das Schweigen des Abbé Bérenger Saunière erkauft haben, der bei der Restaurierung seiner Kirche in Rennes-Le-Château ein explosives Geheimnis entdeckt hatte: Jesus sei nicht am Kreuz gestorben, sondern habe gemeinsam mit seiner Frau Maria Magdalena und ihrem Kind Zuflucht in der Provence gefunden.

Welche Grundlage haben solche Geschichten? Es ist möglich, dass Motive wie Heiliger Gral, Templer, Merowingerdynastie, Bibelgeschichte, Christuspassion, wie bei jeder Legende in einer abenteuerlichen, reichlich unwahrscheinlichen, also unkontrollierbaren Rekonstruktion verschmolzen sind. An ihrer Faszinationskraft besteht kein Zweifel, wie es der Welterfolg von Dan Browns *Da Vinci Code* demonstriert. Und zuvor schon der Erfolg eines anderen Romans: *Der Malteser Falke* von Dashiell Hammett (1930, mehrfach verfilmt), der den Gralsmythos aktualisiert, indem er ihn gewissermaßen «verweltlicht» und das begehrte Objekt zu einem leblosen Stück Blei reduziert. Auf der anderen Seite liegt das Faszinosum derartiger Geschichten gerade in dem Schatten, in den sie verwoben sind, den kein Licht jemals ganz durchdringen wird.

Was von den Tempelrittern bleibt, ist der harte Kern der Geschichte: die verbrecherischen Motive für die Vernichtung des Ordens, ihr plötzliches Verschwinden, bei dem sich die Gier eines Königs auf verhängnisvolle Weise mit der mangelnden Courage eines Papstes verband.

X. DAS UNRUHIGE HEER DES PAPSTES
DIE JESUITEN ZWISCHEN GEHORSAM UND VERSTOSS

DIE BASILICA DEL GESÙ (JESUSKIRCHE) auf der Piazza del Gesù ist, wie schon der Name vermuten lässt, die Mutterkirche der Jesuiten in Rom. Auf beeindruckendste Weise und mit großer Prachtentfaltung symbolisiert sie das rückhaltlose Vertrauen in den Glauben, den Sieg der Religion, den stolzen Willen zur Revanche nach dem durch Luther verursachten Trauma, auch die Bedeutung der weltweiten Mission, der sich diese Gesellschaft seit ihrer Entstehung gewidmet hat. Die äußere Fassade, die stattlich ist, aber alles in allem nüchtern, lässt nicht erahnen, welcher Aufruhr aus Marmorwerken, Skulpturen, Bronzen, Stuckaturen, Vergoldungen, Rahmungen, Säulen, Gebälk, Fresken in ihrem Innern tobt. Schon die Dimension des Langhauses, die Kühnheit des Tonnengewölbes allein würden ausreichen, großartig Zeugnis davon abzulegen. Aber das ist nicht alles.

Im Zentrum des Gewölbes hat der Barockmaler Baciccia (Giovanni Battista Gaulli) 1679 ein bewegtes Deckenfresko mit durcheinanderwirbelnden Figuren gestaltet, das ganz auf einen verblüffenden perspektivischen Effekt setzt, durch den die Malerei die Decke zu durchbrechen und, jenseits des von Engeln gehaltenen vergoldeten Rahmens, einen Blick in den Himmel zu eröffnen scheint. Es ist der «Triumph des Namens Jesu», und in der Tat ist die beherrschende Figur in dem gleißenden Licht, das die Mitte des Freskos aufreißt und die Heerscharen der rundherum aufgestellten Heiligen und Gläubigen erleuchtet, Jesus.

Unzählige Werke sind in dieser Kirche versammelt, die eine nähere Betrachtung wert wären, in jedem Kunstführer werden sie aufgezählt, doch vielleicht ist das, was wirklich zählt, wieder einmal das Ganze, das «auf einen Blick», die Zusammenballung der Farben und Ornamente, die eine Absichtserklärung, ein Programm, ein Manifest bilden. Das bestätigen zum Beispiel die beiden Skulpturengruppen zu beiden Seiten des Grabaltars des hl. Ignatius von Loyola (im linken Arm des Querschiffs). Auf der einen Seite *La Fede che si erge contro l'Idolatria* (Der Glaube erhebt sich gegen den Götzendienst), auf der anderen *La Religione che abbatte l'Eresia* (Die Religion vertreibt die Häresie). Der Heilige ist unter dem Altar begraben, in der zentralen Nische über dem Altar steht aber zwischen vier riesigen, lapislazuliverkleideten Säulen sein großes Standbild, das jeden Tag um 17.30 Uhr enthüllt wird. Dazu muss das Gemälde, das ihn die übrige Zeit verdeckt, heruntergelassen werden. Früher war die Statue ganz aus Silber, jetzt besteht sie großteils aus Stuck. Das Original musste auf Befehl Papst Pius' VI. geschmolzen werden, nachdem ihn Napoleon durch den Vertrag von Tolentino zu beträchtlichen Reparationszahlungen verurteilt hatte.

Im obersten Stockwerk eines angrenzenden Palazzo, der Nummer 45 des Platzes, sind noch die Zimmer des hl. Ignatius zu besichtigen bzw. was von seiner Wohnung übrig ist, die zu Beginn auch Sitz der Gesellschaft war und in der ihr Gründer bis zu seinem Tode (1556) lebte. Auf eine kleine Besonderheit dieser Kirche sei noch hingewiesen: Direkt zur Linken des Hochaltars steht ein Denkmal des hl. Robert Bellarmin, eine Büste Berninis. Das Grab dieses Jesuiten, des führenden römischen Theologen der Reformzeit, der so reich an Geist und so arm an Mitgefühl war, des Mannes, der Galileo ermahnte, das kopernikanische System nicht als Tatsache zu behaupten, sondern allenfalls hypothetisch zu diskutieren, und der Giordano Bruno auf den Scheiterhaufen schickte, befindet sich dagegen in der zweiten großen Kirche der Gesellschaft, Sant'Ignazio di Loyola. Wir werden Gelegenheit haben, auf ihn zurückzukommen.

In Sant'Ignazio finden wir die gleiche Prachtentfaltung, den gleichen Prunk wie in Gesù, die gleichen stolzen Behauptungen, die gleichen hinreißenden Fresken, dieselbe Vision eines Glaubens, der dazu bestimmt ist, in alle vier (damals bekannten) Weltgegenden verbreitet zu werden, in stolzer Gewissheit der eigenen Wahrheit. Ungefähr im Zentrum des Mittelschiffs gibt eine runde Marmorplatte im Fußboden den Standpunkt an, von dem aus die perspektivische Anlage des 1685 von Andrea Pozzo gemalten Deckenfreskos am besten zu betrachten ist: ein ungeheures Aufgebot an Figuren, Engeln, Seligen, Heiligen in einem Himmel von unermesslicher Tiefe, in dem Sant'Ignazio, angestrahlt vom Lichte Christi, sein Licht seinerseits in die vier bekannten Weltgegenden aussendet. Noch einmal dieselbe Botschaft: die Weltmission als Hauptziel des Ordens.

Es war Papst Gregor XV. (Alessandro Ludovisi, 1621–1623), ein ehemaliger Student des Jesuitenkollegs, der seinen Neffen Ludovico Ludovisi 1622 zum Bau des Tempels anregte. In der rechten Nebenkapelle des Chores kann man sein Grabmausoleum bewundern, vielleicht das pathetischste, überladenste von ganz Rom: ein baldachingekrönter Thron, wallende Vorhänge, Freudenspektakel triumphierender Engel, vielfarbiger Marmor. Auf einem Podest die Statue des segnenden Papstes, zu seinen Füßen der «Glaube» und der «Überfluss», in einem ebenfalls von Engeln gehaltenen Oval eine Profildarstellung des Neffen, Kardinal Ludovico. Rundherum in der Kapelle die Statuen der Kardinaltugenden. In diesem Grabmonument gibt es keine Ecke, keinen Zipfel, der nicht von einem Ornament, einer Bewegung, einer Dekoration, einem Schnörkel bedeckt wäre.

Bemerkenswert auch der Altar und das Grab des hl. Aloisius, Luigi Gonzaga,[1] im rechten Arm des Querhauses, überreich an ornamentalen Skulpturen, Reliefs, Säulen, Symbolen und auch hier wieder unermesslich vielen Engeln. Die Kirche ist an dem Ort erbaut worden, an dem zur römischen Kaiserzeit inmitten des ägyptischen Viertels der Isistempel stand. An der Stelle der heutigen Fassade stand die *Mostra* (auch: *Fontana)* der *Aqua Virgo*: ein monumentaler Brunnen, Teil des einzigen römischen Aquäduktes, der zur Zeit des Konsuls Marcus Vipsanius Agrippa erbaut und bis in unsere Tage in Gebrauch geblieben ist. Das Endstück der Wasserleitung mündet in die Fontana di Trevi.

Mit all ihrem Gold, der Bronze, dem Stuck und dem Marmor setzen diese beiden Kirchen, die Chiesa del Gesù und die Chiesa Sant'Ignazio, den Glanz und die Breite der jesuitischen Ambitionen in Szene. Es ist kein Zufall, dass die Jesuiten der meistgehasste und der meistgeachtete katholische Orden sind. Er besteht aus Männern von großer Gelehrsamkeit, die fähig sind, die subtilsten Themen zu beherrschen, gleichzeitig stehen sie aber auch in dem über die Jahrhunderte erworbenen und gefestigten Ruf, äußerst ungeniert im Umgang mit Heuchelei und Doppelzüngigkeit zu sein.

Ähnlich wie die Juden, die berühmt sind für die Witze und Anekdoten, die sie über sich selbst erzählen, machen sich auch die Jesuiten gerne über die eigenen Schwächen lustig. Auf ihrer italienischen Internet-Seite *www.gesuiti.it* findet sich das folgende Beispiel für ihren Humor:

> Ein Kapuziner stirbt und kommt ins Paradies. An der Rezeption wird ihm seine Wolke zugeteilt und der Weg dorthin gewiesen. Auf dem Weg sieht er eine von sechs Schimmeln gezogene, prächtige goldene Kutsche kommen, ein Wunderwerk. Kurz darauf trifft er den hl. Petrus: «Heiligkeit», fragt er, «wer war denn das in dieser wunderbaren Kutsche?» – «Ach, in der ...», sagt Petrus, «das war ein Jesuit.» – «Warum er in der Kutsche und ich zu Fuß?» – Darauf Petrus: «Ach, wissen Sie, Vater, man trifft hier so selten einen Jesuiten ...»[2]

Es ist sehr viel Selbstbewusstsein nötig, um über den eigenen, nicht durchweg positiven, im Laufe der Geschichte zuweilen sogar extrem schlechten Ruf Witze zu machen und zu lachen. Das Mailändisch-Italienische Wörterbuch von Cherubini gab in seiner Ausgabe von 1814 für das Wort «Jesuit» kurz und knapp die folgenden Bedeutungen an: *Verro. Majale. Porco* – Eber. Schwein. Sau. Auch Wörterbücher folgen einer Ideologie, und von welcher Cherubini durchdrungen war, ist offensichtlich. Es sei aber daran erinnert, dass das Zingarelli-Wörterbuch in seiner Ausgabe von 1943 beispielsweise das Wort «Jude» so angab: *Usuraio. Avaro. Avido di guadagno* – Wucherer. Habgieriger. Gewinnsüchtiger.[3]

Eine der berühmtesten historischen Jesuiten-Episoden mit ähnlichem Tenor geht übrigens auf das Ende des 16. Jahrhunderts zurück. Am Abend des 27. Dezembers 1594 begibt sich Heinrich IV., König von Frankreich, ein zum Katholizismus konvertierter ehemaliger Hugenotte («Paris ist eine Messe wert»), aufgrund seiner vielen amourösen Affären bekannt als *Le Vert Galant* (Der grüne, also «gut im Saft stehende» Galan), zu einer seiner Geliebten, Gabrielle d'Estrées, ins Hotel de Schomberg, nahe den Palästen des Louvre. Dort erwartet ihn aber nicht nur die Frau, sondern auch ein junger Mann, Jean Châtel, der dort ist, um ihn zu töten. Dieser greift ihn mit einem Messer an, verfehlt ihn, verletzt ihn an der Lippe, schlägt ihm einen Zahn aus.

Das Attentat schlägt fehl, der Mörder wird gefasst. Ein Geistesgestörter? Exponent einer feindlichen Partei? Man weiß wenig über ihn: Er ist erst 19 Jahre alt, Sohn eines Tuchhändlers. Wer sind seine Hintermänner? Der Verdacht fällt auf eine Gruppe von Geistlichen. Der junge Mann ist in einer Jesuitenschule aufgewachsen, er soll in den Jahren seiner Ausbildung zu dieser Wahnsinnstat gebracht worden sein. Obwohl er zu den Katholiken übergelaufen ist, weiß man, dass Heinrich eine weitherzige Einstellung zur Religion bewahrt hat. Nicht von ungefähr wird er 1598, wenige Jahre später, das Edikt von Nantes unterzeichnen, mit dem er den Protestanten in seinem Reich dort, wo sie Gemeinden bilden, freien Gottesdienst gewährt – eines der ersten Beispiele für religiöse Toleranz. Kurz: Auf der Anklagebank sitzen gemeinsam mit dem jungen Châtel auch die Jesuiten.

Bei Durchsuchungen des Jesuitenkollegs von Clermont und der Maison St. Louis werden Beweise gefunden, die die Anklage bestätigen. Châtel soll ein Auftragsmörder gewesen sein, gedungen von der finsteren Gesellschaft Jesu. Ohne viel Federlesen wird er zum Tode verurteilt und bereits zwei Tage später an Armen und Beinen mit vier Pferden verbunden, die ihn, zum Galopp angespornt, lebend in vier Teile zerreißen. Doch waren die Auftraggeber für den Mord wirklich die Jesuiten gewesen? Ein starker Verdacht, geringe Beweise. Das Resultat war jedenfalls eine zeitweilige Ausweisung der Gesellschaft aus Frankreich.

Das Attentat auf den König war ein willkommener Vorwand für eine von vielen Seiten geforderte Maßnahme, denn der Orden wurde der widerrechtlichen Einmischung in die Politik und eines exzessiven Aktivismus auf pädagogischem Gebiet verdächtigt. Nicht zuletzt weil viele Novizen Spanier waren und Spanier auch die Gründer der Gesellschaft waren. Die Jesuiten standen also ohnehin im Generalverdacht, der spanischen Monarchie nahezustehen, die Frankreich erbittert den Thron und die Vorherrschaft über Europa streitig machte.

Heinrich IV. wird 1610 einem anderen Attentat zum Opfer fallen. Den tödlichen Dolchstoß führt der katholische Extremist François Ravaillac, 32 Jahre alt, der vergeblich versucht hatte, in den Jesuitenorden einzutreten. Auch er wird lebendig gevierteilt, auf dem Pariser Platz, wo heute das Pariser Rathaus (Hôtel de Ville) steht.

Innerhalb weniger Jahrzehnte also hatte sich die Gesellschaft Jesu einen denkbar schlechten Ruf erworben, was durch Pamphlete, Prozesse und «Volkes Stimme» ausgiebig dokumentiert ist. Ein in England im Jahre des Königsmordes veröffentlichtes Pamphlet trägt den

Titel *Discoverie of the most secret and subtile practices of the Jesuits* (Aufdeckung der geheimsten und subtilsten Praktiken der Jesuiten). Das Büchlein strotzt nur so von verleumderischen Unterstellungen, vermischt mit melodramatischen Einlagen, die später zum typischen Arsenal der Gothic Novels gehören werden: «Vor den angehenden Mörder stellten sie ein Elfenbeinkästchen, auf dem mit schönen, duftenden Buchstaben der Schriftzug *Agnus Dei* geschrieben stand, darinnen ein in ein Stück Stoff eingeschlagenes Messer. Dann zogen sie das Messer heraus, um es mit Weihwasser zu besprengen.»

Auf jeder Waffe waren fünf oder sechs farbige Perlen angebracht, die eine doppelte Bedeutung hatten: die Anzahl der Dolchstöße vorzugeben, die dem Opfer versetzt werden sollten, und die Anzahl der Seelen anzuzeigen, die nach vollzogenem Mord aus dem Fegefeuer befreit würden. «Die gesamte teuflische Gesellschaft ging vor seinen Füßen [des Meuchelmörders] auf die Knie. Sie überzeugten ihn, dass etwas Göttliches in ihm war und dass der von ihm ausgehende Glanz so überwältigend war, dass sie ihm zu Füßen fielen. Der Rekrut war sich ganz sicher, unmittelbar nach der Tat direkt und ohne den Umweg über das Fegefeuer ins Paradies einzugehen.» Ein Versprechen, das von allen Fanatikern, nicht nur den religiösen, immer wieder aufgewärmt wurde und weiter aufgewärmt wird, zum Schaden der naivsten unter ihren Anhängern. Bis heute.

In einem anderen Pamphlet von 1759 wird die Fama der Jesuiten ins Visier genommen, große Experten der Chemie und Pharmakologie zu sein. In *The Doctrines and Practices of the Jesuits* (Die Doktrinen und Praktiken der Jesuiten) ist zu lesen, dass die Jesuiten den Mördern Gifte liefern konnten, «die imstande waren, Speisen, Teller, Salzfässer, Schüsseln, Kessel und alle Arten von Utensilien zu infizieren, auch wenn sie zehnmal gespült und geputzt wurden.»

Ein epochemachender Prozess mit pikanten sexuellen Implikationen war der, den Marie-Catherine Cadière (im November 1709 in Toulon geboren) gegen ihren Beichtvater, den Jesuiten Jean Baptiste Girard, anstrengte. Der Fall wurde 1731 vor dem Parlament von Aix-en-Provence verhandelt. Die junge Frau, eine Kaufmannstochter, bezichtigte ihren geistlichen Beistand der Hexerei, der Verleitung zu unanständigen Handlungen und der Schwängerung. Der Jesuit entgegnete, die Frau sei hysterisch, von Krämpfen befallen, gebe sich als Heilige aus, weil an ihrem Körper Wundmale erschienen wie bei Jesus, und habe sich sogar, um dies dramatisch zu unterstreichen, die Hände mit Menstruationsblut beschmutzt. Auch dieser Prozess, der nicht nur in Frankreich ein breites Echo hervorrief, weitete sich schnell zu einer Generalanklage gegen die Jesuiten und ihre lasterhafte Lüsternheit aus, mit Marie-Catherine in der Rolle des Opfers. Ein erster Richterspruch verurteilte die junge Frau zum Tode, einen Monat später wurde sie unter allgemeinem Jubel jedoch für unschuldig erklärt und zu ihrer Familie zurückgeschickt, während man Pater Girard versetzte. Der Prozess wurde auch als Metapher interpretiert, die Jesuiten als ein Fremdkörper gesehen, der versuchte, die gallikanische Kirche und die französische Krone zu infiltrieren.

In London publizierte der Dichter Jeremy Jingle 1731 unter dem Titel *Spiritual fornication* (Geistliche Unzucht) eine Schmähschrift, vom Autor selbst als *A burlesque poem* (Ein burleskes Poem) definiert, in dem «der Fall von Miss Cadière und Pater Girard fröhlich rekonstruiert wird», zum Beispiel durch eine Szene, in der der schlüpfrige Priester tanzt und die Frau mit Hilfe des Satans hypnotisiert, sodass sich die schöne Catherine gern habe ausziehen und züchtigen lassen: «drei Stockschläge, die sie gerne annimmt. Nachdem er dies getan hat, reibt er ihren Rücken, küsst ihr das Gesäß und auch das Dingelchen …, steigt auf den Sattel und reitet im Galopp, wobei er die unteren Teile erregt …». Etc. Das Pamphlet schließt ab mit dem traurigen Ende der armen Cadière, die, schwanger geworden, zur Abtreibung gezwungen und in ein Kloster gesperrt wird.

Die Hartnäckigkeit, mit der sich die englische Publizistik auf die Jesuiten einschießt, darf nicht verwundern. Nach der anglikanischen Reform Heinrichs VIII. war die Antipathie der englischen Christen gegenüber der Kirche von Rom voll zutage getreten, in London hatte es zahlreiche, nicht nur literarische Initiativen gegen die Katholiken gegeben, die verächtlich «Papisten» genannt wurden. Man war sogar so weit gegangen, sie als Brandstifter des *Great Fire* zu beschuldigen, das im September 1666 einen großen Teil der Stadt zerstört hatte. Sogar im Datum, das in lateinischer Schrift in absteigender Folge alle Ziffern der römischen Numerologie aufwies (MDCLXVI), hatte man ein dunkles Zeichen gesehen.

Der üble Ruf der Jesuiten wurde noch verstärkt durch die Gerüchte über die Nähe dieser Priester zu okkulten Praktiken, zu Magie und Alchemie. Auch die angebliche Spitzfindigkeit ihrer Gedanken, die als verfänglich, betrügerisch, heuchlerisch galten, musste als Indiz herhalten. Dieser ebenso boshafte wie einhellige Chor begleitet das Leben der Gesellschaft Jesu und vermischt sich mit romanhaften Elementen, die in ein skandalträchtiges Feuilleton passen würden. Nicht zufällig lässt ein Genie des Abenteuerromans wie Alexandre Dumas einen der vier Musketiere, Aramis, sagen, der Jesuitengeneral sei der Hüter einer geheimen Macht, die ihn bis auf den Petrusthron bringen soll.

Die hartnäckigste Kritik aber hat immer in dem Vorwurf bestanden, die Jesuiten pflegten eine Kultur der Doppelmoral. Dabei kommt einem vor allem die Polemik mit den Jansenisten in den Sinn und Blaise Pascals Antwort in den *Lettres provenciales*, in denen zu lesen ist:

> Befürchten Sie denn nicht, wenn Sie mir meinen Spott über Ihre Verkehrtheiten vorwerfen, dass Sie mir nur neuen Anlass geben, mich über diesen Vorwurf lustig zu machen und ihn auf Sie selber zurückfallen zu lassen, da ich ja beweisen kann, dass ich nur über das Lächerliche in Ihren Büchern gelacht habe und dass ich daher bei meinem Spott über Ihre Morallehre ebenso weit davon entfernt war, über heilige Dinge zu spotten, wie die Lehre Ihrer Kasuisten von der Lehre des heiligen Evangeliums entfernt ist? … Wie die christlichen Wahrheiten unserer Liebe und Ehrfurcht würdig sind, so verdienen die Irrlehren, die ihnen widersprechen, Hass und Verachtung. Denn in den Wahrheiten unserer Religion gibt es zweierlei: eine göttliche Schönheit, die sie liebenswert, und eine heilige Majestät, die sie verehrungswürdig macht. Und auch in den Irrlehren gibt es zwei Dinge: die Gottlosigkeit, die sie verabscheuungswürdig und die Unverschämtheit, die sie lächerlich macht. (Elfter Brief).[4]

Harte Worte im eleganten Stil des 17. Jahrhunderts, die Francesco De Sanctis, der große Literaturkritiker des 19. Jahrhunderts, so zusammenfassen wird: «Der jesuitischen Moral ist es gelungen, die Moral des Volkes zu senken, es an die Heuchelei zu gewöhnen, daran, sich mit dem Anschein zu begnügen und die Substanz zu vernachlässigen.»

Alles hat am 15. August 1534 in Paris seinen Anfang genommen, der in mehrfacher Hinsicht schicksalhaften Stadt. Sieben Männer begeben sich von der Sorbonne ins Quartier Latin (das «lateinische» Viertel), durchqueren die Stadt von Süden bis Norden, steigen auf den Montmarte, betreten die sehr alte, 1147 von Papst Eugen III. geweihte Kirche Saint-Pierre. Der Tag hatte mit Aufregungen begonnen, es hatte Angriffe auf das Standbild der Jungfrau Maria gegeben, Tote und Inhaftierungen. Zwei Monate später, im Oktober, werden die Protestanten überall Plakate anschlagen, auf denen sie sich über eines der kirchlichen Dogmen lustig machen, das *Hoc est corpus* bzw. die Verwandlung der Hostie nach der eucharistischen Weihe in den wahren «Leib Christi», die Transsubstantiation. Der französische König Franz I. wird persönlich an einer Prozession teilnehmen müssen, mit der Fackel in der Hand und zur Schau gestellten Reliquien, um in der theologischen Kontroverse seine Rolle als katholischer Monarch zu behaupten.

1517 hatte Luther mit seinen 95 Thesen die Reformation ausgelöst, 1532 hatte Heinrich VIII. die Trennung der anglikanischen Kirche von Rom proklamiert – zum ersten Mal seit ihrer Gründung ist die Kirche von einer dramatischen Spaltung betroffen, die ganze Länder ihrer Einflusssphäre entreißt, ein Großteil Nordeuropas wendet sich von ihr ab. Das Konzil von Trient und die Gegenreformation stehen bevor, doch der Wiederbelebungsprozess wird lange dauern, es werden also unmittelbar neue Kräfte gebraucht, um den «Häresien» zu begegnen.

Die sieben Freunde, die sich am Montmartre versammeln, sind zwischen 19 und 43 Jahren alt, studieren Theologie, haben unterschiedliche Erfahrungen und kommen aus verschiedenen Lebenswelten, gemeinsam haben sie neben dem Glauben vor allem eines: eine enorme Zielstrebigkeit. An diesem Tag im August, an dem die Katholiken Mariä Himmelfahrt feiern (die 1950 Dogma wird), gehen diese sieben in einem feierlichen Ritual eine Verbindung ein und geloben Armut, Keuschheit und eine Wallfahrt ins Heilige Land. Später sollen daraus vier Gelübde werden: Armut, Keuschheit, Gehorsam und völlige Unterwerfung gegenüber dem Papst. An diesem fernen 15. August entstand der Orden der Gesellschaft Jesu. Ein einziger der sieben war Priester, der Franzose Pierre Favre. An seiner Seite die Spanier Ignatius von Loyola, Francisco de Xavier, Nicolás Bobadilla, Alfonso Salmerón, Giacomo Laynez und der junge Portugiese Simon Rodriguez.

Drei Jahre später, 1537, kommen die sieben nach Rom und bitten den Papst um Genehmigung ihres Ordens. Im selben Jahr werden sie in Venedig zu Priestern geweiht. Das Heilige Land bleibt aber noch in weiter Ferne, die damals geführten Kriege machten die Reise dorthin praktisch undurchführbar. 1540 wird die Gesellschaft Jesu offiziell als Orden anerkannt. Als erste Mission erteilt ihm Papst Paul III. den Auftrag, allen Kindern der Schulen Roms den Katechismus beizubringen, während Ignatius von Loyola zum Ordensgeneral ernannt wird.

Wie alle Initiatoren großer Unternehmen ist auch Ignatius eine außergewöhnliche Persönlichkeit, was umso bemerkenswerter ist, als er physisch von eher schwacher Konstitution ist. Er wurde 1491 in Loyola geboren, in der baskischen Provinz Guipúzcoa, wenige Kilometer von Santo Sebastian enfernt, in einer Familie des Kleinadels, die ihm eine militärische Laufbahn vorgibt. Über seine Jugendjahre liest man verschiedene Geschichten, die alle den üblichen Schemata der Heiligenlegende folgen: Lotterleben, Verschwendung, Prasserei, Feste, Frauen, Waffen. Eines Tages aber wird der junge Ignatius in Pamplona beim Kampf gegen die Franzosen schwer verletzt und bleibt für geraume Zeit ans Bett gefesselt. In dieser Zeit der Genesung fällt ihm, nachdem er alle Ritterromane ausgelesen hat – die seinem Temperament und seinen Erfahrungen am ehesten entsprechen –, ein Buch über das Leben Christi in die Hände. Es ist wie ein Blitzschlag.

Vor dem Bildnis der Schwarzen Madonna im spätmittelalterlichen Kloster Santa Maria de Montserrat (*La Moreneta*, die Schutzheilige Kataloniens) legt am 25. März 1522 der knapp über dreißigjährige Ignatius seine Waffen, das Schwert, den Mantel ab. Mit einem Pilgerstab, einem groben Umhang, Sandalen an den Füßen beginnt er umherzuwandern, zuerst in Europa, dann bis nach Jerusalem, danach wieder in Spanien, wo er mit seinen theologischen Aktivitäten beginnt. Im Februar 1528 besucht er in Paris die Sorbonne, lernt er die Gefährten kennen, mit denen er den Orden gründen wird.

Die ins Auge springende Stärke seiner Persönlichkeit liegt in seinen Fähigkeiten als Gelehrter und Theologe. Er ist von schwacher Gesundheit, das Reisen wird ihm bald zu mühsam, im Übrigen weiß er, dass er seine Fähigkeiten am besten bei der Ausarbeitung einer Doktrin einsetzen kann. Und in der Durchsetzung von Disziplin. Für ihn ist die Praxis des Glaubens der des Militärs sehr ähnlich. Den militärischen Gehorsam, auf den ihn seine Eltern getrimmt hatten, überträgt er auf den Willen der Kirche und ihren obersten Hirten.

Als er 1556 in Rom stirbt, beschreibt der Anatom und Pathologe der Universität von Padua, der die Autopsie durchgeführt hat, in seinem Befund einen von Krankheiten gepeinigten Körper: «Aus den Nieren, den Lungen, der Leber und der Pfortader habe ich eine endlose Zahl von verschiedenfarbigen Gallensteinen herausgeholt.»

Pionier der Missionsbewegung, der Evangelisierung bis in die entferntesten Erdteile war aber nicht Ignatius, sondern ein anderer der Gründer: Francisco de Xavier, auch er Spanier, 1506 in Navarra in einer adeligen Familie geboren, deren Güter aber nach dem Sieg über die pro-französischen Autonomisten Navarras von Ferdinand dem Katholischen konfisziert wurden. Um dem Elend zu entfliehen, verlässt Francisco de Xavier (dt.: Franz Xaver) das Elternhaus und flüchtet ebenfalls nach Paris, wo er Theologie studiert und sehr schnell Dozent wird. Sein abenteuerliches Leben beginnt 1540, dem Jahr, in dem der Orden offiziell anerkannt wird. Von Lissabon aus schifft er sich nach Ostindien ein. Zehn Jahre lang wird er den Orient missionieren, bis nach Japan kommen und kurz vor der Einreise nach China auf der Insel Sancian vor der Bucht von Kanton (heute: Guangzhou), zermürbt von den Strapazen seiner Reisen, mit nur 46 Jahren sterben. Das berühmte Gemälde Bartolomé Esteban Murillos zeigt ihn blass, auf einen Stock gestützt, die Augen zu einem vom Licht aufgerissenen Himmel erhoben. Fünfzehn Monate später werden seine sterblichen Überreste nach Goa (Indien) transportiert, und hier mischt sich in die Erzählung ein weiteres, wundersames Element.

Es wird nämlich erzählt, sein Leichnam habe nicht die geringsten Anzeichen von Verwesung aufgewiesen, sein Blut habe noch aus den Venen getropft – lautstark wird ein Wunder verkündet. In Goa also wird er bestattet, doch nicht einmal im Tode sollte er Ruhe finden. Aufgrund der ihm zugeschriebenen Wunderkräfte wird der Leichnam zerteilt, werden Glieder und Organe in alle Himmelsrichtungen verschickt. Sein rechter Unterarm trifft 1614 in Rom ein, in der Chiesa del Gesù, wo er in einem Reliquienschrein noch heute aufbewahrt wird. Dasselbe Schicksal blüht in den nachfolgenden Jahrhunderten den inneren Organen, begleitet von Auswüchsen eines echten Fanatismus, genährt von der Leichtgläubigkeit des Volkes. Das *Acqua di Saverio*, ein einfaches Quellwasser, das angeblich mit Teilen seines Leichnams in Berührung gekommen war, sollte Fieber heilen können. Mit dem Wasser von Loyola gemischt soll es dagegen ein gutes Mittel gegen Wurmbefall sein. In Bayern glaubte man bis zum Ende des 18. Jahrhunderts, das Bildnis Franz Xavers an einer Futterkrippe könne den Teufel daran hindern, die Herde krankzumachen.

Die Unterschiedlichkeit dieser beiden Existenzen, die sich aber für denselben Glauben verzehrten, lassen die beiden prinzipiellen Berufungen begreifen, die die Gesellschaft Jesu seit ihren Anfängen geleitet haben: der Kampf um den wahren Glauben, die katholische Antwort auf die protestantische «Ketzerei» und die bis an die äußersten Grenzen der Welt getriebene Evangelisierung. Man sagt, diese weltumspannende Mission habe sogar eines der berühmtesten Werke Berninis inspiriert, auf direkten Einfluss des deutschen Jesuiten Athanasius Kircher (1602–1680), eines Wissenschaftlers, Professors für Mathematik am römischen Kolleg: den Vierströmebrunnen auf der Piazza Navona, in dem der Künstler außer den vertrauten Flüssen Nil und Donau zum ersten Mal auch die der weit entfernten Kontinente dargestellt hatte, den Ganges und den Rio de la Plata.

Von einem jungen Mann, der Jesuit werden wollte, wurden beachtliche Fähigkeiten erwartet: spirituelle Gefestigtheit, Treue zum Orden, gutes Gedächtnis, die Fähigkeit, einen korrekten Diskurs zu formulieren. Damals wie heute wurde sein Leben von strengen Normen diszipliniert. Simon Rodriguez, einer der sieben Ordensgründer, der vom König von Portugal protegiert wurde, erzog die Jesuiten-Aspiranten mit unerbittlicher Strenge, verpflichtete sie zum Fasten und zur Selbstgeißelung und soll – einigen zeitgenössischen Quellen zufolge, die aber vielleicht nicht gerade wohlwollend waren – die Regel eingeführt haben, sie in ihre Zimmer einzuschließen oder sie vor einem Leichnam beten zu lassen. Das Wort «Gehorsam» steht also, nicht weniger als es in einer militärischen Einheit der Fall wäre, im Zentrum der Jesuitendoktrin.

Das Instrument zur Modellierung und Läuterung der Seelen, ihrer Annäherung an das Verständnis der göttlichen Botschaft, sind die von Ignatius von Loyola verfassten und vom Papst gebilligten *Esercizi Spirituali* (*Geistliche Exerzitien*). Vier Wochen lang, so schreibt der Gründer, solle man sich an einen geeigneten Ort zurückziehen (die später *Case di esercizi* genannten «Exerzitienhäuser»), dort ganze Tage in Schweigen versunken verbringen und über das Leben Christi meditieren. Ein geistlicher Führer wird dabei helfen, die vom Himmel gekommenen Botschaften besser zu verstehen, um schließlich das privilegierte Stadium der *Contemplatio ad amorem* (Betrachtung zur Erlangung der Liebe) zu erreichen. Diese Praxis hat noch heute große Bedeutung, wie es die Existenz der *Federazione Esercizi Spirituali* (kurz: FIES, Föderation der geistlichen Exerzitien) bezeugt, die mit der Aufgabe betraut ist, die Regeln des hl. Ignatius zu verbreiten und zu befördern.

Neben der spirituellen Erziehung des Einzelnen steht als Garantie der kollektiven Effizienz die Disziplin des gesamten Organismus. Wieder drängt sich die Ähnlichkeit mit einer Militärorganisation auf und hat manch einen dazu bewogen, die Jesuiten als «Heer des Papstes» zu bezeichnen. Ignatius ist es, der die *Costituzioni* diktiert, in denen die Regeln und Pflichten formuliert sind: Der Orden ist auf eine straffe hierarchische Ordnung gegründet, in der jeder Grad dem jeweils übergeordneten absoluten Gehorsam schuldet. An der Spitze der Pyramide steht der Papst, dem man, wie Ignatius schreibt, Gehorsam *perinde ac cadaver* (den sog. Kadavergehorsam) schulde. Ein absoluter Gehorsam, zusammengefasst in dem berühmten Motto: «Ich werde glauben, dass Weiß Schwarz ist, wenn es die Kirche so definiert.»

In Rom gab es, neben den beiden herrlichen Kirchen, mit denen dieses Kapitel begann, weitere bemerkenswerte Orte, die mit der Gesellschaft Jesu in Verbindung stehen. Einer davon war die Jesuitenschule *Collegio romano*, das römische Seminar zur Ausbildung neuer Studenten, also von besonderem Gewicht angesichts der Rolle und der intellektuellen Kompetenzen, die von den künftigen Priestern gefordert wurden.

1584 gegründet, war das *Collegio romano* bis 1773, dem Jahr seiner vorübergehenden Schließung, wie wir sehen werden, die wichtigste Jesuitenschule. 1814 kehrte die Gesellschaft Jesu hierher zurück, eine Folge der von Pius VII. nach dem Zusammenbruch der napoleonischen Herrschaft in Italien verfügten Neugründung des Ordens.

Endgültig verlassen musste sie es 1870, als nach der Annexion Roms durch das Königreich Italien die Regierung das römische Kolleg konfiszierte und teilweise zu einem Gymnasium umwidmete. Ein Großteil des Lehrplans war – und ist heute noch – der kirchlichen Doktrin gewidmet, doch muss man anerkennen, dass die Jesuiten inzwischen auch Latein, Griechisch, Poesie, Philosophie in ihr Studium eingeschlossen haben. Vor allem in den «häretischen» Ländern hatten die Jesuiten-Schulen das nicht allzu verdeckte Ziel, junge Menschen an die römische Kirche heranzuführen. Tatsächlich schickten sehr viele, auch nicht-katholische Familien ihre Kinder aufgrund der Qualität des Unterrichts und des hervorragenden Rufes dieser Institute in die Kollegs.

Mit dem Anwachsen der Macht der Gesellschaft Jesu nahmen auch die Anfeindungen zu, denen sie ausgesetzt war, nicht nur an vielen Höfen ganz Europas, sondern auch innerhalb der Kirche selbst. Wobei natürlich nicht zu leugnen ist, dass die Jesuiten in viele recht fragwürdige irdische Affären involviert waren. In dem Essay *Ligne de foi: la Compagnie de Jésus et l'esclavage dans le processus de formation de la société coloniale en Amerique portugaise* (Glaubenslinie: die Gesellschaft Jesu und die Sklaverei im Entstehungsprozess der kolonialen Gesellschaft im portugiesischen Amerika) gibt der brasilianische Sozialwissenschaftler Carlos Alberto de Moura Ribeiro Zeron ein Beispiel. Er weist nach, dass die Jesuiten bis zu ihrer Ausweisung aus Brasilien 1759 die Arbeitskraft von Eingeborenen und Afrikanern benutzten und noch dazu Sklavenhandel aus Angola betrieben.

Beim Tode Clemens' XIII. im Februar 1769 brach die Jesuitenfrage mit einer solchen Virulenz auf, dass sich bei der Wahl eines Nachfolgers die Diskussionen zu einem erheblichen Teil um sie drehten. Ganz offen verlangten angesehene Exponenten des Hauses Bourbon, dass die Kandidaten für den Petrusthron eine schriftliche Verpflichtung zur Aufhebung des Ordens abgeben sollten. Drei Monate und 180 Wahlgänge vergingen, bis mit Gian Vincenzo Antonio Ganganelli (Clemens XIV., 1769–1774) endlich ein Nachfolger gewählt war. Ein Mann in den Sechzigern aus der Romagna, der von allen als akzeptabler Kompromisskandidat betrachtet wurde, obwohl er eine offizielle Festlegung auf ein Verbot des Ordens verweigert hatte.

Clemens hatte eine komplizierte politische Situation geerbt, die er zunächst durch die strategische Verleihung von einigem Kardinalspurpur zu bewältigen suchte. Der Papst wollte Zeit gewinnen. Die Polemik ging aber weiter und zeigte nicht die geringsten Anzeichen einer Beruhigung. Nach vier problematischen Jahren sah er sich gezwungen, im Juli 1773 die Auflösung der Gesellschaft Jesu zu verordnen, und befahl sogar, ihren General Lorenzo Ricci zu verhaften, der darauf bis zu seinem Tode als Gefangener im Castel Sant'Angelo saß.

Die Daten sind wichtig. Wir befinden uns im letzten Viertel des 18. Jahrhunderts, des Jahrhunderts der Aufklärung mit all den nachhaltigen politischen und kulturellen Folgen, die diese Vision der gesellschaftlichen Existenz und Organisation, der Beziehungen der Menschen untereinander und zu ihrem Staat in Europa und in der Welt haben wird. In Frankreich sind die Enzyklopädisten dabei, die Fundamente der absolutistischen Monarchie zu zersetzen. In England hat einige Jahrzehnte zuvor jene *Glorious Revolution* stattgefunden, die mit der konstitutionellen Monarchie die Rechte des Parlaments gegenüber der Krone gestärkt hat. Nicht von ungefähr wird gerade in jenen Jahren die Gesellschaft Jesu zur Hauptzielscheibe, die von vielen, nicht immer zu Recht, als Inbegriff der rückschrittlichsten Aspekte der katholischen Kirche angesehen wird.

Für einen idealen Jesuiten-«Spaziergang» durch Rom bietet sich noch ein weiterer bemerkenswerter Ort an, die herrliche Bernini-Kirche Sant'Andrea al Quirinale, von der bereits im Kapitel «Genies und Rivalen» die Rede war, die wir nun aber unter einem ganz anderen Gesichtspunkt betrachten wollen. Die Kirche und das danebenliegende Kloster waren für das Noviziat der jungen Jesuitenanwärter bestimmt. In der ersten Kapelle rechts ist auf einem Gemälde Baciccias der Tod Francisco de Xaviers (Franz Xavers) dargestellt, der das Kruzifix fest an die Brust gedrückt hält und umringt ist von Engeln und Cherubim, die ihm im Todeskampf Trost zusprechen. Unter dem Altar wird in einer kostbaren Urne der Leichnam des hl. Stanislaus Kostka verwahrt, eines jungen polnischen Jesuiten, der gerade einmal achtzehn Jahre alt wurde.

Kostka wurde im Oktober 1550 in Rostkow geboren, wenige Kilometer vor Warschau, in einer adeligen Familie. Sein Vater, Prinz Jan, war Senator des Königreiches. Nach Wien geschickt, um sein Studium zu beenden, begann er, die geistlichen Exerzitien nach den Ignatius-Regeln zu praktizieren. Im Unterschied zu seinem Bruder, einem jungen Libertin, war Stanislaus zutiefst religiös. Mit fünfzehn Jahren wurde er schwer krank, und zwar ausgerechnet, als er zu Gast im Hause eines Lutheraners war. Sein Erzieher Jan Bilinski, der annahm, er liege im Sterben, wollte eigentlich einen Priester rufen, um ihm die Letzte Ölung zu erteilen, fürchtete aber die Reaktion des Hausherrn, der für katholische Geistliche nichts übrighatte.

Da geschah etwas Außerordentliches, wie die Hagiographie berichtet:

> Der Erzieher sah mit großem Erstaunen, wie Stanislao plötzlich von einem himmlichen Glanz erleuchtet war und einen Ausdruck von Sanftmut und Ehrerbietung annahm. Doch wurde sein Erstaunen noch größer, als dieser sich zu ihm wandte und ihm mit klarer und deutlicher Stimme sagte: «Knie nieder und bete zum Heiligen Sakrament. Zwei Engel des Herrn sind mit Ihm, und auch die Jungfrau und Märtyrerin, die hl. Barbara.»

Der junge Mann hatte eine Erscheinung gehabt, bei der ihm, wie von ihm selbst später bestätigt wurde, einer der Engel die heilige Kommunion erteilt hatte. Stark in seinem Glauben beschloss Stanislaus, ohne jemandem etwas zu sagen, sofort nach Rom aufzubrechen, um Jesuit zu werden. Er befürchtete nämlich, dass seine Familie dagegen sein würde. Nach einem kurzen Aufenthalt in Deutschland machte er sich auf die Reise nach Rom, zu Fuß. Und hier wiederholte sich das Phänomen der Erscheinung. Eines Tages betrat er eine Kirche, die katholisch gewesen, dann aber in ein protestantisches Gotteshaus umgewandelt worden war. Als Stanislaus dessen gewahr wurde, ergriff ihn ein großes Unbehagen. Sogleich aber erschienen ihm einige Engel, die auf ihn zugingen, und einer davon reichte ihm die geweihte Hostie. Stanislaus fiel auf die Knie und empfing das Sakrament direkt aus diesen himmlischen Händen. Nach einer Reise von 1 500 Kilometern – und während die Familie wegen seines Verschwindens am Verzweifeln war, kam der junge Mann schließlich in

Rom im Hause der Novizen an. Vielleicht durch die Strapazen der Reise oder aufgrund seiner schwachen Konstitution starb er am 15. August 1568, wie gesagt, im Alter von 18 Jahren.

Die Kirche bekundete ihm die höchsten Ehren. 1605 wurde er seliggesprochen, als erstes Mitglied der Gesellschaft Jesu überhaupt. 1671 wurde er Nationalpatron Polens, 1726 von Papst Benedikt XIII. (1724–1730), gemeinsam mit Luigi Gonzaga heiliggesprochen. Später wurde er zum Schutzheiligen der religiösen Novizen, der Jugend und auch der Todkranken. In den neben der Kirche Sant'Andrea gelegenen Räumlichkeiten ist noch die Kapelle erhalten, in der der arme junge Mann im Sterben lag, dazu eine sehr beeindruckende Skulptur, die ihn in den letzten Augenblicken vor seinem Tod zeigt. Das Werk wurde 1702 von Pierre Legros ausgeführt, einem Pariser Bildhauer, der sich in Rom niedergelassen hatte, wo er unter dem Namen *Monsù Legros* bekannt war. Es ist vollständig aus verschiedenfarbigen Marmorsorten komponiert, die mit überwältigendem Realismus den Sterbenden mitsamt seiner Kleidung und seinen persönlichen Gegenständen sowie das Totenbett verkörpern.

In derselben Kirche Sant'Andrea wurde übrigens auch der Eintritt des berühmten Jesuiten Matteo Ricci (1552–1610) in die Gesellschaft gefeiert, eines Mathematikers und Kartographen, dem es als erstem aus dem Westen gekommenen Menschen gestattet war, sich in Peking niederzulassen, der Hauptstadt des Himmlischen Reiches, wo ihm sogar Einlass in die Verbotene Stadt gewährt wurde.

Von einem zweiten illustren Grab muss an dieser Stelle berichtet werden, denn die Geschichte der Jesuiten konstruiert sich durch die Erinnerung und den Totenkult nicht weniger als durch die Taten der Lebenden. In der zu Beginn des Kapitels genannten Kirche Sant'Ignazio kann man in der dritten Kapelle rechts, unter dem Altar, die in prächtigen Kardinalspurpur gekleideten sterblichen Überreste Robert Bellarmins (1542–1621) sehen, auch er blutjung in die Gesellschaft eingetreten, mit einem ganz anderen Schicksal allerdings als Stanislaus Kostka.

Bellarmins Knochen sind mit Silberfäden zusammengebunden, wie auch die Masken, die sein Gesicht und seine Hände bedecken, aus Silber sind. Sein Geist war kraftvoll, sein Verstand scharf wie eine Rasierklinge. Das stellte er bereits als junger Mann unter Beweis, als er gut drei Tage lang seine Doktorarbeit in Theologie verteidigte, und er sollte eine erbarmungslose Bestätigung dafür liefern, als er mit unversöhnlicher Entschiedenheit den Philosophen Giordano Bruno auf den Scheiterhaufen schickte. Mit kaum 30 Jahren war er als Professor in die Jesuitenuniversität Gregoriana berufen worden und spezialisierte sich dort vor allem auf die Instruktion von Studenten aus Nordeuropa, die nach der Rückkehr in ihre Heimatländer gegen den Protestantismus gewappnet sein mussten.

Bellarmin hatte klar erkannt, dass nach dem Dammbruch der Orthodoxie durch Luther ein Dominoeffekt drohte, der noch sehr viel mehr mit sich reißen konnte. Deshalb machte er die Verteidigung der Doktrin und des Kanons zu seinem Lebensinhalt, und deshalb musste Giordano Bruno sterben. Der Prozess gegen den Philosophen hatte trotz aller Verhöre und aller Folter in sieben Jahren keinen einzigen stichhaltigen Beweis erbracht. 1599 nahm ihn der unerbittliche Kardinal selbst in die Hand und brachte ihn innerhalb weniger Wochen zum einzig möglichen Urteilsspruch: der Todesstrafe für den Angeklagten, der als Ketzer lebend verbrannt wurde. Das Jahr 1600 war zum Heiligen Jahr ausgerufen worden, das Bild des sich in den Flammen windenden Philosophen sollte allen zur Mahnung dienen, die von Luthers Ketzerei in Versuchung geführt waren, ob sie nun Pilger waren oder Römer.

Intuitiv hatte Bellarmin verstanden, dass Bruno mit seiner Vision einer unendlichen Vielfalt von Welten eine neue Ära der Freiheit des Gedankens eröffnet hatte; dass die gesamte Glaubenslehre einzustürzen drohte, wenn man das auf die kanonische Auslegung der Schrift gegründete Gebäude in Frage stellte. In seinem Werk *De l'infinito, universo et mondi* (Über das Unendliche, das Universum und die Welten) hatte Bruno geschrieben: «Unzählige Sonnen existieren und unzählige Erden umkreisen diese Sonnen.» Später wird man erkennen, dass dies den Tatsachen entspricht.

Bruno hatte eine Theorie aufgestellt, die den Entdeckungen der Astronomen um Jahrhunderte voraus war, die aber die Vorstellung von einem Schöpfergott, den Glauben an die Erlösung der Menschheit durch das Werk Jesu schwieriger machte. Der Philosoph hatte also gewissermaßen den Boden des Christentums verlassen, und das durfte nicht unbestraft bleiben. Die Ironie der menschlichen Irrtümer will es, dass im Mai 2008 ein anderer Jesuit, Pater José Gabriel Funes, der von Papst Benedikt XVI. ernannte Direktor der Specola Vaticana, des Vatikanischen Observatoriums, in aller Ruhe und Gelassenheit erklärte, dass man die Existenz anderer Welten und anderer Leben, die vielleicht sogar weiter entwickelt sind als die unseren, sehr wohl zugeben kann, ohne deswegen den Glauben an die Schöpfung, an die Menschwerdung Christi und die Erlösung in Frage zu stellen. Der arme Bruno hatte dieselben Dinge gesagt, nur mit einem allzu exzessiven zeitlichen Vorsprung.

Das von den Jesuiten betriebene Verfahren der Selig- und Heiligsprechung Bellarmins hat sich mehr als drei Jahrhunderte lang hingezogen, von 1627 bis 1930. Technische Gründe und doktrinäre Motivationen standen dem entgegen, Zweifel, ob ein solches Verfahren angebracht sei für einen Mann, der im Falle Giordano Brunos in einer Art und Weise agiert hatte, die selbst von katholischer Seite als kriminell angesehen wurde. Von Papst Pius XI. seliggesprochen im Jahre 1923, heiliggesprochen 1930, ist Bellarmin im Jahr darauf zum katholischen Kirchenlehrer ernannt worden, zu verehren als Patron der Katecheten und der kanonischen Advokaten. Seine Grabinschrift besagt: «Mein Schwert hat die hochmütigen Geister bezwungen.» Als in Rom 1889 das Standbild Giordano Brunos auf dem Campo de' Fiori eingeweiht wurde, verschickte Papst Leo XIII. einen Mahnbrief, der allen Gläubigen verlesen werden sollte. Darin wurde der Philosoph noch einmal gebrandmarkt. Auch später hat der Vatikan Vorstöße zum Abriss des Monuments gemacht. In diesem Falle gereicht es dem damaligen Staatschef Benito Mussolini zur Ehre, sich diesen Versuchen widersetzt zu haben.

Die Welten dieser beiden Heiligen, des jungen Polen, der von Jesus und Engelserscheinungen heimgesucht mit achtzehn Jahren starb, und des gnadenlosen Mannes der Doktrin, der fast achtzig Jahre alt wurde, könnten nicht weiter voneinander entfernt sein. Beide sind Jesuiten, beide hochverehrt, und angesichts ihrer ins Auge springenden Ungleichheit drängt sich die Frage auf, ob es ein umfassendes Merkmal der Gesellschaft Jesu gibt, einen gemeinsamen Nenner.

Wer sind eigentlich die Leute, aus denen dieses «Heer des Papstes» besteht? Gehorchen ihre Aktionen nicht allzu oft den tagesaktuellen Erfordernissen der Politik? Welche Rolle hat die Gesellschaft im inneren Zwiespalt des katholischen Glaubens zwischen dem Heer der Nächstenliebe und der stolzen Verkündigung der Wahrheit vorherrschend gespielt? Tatsächlich hat das Verhalten der Jesuiten, ihre theoretische Arbeit wie ihr Handeln, häufig zwischen diesen beiden Polen oszilliert.

1981, einem Jahr erhitzter interner Debatten der Gesellschaft, hat Papst Johannes Paul II. anstelle von Vincent O'Keefe, der von den Jesuiten designiert worden war, den erkrankten Pater General Pedro Arrupe abzulösen, Paolo Dezza zum persönlichen Delegaten des Ordens ernannt. Der offiziellen Lesart zufolge versuchte der Vatikan auf diese Weise, «eine gewisse Orientierungslosigkeit» in der Gesellschaft Jesu zu regulieren und den Jesuiten «in ihrer Urteilsfähigkeit beizustehen». Die inoffizielle Version dagegen besagt, dass dieser Handstreich notwendig war, um die linken Strömungen innerhalb der Gesellschaft unter Kontrolle zu bringen, die in Lateinamerika in die Bewegung Theologie der Befreiung involviert waren. Allgemeiner gesagt war es das Anliegen, der von Pedro Arrupe im Laufe seines beinahe zwanzigjährigen Mandats herbeigeführten «liberalen» Wende gegenzusteuern.

1968 nämlich hatte die Lateinamerikanische Bischofskonferenz in Medellin (Kolumbien) gegen die diktatorischen Regimes Stellung bezogen: grausame, repressive Militärdiktaturen, die häufig von der römischen Kirche unterstützt oder jedenfalls nicht offen bekämpft wurden. Gegen diese Politik der offenen und nicht selten blutigen Unterdrückung hatte sich ein Großteil des südamerikanischen Klerus formiert und sich an die Seite der entrechteten Bevölkerungsteile gestellt, ihren Kampf unterstützt und sich für eine sozial aktive Kirche des Volkes ausgesprochen. Die Theologie der Befreiung ist vom Vatikan nie anerkannt worden. Im Gegenteil wird er es für notwendig halten, sie einzudämmen, auch um den Preis des Autonomieverlustes der Jesuiten, die zwar den hohen Würdenträgern der Kirche nahestehen, aber auch den unterdrückten Völkern Lateinamerikas.

Ein weiteres Thema hat im Jahre 2001 eine heftige Debatte ausgelöst, als die Mailänder Tageszeitung Il Corriere della sera einer Diskussion zwischen dem amerikanischen Historiker David Kertzer, Autor des Buches *Die Päpste gegen die Juden*, und Pater Giovanni Sale, Historiker der Gesellschaft Jesu, Raum gab. Kertzer hatte der Kirche vorgeworfen, sie habe durch ihr jahrhundertelanges Antijudentum dem Antisemitismus das Terrain bereitet. Zum Beweis zitierte der Autor unter anderem eine Reihe von Artikeln, die in dem 1850 gegründeten, zweimal im Monat erscheinenden Jesuitenorgan *La civiltà cattolica* (etwa: Die katholische Zivilisation) erschienen war. 1882 hatte Civiltà cattolica mit besonderer Genugtuung die ersten Kongresse der modernen antisemitischen Bewegungen angekündigt. 1890 hatte es drei Artikel über die «Judenfrage» publiziert, mit Behauptungen, die die diffamierendsten Verleumdungen der Nazis vorwegnahmen. Später waren diese Beiträge in einem in mehreren Sprachen herausgegebenen Buch versammelt worden.

Der Historiker der Jesuiten entgegnete, dass das von Civiltà cattolica demonstrierte Antijudentum umgehend korrigiert worden sei; dass sich die Zeitschrift im Gegenteil 1938 als einziges Publikationsorgan Mussolinis Rassengesetzen entgegengestellt habe. In der Tat gab es unter den katholischen Priestern einschließlich der Jesuiten zahlreiche Fälle von Opposition gegen das Regime und in der Zeit der *Resistenza* (des Widerstandes gegen die deutschen Besatzer) sogar von Nähe zu den Freiheitskämpfern. Zur Frage des Antisemitismus aber bleibt das Image der Gesellschaft substantiell uneindeutig, ähnlich wie das des Vatikans.

Sogar Pater Sale hat, als er im November 2008 in *Civiltà cattolica* auf das Thema einging, die Haltung Eugenio Pacellis als Staatssekretär, also bevor er Papst Pius XII. wurde, als «*eccessivamente prudente*» (übertrieben vorsichtig) bezeichnet: «In dieser Frage nahm das Staatssekretariat eine eher vorsichtige Haltung ein, in dem Glauben, man könne auf diese Weise etwas Konkretes zum Vorteil der Juden erreichen, insbesondere für diejenigen, die zum Katholizismus konvertiert waren.» Mit diesem Verhalten erhoffte man von der faschistischen Regierung, dass diese «als Diskriminierungskriterium nicht die biologisch-rassische Zugehörigkeit heranziehen würde, sondern die religiöse», weshalb es, so ergänzt Pater Sale, «heute, vor allem nach der Öffnung des Zweiten Vatikanischen Konzils in der Materie, für den katholischen Historiker peinlich ist, diese Einstellung und diese Art des Vorgehens mit moralischen oder religiösen Kategorien zu rechtfertigen».

Eine Haltung ähnlicher Uneindeutigkeit war im Übrigen gegen Ende des Zweiten Weltkriegs festzustellen. Nach der Außerkraftsetzung der Rassengesetze durch die Badoglio-Regierung vertrat der von Kardinalstaatssekretär Luigi Maglione zum Sondervermittler bei der italienischen Regierung bestellte Jesuitenpater Luigi Tacchi Venturi, dass «[das Rassengesetz] nach den Prinzipien und der Tradition der katholischen Kirche zwar Vorschriften enthält, die abgeschafft gehören (diejenigen, die sich auf die Konvertiten und die Mischehen beziehen), es aber auch andere enthält, die eine Bestätigung verdienen würden». Bei der Bestimmung einiger dieser Normen, die «eine Bestätigung verdienen würden», versuchte man wieder einmal, den religiösen Aspekt (die Konversion) zu isolieren, und gab damit praktisch die Empfehlung, die von rassischen Vorurteilen diktierten Einschränkungen aufrechtzuerhalten.

Seit der Regierung Pater Arrupes hatte die Gesellschaft Jesu dagegen durch ihre breite Öffnung sowohl auf sozialem Gebiet als auch in Fragen der Doktrin immer wieder auf sich aufmerksam gemacht. Wenige Tage bevor im Januar 2008 in der Person des spanischen Theologen Adolfo Nicolas der neue Pater General der Gesellschaft gewählt wurde, hat Papst Benedikt XVI. von den Jesuiten einen treuen Dienst «bei der unversehrten und sicheren Verkündigung des Evangeliums in unserer Zeit» gefordert, insbesondere, was «gewisse Aspekte der Befreiungstheologie sowie bestimmte Punkte der Sexualmoral» betrifft. Die Botschaft ist klar, die Beunruhigung des Papstes über Themen, die er zu den Marksteinen seines Pontifikats machen will, offensichtlich.

Ein weiterer Jesuit, der dem Vatikan große Sorge bereitet hat, ist der amerikanische Theologe Roger Haight. Schon 2004 hat die Kongregation für die Glaubenslehre (das ehemalige Sant'Ufficio – das Heilige Offizium), damals unter dem Vorsitz von Kardinal Ratzinger, seine Thesen verdammt und ihm an der von Jesuiten geführten Weston School of Theology in Cambridge, Massachusetts, die Lehrerlaubnis entzogen. Im Sommer 2008 wurde der Theologe erneut verurteilt. Der Entzug der Lehrerlaubnis wurde diesmal auf alle, auch nicht-katholische Schultypen erweitert, hinzu kam auch ein Publikationsverbot, «solange seine Positionen nicht richtiggestellt werden».

Der Hauptvorwurf Haight gegenüber ist die Anwendung einer

theologischen Methode, bei der die Glaubensinhalte ihrer Akzeptanz in der zeitgenössischen Gesellschaft untergeordnet würden. Der Betroffene entgegnet, die katholische Theologie habe größere Überlebenschancen, wenn sie für die im Westen dominierende Kultur, vor allem die der Jugendlichen, verständlicher würde. Im Grunde sagen die Hierarchien und der kämpferische Jesuitentheologe dasselbe, betrachten die Dinge aber von exakt entgegengesetzten Standpunkten aus. Die Kirche hat im Laufe der Jahrhunderte vielfach demonstriert, wie schnell sie sich an Erfordernisse der Politik oder der gesellschaftlichen Sitten und Gepflogenheiten anzupassen weiß. Es geht also nicht nur um die Frage, ob zuerst die Gesellschaft oder zuerst die Doktrin komme. Es geht wieder einmal um eine Frage der *Suprematia* oder, wenn man will, des Gehorsams.

Im Übrigen ist Pater Haight auch im Innern der Gesellschaft Jesu auf Opposition getroffen. Der Jesuitentheologe Pater Gerald O'Collins, der an der angesehenen Gregoriana Universität lehrt, hat Haights Positionen mit der Bemerkung kritisiert: «Für einen Jesus wie dem von Haight konzipierten» würde es sich «sicher nicht lohnen zu sterben». Sehr heikle Fragen, in die sich einzuschalten nicht einfach und vielleicht nicht einmal zulässig ist. Aber auch ein Zeichen der Unruhe, von der die Gesellschaft Jesu in einem für die römische Kirche so schwierigen Augenblick ergriffen ist. Nach den Berechnungen des Vatikanisten Sandro Magister sind von den sieben Theologen, gegen die zur Zeit von der Glaubenskongregation ermittelt wird, vier Jesuiten.

Jesuit ist übrigens auch einer der größten lebenden Theologen, Kardinal Carlo Maria Martini, der nahe daran war, zum Papst gewählt zu werden, wenn es sein theologischer und sozialer Standort nicht verhindert hätte. In seinem bereits zitierten Buch *Conversazioni notturne a Gerusalemme* (*Nächtliche Gespräche in Jerusalem*, 2009) diskutiert Pater Martini mit dem österreichischen Ordensbruder Georg Sporschill über prinzipielle Fragen der katholischen Glaubenslehre. Aus seinen Worten spricht eine humanisierte Konzeption der Kirche, zum Beispiel zum schwierigen Thema des Priesterzölibats («Vielleicht haben nicht alle die Gnade»), über die Möglichkeit des weiblichen Priestertums, über die Homosexualität. Zur Empfängnisverhütung bricht Martini das von drei Päpsten (Paul VI., Johannes Paul II., Benedikt XVI.) fortgeschriebene Tabu. Zur berühmten, von Paul VI. 1968 herausgegebenen Enzyklika *Humanae Vitae* mit der Lehre über den strikt an die Fortpflanzung gebundenen sexuellen Akt in der Ehe erinnert Martini daran, dass der Papst die Entscheidungen zu diesem Thema den Berater-Patres entzogen und ausschließlich sich selbst vorbehalten hatte: «Leider hat die Enzyklika *Humanae Vitae* auch negative Entwicklungen zur Folge gehabt … die Einsamkeit einer Entscheidung mit so langfristiger Wirkung ist keine positive Prämisse für die Behandlung der Themen Sexualität und Familie gewesen.»

Vielleicht aber zeigt sich der fundamentale Punkt, die größere Öffnung zu einem Christentum, das mehr auf die Liebe konzentriert ist als auf den Stolz, im Besitz der alleinigen Wahrheit zu sein, wenn sich Martini Mutter Theresas berühmten Ausspruch «Gott ist nicht katholisch» zu eigen macht und mit den Worten paraphrasiert: «Du kannst Gott nicht zu einem Katholiken machen.» Die Implikationen dieser These sind enorm und sie müssen in der Vision des Kardinals in der Tat auf die Figur Jesu selbst angewandt werden, die er viel milder sieht, also auch weit entfernt von der des «wahren Gottes und wahren Menschen», wie er in Joseph Ratzingers Buch *Jesus von Nazareth* erscheint.

Die Geschichte der Jesuiten ist eine bewegte Geschichte, gezeichnet von Unruhe und Widersprüchen, übersät von viel Bösem, an dem es gewiss nicht gefehlt hat, und von viel Gutem, wie es aber eigentlich für jedes große Abenteuer der Menschheit die Regel ist. In ihrem konkreten Wirken scheint sich die Gesellschaft Jesu die Mahnung Martin Luthers an seinen wichtigsten Schüler und faktisch ideologischen Erben Philipp Schwartzerdt Melanchthon tatsächlich zu eigen gemacht zu haben: In einem Brief hatte ihm der große Reformator ein später viel zitiertes und oft missverstandenes Gebot geschickt: «*Esto peccator et pecca fortiter, sed fortius fide et gaude in Christo, qui victor est peccati, mortis et mundi!*» – «Sei ein Sünder und sündige kräftig, aber mit noch größerer Kraft vertraue und freue dich in Christus, welcher der Sieger ist über die Sünde, den Tod und die Welt!». Das war keine Aufforderung zur Sünde, wie man häufig glauben machen wollte. Es war im Gegenteil eine Einladung, stets vollkommen aufrichtig mit Gott zu sein, durch die Kraft des Glaubens.

Man kann die Jesuiten sehr negativ beurteilen, und in der Tat ist dies häufig geschehen. In der intellektuellen und dialektischen Spannkraft dieser Gesellschaft Jesu ist heute allerdings eines der wenigen Zeichen doktrinärer Vitalität gegenüber einer vatikanischen Politik zu erkennen, die sich immer mehr auf eine kurzsichtige, von Konformismus und zuweilen leider auch von der Arroganz der Macht gezeichnete Vision zurückzieht.

XI. GOTTES BANKIERS
DER ÜBLE GERUCH DES GELDES

In dem wuchtigen Festungsturm von Papst Nikolaus V., direkt am Apostolischen Palast, der Residenz des Papstes, hat der IOR seinen Sitz, ein sehr bekanntes Akronym, das für *Istituto per le Opere di Religione* steht, also die Bank des Vatikans. Das imposante Gebäude kann man auch von außen sehen, durch die Porta Angelica hindurch, dem von Schweizergardisten bewachten Eingangstor. Die Gründung der Bank geht auf den Juni 1942 zurück, als Papst Pacelli, Pius XII. (1939–1958), einige vorher existierende Institute zu einer einzigen Bank mit eigener Rechtspersönlichkeit zusammenführte.

Ziel war es, wie bei jedem Institut dieses Typs, das Kapital gewinnbringend anzulegen, mit der Besonderheit jedoch, dass ein großer Teil der Gewinne satzungsgemäß und um dem Namen gerecht zu werden eben für *opere di religione* (Werke der Religion) aufgewendet werden sollte. Es gibt in der Politik (fast) nichts Aussagekräftigeres als den Gebrauch, der vom vorhandenen Geld gemacht wird. Deshalb muss die Frage gestellt werden, ob und in welchem Maße die vatikanische Politik, die auch durch ihre Bank gemacht wird, der eines jeden beliebigen anderen Staates ähnelt, der sich nicht des besonderen Beistands aus himmlischen Höhen erfreut.

Es gibt dazu eine bedeutsame Vorgeschichte. Um das gewaltige Vermögen zu verwalten, das dem Vatikan durch das Konkordat von 1929 zufällt, beruft Pius XI. Bernardino Nogara, einen Ingenieur und sehr fähigen Bankier. Bevor er das Amt übernimmt, stellt Nogara eine Bedingung: Die Investitionen müssen überall in der Welt frei von jedweder religiösen Erwägung oder Rücksichtnahme getätigt werden dürfen. So wird es auch sein, jedenfalls wird nicht einmal der Zweite Weltkrieg den vatikanischen Finanzen etwas anhaben können, weil Nogara mit Hilfe mächtiger katholischer Vermittler einen Gutteil dieser Gelder in die Vereinigten Staaten transferiert hatte, von wo er sie bei Kriegsende mit einem ordentlichen Wertzuwachs zurückerhielt.

In der Tradition fähiger Finanziers und Investoren, die für den Vatikan tätig waren, kann man historisch noch einen weiteren Schritt zurückgehen. Als 1862 offenbar wurde, dass sich trotz des Widerstandes von Pius IX. die weltliche Herrschaft der Päpste ihrem Ende zuneigte, ließ Erzbischof Francesco Saverio de Merode, ein genialer, abenteuerlustiger Mann belgischer Herkunft, von der Società Immobiliare die Grundstücke rund um den künftigen Bahnhof Termini aufkaufen. Zu einem lächerlichen Preis, da das Gebiet für die Urbanisierung als wertlos galt. De Merode hatte aber intuitiv erkannt, dass die künftige Hauptstadt des Königreichs Italien sich gerade in diesem höhergelegenen Areal erheblich mehr entwickeln würde als in der Talsenke der mittelalterlichen und Renaissancestadt. Während der Papst sich nach der Porta-Pia-Bresche (siehe Kapitel VII) schmollend in den heiligen Palästen einschloss, konsolidierten seine Finanziers auf dem Boden des «Dritten Rom» (*Terza Roma* – nach dem der Cäsaren und dem der Päpste nun das der Könige) das Immobilien-Dominium des Heiligen Stuhls.

Diese Präzedenzfälle werfen ein Problem von enormer Komplexität auf, das in einem Gespräch zwischen dem Historiker Ernesto Galli della Loggia und Kardinal Camillo Ruini zum Thema «*Cristianesimo e mondo contemporaneo*» («Christentum und heutige Welt», auf Italienisch 2009 unter dem Titel *Confini* – «Grenzen» publiziert) aufgegriffen wird. An einem bestimmten Punkt sagt der hohe Prälat: «Das Verhältnis … der christlichen Präsenz … zu den Mächten der Geschichte ist ein sehr schwieriges, aber unvermeidliches Thema.» Und weiter: «Die Absolutheit der Moral muss mit dem historischen Realismus verbunden werden, das ist die Herausforderung.» In der Tat ist genau dies die Herausforderung angesichts der Finanzgeschichte des Heiligen Stuhls und der bemerkenswerten Elastizität an der Grenze zwischen «christlicher Präsenz» und «historischem Realismus».

Zu dieser Frage gibt es selbst innerhalb der Kirche ebenso maßgebliche wie unterschiedliche Meinungen. Im Gespräch mit Eugenio Scalfari[1] im Juni 2009 zu ähnlichen Themen hat Kardinal Carlo Maria Martini unterstrichen: «Aufgabe der Kirche ist es, Zeugnis abzulegen vom Wort Gottes, dem Fleisch gewordenen Wort, der Welt der Gerechten, die da kommen wird. Alles andere ist sekundär.» Und später: «Jedenfalls ist im Verhältnis zur diplomatischen und theologischen immer die pastorale Fähigkeit und Berufung vorrangig.»

Zwei Standpunkte, zwischen denen Welten liegen. Ruini ist der Ansicht, dass man die Konzepte «verbinden» muss; Martini, dass man sie gewichten und für das Konzept Partei ergreifen muss, das in dieser «Verbindung» vorherrschen soll.

Wenn es ein Gebiet gibt, auf dem der Ausgang einer solchen Herausforderung gemessen oder, genauer gesagt, sogar «gezählt» werden kann, ist das eben der Umgang mit dem Geld. Am Verhältnis zum Geld, also zum Finanzwesen und folglich zu Herkunft und Verwendung großer Summen ist klar abzulesen, wo Umstände, Wille, Gelegenheiten und Bedarf die Grenze zwischen «christlicher Präsenz» und «Mächten der Geschichte», zwischen «moralischer Absolutheit» und «historischem Realismus» ziehen. Man kann auch sehen, bis zu welchem Punkt der Gedanke des Evangelisten Matthäus noch gültig ist, der schreibt: «Ihr könnt nicht beiden dienen, Gott und dem Mammon» (6.24),[2] also nicht Gott und Geld bzw. Profit.

Und tatsächlich scheinen die Geschäfte des IOR dieses Dilemma zu bestätigen. Im Vergleich zu jeder anderen italienischen Bank hat der IOR einige Privilegien, die ihm einen Sonderstatus einräumen. Erstens zahlt er auf die Dividenden keine Steuern, und auch die Kontoinhaber zahlen keine Steuern auf die erhaltenen Zinsen; zweitens – und damit ist er jeder «Offshore»-Bank gleichgestellt – muss ein jedes Auskunftsersuchen anderer Staaten, angefangen bei Italien, von einer richterlichen Anordnung gedeckt und offiziell durch das Außenministerium übermittelt sein (über ein Rechtshilfeersuchen). Bis heute aber hat der Heilige Stuhl einem seine Bank betreffenden Rechtshilfeersuchen noch nie zugestimmt.

Ein drittes Privileg muss allein schon wegen der Bedeutung für die in diesem Kapitel berichteten Ereignisse genannt werden. Das Konkordat zwischen dem Heiligen Stuhl und der damaligen italienischen Regierung (Februar 1929) sowie einige spätere Urteilssprüche der italienischen Gerichtsbarkeit legen fest, dass das Führungspersonal des IOR sowie ganz allgemein alle Personen, die in zentralen Einrichtungen des Heiligen Stuhls tätig sind, vollständige Immunität genießen, weshalb sie gerichtlich nicht belangt und auch nicht verhaftet werden können. Ein Schutz, der jedem juristischen Versuch, einen führenden vatikanischen Manager für ein in Italien begangenes Verbrechen zur Verantwortung zu ziehen, die Stirn bietet.

An der Spitze des IOR stand neunzehn Jahre lang (1971–1989) ein Mann, der es aufgrund seiner außerordentlichen Geschmeidigkeit und Manövrierfähigkeit, seiner Zähigkeit, Energie und Erfindungsgabe (manche sagen auch: Naivität) verdient hat, zur Legende zu werden – und in der Tat, das ist er schon –, sowie natürlich auch aufgrund der vielen von ihm begangenen Fehler: Monsignor Paul Marcinkus, der streng genommen auch Priester war, also Seelenhirte, ein Umstand, der in der Gesamtheit seiner Aktivitäten jedoch zweitrangig erscheint. Marcinkus wurde 1922 in Cicero geboren, einem Vorort von Chicago (Illinois), und starb 2006 in Sun City (Arizona). Er stammte aus bescheidenen Verhältnissen, es zeigte sich aber schnell, dass der Junge Talent hatte. Er ging auf katholische Schulen und zog in den fünfziger Jahren nach Rom, um an der Pontificia Università Gregoriana zu studieren. Er arbeitete mit Bischof Giovan Battista Montini zusammen, der im Jahre 1963 zum Papst gewählt wurde und den Namen Paul VI. annahm.

Nach OP (Osservatorio Politico), dem berüchtigten Investigations-Blatt des 1979 ermordeten Journalisten Mino Pecorelli, erscheint der Name Marcinkus auf einer Liste von über hundert Freimaurer-Priestern, in Gesellschaft höchster Funktionsträger der vatikanischen Hierarchie. Sein Aufstieg innerhalb der heiligen Mauern ist rasant, nicht zuletzt weil er 1979 zum Helden wird. In der philippinischen Hauptstadt Manila rettet er Paul VI. das Leben, indem er bei einem Messerattentat die Klinge des geistesgestörten Täters abwehrt. Im Jahr darauf wird er Präsident des IOR. Wenn man viele Jahre nach diesen Ereignissen darüber schreibt und liest, sieht man klarer, von welchen Turbulenzen und Hochstapeleien, von welch anrüchigen Personen und gigantischen Betrugsmanövern, von wieviel Blut die letzten Jahrzehnte des 20. Jahrhunderts auch in Italien gezeichnet waren. Mit diesen kriminellen Verflechtungen, wenn nicht sogar mit den Bluttaten hatten Marcinkus und die Vatikanbank stets aufs Engste zu tun.

Die Geschichte dieser Bank und von Monsignor Marcinkus zu erzählen bedeutet auch, die Schlüsselpersonen dieser dunklen Geschäfte bloßzulegen (soweit das möglich ist): Roberto Calvi, der 1982 erhängt unter einer Londoner Brücke gefunden wurde; Michele Sindona, 1986 im Gefängnis vergiftet; der allgegenwärtige Licio Gelli,

Chef der Geheimloge Propaganda Due (abgekürzt: P2), Organisator diverser Umsturzkomplotte. Aber auch die arme Graziella Corrocher, Calvis Sekretärin, die am Tag, bevor ihr Chef ermordet wurde, aus einem Fenster zu Tode stürzte.

Nach Schätzungen des Mathematikers Piergiorgio Odifreddi kostet der Heilige Stuhl die Italienische Republik jährlich 9 Milliarden Euro an direkten Subventionen, denen noch mindestens 6 Milliarden für verschiedene Arten von Steuerbefreiungen hinzuzurechnen sind. Genaue Berechnungen sind nicht möglich, weil die Bilanzen des Vatikans sehr diskret gehandhabt werden. Die veröffentlichten Zahlen sind lückenhaft und gestatten daher keine detaillierten Analysen, auch wenn sich die Situation seit Neuestem leicht verbessert hat. Seit 2008 wird den Kardinälen und Bischöfen nach dem Willen Papst Benedikts XVI. ein finanzieller Rechenschaftsbericht ausgehändigt. Da er in einigen tausend Kopien erscheint, entspricht das praktisch einer Veröffentlichung.

In finanzieller Hinsicht war der Tod Papst Johannes' XXIII. im Juni 1963 für die Kirche eine Katastrophe. Die immense Popularität dieses Papstes hatte unter anderem das Spendenaufkommen der Gläubigen anschwellen lassen. Nach seinem Tod sprudelte diese Finanzquelle plötzlich erheblich spärlicher. Außerdem legte die italienische Regierung Ende der sechziger Jahre fest, dass nach Jahrzehnten kompletter Steuerbefreiung die Aktiendividenden des Heiligen Stuhls zu besteuern seien. Ein doppelter Schlag, dem Giovan Battista Montini, Paul VI., der Nachfolger von Papst Johannes, glaubte gegensteuern zu müssen. Die heikle Aufgabe, die gewaltigen im vatikanischen Besitz befindlichen Aktienpakete ins Ausland zu überführen, um dem Fiskus zu entgehen, wird Marcinkus übertragen und einem cleveren sizilianischen Geschäftsmann, der schon in der Vergangenheit bewiesen hatte, dass er über die richtigen Bekanntschaften und Fähigkeiten verfügte: Michele Sindona.

Allerdings wurde innerhalb der Leoninischen Mauer die Tatsache unterschätzt, dass Sindona, so fähig er auch war, Mafiagelder verschob, dass er mit einigen wichtigen italo-amerikanischen «Familien» verbandelt war, außerdem Berater einiger der blutrünstigsten Bosse der organisierten Kriminalität. Auf der anderen Seite war es ein kritischer Moment, und dass man die Kirche «nicht allein mit Ave Maria führen kann», hatte Marcinkus immer wieder betont. Nachdem er den Auftrag erhalten hat, führt ihn Michele Sindona (geboren in Patti, Messina) auf seine Weise aus. Er organisiert einen der gewaltigsten Kapitalexporte der Geschichte des italienischen Finanzwesens. Bestimmungsort: die Schweiz. Weil auch das Leben der politischen Parteien sehr teuer ist, werden auf dem Weg zu den helvetischen Banken einige Millionen Dollar in die Kassen der wichtigsten Parteien abgezweigt. Insbesondere die der Christdemokraten, zumal gerade die Anti-Scheidungs-Kampagne finanziert werden muss, die von der Kirche nachdrücklich unterstützt wird.

Das von Sindona auf beiden Seiten des Atlantiks zum Teil aus echtem, zum Teil aus fiktivem Geld errichtete Finanzimperium beginnt gegen Ende 1974 zusammenzubrechen, aus einer komplexen Konstellation von Gründen, nicht zuletzt infolge der Spannungen im Mittleren Osten, der schwierigen internationalen Lage, des Ölpreises. Als die bankrotte Banca Privata Italiana des sizilianischen Finanziers abgewickelt wird, beauftragt die Banca d'Italia den Anwalt Giorgio Ambrosoli, einen der wenigen Menschen mit Zivilcourage in diesem kranken Italien, die Operation zu leiten. Auf ihn wird extremer Druck ausgeübt, Dokumente zu bestätigen, die beweisen sollen, dass Sindona in gutem Glauben gehandelt hat. Es geht um sehr viel Geld, Sindona wird vom mächtigen Regierungsmitglied Giulio Andreotti geschützt, der ihn als «Retter der Lira» bezeichnet. Hätte Ambrosoli diesem Druck nachgegeben, wären Sindona alle strafrechtlichen Folgen erspart geblieben und es wäre an der Banca d'Italia gewesen, diese Schulden zu decken.

Obwohl er weiß, welch enormes Risiko er eingeht, geht Ambrosoli weder den Schmeicheleien auf den Leim noch gibt er den Drohungen nach. In einem Brief an seine Frau, seinem geistigen Testament, schreibt er unter anderem:

> Zweifellos werde ich in jedem Falle für diesen Auftrag einen hohen Preis zahlen müssen: das wusste ich, bevor ich ihn angenommen habe, und deshalb beklage ich mich nicht, denn für mich ist es eine einzigartige Gelegenheit gewesen, etwas für mein Land zu tun.

Als Schlussfolgerung geht aus seinem Abschlussbericht hervor, dass die Banca Privata aufzulösen sei und dass Sindona für die Misswirtschaft verantwortlich zu machen war. Der sizilianische Finanzier wird Ambrosoli am 11. Juli 1979 von William Aricò ermorden lassen, einem zu diesem Zweck aus den USA angeworbenen Auftragskiller, zum Preis von 115 000 Dollar, die auf ein Schweizer Konto eingezahlt werden. An seiner Beerdigung nehmen die Spitzen der Banca d'Italia teil, aber keine wichtigen Persönlichkeiten des Staates.

Als 1976 Sindonas Banken zusammenbrachen, hatte der Chef der P2, Licio Gelli, nämlich Andreotti, der damals Verteidigungsminister war, einen Rettungsplan für den sizilianischen Finanzier vorgelegt. Der Minister stimmte ihm zu, und es wäre sehr wahrscheinlich auch gelungen, den Plan umzusetzen, wenn er nicht auf den Widerstand eines weiteren echten Staatsdieners gestoßen wäre, des damaligen Finanzministers Ugo La Malfa. Die Dinge nahmen deshalb eine andere Wendung. Sindona wird im März 1986 im Gefängnis von Voghera mit einem Zyankali-Kaffee vergiftet.

Soweit der dramatische Hintergrund. Kehren wir zu den Geschäften des Erzbischofs Marcinkus zurück, der 1971 Präsident des IOR wird. Wenige Monate später stellt ihm Sindona Roberto Calvi vor, der ebenfalls Bankier ist. Calvis Karriere hat früh begonnen. 1947, mit 27 Jahren, wird er beim Mailänder Banco Ambrosiano eingestellt, einer Bank mit engsten Verbindungen zum IOR. 1971 wird er Generaldirektor, 1975 Präsident dieser Bank. Er hat große Ambitionen, wie auch die übrigen Persönlichkeiten dieser Geschichte: Er will die Bank vergrößern, sie in den Kreislauf der großen internationalen Finanzwelt hineinbringen. Er schreibt sich in die Geheimloge P2 ein, knüpft riskante Beziehungen zur Mafia, hebt gemeinsam mit dem IOR einige Unternehmen in Steuerparadiesen aus der Taufe. 1977 wird er von Sindona, der in großen Schwierigkeiten ist, um Hilfe gebeten. Calvi aber muss (oder will) sie ihm verweigern: Sindonas Situation ist nicht solide, im Übrigen hält er es für klüger, sich von diesem inzwischen sehr gefährlich gewordenen Geschäftspartner fernzuhalten.

Sindonas Rache lässt nicht auf sich warten. Am 13. November erscheinen in Mailand Plakate, auf denen der Banco Ambrosiano wegen schwerwiegender Unregelmäßigkeiten denunziert wird. Bei einer Inspektion durch die Banca d'Italia im April 1978 wird festgestellt, dass die Unregelmäßigkeiten in der Tat massiv und zahlreich sind. Das entsprechende Dossier wird Richter Emilio Alessandrini übergeben, der aber wenige Monate später (Januar 1979) von Terroristen der *Prima Linea* ermordet wird, einer kleinen Gruppierung innerhalb des linksextremen Terrorismus. Der gesamte Ablauf der Ereignisse zeigt uns in jedem Detail, wie beängstigend in Italien in diesen Jahren die Situation ist. Pausenlos wird das Land von mafiösen oder politischen Verbrechen heimgesucht, wie in den schlimmsten Zeiten seiner bewegten Geschichte. Mehr als genug Gründe also dafür, sich als ein den «Werken der Religion» geweihtes Institut umgehend von gewissen Persönlichkeiten abzusetzen. Es setzten sich aber die Erfordernisse der Politik durch, die immer kostspielig und dringlich sind und die es vor allem notwendig machen, auf dem Boden der Tatsachen zu bleiben und den Blick nicht allzu sehr von dort zu erheben.

In den Seilschaften von Geschäftemachern, Hochstaplern und echten Kriminellen hat die Figur Roberto Calvis eine besondere Physiognomie; hier paart sich große Ungeniertheit bei der Handhabung von Geldern mit überwältigender Naivität. Im Oktober 2005, dreiundzwanzig Jahre nach seinem Tod, wird in Rom der Prozess gegen seine mutmaßlichen Mörder eröffnet. Der Urteilsspruch von 2007 wird ein Freispruch aus Mangel an Beweisen sein. Was uns im Hinblick auf unsere Geschichte aber am meisten interessiert, sind die Dokumente, die vor und während des Prozesses auftauchten. Am 30. Mai 1982, als Calvi noch zwei Wochen zum Leben bleiben, hatte er einen Brief an Kardinal Palazzini geschickt, der als Opus-Dei-Mann im Vatikan galt, darin heißt es:

> Hochverehrte Eminenz … die moralische und ökonomische Glaubwürdigkeit des Vatikans ist bereits zutiefst kompromittiert; warum will niemand eingreifen? … im Vatikan gibt es ein Komplott, das es unter Mitwisserschaft der nationalen und internationalen laizistischen und antiklerikalen Kräfte auf die aktuellen Machtverhältnisse innerhalb der Kirche abgesehen hat. Dass Kardinal Casaroli und Monsignor Silvestrini Komplizen und Geschäftspartner sind, ist bewiesen, unter anderem durch die zahlreichen Bestechungsgelder, die sie für Sindonas Operationen unter sich aufgeteilt haben. Und ich werde, wenn Sie es wünschen, persönlich die Umstände dieser Zahlungen, die Höhe der Summen und die Kontonummern angeben! Aber was bezwecken die damit? Im Übrigen lassen sich viele vom Banco Ambrosiano an Parteien und Politiker gegangene Finanzierungsmittel und Schmiergelder auf deren Anordnungen zurückführen. Dabei wissen die, dass ich weiß …

Die Absicht ist erpresserisch, die Sprache aber ist entlarvend. Da agiert jemand aus einem panischen Angstzustand heraus. Erfolgreiche Erpressung setzt aber ein eiskaltes Auftreten voraus. In der Tat gab es auf diesen Brief nie eine Antwort. Deshalb spielt der Bankier, der inzwischen am Rande der Verzweiflung ist, seine letzte Karte aus und wendet sich direkt an den Papst. Eine Kopie dieses Briefes vom 5. Juni hat Calvis Sohn im Privatarchiv seines Vaters gefunden und dem Investigativ-Journalisten Pinotti übergeben. Darin ist zu lesen:

> Eure Heiligkeit,
>
> ich bin es gewesen, der sich die schwere Bürde der Schuld und der Fehler aufgeladen hat, die von den gegenwärtigen und ehemaligen Vertretern des IOR begangen wurden, einschließlich der Missetaten Sindonas …; ich bin es gewesen, der auf ausdrückliche Anordnung Ihrer maßgeblichen Repräsentanten über beträchtliche Finanzierungsmittel zugunsten vieler Länder und politisch-religiöser Vereinigungen des Ostens und des Westens verfügt hat; ich bin es gewesen, der im Einverständnis mit vatikanischen Autoritäten in ganz Zentral- und Südamerika die Gründung zahlreicher Banken koordiniert hat, vor allem zur Bekämpfung des Eindringens und der Verbreitung philomarxistischer Ideologien; und ich bin es schließlich, der heute von genau denselben Autoritäten verraten und im Stich gelassen wird …

Und weiter über den Mann, den er als seinen Feind betrachtete, Kardinal Casaroli:

> … es interessiert mich nicht, mich bei dem vielen Geschwätz aufzuhalten, das über gewisse Prälaten und insbesondere über das Privatleben von Staatssekretär Kardinal Casaroli im Umlauf ist …, ich halte es aber für außerordentlich wichtig, Sie auf die guten Beziehungen aufmerksam zu machen, die Letzterer mit notorisch antiklerikalen Kreisen und Persönlichkeiten, Kommunisten und deren Sympathisanten unterhält, wie zum Beispiel mit dem christdemokratischen Minister Nino Andreatta, mit dem er eine Übereinkunft zur Zerstörung und Aufteilung der Ambrosiano-Gruppe gefunden hat.

Calvi benutzt die einzigen Waffen, die ihm zur Verfügung stehen: Er bittet um Schutz, fordert Garantien, versucht, die internen Zerwürfnisse der Kurie zu nutzen, droht damit, den Justizbehörden alles zu erzählen. Das riesige Finanzloch der ausländischen Schwestergesellschaften des Banco Ambrosiano, 1,2 Milliarden Dollar zum damaligen Kurs, war in Wirklichkeit das der Vatikanbank und des Vatikans. Mit ungeheurer Naivität oder von Verzweiflung getrieben bittet Calvi darum, gerettet zu werden. Dabei vernachlässigt er die Tatsache, dass es geeignete Methoden gibt, um jedem den Mund zu stopfen.

Der Brief an den Papst ist vom 5. Juni 1982, am 18. Juni wird Calvi unter der Blackfriars Bridge in London aufgehängt. Während des Prozesses von 2005 wird die Anklage feststellen, dass

> … die Angeklagten sich mafiöser Organisationen wie Cosa nostra und Camorra bedienten, mit dem Ziel, den Tod Roberto Calvis herbeizuführen: um ihn dafür zu bestrafen, dass er sich beachtlicher Geldmengen aus dem Besitz der besagten Organisationen bemächtigt hatte; um Straffreiheit zu erlangen, den Profit aus den Verbrechen zu erhalten und zu behalten, die zur Anlage und zur Auswechslung von Geldern krimineller Herkunft begangen wurden; um Calvi daran zu hindern, erpresserische Gewalt auf die politisch-institutionellen Referenten der Freimaurer, der P2-Loge und des IOR auszuüben, mit denen sie Investitionen und Finanzaktionen von beträchtlichen Geldsummen betrieben hatten.

Ferruccio Pinotti (in seinem 2005 erschienenen Buch *Poteri forti* – Starke Mächte) zufolge war es Calvi zwar gelungen, den Banco Ambrosiano zu finanzieller Unabhängigkeit zu führen, seine Operationen hatten ihn aber persönlich erpressbar gemacht, weshalb er sich gezwungen sah, den mit dem IOR verbundenen Gesellschaften erhebliche Finanzmittel zukommen zu lassen. Als sich die Schwierigkeiten verschärfen, versucht er, die dem vatikanischen Institut geliehenen Gelder zurückzubekommen. Es gelingt ihm nicht, weil das Geld nicht mehr da ist. Es ist verwendet worden, um vatikannahe religiöse Gruppen und politische Organisationen, insbesondere in Polen, zu unterstützen. Calvi war das im Übrigen bekannt, und er hatte sich mehrfach damit gebrüstet, dem Papst bei seinen Pro-Solidarność-Operationen konkrete Hilfe geleistet zu haben.

Am 6. August 1978 stirbt Papst Montini, der Marcinkus, Sindona und Calvi protegiert und gedeckt hatte. Mit seinem Tod verlieren sie einen verlässlichen Bezugspunkt. Paul VI. hat das qualvolle Martyrium Aldo Moros gerade noch miterlebt, dessen Ende er vergeblich versucht hatte abzuwenden. Er wird auch aus anderen Gründen in die Geschichte eingehen, zum Beispiel aufgrund seiner kontroversen Enzyklika *Humanae Vitae* (Juli 1968), mit der er die Unzulässigkeit aller empfängnisverhütenden Praktiken und Mittel in sexuellen Beziehungen bekräftigt hatte (siehe Kapitel V und X).

Sein Nachfolger Albino Luciani, der als Papst den Namen Johannes Paul I. annimmt, wird eines der kürzesten Pontifikate der Kirchengeschichte innehaben: 33 Tage (vom 26. August bis zum 28. September 1978). Sein plötzlicher Tod wird offiziell auf einen Infarkt zurückgeführt, hier und da in der Welt sind aber andere, finstere Mutmaßungen dazu angestellt worden, wie wir im Kapitel «Kirche ohne Stimme» gesehen haben. Der englische Autor John Cornwell beschreibt, auch wenn er sich zur Mord-Hypothese skeptisch äußert, wie außerordentlich beunruhigt man in der vatikanischen Kurie über die Absichten dieses Papstes war, den man als einen naiven und gefährlichen Träumer betrachtete. Luciani wollte die Kirchengüter neu verteilen, er wollte vor allem, und hier kommen wir zu unserer Erzählung zurück, die Struktur und die Rolle des IOR von Grund auf umkrempeln. Eine Autopsie seiner Leiche, wie von vielen Seiten gefordert, wurde wohlweislich verweigert.

Im Übrigen haben, wie wir gesehen haben, durch eine außergewöhnliche Verkettung von Umständen viele der Personen, die in die Geschichte des IOR involviert waren, einen gewaltsamen oder unerwarteten Tod gefunden. In der Geschichte dieser Bank gibt es eine Art kontinuierlicher Tendenz zum Risiko, zu gefährlichen Freundschaften, zu finanziellen Transaktionen aus obskuren Quellen einschließlich sizilianischer Mafia-Vermögen. Dies zumindest haben einige *pentiti*[3] erklärt, unter ihnen Francesco Saverio Mannoia und Vincenzo Calcara. Der erste bezeugte in einer Videokonferenz aus New York, dass die berüchtigte Gruppe der «Corleoneser» einen Teil ihrer Gelder bei der Vatikanbank investiert hatte. Der zweite behauptete, zwei Koffer voller Geld von Palermo nach Rom gebracht zu haben, wo er an Bord eines Autos von Monsignor Marcinkus persönlich erwartet wurde. Die Aussagen der *pentiti* müssen immer mit Vorsicht behandelt werden, auch weil es für diese Behauptungen keine objektiven Beweise gibt. Richter Giovanni Falcone[4] hielt Mannoia allerdings für einen der glaubwürdigsten Kronzeugen der Justiz.

Als der Crash der IOR-nahen Banken offenkundig wurde, beeilte sich Marcinkus zu erklären, dass der Vatikan bei diesen beklagenswerten Vorfällen keinen Schaden genommen habe. So war es aber nicht. Der italienische Schatzminister Beniamino Andreatta, ein Christdemokrat, bezifferte die Verluste des Heiligen Stuhls durch den Zusammenbruch des Banco Ambrosiano auf über eine Milliarde Dollar und erklärte: «Die Regierung erwartet von Seiten des IOR eine klare Übernahme der Verantwortung dafür, dass er in einigen Operationen mit dem Banco Ambrosiano de facto die Rolle eines Geschäftspartners übernommen zu haben scheint.» Weltweit erschienen in allen Zeitungen große Titelgeschichten darüber, während sich der Vatikan, wie immer in Krisenzeiten, in undurchdringliches Schweigen hüllte. Niemand wollte etwas von Sindonas Geschäften mit der Mafia, vom Zusammenhang der Calvi-Marcinkus-Katastrophen, vom riesigen Loch in den Konten, von der missbräuchlichen Verwendung der Gelder gewusst haben, die satzungsgemäß in «Werke der Religion» hätten fließen müssen.

Als er 1978 den Thron besteigt, ist Johannes Paul II. 58 Jahre alt (geboren im Mai 1920 in Wadowice, Südpolen). Er ist ein Mann von großer, auch physischer Energie, was nicht zuletzt seine über hundert anstrengenden Auslandsreisen demonstrieren. Vor allem aber ist er ein Mann, der es sich zur Mission gemacht hat, sein Land vom Joch des sowjetischen Kommunismus zu befreien. Ein gigantisches Vorhaben, für das Entschlossenheit, politisches Geschick, tragfähige Allianzen notwendig sind. Und viel Geld. Monsignor Marcinkus ist zwar durch die Skandale kompromittiert, der Papst hält aber an ihm fest, weil er ein unverzichtbarer Handlanger für sein Projekt ist. David Yallop zufolge gelingt es dem Vatikan, der polnischen Gewerkschaft Solidarność, die mit ihrer Streikbewegung nicht nur in Polen die sowjetische Macht zum Wanken bringt, Finanzmittel in Höhe von 100 Millionen Dollar zuzuschießen.

Als die Banca d'Italia im Mai 1982 Schuldnerrisiken des Banco

Ambrosiano in Höhe von einer Milliarde Dollar anzeigt, flieht Calvi nach London, weil er sich dort in Sicherheit wähnt und glaubt, sich nicht nur der Anklage entziehen zu können, sondern auch der Vendetta, die jeder zu gewärtigen hat, der mit mafiaverseuchten Geldern hantiert. Vielleicht hatte er Zusicherungen erhalten, mit Sicherheit ahnte er nichts von der Falle, die ihn dort erwartete. Wie schon gesagt, wird er einen grausamen Tod finden. Seine Kreditfähigkeit war übrigens bis ein Jahr vor dem Crash intakt geblieben. Zum Teil, weil er zu jenen schillernden Figuren gehörte, die mit illusionistischen Fähigkeiten in der Finanzgeschichte immer wieder ihr Unwesen treiben: von John Law, der im 18. Jahrhundert das «Papiergeld» erfand, bis Bernard Madoff, der in unseren Tagen mit inexistentem Geld jonglierte; zum Teil, weil Calvis Nähe zur Vatikanbank nach wie vor ein wirksamer Türöffner war.

Nach seinem Tod vereinigen sich an die hundert Kreditorengesellschaften zu einem Komitee, um dem Versuch, ihr Geld wiederzubekommen, größeren Nachdruck zu verleihen. Im Vatikan folgt eine erregte Sitzung auf die andere. Marcinkus, der seine Macht zum Großteil verloren hat, behauptet, nie davon gewusst zu haben, dass Calvi zur Realisierung seiner Projekte mit seinen guten Beziehungen zum IOR hausieren ging. Er versucht, die Wogen zu glätten, die ihn mitzureißen drohen, doch jeder weiß, dass er nicht die Wahrheit sagt.

Staatssekretär ist damals Kardinal Agostino Casaroli, ein gewiefter Taktiker, der mit den Tatsachen von Grund auf vertraut ist, dem die realen Dimensionen der Misswirtschaft also bekannt sind, und der eine andere Strategie verfolgt. Bei einer der Versammlungen schlägt er die vernünftigste Lösung vor, was in einem Protokoll folgendermaßen berichtet wird:

> Seine Eminenz, der Kardinalstaatssekretär bemerkte, es müsse vorrangig darum gehen, das Ansehen des Heiligen Stuhls zu retten, und äußerte seine Ansicht, dass der Streit unbedingt einvernehmlich beigelegt werden müsse.[5]

Marcinkus ist dagegen. Im Versuch, die Bank und seinen Kopf zu retten, entgegnet er heftig: «Wenn wir nicht schuldig sind, müssen wir auch nicht zahlen.» Dem englischen Wirtschaftsjournalisten Charles Raw zufolge, der den Fall ausgiebig recherchiert hat (*La grande truffa*, 1993 – dt. etwa: Der große Schwindel), hat das fahrlässige Finanzgebaren des geschäftigen Erzbischofs den Heiligen Stuhl ungefähr eine halbe Milliarde Dollar gekostet: «Damit will ich nicht sagen», schreibt Raw, «dass Marcinkus sich persönlich bereichert hat. Den größten Gewinn haben daraus die Spitzen der P2-Loge gezogen, Licio Gelli und Umberto Ortolani.»

Ende Mai 1984 wird das Schuldenkonto des IOR definitiv geschlossen. Die Vatikanbank steht beim Banco Ambrosiano mit über 400 Milliarden Lire[6] in der Kreide. Das Komitee der Gläubigerbanken macht Druck, der Skandal ist riesig, der Posten wird eilends liquidiert, durch einen Vergleich zu den bestmöglichen Bedingungen. Offiziell bestreitet die Vatikanbank weiterhin jede Mitverantwortung an der Misswirtschaft, erklärt sich aber zu einer «freiwilligen Ausgleichszahlung» von 240 Millionen Dollar bereit. De facto ist das ein Eingeständnis der Mittäterschaft. Wäre sie tatsächlich an den Ursachen des Crash nicht beteiligt gewesen, wäre es folgerichtig gewesen, sich mit den anderen Banken des Komitees zusammenzuschließen. Im Vertragsprotokoll ist zu lesen, dass die Summe «einzig aufgrund seiner [des IOR – Anm. d. A.] besonderen Stellung» sowie «in einem Geiste wechselseitiger Versöhnung und Zusammenarbeit» ausgezahlt werde.

Am 4. Juni betont die Tageszeitung des Heiligen Stuhls, der Osservatore Romano, mit diesem Schritt sei «die Erleichterung einer globalen Lösung zur Konsolidierung auch der internationalen Beziehungen» beabsichtigt. Unter rein finanziellem Aspekt sind 240 Millionen Dollar im Verhältnis zum realen Umfang der Schulden ein großartiges Geschäft. Marcinkus muss sich damit abfinden, zumal ihn drei Jahre später, im Februar 1987, ein Haftbefehl der Mailänder Justiz ereilt. Wie wir gesehen haben, eine juristisch überflüssige Maßnahme, weil es sich bei Marcinkus um eine strafrechtlich nicht verfolgbare Persönlichkeit handelt. Der Vorstoß des Gerichts macht aber sein weiteres Verbleiben an der Spitze des IOR vollkommen intolerabel, auch wenn sich der Vatikan mit traditioneller Langsamkeit und Bedächtigkeit zwei Jahre Zeit lässt, um ihn seines Postens zu entheben. Johannes Paul II. persönlich wird ihn von den Spalten des Osservatore Romano aus im März 1989 verabschieden.

Knapp und bitter der Kommentar des Erzbischofs: «Im Fall Calvi werde ich immer als derjenige in Erinnerung bleiben, der die Rolle des Schurken gespielt hat.» Marcinkus ist jedenfalls bis 1997 im Vatikan geblieben, nach Erreichen des Pensionsalters von 75 Jahren hat er alle seine Ämter niedergelegt und ist in die Vereinigten Staaten zurückgekehrt, wo er bis zu seinem Tode 2006 in der Pfarrei St. Clemens in Sun City das bescheidene Amt eines Vikars bekleidete.

Zynisch? Naiv? Chaotisch? Die Verdächtigungen und Anschuldigungen gegen seine Person waren zahllos, keine davon führte zu einer rechtskräftigen Verurteilung.[7] Um eine angemessene Bilanz seines Wirkens zu ziehen, müsste man mehr über die vielen geheim gebliebenen Machenschaften und Winkelzüge wissen, die vielleicht erst in einigen Jahrhunderten ans Licht kommen werden, *falls* sie jemals ans Tageslicht kommen. 1989 fällt die Berliner Mauer; 1991 wird auf dem Kreml in Moskau die Fahne der Sowjetunion eingeholt. Damit ist die furchtbare Geschichte des 20. Jahrhunderts mit seinen zwei Weltkriegen, den Gräueltaten und dem Kalten Krieg abgeschlossen. Es ist nicht allzu gewagt zu sagen, dass der clevere Marcinkus zu dieser Entwicklung einen nicht unerheblichen Beitrag geleistet hat, mit all dem schmutzigen und sauberen Geld, das er zusammengetragen hat und dort hat hinfließen lassen, wo in dieselbe Richtung gearbeitet wurde.

Nach Marcinkus' Abgang bleibt im Vatikan der Mann zurück, der sein treuer Gefolgsmann war, der ihm nachgeeifert hat und der ihn im Endeffekt sogar noch übertreffen wird: Er heißt Donato De Bonis, ist ein Priester aus dem Süden Italiens, 1930 in einfachen Verhältnissen in Pietragalla (Basilikata) geboren. Zwar ist Marcinkus sein Lehrmeister gewesen, De Bonis wird sich aber als sehr viel zynischer und noch cleverer erweisen. Seine Erfindung ist eine Art geheimer IOR, zu dem ausschließlich er den Generalschlüssel besitzt, ein echtes Offshore-System mitten im Herzen Roms, reine Manövriermasse von vielen Milliarden (Lire), die beliebig verschoben werden können, und bei dem man so viel Zinsen bekommt, wie sie keine europäische Bank sonst in der Lage wäre auszuzahlen, vor allem dank der fiskalischen Privilegien, von denen der Vatikan noch immer profitiert.

Besonders florierend ist das auf den Namen von Kardinal Francis J. Spellman (1889–1967) eingetragene Konto. Ein Name von großem Gewicht vor allem, seit der mächtige Erzbischof von New York als Protagonist des glühendsten Antikommunismus hervorgetreten ist und als unermüdlicher Verfechter der finanziellen Interessen der Kirche. Sein Missionseifer war so ausgeprägt, dass er nicht davor zurückschreckte, jedesmal gegen Eleanor Roosevelt und sogar John F. Kennedy zu polemisieren, wenn er die Bundesmittel für die katholischen Schulen in Frage gestellt sah. Diese Leidenschaft ging so weit, dass er sich im Wahlkampf 1960 nicht für den katholischen Kandidaten John F. Kennedy, sondern für dessen Gegner Richard Nixon aussprach, der ihm größere Garantien für eine konkrete Unterstützung der Kirche zu bieten schien. Zu keiner Zeit hat der kämpferische Kardinal ein Hehl aus seiner Unterstützung für die (eindeutig verfassungswidrige) Kampagne des Senators Joseph McCarthy gegen «unamerikanische Umtriebe» gemacht, und auch später nicht aus seiner Sympathie für übelste Diktatoren, zum Beispiel Nicaraguas Anastasio Somoza.

Dass ausgerechnet er der Namensgeber für das geheime Bankkonto des Vatikans war, kann also eher in einen psychologischen als politischen Kontext eingeordnet werden, man könnte es als eine Frage gemeinsamer «Ideale» bezeichnen, wenn nicht der Begriff «Affinität» doch geeigneter erschiene. Im Übrigen war es Spellmann, der in den unmittelbaren Nachkriegsjahren die geheimen amerikanischen Fonds zur Finanzierung der Democrazia Cristiana (Christdemokratischen Partei Italiens) koordinierte.

Nach Gianluigi Nuzzis Rekonstruktion in *Vatikan AG* wurden allein in den Jahren 1987 bis 1992 auf das Konto mit der genauen Bezeichnung *Fondazione cardinale Francis Spellman* (Stiftung Kardinal Francis Spellmann) nicht weniger als 26 Milliarden Lire in Form von Bargeld und Wertpapieren eingezahlt. Ein kleiner Teil dieses Schatzes geht als Almosen und Schenkungen an Mönchsorden, Priester, Schwestern, Klöster, Kinderdörfer. Der bei weitem größte Teil dieser Gelder aber hat weitaus irdischere und fast immer zwielichtige oder zumindest undurchsichtige Empfänger. Es kommt so weit, dass der neue Präsident des IOR, Angelo Caloia, beunruhigt über diese Geldflüsse, deren schmutzige Zwecke er ahnt, nach reiflicher Überlegung im August 1992 Papst Johannes Paul II. informiert. Er hat den Verdacht, dass diese als wohltätige Werke getarnten Hunderte von Milliarden in Wahrheit «rechtswidrige Operationen» kaschieren. Besonders zynisch sind die Decknamen solch illegaler, einzig und allein auf Profit ausgerichteter Geldwäsche-Operationen, die sich der «Armen Kinder» (*Bimbi poveri*), der «Dienerinnen der göttlichen Vorsehung» (*Ancelle della Divina Provvidenza*), der «Heiligen Totenmessen» (*Sante Messe per i defunti*) und verschiedener Heiligenfiguren bedienten.

Dies ist aber jedenfalls nur der Auftakt dessen, was kurz darauf passieren wird, als ein Großteil der sogenannten «*Maxitangente*[8] *Enimont*» durch den IOR geschleust wird, auch bekannt als «die Mutter aller Schmiergelder» – Paraphrase einer Floskel von Saddam Hussein. Um annähernd zu begreifen, worum es geht, muss man bis zum Mai 1989 zurückgehen, zur Geburtsstunde des italienischen Chemiegiganten Enimont, dessen Aktien zu 80 Prozent je zur Hälfte zwischen der staatlichen Gesellschaft Eni und der privaten Montedison aufgeteilt sind, dem Familienkonzern der Ferruzzis aus Ravenna.

Aus dieser Fusion erwächst eine der weltgrößten Chemie-Gruppen. Chef des privaten Teils der Gruppe ist Raul Gardini, genannt «der Korsar». Der Schwiegersohn des Gründers Serafino Ferruzzi ist die unheimliche Verkörperung eines Unternehmer-Abenteurers, eines Visionärs, der ausschließlich von Großprojekten umgetrieben ist. Wie es Gardinis Temperament entspricht, ist er nicht mit der Hälfte zufrieden, er will den ganzen Konzern und betreibt seinen Aufstieg in der Gruppe von innen. An dem Punkt verlangt Eni-Präsident Gabriele Cagliari, das Bündnis mit dem «Korsaren» zu beenden. Gerade einmal anderthalb Jahre nach der Gründung ist der Traum einer italienischen Chemie-Gruppe von Weltrang ausgeträumt. Gardini wird vor die Wahl gestellt: entweder er kauft alles oder er verschwindet von der Bühne. Er entscheidet sich für die zweite Option, und für eine Summe von 2800 Milliarden Lire (mehr als anderthalb Milliarden Euro) verkauft er seine Anteile wieder an Eni zurück.

Hier nimmt die Affäre eine sehr hässliche Wende, denn diese Summe ist unverhältnismäßig hoch. Später erfährt man, dass zur Einwilligung der verschiedenen an der Transaktion beteiligten Parteien (und das waren viele) unter der Hand diesen Parteien, Strohmännern, Geschäftemachern, Agenten und Maklern beträchtliche

Summen gespendet werden mussten. Es soll dabei um eine Gesamtsumme zwischen 130 bis 170 Milliarden Lire gegangen sein, die genaue Zahl konnte nie ermittelt werden. Und ein großer Teil dieses Geldes, etwa 100 Milliarden, nimmt seinen Weg durch den IOR, bevor es auf verschiedene Konten in aller Welt gelangt, vor allem in der Schweiz. Als die Affäre auffliegt, setzen die beiden Hauptfiguren Raul Gardini und Gabriele Cagliari ihrem Leben durch Selbstmord ein Ende und verlängern so die Liste der gewaltsamen Tode, die der Fluch all jener zu sein scheint, deren Weg sich in irgendeiner Weise mit dem IOR kreuzt.

Der eigentliche Protagonist, der «Verteiler» der *Maxitangente*, bleibt Monsignor De Bonis. In seinem Buch *Patria* (Vaterland, 2009) berichtet der Journalist Enrico Deaglio über die folgende Szene vom 27. April 1993, die eine Idee von dem Milieu und der Atmosphäre vermittelt, in der sich dieser Monsignore äußerst ungeniert bewegte. Wir sind

> … in der römischen Kirche Santa Maria della Fiducia, in Anwesenheit von mehr als 1 000 Personen, fünfzehn Kardinälen, vierzig Bischöfen, dem ehemaligen Minister Colombo, dem ehemaligen Staatspräsidenten Cossiga. Zum Bischof geweiht wird Monsignor Donato De Bonis, ehemals rechte Hand von Erzbischof Paul Marcinkus, ehemals Generalsekretär des IOR, der Vatikanbank. Der neue Prälat begibt sich zum Altar und verkündet: «Ich möchte Präsident Andreotti dafür danken, dass er uns mit seinem Rat gerettet hat. Mitten in der Nacht hat er uns in unseren Büros mit seinen Ratschlägen vor ernsten Gefahren bewahrt.» In der Kirche brandet ein viele Minuten lang anhaltender Beifall auf.

Ganz unverhohlen also dankt De Bonis Andreotti für die Hilfe, die dieser ihm in den schweren Zeiten des Ambrosiano-Skandals zukommen ließ. Nicht unerwähnt bleiben sollte die Tatsache, dass der Monsignore denselben Andreotti im Falle seines Todes als Erben des Girokontos «Stiftung Spellman» eingesetzt hatte.

In dieser Geschichte, die sich beinahe schon wie ein *Roman noir* liest, hat nun eine Nebenfigur ihren Auftritt, die nicht weniger romanhaft ist: Luigi Bisignani. Nach bescheidenen Anfängen als Journalist bei einer Presseagentur macht Bisignani plötzlich Karriere und wird zum Leiter parastaatlicher Unternehmen befördert. Er lernt schnell, mit eigenem und dem Geld anderer Handel zu treiben. Wie es für jeden erfolgreichen Geschäftsmann dieser Jahre obligatorisch gewesen zu sein scheint, schreibt er sich bei der P2-Loge ein (Mitgliedsnummer 1689) und findet in der von De Bonis verwalteten Vatikanbank ein Terminal für seine Transaktionen. Kurz: Er wird einer der Hauptakteure dessen, was später als *Tangentopoli*[9] in die Zeitgeschichte eingeht, und er wird seine Fehler mit 3 Jahren und 4 Monaten Gefängnis bezahlen, aber, wie wir sehen werden, nicht nur seine eigenen.

Zu Beginn des Jahres 1993 eröffnen die Staatsanwaltschaften von Rom und Mailand intensive Ermittlungsverfahren zur sogenannten *Maxitangente*. Um zu verstehen, was das hieß, muss man sich kurz in Erinnerung rufen, was für eine Atmosphäre in diesen Monaten in Italien herrschte. Die Ermittlungen der Staatsanwälte waren von der Sympathie des ganzen Landes getragen, die solche Ausmaße annahm, dass sie gelegentlich sogar in Fanatismus umschlug. Die Mailänder Staatsanwälte wurden als Rächer aller Ungerechtigkeiten gefeiert, auf der Straße wurde ihnen von allen Seiten Beifall geklatscht. Sie wurden angespornt, nicht lockerzulassen und vor allem, sich von niemandem einschüchtern zu lassen. Angesichts dieser machtvollen und zugleich gefährlichen Welle von Popularität wird De Bonis' Position unhaltbar. Der Vatikan sieht sich genötigt, ihn von seinem Posten in der Bank zu entfernen und damit aus der Schusslinie zu nehmen. Er wird zum geistlichen Assistenten beim Souveränen Malteserorden wegbefördert, eines im 11. Jahrhundert aus einem Pilgerspital im Heiligen Land hervorgegangenen geistlichen Ritterordens, der heute vor allem Kranken- und Sozialdienst leistet. Das neue Amt erscheint erheblich weniger einflussreich als das vorhergehende, und doch zieht der unternehmungslustige Monsignore auch von dort aus noch lange unvermindert die geheimen Strippen des IOR.

Durch die Aussagen einiger redseliger Zeugen ist es den Staatsanwälten inzwischen gelungen, die Geldflüsse der *Maxitangente* nachzuvollziehen. Klar ist inzwischen auch, dass am Ende dieses Weges die Vatikanbank steht, die sich aber, als sie von der Staatsanwaltschaft um Erklärungen gebeten wird, wie üblich auf die Antwort beschränkt, die Anfrage müsse offiziell über ein internationales

Amtshilfeersuchen zugestellt werden. Bisignani ahnt, was die Glocke geschlagen hat, erkennt, dass dies der Moment zum Verschwinden ist. Eilig schließt er die Konten, füllt einige Koffer mit allem Bargeld, dessen er habhaft werden kann, und macht sich aus dem Staub. Inzwischen bezichtigt IOR-Präsident Caloia, erschüttert von der unerhörten Menge der von ihm festgestellten Geldtransaktionen, De Bonis ganz offen «bewusst krimineller Machenschaften». Im Oktober schreibt er einen dramatischen Brief an den vatikanischen Staatssekretär Angelo Sodano. In dem ebenfalls in Gianluigi Nuzzis Buch abgedruckten Dokument ist unter anderem zu lesen, dass die durch den IOR transferierten Wertpapiere

> ... von Schmiergeldzahlungen an Politiker [stammen] und die Beträge mit Sicherheit als sauberes Geld an sie zurückgingen. Es sind exakt dieselben Mechanismen wie in der Vergangenheit ... Man kann sich des Gefühls nicht erwehren, dass wir es hier mit einem hochexplosiven Sprengsatz zu tun haben, der den höchsten Amtsträgern zur Kenntnis gebracht werden muss.[10]

Tatsächlich informiert Sodano Papst Johannes Paul II. Mit dem Ergebnis, dass die Haltung des Vatikans, als im November das offizielle Amtsshilfeersuchen eintrifft, wieder einmal gespalten ist. Die einen sind der Auffassung, dass es nun an der Zeit sei, etwas zuzugeben; die anderen dagegen halten es – selbst wenn man diese Linie verfolgen wollte – für opportun, so wenig wie möglich offenzulegen, nur die Geldgeschäfte zuzugeben, die absolut nicht geleugnet werden können, und den Rest zu verschweigen. Vor allem muss weiterhin De Bonis' Gesicht gewahrt werden, der bei Gefahr imstande wäre, einen Großteil der Hierarchie in einen Skandal ohnegleichen hineinzuziehen.

Der venezolanische Kardinal José Rosalio Castillo Lara, Schatzminister und Präsident des Aufsichtsrates des IOR, wird beauftragt, Verteidigungsstrategien zu entwickeln, damit die Reputation des Heiligen Stuhls keinen Schaden nimmt, worin er sich als äußerst geschickt erweist. In Interviews bekräftigt er mehrfach, dass der Vatikan mit den Behörden der Republik ohne Einschränkungen zusammenarbeite und dass der IOR ein Opfer von Manövern geworden sei, die ihren Ausgang anderswo genommen hätten: «Der Vatikan ist für eine Operation instrumentalisiert worden, deren Sinn und Zweck wir nicht kennen.»

Vor allem zeigt er sich überzeugt, dass De Bonis vom unzulässigen Gebrauch der durch seine Hände gegangenen Gelder keinerlei Kenntnis hatte. Auch fehlt nicht der Hinweis, dass De Bonis als Führungspersönlichkeit des Vatikans nach den Bestimmungen des Konkordats vor der Strafverfolgung durch einen fremden Staat (gemeint ist Italien) geschützt sei. Zum Sündenbock wird in diesem Fall Luigi Bisignani, auf den der größte Teil der Verantwortlichkeit abgewälzt wird. Als dieser einige Monate später wieder auftaucht, wird er versuchen, diesem Schlag auszuweichen, indem auch er behauptet, keine Kenntnis über die Natur dieser für Schmiergeldzahlungen vorgesehenen Geldflüsse gehabt zu haben.

Wie ging es weiter mit der Affäre Enimont? Die Antwort auf den Amtshilfeantrag der Ermittlungsrichter geht nach zwei Monaten an die Mailänder Staatsanwaltschaft, also im Dezember. Sie ist sehr geschickt formuliert: Ein Minimum an Zugeständnissen wird mit einer so nachdrücklichen Willensbekundung zur Zusammenarbeit verpackt, dass sie wie das Maximum dessen wirkt, was man unter den gegebenen Umständen tun kann.

Nach Aussage Carlo Samas, eines weiteren Schwiegersohns des Montedison-Gründers Serafino Ferruzzi, soll der Preis für die «Wäsche» der Bestechungsgelder 9 Milliarden Lire gewesen sein. Im Mai 2009 wurde Sama von Gian Antonio Stella für den Corriere della Sera interviewt und unter anderem gefragt, wozu denn alle diese Bestechungsgelder an die Parteien gezahlt wurden. Und als sei es das Selbstverständlichste von der Welt, war seine Antwort: «Wenn wir unseren Weg weitergehen wollten …, war es unmöglich, sich den Bestechungsgeldern zu entziehen.»

Der Prozess um die *Maxitangente* Enimont begann im Juli 1994. Auf der Anklagebank saßen die höchsten politischen Repräsentanten des Landes: darunter Arnaldo Forlani, Bettino Craxi, Umberto Bossi, Gianni De Michelis, Giorgio La Malfa, Paolo Cirino Pomicino.[11] Im Oktober 1995 wurden fast alle zu Strafen verurteilt, die in den folgenden Instanzen auch bestätigt wurden.

Der kriminelle Komplex *Tangentopoli*, besonders aber dieser Prozess, hat die Geschichte der Ersten Republik besiegelt, deren letzte

Stunde also nicht in einem Parlament, sondern in einem Gerichtssaal schlug. Bei den Parlamentswahlen von 1994 präsentierte sich eine neue Partei, für die man einen genialen Namen fand: *Forza Italia!* – «Vorwärts, Italien!», der Ruf, mit dem Fußballfans ihre Mannschaft anfeuern. Die Partei wird von einem ebenso umstrittenen wie dynamischen Unternehmer geführt, der sich zu diesem Zeitpunkt in großen Schwierigkeiten befindet: Silvio Berlusconi, übrigens auch er ein Mitglied der P2-Loge (Mitgliedsnummer 1816). Innerhalb weniger Monate wird in einer wahren Blitzaktion die Struktur seiner Werbeagentur Publitalia in eine politische Partei umgewandelt und in einem Land politisch durchgesetzt, das in Sachen Glaubwürdigkeit seiner Institutionen gerade eine beispiellose Krise durchgemacht hat.

Was den IOR betrifft – ob es nun eine Umstrukturierung der Methoden und der Verwaltung gegeben hat oder nicht –, so ist das Institut jedenfalls eine Zeitlang aus den Schlagzeilen verschwunden, die es mit der Affäre Ambrosiano und der Affäre Montedison jahrelang beherrscht hatte. Von den Milliardengebirgen hat sich fast jede Spur verloren. Die Vatikanbank hat jedenfalls nie etwas zurückerstattet.

Am Ende dieser Erzählung sei noch einmal das Grundproblem aus dem bereits zitierten Kolloquium mit Kardinal Ruini angeführt: «Es muss gelingen, die moralische Absolutheit mit dem historischen Realismus zu verbinden, das ist die Herausforderung.»

In unserem Fall hat der historische Realismus jedenfalls die Oberhand behalten.

XII. DIE GÖTTLICHE KAPELLE
MICHELANGELO FORDERT DIE EWIGKEIT HERAUS

BEIM BETRETEN DER SIXTINISCHEN KAPELLE ist man wie geblendet. Ich sage das ganz ohne Rhetorik, ohne Emphase, als einfache Feststellung. Wer zu sehen weiß, ist überwältigt von der geballten Menge der 150 Figuren, von der Rätselhaftigkeit einzelner Szenen, von der Illusion der inexistenten architektonischen Reliefs und Ornamente, von der Meisterschaft der Proportionen in gigantischem Maßstab, von der Aufteilung der riesigen Fläche, von der verdoppelten und verdreifachten, offenen und verdeckten göttlichen Majestät. Hunderte von Gesichtern und Gliedmaßen, bekleidet und nackt, verteilt über das Gewölbe und die Stirnwand mit dem *Giudizio*, dem Jüngsten Gericht: den Himmel und die Erde vor Augen. Zu sagen, dass es auf der Welt nichts Vergleichbares gibt, ist wohlfeil; aber zu wissen, wie diese Figuren entstanden sind, welche geradezu bösartigen Gründe den Auftrag an Michelangelo begünstigt haben, in welcher Art und Weise er die Arbeit konzipiert und in einem titanischen Unternehmen zu Ende geführt hat, ist notwendig, wenn man begreifen will, was das für ein Werk ist, mit dem man es hier zu tun hat.

Mit den Mauern muss man beginnen, denn die Kapelle wurde zwischen 1475 und 1481 nach dem Willen von Papst Sixtus IV. della Rovere (1471–1484) in kolossalen Dimensionen erbaut: 40 mal 13 Meter für die Grundfläche, fast 21 Meter in der Höhe. Kaum war der Bau beendet, rief der Papst einige der bekanntesten Künstler aus der Toskana und aus Umbrien zusammen, also damals die besten der Welt, damit sie die Wände mit Fresken bemalten. So machten sich Botticelli und Ghirlandaio, Perugino und Pinturicchio, Luca Signorelli und Piero Di Cosimo an die Arbeit und verliehen dem größten Gemäldezyklus des späten 15. Jahrhunderts Gestalt. Diese großen Meister führten an den Wandflächen unterhalb der Fenster einen Fries mit großformatigen Freskenzyklen aus. Mit Blick aufs *Jüngste*

Gericht zur Linken sind Geschichten aus dem Leben Moses' dargestellt, zur Rechten Geschichten aus dem Leben Jesu bis zum *Letzten Abendmahl*.

An der Stirnseite war nach der Mode der Zeit ursprünglich ein mit vergoldeten Sternen bestickter blauer Himmel nachgebildet.

Und genau an diese Stirnseite dachte Papst Julius II. (1503–1513) zunächst, der als Sixtus' Neffe ebenfalls zur Familie della Rovere gehörte und mit 28 Jahren zum Kardinal befördert worden war. Er wollte, dass dieses beeindruckende Bauwerk erneuert und einzigartig würde. Für die Ausführung des ehrgeizigen Projektes berief er Michelangelo Buonarroti. Die Beziehung zwischen diesen beiden sehr starken Persönlichkeiten hatte Höhen und Tiefen durchlaufen, auch Momente von echter Spannung und Streit. Der Künstler hatte dem Papst gegenüber Verhaltensweisen an den Tag gelegt, die sich auf der Welt nur wenige hätten leisten dürfen, vor allem gegenüber diesem Papst. Den Meister grämte zudem die Ungewissheit über einen anderen Auftrag, den der Papst ihm zuvor erteilt hatte und über den er nichts mehr in Erfahrung bringen konnte. Dabei ging es darum, im Innern des Petersdoms ein monumentales, mit mehr als vierzig Statuen geschmücktes Grabmal zu errichten, ein grandioses Projekt, absolut neuartig, das Michelangelo sehr am Herzen lag und das auf eindrucksvolle Weise Architektur und Skulptur vereinigen sollte.

In der Zwischenzeit hatte Papst Julius aber seine Meinung geändert. Vollkommen absorbiert vom Bau des neuen Petersdoms durch Donato Bramante dachte er nicht mehr an das Grab, wollte stattdessen die Kapelle von Papst Sixtus erneuern lassen. Das war der erste Streit. 1508 war Michelangelo etwas über 30 Jahre alt, berühmt zwar, aber mehr aufgrund seiner Marmorwerke (die Pietà, der David) als für seine Malerei. Es war Bramante selbst, der Architekt und Maler, der Öl ins Feuer goss. Er brachte den Papst auf Michelangelo, aus verschiedenen Gründen, wobei auch die Rivalität, die er ihm gegenüber empfand, eine Rolle spielte. Bramante hatte den vielversprechenden Raffael zu protegieren, der aus den Marken stammte wie er und fast ein Verwandter war, dazu mit seinen 25 Jahren noch jung. Verweigerte Michelangelo den Auftrag, hätte er den Papst erneut verärgert; nahm er ihn an, war es unwahrscheinlich, dass es ihm gelingen würde, in diesen Dimensionen ein zufriedenstellendes Werk abzuliefern.

Die Anfangsidee für das Gewölbe war eigentlich nicht einmal

allzu kompliziert: Der Meister hätte in die Gewölbezwickel zwischen den Lünetten die zwölf Apostel malen sollen. Michelangelo übernahm den Auftrag, aber unter einer Bedingung: Er würde nur das malen, was er nach seinen Vorstellungen für richtig hielt. Es ist heute nur schwierig zu ermessen, wie kühn ein solches Ansinnen damals war. Dieser junge Mann von dreißig Jahren verweigerte sich allen Vorschriften und Regeln, verlangte von einem Papst, der doppelt so alt war wie er selbst und einen eisernen Willen besaß, an einem heiligen Ort mit absoluter Freiheit und nach eigenem Gutdünken malen zu dürfen. Nicht nur die Gewölbezwickel, sondern die gesamte Decke, die Lünetten, die Dreiecksflächen darüber, eine Fläche von mehr als 1 000 Quadratmetern. Und tatsächlich, der unglaublichen Forderung des Künstlers wurde eine ebenso unglaubliche Antwort dieses Papstes zuteil, der sonst in allen Entscheidungen so hart war wie das Holz der Eiche auf seinem Familienwappen: In Ordnung, ich akzeptiere.

Nun ging es darum, die Arbeit zu organisieren. Um sich auf Armlänge den Mauern und Gewölben nähern zu können, entwickelte und konstruierte der Meister selbst ein spezielles Gerüst. Dieses Gerüst wurde zunächst an der Eingangsseite montiert, dann stückweise zum Altar vorgeschoben, immer so, dass die Gottesdienste und kirchlichen Funktionen auch während der Arbeiten weiter stattfinden konnten. Der Künstler hatte keine besondere Erfahrung in der Freskenmalerei, die, wie der Name schon sagt, sehr schnell auf den noch feuchten Putz aufgetragen wird, sodass sich die Farben mit der Masse «verkieseln» – wie das Fachwort für diesen chemischen Prozess heißt – und sie ein integraler Bestandteil davon werden.[1] Zu diesem Mangel an Erfahrung kam noch die unausweichliche Konfrontation seines Werkes mit denen einiger der besten Künstler des vorangegangenen Jahrhunderts, direkt darunter. Gleich zu Anfang wandte sich der Meister an ein paar Freunde, damit sie in Florenz ein kleines Spezialistenteam versierter Maler rekrutierten, die imstande wären, ihm beim praktischen Teil der Arbeit zu helfen. Eine Gruppe von sieben eifrigen Helfern wurde zusammengestellt, einige bekannt, andere weniger oder gar nicht, alle jung, tüchtig und treu ergeben.

Das ging aber nicht gut. Aus Gründen, die wir erahnen können, in der Substanz aber nicht kennen, wurden die Helfer, so tüchtig sie auch waren, nach Florenz zurückgeschickt. Dazu Vasari:

Als er aber sah, dass ihre Bemühungen weit von seinen Vorstellungen entfernt waren und ihn nicht zufriedenstellten, entschied er eines Morgens, alles abzuschlagen, was sie geschaffen hatten. Dann schloss er sich in der Kapelle ein, verweigerte ihnen den Einlass und ließ sich auch nicht sehen, wenn er zu Hause war. Als ihnen diese Farce zu lange dauerte, brachen sie auf und kehrten gedemütigt nach Florenz zurück.[2]

Einige Helfer aber müssen auf jeden Fall dageblieben sein, und sei es nur, um ihm die einfachsten Aufgaben abzunehmen: die Vorbereitung des Putzes, das Zerstoßen der Farben, ihre Mischung, der Transport, die Reinigung und Wartung des Handwerkszeugs.

Die praktischen Arbeitsbedingungen waren unmenschlich. Stundenlang musste er mit erhobenem Arm dastehen, die Nase wenige Zentimeter vom Gewölbe entfernt, wobei ihm ständig die Farbe ins Gesicht tropfte. Das grenzte an Folter. Während er mit seinem Werk voranschritt, hatte Michelangelo die Kritiker im Zaum zu halten, sich vor seinen Gegnern zu hüten, den Papst dazu zu bringen, ihm das Zustehende zu bezahlen und wurde außerdem von den penetranten Betteleien seiner eigenen Familienangehörigen bedrängt. Dem ältesten seiner vier Brüder, Buonarroto, schreibt er nach der soundsovielten Geldforderung: «Ich muss Euch mitteilen, dass ich kein großes Vermögen habe und dass ich, wie man sagen könnte, barfuß und nackt bin und dass ich meinen Rest nicht bekomme, bevor ich das Werk vollendet habe, und ich mache sehr große Entbehrungen und Mühsalen durch.» Und dem Vater: «Ich bin hier weiterhin unzufrieden, nicht allzu gesund und mühe mich unablässig ab, ohne Hilfe und ohne Geld.»[3] An den rücksichtslosesten seiner Brüder, Giovan Simone, richtet Michelangelo eines Tages den äußerst heftigen Vorwurf:

Seit zwölf Jahren durchziehe ich elend genug ganz Italien, ertrage jede Schande, erdulde jede Strapaze, zerreiße mir den Körper in allen nur möglichen Mühen, setze mein Leben tausend Gefahren aus – und das alles nur für meine Familie. Und jetzt, da ich begonnen habe, deren Rang ein wenig zu erhöhen, willst du derjenige sein, der in einer Stunde alles verdirbt und ruiniert, was ich in so langen Jahren mit so unsäglichen Anstrengungen erreicht habe – beim Leibe Christi, so wird es nicht kommen! Wenn nötig, nehme ich es mit zehntausend von deinem Schlag auf![4]

Während Michelangelo in der Sixtina arbeitete, hatte der jüngere Raffael begonnen, die vier «Stanzen» (Papstgemächer, von ital. *stanza* – Zimmer) im zweiten Stockwerk des Apostolischen Palastes auszumalen, die Julius II. zu seiner Residenz erwählt hatte und die später «Stanzen des Raffael» genannt werden sollten. Michelangelo hatte seine Arbeit Anfang Mai begonnen, Raffael in den letzten Monaten desselben Jahres (1508). Von unterschiedlichem Temperament und, wie man weiß, unterschiedlich in der Art zu malen, war die Beziehung der beiden Künstler miteinander entsprechend schwierig.

Zwei Anekdoten (von vielen) illustrieren die angespannte Situation, die sich zwischen ihnen entwickelt hatte. Nach einer lange überlieferten Geschichte soll Bramante einen Schlüssel zur Sixtinischen Kapelle besessen haben. Eine Abwesenheit Michelangelos nutzend, ließ er heimlich seinen Protegé Raffael dort hinein, um ihm die Figuren zu zeigen, die der sehr viel ältere Meister in Arbeit hatte, damit er davon lernen konnte. Als Papst Julius 1511 so ungeduldig geworden war, dass er die Gerüstbalken niederreißen ließ, um wenigstens die bereits vollendeten Teile des Deckenfreskos ansehen zu können, hatte Raffael die Stirn, den Papst zu fragen, ob er nicht ihm den Auftrag erteilen wolle, das fertigzustellen, was noch übrig geblieben war. Dazu schreibt Michelangelos treuer Biograph Ascanio Condivi: «Dadurch wurde Michelangelo sehr aufgebracht, und vor Papst Julius gekommen, beklagte er sich nachdrücklich über das Unrecht, das ihm Bramante antue. Und in dessen Gegenwart beschwerte er sich darüber beim Papst, indem er ihm alle Verfolgungen entdeckte, die er von ihm erlitten.»[5] Der Papst erwies sich als sehr besonnen und als guter Richter, denn «als er diese traurigen Dinge gehört hatte, wünschte er, Michelangelo solle weiterarbeiten, und erwies ihm mehr Gunst als je zuvor.»[6]

Als Mensch war Raffael bei weitem nicht so engelhaft, wie man es aufgrund der himmlischen Harmonie seiner Werke glauben möchte. So berichtet beispielsweise der Maler und Chronist Giovan Paolo Lomazzo (1538–92): «Als Raffael in Gesellschaft seiner Schüler eines Tages Michelangelo traf, sprach dieser ihn an: ‹Wo gehst du denn hin mit so einem Hofstaat wie ein Propst?› – Und dieser entgegnete ihm: ‹Und Ihr, allein wie ein Henker?›» Dennoch haben die beiden Künstler in denselben Jahren und mit gleicher Inbrunst, nur wenige Meter voneinander entfernt ihre Meisterwerke geschaffen, die gleichermaßen zu den höchsten Vermächtnissen der westlichen Kultur gehören.

Ganz vertieft in sein anstrengendes Werk, allein, ohne Freunde (in einem Brief: «Ich habe keine Freunde und ich will auch keine») klettert Michelangelo bei Hitze wie Kälte jeden Morgen auf das Gerüst und nimmt seine Arbeit auf. So lange dauert diese Qual, dass der Künstler noch lange Zeit, nachdem er das Werk beendet hatte, sehbehindert war. Dazu Condivi:

> Nachdem dieses Werk fertig war, konnte Michelangelo, da er beim Malen so lange die Augen das Gewölbe hinauf gerichtet hatte, schlecht sehen, wenn er nach abwärts blickte, so dass er, wenn er einen Brief oder sonst etwas Kleines zu lesen hatte, es mit den Armen über den Kopf halten musste.[7]

Eine oft gestellte Frage ist, ob sich der Meister bei der Konzeption der Erzählung – oder auch: der Theologie – der Gewölbefresken Rat und Hilfe holte. Einige Historiker halten es für möglich, dass hinter dem komplexen ikonographischen Programm ein Fachgelehrter, ein profunder Kenner der Materie gestanden hat, dessen Namen man sogar ausfindig machen könnte. Auf jeden Fall wissen wir, wie er methodisch vorging. Die großen Künstler des 15. Jahrhunderts hatten mit ihren Freskenzyklen zum Leben Moses' und zum Leben Jesu die Chronologie der Erzählung vorgegeben und waren dabei vom Altar ausgegangen.

Auch Michelangelos Geschichten beginnen am Altar mit der Erschaffung der Welt und kommen in neun Bildern bis zur rätselhaften Szene der «Trunkenheit Noahs». Der Meister aber beginnt am Eingang zu malen, das heißt im Sinne der Chronologie der Erzählung in entgegengesetzter Richtung. Er muss also bereits zu Beginn seiner Arbeit genau gewusst haben, was er auf den darauf folgenden 40 Metern darstellen wollte. Bei genauem Hinsehen springt auch ins Auge, dass die Figuren fortlaufend an Statur und Ausdruckskraft gewinnen, als habe ihr Schöpfer mit der Zeit an Sicherheit gewonnen, seine immensen Energien freizusetzen.

Von den Seitenwänden tritt ein illusionistisches Scheingefüge, eine gemalte Scheinarchitektur hervor, die Episoden und Figuren einrahmt, organisiert und trennt. In den die Fensterbögen umgebenden Nischen, den sog. Lünetten, sind die Vorfahren Christi dargestellt, nach der Liste, die Matthäus seinem Evangelium voranstellt, bis zu Mattan, dem Vater Josefs, also Jesu Großvater. Die Namen der größer dimensionierten Persönlichkeiten sind auf Schrifttafeln verzeichnet. An die Stelle der ursprünglich für die Zwickelflächen vorgesehenen Apostel sind sieben Propheten und fünf Sibyllen getreten, Männer und Frauen, Juden und Heiden. Sie repräsentieren die Seher, die nach der Vulgata die Geburt des Messias vorausgesagt hatten.

Unter den Sibyllen ist die «Cumäische» am beeindruckendsten: das finstere Gesicht einer Alten mit dem Körper eines Athleten, im Vordergrund ein gewaltiger Arm. Eine widersprüchliche Figur, die das Dunkel des Heidentums noch einmal aufblitzen lässt. Die verführerischste dagegen ist die Delphische Sibylle (*Delphica* auf der Inschrift), die mit apollinischem Gesicht als junge Frau dargestellt ist, erleuchtet von der Ausdruckskraft eines intensiven, leicht verstörten, fast noch kindlichen Blicks. Gekrönt hat der Künstler die Propheten und Sibyllen mit zehn Paaren nackter junger Männer in verschiedenen Posen, die als Hommage an den Papst della Rovere Kränze aus Eichenblättern tragen: die berühmten *Ignudi.* Michelangelo hat noch viele weitere Figuren und Dekors eingefügt, auf die ich in dieser summarischen Beschreibung nicht eingehen kann. Die Literatur zum Deckenfresko der Sixtinischen Kapelle ist im Übrigen grenzenlos.

Der wichtigste Teil des Werks ist natürlich das Mittelfeld mit seinen neun Freskengemälden, vier großen und fünf kleineren. Am dramatischsten, deshalb auch am populärsten, sind zwei Szenen: *Dio crea il sole, la luna e la terra* (Gott erschafft Sonne, Mond und Erde), in der Gott zweimal dargestellt ist; zur Rechten ist er dabei, mit zugleich majestätischer wie mahnender Gebärde die Sonne ins Firmament zu setzen; in der Szene, die als Folgeszene betrachtet wird, dreht er dem Betrachter den Rücken (und das nackte Gesäß) zu und schickt sich an, in der unergründlichen Tiefe des Raums zu verschwinden.

Die zweite, noch berühmtere Darstellung, ist die *Creazione di Adamo* (Die Erschaffung Adams), wo ein halb liegender, verträumt aussehender jungen Mann zu sehen ist, dessen Glieder sich vom Grün-Blau eines Hügels absetzen. Inmitten eines Schwarms von Engeln schwebt in einem windgeblähten violetten Tuch Gott auf ihn zu; den göttlichen Arm gereckt, der ausgestreckte Zeigefinger kurz davor, den Finger Adams zu berühren, um ihm die Seele einzuhauchen; die beiden Hände aber erreichen einander nicht, die Geste erstarrt in dem unmittelbar ihrer Vollendung vorausgehenden Augenblick. Mit genialer Intuition hat es der Künstler dem Betrachter überlassen, ihn nach seinem Gutdünken zu Ende zu bringen. Diese Bilder sollten in ihrer Synthese des Menschlichen und des Göttlichen, der jüdischen Bibel und der neuplatonischen Lehre zum Inbegriff, ja zum Symbol der Renaissance-Kunst werden.

Die beiden kurzen Querseiten des Gewölbes sind von den Propheten Sacharja (über dem Eingang) und Jona (über dem Altar) besetzt. Viele Kritiker sehen in der Gegenüberstellung dieser beiden Figuren die exemplarische Veranschaulichung von Michelangelos Stilevolution. Sacharja sitzt in die Lektüre eines Buches versunken, in dem er blättert. Seine Proportionen sind nicht vollkommen, trotz des wallenden Bartes ist der Kopf zu klein im Verhältnis zum Körper, der verzerrt wirkt, nicht zuletzt aufgrund des reichhaltigen Faltenwurfs seines Gewandes. Jona ist von riesigen Dimensionen, die größte Figur des gesamten Werkes, er sprengt sogar den architektonisch vorgegebenen Rahmen, die Beine hängen irgendwie in der Luft, während in der gewagten Drehung des Körpers seine Revolte zum Ausdruck kommt. Auf der rechten Seite des Bildes glotzt duckmäuserisch der (zoologisch ein wenig approximativ gestaltete) «Wal» vor sich hin, der ihn eigentlich verschlingen müsste. In einem Text von 1926 beschreibt der Kunstkritiker Adolfo Venturi die Szene so: «Eine vollkommene Statue, mit Wucht aus der Wand gerissen, eine wunderbare gemalte Skulptur.»

Es ist oft gefragt worden, aus welchem Grund Jona so überdimensioniert ist und weshalb er seinen Platz direkt über dem Altar hat, also genau da, wo sich nach dem ersten Plan Petrus befinden sollte. Und weshalb er vom Meister in dieser verdrehten und aufgewühlten Körperhaltung dargestellt wurde, mit angstverzerrtem Mund und Blick.

Die Antwort liegt in der kuriosen Geschichte dieser Persönlichkeit, in der sich Glaube und Rebellion vermischen. Jona ist, obwohl die Bibel ihn zu den zwölf «kleinen» Propheten zählt, eine einzigartige Figur: von Gott gesandt, um den Heiden zu predigen. Und er rebelliert, weil er seine Aufgabe für undankbar hält. Um ihr zu entgehen, besteigt er sogar ein Schiff, das in eine ganz andere Richtung fährt. Doch Gott entfacht einen Sturm, der das Schiff beinahe zum Kentern bringt. Beim Versuch, die übrigen Insassen vor einer Strafe bewahren, die nur ihm zugedacht ist, bittet er die Seeleute, ihn ins Meer zu werfen, wo er allerdings sogleich von einem großen Fisch verschlungen wird. Aus dem Bauch des Ungeheuers betet er zu Gott, dem er versichert, er werde den ihm anvertrauten Auftrag ausführen. Nach drei Tagen spuckt es ihn aus und Jona landet unversehrt an einem Strand. Mit einer Reihe von ähnlichen Abenteuern geht die dramatische Geschichte weiter, um schließlich damit zu enden, dass es Jona gelingt, auch in den Heiden den Willen zur Reue zu erwecken.

Heute erinnern sich nur noch die Experten an ihn, doch zu Zeiten Michelangelos wurde diese Geschichte vor allem aus zwei Gründen immer wieder zitiert: zum einen wegen der Wiederauferstehung nach drei Tagen aus dem Grab in Gestalt des Walbauches. Wir sind da der Auferstehung Jesu sehr nahe, wie sie auch Matthäus (12, 38–40) beschreibt:

> Zu dieser Zeit sagten einige Schriftgelehrte und Pharisäer zu ihm: Meister, wir möchten von dir ein Zeichen sehen. Er antwortete ihnen: Diese böse und treulose Generation fordert ein Zeichen, aber es wird ihr kein anderes gegeben werden als das Zeichen des Propheten Jona. Denn wie *Jona drei Tage und drei Nächte im Bauch des Fisches* war, so wird auch der Menschensohn drei Tage und drei Nächte im Innern der Erde sein.[8]

Der zweite und ebenso gewichtige Grund ist nach der anfänglichen Rebellion die Erleuchtung des Propheten über die göttliche Barmherzigkeit. In der Tat gibt es in seiner Legende ein Bewusstsein von Sünde und Reue, die zum Verständnis der Macht eines Gottes führt, der das Herz der Menschen kennt und zu vergeben weiß. Die Botschaft des Jona in der Sixtina soll sich auf die *potestas clavium* (die Schlüsselgewalt) beziehen, durch die der Bischof von Rom, wie Jona, die Welt zur Buße aufruft. Diese Anmerkung bringt uns zurück zu einer anderen Darstellung in der Kapelle, die nicht von Michelangelo ist, sondern aus dem vorangegangenen Zyklus aus dem 15. Jahrhundert: Peruginos *Consegna delle chiavi* (Übergabe der Schlüssel). In dieser durchkomponierten, sehr feierlichen Szene sieht man Christus, der dem vor ihm niederknienden Petrus die Schlüssel der beiden Reiche übergibt. Es ist der malerische Nachweis für den göttlichen Ursprung der später von Petrus auf seine Nachfolger übergegangenen Macht. Im aktuellen *Katechismus der katholischen Kirche* ist zu lesen:

> Das in der Heiligen Überlieferung und in der Heiligen Schrift enthaltene «heilige Erbe» des Glaubens ist von den Aposteln der Kirche als ganzer anvertraut worden ... Die Aufgabe aber, das geschriebene oder überlieferte Wort Gottes authentisch auszulegen, ist allein dem lebendigen Lehramt der Kirche – das heißt den Bischöfen in Gemeinschaft mit dem Nachfolger Petri, dem Bischof von Rom – anvertraut, dessen Vollmacht im Namen Jesu Christi ausgeübt wird.[9]

Die Szene verweist also auf die Funktion, die die Sixtina inzwischen dauerhaft übernommen hatte: Die Kapelle ist, wenn man es so ausdrücken darf, das Wahllokal des höchsten Amtes der katholischen Welt.

In dieser Funktion wird die durch die Meisterschaft so vieler Künstler göttlich gewordene Sixtinische Kapelle wieder menschlich, sogar allzu menschlich, kann man sagen; denn um gewählt zu werden benötigt auch ein Papst, wie alle Mächtigen der Erde, Kompromisse und Verhandlungen, wie sie jeder Suche nach Konsens vorausgehen. In der Vergangenheit kam noch die Grausamkeit hinzu, die jene Zeiten zuließen, die die abgrundtiefe Korruptheit zweckmäßig erscheinen ließ und die in Anbetracht der Höhe des Einsatzes, der auf dem Spiel stand, unumgänglich war.

Exemplarisch dafür ist die Geschichte der Marozia, die kurz vor dem Jahr 1000 einige Jahrzehnte lang die wahre Herrin des Papsttums war, eine Geschichte von düsterer Faszination, die sehr eindrucksvoll den «Geist» jener Zeiten widerspiegelt. Maria, die Mariozza und später Marozia genannt wurde, wird um 890 als Tochter der Theodora, einer ehemaligen Prostituierten, und des Theophylakt geboren, eines römischen Senators germanischen Ursprungs. Der Überlieferung nach war sie sehr schön, jedenfalls wusste sie ihre Schönheit offenbar sehr intelligent einzusetzen.

Ihre Mutter Theodora, Analphabetin zwar, aber ziemlich schlau, war die Geliebte Johannes' X. (914–928) gewesen. Marozia erreichte weit mehr. Und obwohl auch sie Analphabetin war, gelang es ihr mindestens zwei Jahrzehnte lang, durch Einflussnahme auf die Wahl dreier Päpste das Leben Roms zu beherrschen: Leos VI., Stephans VII. und Johannes' XI. In seiner *Geschichte der Stadt Rom im*

Mittelalter beschreibt Ferdinand Gregorovius die beiden Frauen mit diesen Worten: «Wir haben innerhalb des verkleinerten Kreises der römischen Welt in Theodora und Marozia keine neuen Messalinen zu suchen, sondern ehrgeizige Frauen von großem Verstande und Mut, herrschbegierig und genusssüchtig.»[10] Gierig waren sie gewiss, auch schlau, sehr geschickte Taktikerinnen, die Tochter noch mehr als die Mutter.

Bereits mit 15 Jahren war Marozia die Konkubine Papst Sergius' III., ihres Cousins. Eine Beziehung, die in Rom, wo die Korruptheit des Papsttums der Spiegel der allgemeinen gesellschaftlichen Verhältnisse war und jeder, der über ausreichende Mittel verfügte, sich ihrer in diesem Sinne auch bediente, vor aller Augen ganz offen ausgelebt wurde. Im Jahre 910, als sie noch nicht einmal 20 Jahre alt war, wurde der gemeinsame Sohn Giovanni geboren, der seinerseits als Johannes XI. Papst werden sollte. Anscheinend ließ Marozia, weil sie von der Beziehung genug hatte, Sergius III. kurze Zeit darauf umbringen, der sich im Übrigen lediglich durch den katastrophalen Niedergang einen Namen machte, in den er die Kirche hineingerissen hatte. Mit ihm beginnt jene Periode, die Liutprand (920–972), Bischof von Cremona und Historiker, als «Pornokratie» oder die Herrschaft der Prostituierten bezeichnen wird.

Marozia heiratet dreimal. Zuerst Alberich I., Herzog von Spoleto, mit dem sie einen weiteren Sohn haben wird, Alberich II., auf den wir gleich noch zu sprechen kommen. Nach dem Tode des Gatten (vielleicht in einer Schlacht) heiratet sie erneut, diesmal Guido, Markgraf von Tuszien, einen stolzen Opponenten Johannes' X., dessen Absetzung Marozia dann auch erreicht; kurze Zeit später wird der unglückliche Papst erdrosselt. 931 lässt diese furchteinflößende Frau ihren erst 21 Jahre alten Sohn Johannes, der einen fragilen Charakter und eine dramatische Unerfahrenheit für das schwierige Amt mitbringt, auf den Petrusthron steigen. In der Tat wird es die Mutter sein, die an seiner statt herrscht, und möglicherweise hat ihre aufdringliche Präsenz dazu beigetragen, die Legende der sogenannten «Päpstin Johanna» heraufzubeschwören, der Frau also, die eine Zeitlang in Männerkleidern die römische Kirche regierte. Dazu noch einmal Gregorovius: «Johannes XI. war der Sohn dieser berüchtigten Römerin, welche sich Senatrix, selbst Patricia nennen ließ, weil sie in der Tat die weltliche Herrin der Stadt war und auch die Päpste ernannte. Man hielt für seinen Vater Sergius III., was indes ungewiss ist.»[11]

Im Jahre 932 heiratete Marozia zum dritten Mal. Der Auserwählte war diesmal Ugo di Provenza (Hugo), König von Italien, den Gregorovius – und wieder einmal greife ich auf seine faszinierende *Geschichte der Stadt Rom im Mittelalter* zurück – so beschreibt:

> Ränkevoll und arglistig, wollüstig und habgierig, kühn und gewissenlos, mit den treulosesten Mitteln danach strebend, sein italienisches Königtum zu erweitern, war Hugo der wahre Repräsentant seiner Zeit … Wäre es uns erlaubt, lange außerhalb Rom zu verweilen, so würden wir dartun, wie jener Hugo die Bistümer und Abteien Italiens verkaufte, mit frechen Günstlingen besetzte, jeder Begier den Zügel nahm und jedes Gefühl für das Recht erstickte.[12]

Da aber auch Marozia zweifellos eine Persönlichkeit ist, die ihre Epoche sehr gut repräsentiert, waren die beiden sicher ein Paar in perfektem Einklang mit seiner Zeit.

Den Charakter dieses Hugo beleuchtet sehr schön ein Ereignis, das mit eben dieser Heirat zu tun hat. Hugo war der Bruder von Marozias zweitem Mann Guido. Also hätte er sie gar nicht heiraten dürfen, denn Ehen unter Verschwägerten galten als Inzest. Um das Hindernis zu umgehen, war er skrupellos genug, seine eigene Mutter zu verleumden und zu schwören, er sei der Spross einer ehebrecherischen Beziehung, also nur Guidos Stiefbruder. Befriedigt über die Eroberung der königlichen Tiara, aber noch immer unersättlich, bat Marozia den Papst, ihren Sohn Hugo zum Kaiser zu proklamieren, und «sie sah sich bereits im Purpur der Kaiserin glänzen, denn ihr Sohn, Johannes XI., durfte sich nicht weigern, seinem baldigen Stiefvater, dem Könige Italiens, die Kaiserkrone aufs Haupt zu setzen.»[13] Es wäre ihr ohne Weiteres auch diesmal gelungen, denn Johannes war ein Spielzeug in ihren Händen, wenn sich nicht ihr zweiter Sohn Alberich II. widersetzt hätte, der Hugo vertrieb, seine Mutter gefangennehmen und Johannes XI. im päpstlichen Palast unter Bewachung stellen ließ.

Die öffentliche Geschichte Marozias endet hier, um aber der düsteren Atmosphäre der Epoche einen weiteren Farbtupfer hinzuzufügen, führe ich noch eine vielsagende Begebenheit dieser authentischen «Pornokratie» an. Als Marozia beinahe sechzig und ein ganzes Leben lang ihren Ambitionen hinterhergelaufen war, schickte sie sich an, ihre Tage als Gefangene in der Festung des Castel Sant'Angelo zu beschließen. Dort erfuhr sie, dass Oktavian von Spoleto, der Sohn Alberichs II., also ihr Enkel, unter dem Namen Johannes XII. zum Papst gekürt worden war. Er war ein junger Mann von knapp achtzehn Jahren, völlig ungeeignet für das Amt, was er auch ausgiebig unter Beweis stellen sollte. Selbst Kardinal Bellarmin wusste das und sagte über ihn: «*Fuerit fieri omnium deterrimus.*» («Von allen Päpsten wird er der schlechteste gewesen sein»).

Die Liste seiner Verbrechen ist endlos, man sagte über ihn, er habe sogar Sünden erfunden, die es vorher gar nicht gab; der Gipfel war jenes *Roma deplorabilis* (Rom der Schande), gegen das sich einige Jahrhunderte später Luther heftig wenden wird. Im Lateranpalast hielt der Papst einen Harem junger Frauen und Knaben, die seinen Gelüsten jederzeit zur Verfügung standen, er plünderte die Spenden der Pilger und verschleuderte sie im Spiel, fütterte seine 2 000 Pferde (was wahrscheinlich eine Übertreibung ist) mit weingesättigten Mandeln und Feigen.

Kaiser Otto I. aus der sächsischen Dynastie richtete ein scharfes Schreiben an ihn:

> … alle, sowohl Weltliche als auch Geistliche, haben Euch angeklagt des Mordes, des Meineids, der Tempelschändung, der Blutschande mit Eurer eigenen Verwandten und mit zweien Schwestern. Sie erklären noch anderes, wovor das Ohr sich sträubt, dass Ihr dem Teufel zugetrunken und beim Würfeln Zeus, Venus und andere Dämonen angerufen habt.[14]

Wie ein römischer Kaiser der Dekadenz starb er ganz jung, mit kaum 24 Jahren, von einem eifersüchtigen Ehemann aus dem Fenster geworfen, der ihn *in flagrante delicto* erwischt hatte, mit anderen Worten: im Bett mit seiner Ehefrau, einer gewissen Stefanetta, von der wir nichts weiter wissen. Jedenfalls wurde er in San Giovanni in Laterano bestattet.

In den Jahren unmittelbar zuvor hatte es ein wenig bekanntes, aber sehr bedeutsames Ereignis gegeben. Papst Formosus (891–896), der versucht hatte, sich zwischen zwei Potentaten durchzulavieren, wurde nach dem Willen seines Nachfolgers Stephan VI. sogar exhumiert. Der mit den päpstlichen Gewändern angetanen, auf einem Thron platzierten Leiche wird in einer schauerlichen Gerichtsfarce der Prozess gemacht. Mit Spitzfindigkeiten überführt und für schuldig erklärt, wird Formosus für alle Ewigkeit verurteilt, anschließend werden ihm die drei Finger der rechten Hand abgeschnitten, mit denen er den Segen erteilt hatte, und seine Leiche wird in den Tiber geworfen. Vor allem aber, und das ist der eigentliche Grund für die makabre Prozedur, werden alle seine Maßnahmen (also inklusive der Ernennungen und Ordinationen) für null und nichtig erklärt. Auch Stephan VI. nahm kein besseres Ende. Wenige Monate später wurde er nach einem Volksaufstand ins Gefängnis geworfen und dort umgehend erdrosselt (897).

Es hat zwar lange gedauert, dennoch ist es der Kirche von Rom gelungen, sich eine klare Prozedur für die Wahl ihrer Spitze zu geben. Eine Reihe von Regeln sind studiert und geprüft worden, um wenigstens die offensichtlichste Willkür zu vermeiden. Es hatte Jahrhunderte gegeben, in denen der Papstthron an den Meistbietenden ging, Fälle erfolgreicher Wahlen dank der Ermordung des Konkurrenten, andere Fälle, in denenmächtige römische Familien (die Crescenzi, die Grafen von Tusculo) recht unverhohlen auf Meuchelmörder zurückgegriffen hatten, um zu bestechen und zu töten.

Dabei ist zu berücksichtigen, dass der Petrusthron lange Zeit dem Machtkalkül, gelegentlich auch den Extravaganzen des Kaisers ausgesetzt war, während das «Volk», das bei den Wahlen anfänglich ein gewisses Gewicht gehabt hatte, wenn auch nur wegen des Drucks der Masse, zunehmend beiseitegedrängt wurde. Eine der fundamentalen Reformen verwirklichte Papst Nikolaus II., der in seinem sehr kurzen Pontifikat (1058–1061) das Wahlrecht ausschließlich auf die römischen Kardinalbischöfe beschränkte. Erst später, wenn die Würfel schon gefallen waren, sollten die übrigen Kardinäle, der Klerus, das Volk ihrer Meinung Ausdruck verleihen, was dann aber nicht mehr entscheidend war. Heute würde man eine derartige Reform äußerst negativ beurteilen. Damals war sie notwendig geworden, um der Kirche eine größere Freiheit vor säkularen Einmischungen zu garantieren, die eines der größten Probleme darstellten; dabei ging es nicht so sehr darum, sich dem Einfluss des Volkes zu entziehen, das damals wie heute leicht zu manipulieren war, sondern dem der wahren Machthaber, vor allem natürlich des Kaisers.

Die Kämpfe zwischen Papsttum und Kaisertum haben nicht nur die Chronisten der Zeit, sondern auch die Historiker lange beschäftigt. Die Auseinandersetzungen wurden besonders erbittert, wenn zwei große Persönlichkeiten aufeinandertrafen, wie im Falle des deutschen Kaisers Heinrich IV. und Papst Gregors VII., des berühmten Hildebrand von Soana, der plötzlich vom Status des Archidiakons zum Papst aufgestiegen war. Wir sind im Jahr 1073, als Gregor auf eine sehr irreguläre Weise gewählt wird, durchgedrückt durch einen Teil der Hierarchie, akklamiert vom Volk, das sich vor der Kirche San Pietro in Vincoli versammelt hatte.

Hildebrand hatte eine sehr hohe Einschätzung von der Würde seines Amtes und von sich selbst, er war der Überzeugung, dass jeder Papst, wenn ihm einmal die Machtbefugnisse übertragen worden waren, persönlich ein Heiliger sei, während der Rang des Kaisers selbst potenziell gute Menschen per se zu schlechten Menschen mache. Er war ferner überzeugt, dass der Papst das Recht habe, über jedermann Urteile zu fällen, selbst dagegen von niemandem verurteilt werden dürfe, dass also ausschließlich er die Macht habe, Bischöfe einzusetzen und wieder abzusetzen, und auch die Macht, sogar den Kaiser abzusetzen. Das waren keine absoluten Neuheiten, neu war aber die Entschiedenheit, mit der diese enorme Machtfülle reklamiert wurde, so als ob Gregor ganz Europa als eine Ansammlung von Lehen zu seinen Diensten betrachtete.

Gleichzeitig arbeitete er an einer Neuordnung der Kirche von innen heraus und wetterte gegen den Verkauf der kirchlichen Pfründe, ein sehr verbreitetes Übel, und gegen die Priesterehe. Zum Beispiel ließ er alle Bischöfe suspendieren, die dem Klerus gegen Geld das Konkubinat gewährt hatten. Regelrechte Blitze wurden gegen Heinrich IV. geschleudert, der es gewagt hatte, einige Bischöfe und Äbte zu ernennen. Dieser Akt war eine konsequente Umsetzung seiner zuvor abgegebenen Erklärungen, gleichzeitig aber auch der Auftakt zu jenem «Investiturstreit», der zu einem gnadenlosen Duell zwischen diesen beiden führen und sich über Jahre hinziehen sollte.

Der Papst exkommunizierte Heinrich, und Heinrich erklärte den Papst für abgesetzt, suchte ihn dann aber aufgrund der negativen Reaktionen einiger seiner Feudalherren bei der Markgräfin Mathilde in Canossa auf. Gregor ließ ihn im eisigen Reggianer Winter (Januar 1077) drei Tage lang reumütig warten, bevor er sich dazu entschloss, ihn einzulassen und wieder in die Gemeinschaft der Gläubigen aufzunehmen. Der Kaiser war in die Knie gezwungen worden, der Papst hatte ihm einen Vorgeschmack auf die Bitterkeit der Niederlage geboten, gerade so viel wie notwendig war, damit sich dies unauslöschlich in seinem Gedächtnis einprägte. Doch die Dinge liefen dann nicht wie vorgesehen (vgl. auch Kapitel III).

Die erlittene Schmach verzeiht Heinrich dem Papst nie. Nach

Deutschland zurückgekehrt und in seiner Macht bestätigt, bezwingt er die rebellischen Feudalherren, verlangt vom Papst, dass dieser einen seiner Rivalen absetzt. Gregor VII. lehnt das ab, geht sogar noch weiter und exkommuniziert ihn ein zweites Mal. Heinrich verweigert ihm den Gehorsam und designiert einen Gegenkandidaten für den Petrusthron, Erzbischof Wibert von Ravenna, der, zum Papst (oder Gegenpapst) geweiht, den Namen Clemens III. (1080–1100) annehmen wird. Gregor versucht zu reagieren, doch scheint sich der Kaiser erneut einer derartigen Gunst zu erfreuen, dass der Papst zum Abdanken gezwungen ist.

Im März 1084 gelingt es Heinrich schließlich, in Rom Einzug zu halten, und am Ostersonntag krönt ihn «sein» Papst zum Kaiser, während sich Gregor in der Engelsburg verschanzt. Inzwischen scheint die Situation für ihn aussichtslos, doch macht er noch einen verzweifelten Versuch: Er ruft ein von Robert Guiskard befehligtes, im Süden Italiens operierendes Heer der Normannen zu Hilfe. Die Normannen kommen, dringen in Rom ein, Heinrich flieht, der Papst wird befreit. Die Römer erleben eine der grausamsten Plünderungen, der gewaltigsten Verwüstungen in der Geschichte der Stadt. Auch fünf Jahrhunderte nach diesen entsetzlichen Ereignissen, als Luthers Reformation sich auszubreiten beginnt, werden sich die Protestanten noch immer an jene Tage erinnern und sie mit diesen Worten zusammenfassen: «Gregor I. rettete Rom vor den Langobarden, Gregor VII. ließ es von den Normannen zerstören.» Hildebrand, ein politischer Papst par excellence, ein Gigant der Politik, gab der eigenen Rettung und der seiner Residenz den Vorzug vor der Rettung der Stadt. Die Römer der Zeit verziehen ihm das nicht, und der Papst sah sich nach den Plünderungen gezwungen, gemeinsam mit Guiskard Rom zu verlassen. Ein Jahr später starb er sechzigjährig in Salerno, wo er mit den Psalmversen seine Unschuld beteuerte, die zu seiner Grabinschrift werden sollten: *«Dilexi Justitiam, odivi iniquitatem, propterea morior in exilio»* («Ich liebte die Gerechtigkeit, ich hasste das Böse, deswegen musste ich in der Verbannung sterben»). Die von ihm in Kraft gesetzte Kirchenreform überlebte ihn bis fast in unsere Tage. Ein kurzer Passus aus der *Geschichte* des Gregorovius gibt mit bemerkenswerter Intensität die Bedeutung dieses Pontifikats und der ganzen Tragödie wieder:

> Die Verwüstung Roms bleibt ein dunklerer Flecken in der Geschichte Gregors als in der Guiscards; es war die Nemesis, welche diesen Papst zwang, ob schaudernd und widerwillig, dennoch in die Flammen Roms zu starren. War Gregor VII. im brennenden Rom (und es brannte um seinetwillen) nicht ein so schrecklicher Mann des Fatum wie Napoleon, wenn er ruhig über blutige Schlachtfelder dahinritt? Sein schönes Gegenbild ist Leo der Große, der die Heilige Stadt vor Attila bewahrt und ihr Los vor dem Grimme Geiserichs mildert. Nicht einer unter den Zeitgenossen hat bemerkt, dass Gregor den Versuch gemacht hat, Rom vor der Plünderung zu retten, oder über den Fall der Stadt eine mitleidige Träne geweint habe. Was war diesem Menschen des Schicksals das halb zerstörte Rom im Verhältnis zu der Idee, welcher er den Frieden der Welt zum Opfer brachte?[15]

Nach der Bulle Nikolaus' II. war nach einem Schisma, das fast zwanzig Jahre gedauert hatte, die darauffolgende Reform der Regeln diejenige von Papst Alexander III. (vermutl. Rolando Bandinelli, 1159–1181). Hauptzweck der Maßnahme war es, die Wahl in eine strenge Prozedur zu zwingen und damit individuelle oder «Flügel»-Interessen abzuwehren. Schon der Titel, der dieser Konstitution 1179 gegeben wurde (*Licet de vitanda discordia* – Zur Vermeidung von Zwietracht ist es erlaubt), machte ihre Absicht explizit. In der Praxis handelte es sich darum, allen Kardinälen, und nur ihnen, das Recht zu verleihen, am Konklave teilzunehmen. Außerdem wurde vorgeschrieben, dass zur Wahl des Papstes fortan eine Mehrheit von zwei Dritteln notwendig war:

> Wenn bei der Wahl des Papstes unter den Kardinälen Einheit nicht zu erreichen ist, wenn aber zwei Drittel einig sind, der dritte Teil aber mit ihnen nicht übereinstimmen will, so soll ohne jegliche Ausnahme derjenige von der allgemeinen Kirche als Papst angesehen werden, welcher von zwei Dritteln in Einmütigkeit gewählt ist. Maßt sich jemand im Vertrauen nur eines Drittels den Namen des Papstes an, so sollen er und seine Anhänger der Exkommunikation verfallen und mit Ausschließung aus dem geistlichen Stande bestraft werden.

Diese Norm, die von besonderem Gewicht war, weil sie von einem ökumenischen Konzil verabschiedet wurde, kappte jeden möglichen Einfluss der Bischöfe beim Kampf um die Thronfolge. Das Kardinalskolleg und der Papst an seiner Spitze waren als einzige autorisiert, die Leitlinien der Kirche festzulegen und anzuwenden, in geistlichen wie in rein politschen Angelegenheiten, eine Reform, die acht Jahrhunderte lang Gültigkeit besitzen sollte, bis zu Johannes Paul II. Mit Alexander III. beschleunigt sich die «monarchische» Organisation der Kirche. Wie Giancarlo Zizola in seiner Geschichte der Konklaven richtig anmerkt, wird «die Berufung auf die apostolischen und gemeinschaftlichen Legitimationen der Macht in der Kirche immer fragmentarischer und meistens rhetorisch».[16]

Mit der Zeit wird sich außerdem die Doktrin durchsetzen, nach der, wenn der Papst (König) als Nachfolger Petri betrachtet wird, die Kardinäle (Kirchenfürsten) die Erben der Apostel sind und damit die Gruppe der Männer repräsentieren, die sich in der Ursprungszeit des Christentums um Jesus herum formiert hatte.

Nicht einmal die Regel der Zweidrittelmehrheit konnte allerdings verhindern, dass einige Jahrzehnte lang immer weiter Päpste und Gegenpäpste gewählt wurden, mit brutalen Auseinandersetzungen zwischen den beiden Kontrahenten, und dass das Volk von Rom, auch wenn es inzwischen keinerlei Legitimation mehr hatte, weiter lautstark mal den einen, mal den andere Kandidaten unterstützte, wobei es sich mal von der Sympathie, mal von dem Einfluss leiten ließ, den die mächtigsten Familien auszuüben wussten.

Um die Mitte des 13. Jahrhunderts, mit Innozenz IV. (Sinibaldo Fieschi, 1243–1254), präzisieren die Wahlbestimmungen darüber hinaus die verschiedenen Kompetenzen, stellen den Papst in den Mittelpunkt der Jurisdiktion, als Quelle jeder geistlichen und weltlichen Legitimität, umgeben von einem mit Privilegien und ausgedehnten Machtbefugnissen ausgestatteten Kardinalshof. Dies macht jeden anderen Herrscher zum Untergebenen der päpstlichen Macht. Mit Papst Fieschi wird das Christentum zu einem echten Regime, das mit geeigneten praktischen Instrumenten und Druckmitteln ausgestattet ist, von der Exkommunikation bis zur Folter, die je nach «Gegner» entsprechend dosiert werden können: Ketzer, Juden, dem Gehorsamsgebot widerstrebende Herrscher. Es war übrigens auch Innozenz IV., der mit der Bulle *Ad extirpanda* der Inquisition «falls notwendig» den Gebrauch der Folter als Instrument der Wahrheitsfindung gestattete.

Viel Zeit und viele mühsame Verhandlungen waren nötig, um eine ausreichend stabile Wahlprozedur zu etablieren. In den Jahrhunderten des Hochmittelalters entsteht das «Konklave», etymologisch *cum clave* – «mit dem Schlüssel». Wie Zizola anmerkt, bildet sich die temporäre Eingeschlossenheit der Kirchenfürsten zu Anfang «als gewaltsame, leicht erpresserische Revanche für das verletzte Recht des Volkes [heraus]. Das Volk ist von der Wahl ausgeschlossen worden, das Volk schließt die Kardinäle ein, die ihm das Wahlrecht geraubt haben.»

Doch aller Vorsorge und Zusicherung zum Trotz ist die Wahl des *Summus Pontifex* angesichts der vielen widerstreitenden Interessen, die dabei im Spiel waren, nie ganz einfach oder ganz und gar friedlich abgelaufen. Ein eklatantes Beispiel für solche Schwierigkeiten, allerdings mit gravierenden Folgen, ist die Situation nach dem Tode Clemens' IV. (Gui Foucois, 1265–1268). Mehr als drei Jahre brauchte man, um einen Nachfolger zu finden. Den im päpstlichen Palast von Viterbo versammelten achtzehn Kardinälen, aufgespalten in Fraktionen, die von verschiedenen europäischen Herrschern unterstützt wurden, gelang es nicht, sich auf einen Kandidaten zu einigen.

Angesichts dieser Trödelei begannen die Einwohner von Viterbo zunächst zu grollen, dann mauerten sie die Kardinäle in dem Palast ein, schließlich kletterten sie an dem Gebäude hoch und deckten das Dach ab. Diese Öffnung setzte die Wahlberechtigten den Unbilden des Wetters aus, durch sie wurde auch die Nahrung herabgelassen, die ausschließlich aus Brot und Wasser bestand. Die strenge Diät war es schließlich, die eine Einigung herbeiführte. Im September 1271 wurde ein obskurer Archidiakon aus Piacenza zum Papst gemacht, Tedaldo Visconti, der den Namen Gregor X. annahm. Diese drei langen Jahre waren aber nicht nur das Ergebnis der von den Kirchenfürsten geschmiedeten Ränke oder der gegensätzlichen Interessen gewesen. Die extrem lange Wartezeit hatte auch etwas mit den Vorteilen zu tun, die die Kardinäle aus den Zeiten einer Sedisvakanz herausschlagen konnten.

Gregor X. war ein einfacher Archidiakon. Um ihn zum Papst zu küren, musste er in Windeseile erst zum Priester geweiht und gleich darauf zum Kardinal ernannt werden. Es zeigte sich jedoch, dass ihm die Legitimität des hohen Amtes so sehr am Herzen lag, dass er umgehend ein neues Dekret *Ubi (maius) periculum* (1274) erließ, das noch strengere Normen für das Konklave festlegte, einschließlich der Ernährungsvorschriften. In Viterbo hatte das Menü auf der Basis von Brot und Wasser Wunder gewirkt; Gregor übernahm dies und bestimmte, dass im Falle des ergebnislosen Verstreichens der ersten drei Tage «an den fünf darauffolgenden Tagen sowohl beim Mittag- wie auch beim Abendessen die Kardinäle sich mit jeweils nur einem Gang zufriedengeben müssen. Wenn auch diese ohne Ergebnis verstrichen sind, soll ihnen nur Brot, Wein und Wasser gegeben werden, bis die Wahl vollzogen ist.»

Auch die mit der Sedisvakanz verbundenen Privilegien wurden auf Diät gesetzt: Für die gesamte Dauer des Konklaves wurden alle Gewinne und Vorteile, die es vorher gegeben hatte, abgeschafft. Die Wirkung war zwar positiv, aber nicht allzu dauerhaft. Trotz aller Regeln traten gegensätzliche Interessen und Machtgier sehr schnell wieder zutage. Beim Tode Nikolaus' IV. (Girolamo Masci, Papst ab 1288) im Jahre 1292 zog sich die Sedisvakanz mehr als zwei Jahre in die Länge, bis der fromme Eremit Pietro da Morrone im Juli 1294 zum Papst gewählt wurde, ein heiliger Mann, achtzig Jahre alt, der auf dem Monte Maiello in einer Höhle gelebt und gebetet hatte. Er nahm den Namen Cölestin V. an, es sollte neben der 33-Tage-Regierung Johannes Pauls I. im 20. Jahrhundert eines der kürzesten Pontifikate der Geschichte werden.

Wie Albino Luciani war auch Pietro da Morrone ein einfacher Mann und mehr von Frömmigkeit geleitet als von Intrigantentum, also ungeeignet für die Leitung der komplexen Machtmaschinerie, zu der die Kirche geworden war. Während Johannes Paul I. Papst für nur 33 Tage war, war es Cölestin V. fünf Monate lang, dann dankte er vor einem außerordentlich zusammengerufenen Konsistorium ab. Petrarca pries (in *De Vita solitaria – Vom einsamen Leben*) seine Bescheidenheit, Dante dagegen stellte ihn zu den feigen Seelen und brandmarkte ihn im 3. Gesang der Hölle mit dem harten Urteil, das in diesem berühmten Vers zusammengefasst ist: «Und als ich manchen dort erkennen konnte / Sah und erkannte ich den Schatten dessen,/ Der feig die große Weigerung begangen.»[17]

In Wahrheit hatte der maßlos ehrgeizige Kardinal Benedetto Caetani alles daran gesetzt, damit es zu dieser «großen Weigerung» kam, und sich mit diesem Schachzug seine eigene Nachfolge gesichert. Er wird der berüchtigte Papst Bonifaz VIII. sein, dessen erste Handlung es ist, den armen Pietro da Morrone in einer Burg einzusperren. Der fromme Eremit hätte in seine Höhle und zu seinen Gebeten zurückkehren wollen, doch fürchtete Bonifaz, dass ein so naiver Mann in den Händen der Opposition zu einer Waffe werden, vielleicht sogar ein Schisma auslösen konnte. Er zog es vor, ihn in den Jahren, die ihm noch blieben, unter Verschluss zu halten.

Die Modalitäten der Wahl haben sich also unter vielen Widerständen und Verdächtigungen und mit großer Kraftanstrengung entwickelt. Eigentlich hat fast jeder neue Papst sie nach seinem Aufstieg zum Thron modifiziert, und zwar bis in unsere Tage, wie wir gleich sehen werden. Tatsache ist aber, dass sich die Kirche in dem Maße, in dem sie ihre weltlichen Ansprüche betonte und sich zum Königreich unter den Königreichen Europas machte, vom evangelikalen Geist des frühen Christentums entfernte, dass sich ihr Finanzbedarf erhöhte und die Bürde ihrer ausgedehnten Macht schwerer wurde.

Bonifaz VIII. ist der «Erfinder», wenn man es so nennen darf, des Heiligen Jahres. Das erste Mal wurde es unter seinem Pontifikat im Jahre 1300 gefeiert. Den Pilgern, die nach Rom kommen würden, wurde die vollständige Vergebung ihrer Sünden versprochen, eine Art Amnestie für die Strafen nicht des Körpers, sondern der Seele. Das Echo war enorm.

Papst Bonifaz nahm diesen Zustrom als Zeichen seines persönlichen Erfolges und holte genügend Gewinn dabei heraus, um die Kassen des Vatikans aufzufüllen und vor allem sein maßloses Machtbewusstsein zu befriedigen. Zwei Jahre später erließ er die Bulle *Unam sanctam*, der großer Ruhm beschieden war und mit der das theokratische Regime des Papsttums begründet wurde: Es gibt nur eine Kirche, behauptet das Dokument, außer ihr gibt es kein Heil und keine Vergebung der Sünden. Ihr Oberhaupt ist Christus, der durch den Papst wirkt, seinen Stellvertreter auf Erden; die Kirche nutzt die geistliche Macht direkt, delegiert die politische an den Fürsten, der gehalten ist, nach den von der Kirche erteilten Vorgaben Gebrauch von ihr zu machen. Die kirchliche Macht darf die politische verurteilen, während niemand, ausgenommen Gott, sich zum Richter der Kirche aufschwingen darf. Jedermann, der sein ewiges Heil zu sichern beabsichtigt, schuldet dem Bischof von Rom Gehorsam.

Mit diesem niemals zuvor von irgendeinem anderen Souverän

gewagten Akt im Namen der göttlichen Macht stellte Papst Bonifaz die Weichen für zahllose Kämpfe und Tragödien. Tatsächlich wurden von vielen auch damals schon diese so weltlichen Ansprüche, die jede echte Spiritualität beiseiteschoben, für übertrieben gehalten. Unter ihnen Dante, der Bonifaz noch zu Lebzeiten in die Reihen der Simonisten jagte (Hölle, 19. Gesang), das heißt derjenigen, die ihr religiöses Amt missbrauchen, um heilige Objekte (z. B. Reliquien) oder Vorteile (z. B. Pfründen, Sakramente) zu verkaufen oder zu kaufen.

Papst Caetani erwies weder seiner Religion noch seiner Kirche einen Dienst. Nach Bonifaz gingen die Machtkämpfe unaufhörlich weiter, Päpste und Gegenpäpste führten weiter Krieg gegeneinander, von 1309 an war das Papsttum siebzig Jahre lang in Avignon im Exil, und die Situation wurde auch nach der Rückkehr nach Rom nicht besser. Im Gegenteil, die Jahre Urbans VI. (Bartolomeo Prignano, 1378–1389) waren gezeichnet vom «Großen Schisma», der dunkelsten Phase der mittelalterlichen Kirche, mit drei Päpsten, die sich gegenseitig exkommunizierten. Nach dem Urteil von Ferdinand Gregorovius wäre jede andere Monarchie unter diesen Prüfungen zerbrochen. Und in einem gewissen Sinne widerfuhr das ja auch der Kirche von Rom, die von 1517 an mit der Reformation ganze Provinzen und eine erhebliche Anzahl ihrer Gläubigen verlor.

Der erste Papst, der in der Sixtinischen Kapelle gewählt wurde, war am 11. März 1513 Giovanni de' Medici, der zweitgeborene Sohn Lorenzo de' Medicis (auch *il Magnifico*, der Prächtige genannt), der den Namen Leo X. annahm. Gregorovius: «Erst am 6. März kam Giovanni Medici, von Florenz her in einer Sänfte nach Rom getragen. Er war krank; sein unheilbares Übel, eine aufbrechende Fistel, machte ihn fast unnahbar. Noch im Konklave operierte ihn sein Wundarzt.»[18] Die Tatsache, dass er Lorenzos Sohn war, hatte Giovanni sein Leben lang beachtliche Privilegien beschert. Mit sieben Jahren hatte Innozenz VIII. ihn zum apostolischen Protonotar ernannt, mit acht Jahren zum Abt von Montecassino, mit sechzehn Jahren zum Kardinal. Den Thron erlangte er, als er siebenunddreißig Jahre alt war. Er war ein mittelmäßiger Papst, zumal im Vergleich zu seinem Vorgänger Julius II., Urheber und Opfer beklagenswerter Taten, von Raffael mit psychologischem Scharfblick porträtiert: mit weichem Gesicht und abwesendem, verschleiertem Blick.

1517, in einem schicksalhaften Jahr für die Geschichte der Kirche, wurde Leo zum Opfer einer von Kardinal Alfonso Petrucci angezettelten Verschwörung, der den päpstlichen Chirurgen angestiftet hatte, die Fistel während einer Behandlung zu infizieren. Das Komplott wurde entdeckt, die Verschwörer auf grauenhafte Weise getötet: «Der Chirurg und Petruccis Sekretär wurden unter schrecklichen Martern hingerichtet. Der Kardinal selbst empfing sein Todesurteil mit wilden Flüchen auf den Papst; er wies den Beichtvater von sich; der Mohr Roland erdrosselte ihn in der Engelsburg.»[19] Die Furcht des Papstes war so groß, dass er sich beeilte, 31 neue Kardinäle gleichzeitig zu ernennen, um das «Kolleg» mit seinen Getreuen aufzufüllen. Nur Pius XII. wird ihn übertreffen, als er 1946 auf einen Schlag 33 Kardinäle ernennt.

Leo X. war nicht nur Nepotist und ein Liebhaber des Luxus, sondern auch Sodomist – falls wir Francesco Guicciardini Glauben schenken, der 1525 über ihn schreibt:

> Von vielen wurde er in der ersten Zeit seines Pontifikats für sehr keusch gehalten; es stellte sich dann aber heraus, dass er in übertriebenem Maße, und zu allem Überfluss auch noch vollkommen schamlos, jenen Gelüsten verfallen war, die man als anständiger Mensch gar nicht beim Namen nennen darf.

Den fürstlichen Prunk an seinem Hofe beschreibt Gregorovius mit diesen Worten:

> Rom war ein einziges Festtheater, ein einziges Schauspielhaus. Wie der *Tribunus voluptatum* der Römer erschien der Papst in seinem von Musikanten, Schaupielern und Scharlatanen, von Poeten und Künstlern, von Hofschranzen und Parasiten schwärmenden Vatikan. Da ließ er alte und neue Komödien, die schamlosesten Zoten aufführen. Wir würden ein buntes Gemälde vor uns haben, vermöchten wir ein römisches Jahr aus der Zeit Leos X. zu umfassen und diese Kette von Festen zu sehen, grell gemischt aus Heidentum und Christentum: die Maskenzüge des Karneval, antike Göttermythen, römische Historien in prachtvollen Schauszenen, wieder Prozessionen, glänzende Kirchenfeste; das Passionsspiel im Colosseum, klassische Deklama-

> tion im Kapitol, Feste und Reden zum Geburtstage Roms; tägliche Kavalkaden der Kardinäle, zeremoniöse Aufzüge von Gesandten und Fürsten mit heergleichem Gefolge.[20]

Während all dies geschah, schickte ein deutscher Augustinermönch von bäuerlicher Herkunft, Martin Luther, Theologieprofessor in Wittenberg, 95 Thesen in lateinischer Sprache an die deutschen Bischöfe und löste damit im ganzen Reich einen theologischen Disput aus. Es ist der Beginn der Reformation, die die Christenheit erstmals in einem solchen Ausmaß spalten wird. In Rom hatte Luther viele Dinge gesehen und gehört, die ihn mit Abscheu erfüllten:

> Welch ein greulich Volk ist das gewesen! Ich hätt' nit geglaubt, dass das Papstthumb so ein großer Greuel sei, wenn ich den römischen Hof nit selbst gesehen hätt. Ist eine Hölle, so ist Rom drauf gebaut.[21]

Und in seinem Brief an Leo X.:

> … schon seit vielen Jahren ergießt sich … von Rom aus in die Welt nichts anderes als Verheerung der Güter, der Körper und der Seelen und erschreckende Fälle allerschlimmsten Übels … und aus der Römischen Kirche, die einst die Heiligste von allen war, ist nun eine Räuberhöhle ohne jedes Gesetz geworden, das allerschamloseste Bordell, ein Reich der Sünde, des Todes und der Hölle, so dass nicht einmal der Antichrist, falls er käme, sich noch etwas ausdenken könnte, was da an Schlechtigkeit noch fehlte. … die Römische Kurie … ist ja unvergleichlich viel gottloser als die Türken, so dass sie, während sie einstmals das Tor des Himmels war, nun wahrhaftig als Höllentor offen steht.[22]

Papst Leo unterschätzte diesen Zorn, glaubte, er könne sich mit einer Exkommunikation aus der Affäre ziehen, die aber von Luther inmitten einer jubilierenden Menge vor dem Wittenberger Alstertor öffentlich verbrannt wurde. Es ist ein trauriges Paradox, dass die göttliche Kapelle ausgerechnet mit der Wahl eines so unzulänglichen, seinen Pflichten und dem Evangelium unendlich fernen Papstes eingeweiht wurde.

Die beiden letzten Reformen zur Wahlordung sind von Johannes Paul II. und vom deutschen Papst Benedikt XVI. vorgenommen worden. 1996 verabschiedete Papst Wojtyła die apostolische Konstitution *Universi dominici gregis*, mit der die 1179 festgelegte Norm der Zweidrittelmehrheit abgeschafft wurde. Der Papst wollte das Risiko vermeiden, dass eine Sperrminorität (gleich 34 Prozent der Stimmen) das Konklave für eine unbestimmte Zeit blockieren konnte, mit allen negativen Folgen auch für das Image, die man sich leicht vorstellen kann.

Seine Reform legte fest, dass nach Ablauf von dreizehn Tagen, in denen keine Wahl zustande gekommen war, die absolute Mehrheit der Kardinäle (51 und nicht mehr 66 Prozent) entschied, wie weiterverfahren werden sollte: ob man also mit der Zweidrittelmehrheit weitermachen, zur absoluten Mehrheit übergehen oder eine Stichwahl einleiten wollte. Auch diese Regel hatte, wie jedes Wahlgesetz, einen Schwachpunkt, nämlich durch die Möglichkeit, dass eine relative Mehrheit von 50 Prozent der Kardinäle geduldig den Ablauf der ersten Wahlgänge abwartete und dabei ihren Kandidaten in der Hinterhand behielt, um ihn in dem Moment aus dem Hut zu ziehen, sobald man zur einfachen Mehrheit übergegangen war.

Im April 2005 war gut informierten Quellen zufolge Kardinal Ratzinger Nutznießer dieser Regel. Die Zweidrittelmehrheit, die vor der Reform Johannes Pauls II. in Kraft war, hätte er vermutlich nur schwierig erreicht. Wenn es stimmt, dass die ihm geneigten wahlberechtigten Kardinäle bereit waren, bis zum Übergang zur einfachen Mehrheit abzuwarten, damit ihr Kandidat Papst würde, dann trieb dies die Opposition so auseinander, dass damit Joseph Ratzinger der Weg geebnet wurde.

Nachdem er Papst geworden war, beeilte sich Benedikt XVI., Wojtyłas Regel zu ändern, und setzte die Zweidrittelmehrheit wieder in Kraft, mit der Maßgabe, dass nach dreizehn ergebnislos verstrichenen Tagen zur Stichwahl unter den beiden Kandidaten mit den meisten Stimmen überzugehen sei, wobei allerdings das Zweidrittel-Quorum beibehalten wurde. Wie man sieht, gehen die Schwierigkeiten weiter. Und nicht einmal der angerufene Beistand des Heiligen Geistes bietet Schutz vor menschlicher, sehr menschlicher Schwäche.

XIII. 16. OKTOBER 1943
DIE RÖMISCHEN JUDEN ZWISCHEN HITLER UND PIUS XII.

Alle Orte bewahren ein Echo der kapitalen Ereignisse, deren Schauplatz sie geworden sind. Man muss den richtigen Blick dafür haben, die Zeichen erkennen, die Erinnerung aktivieren, die richtigen Worte lesen. Zum Beispiel diese hier, mit denen Giacomo Debenedettis schöne und tragische Erzählung über ein für Rom, für seine Juden, für den Vatikan fatales Datum beginnt: den 16. Oktober 1943, so auch der Titel dieses Kapitels. *In memoriam.*

> Wer sich stattdessen an jenem Freitagabend, dem 15. Oktober, im ehemaligen Ghetto von Rom einfand, war eine Frau in schwarzen Kleidern, abgehetzt, zerzaust, vom Regen durchnässt. Sie bringt kein Wort hervor, die Aufregung schnürt ihr die Kehle zu, treibt ihr den Schaum vor den Mund. Sie ist von Trastevere hierher gelaufen. Kurz zuvor hat sie bei einer Frau, der sie die Bedienung macht, die Frau eines Carabiniere getroffen, und die hat ihr gesagt, dass ihr Mann, der Carabiniere, einen Deutschen getroffen hat, und dieser Deutsche hatte eine Liste in der Hand, von zweihundert jüdischen Familienvätern, die mit der ganzen Familie fortgebracht werden sollten … So fiel es der abgehetzten Frau nicht schwer, eine große Zahl von Juden um sich zu scharen, um sie vor der drohenden Gefahr zu warnen. Doch niemand wollte ihr glauben, alle lachten nur …[1]

Der Frau, die Celeste hieß, wurde also nicht geglaubt. Sie war arm, in Lumpen gekleidet, in ihrer Familie, so wurde überall gesagt, seien alle leicht meschugge. Außerdem war sie zu erregt, sie schrie, mit Tränen in den Augen, die Hände in einer pathetisch beschützenden Geste auf den Köpfen der Kinder. Doch leider sollte sich nur wenige Stunden später diese so überspannt wirkende Prophezeiung bewahrheiten, auf die schrecklichste Weise.

Der Ort ist eine seit Jahrhunderten unverändert gebliebene, ein wenig unförmige Straßenverbreiterung, die sich dort befindet, wo die Via di Sant'Angelo in Pescheria auf die Via Catalana trifft. Hinter sich hat man die mächtigen Arkaden des Teatro di Marcello, vor sich den größten Tempel, die große Synagoge der römischen Juden. An der Seite ein majestätischer Rundbogen, einer der wenigen Überreste des antiken Portikus der Octavia, eines grandiosen, von Augustus zur Erinnerung an seine Schwester errichteten Bauwerks, von dem heute nur noch wenige verstreute Fragmente übrig sind, ein paar verstümmelte Säulen von den über 300, die es schmückten.

Auf diesem Platz standen am Morgen des 16. Oktober 1943, einem Samstag, die Lastwagen, auf die unter Stößen und Gebrüll die Bewohner des römischen Ghettos verladen wurden. Eine Marmortafel erinnert daran: ein ehrenwerter Versuch, die Erinnerung an die Ungeheuerlichkeit des Ereignisses zu bewahren, doch reicht eine Tafel allein nicht aus. Auf den Mauern von Rom wimmelt es von Tafeln. Man muss schon etwas mehr wissen, um sie zu dechiffrieren, um wirklich zu verstehen.

Der Prolog zu diesen Ereignissen hatte kurze Zeit zuvor stattgefunden, zwanzig Tage nach dem zwischen Italien und den Alliierten unterzeichneten und am 8. September des Jahres verkündeten Waffenstillstand. Am Ende des Monats rief SS-Oberstleutnant Herbert Kappler die Vorsteher der jüdischen Gemeinden zu sich in die Deutsche Botschaft und befahl ihnen, innerhalb von 36 Stunden einen halben Zentner Gold abzuliefern. Im Falle der Nichteinhaltung wurde die Deportation einer großen Anzahl von Juden angedroht. Die Sammelaktion begann am Morgen des 27. September. Ein Buchhalter protokollierte die Übergaben, ein jüdischer Goldschmied prüfte die Qualität des Goldes.

In den ersten Stunden gingen die Spenden recht zögerlich ein, sicherheitshalber wurde der Vatikan um Hilfe gebeten. Um 16 Uhr traf die Antwort ein: Der Vatikan erklärte sich zu einem langfristigen Darlehen bereit. Es wurde nicht benötigt, denn am Ende kamen innerhalb der vorgegebenen Frist die 50 Kilo zusammen, sogar mit einem kleinen Überschuss. Durch die Goldübergabe mochte der eine oder andere römische Jude bei sich gedacht haben, eine Art Lebensversicherung abgeschlossen zu haben. Dass der halbe Zentner nur ein Vorwand gewesen war, ein Ablenkungsmanöver, vielleicht auch nur eine tragische Farce, verstand man am Ende des Krieges, als das Gold der römischen Juden in Berlin noch originalverpackt in den Kisten wiedergefunden wurde. Sie waren nicht einmal geöffnet worden.

An diesem Samstag, dem 16. Oktober, um 5.30 Uhr morgens – es regnete in Strömen – umzingelten 370 SS-Männer, denen als Gehilfen für die untergeordneten Aufgaben faschistische Soldaten zur Hand gingen, das Ghetto und begannen, es Haus für Haus zu durchkämmen. Ob sie nun schliefen, krank waren, ein Baby stillten oder sich auf die Feier des Sabbats vorbereiteten, alle wurden gewaltsam auf die Straße getrieben, mit Gewehrkolben traktiert, und wer nicht schnell genug war, mit jenen gebrüllten deutschen Worten in Schach gehalten, die damals jedes Kind in Rom kannte: «Schnell!», «Raus!», «Jude!», «Achtung!», «Kaputt!»[2]. Die Lastwagen warteten, um die Abfahrt zu beschleunigen, bereits in Richtung Trastevere aufgereiht auf dem Platz. Die Gefangenen wurden im Collegio Militare des Palazzo Salvati in der Via della Lungara (am Fuße des Gianicolo) gesammelt. Immer wieder setzten sich die Lastwagen vom Ghetto aus in Bewegung, bis dort nichts mehr blieb als die Stille eines traurigen Herbsttages, das Plätschern des Regens, eine vom Wind zugeschlagene Tür und ein paar vom Wasser vollgesogene Stofffetzen, die auf der Straße liegengeblieben waren.

Für diese Aufgabe war eine Spezialeinheit der SS nach Rom geschickt worden. Mit beklemmender Naivität baten die Neuankömmlinge ihre Kollegen, doch am Petersplatz vorbeizufahren, und weil es die Strecke mit einem geringen Umweg erlaubte, wurde ihnen dieser Wunsch erfüllt. Die Lastwagen mit ihrer tragischen Fracht aus schreienden, weinenden, betenden Menschen näherten sich also der Grenze zwischen Italien und dem Vatikanstaat (gekennzeichnet durch unauffällig in den Boden eingelassene Steinplatten). Ein Umstand, der den Botschafter des Deutschen Reiches am Heiligen Stuhl, Ernst von Weizsäcker, dazu bewog, nach Berlin zu schreiben, dass sich «der Vorgang sozusagen unter den Fenstern des Papstes abgespielt hat».[3] In Wahrheit gab es Versuche, Kontakt aufzunehmen, Pius XII. beauftragte seinen Staatssekretär Luigi Maglione, den deutschen Botschafter zu sich zu rufen und den Diplomaten zur Intervention aufzufordern, um den Deportationen Einhalt zu gebieten. Andernfalls würde der Vatikan protestieren. Diese Begebenheit wird in den vatikanischen Dokumenten referiert, nicht aber in den deutschen.

Einige Dutzend Nicht-Juden konnten ihre Freilassung erreichen.

Eine schwangere Frau, bei der die Wehen einsetzten, wurde zur Entbindung in den Kasernenhof gezerrt. Umgehend wurde auch der Säugling für verhaftet erklärt. In der Nacht von Sonntag auf Montag, den 18. Oktober, wurden die Gefangenen, in Kolonnen formiert, zum Tiburtina-Bahnhof geleitet, wo man sie in Viehwaggons verstaute, die verplombt wurden, sobald sie voll waren. Eine ganze Woche dauerte die Reise, unter menschenunwürdigen Bedingungen von Erniedrigung und Entbehrung, bis man zum Bestimmungsort, dem Konzentrationslager Auschwitz, gelangte.

Am 25. Oktober publizierte die vatikanische Tageszeitung *Osservatore Romano* eine Eloge auf den Papst: «Mit dem Anwachsen so viel Leids hat sich die universale väterliche Fürsorge des Heiligen Vaters beinahe noch vermehrt, die keinerlei Grenzen kennt, weder der Nationalität noch der Religion noch der Rasse.» Experten für diplomatische Formeln erkannten in dem italienischen Terminus *stirpe* (Stamm/Rasse) einen Bezug zur tragischen jüdischen Frage. Dessen war sich auch der deutsche Botschafter von Weizsäcker bewusst, der eine Übersetzung des Artikels nach Berlin schickte, begleitet von einem Brief, in dem er schrieb:

> Der Papst hat sich, obwohl dem Vernehmen nach von verschiedenen Seiten bestürmt, zu keiner demonstrativen Äußerung gegen den Abtransport der Juden aus Rom hinreißen lassen … Gegen diese Veröffentlichung sind Einwendungen umso weniger zu erheben, als ihr Wortlaut … von den wenigsten als spezieller Hinweis auf die Judenfrage verstanden werden wird … Da hier in Rom weitere deutsche Aktionen in der Judenfrage nicht mehr durchzuführen sein dürften, kann also damit gerechnet werden, dass diese für das deutsch-vatikanische Verhältnis unangenehme Frage liquidiert ist. [4]

Auch die römischen Juden wurden schnell liquidiert. Nicht von ungefähr notierte Monsignor Montini (der spätere Papst Paul VI.) in seinem Tagebuch: «Diese Juden werden nicht mehr in ihre Häuser zurückkehren.» Innerhalb weniger Tage nach ihrer Ankunft in Auschwitz kamen fast alle um. Einige waren schon während der Reise gestorben.

Im Jahre 1963 wurde in Berlin Rolf Hochhuths Theaterstück *Der Stellvertreter* aufgeführt. In London und New York gab es ebenfalls eine Inszenierung, in Rom dagegen wurde das Stück verboten, mit der Begründung, es enthalte beleidigende Aussagen über ein ausländisches Staatsoberhaupt. Die Schauspieler Gianmaria Volonté und Carlo Cecchi konnten heimlich eine Aufführung organisieren. Hochhuth beschuldigte den Papst der Indifferenz gegenüber den Meldungen, die ihm über das, was in den Vernichtungslagern geschah, gemacht wurden. Papst Pacelli wurde außerdem unterstellt, diese Haltung aus finanziellem Kalkül eingenommen zu haben. Eine der krassesten Szenen führt vor, wie Kurt Gerstein, historische Figur und Zeuge der Vergasungen, eine Bittschrift übergibt, während im jüdischen Ghetto Roms die Razzia stattfindet.

Das Drama war anspruchslos und in einigen Punkten historisch nicht fundiert, hatte aber das Verdienst, ein bis zu diesem Augenblick totgeschwiegenes Thema an die Öffentlichkeit zu bringen: das Verhalten Pius' XII. im Angesicht des Holocaust. Eine komplexe Problematik, zu der es eine ansehnliche Bibliographie gibt: Der Heilige Stuhl hat sich bis heute geweigert, den Wissenschaftlern dazu alle Archive zu öffnen.

Wenn die Erzählung über das, was damals geschah, nicht die Tragödie eines Volkes und der Menschheit enthielte, könnte sie wie das Drehbuch zu einem Spionagefilm wirken.

Im Juli 1942 drangen die ersten ernstzunehmenden Meldungen über den Plan einer «Endlösung», die Hitler im Übrigen in seinem Buch *Mein Kampf* bereits 1925 vorweggenommen hatte, bis in die Schweiz durch. Eduard Schulte, ein deutscher Industrieller (Generaldirektor des größten deutschen Zinkproduzenten Giersch's Erben), der gute Kontakte zur Führung des Dritten Reiches unterhielt, berichtete seinem Freund Isidor Koppelmann während eines geschäftlichen Besuches in Zürich, dass das Hauptquartier des Führers plane, die europäischen Juden in Gebiete im Osten zu deportieren, wo sie mithilfe des blausäurehaltigen Schädlingsbekämpfungsmittels Zyklon B massenhaft vernichtet werden sollten. Darüber setzte Koppelmann umgehend Benjamin Sagalowitz in Kenntnis, einen jüdischen Journalisten, der beim Pressedienst des Schweizerischen Israelitischen Gemeindebundes arbeitete. Sagalowitz erkannte den schrecklichen Ernst dieser Nachricht und gab sie telefonisch an Gerhart Riegner weiter, damals Leiter des Genfer Büros des Jüdischen Weltkongresses in der Schweiz (JWK).

Die beiden treffen sich und versuchen, das, was sie erfahren haben, mit Bruchstücken anderer Nachrichten abzugleichen, die von verschiedenen Seiten, mehr oder weniger direkten Augenzeugen der Ereignisse, eingegangen waren. Eine Provokation wurde sehr schnell ausgeschlossen, die Information als im Wesentlichen der Wahrheit entsprechend bewertet, umso mehr als die Quelle diesmal ein Deutscher war, ein überzeugter Antinazi, und kein Jude. Zu den Belegen gehörte übrigens auch Hitlers Buch, in dem der künftige Diktator sein Vernichtungsprogramm bereits Jahre vorher explizit angekündigt hatte, dessen Inhalt insgesamt aber recht unbeachtet geblieben war. Noch überzeugender war in jenem schrecklichen Juli 1942 die Welle von Verhaftungen und Razzien in allen großen von den Nazis besetzten Städten.

Nachdem er sich mit der Direktion des Kongresses in New York beraten hatte, traf Riegner am 8. August den amerikanischen Vizekonsul in Genf, um ihn über das zu informieren, was er erfahren hatte. Die Unterredung war lang, ausführlich, die Nachrichten wurden sorgsam abgewogen, die Folge war eine telegrafische Depesche an das State Department in Washington. Einen ähnlichen Besuch mit gleichem Ausgang stattete Riegner dem britischen Konsulat ab. Das Ergebnis war enttäuschend: Weder in Washington noch in London nahm irgendjemand die Angelegenheit ernst. In London notierte einer der Funktionäre, der den Bericht las, am Rande: «wildes, von Ängsten der Juden generiertes Gerücht».

Erst am 28. August erreichte der Riegner-Bericht Rabbiner Stephen Samuel Wise, den Präsidenten des Jüdischen Weltkongresses in New York, der Felix Frankfurter informierte, Richter am Supreme Court, ein einflussreiches Mitglied der amerikanischen jüdischen Comunity. Der allerdings setzte alles daran, dass dieser Report ins Weiße Haus gelangte.

In der Zwischenzeit war dafür Sorge getragen worden, über diese alarmierenden Nachrichten sowohl den Vatikan als auch das Rote Kreuz zu informieren. Beide reagierten ausweichend und machten geltend, dass es nicht möglich sei, die Glaubwürdigkeit der Informationen zu überprüfen. Erst am 17. Dezember 1942 veröffentlichten, nachdem inzwischen noch mehr Details ans Licht gekommen waren, zahlreiche alliierte Regierungen, darunter Washington, London und Moskau, eine Erklärung zur sogenannten «Endlösung»:

> Die Aufmerksamkeit der Regierungen ... wurde auf die zahlreichen Mitteilungen aus Europa darüber gelenkt, daß sich die deutschen Behörden in allen Gebieten, auf die sich ihr barbarisches Regime erstreckt, nicht nur auf die Entziehung der elementarsten Menschenrechte von Personen jüdischer Abstammung begrenzen, sondern die von Hitler mehrfach ausgedrückte Absicht verwirklichen, das jüdische Volk in Europa auszutilgen.[5]

Es folgten grauenhafte Einzelheiten:

> Aus allen besetzten Ländern werden Juden unter den grässlichsten und brutalsten Bedingungen nach Osteuropa transportiert ... Die Kräftigeren werden in Arbeitslagern langsam durch Arbeit vernichtet. Die Schwachen lässt man sterben, durch Hunger umkommen oder sie werden in Massenhinrichtungen planmäßig niedergemetzelt. Die Zahl der Opfer dieser blutigen Grausamkeiten geht in viele Hunderttausende völlig unschuldiger Männer, Frauen und Kinder.

In Wahrheit hatte die Zahl der Opfer zu diesem Zeitpunkt bereits zwei Millionen überschritten. Die «Interalliierte Erklärung» ist von großer historischer Relevanz, weil seit Dezember 1942 keiner von denen, die sich in verantwortlichen Positionen befanden, mehr behaupten konnte, von der Massenvernichtung der Juden nichts gewusst zu haben.

Wie reagierte der Vatikan? Der Heilige Stuhl unterzeichnete die Erklärung der elf Regierungen und des nationalen französischen Befreiungskomitees nicht. Eine Woche später, am Heiligen Abend, ließ Papst Pacelli eine Radiobotschaft verbreiten, in der auch politische Themen aufgegriffen wurden. Zum Beispiel verdammte er den Kommunismus (nicht aber den Nationalsozialismus). Er gedachte der Opfer des Krieges: der an den verschiedenen Fronten gefallenen Soldaten, der ins Exil Getriebenen, der Opfer der Bombardierungen.

Er sprach sich für eine größere Gemeinschaft der Menschen mit Gott aus und schloss:

> Dieses Gelöbnis schuldet die Menschheit den hunderttausenden von Menschen, die, obzwar persönlich schuldlos, bisweilen einzig und allein um ihrer Volkszugehörigkeit oder Abstammung willen dem Tode geweiht oder einer allmählichen Vernichtung preisgegeben sind.

Das «Gelöbnis» war seine Antwort auf die Erklärung der alliierten Regierungen, in der der Völkermord beim Namen genannt und in der starke Worte wie «Jude», «Horror», «Gemetzel», «Barbarei» verwendet wurden. In ihrer kalten Sprache der Diplomatie klangen die Worte Pius' XII. für die Insider vielleicht eindeutig, für die durchschnittlichen Gläubigen aber nebulös. Papst Pacelli wusste da bereits alles. Andrea Tornielli zitiert in seinem Buch *Pio XII. Un uomo sul trono di Pietro* (Pius XII. Ein Mann auf dem Thron Petri) einen Zeugen, der ihn «weinen sah wie ein Kind», so überwältigt war er von den Meldungen. Aber er reagierte nicht, und genau dazu, zu den Motiven dieser Untätigkeit sind seit Jahren Ermittlungen von Spezialisten und natürlich Polemiken im Gange.

Mit Sicherheit war Pius' Verhalten von Jahrhunderten antijudaistischer Tradition belastet, nach der die «perfiden Juden» in der Liturgie als Volk des Deizids, als Christusmörder bezichtigt werden. Die (von vielen Exegeten als nicht historisch angesehenen) Worte des Matthäus «Da rief das ganze Volk: Sein Blut komme über uns und unsere Kinder!»[6] wurden über Jahrhunderte als Stigma eines ganzen Volkes betrachtet. Von Ereignissen besonderer Grausamkeit abgesehen, wurden die Juden in der christlichen Gemeinschaft generell als minderwertige oder heimtückische Wesen angesehen, die zumindest eine Ausgrenzung verdienten. Papst Paul IV. (Gian Pietro Carafa, 1555–1559) ließ sie 1555 in seinen Ländern in Ghettos einschließen und verpflichtete die Männer dazu, als Erkennungszeichen einen gelben Hut zu tragen.[7] Hans Küng hat einmal gesagt: «Der rassisch bedingte national-sozialistische Antisemitismus, der im Holocaust seine terroristische Aufgipfelung erreichte, wäre ja unmöglich gewesen ohne den jahrhundertelangen religiösen Antijudaismus der christlichen Kirchen.»[8]

Es gibt jede Menge Dokumente, die für diese Mentalität bezeichnend sind. Einen entlarvenden Brief zum Beispiel schickte der Apostolische Gesandte Angelo Giuseppe Roncalli (später Papst Johannes XXIII.) aus Istanbul an den vatikanischen Staatssekretär Kardinal Luigi Maglione:

> Bezugnehmend auf meinen ergebenen Bericht n. 4332 vom 20. August dieses Jahres gebe ich hiermit weitere Anfragen weiter, die mir zu Gunsten der Israeliten unterbreitet werden. Die zweite von diesen versucht, eine Intervention des Heiligen Stuhles zu erreichen, um zahlreichen Juden die Ausreise aus italienischem Staatsgebiet zu erleichtern ... Ich gestehe, dass diese Überführung der Juden nach Palästina, gewissermaßen zur Wiedererrichtung des jüdischen Reiches, ausgerechnet durch den Heiligen Stuhl ... in meinem Geiste einige Ratlosigkeit auslöst. Dass ihre Landsleute oder politischen Freunde dies tun, ist zu verstehen. Es erscheint mir aber nicht sehr geschmackvoll, dass ausgerechnet die einfache und erhabene Ausübung von Barmherzigkeit durch den Heiligen Stuhl die Gelegenheit oder den Anschein bieten könnte, damit auch eine Art zumindest initialer und indirekter Kooperation zur Realisierung des messianischen Traums zu identifizieren ... Ohnehin ist ganz sicher, dass die Wiederherstellung des Reiches Juda und Israel nichts als eine Utopie ist.

Monsignor Roncalli schrieb diesen Brief am 4 September 1943. Vier Tage später trat das Waffenstillstandsabkommen in Kraft, die Deutschen besetzten Italien und eröffneten auch hier, wie im Rest des besetzten Europa, die Jagd auf die Juden. Seiner großen menschlichen und religiösen Qualitäten zum Trotz, die er später unter Beweis stellen sollte, kann sich selbst Roncalli dem Klima, in dem er erzogen worden ist, nicht entziehen. Ein sehr beredtes Beispiel für dieses geistige Ambiente war die Audienz, die Pius X. Theodor Herzl gewährte, dem Begründer des modernen politischen Zionismus. Vor seiner Wahl war Papst Sarto (1903–1914), wie es Roncalli sein wird, Patriarch von Venedig gewesen. Er war ein guter, ein sanfter Mann, politisch aber so unnachgiebig, dass er die katholischen Liberalen als «Wölfe im Schafspelz» bezeichnete.

Am 26. Januar 1904 empfing er Herzl, und schon allein die Tatsache, dass der Papst es akzeptierte, den Mann zu treffen, der dafür kämpfte, den Juden in Palästina eine Heimat zu geben, wirkte wie ein Zeichen ermutigenden Entgegenkommens. Als Herzl aber für seine Mission den päpstlichen Beistand erbat, entgegnete Pius X. mit einer klaren Ablehnung, wie Herzl in seinem Tagebuch schreiben sollte: «Wir können die Juden nicht daran hindern, nach Jerusalem zu gehen, wir können dies aber auch niemals gutheißen … . Die Juden haben Unseren Herrn nicht anerkannt. Deshalb können wir das jüdische Volk nicht anerkennen.» Und weiter, mit einer markanteren theologischen Motivation:

> Wir beten ja auch für sie: dass ihr Sinn erleuchtet werde. Gerade heute begeht die Kirche das Fest eines Ungläubigen …, der auf dem Wege nach Damaskus auf wunderbare Weise zum «rechten» Glauben bekehrt wurde. Und so, wenn Sie nach Palästina kommen und Ihr Volk ansiedeln werden, wollen wir Kirchen und Priester bereit halten, um Sie alle zu taufen.[9]

Papst Sarto berührt hier den hochsensiblen Punkt der Taufe – Initiationsritus, Fundament der gesamten christlichen Existenz, Vorhof für das Leben im Geiste. In dem von Papst Paul III. 1543 gegründeten Haus der Katechumenen wurden die Konvertierungen von Juden gefeiert und mit der Taufe geweiht. Es passierte nicht selten, dass jüdische Kinder durch Betrug und ohne die Einwilligung ihrer Eltern getauft wurden. Die Kirche betrachtete aber die Taufe, selbst wenn sie durch Täuschung oder durch einen Laien vollzogen worden war, dennoch als gültig, wenn sie nur unter Verwendung von Wasser und Aufsagung der rituellen Taufformel vollzogen wurde. Von dem Moment an konnte das getaufte Kind nicht mehr bei den Eltern bleiben, wenn diese nicht ebenfalls konvertierten.

Die Unumkehrbarkeit der Konsekration führte in der Nachkriegszeit in Italien zu dramatischen Konsequenzen, als entdeckt wurde, dass jüdische Kinder, die der Vernichtung entgangen waren, weil sie in irgendeinem Kloster Unterschlupf gefunden hatten, dort getauft worden waren, und sich also die heikle Frage stellte, was aus ihrer Religion geworden war. Am 20. Oktober 1946 übermittelte das Heilige Offizium dem Apostolischen Nuntius Angelo Roncalli folgendes Dokument:

> Was die jüdischen Kinder betrifft, die während der deutschen Besatzung katholischen Institutionen und Familien anvertraut wurden und deren Rückgabe jetzt von den jüdischen Institutionen gefordert wird, hat die Kongregation des Heiligen Uffiziums eine Entscheidung getroffen, die so zusammengefasst werden kann: 1.) so weit wie möglich vermeiden, schriftlich auf die jüdischen Behörden zu antworten, sondern mündlich; 2.) jedesmal, wenn sich eine Antwort nicht umgehen lässt, muss gesagt werden, dass die Kirche erst Nach-

> forschungen anstellen muss, um jeden Einzelfall zu prüfen; 3.) die Kinder, die getauft worden sind, können nicht an Institutionen übergeben werden, die nicht in der Lage sind, eine christliche Erziehung zu garantieren; 4.) bei Kindern, die keine Eltern mehr haben und für die die Kirche die Verantwortung übernommen hat, ist es nicht angemessen, dass sie von der Kirche abgegeben oder Personen anvertraut werden, die keinerlei Rechtsanspruch auf sie haben, es sei denn, diese sind in der Lage, sich selbst zu versorgen. Dies gilt natürlich nur für Kinder, die nicht getauft sind; 5.) wenn die Kinder von ihren Eltern [der Kirche] anvertraut worden sind und die Eltern sie nun wiederhaben wollen, können sie zurückgegeben werden, wenn den Kindern nicht die Taufe erteilt wurde. Es ist zu beachten, dass diese Entscheidung der Kongregation des Heiligen Uffiziums vom Heiligen Vater gebilligt worden ist.

Mit den üblichen bürokratischen Windungen verfügte die Instruktion des Heiligen Offiziums im Kern, dass jüdische Kinder, die getauft worden waren, ihren Eltern nicht zurückgegeben werden sollten. Vorausgesetzt, diese waren überhaupt noch am Leben. Das Dokument kam erst 2004 ans Licht, als in einem französischen Kirchenarchiv eine Abschrift entdeckt wurde, und es löste eine heftige Debatte aus. Ein bemerkenswerter Aspekt ist der Adressat: derselbe Angelo Roncalli, der vom mittelrangigen Diplomaten in Istanbul durch Ernennung Pius' XII. in der Zwischenzeit zum Nuntius (also Botschafter) in Paris aufgestiegen war.

Roncalli war aber nicht nur im Rang aufgestiegen, er hatte auch einen Mentalitätswandel vollzogen. Nachdem er Kenntnis über die Shoah erlangt hatte, scheint er die Last dieses Schreckens auf sich genommen zu haben. In Paris trifft der künftige Papst 1946 den Hauptrabbiner Palästinas, Isaak HaLevy Herzog, in sehr freundschaftlicher Atmosphäre zu einer Unterredung, deren zentrales Thema die Rückgabe der jüdischen Kinder ist, die, in katholischen Klöstern und Einrichtungen versteckt, dem Tod hatten entrissen werden können. In einem Brief vom 19. Juli wird der Rabbiner von Roncalli ermächtigt, «bei den betroffenen Institutionen von seiner Autorität Gebrauch zu machen, damit jedesmal, wenn es ihm signalisiert würde, diese Kinder in ihr Ursprungsmilieu zurückkehren könnten.» Seine Haltung steht also im Widerspruch zu dem, was im selben Jahr von der Verfügung des Heiligen Offiziums diktiert wird.

Es wird noch einige Zeit vergehen müssen, bevor diesem Problem eine Lösung zuteil wird, die ihrer historischen Bedeutung entspricht. Wie der Kirchenhistoriker Giovanni Miccoli erzählt hat, waren noch 1953 zwei jüdische Kinder in Frankreich betroffen, die während der Nazi-Okkupation in einem Kindergarten in Grenoble Zuflucht gefunden hatten – der berühmte Fall Finaly.

Die Direktorin des Instituts, die sie eigenmächtig getauft hatte, weigerte sich, die Kinder einer in Israel wohnenden Tante zurückzugeben. Während der Fall sich gut sieben Jahre lang durch verschiedene Gerichtsinstanzen schleppte, kam ein damit befasster Kardinal auf die Idee, das Heilige Offizium zu kontaktieren. Am 23. Januar 1953 erhielt er aus Rom eine Antwort, in der «die unverjährbare Pflicht der Kirche» bekräftigt wurde, «die freie Wahl dieser Kinder zu verteidigen, die ihr durch die Taufe angehören». In dem Schreiben wird dazu aufgefordert, «der Anordnung zur Übergabe der Kinder im Rahmen des Möglichen Widerstand zu leisten und dabei per *modum facti* alle Mittel anzuwenden, um die Vollstreckung eines Urteilsspruchs hinauszuzögern, der die oben genannten Rechte verletzt».

Die traurige Geschichte fand jedenfalls einen glücklichen Abschluss mit der Übergabe der Kinder, vor allem dank der Intervention einiger prominenter Exponenten des französischen Katholizismus. Im Übrigen widerfuhr auch dem französisch-israelischen Historiker Saul Friedländer etwas Ähnliches. Auch er war während der Nazi-Okkupation in eine katholische Institution geflüchtet. In seinem Fall aber war es schließlich sogar ein Jesuit, der ihn – seinen eigenen Zweifeln zum Trotz – überzeugte, zur Religion seiner Väter zurückzukehren. In Fällen wie diesen stehen zweierlei Rechte miteinander im Widerstreit: das natürliche und das später kraft eines Sakraments hinzugekommene. Das Sakrament aber ist nur für den rechtsverbindlich, der es als solches betrachtet, während das natürliche Recht eine unleugbare objektive Kraft hat. Es überrascht also, dass es katholische Schriftsteller von Format gibt, die auch nach den Entwicklungen, zu denen ich gleich kommen werde, weiter behaupten, die Kirche sei «gefangen», weil «die Taufe, wenn sie gültig erteilt wurde, *ex potere operato* [durch die vollzogene Handlung] zum Christen macht, also unauslöschlich den Status von Kindern der Kirche verleiht, die es als Mutter niemals gestatten wird, diejenigen preiszugeben, die durch das Sakrament auf ewig in ihre Familie eingetreten sind.» Diese Position vertritt beispielsweise Vittorio Messori.

In diesen Konflikten, die sehr zahlreich waren, treffen aber nicht nur zwei Rechte aufeinander, sondern auch zwei gewissermaßen funktionale Konzeptionen. Auf der einen Seite die Kirche, also Geistliche oder Männer des Glaubens, die offen sind für Verständnis, Erbarmen, den Geist des Evangeliums, auf der anderen der Heilige Stuhl, der Vatikan, der an politische und diplomatische Gebote gebunden ist. Hier steckt der Kern des Zwiespalts, über den noch heute, mehr als ein halbes Jahrhundert später, weiter diskutiert wird; hier der Bruch und hier (um zum Thema dieses Kapitels zurückzukehren) der anscheinend unerklärliche Widerspruch zwischen dem von Klöstern und anderen katholischen Institutionen gewährten selbstverständlichen Beistand für die Flüchtlinge und dem eisigen Schweigen oder zumindest der beharrlichen Zurückhaltung des Vatikans.

Am 13. Juni 1960 empfing Roncalli, der inzwischen unter dem Namen Johannes XXIII. Papst geworden war, den Historiker Jules Isaac zu einer Audienz, der gemeinsam mit anderen Intellektuellen die berühmten «Zehn Seelisberger Thesen» verfasst hatte, mit denen nach der Tragödie versucht wurde, den Dialog zwischen Christen und Juden wieder in Gang zu bringen. Die vorausgegangenen Versuche waren alle entschieden entmutigend gewesen. Eine Begegnung zwischen Isaac und Pius XII. am 16. Oktober 1949 war sehr ungut verlaufen, der Tatsache zum Trotz, dass sie aufgrund eines kuriosen Zufalls auf den Tag genau sechs Jahre nach der Deportation der Juden aus Rom stattfand. Als der Historiker dem Pontifex die Dokumentenmappe überreichen wollte, hatte Pius kühl gesagt: «Legen Sie sie doch auf den Tisch dort.»

Mit Johannes XXIII. liefen die Dinge erheblich anders. Bei dem auf abenteuerliche Weise von Venezianer Freunden vermittelten Treffen präsentierte Isaac (dessen Familie Auschwitz nicht überlebt hatte) das Dokument noch einmal, und nicht genug damit, dass der Papst es sehr herzlich aufnahm, sagte er auf Jules Isaacs Frage, ob er denn eine gewisse Hoffnung nähren dürfe: *«Vous avez droit à plus que de l'espoir»* («Sie haben das Recht» – und Roncalli benutzte ausdrücklich das Wort «Recht» – «auf mehr als nur Hoffnung.»). Dennoch ist die Spur, die der Besuch in Papst Roncallis Tagebuch hinterließ, dürftig, sie beschränkt sich auf fünf Worte: «*Interessante l'ebreo prof. Jules Isaac.*» («Interessant, der Jude Prof. Jules Isaac.»).

Papst Roncalli starb am 3. Juni 1963, Jules Isaac drei Monate später. Weder der eine noch der andere also konnte die Publikation der Enzyklika *Nostra Aetate* noch erleben, zu deren zahlreichen Prämissen mit Sicherheit auch die Begegnung dieser beiden gehörte. Die 1965 verkündete Erklärung des Zweiten Vatikanischen Konzils zu den nichtchristlichen Religionen besagt in Punkt 4:

> Bei ihrer Besinnung auf das Geheimnis der Kirche gedenkt die Heilige Synode des Bandes, wodurch das Volk des Neuen Bundes mit dem Stamme Abrahams geistlich verbunden ist ... Deshalb kann die Kirche auch nicht vergessen, dass sie durch jenes Volk, mit dem Gott aus unsagbarem Erbarmen den Alten Bund geschlossen hat, die Offenbarung des Alten Testamentes empfing ... Denn die Kirche glaubt, dass Christus, unser Friede, Juden und Heiden durch das Kreuz versöhnt und beide in sich vereinigt hat ... Auch hält sie sich gegenwärtig, dass aus dem jüdischen Volk die Apostel stammen, die Grundfesten und Säulen der Kirche, sowie die meisten jener ersten Jünger, die das Evangelium Christi der Welt verkündet haben ... Obgleich die jüdischen Obrigkeiten mit ihren Anhängern auf den Tod Christi gedrungen haben, kann man dennoch die Ereignisse seines Leidens weder allen damals lebenden Juden ohne Unterschied noch den heutigen Juden zur Last legen ... Im Bewusstsein des Erbes, das sie mit den Juden gemeinsam hat, beklagt die Kirche, die alle Verfolgungen gegen irgendwelche Menschen verwirft, nicht aus politischen Gründen, sondern auf Antrieb der religiösen Liebe des Evangeliums alle Hassausbrüche, Verfolgungen und Manifestationen des Antisemitismus, die sich zu irgendeiner Zeit und von irgend jemandem gegen die Juden gerichtet haben.

Diese Worte lösten eine unerhörte, bewegte Hoffnung aus und änderten jedenfalls das Verhalten der Kirche oder zumindest von Teilen der Kirche. Es schwanden der alte Hass auf die Juden, das Konzept der Kollektivschuld des «Volkes der Gottesmörder», die Karfreitagsfürbitte für die «perfiden Juden». Feierlich und zum ersten Mal wurde anerkannt, dass das Christentum aus dem Schoß des Judaismus geboren war und dass Jesus selbst ein Jude war und dies bis zu seinem Tode blieb. Die Enzyklika *Nostra Aetate* schien wahrlich eine neue Ära der schwierigen Beziehungen zwischen Katholiken und Juden einzuläuten, den «älteren Brüdern», wie sie Johannes Paul II. bei seinem Besuch der Synagoge von Rom im April 1986 nennen wird.

An der Tatsache, dass Papst Pacelli zu vorsichtige, zu schwache Worte gebraucht hat angesichts des eisernen Willens der Nazis, ein ganzes Volk zu vernichten, ist kein Zweifel möglich. Er selbst war sich seiner Unzulänglichkeit angesichts der Ungeheuerlichkeit der Ereignisse offenbar bewusst. Im Oktober 1941, mitten im Krieg, fragte er Nuntius Roncalli: «Was wird die Geschichte wohl zu meinem Schweigen sagen?»

Im Übrigen sieht jeder, mit wie viel Bestimmtheit und Nachdruck die Kirche (auch heute) zu sprechen fähig ist, wenn sie ein Thema für ihre geistliche Mission oder ihre weltlichen Sonderrechte für wirklich wichtig hält. Weshalb blieb Pius XII. so untätig? Ein erster Grund waren, wie wir gesehen haben, die jahrhundertealten Vorurteile gegenüber den Juden, die zum Indoktrinationsrepertoire eines jeden Priesterseminars gehörten.

Der Papst und ein Großteil der Kurie waren durchdrungen von dieser Kultur, hatten eine sehr negative Vorstellung vom Judentum, das zwar die Matrix war, von der aus das Christentum zum Leben erweckt wurde, aber in ihren Augen eine grausam entartete Matrix. Die alte Religion verweigerte der neuen die Anerkennung ihrer höheren und einzigen Wahrheit; das Judentum verwies Jesus Christus, der in katholischer Anschauung der Erlöser der Menschheit war, in den Rang eines beliebigen Propheten. Der Antisemitismus der Nazis schien in einer allerersten Phase den einen oder anderen Berührungspunkt mit der katholischen Orthodoxie zu haben. Natürlich nicht, was die Vernichtungslager betrifft, aber in punkto Feindseligkeit gegenüber dem jüdischen Volk.

Ein weiteres Element war viele Monate lang die Unterschätzung des Holocaust. Die Spärlichkeit der Informationen und die Dimension und absolute Neuartigkeit der verbrecherischen Projekte der Nazis ließen die Stimmen, die nach und nach auch den Vatikan erreichten, unglaubwürdig oder übertrieben erscheinen. Außerdem wurden vom Vatikan, worauf Renato Moro in seinem Buch *La Chiesa e lo sterminio degli Ebrei* (Die Kirche und die Judenvernichtung) hingewiesen hat, die totalitären Ideologien der Rechten in Italien, in Spanien, in Deutschland, in Kroatien (wo die *Ustascha* des Katholiken Ante Pavelic´ grauenhafte Verbrechen verübte) mit Wohlwollen betrachtet, weil man glaubte (oder hoffte), in ihrer Tendenz zum Mystizismus, ihrem Rückgriff auf eine parareligiöse Sakralität ein Vehikel erkennen zu können, das sie potenziell früher oder später zum wahren Glauben hinführen konnte.

Dann war da der ewige Konflikt mit der Moderne, der sich 1830 mit Papst Gregor XVI. (Bartolomeo Alberto Cappellari, 1831–1846) geräuschvoll entzündet hatte; er bekräftigte den göttlichen Ursprung des Pontifikats und verdammte gleichzeitig die Demokratie, die Meinungs- und Pressefreiheit, die Gleichberechtigung. In seinen Augen nichts als vergiftete Früchte der Aufklärung, die die Gläubigen vom geduldigen Gehorsam gegenüber den Kirchendiktaten abgebracht hatte. In diesem Krieg gegen den «Zeitgeist», in dem sich später auf dramatische Weise auch Pius IX. engagieren sollte, blickte die Kirche sehr viel besorgter auf die Freizügigkeit der Sitten, den ungenierten «Modernismus» der Anglo-Amerikaner, die Aufklärung des säkularen Europa als auf die düstere Mystik des Dritten Reiches.

In der folgenden Zeit sah man, dass in Deutschland auch die Katholiken unter der Härte des Regimes zu leiden hatten, dass Gläubige und selbst Priester verfolgt, in Konzentrationslager geschickt, getötet wurden. Mindestens zehntausend Priester wurden von der Gestapo «verhört», Dutzende von ihnen ermordet. Zahlreich die Stimmen, die vom Papst verlangten, er möge seinen Protest zum Ausdruck bringen, da es sich nicht mehr nur um Juden, sondern auch um Glaubensbrüder handele. Nicht einmal in diesem Fall jedoch hielt es Pius XII. für seine Schuldigkeit, mit dem erforderlichen Nachdruck einzugreifen. Nach übereinstimmender Auffassung der Kurienmitglieder fürchtete er, eine echte Stellungnahme hätte, statt zu nützen, die Dinge eher kompliziert und die Risiken erhöht. Dazu war mit der Möglichkeit einer Abspaltung der deutschen Katholiken zu rechnen, unter denen viele stark von patriotischem und antisemitischem Geist durchdrungen waren. Außerdem kämpfte Nazi-Deutschland mit unbestreitbarer Festigkeit gegen die Sowjetunion, die für die Verfolgung der Kirche und für den atheistischen Materialismus stand. Zwischen diesen beiden Übeln, immer vorausgesetzt, dass man in Rom beide Regime als Übel ansah, stellte Deutschland sicher das geringere dar.

Ein weiteres, nicht zu unterschätzendes Element ist das enorme Aufkommen an Hilfeersuchen, die aus vielen Teilen der Welt täglich beim Vatikan eingingen. Diese beinahe immer verzweifelten Hilferufe waren das Echo von Gewalt, Folter, Vergewaltigung, Elend und Kriegszerstörung. Jede dieser Stimmen erforderte Aufmerksamkeit, reklamierte Vorrangigkeit für sich. In dieser ohrenbetäubenden Kakophonie war es schwierig, eine Prioritätenliste oder Dringlichkeitshierarchie festzulegen, und so landete die Shoah, deren Tragweite man nicht gleich erkannte, erst einmal unter Hunderten von anderen Tragödien, hervorgerufen durch einen Krieg, der die Welt in Stücke riss.

Die Haltung Pius' XII. änderte sich nicht einmal, als im Herbst 1942 klar wurde, dass sich das «Kriegsglück» zugunsten der Alliierten wendete; sie änderte sich nicht nach dem Einmarsch der Amerikaner in Rom am 4. Juni 1944 und sie änderte sich auch nicht, als es mit der Regierung Badoglio[10] darum ging, die 1938 vom Faschismus erlassenen Rassengesetze zu revidieren. Nach der Ankunft der Alliierten nämlich waren die Rassengesetze Zug um Zug abgeschafft worden. Der einflussreiche Jesuitenpater Pietro Tacchi Venturi, der sich seinerzeit für die *Conciliazione* (Versöhnung) zwischen Papsttum und faschistischem Regime verwendet hatte und der von Kardinalstaatssekretär Luigi Maglione zum Sondervermittler bei der italienischen Regierung bestellt worden war, schlug lediglich vor, diejenigen Normen abzuschaffen, die die zum Katholizismus konvertierten Juden diskriminierten, den Rest aber zu belassen. Wer als Jude geboren, dann aber konvertiert war, konnte somit als «Arier» betrachtet werden.

Angesichts der Untätigkeit Pius' XII. gegenüber der NS-Vernichtungspolitik stellt sich aber auch die Frage, was denn die anderen taten, also die gegen Hitler-Deutschland kämpfenden Mächte, und unter diesen in erster Linie die Vereinigten Staaten von Amerika. Die Antwort ist bekannt. Sie taten wenig oder nichts, jedenfalls bis 1944. Eine Anordnung des State Department hatte den amerikanischen

Konsuln vorgeschrieben, niemandem ein Einreisevisum zu erteilen, der der staatlichen Fürsorge zur Last fallen könnte. Die Vereinigten Staaten waren mit einem ungeheuren Kraftakt im Krieg involviert, doch war es nicht einmal der Rüstungsindustrie gelungen, die hohe Arbeitslosigkeit ganz aufzufangen.

Als die Nachrichten über die Vernichtung nach und nach verlässlicher wurden, lockerte man die Einreisebestimmungen etwas. Zum Beispiel überließ man es den Konsuln, nicht nur die professionellen Fähigkeiten der Anwärter zu bewerten, sondern auch das *Affidavit*[11] amerikanischer Verwandter, die für ihren Unterhalt garantierten – Vorkehrungen, die in Anbetracht des ungeheuren Ausmaßes der Tragödie absolut unzureichend waren, wobei wahrscheinlich auch gewisse in den USA verbreitete antisemitische Einstellungen ihre Wirkung zeitigten. Präsident Franklin D. Roosevelt (von 1933 bis 1945 im Amt) war sich dieser Tatsache so sehr bewusst, dass er noch im Januar 1944 bei der Einrichtung einer interministeriellen Dienststelle zur Koordination der Hilfe für Opfer der NS-Diktatur diese *War Refugee Board*, also Komitee für «politische Flüchtlinge» bzw. «Kriegsflüchtlinge», nennen ließ, nur um die Bezeichnung «jüdische Flüchtlinge» zu vermeiden.

Der Kriegseintritt der Amerikaner nach dem Angriff der Japaner auf Pearl Harbour am 7. Dezember 1941 verschärfte die Situation wieder. Die nach und nach erweiterten Maschen für die Visa-Erteilung wurden unverzüglich wieder enger gezogen, sowohl aus objektiven, mit dem Krieg zusammenhängenden Gründen als auch aus Furcht vor möglichen Spionage-Infiltrationen. Was die Juden anging, so handelte es sich um die Aufnahme von Bürgern eines feindlichen Staates, wobei eine Gefahr (unter vielen) darin bestand, dass Immigranten, deren Familienangehörige in Deutschland zurückgeblieben waren, Erpressungen von Seiten der Nationalsozialisten ausgesetzt sein konnten. Ein solcher Fall wird in dem großartigen Briefroman *Address Unknown* von Kathrine Kressmann Taylor (1938) geschildert.[12]

Außerdem stellt sich die immer wieder aufgeworfene Frage, warum die Anglo-Amerikaner, nachdem sie Kenntnis von der Existenz der Massenvernichtungslager erhalten hatten, nicht die für den Transport der Deportierten benutzten Eisenbahnlinien bombardiert haben. In jenen Monaten gab es zahlreiche und wiederholte Forderungen nach solchen und ähnlichen Aktionen, die Antwort war aber jedesmal negativ. In erster Linie wurden ballistische Probleme angeführt, die Zielsysteme der Flugzeuge waren in den vierziger Jahren noch recht unpräzise. Die Bombardierung eines Konzentrationslagers hätte daher mit an Sicherheit grenzender Wahrscheinlichkeit zu einem Blutbad geführt, das auch von vielen Lagerinsassen mit dem Leben bezahlt worden wäre. Zweitens wurde vorgebracht, dass die für die Aktion notwendigen Luftstreitkräfte, also angemessen eskortierte Bomber, ausgerechnet in dem Augenblick von den Kriegsschauplätzen hätten abgezogen werden müssen, als die Alliierten die größten Anstrengungen unternahmen, dem Krieg ein Ende zu setzen und ihn zu gewinnen. Eine zusätzliche Rechtfertigung bestand darin, dass durch die Beschleunigung des Kriegsendes ohnehin unzählige Menschenleben allein dadurch gerettet würden, dass man sie den Folterknechten der Nazis entriss.

Eine weitere nie offen zugegebene und doch latent vorhandene Erwägung hatte ihr Gewicht bei dieser Entscheidung: Der amerikanischen Regierung, oder besser: den Politikern, aus denen sie zusammengesetzt war, widerstrebte es, das Leben ihrer Soldaten aufs Spiel zu setzen, um ausländischen Staatsbürgern zu Hilfe zu eilen. Auch in diesem Falle also gab die alte Regel den Ausschlag, dass wahltaktische Überlegungen immer und überall Vorrang vor humanitären Idealen haben.

Im Jahre 2008 sind diese Fragen Elie Wiesel gestellt worden, dem Überlebenden des Holocaust und Friedensnobelpreisträger, der darauf antwortete:

> Ich habe verschiedenen Präsidenten immer wieder die Frage gestellt, warum die Vereinigten Staaten, obwohl sie wussten, was in den Lagern geschah, nichts taten, um die Vernichtung aufzuhalten. Die Befürchtung, dass auch Gefangene in Mitleidenschaft gezogen würden, ist eine alte Ausrede. Jedes Mal, wenn meine Freunde und ich die alliierten Flugzeuge über unsere Köpfe hinwegfliegen hörten, wünschten wir uns, dass die Bomben fielen. Ein solcher Tod wäre der Gaskammer sicher vorzuziehen gewesen. Ohnehin hatten die Alliierten die Alternative, die Gleise der Zugstrecke nach Auschwitz zu bombardieren. Das hätte das Leben Tausender und Abertausender von ungarischen Juden gerettet, der letzten, die ins Lager geschickt wurden, nachdem die ganze Welt schon von den Gräueln wusste. Ich werde nie die Begegnung mit dem damaligen Präsidenten des Jüdischen Weltkongresses, Nahum Goldman, vergessen, der mir nach dem Krieg sagte: «Wir wussten es, aber wir haben geschwiegen.» Die Gewissensbisse haben ihn sein ganzes Leben lang verfolgt.

Zu behaupten, Pacelli sei ein Nazifreund oder gar *Hitler's Pope* gewesen, so der provokatorische Titel eines Buches von John Cornwell (John Le Carrés Bruder, 1999), ist historisch falsch und gewollt polemisch. In Wahrheit begriff Pius XII. sehr früh die geradezu «teuflische» Natur des Nazismus und litt bis zu Tränen an der Tragödie des jüdischen Volkes. Abgesehen von den Umständen, der Erziehung, die er genossen hatte, seinem ausgeprägten Antikommunismus war seine Passivität schlicht Ausdruck seines Temperaments. Er durchschaute vieles, dennoch schaffte er es nicht, «über seinen Schatten zu springen» – wie eine deutsche Redewendung heißt. Er zog es vor, seine Kirche über den Parteien zu halten, sich als «Vater aller» nicht auf eine Seite zu schlagen.

Hinter der würdevollen Strenge seines Äußeren war er ein scheuer Mensch, zur Diplomatie erzogen, mit der Neigung, seine Pflichten bürokratisch und gewissenhaft, mit Bedacht zu erfüllen. Er hatte wilde Tiere vor sich und versuchte, sie durch Mediation und Vorsicht zu besänftigen, nicht zuletzt weil er in Hitler-Deutschland ein Bollwerk gegen den Bolschewismus sah. Ernst von Weizsäcker, seit Juli 1943 als Botschafter am Heiligen Stuhl, schreibt nach dem Antrittsbesuch beim Papst am 7. Juli:

> Bemerken muss ich aber doch den großen und nüchternen Realismus, der bei ihm zutage kam in Bezug auf die Behandlung deutsch-vatikanischer Angelegenheiten und auch hinsichtlich der ungeheuren Schwierigkeit, für Frieden und Aufhören der europäischen Zerstörungswut etwas Wirksames zu tun ... Man hat im ganzen genommen mehr das Gefühl, einem Mann voll geistigen Eifers gegenüber zu sein als einem Politiker, der er doch in Wirklichkeit in hohem Grade gleichfalls ist.[13]

Und einen Tag später:

> Für meine Aufgabe wäre es mir lieber, wenn derjenige Mann, auf den es hier für mich allein ankommt, etwas weniger Asket und von minder zartem Gemüt wäre. Er scheint doch in erster Linie unerbittlich gläubig-katholisch zu sein und erst in zweiter Linie praktisch handelnd.[14]

Und im März 1944 heißt es in einem «Rundbrief»: «Der Papst hat gegenwärtig mit Kritik zu kämpfen. Viele Römer erklären ihn für zu fein, zu klug, zu vorsichtig, zu diplomatisch, etwa für einen Generalstäbler bester Sorte, der aber nie an der Front gestanden und daher das Schimpfen nicht ordentlich gelernt hat.»[15] Verschiedene erst in jüngster Zeit ans Licht gekommene Berichte bestätigen die scharfsichtigen Einschätzungen und Beobachtungen des Diplomaten.

Die Historikerin Emma Fattorini hat bei ihren Forschungen für das Buch *Pius XI., Hitler, Mussolini. La solitudine di un papa* (Turin 1997, Pius XI., Hitler, Mussolini. Die Einsamkeit eines Papstes) ein sehr beredtes Dokument entdeckt, dem zu entnehmen ist, dass Pacellis Vorgänger Pius XI. wenige Tage vor seinem Tode eine Rede vorbereitet hatte, in der er das Klima der Heuchelei und der Spionage-Kontrolle, das vom faschistischen Regime im eigenen Land und der Kirche gegenüber erzeugt worden war, brandmarken wollte. Mit prophetischer Gabe wirft sie sich gegen den «mörderischen und selbstmörderischen Aufrüstungswahnsinn». Papst Ratti hatte vor, sie zum zehnten Jahrestag der *Conciliazione* (der Lateranverträge zur «Versöhnung») am 19. Februar 1939 zu halten, worüber die Faschisten und Mussolini höchstpersönlich, die davon Wind bekommen hatten, äußerst besorgt waren. Rattis schwere Krankheit führte am 10. Februar zum Tode, neun Tage, bevor er sprechen konnte.

Kaum war der Papst gestorben, ordnete Pacelli unverzüglich die Vernichtung der Rede an, der handschriftliche Entwurf verschwand in den Archiven. Eine alles andere als schüchterne Geste, eine hoheitliche sogar, von der Gewissheit geleitet, im Recht zu sein, also in einem Augenblick heftigster Gegensätze zum Wohle der Kirche zu handeln, vor allem angesichts des, wie man wusste, unmittelbar bevorstehenden Kriegsausbruchs, der im September tatsächlich erfolgte. Doch Pacelli beschränkte sich nicht allein darauf. Er unterband die Publikation der Enzyklika *Humani generis Unitas* (Einheit des Menschengeschlechts), in der Pius XI. die auf der Vergöttlichung des Staates, der Rasse, der sozialen Klasse basierenden totalitären Systeme verdammte (also den Bolschewismus und den Faschismus). Diese nie veröffentlichte Enzyklika war von Papst Ratti beim amerikanischen Jesuiten John LaFarge in Auftrag gegeben worden und musste wie eine definitive Verurteilung des Antisemitismus und des Rassismus durch die Kirche klingen. «Einheit des Menschengeschlechts» eben. Auch in diesem Fall befahl Pacelli, den Text in den Archiven verschwinden zu lassen.

Eine wenig bekannte, in das Jahr 1938 zurückgehende Episode illustriert sehr sinnfällig den himmelweiten Temperamentsunterschied zwischen Pius XI. und seinem Nachfolger Pius XII. Am 15. November des Jahres, zwei Tage, bevor Mussolini das «Gesetz zum Schutz der italienischen Rasse» erließ, schickt Papst Ratti, Pius XI., der vatikanischen Tageszeitung Osservatore Romano eine Note, in der er diese Gesetze missbilligt, insbesondere was die Mischehen zwischen Juden und Christen angeht. Die Note wird abgedruckt, jedoch in einer sehr abgemilderten Form. Einige Tage später, nachdem er einen Anfall der Krankheit überstanden hat, die binnen kurzem zu seinem Tode führen sollte, fragt der Papst, wer denn sein Schreiben so sehr abgeschwächt habe. Eugenio Pacelli, damals Staatssekretär, antwortet prompt: «Das war ich.» Der Historiker Giovanni Sale, der in den Archiven des Vatikans die Dokumentation dieses Vorfalls aufgestöbert hat, kommentiert, dass der sehr kampfeslustige Papst Ratti «über die Rassemaßnahmen betrübt war und darüber bis ans Ende seiner Tage in qualvoller Anspannung blieb». Das gleiche trifft für den «diplomatischeren» und weniger energischen Eugenio Pacelli nicht zu.

Die Unterschiede zwischen den beiden Päpsten wurden übrigens von den NS-Geheimdiensten auf Anhieb erkannt. Eugenio Pacelli wird am 2. März 1939 zum Papst gewählt. Am folgenden Tag schickt die Deutsche Botschaft Rom ein Memorandum nach Berlin:

> Pacelli ist nicht in die Gewaltpolitik Pius' XI. involviert ... im Gegenteil hat er sich mehrfach um die Suche nach Kompromissen bemüht und dieser Botschaft gegenüber den Wunsch nach freundschaftlichen Beziehungen zum Ausdruck gebracht.[16]

So also wurde von den Nazis die Enzyklika *Humani generis Unitas* gesehen, die Pius XI. noch verbreiten lassen wollte: als Gewaltpolitik.

Was auch immer seine Motivationen gewesen sein mögen, unleugbar bleibt das «Schweigen» Pius' XII. Eine Charakteristik, die auf der historischen Bedeutung seiner Figur lastet, vielleicht jenseits seiner unbestreitbaren Versäumnisse: Vorsicht, Bedachtsamkeit, Unschlüssigkeit. In einer absoluten Monarchie wie der katholischen Kirche, in der die Figur des Souveräns als «unfehlbar» gilt, werden Verdienste und Schuld automatisch, beinahe per Trägheitsgesetz, tendenziell auf denjenigen projiziert, der sie offiziell repräsentiert. Bei einer genauen Betrachtung der Fakten springt ins Auge, dass das Verhalten der verschiedenen kirchlichen Strukturen in der Realität eher offen war. Sehr viele Antifaschisten und Juden wurden in Klöster und Kirchen aufgenommen und dort beschützt, die Glücklichsten unter ihnen (im Allgemeinen Katholiken von Rang, wie zum Beispiel Alcide De Gasperi) sogar im Innern des Vatikans. Ähnliche Hilfe wird im Übrigen bei Kriegsende zahlreichen NS-Rädelsführern und Kriminellen zuteil, denen Pässe und über die sogenannte *Rat line*[17] Schiffspassagen nach Südamerika verschafft werden.

Die Geschichte Pius' XII. ist sicher tragisch sowohl im Hinblick darauf, was sie in jenem historischen Moment bedeutete, als auch wegen der Wirkung, die eine resolutere Haltung (vielleicht) hätte haben können. In diesen Jahren hätte die Kirche einen Propheten als Papst gebraucht, fähig, der Welt die Werte des Evangeliums vor Augen zu führen und weniger die Rücksichten der Diplomatie. Es war nicht so. Beim dritten Wahlgang wählte das Konklave Pacelli, der alles andere war als ein Prophet. Es war eine rasche, aber keine einmütige Wahl. Monsignor Tardini, wichtiger Mitarbeiter Pius' XII., erklärte die während des Konklaves aufgetretenen Gegensätze so: «Kardinal Pacelli ist ein Mann des Friedens, und die Welt braucht jetzt einen Papst des Krieges.» Vielleicht konnte nicht einmal er sich in diesem Moment vorstellen, wie richtig er mit dieser Einschätzung lag.

Im Laufe der Jahre ist die Figur Pius' XII. immer wieder neu und anders bewertet worden. Der sicher extremen Position des deutschen Dramatikers Hochhuth steht eine ebenso extreme, bedingungslose Verteidigung durch die Spitzen des Vatikan gegenüber; sie haben durch Fehleinschätzung oder Zurückhaltung objektiver Elemente und Dokumente, die eine korrekte Beurteilung hätten ermöglichen können, gewiss nicht zum Dialog beigetragen.

Am 12. März 2000 hat Papst Johannes Paul II. im Petersdom für die Irrtümer und die Schuld der Kinder der Kirche gegenüber den Juden seit der Geburt Jesu um Verzeihung gebeten. Offenbar konnte er nicht sagen, dass auch die Schuld (zumindest durch Unterlassung) seines Amtsvorgängers Eugenio Pacelli darin eingeschlossen war. Auf jeden Fall war es ein positiver Schritt, konterkariert leider durch seinen Nachfolger Benedikt XVI., der im Dezember 2009 die «heldenmütigen Tugenden» (*virtù eroiche*) Pius' XII. verkündete. Amos Luzzatto, emeritierter Präsident der Italienischen Juden, hat das so kommentiert: «Ich weiß nicht, was man in der Theologie unter *virtù eroiche* versteht. Im allgemeinen Verständnis ist ein ‹Held› jemand, der sein eigenes Leben riskiert, um das anderer zu retten.» Das war bei Papst Pacelli nicht der Fall. Seine Gaben waren andere: diplomatisches Geschick, die Behutsamkeit des Hirten, die Besonnenheit des Mediators. Aber Heldentum wahrlich nicht.

XIV. EMANUELA
EIN MÄDCHEN VERSCHWINDET

Der Corso Rinascimento endet in einem herrlich chaotischen Gewirr aus Straßenerweiterungen und Plätzen, beredtes Zeugnis für die Irrungen und Wirrungen der Stadtplaner: Piazza delle Cinque Lune, Piazza Sant'Apollinare, Piazza Sant'Agostino, Piazza Tor Sanguigna. Lauter bemerkenswerte Orte, von denen ausgerechnet der topographisch am wenigsten gelungene der mit dem schönsten Namen ist: Piazza delle Cinque Lune (Platz der fünf Monde). Er soll vom Firmenschild einer Trattoria mit fünf Monden in verschiedenen Stadien des Zunehmens herrühren. Piazza Tor Sanguigna heißt so, weil dort der Sanguigni-Turm steht. Er ist als einziger Rest von der Burg der einst so mächtigen Familie Sanguigni aus dem 13. Jahrhundert übrig geblieben und dient heute als Wohnhaus. Die kleine Piazza Sant'Agostino hat ihren Namen von der Kirche, in der sich Caravaggios berühmtes Altargemälde *Madonna dei pellegrini* (Madonna der Pilger) befindet; zu ihrer Rechten der Eingang zur *Biblioteca Angelica* aus dem 17. Jahrhundert, einem der verblüffendsten «geheimen» Orte Roms.

Auch Piazza Sant'Apollinare hat ihren Namen von einer gleichnamigen Kirche, die sehr alt ist und *in archiprespyteratu* genannt wird, weil ihr ein Erzpriester (auch: Archipresbyter) vorsteht. Ihr Gründer war Papst Hadrian I., der sie 780 dem Schutzheiligen von Ravenna weihte. Auf Anregung Benedikts XIV. (Prospero Lambertini, 1740–1758) – geboren in Bologna und Held von Alfredo Testonis Komödie *Il cardinal Lambertini* (1905) – wurde sie von Grund auf neu gebaut. Berühmt-berüchtigt für die Freiheiten, die er sich herausnahm, bewies dieser Papst immer wieder seinen etwas bizarren Sinn für Humor. Er liebte es zum Beispiel, seine Sätze mit einem bekräftigenden «*Cazzo!*» zu beenden (im Sinne von «Scheiße!» oder «Verdammt noch mal!», wörtlich aber «Schwanz!»). Er tat dies als Kardinal und sah auch als Papst keine Veranlassung, davon abzulassen. Er sagte sogar: «Ich werde dieses Wort heilig halten und demjenigen, der es zehnmal am Tag ausspricht, die vollständige Vergebung der Sünden einräumen.»

Papst Lambertini war also ein handfester, sehr umgänglicher Papst, er pflegte wie ein x-beliebiger Priester herumzulaufen, unterhielt sich mit den Leuten aus dem Volk, wurde selbst zum Mann des Volkes. Es gibt mehr als nur einen Historiker, der ihn deshalb mit Papst Roncalli, Johannes XXIII. verglichen hat. Benedikt also beauftragte den genialen Architekten Ferdinando Fuga (1699–1781) mit dem Wiederaufbau des Gebäudes. In der Kirche hat der Barockmusiker Giacomo Carissimi sein Grab, der hier Kapellmeister war. In einer Krypta ist aber auch Enrico De Pedis beigesetzt, «Renatino», einer der Bosse der berüchtigten Magliana-Bande.[1] Seltsame Grabstätte für einen Mann, dessen Leben aus nichts als Verbrechen bestand, aus Morden, Raubüberfällen, Drogenhandel, und der dann selbst von Killern einer rivalisierenden Bande ermordet wurde. Das war am 2. Februar 1990 in der Via del Pellegrino, da hatte er die Absicht, sein Leben zu ändern, doch blieb ihm keine Zeit mehr dafür.

Dass einem Berufsverbrecher die Ehre eines Grabmals zuteil wird, das eigentlich Päpsten vorbehalten ist, darf nicht allzu sehr erstaunen. Die offizielle Begründung für dieses ungeheure Privileg war seine besondere Großzügigkeit gegenüber den Armen. Kardinal Ugo Poletti, Vikar von Rom, genehmigte es aufgrund eines Briefes von Don Vergari, dem früheren Gefängnispfarrer der römischen Strafanstalt Regina Coeli, in dem unter anderem bescheinigt wurde, dass «Signor Enrico De Pedis ein großer Wohltäter der Armen gewesen ist, die zu den regelmäßigen Besuchern der Basilika gehörten, und dass er sehr vielen religiösen und sozialen Hilfsorganisationen ganz konkrete Hilfe geleistet hat … an seiner statt wird seine Familie weiter wohltätige Werke tun … .» Plädoyer und Versprechen zugleich, jedenfalls muss es überzeugend geklungen haben, zumindest ausreichend.

Im Übrigen hat es, wenn man die Geschichte betrachtet, in der Vergangenheit ähnliche Fälle gegeben, und zwar immer aufgrund großzügiger Spenden. Der berühmten Edelprostituierten Fiammetta, der nach den damaligen Regeln eine Grube in ungeweihter Erde zugestanden hätte, war es gelungen, sich in der Chiesa di Sant'Agostino bestatten zu lassen; außerdem wurde ein Platz nach ihr benannt, Piazza Fiammetta, der sich noch heute ganz in der Nähe befindet. Das war zu Beginn des 16. Jahrhunderts. Fiammetta Michaelis, gebürtige Florentinerin, war die Geliebte Cesare Borgias gewesen, nachdem dieser zum Kardinal gemacht worden war. In fortgeschrittenem Alter hatte sie offenbar ihr Leben geändert und der Kirche großzügige Spenden gewährt. In dem Aretino zugeschriebenen *Dialogo dello Zoppino* (Dialog des Zoppino) liest man: «Die Fiammetta nahm ein gutes Ende, und in Sant'Agostino habe ich ihre Kapelle gesehen.» Es scheint also, dass sie, als sie im Februar 1512 starb, von ihren Sünden erlöst worden war.

Keine solche Erlösung hatte es dagegen bei der Magliana-Bande gegeben, die in den siebziger und achziger Jahren in die blutigsten Kriminalfälle, auch politische Verbrechen verwickelt war: von grausam ausgeführten Morden und Raubüberfällen über den «Selbstmord» des Bankiers Roberto Calvi (siehe Kapitel XI), die tragische Entführung und Ermordung des Staatsmannes Aldo Moro bis zur Bestechung von Parteifunktionären in großem Stil. «Renatino» und weitere seiner Komplizen könnten auch beim Verschwinden des fünfzehnjährigen Mädchens Emanuela Orlandi eine Rolle gespielt haben, der Titelfigur dieses Kapitels.

Eine Tragödie, die an einem hellen Juninachmittag auf der Piazza delle Cinque Lune begann, dem Platz mit dem so faszinierenden Namen. In der Nähe befand sich die von Emanuela besuchte Musikschule, in der Nähe liegen auch die päpstliche Universität und verschiedene Kollegien. Lauter exterritoriale Orte, das heißt außerhalb der italienischen Gerichtsbarkeit. Dort wurde Emanuela Orlandi zum letzten Mal gesehen, bevor sie auf immer verschwand, in einem der mysteriösesten Kriminalfälle, die sich in Rom je ereignet haben – wegen der internationalen Implikationen, wegen der nicht zu entschlüsselnden Dynamik der Ereignisse, wegen der Unklarheit über die wirklichen Motive.

Emanuela verschwindet am Nachmittag des Mittwoch, 22. Juni 1983, an einem Tag, der begonnen hat wie jeder andere und dessen dramatischen Verlauf niemand vorhersehen konnte. Sie ist fünfzehn Jahre und ein paar Monate alt, attraktiv wie die meisten jungen Mädchen, die gerade die Kindheit hinter sich gelassen haben. Sie besucht die zweite Klasse des naturwissenschaftlichen Gymnasiums, mit mittelmäßigen Noten, einschließlich einer 8 in Betragen,[2] was auf eine gewisse Unruhe in ihrem Verhalten schließen lässt. Noten, die im Übrigen in harschem Kontrast zu den erheblich besseren des Vorjahres stehen. Es ist ein schwieriges Alter, in dem Jugendliche nicht selten eine gewisse Verstörtheit an den Tag legen und unter Stimmungsschwankungen leiden. Gleichzeitig sind sie verschlossen, lassen ihre Probleme nur ungern heraus. Welche Ursachen mögen Emanuelas Verhaltensänderungen gehabt haben?

Die eigentliche Besonderheit dieses Mädchens, vielleicht ein entscheidendes Element, ist ihre vatikanische Staatsangehörigkeit. Die Familie Orlandi hat fast ein ganzes Jahrhundert lang im Dienste der Päpste gestanden. Der Großvater Pietro war Stallknecht bei Pius XI., bevor er 1932 Gehilfe und Postbote des Papstes wurde. Ihr Vater Ercole hat diese Funktion in gewisser Weise geerbt, sein Amt ist die Verteilung der päpstlichen Post einschließlich der Einladungen, der Akten, des diplomatischen Kurierdienstes. Aus diesem Grunde wohnt die Familie Orlandi (fünf Kinder: vier Mädchen, ein Junge) im Staat der Vatikanstadt in einem vierstöckigen Wohnhaus an der Piazzetta Sant'Egidio. Dort wohnen mehrere Familien, dort ist auch der Sitz der *Elemosineria vaticana* (päpstliches Almosenamt).

An jenem Mittwoch waren Emanuelas Eltern Ercole und Maria nach Fiumicino gefahren, um sich dort mit Verwandten zu treffen, mit denen sie zu Mittag essen wollte, um dann gegen Abend wieder nach Hause zurückzukehren. Als treusorgende Mutter hatte Signora Maria jedenfalls für alle daheimgebliebenen Kinder das Essen warmgestellt.

Kurz nach vier Uhr nachmittags verlässt Emanuela durch die Porta Sant'Anna den Vatikan, um zur Musikschule zu gehen. Wir kommen jetzt wieder an die Orte zurück, die ich zu Beginn des Kapitels genannt habe. Die Schule, deren Namensgeber Tommaso Ludovico da Victoria war, ist eine Einrichtung des *Pontificio Istituto di Musica Sacra* (Päpstliches Institut für Kirchenmusik, in dem ich selbst, wenn ich mir diesen autobiographischen Hinweis gestatten darf, zu Beginn der sechziger Jahre Harmonie und Kontrapunkt studiert habe). Diese Schule, die damals von einer Schwester Dolores geleitet wurde, befindet sich an der Rückseite des Palazzo di Sant'Apollinare. Emanuela hatte Querflötenunterricht und sang in einem Chor der Vatikanstadt, zeigte also ein gewisses Interesse für Musik. Wir wissen nicht, ob sie sich nach dem Durchqueren des von den Schweizergarden bewachten Tors zu Fuß oder mit dem Bus zur Schule begab. Sie hätte das eine wie das andere tun können, der Weg, den sie sehr gut kannte, war nicht länger als zwei Kilometer. Wir wissen aber, dass sie auf dem Corso Rinascimento von den Polizisten Alfredo Sambuco und Bruno Bosco gesehen wurde, die vor dem Palazzo Madama, dem Sitz des italienischen Senats, Dienst taten.

Schon diese ersten Zeugenaussagen sind widersprüchlich, wie es in solchen Fällen nicht selten der Fall ist. Sambuco sagte, er habe das Mädchen von der Piazza delle Cinque Lune herkommen sehen, was, vorausgesetzt, die Erinnerung ist exakt, vermuten lässt, dass Emanuela zu Fuß unterwegs war und an der Schule vorbei weiter den Corso Rinascimento entlanggegangen ist. Nicht nur das. Der Polizist sah, wie das Mädchen stehen blieb und sich mit einem eleganten, schlanken, aus einem grünen BMW gestiegenen Dreißigjährigen unterhielt. Seiner Aussage nach soll dies gegen 17 Uhr gewesen sein. In einer Folge der Fernsehsendung *Telefono Giallo*,[3] zu dem ich ihn einige Jahre danach einlud, sagte er dagegen, es sei um 19 Uhr gewesen. In einem späteren Interview räumte er ein, dass er sich geirrt habe und bestätigte als Uhrzeit seine erste Angabe: 17 Uhr. Eine Zeugenaussage, die darüber hinaus von weiteren Widersprüchen entkräftet wird. Doch in dieser Geschichte ist ohnehin von Anfang an alles konfus und so wird es auch bleiben. Damit meine ich, dass von den allerersten Aussagen an durch eine Reihe von zufälligen oder (wenigstens zum Teil) gewollten Umständen Prämissen geschaffen werden, die von einer echten Aufklärung des Falles wegführen.

Der Polizist Bosco fügte dem von Sambuco genannten eleganten Dreißigjährigen ein Detail hinzu. Wörtlich erklärte er, dass der unbekannte BMW-Fahrer «mit einem Mädchen sprach, dem er gleichzeitig einen Beutel in Militärfarbe mit der Aufschrift ‹Avon› zeigte, in dem sich wahrscheinlich kosmetische Produkte befanden». Pino Nicotri hat in seinem Buch *Emanuela Orlandi, la verità* (Emanuela Orlandi, die Wahrheit, 2008) darauf hingewiesen, dass ein Musterkoffer mit Kosmetikprodukten und ein militärfarbener Beutel nicht sehr gut zusammenpassen.

Wir wissen mit Sicherheit, dass Emanuela gegen 19 Uhr, nachdem sie vorzeitig die Musikschule verlassen hatte, zu Hause anrief. Da die Mutter noch nicht da war, sprach sie mit ihrer Schwester Federica, der sie sagte, sie habe von einem Unbekannten ein Jobangebot erhalten. Es ginge darum, «während einer Modenschau der *sorelle Fontana* [bekannter und renommierter Stylist, Anm. d. A.] im Salone Borromini im Corso Vittorio Emanuele Schönheitsprodukte zu verteilen». Für eine Vergütung von 375 000 Lire (heute ca. 185,- Euro). Doch selbst dieses Fragment der Geschichte steht auf wackeligen Füßen. Eine solche Summe für ein Engagement von zwei oder drei Stunden erscheint unwahrscheinlich, es sei denn, es verbirgt sich etwas ganz anderes dahinter. In der Tat kam Federica die Sache verdächtig vor, und sie riet ihrer jüngeren Schwester, nicht auf das Angebot einzugehen und nach Hause zu kommen.

Ebenfalls gegen 19 Uhr gesellte sich eine weitere Schülerin, Raffaella Monzi, zu Emanuela und leistete ihr beim Warten auf den mysteriösen Dreißgjährigen mit dem BMW Gesellschaft. Nach einer halben Stunde sagte Raffaella, dass sie jetzt nach Hause müsse, und bestieg einen Bus. Vom Busfenster aus konnte sie noch sehen, wie sich Emanuela mit einer anderen Frau unterhielt. Letztere ist nie identifiziert worden.

Am Morgen des Donnerstag, 23. Juni zeigt Natalina, die älteste Schwester, beim Amt für öffentliche Sicherheit des Vatikans das Verschwinden Emanuelas an. In dieser Anzeige werden die Zeiten und Wege angegeben wie oben beschrieben. Am Abend desselben Tages kehrt Johannes Paul II. von seiner zweiten Polenreise nach Rom zurück. Einige Mitglieder seines Gefolges wollen eine gewisse Nervosität bemerkt haben, die sich unter den Begleitpersonen ausgebreitet habe. Die Rede war von Befürchtungen wegen eines erneuten Attentats. Wahrscheinlicher ist aber, dass dies mit der Nachricht vom Verschwinden der jungen Vatikanbürgerin zu tun hatte.

Um diese Geschichte in ihrer ganzen Dimension zu begreifen, jenseits der Tragödie eines jungen Lebens und des Schmerzes ihrer Familie, muss kurz daran erinnert werden, in welch angespannter politischer Atmosphäre versucht wurde, das Verschwinden Emanuelas als «Entführung» auszugeben.

Der polnische Papst hatte, wie gesagt, in diesen Tagen eine Reise in sein Heimatland abgeschlossen, die zweite nach der von 1979, die wegen ihres offen provokanten Charakters in Moskau Alarm und Wut ausgelöst hatte. In Polen waren damals die Spitzen der katholischen Gewerkschaft Solidarność auf Befehl von General Jaruzelski zeitweise inhaftiert worden. Das war aber auch alles, wozu sich der polnische Präsident nach dem starken sowjetischen Druck imstande sah – man hatte ihm von dort sogar nahegelegt, den Papstbesuch zu verhindern. Moskau fürchtete genau das, was dann auch geschah: machtvolle Demonstrationen des Volkes, deren antikommunistischer und antisowjetischer politischer Charakter den religiösen Aspekt bei weitem verdrängte.

Die päpstliche Kurie, also die vatikanische Regierung war zur Haltung gegenüber der UdSSR und dem «Ostblock» gespalten. Staatssekretär Agostino Casaroli und «Außenminister» Achille Silvestrini hätten eingedenk der Lehren des Vorgänger-Papstes Paul VI. eine weiche Dialektik mit dem kommunistischen Osten bevorzugt, eine Art «Ostpolitik»,[4] wie sie seinerzeit in der Bundesrepublik Deutschland von Willy Brandt eingeschlagen worden war. Papst Johannes Paul II. dagegen war überzeugt, den von Moskau gestützten Regimes den Todesstoß versetzen zu können, angefangen bei seinem Polen. Er war sich bewusst, dass er über ausreichend Energie, Charisma, Durchblick, finanzielle Mittel und mehr verfügte, um einem Zeitgeist entgegenzukommen, der inzwischen reif für diese Wende war. Ein langer Prozess von mindestens zehn Jahren, dessen Finale vor den Augen der ganzen Welt stattfinden wird, zunächst mit dem Fall der Berliner Mauer im November 1989, dann 1992 mit dem Ende der Sowjetunion. Doch was haben diese umwälzenden Ereignisse mit dem Verschwinden eines fünfzehnjährigen Mädchens in Rom zu tun?

Ein zweiter Aspekt betrifft das Attentat auf Johannes Paul II. am 13. Mai 1981, bei dem der Türke Mehmet Alì Ağca auf dem Petersplatz zwei Revolverschüsse auf ihn abgab und ihn dabei schwer verletzte. Nur wenige Millimeter fehlten und einer der beiden Schüsse wäre tödlich gewesen. Manche Gläubige sprachen von einem Wunder. Der Fotograf des Osservatore Romano, Arturo Mari, hatte drei Tage zuvor bei einem Besuch des Papstes in einer römischen Pfarrei Fotos geschossen. Als man diese Bilder später aufmerksam prüfte, war zu sehen, dass sich in der Menge auch der türkische Killer befand, und wenn es nicht er war, sein Doppelgänger.

Ein dritter Aspekt betrifft ein zweites junges Mädchen aus Rom,

Mirella Gregori, im gleichen Alter wie Emanuela, Tochter von Besitzern einer Bar in der Via Volturno, die wenige Wochen zuvor, am 7. Mai 1983, ebenfalls von zu Hause verschwunden war. Die beiden Fälle wurden in der Berichterstattung zueinander in Beziehung gesetzt, es wurde von einer Doppel-Entführung gesprochen, durch die die Freilassung des türkischen Killers erpresst werden sollte, von Mädchenhandel, Prostitution, orientalischen Harems. Emanuelas Fall liegt jedenfalls anders als der Mirellas, der zwar ebenso dramatisch war, aber aus anderen Gründen. Davon zeigte sich auch die Untersuchungsrichterin Adele Rando überzeugt, die lange ermittelt hatte und im Urteilsspruch der Voruntersuchung die Hypothese vertrat, «dass ein instrumenteller Zusammenhang zwischen dem Verschwinden Mirellas mit dem Fall Emanuelas besteht, wahrscheinlich zu dem Zweck, die Komplexität des Ermittlungsrahmens im zweiten Fall zu erhöhen und diesen womöglich noch unentwirrbarer zu machen».

Wir wissen nicht, ob es in den Geschichten der beiden jungen Mädchen wesentliche Überschneidungen gibt oder nicht. Sicher steht der Fall Emanuela Orlandi länger im Zentrum des öffentlichen Interesses, auch aufgrund späterer und jüngster Entwicklungen, wie wir sehen werden. Unsere Erzählung wird sich also auf Emanuela konzentrieren. Mit einer Hypothese, die auf Logik basiert. Auch wenn es keine objektive Bestätigung dafür gibt, kann man sagen, dass die Unmenge an Indizien und auch an Gerede zu ihrem Verschwinden, in dessen Folge sie aller Wahrscheinlichkeit nach zu Tode kam, ein abgekartetes Spiel gewesen ist, in dem sehr viele Personen ihre Finger hatten, mit dem Ziel, die Aufklärung zu verhindern oder irgendwelche anderen Vorteile daraus zu schlagen. Es gibt dazu verschiedene sehr gute Veröffentlichungen, die verschiedene plausible Motive durchleuchten. Statt in dieses Wespennest einzudringen, werde ich hier versuchen, einige Schlüsselsituationen und -personen aus einem Stoff zu isolieren, der von Geheimdiensten und Experten für Kommunikation und (gelegentlich vom Zufall beförderter) Desinformation ersonnen scheint, dazu natürlich auch von professionellen Kriminellen.

Einer der Protagonisten, wenn auch ein fiktiver, ist lange Zeit der Türke Mehmet Alì Ağca gewesen, der wegen des Attentats auf den Papst zu einer lebenslangen Freiheitsstrafe verurteilt und am 18. Januar 2010 nach «Strafende» aus einem Gefängnis in Ankara entlassen wurde. Die vielen verschiedenen von ihm gelieferten Versionen über die Motivation seiner Tat und ihre Verknüpfung mit Emanuelas Schicksal sind allein schon Beweis genug für eine aus obskuren Beweggründen oder irrationalem Kalkül inszenierte Vieldeutigkeit.

Vor dem Richter Martella sagt Ağca, er habe mit seinen Komplizen bereits vorab die Abmachung getroffen, im Falle seiner Verhaftung die Ermittlungen durch die Vermischung von ein bisschen Wahrheit mit viel Lüge in die Irre zu leiten. Im Laufe eines Verhörs im Gerichtssaal erklärt er, Emanuela sei von Licio Gellis P2-Loge entführt worden: «Diese Leute wussten, dass ich Jesus Christus bin. Sie wollten mich in den Vatikan einschleusen und als Instrument benutzen.» Wenige Tage später widerruft er diese Aussage: «Ich habe die P2 ins Spiel gebracht, weil die Grauen Wölfe und die Bulgaren Emanuela entführt haben. Sie wollten, dass ich den Prozess störe, indem ich die westliche Presse wegen ihres Vorwurfs an die UdSSR und Bulgarien, den internationalen Terrorismus zu begünstigen, in Misskredit bringe.»

Sieben Jahre nach Emanuelas Verschwinden behauptet Ağca, in einem gewissen Ates Bedri, einem im französischen Gefängnis von Poissy einsitzenden Türken, seinen Freund Oral Çelik wiedererkannt zu haben, der, wie er sagt, die Entführung Emanuelas organisiert haben soll. 1993 beteuert er in einem Interview mit Antonio Fortichiari vom Wochenmagazin Gente, dass die Entführung Emanuelas Teil eines internationalen Komplotts gegen den Vatikan gewesen sei, dessen Köder das Mädchen war, mit anderen Worten die Gegenleistung für eine Erpressung der Kirche aus nicht eingestehbaren Gründen. Diese Möglichkeit, die sich wiederum mit allen möglichen absurden Lügen vermischt, erregte seinerzeit kein allzu großes Aufsehen. Die jüngsten Entwicklungen des Falles verleihen ihr aber eine interessante Plausibilität.

1997 nimmt Ağca in einem Brief an die Richter Imposimato und Martella eine frühere Version wieder auf. Er schreibt, in Wahrheit seien der sowjetische KGB und der bulgarische Geheimdienst seine Auftraggeber gewesen und die Entführung habe dazu gedient, nach der Verhaftung Druck auszuüben, um seine Freilassung zu erreichen. Etwa gleichzeitig schreibt er Ercole Orlandi und versichert ihm, dass es seiner Tochter «gut geht, ihre physische und moralische Integrität absolut garantiert ist». Bei einer früheren Gelegenheit hatte er gesagt, das Mädchen sei tot; ein anderes Mal, alle beiden Mädchen, Mirella und Emanuela, seien am Leben und in Liechtenstein: «Die beiden jungen Frauen sind nie entführt worden, sie befinden sich in Liechtenstein. Das ist nichts als eine internationale Intrige.»

Der Ermittlungsrichter Rosario Priore wird die totale Unzuverlässigkeit des Mannes feststellen und hinzufügen: «Gegen eine derartige Persönlichkeit kann man keinen Prozess führen.» Die einzige Gewissheit oder Gesetzmäßigkeit in dieser wilden Mischung aus Ammenmärchen und Phantasien, die teilweise konstruiert sind, teilweise aber einem mentalen Chaos entspringen, ist die Tendenz des türkischen Killers, die Öffentlichkeit durch die Kombination aus Wahrheitsfetzen und nachgeplapperten Halbsätzen aus den Zeitungen, vagen Versprechungen ständig auf die Folter zu spannen und an der Nase herumzuführen und sich selbst dabei, solange es geht, im Zentrum der Aufmerksamkeit zu halten. Wahrscheinlich fürchtet er, dass ihm, einmal in Vergessenheit geraten, eines Tages ein unerfreulicher Unfall zustoßen könnte. Ob er dem Papst bei dem vertraulichen Gespräch im Gefängnis von Rebibbia am 27. Dezember 1983 die Wahrheit gesagt hat, wissen wir nicht. Vorausgesetzt, er selbst kennt sie, die Wahrheit.

Ein zweiter Protagonist ist denn auch Papst Johannes Paul II., der, wie wir gesehen haben, am selben Tag aus Polen zurückkehrte, an dem Emanuela verschwand. Wenige Tage später, am Sonntag, dem 3. Juli, fügt er dem Angelus-Gebet auf dem Petersplatz vom Fenster seiner Wohnung aus folgende Worte hinzu:

> Ich möchte meine lebhafte Anteilnahme zum Ausdruck bringen, mit der ich der Familie Orlandi in ihrer tiefen Verzweiflung wegen der Tochter Emanuela nahe bin, die seit Mittwoch, 22. Juni nicht wieder nach Hause gekommen ist, und ich verliere nicht die Hoffnung in den Sinn für Menschlichkeit desjenigen, der die Verantwortung in diesem Fall hat.

Unerwartete Worte, denen man entnehmen kann, dass Emanuela offenbar nicht freiwillig von zu Hause weggegangen ist, sondern entführt wurde. Eine Möglichkeit, die bis zu diesem Moment niemand ausgesprochen hatte. Worte, die nicht wohlkalkuliert waren und die den aufmerksamen Ohren der verschiedenen Geheimdienste nicht entgingen, insbesondere dem der DDR, der vom berühmten Markus (Mischa) Wolf geleitet wurde, einem Spion, der es unter dem Namen «Karla» bis in die Romane John Le Carrés geschafft hat.

Weshalb machte der Papst, weshalb machte die sonst immer so zurückhaltende vatikanische Diplomatie diesen Fehler? Und wenn es kein Fehler war, sondern eine gewollte Indiskretion? Es hat die Vermutung gegeben, dass mit diesen Worten – ob der Papst sich dessen nun bewusst war oder nicht – der wahre Grund von Emanuelas Verschwinden verdeckt werden sollte. Die Aufmerksamkeit sollte von einem möglichen Verbrechen oder einem Unfall in irgendeinem Appartement im Vatikan, einem Delikt, das unter keinen Umständen eingestanden werden konnte, abgelenkt werden.

Die Familie Orlandi wurde (ebenso wie die Familie Gregori) monatelang von anonymen Telefonanrufern belästigt. Unbekannte Stimmen, die behaupteten, für sich oder im Namen irgendeiner Organisation zu sprechen, sie machten Vorschläge für einen Austausch, für Verhandlungen, nannten Bedingungen für die Freilassung des Mädchens. Die anonymen Gesprächspartner sprachen manchmal gutes Italienisch, andere Male mit ausländischem Akzent, der nach Aussage der Ermittler offensichtlich nachgemacht war. Nie hat irgendjemand irgendeinen echten Beweis dafür geliefert, Emanuelas Freilassung verfügen zu können, und auch nicht dafür, dass sie noch am Leben war. Das höchste, was man bekommen konnte, war eine Fotokopie des Musikschulausweises, eine Quittung für die Zahlung einer Prüfungsgebühr und der handgeschriebene Satz «Mit großer Zuneigung, Eure Emanuela». Dokumente, die man ihr geraubt haben konnte, lebend oder tot, oder die man sich irgendwie aus dem Schulsekretariat besorgt hatte. Bei einer solchen Gelegenheit gab es zwischen einem Familienmitglied und einer anonymen Stimme mit einem derart dreisten amerikanischen Akzent, dass er fast schon lächerlich klang, den folgenden Schlagabtausch:

> Amerikaner: «Also, hören Sie sich diese Aufzeichnung gut an.»
> Familienmitglied: «Ja, aber sehen Sie zu, dass ich Sie auch gut hören kann.»
> A: «Hören Sie gut zu, wir haben nur wenig Zeit … Das sein von Ihrer Tochter.»
> F: «Ja, aber lassen Sie mich das gut hören.»
> A: «Okay, one moment … All right, okay, let's go, let's go.»
> Stimme Mädchen: «Nationales Internat Vittorio Emanuele II. Nächstes Jahr besuche ich die dritte Klasse des Gymnasiums. Nationales Internat Vittorio Emanuele II. Nächstes Jahr besuche ich die dritte Klasse des Gymnasiums. Nationales Internat Vittorio Emanuele II. Nächstes Jahr besuche ich die dritte Klasse des Gymnasiums» (dieselbe Ansage immer wieder, insgesamt sieben Mal).

Einer tiefergehenden Analyse wurden dagegen gewisse Kommuniqués unterzogen, die in jenen Tagen bei Zeitungen und Presseagenturen eingingen. Ein Report der italienischen Geheimdienste vom November 1983 skizzierte ein mutmaßliches Profil ihres Autors: ein «Ausländer, wahrscheinlich aus dem angelsächsischen Kulturraum» von «sehr hohem intellektuellem und kulturellem Niveau», der Italienisch offenbar erst nach dem Studium des Lateinischen erlernt habe, ein guter Kenner Roms, der über die italienischen Rechtsvorschriften und die logistische Struktur des Vatikans Bescheid wisse und «der kirchlichen Welt zuzurechnen» sei. Praktisch ein Steckbrief.

Eines Tages wurde bei der Mailänder Niederlassung der italienischen Nachrichtenagentur Ansa ein Brief abgegeben, der von einem gewissen Dragan unterzeichnet und in einem lächerlichen Italienisch verfasst war. Dort heißt es u. a.:

> Emanuela war braves Mädchen, wir wollten sie retten, aber ihr seid böse gewesen, sie verdiente nicht. Ihre Leiche vielleicht findet ihr nicht mehr, aber Aliz ist schrecklich gewesen, er kann kein Turkesh sein, wir töten nicht Turkesh, wir gut. Emanuela weinte immer, wollte wieder in Leben zurück, ihre war Traurigkeit, wie oft hat sie zu fliehen versucht und Aliz hat sie geschlagen, man schlägt nicht so

> nette Seelen. Ich heiße Dragan und bin aus Slawien, vielleicht deshalb verstehe ich nicht Schuftigkeit von Aliz, warum Emanuela getötet, ich fliehe jetzt mit Mirella … usw. usw.

Dies ist ein so plump verfälschtes Italienisch, dass es gewollt wirkt. Wer den Gebrauch des Präsens Indikativ eines Verbs nicht kennt, kann nicht schreiben «*comprendo*» statt des geläufigeren «*capisco*» (beides: «ich verstehe») oder «*bastardaggine*» («Schuftigkeit», von *bastardo*), ein sehr wenig gebräuchlicher, umständlicher Begriff.

Trittbrettfahrer also, Leute, die im Trüben fischen. Staatsanwalt Giovanni Malerba wird in seiner Anklageschrift schreiben:

> In den Fall haben sich Mythomanen, Seher, Rutengänger, Menschen mit übersinnlichen Fähigkeiten, Medien, Wahrsager, Bauernfänger, Schakale, Häftlinge und untergetauchte Gangster eingeschlichen, alle auf der Suche nach Prozessvorteilen.

In Wahrheit lagen die Dinge aber noch komplizierter. In die finstere Intrige wurden auch zwei ausländische Journalisten verwickelt. Der erste, Richard Roth, Rom-Korrespondent des amerikanischen Senders CBS, erhielt einen Brief aus Boston. Darin wurde im Gegenzug zur Freilassung Emanuelas wieder einmal die Freilassung einiger Türken gefordert, darunter Ağcas. Eine von einem weiteren Richter, Domenico Sica (zahllose Richter waren im Laufe der Jahre mit diesem Fall befasst), angeordnete forensische Untersuchung stellte fest, dass die Botschaft authentisch war und vor allem, dass dem Autor offenkundig der Inhalt eines Briefes bekannt war, der von Staatspräsident Pertini an Mirellas Familie geschickt worden war. Hier handelte es sich also nicht um obskure Mythomanen, sondern um Leute vom Fach, die fähig waren, sich auch vertrauliche Informationen zu verschaffen.

Die zweite Ausländerin war Claire Sterling, eine amerikanische Journalistin und Schriftstellerin, Italien-Expertin. In einem von ihr in der New York Times veröffentlichten Artikel breitete sie eine Hypothese aus, über die vorher nur unter der Hand spekuliert worden war: Die ganze Sache sei im Auftrag der Sowjetunion vom bulgarischen Geheimdienst organisiert worden. Die logische Basis dieser Hypothese sei das Interesse Moskaus und des Ostblocks, die Macht Johannes Pauls II. zu destabilisieren, bevor dieser das kommunistische System in Europa destabilisiere. Claire Sterling, die ein ausgebuffter Profi ist, legte dabei einen so glühenden Antikommunismus an den Tag, dass der Verdacht aufkam, sie sei eine verdeckte CIA-Agentin. Was nie bewiesen wurde.

Bewiesen ist dagegen, dass an einem bestimmten Punkt der Geheimdienst der DDR auf den Plan trat, genauer gesagt die 10., für Desinformation zuständige Abteilung der Stasi. Am 4. August wird bei der Ansa von Mailand ein Einschreiben mit Rückschein (sic!) zugestellt. Absender ist eine sogenannte «Türkische antichristliche Freiheitsfront Turkesh». Dort ist zu lesen: «Emanuela Orlandi unsere Gefangene wird zur umgehenden Exekution überstellt am christlichen 30. Oktober ihr wisst dass dieses Datum die Kapitulation unseres hochheiligen und unbesiegbaren Landes im Jahr eurer Gnade 1918 ist ...» usw. Wieder einmal ein bewusst ungrammatisches Italienisch und dazu der originelle Hinweis auf das weit zurückliegende Ende des Ersten Weltkriegs.

Die türkische Botschaft in Italien beeilt sich, mitzuteilen, dass eine Turkesh-Front nicht existiere. Dennoch gibt es einige Personen, darunter auch Verwandte Emanuelas und ein undurchsichtiger Rechtsanwalt der Familie Orlandi (ausgesucht und bezahlt vom italienischen Geheimdienst), die dem «Einschreiben» Glauben schenken. Es werden weitere Kommuniqués der mysteriösen antichristlichen Front eingehen. Nach dem Ende der DDR wird Generaloberst Bohnsack, ein Mitarbeiter von Markus Wolf, einem Journalisten der Tageszeitung Repubblica entdecken, dass es seine Stasi-Abteilung war, die mit der «Operation Papst» befasst war, also damit, eine falsche türkische Fährte zu legen, um die Aufmerksamkeit vom Freundesland und Alliierten Bulgarien abzulenken.

Ein weiterer mysteriöser Mitspieler in dieser immer komplizierter werdenden Geschichte ist eine sog. Gruppe Phoenix. Wer auch immer die Mitglieder dieser Gruppe sind, sie schicken jedenfalls eine Nachricht, in der behauptet wird, Emanuela sei ermordet worden. Es folgen einige pseudo-moralische Verurteilungen, zum Beispiel: «Schwere Schuld ist es, einem jungen Leben ein schweres Unrecht angetan zu haben.» Einige Monate später lässt die Turkesh-Front wieder von sich hören, um Bedingungen für die Freilassung Emanuelas zu diktieren, hier wird also wieder zu verstehen gegeben, das Mädchen sei noch am Leben. Weitere Wochen vergehen, und eine dritte Organisation namens NOMLAC (*Nuova Organizzazione Musulmana per la Lotta Anticristiana* – Neue muslimische Organisation für den antichristlichen Kampf) tritt auf den Plan, die schreibt: «Das Mädchen ist keine Gefangene der Türkischen antichristlichen Freiheitsfront Turkesh, es befindet sich in Europa …» Wenn das Ganze nicht so tragisch wäre – denn Emanuela ist wirklich verschwunden –, könnte man es für eine Farce halten. Aber eine kunstvoll organisierte Farce, die Konfusion erzeugen soll.

Keine dieser Phantom-Organisationen wird jemals einen einzigen echten Beweis vorlegen, dass Emanuela am Leben und in ihren Händen ist, wie man es normalerweise hätte erwarten dürfen, wenn es sich um eine echte Entführung gehandelt hätte, um so mehr bei einer Entführung mit politischem Hintergrund. Richterin Adele Rando wird in ihrem Urteil schreiben, das politische oder terroristische Motiv sei lediglich «ein geschicktes Ablenkungsmanöver vom realen Motiv der Entführung von Emanuela Orlandi» gewesen, und: «Nach sieben Jahren Ermittlungen erweist sich das politisch-terroristische Motiv der Entführung als bar jeder Grundlage.» Ein weiterer Ermittlungsrichter, Severino Santiapichi, erfahrener Gerichtspräsident, wird erklären: «Das Verschwinden von Emanuela Orlandi hat nichts mit dem später daraus konstruierten Fall zu tun.»

Weitere fundamentale Protagonisten des Falles sind, kollektiv gesprochen, die vatikanischen Machthaber. Die mit dem Fall befassten Richter haben immer wieder hervorgehoben, dass ihren Ermittlungen von Seiten des Heiligen Stuhls keinerlei Unterstützung zuteil wurde, sondern im Gegenteil nichts als Verweigerung und Störaktionen. Im Februar 1994 hört Richterin Rando den Präfekten Vincenzo Parisi, den Stellvertretenden Direktor der italienischen Geheimdienste, als Zeugen, der berichtet, Monsignor Dino Monduzzi getroffen zu haben, den Chef der päpstlichen Behörde, bei der Ercole Orlandi angestellt war. Die Begegnung hatte im Juli 1983 stattgefunden, also wenige Tage nach dem Verschwinden des Mädchens, und war zehn Jahre lang geheim geblieben.

Was hat Parisi ausgesagt? Er sagte, so schreibt die Richterin,

> … dass eine konstante Zurückhaltung des Heiligen Stuhls spürbar war, der de facto jede Art von Nachforschung behindert habe … Er [Parisi] schloss also von Seiten des Heiligen Stuhls den Willen zu jeglicher Zusammenarbeit aus, die die Ermittlungen hätte voranbringen können …
>
> Ich bin der Ansicht, dass die Nachforschungen zu dem Fall durch die zwischen dem italienischen Staat und dem Heiligen Stuhl aufgerichtete Barriere regelrecht hintertrieben wurden, der gesamte Verlauf des Falls war von zahlreichen Desinformations-Initiativen gekennzeichnet, ganz offensichtlich zum Zweck der Irreführung und zur Verwirrung der ermittelnden Akteure.

Die Richterin merkt zu dieser Analyse in ihrem Urteilsspruch an, dass sich diese Erklärungen «mit den Überzeugungen deckten, zu denen nach und nach ihr gesamtes Referat gekommen war».

Die italienische Staatsanwaltschaft hat diverse Amtshilfeersuchen «an die zuständigen Justizbehörden» der Vatikanstadt gerichtet, die alle mit unterschiedlichen Begründungen ohne echte Antwort geblieben sind. Was Monduzzi betrifft, der ebenfalls um Amtshilfe gebeten wurde, so wird er sich auf die Aussage beschränken, das Treffen mit Parisi habe nie stattgefunden. Darauf konnte der Präfekt allerdings nicht mehr reagieren, weil er in der Zwischenzeit gestorben war.

Mit der fehlenden Bereitschaft der vatikanischen Behörden zur Zusammenarbeit hatten sich praktisch alle Beamten der italienischen Republik, die mit dem Fall befasst waren – Staatsanwälte, Ermittlungsrichter, Geheimdienstleiter –, herumzuschlagen. Für die abschlägige Antwort auf eines der Amtshilfeersuchen wurde beispielsweise die folgende Begründung gegeben: «Von den vatikanischen Justizbehörden sind keine Ermittlungen eingeleitet worden, weil es sich um Vorfälle handelt, die sich außerhalb des Staatsgebietes ereignet haben», also in Italien. Die vatikanischen Behörden richteten nicht einmal eine direkte Telefonnummer ein, die es den «Entführern» gestattet hätte, sich schnell mit den zuständigen Stellen in Verbindung zu setzen, die gegebenenfalls ihre Forderungen hätten umsetzen müssen.

In den Akten findet sich auch ein Dokument, das diesen Willen zur Nicht-Zusammenarbeit explizit enthüllt. Es ist die Aufzeichnung eines Telefongesprächs vom 12. Oktober 1983 um 19.53 Uhr zwischen einer Person, die als *Capo* (Chef) bezeichnet wird, und Raoul Bonarelli, der Nummer Zwei der vatikanischen Polizei, der am Tag darauf von den italienischen Ermittlern befragt werden sollte. Hier ein kurzer Ausschnitt:

Capo: «Hallo!»
Bonarelli: «Ja bitte …»
Capo: «Was weißt du über Orlandi? Nichts! … Wir wissen nichts! … Wir wissen nur, was in den Zeitungen steht, aus den Nachrichten, die allen zugänglich sind! … Über den Fall. Das, was durch die Zuständigkeit … der italienischen Behörden herausgekommen ist.»
Bonarelli: «Ach, das soll ich sagen?»
Capo: «Na ja, also … Was wissen wir schon? Wenn du sagst: ‹Ich habe nie Ermittlungen angestellt … Die Behörde hat das ins Innere [des Vatikans] delegiert … die Sache ist weitergeleitet worden …› Sag aber nicht, dass sie ans Staatssekretariat gegangen ist.»
Bonarelli: «Nein, nein … Wir, ich darf intern nichts sagen. Gar nichts.»
Capo: «Nach außen aber … dass es die vatikanische Justizbehörde gewesen ist … dass sich die vatikanische Justizbehörde damit befasst … unter ihnen der hier … Nichts, sagst du, nach allem, was du weißt, nichts!»
Bonarelli: «Die werden mir aber vorhalten, dass ich ein Angestellter des Vatikans bin, welche Aufgaben ich erfülle, was weiß ich, die werden mich identifizieren müssen, die werden wissen, wer ich bin …»
Capo: «Ja, die werden wissen, warum du das machst, du machst Schichtdienst und Sicherheit der Vatikanstadt, das ist alles.»
Bonarelli: «Also, gut, dann mache ich morgen früh diese Aussage und dann komme ich, ja?»
Capo: «Dann kommst du, ja, ja.»

In einer seiner öffentlichen Reden hatte Johannes Paul II. gesagt:

Den Eltern von Emanuela bringe ich erneut meine Anteilnahme an ihrem Drama zum Ausdruck. Was mich betrifft, so kann ich versichern, dass das Menschenmögliche getan wird, um zu einer glücklichen Lösung der schmerzhaften Angelegenheit beizutragen. Möge Gott es gewähren, dass nach dem Bangen dieser Tage endlich die Freude folgt, dass das Mädchen und ihre Familie einander wieder in die Arme schließen können.

Wir wissen nicht, bis zu welchem Punkt der Papst über die Strategie seiner Mitarbeiter informiert war. Es ist jedenfalls sicher, dass sein Versprechen, das «Menschenmögliche» zu tun, nicht den Tatsachen entspricht.

Dieselbe unkooperative und irreführende Haltung hatten die italienischen Ermittler im Übrigen auch schon (ausgerechnet) bei den Ermittlungen über das Attentat auf den Papst selbst feststellen müssen. Am Ende seiner mühsamen Untersuchung beklagte sich Ermittlungsrichter Rosario Priore: «… die Amtshilfeersuchen [bei den vatikanischen Justizbehörden, Anm. d. A.] haben nicht zu den gewünschten Resultaten geführt … Anfragen, die nicht selten in einer knappen Folge negativer Antworten abgewiesen wurden …, haben sich daher häufig als rein formal erwiesen, während sie substantieller Natur hätten sein können und müssen.»

Eine merkwürdige Aussage wird dagegen Kardinal Silvio Oddi machen. In einem Interview mit der römischen Tageszeitung Il Tempo im Juli 1993 erzählte der Purpurträger die folgende Episode:

> Emanuela ist an jenem Nachmittag [am Tag ihres Verschwindens – Anm. d. A.] nach Beendigung ihrer Musikstunde in die Vatikanstadt zurückgekehrt. Man hat sie an Bord einer Luxuslimousine ankommen sehen … ich glaube, der Fahrer ist nicht mit [in den Vatikan] gekommen, um von den Schweizergarden nicht erkannt zu werden. Das Mädchen dagegen ging an den Schweizern vorbei und in Richtung ihrer Wohnung. Dort blieb sie eine gewisse Zeit. Dann kam sie wieder heraus, stieg in das Auto und fuhr davon.

Demnach war der Mann am Steuer des Wagens eine im Vatikan bekannte Person und fürchtete, von den Schweizergarden erkannt zu werden. Bei einem Interview wenige Wochen später in der Fernsehsendung *Mixer* fügte der Kardinal hinzu:

> Meiner Meinung nach … gehört Emanuela zu diesen Fällen von Verschleppung junger Damen, junger Mädchen oder zu den Fällen, in denen bei jungen Mädchen nachgeholfen wurde, die freiwillig in ein Milieu drängen, wo es ihnen besser geht, wo sie reich sind, einen

zahlungskräftigen Mann heiraten und sehr viel Geld haben ... Es kann auch sein, dass ich mich irre. Aber meiner Ansicht nach ist das die Basis.»[5]

In einer späteren Erklärung wurde der Kardinal noch deutlicher, wieder in der Tageszeitung Il Tempo:

> Emanuela Orlandi könnte nach gewissen Hinweisen, auf die ich durch Zufall gestoßen bin, in irgendeinem Scheichtum gelandet sein, wenn es stimmt, dass diese unermesslich reichen Muslime Entführungen schöner europäischer Mädchen in Auftrag geben, um ihren Harems frisches Blut zuzuführen.

Ähnliche Ansichten hatte der Kardinal auch schon der Familie gegenüber zum Besten gegeben und bei seinen vertraulichen Mitteilungen einen Ton angeschlagen, als berichte er über ein Ereignis, das wirklich stattgefunden hatte und nicht ausschließlich seiner Phantasie entsprungen war. Leider hat er sich erst zehn Jahre nach Emanuelas Verschwinden dazu entschlossen zu sprechen. Wenn der Kardinal diese Dinge gleich enthüllt hätte, hätten sie nützliche Hinweise sein können. Zumal es in den Ermittlungsakten zum Fall Orlando einen an die «Dottoressa Adele Rando, Procura della Repubblica, Roma» gerichteten anonymen Brief gab, der über einen ähnliche Vorfall berichtet bzw. einen ähnlichen Verdacht äußert. Abgeschickt aus der Città del Vaticano im Oktober 1993, trägt das Schreiben die Überschrift *Testimonianza raccolta in confessione* (Bei der Beichte vernommene Zeugenaussage). Hier der Text:

> Der Wagen, der Emanuela Orlandi in der Nacht des 22. Juni 1983 einlud, wurde von [Vor- und Zuname eines bekannten Prälaten] gesteuert, der gegenwärtig das Amt [es folgt das Amt des Prälaten] innehat. Sie fuhren nach Civitavecchia, wo sie die Nacht gemeinsam verbrachten, am Morgen brachte er sie nach Rom zurück, in die Nähe der Pyramide [Cestia], doch aus Angst vor den Eltern kehrte sie nicht nach Hause zurück. Hier endet die Beichte. Ich kenne Monsignor [Name], er ist ein vielleicht zu sehr von den fleischlichen Lüsten angezogener Mann, um Priester zu sein, und hat schon in der Vergangenheit mit nicht wirklich sauberen Leuten Geschäfte gemacht ... Aus naheliegenden Gründen kann ich als Geistlicher nicht mit meinem Namen unterschreiben.

Anonyme Briefe sind nur dann glaubwürdig, wenn sie Entsprechungen in der Wirklichkeit haben, die in diesem Fall fehlen. Das Dokument wird hier also nur zitiert, weil es in den Akten enthalten ist und weil es teilweise mit den Erinnerungen des Kardinals Oddi übereinstimmt, und darüber hinaus auch mit Mutmaßungen, die in der Öffentlichkeit über die Gründe des Verschwindens zirkulierten.

Was das für Gerüchte waren, kann man sich auch aus den mehr oder weniger direkten Andeutungen zusammenreimen, die fragmentarisch in den Dokumenten oder den bereits zitierten Zeugenaussagen enthalten sind. Die arme Emanuela, so das hartnäckige Geschwätz der Leute, sei während einer «Unterredung» mit einem hohen Prälaten ganz plötzlich gestorben. Von dem Moment an war es zum Hauptproblem geworden, sich ihres Leichnams zu entledigen, ohne einen Skandal auszulösen. Und hieraus erklärt sich auch die Hinzuziehung professioneller Gangster, die darauf trainiert waren, derartige Situationen in den Griff zu bekommen.

Der ganze Rest – die internationalen Komplotte, die Erpressungen, die Geheimdienste – all dies war demnach nichts als Tarnung, um die Spuren zu verwischen und eine mögliche Rekonstruktion der Fakten zu verhindern. Dies wäre eine Version, die auf dem Klischee basiert, dem zufolge hohe kirchliche Würdenträger der Fleischeslust nicht weniger abgeneigt sind als dem politischen oder höfischen Intrigantentum. Von einem bestimmten Tag an ist diese Hypothese aber noch von einer weiteren Variante übertroffen worden, die lange Zeit in den Hintergrund gerückt war. Eine vollkommen andere Version der Fakten. Auch in diesem Falle nichts als eine Hypothese, gestützt jedoch durch eine Reihe von interessanten Indizien.

Im Juni 2008 hat Sabrina Minardi, die in den achtziger Jahren die Geliebte des Gangsters Renatino De Pedis gewesen war, inzwischen eine Frau um die sechzig, den Ermittlungsrichtern ihre Wahrheit erzählt und damit einem Szenario zur Entführung Emanuelas Gestalt gegeben, dem bis zu diesem Moment nur geringe Wahrscheinlichkeit beigemessen wurde. Sabrina Minardi stammt aus einer sehr armen Familie und hat ein aufregendes Leben hinter sich. In erster Ehe, gerade zwanzig, war sie mit Bruno Giordano verheiratet, einem populären Fußballer von Lazio Rom, seinerzeit ein berühmter Torjäger. Eine Liebe, die in den Gassen von Trastevere begann und 1981, wie man zu sagen pflegt, von der Geburt einer Tochter gekrönt wurde, Valentina. Sabrina ist sehr schön, aber nicht einfach schön, ihre Schönheit ist von der Art, die den Männern gefällt, sie ist von großer sexueller Anziehungskraft. Dennoch ist sie eifersüchtig auf ihren Mann. Auch Bruno sieht gut aus, außerdem erscheint er auf den Titelblättern der Zeitschriften ständig an der Seite berühmter Schauspielerinnen. Es kommt zu Spannungen, der die Ehe nicht standhält. Sabrina aber, Tochter einer Gemüsehändlerin, hat ein Leben kennengelernt, von dem sie dachte, so etwas gäbe es nur im Kino: schöne Hotels, Restaurants und Luxusautos, Juwelen, Champagner auf Eis im Silberkübel. Nachdem sie ihren Mann verlassen hat, versucht sie, diesen Lebensstandard aufrechtzuerhalten, konsumiert Drogen, prostituiert sich gelegentlich, wird einem Polizisten gestehen: «Ich wusste, dass ich den Männern gefiel, ich habe mit meinem Körper gearbeitet, ich habe viel Geld verdient.»

Im Frühjahr 1982 dann die Wende: Während sie mit ein paar Freundinnen in der Pianobar «La Cabala» nahe bei der Piazza Navona sitzt, werden ein Strauß roter Rosen und eine Flasche Champagner an ihren Tisch gebracht. Eine Geste, wie sie nur ein alter Gentleman oder ein Gangster fertigbringt. In ihrem Fall ist es ein Gangster. Enrico De Pedis, «Renatino» genannt, hat sie gesehen, nun lächelt er ihr zu, gibt zu erkennen, dass das Präsent von ihm kommt. Er ist gerade dabei, zum neuen Boss der *Banda della Magliana* aufzusteigen, auch wenn er auf der Hut ist und sich ihr zunächst als Chef einer Supermarktkette vorstellt. Sabrina wird in der Fernsehsendung *Chi l'ha visto?* (Wer hat ihn gesehen? – ein Programm, in dem nach Verschwundenen gesucht wird) von RAI 3 sagen:

> Er behandelte mich wie ein Kind, er brachte mich in die Sauna des Grand Hotels, wir führten ein Leben wie im Film «Der Pate». Er machte mir tausend Geschenke, Louis-Vuitton-Koffer voll mit 100 000 Lire-Banknoten, er sagte: «Gib sie alle aus! Wenn du nach Hause kommst und nicht alles ausgegeben hast, mache ich dir gar nicht erst die Tür auf.» Ich ging zu Bulgari, zu Cartier, und als ich zwei goldene Uhren mit Bargeld bezahlen wollte, dachten die Verkäufer, es wäre die Beute eines Banküberfalls. Ich habe sie aber beruhigt, ich habe gesagt: «Die habe ich von meinem Mann, wissen Sie, das ist ein extravaganter Typ.»

Eine Menge Leidenschaft, eine Menge Kokain, eine Menge gefährlicher, in einigen Fällen undurchsichtiger Beziehungen. Der Film geht weiter bis zum November 1984, Renatinos Verhaftung. Ende des Films. Sabrinas Niedergang beginnt in diesem Augenblick, weil bei seiner Rückkehr in die Freiheit die berauschende Mischung aus Leidenschaft, Drogen, Komplizität, Risiko ihren Reiz verloren hat, obwohl die Geschichte zwischen den beiden rein äußerlich noch eine Weile weitergeht. 1989, nach sieben Jahren *amour-passion*, entdeckt Sabrina eines Tages, dass ihr Renatino, ohne ihr ein Wort zu sagen, eine Frau geheiratet hat, die nicht zum Milieu gehört. Sie flieht nach Brasilien, kehrt nach Italien zurück, er ruft sie an, seine Ehe ist schon gescheitert, er schlägt Sabrina vor, weiterzumachen, woanders hinzugehen, zum Beispiel nach Polinesien, sie ist zufrieden, es wird aber keine Zeit bleiben, um den Plan zu realisieren. Am Morgen des 2. Februar 1990 wird Enrico De Pedis, während er in der Via del Pellegrino mit einem Antiquar spricht, von zwei Killern auf einem großen Motorrad niedergeschossen.

Sabrina wird später die Kraft finden, in einem Therapiezentrum einen Entzug zu machen, doch der massive Drogen- und Alkoholmissbrauch hat schwere Hirnschäden hinterlassen. In unserem Zusammenhang stellt sich also die Frage, welches Gewicht man der Zeugenaussage einer Frau beimessen kann, die vom Leben so gebeutelt worden ist und die sich erst nach mehr als zwanzig Jahren zum Reden entschlossen hat. Die Journalistin Rita Di Giovacchino wagt in ihrem Buch *Storia di alti prelati e gangster romani* (Geschichte von hohen Prälaten und römischen Gangstern, 2008 gemeinsam mit anderen Journalisten geschrieben) die Hypothese, dass die Version dieser Frau, gerade *weil* sie sich in Teilen bestätigte, in anderen dagegen nicht, glaubwürdig erscheint. Nicht zuletzt natürlich auch, weil Sabrina kein Eigeninteresse hat: Weder hat sie noch irgendwelche Rechnungen offen noch zieht sie irgendwelche Vorteile aus ihrem Geständnis.

Ihre Version ist kurz zusammengefasst die folgende: Einige Tage nach ihrem Verschwinden hat Sabrina Emanuela in ihrem Wagen mitgenommen. De Pedis und ein gewisser Sergio haben sie ins Auto gebracht (»Renato und Sergio haben sie mir ins Auto gesetzt«). Nach kurzer Fahrt wird Emanuela in der Nähe einer Tankstelle und des Eingangs zum Tunnel an den Ausläufern des Gianicolo an Bord eines Mercedes mit vatikanischem Nummernschild verfrachtet, wo sie von einem als Priester gekleideten Mann in Empfang genommen wird. Emanuela, so fährt Minardi fort, war bei Bewusstsein, aber nicht klar: «Sie hatte Schwierigkeiten zu sprechen, sie sprach schleppend.»

Minardi sagt auch, sie wisse, dass das arme Mädchen in einem bestimmten Haus in Monteverde gefangengehalten wurde, in das man durch einen großen unterirdischen Zugang gelangen konnte. Einige Monate später bringt ihr Geliebter sie zu einer Baustelle in Torvaianica. Ein Mann, der Sergio genannt wird, kommt hinzu, holt Säcke aus seinem Wagen heraus, zieht sie bis zu einer bereits angelassenen Betonmischmaschine hinter sich her und wirft sie hinein. Minardi sagt, sie habe zwar nicht gesehen, was in den Säcken war, es aber geahnt und später von De Pedis eine indirekte Bestätigung erhalten: Emanuelas Leichnam.

Der Grund für die Entführung und Ermordung soll Sabrina zufolge Erpressung gewesen sein, oder besser: eine Warnung an den Vatikan im Mafia-Stil. Eine junge, unschuldige Bürgerin dieses Staates sollte entführt werden, um zu verstehen zu geben, dass Verträge einzuhalten waren und Geld zurückgegeben werden musste, insbesondere wenn es sich um sehr viel Geld handelte.

Hier erweitert sich der Diskurs. Die Einnahmen der kriminellen Hydra, der Magliana-Bande, waren unermesslich geworden. Die Gangster hatten gemeinschaftlich mit sizilianischen Mafia-Clans die gesamte illegale Palette bedient, von einfachen Raubüberfällen bis zu Erpressungen, vom Kidnapping bis zum internationalen Drogenhandel. Die enormen Mengen an verfügbarem Geld konnten allein mit dem Ankauf von Appartements, Geschäften, Schmuck für die Bräute nicht mehr ausgegeben werden. Die Dimension der Profite erforderte Investitionen großen Stils. Ein Gutteil des Geldes landete im internationalen Kreislauf von Roberto Calvis Banco Ambrosiano, der (wie im Kapitel «Gottes Bankiers» geschildert) in enger Tuchfühlung mit dem IOR, der Vatikanbank, operierte. Sein Bankrott zog auch das Geld der Mafia und der Magliana-Bande mit hinein in den Strudel der Insolvenzen. Den Ermittlern zufolge, die den Tod Roberto Calvis untersuchten, soll es sich dabei um eine Gesamtsumme von rund 300 Milliarden Dollar gehandelt haben. Als der Bankier begriff, dass er sich in eine Sackgasse katapultiert hatte, versuchte er herauszukommen, indem er dem Vatikan mit Erpressung drohte: dass er verraten würde, wer die Kunden des IOR und wohin die Milliarden verschwunden waren. Wie schon gesagt, der arme Calvi endete erhängt unter einer Londoner Brücke.

Die Polizei hatte nicht allzu viel Mühe, die von Sabrina Minardi erwähnte geheime Wohnung zu finden. Sie befindet sich im Gianicolo-Viertel, und die Innenarchitektur entspricht exakt den Beschreibungen Minardis, einschließlich des Souterrains mit einem kleinen Hohlraum, in dem sich eine verrostete Bettstelle und ein paar rudimentäre Einrichtungsgegenstände befanden. Ein anonymer Ex-Mitarbeiter von De Pedis hat in der Sendung *Chi l'ha visto?* in einem Telefongespräch gesagt, dass er über die Existenz dieses Souterrains sehr genau Bescheid wisse: «Die Wohnung in Monteverde wurde von untergetauchten Gangstern als Versteck genutzt, auch Renatino hat dort nach einem Motorrad-Unfall eine Zeit lang Unterschlupf gefunden.» Gleichzeitig hat dieser Zeuge jedoch ausgeschlossen, De Pedis könne etwas mit Emanuelas Entführung zu tun gehabt haben.

Andere Indizien besagen das Gegenteil. Einige Fotos von Renatino, auch das auf seinem prächtigen Grab in der Kirche Sant'Apollinare, sind dem Phantombild, das nach den Angaben zweier Augenzeugen kurz nach der Entführung angefertigt wurde, frappierend ähnlich. Ein Oberst der Carabinieri, der diese Zeichnung damals sah, machte instinktiv dieselbe Beobachtung: «Aber das ist doch De Pedis.»

Nicola Cavaliere, der heute ein hohes Amt beim Geheimdienst bekleidet und damals in dem Entführungsfall ermittelte, erklärt sich ebenfalls überzeugt, es müsse sich um eine Erpressung des Vatikans gehandelt haben. Seiner Vermutung nach begannen sich die illegalen Gläubiger des Ambrosiano, also alle diejenigen, die es nicht riskieren konnten, sich offen an die Gerichte zu wenden, zu fragen, wie sie an ihr Geld kommen konnten. Sie waren sicher gewesen, eine gute Investition getätigt zu haben, um am Ende zu entdecken, dass sie sogar ihr Kapital verloren hatten. Ein weiteres kleines Mosaiksteinchen: Im April 1998, also einen Monat vor seiner Ermordung, wurden aus dem Tresor von Oberst Alois Estermann (siehe Kapitel II) einige Dossiers entwendet, darunter auch das über Emanuela Orlandis Verschwinden.

Reicht das, um der von Sabrina Minardi gelieferten Version eine solide Basis zu geben? Natürlich nicht. Es reicht lediglich, um einer Reihe anders nicht erklärbarer Aktionen und Reaktionen eine gewisse logische Kohärenz zu geben.

Die widerstrebende (wenn nicht ablehnende) Haltung der vatikanischen Behörden bestätigt wieder einmal die zwischen Kirche und Heiligem Stuhl bestehende Trennung; letzterer gehorcht der «Staatsräson», muss ihr gehorchen, auch wenn sie ganz eindeutig im Widerspruch zur Nächstenliebe steht. Eine so hartnäckige Verweigerung könnte aber auch mit dem sogenannten *segreto pontificio*, dem «Päpstlichen Geheimnis», im Zusammenhang stehen. 2001 ordnete Papst Wojtyła die Aktualisierung einer seit geraumer Zeit bestehender Verfügung an, mit der dem geistlichen Personal «Auswärtigen» gegenüber eine besonders strenge Geheimhaltungspflicht auferlegt wurde. Das Rundschreiben ist vom 18. Mai 2001 und trägt die Unterschriften von Joseph Ratzinger und Tarcisio Bertone, seinerzeit Präsident und Sekretär der Glaubenskongregation (ehemals Heiliges Offizium).

Aufgrund derselben Instruktion ist Ratzinger 2005 auch von einem Tribunal in Houston/Texas in einem Verfahren gegen pädophile Priester wegen Konspiration gegen die Justiz vergeklagt worden. Im September desselben Jahres forderte der vatikanische Staatssekretär Angelo Sodano den Präsidenten der Vereinigten Staaten auf, das Verfahren aufgrund der allen Staatsoberhäuptern zugestandenen Ausdehnung der diplomatischen Immunität auf den *Summus Pontifex* zu blockieren. Präsident George W. Bush gewährte die Immunität. Zu den Fällen, für die das «Päpstliche Geheimnis» zutrifft, zählen auch sexuelle Übergriffe und der Missbrauch von Minderjährigen durch Geistliche. Zur Kategorie der «Auswärtigen» gehört jeder, der nicht der kirchlichen Hierarchie angehört, einschließlich der Staatsanwälte und Richter, die über ein im Nichts verschwundenes fünfzehnjähriges Mädchen ermitteln.

Doch hier beginnt eine andere Geschichte, auf die ich im Nachwort zurückkommen werde.

XV. DAS TRIBUNAL DES GLAUBENS
DIE HEILIGE INQUISITION UND DER KAMPF GEGEN DIE KETZER

Es gibt ein Baumonument, das die Majestät Roms im gleichen Maße repräsentiert wie das Kolosseum oder das Pantheon: das Hadrian-Mausoleum, besser bekannt unter dem Namen Castel Sant'Angelo (Engelsburg), und die dazugehörige Brücke, die das Marsfeld mit dem Mausoleum verbindet, der Ponte Elio (lat. pons Aelius, dt. Engelsbrücke). Burg und Brücke sind durch viele Ereignisse und eine lange Geschichte miteinander verbunden.

Seit dem Beginn des 2. Jahrhunderts, als es erbaut wurde, hat das Kastell oder *Hadrianeum* immer wieder sein Aussehen und seine Funktion geändert, wobei es jedoch in den dramatischen Wechselfällen der Stadtgeschichte immer eine wichtige Rolle gespielt hat. Nur noch wenige erinnern sich daran, dass dieses imposante Bauwerk ursprünglich als Mausoleum der Antoniner gedacht war, was es über ein Jahrhundert lang auch gewesen ist. Neben dem Grab Hadrians und seiner Frau Sabina befinden sich darin die Grabstätten von Antoninus Pius und Faustina, vielleicht Mark Aurels, sicher Caracallas, der 217 vom Chef seiner Leibwache ermordet wurde. Das wichtigste Grab ist natürlich das Hadrians, des großen Kaisers, der in seinem Namen das Prädikat *Aelius* trug, um den Bezug zu Apollon und Helios herzustellen; der dem Krieg den Frieden vorzog und dem es häufig gelang, ihn auch zu bewahren; der die Wunder der Länder kennenlernen wollte, über die er herrschte, auch die sehr weit entfernten; der in Liebe zu dem schönen Jüngling Antinoos entbrannte.

Seinen Namen verdankt Castel Sant'Angelo einer Legende: Im Jahre 590, just in dem Moment, in dem eine von Papst Gregorius Magnus (Gregor I. der Große) angeführte Prozession durch die Straßen der Stadt zog, um das Ende einer schrecklichen Pest-Epidemie zu beschwören, soll über der Burg ein Engel erschienen sein. Das himmlische Wesen schien ein Zeichen zu sein, dass die Gebete erhört worden waren.

Zur Erinnerung an dieses Wunder wurde zunächst eine Votivkapelle errichtet, dann eine Engelsstatue auf die Spitze des Gebäudes gesetzt, die über die Jahrhunderte mehrfach ausgetauscht wurde. Eine dieser Statuen, die von 1544, ist heute noch in einem Innenhof zu sehen. Sie ist mehr als 3 Meter hoch, wurde (Raffaello da Montelupo zufolge) aus der Trommel einer römischen Säule herausgearbeitet, die Flügel sind aus Kupfer und zweckmäßigerweise mit Löchern versehen, um dem Wind keinen allzu großen Widerstand entgegenzusetzen. Zwei Jahrhunderte lang blieb dieser Engel dort und betrachtete die Stadt von oben, dann wurde 1752 der gigantische Bronzeengel des Flamen Peter Anton van Verschaffelt gegossen. Auch er verkündet mit der altbekannten Geste das Ende der Pest und steckt das Schwert des göttlichen Zorns in die Scheide. Ein stattliches Werk, das den Umwälzungen der Zeiten und den Unbilden des Wetters widerstanden hat. Es lohnt sich, auf die Spitze der Engelsburg zu steigen und es von Nahem zu betrachten.

Wir wissen nicht genau, wie das Mausoleum ursprünglich ausgesehen hat. Wir wissen, dass es mit dem mehr als ein Jahrhundert zuvor erbauten Mausoleum des Augustus konkurrierte, das in Luftlinie nicht sehr weit entfernt liegt, allerdings auf der anderen Seite des Tibers. Weil die Grundstruktur noch vorhanden ist, wissen wir zumindest, dass der Bau auf einfachen geometrischen Formen basierte: einem quadratischen Podium, das den riesigen, zylindrischen Rundbau trug, der an der Spitze vielleicht von einem Erdhügel im Stile der Etrusker bedeckt war. Auf dem Zylinder erhob sich ein Turm, der wahrscheinlich von einer Quadriga gekrönt war. Der Kreis und das Quadrat, die Götter und die Welt, die Seele und der Körper, das Einfache und das Vielfache. Hadrian war ein Intellektueller, er wollte, dass das Bauwerk nicht nur seine Asche und die seiner Angehörigen bewahrte, sondern darüber hinaus seine Vision der Welt überlieferte.

Als Standort hatte er den Grund des *ager vaticanus*[1] an der äußersten städtischen Peripherie gewählt, eine Ebene, die vom Volk als entlegen und verwildert angesehen wurde. Es ist die Gegend, in der unter Konstantin die dem Petrus geweihte Kirche erstehen wird. Eine Nachbarschaft, die das Schicksal der beiden Gebäude für immer miteinander verbindet: die Burg und die Basilika. Als 404 Kaiser Honorius nach Rom kam, schrieb Augustinus von Hippo, dass er, vor die Wahl gestellt, seinen Kniefall im Tempel des Kaisers Hadrian oder vor dem Altar (*memoria*) des Fischers zu machen, sich dort auf die Brust schlug, wo sich der Körper Petrus', des Fischers, befand.[2] Kurz vor seinem Tod schrieb Hadrian, der die Literatur und die Künste liebte, berühmt gewordene Abschiedsverse, ein bewegendes Beispiel für das zarte, vibrierende, melancholische Latein der Dekadenz, das so weit entfernt ist von der epischen Prosa des Marmors und des Eisens, des Feuers und der unstillbaren Leidenschaften:

Animula vagula, blandula
Hospes comesque corporis,
Quae nunc abibis in loca
Pallidula, rigida, nudula,
Nec, ut soles, dabis iocos…

Eine freie, aber, wie ich glaube, recht treue Übersetzung wäre: Kleine Seele, schweifende, zärtliche,/ Gast und Gefährtin des Leibs,/ Die du nun entschwinden wirst dahin,/ Wo es bleich ist, starr und bloß,/ Und nicht wie gewohnt mehr scherzen wirst …» Und weiter: «Einen Augenblick noch schauen wir/ Die vertrauten Ufer, die Dinge,/ Die wir sicher nie wieder sehen werden …»

Grab, Festung, Kerker? Das Kastell ist in den 2000 Jahren seines Lebens all dies gewesen, eins nach dem anderen, nicht selten aber auch gleichzeitig. Im Jahre 403, zu Zeiten von Honorius, wurde es als vorgelagerte Zitadelle jenseits des Flusses in den Befestigungsring einbezogen und entwickelte sich sehr schnell zu einer echten Festung, verstärkt durch eine zinnenbewehrte Mauer, mit Laufgräben und geheimen Verliesen (den berüchtigten *segrete*). Die mächtigsten römischen Familien machten sich die Burg gegenseitig streitig, ebenso wie ein zweites Zylindergrab, das der Caecilia Metella auf der anderen Seite der Stadt, auf der Via Appia. In so ungewiss und blutig gewordenen Zeiten kamen diese Grabmonumente wie gerufen, um nun eher den Lebenden Schutz zu gewähren als den Toten. In der Tat war eine der Bedingungen, die Papst Urban V. nach dem Avignonesischen Exil für seine Rückkehr nach Rom stellte, die Übergabe der Kastell-Schlüssel, unabdingbare Garantie für die Kontrolle über die Stadt.

Die Jahre vergingen, und die mittlerweile verstümmelte, weitgehend ihrer Verzierungen, Marmorverschalungen, Statuen beraubte Ruine wurde zur Notresidenz der römischen Päpste. Wer Castel Sant'Angelo heute besucht, kann am äußeren Gebäude-Korpus ganz klar die von einer Travertinzarge gekennzeichnete Grenze erkennen, wo der römische Teil an den jüngeren Bauabschnitt stößt: im unteren Teil eine Basis aus einer großen Tuffsteinmasse, im oberen Teil eine ordentliche Ziegelsteinmauer. Auf dieser oberen Ebene entstanden mit der Zeit die von verschiedenen Päpsten gestalteten, prächtig ausgestatteten Wohnungen. Da dies Buch aber kein Kunstführer im traditionellen Sinne ist, werde ich hier nur auf zwei Hauptfiguren dieser bewegten Geschichte eingehen: Papst Alexander VI. Borgia und Papst Paul III. Farnese.

Ein nicht allzu zerstreuter Besucher bemerkt die Anwesenheit von Papst Borgia bereits am Eingang des Kastells, wo eine Inschrift über der Tür besagt: ALEXANDER VI PONT MAX INSTAURAVIT AN. SAL. MCCCCLXXXXV (Pontifex maximus Alexander VI. hat dies im Jahre 1495 wiederhergestellt). 1495 ist das Jahr, in dem die von Papst Alexander in Auftrag gegebenen Restaurierungsarbeiten vollendet wurden. Gleich darüber sein Wappen, das jedoch beschädigt ist. 1798 schlugen die französischen Soldaten die Verzierungen ab, bei denen es sich sehr wahrscheinlich um das Triregnum mit den Schlüsseln sowie das beredte heraldische Emblem seiner Familie handelte: den Stier. Ein einziges dieser Wappen ist in dem darüberliegenden Hof, auf der Seite der Brunnenbrüstung, vor Zerstörung bewahrt geblieben.

Papst Borgia konzentrierte sich vor allem auf den Ausbau der Verteidigung, der Bastionen, der äußeren Befestigungsanlagen einschließlich eines Wachturms, der die Brücke auf der vatikanischen Seite absicherte, auf die Restauration des *Passetto di Borgo,*[3] also dem oberirdischen, in die Mauer integrierten Verbindungsgang zwischen den Apostolischen Palästen und der Engelsburg. Diesen Gang benutzte Papst Clemens VII., als die kaiserlichen Truppen Karls V. die Stadt 1527 in Schutt und Asche legten. Auch in jenen blutigen Kriegstagen erwies sich das Kastell als eine uneinnehmbare Festung.

Noch bedeutsamer ist die Prägung, die Paul III. Farnese hinterlassen hat, ein sehr bemerkenswerter Papst, ein großer Humanist und wahrer Erbe der klassischen Antike, auch wenn er auf fragwürdige Weise zum Purpur gekommen ist. Papst Borgia hatte den gerade Fünfundzwanzigjährigen auf Empfehlung von dessen Schwester Giulia zum Kardinal gemacht, die mit fünfzehn Jahren die Geliebte des Papstes geworden war. Respektlos hatte ihm das römische Volk den schlüpfrigen Beinamen «Kardinal *Fregnese*»[4] verpasst.

Paul III. steigt 1534 auf den Thron, wenige Jahre nach Luthers Bruch mit der katholischen Kirche und dem dramatischen *Sacco di Roma*, kurze Zeit vor einem weiteren schwerwiegenden Schisma, der von Heinrich VIII. vollzogenen Lossagung der anglikanischen von der römisch-katholischen Kirche. Er hat die feste Absicht, die religiöse und imperiale Autorität der Kirche wiederherzustellen. Er genehmigt die Gründung des Jesuitenordens, stellt die Römische Inquisition wieder her, vor allem aber befördert er das Konzil von Trient, durch das die Kirche der um sich greifenden Reformation eine moralische Regeneration entgegenzusetzen versucht, um auf diese Weise die Legitimität einer katholischen Universalordnung zu festigen.

Für das Kastell gibt Papst Farnese die prächtigen Fresken in Auftrag, in denen er sich als neuer Kaiser zu präsentieren beabsichtigt, als Reinkarnation des großen Hadrian, Erbe einer Zivilisation, die es verstanden hatte, die Welt mit Waffengewalt, aber auch mit der Weisheit der Gesetze zu beherrschen. In gewisser Weise macht sich Paul die bewegenden Verse der Aeneis (VI, 852–53) zu eigen, in denen Anchises die künftige Rolle Roms umschreibt:

Tu regere imperio populos, Romane, memento
haec tibi erunt artes, pacique imponere morem
parcere subiectis et debellare superbos.

Du aber, Römer, gedenke den Völkern mit Macht zu gebieten.
Das sei dein Beruf, Gesittung und Frieden zu schaffen,
Unterworfene zu schonen und niederzuringen die Stolzen.[5]

Die Fresken im Bibliothekssaal, in denen Szenen der Gründung Roms dargestellt sind, repräsentieren also ein kulturelles und politisches Programm, das seinen höchsten Ausdruck in der *Sala Paolina* erreicht: In der Pracht der Fresken, der Stuckaturen, des Marmors, der Scheinarchitekturen wird der Papst zum Verbindungselement zwischen pagan Klassischem und katholisch Zeitgenössischem, zwischen römischem Reich und kirchlicher Unterweisung. Eine Inschrift ganz oben an der Wand macht seine Absicht explizit: «Paul III. Pontifex maximus hat das Grab des göttlichen Hadrian in eine hohe und heilige Residenz verwandelt.»

Die alten Mauern der Festung beherbergen noch mehr bemerkenswerte Räume: die entzückende *stufetta*, das Badezimmer Clemens' VII., die geheimnisvolle *Sala del Tesoro* mit ihrem riesigen Schrein, die Grabkammer, in der die sterblichen Überreste Hadrians aufbewahrt werden, die raffinierte Loggetta Julius' II. zur Brücke hin, die geniale gewölbte Spiralrampe, die den bequemen Zugang von Reittieren bis ganz nach oben ermöglichte, und vieles andere mehr. Doch darf auch die dunkle Seite nicht verschwiegen werden. Der Luxus der Säle kann nicht vergessen machen, dass dies auch ein grausamer Ort von Gefangenschaft, Strafe und Tod gewesen ist, eines der Gefängnisse des Tribunals der Heiligen Inquisition.

In der *Sala della Giustizia* wurde das Todesurteil gefällt, mit dem die blutjunge Beatrice Cenci aufs Schafott geschickt wurde. Im *Cortile delle fucilazioni*, dem Erschießungshof, wurden noch im 19. Jahrhundert junge Patrioten hingerichtet, die von einem vereinten Italien und vom Ende der weltlichen Vorherrschaft der Päpste geträumt hatten. Nicht zufällig hat Giacomo Puccini das Finale seiner «Tosca» hierher verlegt.[6] Die Glocke, die zur Linken des Engels am höchsten Turm zu sehen ist, wurde «Glocke der Verurteilten» genannt, weil sich mit ihrem Läuten das Bevorstehen einer Hinrichtung ankündigte. In bestimmten Zeiten ist Castel Sant'Angelo nur dies gewesen: ein grauenhaftes Gefängnis, von dessen riesigen und düsteren Verliesen sich Piranesi für seinen Radierungszyklus *Carceri d'invenzione* («Erfundene Kerker») inspirieren ließ.

Ein Besuch in den *segrete* offenbart, unter welch fürchterlichen Bedingungen die Gefangenen ihr Schicksal erwarteten: nackte Zellen, ein elendes, auf die Erde geworfenes Lager, nicht einmal eine Latrine. Auf engstem Raum, ohne Luft, im Gestank der Exkremente, im Schmerz der erlittenen Folter, im ewigen Halbschatten der ganz oben angebrachten, unerreichbaren *bocche di lupo* (Lichtschächte, wörtlich: Wolfsmäuler) schmachteten die Unglücklichen in Erwartung eines unbestimmten Urteils, während in dem Hof über dem Schrecken dieser Zellen nicht selten getanzt wurde, das helle Lachen schöner Damen erklang, liebenswürdig Konversation betrieben wurde.

Unter den Hunderten von Unglücklichen, die hier eingesperrt waren, gab es illustre Menschen wie Benvenuto Cellini,[7] Protagonist eines abenteuerlichen, misslungenen Fluchtversuchs. In seinen farbenfrohen Memoiren schreibt er:

> So lebte ich, elend genug, auf der ganz verfaulten Matratze, denn in drei Tagen war alles nass geworden. Wegen meines zerbrochenen Fußes konnte ich mich nicht regen, und wenn ich um einer Notdurft willen aus dem Bette musste, so hatte ich mit großer Not auf allen vieren zu kriechen, um den Unrat nur nicht nahe zu haben.[8]

Cellini hatte als prominenter Gefangener das Glück, über ein rudimentäres Klo zu verfügen (das man heute noch besichtigen kann), ein Luxus, der gewöhnlichen Häftlingen vorenthalten blieb.

Das letzte illustre Opfer der Inquisition war Giuseppe Balsamo, Graf von Cagliostro. Dem genialen Hochstapler und Abenteurer aus Palermo gelang es, mit seinem Talent als Medium, Alchemist und Zauberer die Höfe halb Europas hinters Licht zu führen. In Wahrheit war er nichts als ein mit außerordentlichem Einfallsreichtum begabter, zu Lügen, verblüffenden Tricks und Hochstapeleien fähiger Exzentriker. 1789 ließ sich Cagliostro, von der Siphilis gezeichnet, in Rom nieder, wo er eine Freimaurerloge des ägyptischen Memphis-Misraïm-Ritus gründete. Er hatte nur zwei Anhänger, einen Marquis und einen Kapuzinermönch, der der Geliebte seiner Frau Lorenza wurde.

Von seiner eigenen Frau angezeigt, wurde ihm der Prozess gemacht, dem er wegen Gotteslästerung und häretischer Aussagen über Gott, Jesus Christus, die Jungfrau, die Heiligen, die Sakramente, das Fegefeuer, die kirchlichen Vorschriften, außerdem wegen falscher Lehren über Sexualität und schamlose Handlungen zum Tode verurteilt wurde (April 1791). In der tragikomisch anmutenden Begründung wurde er definiert als «ein Mann, der nichts glaubt, ohne Religion, also ein Tier, verleumderisch und ziemlich böse, Gauner, rasender und bestialischer Scharlatan, Schwärmer und Schurke, dreist, äußerst verrufen.»

Der Kapuzinermönch bekam zehn Jahre Gefängnis, die Gattin Lorenza kam mit der Verbannung in ein Kloster davon. Cagliostro gelang es, dem Schafott zu entgehen, weil der Papst seine Strafe in «lebenslänglich» umwandelte. Er wurde dann ins Festungsgefängnis von San Leo gesperrt, wo er aufgrund seiner Krankheit und auch der häufigen Stockschläge, die er dort erhielt, langsam verrückt wurde.

Die Römische Inquisition verfügte noch über weitere Gefängnisse: das Gefängnis von Tor di Nona (wo Giordano Bruno gefangengehalten wurde), später abgerissen, um den Dammmauern des Tibers Platz zu machen, und schließlich das eigentliche Gefängnis des Sant'Uffizio, das im Herbst 1566 mit großen Festivitäten und Artilleriesalven feierlich eingeweiht wurde. Heute dient es anderen, weniger grausamen Zwecken. Der *Palazzo dell'Inquisizione* erhebt sich auf dem gleichnamigen Platz ganz in der Nähe des Petersplatzes und ist der Sitz der Glaubenskongregation. 24 Jahre lang hat Kardinal Ratzinger dieses massive Portal durchschritten, ist in den ersten Stock gestiegen und hat in seinem Büro Platz genommen. Die Einrichtung ist karg: ein Schreibtisch in schwarzem Nussbaum, ein altes Magdalena-Gemälde an der Wand, ein Kruzifix. Der Name des Palazzo beschwört Folterqualen herauf, der Name ist aber auch die einzige Spur, die noch von dem ehemaligen Justiz-Komplex übriggeblieben ist, der 1542 nach dem Willen Pauls III. entstanden war. Die *Santa Romana e Universale Inquisizione* (Heilige Römische und Universale Inquisition) entstand als Bollwerk zum Schutz des Glaubens und gegen die Häresien.

Die grausamen Verhöre der Inquisition wurden im Gefängnis der *Carceri Nuove* (Neue Kerker) in der Via Giulia durchgeführt. Im Auftrag von Papst Innozenz X. Pamphili nach einem Entwurf von Antonio Del Grande 1647 gebaut, wurden die Kerker unter dem Pontifikat Alexanders VII. Chigi vollendet. Heute beherbergt der Palazzo die *Direzione nazionale antimafia* (Nationale Antimafia-Direktion) – ein Kuriosum der Geschichte. Bis 1968 sind die *Carceri Nuove* Sitz des *Museo criminale italiano* (Italienisches Kriminalmuseum) gewesen, das dann umgezogen ist. Im zweiten Stock, nicht weit vom Büro des Staatsanwalts, gibt es einen Raum, der noch eine Spur der alten Funktion bewahrt: ein in der Mauer verankerter Haken, der dazu diente, die Angeklagten während der Folter festzubinden. Diese Zellen waren eine obligatorische Durchgangsstation. Für jeden, der schuldig gesprochen wurde, Lehren anzuhängen, die im Widerspruch zur offfiziellen Doktrin der Kirche standen, konnten sie das Vorzimmer zum Schafott bedeuten.

Über die Inquisitionstribunale ist in Italien und darüber hinaus so reichlich geschrieben worden, dass zuweilen die Mythologie, eine finstere Mythologie, die historische Wahrheit der Fakten übertroffen hat. Doch abgesehen von allen Übertreibungen hatte das Phänomen zweifellos eine gewichtige Bedeutung für die Geschichte der Kirche, insbesondere die italienische.

Seit ihren Ursprüngen verspürte die Kirche (wie jeder auf Ideologie gegründete Organismus) im Zuge der allmählichen Ausbildung eines Kanons und einer Orthodoxie die Notwendigkeit, den doktrinären Abweichungen (Häresien) entgegenzutreten und diejenigen zu bestrafen, die sich solcher Taten schuldig gemacht hatten. Dazu gehörte auch die Lektüre oder der Besitz von Werken, die als ketzerisch erachtet wurden. Die Synode von Toulouse von 1229 ging so weit, Laien den Besitz der Bibel zu verbieten, und 1234 bestimmte die Synode von Tarragona sogar, dass Bibelübersetzungen in Vulgärlatein zur Verbrennung abgegeben werden mussten. Typisch für das Verfahren war das – im römischen Recht unbekannte – Prinzip, dass eine Anklage wegen Ketzerei «von Amts wegen» (*procedura d'ufficio*) erhoben werden konnte, das heißt, auch wenn es keine glaubwürdigen Zeugen gab. Nicht nur das: Wer auch immer Kenntnis von möglichem Ketzertum erlangt hatte, war verpflichtet, die Tat unverzüglich dem nächsten Inquisitionstribunal anzuzeigen. Bei Nichteinhaltung dieser Vorschrift wurde er als Mitwisser betrachtet. Eine Spur davon findet sich in Galileos Abschwörungsformel, in der der große Wissenschaftler unter anderem versprechen musste: «Und ich schwöre, dass ich …, wenn ich irgend einen Ketzer oder der Ketzerei Verdächtigen kennenlerne, denselben diesem Heiligen Offizium oder dem Inquisitor und Ordinarius des Ortes, wo ich mich gerade befinde, anzeigen werde.»

In einer ersten Phase bestanden die Urteilssprüche vor allem im Kirchenbann und in der Exkommunikation. Später wurden sie härter, auch wenn neuere Forschungen ergeben haben, dass ihre Strenge nach Ländern und historischen Phasen variierte. Vor dem Inquisitionsgericht endete, wer der Magie, der Hexerei, des Teufelspakts, der vorgetäuschten Heiligkeit, der Sodomie angeklagt war. Allgemeiner gesagt: Taten, die im Widerspruch zur Kirchenlehre standen und daher eine mögliche Abweichung vom offiziellen Kanon erkennen ließen.

Über einen langen Zeitraum hatte die Inquisition ein sehr großes Gewicht in der Kirche. Von den sieben Päpsten der zweiten Hälfte des 17. Jahrhunderts etwa hatten nur zwei nicht zuvor Inquisitionsämter bekleidet. Mit Papst Ratzinger, Benedikt XVI., ist diese Tradition wieder aufgelebt.

Was also war genau die Inquisition, welche Rolle spielte sie in der Gesamtstrategie des Heiligen Stuhls? Auch die *Congregazione della Sacra Romana e Universale Inquisizione* war eine Schöpfung Papst Pauls III. Farnese. Ins Leben gerufen wurde sie durch die Apostolische Konstitution *Licet ab initio* (1542): ein Kollegium aus Kardinälen und hohen Prälaten unter der direkten Leitung des Papstes. Aufgabe dieses Organismus war die Aufrechterhaltung und Verteidigung der Unversehrtheit des Glaubens, die Prüfung und Ächtung von Irrtümern und Irrlehren. Unerlässlicher Appendix war von 1571 an der *Index librorum prohibitorum* (Index der verbotenen Bücher), mit den Aufgaben, auf die wir gleich kommen werden. Die römischen Inquisitoren hatten Gerichtszuständigkeit für das gesamte katholische Universum, auch wenn sich ihre Aktivität in der Praxis fast ausschließlich auf Italien begrenzte. Die beiden berühmtesten Prozesse waren die gegen Giordano Bruno und Galileo Galilei.

Die dominikanischen Inquisitoren Jakob Sprenger und Heinrich Kramer, die von Papst Innozenz VIII. nach Deutschland geschickt worden waren, fassten alle dienlichen Methoden, wie man Hexen und Ketzer erkennen, verhören und bestrafen konnte, in einem Handbuch zusammen. Das Werk wurde 1486 in Speyer publiziert und sollte unter dem Titel *Malleus Maleficarum* (*Der Hexenhammer*) zu großer Berühmtheit gelangen. Das Buch wurde immer wieder neu aufgelegt, noch das gesamte 17. Jahrhundert hindurch, und erreichte die damals unglaubliche Auflage von 35 000 Exemplaren.

Die sich bei den «Hexen» manifestierenden Verhaltensänderungen wurden von den Beichtvätern (die dem Tribunal die Verdachtsfälle meldeten) der Präsenz des Dämons zugeschrieben, der sich fast immer in den Genitalien festsetzte. In der Tat betraf das Gros der Beschuldigungen unzüchtige Sexualpraktiken, ausgefallene Techniken des Geschlechtsverkehrs, obszöne Küsse, vor allem den *osculum infame* («Schandkuss»), also den im Satanismus rituellen Akt, dem Teufel auf den Anus zu küssen. Bei vielen Maßnahmen schien die Vorstellung von der sexuellen Unersättlichkeit der Frau durch, weshalb den Beschuldigten, um dem Dämon eines seiner bevorzugten Verstecke zu rauben, häufig die Schamhaare rasiert wurden. Abhilfe erwartete man sich von gewissen, sehr speziellen Exorzismen, auch mit Hilfe eines Blasebalgs und bestimmten Manipulationen *in loco*, d. h. an den Geschlechtsorganen.

Das vorgesehene Verfahren war dem aller übrigen Strafprozesse ähnlich: Anklage, mündliche oder schriftliche Zeugenaussagen, möglicherweise zusätzliche Beweismittel, Rede und Gegenrede von Anklage und Verteidigung, Urteil. So weit die Theorie. In der Praxis genügte als gerichtliches Beweismittel bereits geringfügiges konfuses Geschwätz. Schon die Leugnung der Existenz des Teufels war Häresie und somit ein Eingeständnis der Schuld. Die Verhöre konnten *stricte* sein, also unter Gebrauch der Folter, euphemistisch als «peinliche Befragung» umschrieben. Wenn der Angeklagte seinen Irrtümern nicht abschwor, drohte der Inquisitor mit Folter, im Falle weiterer Verweigerung wurde er den Folterknechten übergeben.

Im Falle, dass der Angeklagte auch unter Folter kein Geständnis ablegte, erklärte das Tribunal seine Unfähigkeit, den Ketzer zum rechten Glauben zurückzuführen, und übergab ihn zur Vollstreckung der Strafe dem sogenannten *braccio secolare* (dem weltlichen Arm), also dem zuständigen Ziviltribunal. Diese Aufteilung von Zuständigkeiten führte mehrmals zu zweischneidigen Kompromissen: Um ihre Urteile vollstrecken zu lassen, stützte sich die Kirche auf die politische Macht, während sie den Deckmantel der Doktrin benutzte, um ihre Unterdrückungskampagnien zu legitimieren. Die Gefängnisstrafe wurde im Allgemeinen durch eine rituelle Formel verkündet:

> Wir verurteilen dich auf ewig zu förmlichem Kerker durch dieses Heilige Offizium, ohne Hoffnung auf Begnadigung, damit du gezwungen bist, durch ständiges Wehklagen und Bußetun bei Gott Barmherzigkeit und die Verzeihung deiner Sünden und Irrtümer in der Vergangenheit zu erflehen.

In diesen Prozessen gab es keine Unterscheidung zwischen Sünde und Straftat: Wahre Angeklagte war die Seele, und sie war es, die verurteilt werden musste, beziehungsweise die Ideen, die Lehre, die Grundprinzipien, auf deren Basis der Angeklagte agierte, schrieb, dachte. Auch deswegen erwiesen sich die kultivierten, gut ausgebildeten, strengen Dominikanerbrüder häufig als die erfolgreichsten Inquisitoren. Ihre unerbittlichen Urteile haben auch in der Literatur ihren Widerhall gefunden. Unter den zahlreichen Beispielen seien nur Walter Scotts *Ivanhoe* und Umberto Ecos *Der Name der Rose* genannt, vor allem aber Fjodor Dostojewskis Roman *Die Brüder Karamasow* mit seiner gewaltigen Binnenerzählung *Legende vom Großinquisitor*, die von Iwan, dem skeptischen, nach Glauben dürstenden Bruder und Gottesleugner erzählt wird.

Iwan stellt sich vor, dass Jesus nach fünfzehn Jahrhunderten auf die Erde zurückkehrt und in Spanien angesichts der brennenden Scheiterhaufen und der in seinem Namen vollzogenen Verfolgung durch die Heilige Inquisition wieder anfängt, Wunder zu vollbringen. Der Großinquisitor, ein alter Mann von neunzig Jahren, lässt ihn gefangennehmen, in der Absicht, ihn als Ketzer auf dem Scheiterhaufen verbrennen zu lassen. Beunruhigt durch dessen Anwesenheit begibt er sich jedoch nachts in die Zelle seines Häftlings, wo er ihn ausführlich zum Wert der Freiheit des Menschen befragt:

> Du willst in die Welt gehen und gehst mit leeren Händen, mit irgendsoeinem Versprechen von Freiheit, das sie [die Menschen, Erg. d. Ü.] in ihrer Einfalt und angeborenen Aufsässigkeit nicht einmal begreifen können, vor dem sie sich fürchten und ängstigen; denn niemals und nirgends gab es etwas, was für den Menschen und für die menschliche Gesellschaft unerträglicher gewesen wäre als die Freiheit! … Ich sage dir, der Mensch kennt keine quälendere Sorge als die, denjenigen zu finden, dem er möglichst schnell das Geschenk der Freiheit übergeben könnte, mit dem er, dieses unglückliche Wesen, geboren wird … Anstatt ein für allemal feste Grundlagen für die endgültige Beruhigung des menschlichen Gewissens zu geben, hast du all das gewählt, was es an Ungewöhnlichem, Rätselhaftem und Unbestimmtem gibt, alles, was über die Kräfte der Menschen geht; und darum hast du gehandelt, als liebtest du sie überhaupt nicht, obwohl du doch derjenige warst, der gekommen war, für sie Sein Leben hinzugeben![9]

Nach seinem leidenschaftlichen Plädoyer zur Verteidigung der Autorität der Kirche verstummt der Inquisitor und wartet schweigend, was sein Gefangener antworten wird. Jesus hat die ganze Zeit über still zugehört und ihm dabei eindringlich in die Augen gesehen. Er erwidert nichts. Der greise Inquisitor möchte, dass er etwas sagt, er aber nähert sich ihm plötzlich wortlos und küsst ihn auf die blutleeren Lippen. Das ist seine Antwort. Der Alte reißt die Tür auf, sagt: «Geh und komm nicht wieder … niemals, niemals!» Der Gefangene geht.[10] Eine grandiose Metapher des Widerspruchs zwischen der Botschaft des Evangeliums und einer politischen Macht, die den Anspruch erhebt, in seinem Namen zu handeln.

Es war zwar Papst Paul III., der den Anfang machte mit diesen Prozeduren, aber erst einer seiner Nachfolger, Paul IV. Carafa (1555–1559), dachte sich einen gekonnt politischen Gebrauch des Tribunals aus. Ich habe zu diesem Thema Prof. Massimo Firpo[11] befragt, der die Kultur- und Religionsgeschichte des 16. Jahrhunderts ausgiebig studiert hat. Hier seine Antwort:

> Kardinal Carafa, der spätere Papst Paul IV, hatte Clemens VII. 1532 eine außerordentliche Denkschrift geschickt, die in feurigen Worten das Überhandnehmen von Häresien und Sittenverfall, Korruption und Ignoranz des Klerus denunzierte, dazu die Passivität der Bischöfe und des Heiligen Stuhls selbst, lauter Probleme, die eng miteinander in Verbindung standen. Es war ein klares und kraftvolles Aktionsprogramm, das auf eine Reform der Kirche zielte, die vor allem dazu geeignet sein sollte, der protestantischen Reformation wirksam Contra zu bieten. Innerhalb weniger Jahre setzte sich seine hartnäckige und unnachgiebige Initiative durch, die auf das Prinzip gegründet war: «Häretiker muss man wie Häretiker behandeln», das in der zweiten Hälfte des 16. Jahrhunderts offizielle Politik der Kirche wurde, also das, was wir als *Controriforma* [Gegenreformation] bezeichnen. Die Einrichtung des Sant'Ufficio bot eine vorzügliche Waffe zur Bekämpfung der in Italien verbreiteten Ketzergruppen, einschließlich derer innerhalb der Kirche, die zu einer Einigung mit den Protestanten tendierten, sogar zur Annahme einiger ihrer theologischen Prinzipien. Das beweist der bedenkenlose Gebrauch, den Carafa von der Inquisition machte: Er sammelte Beweise (heute würde man sagen, er stellte ein «Dossier»zusammen), die bei den Konklaven genutzt wurden, um die Wahl seiner Gegner zu verhindern. Von einem römischen Informanten wissen wir beispielsweise, dass Carafa im Konklave von 1555 die Prozessakten aller Anwärter

auf den Papstthron mit sich führte. Es ist nicht weiter erstaunlich, dass er dabei selbst als Papst hervorging und sogleich daranging, «die Gefängnisse im Auftrag der Inquisition mit Kardinälen und Bischöfen zu füllen», wie es eines seiner Opfer beschrieb.

Und es verwundert auch nicht, dass die Inquisition, nachdem sie sich erst einmal der Mechanismen der Papstwahl bemächtigt hatte, die Päpste auswählte und die Kirche auf diese Weise nach ihrer eigenen religiösen und politischen Linie ausrichtete. Erst später, nachdem es sich an der Spitze der Kurie etabliert hat, wird das Sant'Uffizio seine Aktivitäten auch auf die Peripherie ausdehnen: gegen die Häretikergruppen, die es in fast allen italienischen Städten gab. In meinen Augen muss das als eine nicht nur religiöse, sondern auch politische Handlungsweise definiert werden, also eine ganz bewusst auf ein politisches Ziel gerichtete Aktion, die imstande war, sich die für ihre Realisierung notwendigen Instrumente zu verschaffen, in Konkurrenz zu anderen, entgegengesetzten theologischen und pastoralen Strömungen der Kirche. So ist zu verstehen, wie die Kongregation des Heiligen Offiziums, die höchste römische Kongregation, die einzige, bei der der Papst persönlich den Vorsitz hat, schließlich zu dem geworden ist, was sich heute Glaubenskongregation nennt, die bis vor kurzem noch von Kardinal Joseph Ratzinger geleitet wurde, heute Papst Benedikt XVI. Schon im 16. Jahrhundert bildete die Inquisitionsbehörde der Kirche einen privilegierten Kanal für die Rekrutierung ihrer hohen Würdenträger und für erfolgreiche Karrieren.

Ist es denkbar, dass dieser mächtige Apparat einen Einfluss auf die Entstehung des italienischen Nationalstaats gehabt hat? Und dass er schließlich in gewissem Maße sogar seine Form und Beschaffenheit bestimmt hat? Massimo Firpo beantwortet das so:

Die Tatsache, dass Rom oder Italien mit dem Zentrum der Christenheit zusammenfallen, hat sehr viele Konsequenzen gehabt. Die Problematik ist aber besser zu verstehen, wenn man sich nicht allein auf den Aspekt beschränkt, dass die Kirche immer in Italien gewesen ist, als Erbin auch der staatlichen Macht nach der Auflösung des römischen Reiches. Hinzu kommt die Tatsache, dass hier ein Staat gefehlt hat. Italien ist immer das Land seiner antiken Städte gewesen, die später zu Kommunen geworden sind, regiert von ihren Familienoligarchien und ihrer unvergänglichen Aristokratie, häufig zerrissen von Parteienkämpfen, ununterbrochen aber beherrscht vom korporativen Denken, alle vereint in einer gefährlichen Vermischung des Öffentlichen mit dem Privaten. Der schwierige Prozess der Kon-

struktion eines modernen Staates, der in England, Frankreich, Spanien seit dem 15. Jahrhundert in Gang gekommen ist, läuft in Italien erst spät und schlecht an. Zu lange sind die südlichen Königreiche in den Händen der Barone geblieben, das heidnische Italien bei seinen kleinen dynastischen Fürstentümern, Genua oder Venedig bei einigen dominierenden Oligarchien, ebenso wie Florenz, und zwar bis mitten ins 16. Jahrhundert hinein. Es ist kein Zufall, dass der nationale Vereinigungsprozess von Piemont ausgegangen ist, dem einzigen kleinen Staat, der sich zwischen dem 16. und dem 18. Jahrhundert an einem Modell absolutistischen Typs orientiert und Stärke gewonnen hatte: Heer, Steuerwesen, Bürokratie, Adel als Voraussetzung für die Bekleidung von Ämtern etc. Was die päpstliche Monarchie betrifft, so ist durch das Wahlsystem, den Nepotismus, die Vermischung zwischen staatlichem und spirituellem Steuerwesen daraus ein beispielhaftes Modell von Misswirtschaft geworden.
Schon im 16. Jahrhundert schrieb Francesco Guicciardini in den *Ricordi*: «Ich weiß nicht, wem mehr als mir der Ehrgeiz, der Geiz und die Wolllust der Priester missfallen: weil ja jede dieser Untugenden schon für sich verabscheuenswert ist, weil ja jede einzelne und alle zusammen sich für jemanden, der ein Leben in Abhängigkeit zu Gott zum Beruf gemacht hat, wenig ziemen, und außerdem, weil es so gegensätzliche Untugenden sind, dass sie nicht zusammenleben können, es sei denn, in einem sehr seltsamen Subjekt.» Und dennoch – so fuhr er fort – hatte ihn seine Arbeit im Dienste der Medici-Päpste gezwungen, «zu meinem eigenen Vorteil ihre Größe zu lieben; und wenn nicht dieser Respekt gewesen wäre, hätte ich Martin Luther so geliebt wie mich selbst: nicht um mich vom Gesetz der christlichen Religion zu befreien, so wie es allgemein ausgelegt und verstanden wird, sondern um diesen Haufen Ruchloser in angemessener Weise verschwinden zu sehen, also dass sie entweder ohne Untugenden oder ohne Autorität bleiben.» Die Kirche der Gegenreformation hat nicht aufgehört, ihre Untugenden zu haben, sie hat es aber verstanden, sie in der jesuitischen Praxis des *«si non caste tamen caute»* – «wenn nicht keusch, so doch vorsichtig» zu verstecken, im pastoralen Paternalismus, in den Formalitäten einer dem Gewissen entzogenen, häufig auf rein devote Praxis reduzierten, jeden Dissens unterdrückenden Religion.

Im Zusammenhang mit dem Dissens verdienen die den Juden zugedachten Schikanen eine besondere Erwähnung. Unzählig sind die päpstlichen Erlasse, die im Laufe der Jahrhunderte ihre Bewegungs- und Handelsfreiheit einschränkten, die ihnen das Tragen dieses oder jenes Kennzeichens auferlegten, damit sie auf den ersten Blick identifizierbar waren. Zum Beispiel der gelbe Hut der römischen Juden, der in den dreißiger Jahren des 20. Jahrhunderts die Nationalsozialisten dazu inspirieren wird, den Kindern Israels den ebenfalls gelben Davidstern vorzuschreiben, den sie auf die Kleidung zu nähen hatten. Alles in allem muss man jedoch sagen, dass die römische Inquisition die Juden relativ «nachgiebig» behandelte, indem sie den physischen Bestrafungen überzogene Geldstrafen und die Einziehung der Güter vorzog. Sehr hartnäckig dagegen waren die Versuche, die Juden zum «wahren Glauben» zu bekehren, wobei auch zu extremen Mitteln gegriffen wurde. Es gab Fälle, die man nicht anders bezeichnen kann als regelrechten Menschenraub. Ein bezeichnendes Beispiel berichtet der Historiker Andrea Del Col in seinem Buch *L'Inquisizione in Italia dal XII al XXI secolo* (Die Inquisition in Italien, 2006):

> Chiara, die Ehefrau Angelo del Borgos, wurde im Jahre 1712 von einer Neugetauften fälschlich als bekehrungswillig gemeldet. Die Frau wurde über alle Maßen festgehalten und der Gatte protestierte beim Sant'Uffizio, hatte sogar die Absicht, mit dem Beistand eines geschickten und wohlpräparierten katholischen Rechtsanwalts gerichtlich dagegen vorzugehen ... Doch obwohl Chiara schwanger war und entschieden gegen eine Konversion, gab die Kongregation zweimal dem Rektor recht, der sie bis zur Entbindung festhielt. Das kleine Mädchen wurde umgehend getauft, und Angelo bat das Sant'Uffizio, man möge ihm wenigstens seine Frau zurückgeben. Ganz plötzlich aber gab sie dem auf sie ausgeübten Druck nach. Am 17. März 1713 beschloss sie zu konvertieren, wie es der Rektor dem Referenten des Sant'Uffizio triumphierend mitteilte: «Mit dem Beistand des Heiligen Geistes hat sie sich zur Christin erklärt, wurde sie überzeugt durch die Lieblichkeit des heiligen Evangeliums, aus einer rebellischen Tigerin hat sie sich in ein sanftmütiges Lamm verwandelt, denn wie man sehr wohl weiß, *Spiritus spirat, ubi vult* [Der Geist atmet, wo er will], und diese armen Seelen müssen sich ja irgendwie helfen, um sich die Verdammnis des jüdischen Volkes und die Heiligsprechung begreiflich zu machen, die den Gläubigen durch unseren lieben Heiland zuteil wird.»

Dieser Ausgang, so kommentiert Del Col, zeigt die Wirksamkeit der illegalen Methode des Freiheitsentzugs und die Zwecklosigkeit jeder Beschwerde bei der Inquisition.

Die Verbreitung freiheitlicher Ideale nach der Französischen Revolution reichte nicht aus, um die Lebensbedingungen der Juden in den päpstlichen Herrschaftsgebieten zu erleichtern. Noch zu Beginn des 19. Jahrhunderts schürten antijüdische Schmähschriften weiter die glühendsten Vorurteile. Zum Beispiel beschrieb 1825 der französische Dominikaner Fra' Ferdinand Jabalot die Gesinnung der Juden mit diesen Worten:

> Gottesmord, maßlose Gier nach Bereicherung, die auf den Ruin der Christen aus ist, Machtambitionen, die auf die Übernahme der Weltherrschaft zielen und der Moral und den Sitten Schaden zuzufügen, Hass auf die christliche Religion, der auch zu schlimmsten Barbareien fähig ist («sich die Hände im Blut der Christen zu waschen, Kirchen anzuzünden, geweihte Hostien mit Füßen zu treten, aus Hass auf Jesus Christus die Gläubigen zu kreuzigen, Kinder zu rauben und zu massakrieren, die Gott heiligen Jungfrauen zu schänden und die getauften zu missbrauchen»).

Die Verweigerung der aufklärerischen Prinzipien hatte ganz offenkundig die Unterdrückung der starken durch die Moderne aufgezwungenen Veränderungsimpulse zum Ziel, wozu auch die Freiheit gehörte, die den Juden in verschiedenen Staaten Europas zugestanden worden war. In ihrer Studie *Battesimi forzati. Storie di ebrei, cristiani e convertiti nella Roma dei papi* (Zwangstaufen. Geschichten von Juden, Christen und Konvertiten im Rom der Päpste, 2004) weist die Historikerin Marina Caffiero nach, dass die Zwangskonversionen von Ehefrauen, Kindern und Enkeln von Juden, die zum katholischen Glauben übergetreten waren, sowie die heimliche Taufe von Kleinkindern im 19. Jahrhundert erheblich zunahmen. Wenn es im Hinblick auf die elterlichen Rechte und Pflichten Proteste gab oder der Betroffene sich weigerte zu konvertieren, wurde der «Vorgang» an die Kongregation des Heiligen Offiziums weitergegeben.

Zu den aufsehenerregendsten (und schmerzlichsten) Fällen gehört die heimliche Taufe von Edgardo Mortara durch eine katholische Magd, als der jüdische Knabe mit vier Jahren schwer erkrankte und in Lebensgefahr zu schweben schien. Der Vorfall ereignete sich in Bologna. Zwei Jahre später, 1858, hatte die Magd den kirchlichen Behörden die Taufe gemeldet, vielleicht aus Rache ihren Arbeitgebern gegenüber. Edgardo, der damals sechs Jahre alt war, wurde daraufhin der Familie entrissen, und weil er getauft war, ordnete der

Inquisitor an, dass er in Rom in der *Casa dei Catecumeni* (Haus der Katechumenen) christlich erzogen werden sollte. Trotz verzweifelter Gesuche der Eltern und internationalen Drucks, auch von Seiten Napoleons III. und des Grafen Cavour, wurde der kleine Edgardo seiner Familie nie zurückgegeben. Unter dem Schutz des Papstes, der beinahe einen Patensohn aus ihm machte, trat er mit dem Namen Padre Pio der Kongregation der Regularkanoniker vom Lateran bei, suchte nach dem Fall des Papst-Staates Schutz in Österreich und wurde 1873 Priester.

Die Kultur der Aufklärung und, allgemeiner ausgedrückt, die Ausbreitung von «Vernunft»-geleiteten Haltungen und Verhaltensweisen alarmierten die römisch-katholische Kirche in hohem Maße. Der Konflikt wurde dadurch verschärft, dass viele protestantische Konfessionen den notwendigen Reformen positiv gegenüberstanden. Ein beredtes Beispiel für die extreme Verweigerungshaltung der Kirche war das überlange Pontifikat Pius' IX. (1846–1878).

Sein ideologisches Manifest ist in der am 8. Dezember 1864 erlassenen Enzyklika *Quanta cura* und deren (getrenntem) Anhang, dem berüchtigten *Syllabus errorum*, enthalten, von denen bereits im Kapitel «Der Quirinal» die Rede war. Insgesamt spiegelt das Dokument die Haltung eines Papstes, dem die Gefahren der freien Gesellschaft und die Gewissheit, dass die Moderne die Indifferenz gegenüber der Religion gewaltig steigern werde, zur Obsession geworden waren.

Einer seiner Nachfolger, Pius X. (1903–1914), setzte diese unversöhnliche Linie fort, hielt es aber für opportun, in der Bezeichnung des Inquisitionstribunals das Wort *Inquisizione* zu entfernen, das mit der Zeit einen allzu düsteren Beigeschmack angenommen hatte. Bei der Neuorganisation der Kurie legte er fest, dass das mit der Aufrechterhaltung der Reinheit des Glaubens beauftragte Amt von nun an *Sacra Congregazione del Sant'Uffizio* (Heilige Kongregation des Heiligen Offiziums) heißen sollte. Hierher wurden 1917 auch die Zuständigkeiten der untergeordneten Kongregation verlagert, die mit der Indizierung der verbotenen Bücher befasst war.

1965 änderte Papst Paul VI. erneut den Namen des Amtes, das von nun an *Sacra Congregazione per la Dottrina della Fede* (Heilige Kongregation für die Glaubenslehre) hieß, weiterhin mit der Hauptfunktion der Verbreitung und Verteidigung der Orthodoxie. 1988 hat Johannes Paul II. dann auch das gewichtige *Sacra* weggenommen und es einfach *Congregazione per la dottrina della fede* benannt. In seiner umfassenden *Mea culpa*-Rede hat er die Welt im März des Heiligen Jahres 2000 für die vielen von der Kirche begangenen Sünden um Verzeihung gebeten, darunter auch die Verfehlungen der Inquisition.

Auch der *Index der verbotenen Bücher* hat eine kuriose Geschichte. Mit der Erfindung der beweglichen Metall-Lettern 1444 durch Gutenberg waren Bücher zum Hauptvehikel möglicher Verstöße geworden. Bücher wurden zu Medien, mit denen man schnell und in einem bis dahin nie gekannten Ausmaß die «Seuche» gefährlicher Meinungen verbreiten konnte. Seit der Gründung also wurde den Generalinquisitoren die Amtsgewalt erteilt, häretische Bücher auf den Index zu setzen und damit zu verbieten. Das erste Verzeichnis mit den Titeln von 230 Büchern (in lateinischer und französischer Sprache), die als verboten zu betrachten waren, wurde 1544 von der Theologischen Fakultät der Pariser Sorbonne herausgeben.[12] Die erste offizielle Ausgabe des *Index librorum prohibitorum*, also der für den Glauben und die Moral der Katholiken für gefährlich erachteten Bücher, wurde von der *Santa Congregazione dell'Inquisizione Romana* 1557 erstellt. Damals war mit dem Namen Paul IV. der sehr gestrenge Gian Pietro Carafa auf den Thron gestiegen, der vom Botschafter Venedigs in einer Depesche so beschrieben wird: «Dieser Papst hat ein brachiales und feuriges Temperament ..., er ist ungestüm in der Verrichtung seiner Geschäfte und duldet keinen Widerspruch.» Der erste *Index* ist ausgesprochen restriktiv. Er zensiert sogar einen Teil der Bibel und einige Schriften der Kirchenväter. Auch Boccaccios *Decamerone* ist darin enthalten und Machiavellis *Fürst*, aber auch *Il Novellino* von Masuccio Salernitano (1420–1480) und die Werke des Erasmus von Rotterdam, des größten Humanisten der Epoche, der sich allerdings schuldig gemacht hatte, von der Kirche eine Reform zu fordern, die sie wieder zur Reinheit ihres Ursprungs zurückbringen sollte.

Die Veröffentlichung des ersten römisch-päpstlichen *Index* erfolgt zu Beginn des Jahres 1559. Vorangestellt war ihm ein Dekret der Inquisition, das befahl,

> ... dass niemand fortan es wage, zu schreiben, herauszugeben, zu drucken oder drucken zu lassen, zu verkaufen, zu kaufen, leihweise, geschenkweise, oder unter irgendeinem anderen Vorwand öffentlich oder heimlich zu geben, anzunehmen, bei sich zu behalten oder sonst irgendwie aufzubewahren oder aufbewahren zu lassen irgendeines der Bücher oder Schriften, die in diesem Index des Heiligen Offiziums aufgelistetet sind.[13]

Es folgten die Namen der Werke, unterteilt in drei Kategorien: Die erste umfasste diejenigen von Autoren, die *ex professo* («berufsmäßig», also: absichtlich) geirrt hatten und deren Gesamtwerk infolgedessen abgelehnt wurde; in der zweiten erschienen nur einzelne häretische Werke; in der dritten schließlich die Werke häretischen Inhalts, die anonym publiziert worden waren.

Eine Neuausgabe des *Index* von besonderer Bedeutung wird die von Papst Pius IV. nach Abschluss des Konzils von Trient herausgegebene sein. Sie war von zehn Regeln bzw. Normen begleitet, die bis 1896 in Kraft blieben. Darunter das Verbot für Laien, die Bibelübersetzungen in ihren jeweiligen Volkssprachen zu lesen. In Trient nämlich wurde festgelegt, dass die einzige autorisierte Version der Heiligen Schrift die lateinische Vulgata war, unter Ausschluss jeder anderen: von den griechischen oder hebräischen «Originalen» bis zu den modernen Übersetzungen.

Der beim Konzil von Trient aufgestellte *Index* erschien im Frühjahr 1564 mit dem ellenlangen Titel *Index librorum prohibitorum cum regulis confectis per Patres a Tridentina Synodo delectos, auctoritate Sanctiss. D. N. Pii IV, Pont. Max. comprobatus*, was heißt: «Index der verbotenen Bücher mit den von den Vätern beim Konzil von Trient zusammengestellten Regeln, genehmigt von unserem Santissimo Padre Pius IV.» Die Kongregation hatte sich ein gigantisches Zensurprogramm zu allen Autoren und Werken vorgenommen, die aus irgendwelchen Gründen nicht im Einklang mit der offiziellen Lehre standen. Darunter fielen, wie schon gesagt, die Kirchenväter (von Ambrosius und Tertullian bis zu Thomas von Aquin); medizinische Werke, in denen die menschliche «Maschine» bloßgelegt wurde: Hippokrates, Galenos, Paracelsus; Philosophen wie Platon und Aristoteles; Historiker wie Herodot, Tacitus, Thukydides; die Klassiker praktisch vollständig: Ovid, Vergil, Horaz, Sallust, Livius, Plutarch, Homer, Cato, Plautus, Aesop.

Besondere Aufmerksamkeit war dem jüdischen *Talmud* vorbehalten, zusammengesetzt aus der *Mischna*, also dem Gesetzeskodex, und der *Gemara*, den Rabbiner-Kommentaren. Diese fundamentalen Bücher der jüdischen Frömmigkeit und Gelehrsamkeit waren 1533 unter Papst Julius III. in Rom verbrannt worden. In Trient wurde festgelegt, dass die Juden sie wieder lesen durften, aber in bereinigter Form. Gestrichen wurden alle Teile, die im Gegensatz zum Neuen Testament standen, «die Schmähungen und Blasphemien gegen die katholische Kirche», die «Obszönitäten». Es ist allerdings nicht verbürgt, ob solche Vorschriften jemals effektiv angewendet wurden.

Die Kongregation des *Index* blieb im Verhältnis zur gefürchteten *Suprema Congregatio* der Inquisition, die finanziell üppig ausgestattet war und sich regelmäßig zweimal in der Woche traf, davon einmal sogar in Anwesenheit des Papstes, immer ein wenig untergeordnet. Die Index-Kommission verfügte über geringere Mittel und hatte eine geringe Personalausstattung. Selbst die Termine ihrer Treffen waren sporadischer. Auch wenn den offiziellen Vorsitz ein Kardinal hatte, so war in der Praxis Fachreferent der Sekretär, der vom Dominikanerorden gewählt wurde. Außerdem war da der *Maestro del Sacro Palazzo*, der (Haus-)Theologe des Papstes, der sowohl zur Inquisition als auch zum Index gehörte und die Zuständigkeit für den römischen Index hatte. Sehr viel vorteilhafter war die Karriere eines «Sekretärs» der Inquisition, der am Ende seiner Dienstzeit (zwischen einem und neun Jahren) in den Rang eines Kardinals aufstieg.

Die Verantwortlichen für die Bücherzensur hatten die Aufgabe, von Zeit zu Zeit eine «öffentliche Bekanntmachung» zu erlassen, mit der die Verdammung eines Werkes oder eines Autors dekretiert wurde. Ungefähr alle zwanzig Jahre wurden die in den Bekanntmachungen erschienenen Titel in alphabetischer Anordnung in die neue Generalausgabe des *Index* integriert. Katholiken durften diese Texte weder lesen noch besitzen, andernfalls drohte die Exkommunikation, eine Strafe, die schwerwiegende Folgen auch für das praktische Leben mit sich brachte.

Die «Philosophie», mit der Zensur und Verbot gerechtfertigt wurden, war ganz offensichtlich, beginnend mit dem Umschlag des *Index*, auf dem eine lebhafte Vignette figurierte: oben zwei Engel, die eine Schriftrolle mit dem Titel *Index librorum prohibitorum* und dem Emblem des regierenden Papstes halten. Im mittleren Bereich die Heiligen Petrus und Paulus, der eine mit Schlüsseln, der andere mit Schwert ausgestattet, die einen Scheiterhaufen betrachten, auf dem gerade Bücher verbrannt werden, während die Helfer immer mehr Bücher in die Flammen werfen. Unten fungieren zwei dem Paulus zugeschriebene Verse (Apostelgeschichte 19,19) als Bildunterschrift und Rechtfertigung für diese lodernden Seiten: «*Multi eorum, qui fuerant curiosa sectati, contulerunt libros, et combusserunt coram omnibus*» – «Viele von denen, die Zauberei getrieben hatten, brachten ihre Bücher herbei und verbrannten sie in aller Öffentlichkeit».

Durch Höhen und Tiefen, Zeiten großer Betriebsamkeit und andere – das muss auch erwähnt werden – weniger erhitzte hat die *Congregazione dell'Indice* weitergemacht bis ins 20. Jahrhundert hinein, in dem sie aufgrund des seit Pius IX. offenen Konfliktes zwischen der römischen Kirche und der modernen Welt ihre Aktivitäten wieder verstärkte. Ein Thema leidenschaftlicher Gegensätzlichkeit war zum Beispiel die Praxis der protestantischen Konfessionen, die heiligen Schriften mit historisch-kritischen Methoden zu analysieren. Mit der Exegese der Schriften beginnt die Moderne in der Aufklärung, mit Lessing, der 1776 das Fragment eines «anonymen» Werkes veröffentlicht, dessen Autor alle kannten: Samuel Reimarus, Hamburger Gymnasialprofessor für orientalische Sprachen.

In dem Fragment *Vom Zweck Jesu und seiner Jünger* wagt dieser erstmals die Hypothese, dass zwischen den Intentionen des Propheten Jesus und denen seiner Jünger keine Übereinstimmung bestehe. Jesus stellt sich seinem historischen Scheitern und überwindet es dank der apostolischen Initiative, die aus ihm durch die «Erfindung» der Wiederauferstehung eine mythische Figur macht. Es wird also zum ersten Mal ein Bruch zwischen dem historischen Jesus – der als einer von vielen Propheten in Israel betrachtet wird – und dem Christus des Glaubens hergestellt.

Ein weiterer Konflikt besteht in der Haltung der Kirche zu den totalitären Ideologien des 20. Jahrhunderts: Kommunismus, Faschismus, Nationalsozialismus. Die römische Inquisition verfuhr eher streng mit solchen Werken, in denen die politische Doktrin Merkmale einer laizistischen Religion anzunehmen schien. Zwar wurde das eine oder andere Werk über Rassismus indiziert, nicht aber das brisanteste von allen, Adolf Hitlers *Mein Kampf*, dessen Programm sein Autor aber zu einem Großteil umsetzen wird. Es gab die verschiedensten Hypothesen, wodurch diese gravierende «Unachtsamkeit» verursacht worden sein mag. In seinem Buch *Die Archive des Vatikan und das Dritte Reich*[14] führt der Kirchenhistoriker Hubert Wolf die Tatsache an, dass es Eugenio Pacelli, zunächst als Staatssekretär, dann als Papst Pius XII. für inopportun gehalten haben könnte, einen Konflikt mit dem mächtigen Deutschland des Dritten Reiches zu eröffnen. Und er schließt: «*Mein Kampf* kam nicht auf den Index der verbotenen Bücher … [aber] auch Mussolini, Lenin oder Stalin sucht man hier vergeblich.»[15]

Allmählich verlor der *Index* jedoch an Bedeutung, aufgrund des schnellen Wandels der Zeiten, des Aufkommens neuer Medien zur Verbreitung von Ideen, auch weil er von vielen Lesern einschließlich der katholischen als ein inzwischen überholtes Instrumentarium angesehen wurde. Die letzte Ausgabe kam 1948 heraus. 1954 ordnete Pius XII. den Druck eines Zusatzblattes mit den letzten fünfzehn Verdammungen an. Dann begann die Zeit für das Zweite Vatikanische Konzil zu reifen, bei dem der Kölner Kardinal Frings deutliche Worte der Missbilligung für den *Index* fand:

> «Ich weiß wohl, wie schwer, wie schwierig und dornenreich die Aufgabe derer ist, die über viele Jahre hin im Heiligen Offizium arbeiten, um die offenbarte Wahrheit zu schützen, doch scheint mir die Forderung angebracht zu sein, dass auch in diesem Dikasterium niemand wegen seines rechten oder nicht rechten Glaubens angeklagt, gerichtet oder verurteilt wird [«*damnetur*»], ohne vorher gehört zu werden, ohne zuvor die Argumente zu kennen, die gegen ihn oder gegen das von ihm geschriebene Buch streiten, bevor ihm die Gelegenheit gegeben wurde, sich oder das Buch, das ihm zum Verhängnis zu werden scheint, zu korrigieren.»[16]

Interessanterweise hatte Frings diese Sätze (auch darauf verweist Wolf in seinem Buch über den *Index*) der Redevorlage hinzugefügt, die ihm von seinem theologischen Konzilsberater vorbereitet worden war, und das war kein geringerer als Joseph Ratzinger.

Das Ende des *Index* wird von Papst Paul VI. dekretiert. In seiner Reform der Kurie von 1965 wird das Heilige Offizium in der Hierarchie herabgestuft und einem Kardinal unterstellt. Die Kongregation sollte zwar weiterhin Anzeigen gefährlicher Bücher entgegennehmen, ihre Aufgabe war es aber nicht mehr, diese zu verdammen, sondern lediglich zu «missbilligen». Da aber die Kongregation nicht mehr verbieten durfte, war das praktisch auch das Ende des Verzeichnisses der verbotenen Bücher. Lautlos, in der Art und Weise einer Diplomatie auf sehr leisen Sohlen, schickte Papst Montini den *Index* in den Ruhestand. Dieser Papst, dem ein dramatisches Pontifikat beschieden war, handelte in dem Bewusstsein, dass Bücher inzwischen nur noch zu einem Teil, und nicht einmal dem größten, das Zirkulieren von Ideen beförderten. Das Buch, das zu Zeiten der Gegenreformation noch das wichtigste Medium gewesen war, war im Zeitalter der Massenmedien nur noch ein Baustein in einer umfassenden Konstellation aus Radio, Film, Fernsehen; später sollte noch die digitale Revolution des Internet hinzukommen.

Seit 1998 sind die Archive des *Index* und der ehemaligen Inquisition für Wissenschaftler zugänglich. Die Liste der Autoren und der Werke, die im Laufe der Zeit geächtet wurden, ist eine beeindruckende Galerie des Denkens der Moderne: Balzac, Berkeley, Descartes, D'Alembert, Darwin, Defoe, Diderot, Dumas (Vater und Sohn), Flaubert, Heine, Hobbes, Hugo, Hume, Kant, Lessing, Locke, Malebranche, Stuart Mill, Montaigne, Montesquieu, Pascal, Proudhon, Rousseau, George Sand, Spinoza, Stendhal, Sterne, Voltaire, Zola. Von den Italienern: Aretino, Beccaria, Bruno, Croce, D'Annunzio, Fogazzaro, Foscolo, Galileo, Gentile, Giannone, Gioberti, Guicciardini, Leopardi, Machiavelli, Minghetti, Monti, Ada Negri, Rosmini, Sacchetti, Sarpi, Savonarola, Settembrini, Tommaseo, Verri. Zu den letzten in chronologischem Sinne gehörten: Simone de Beauvoir, Andé Gide, Jean-Paul Sartre, Alberto Moravia.

Auf das Trauma der Reformation reagierte der Heilige Stuhl also nicht, indem er sich selbst in der Tiefe des Denkens oder in einem erneuerten Streben nach Nächstenliebe reformierte, sondern durch die Organisation von Herrschaftsinstrumenten, mit denen missliebige Ansichten abgewürgt, kritische Stimmen verbannt oder eliminiert werden konnten, auch physisch. Die Verweigerung einer fruchtbareren Spiritualität hatte nichts mit bösem Willen zu tun, sondern mit der Tatsache, dass das Akzeptieren einer Reform den Verzicht auf die Ausübung der politischen Macht bedeutet hätte, mit

Folgen, die in Anbetracht der komplexen gesamteuropäischen Situation unabsehbar waren.

Der einfachste Weg schien also die Repression zu sein, was nicht nur Scheiterhaufen bedeutete, auf denen Ketzer und Hexen verbrannt wurden, sondern auch die Auslöschung, die Isolierung des freien Gedankens, der philosophischen Forschung, der wissenschaftlichen Entdeckungen, der historisch-kritischen Exegese der Schriften. Mit anderen Worten, die Kirche der Inquisition verhielt sich wie jedes andere absolutistische Regime, von der Antike bis zu den Diktaturen des 20. Jahrhunderts. Wenn die Prozesse der Stalin-Ära mit ihren erzwungenen Geständnissen und den bereits vorher feststehenden Urteilen ein Vorbild haben, dann ist es sicher nicht verkehrt, es in den erbarmungslosen Prozeduren der Inquisition zu sehen.

Solche weit zurückliegenden Richtungsentscheidungen hatten natürlich großen Einfluss auf die Geschichte der Kirche und auf die Italiens, nicht zuletzt auf die verspätete Bildung eines Nationalstaates und sogar auf die Kultur- und Sittengeschichte der Halbinsel. Man muss also Machiavellis Weitblick bewundern, wenn er bereits zu Beginn des 16. Jahrhunderts schreibt, dass die Kirche in Italien die Einheit verhindert und die Italiener «religionslos und schlecht» gemacht habe.

XVI. DAS WERK GOTTES
OPUS DEI – VITA UND MIRACOLO DER «KATHOLISCHEN FREIMAURER»

In einer Stadt wie Rom, in der es von Geheimnissen, ja von Architekturen des Geheimen nur so wimmelt, könnte man sich den Sitz einer geheimen Kongregation *par excellence* wie Opus Dei in einem jener ständig feuchten, verborgenen Gänge der Stadtteile des 17. Jahrhunderts vorstellen, wo selbst im Sommer die Sonne nur mit Mühe hinkommt, durchdrungen von starken Gerüchen und einer finsteren Vergangenheit.

Es ist nicht so. Der Sitz dieser mächtigen, geheimnisumwitterten Organisation befindet sich stattdessen im Viale Bruno Buozzi 73, einer eleganten, breiten und kurvenreichen Straße, die mitten durch den Parioli führt: seit den Zeiten des Faschismus ein Viertel des kapitolinischen Großbürgertums. Es ist eine unauffällige weiße Palazzina aus den fünfziger Jahren, genau wie viele andere. Fünf Stockwerke, kein Schild an der Eingangstür, keine Namen auf den Klingelschildern. Einziger Hinweis: drei Videokameras mit Endlosaufzeichung zur Überwachung des Eingangs. An der Straßenecke ein Mosaik, von dem eine Madonna mit Kind einen milden Blick auf die Passanten wirft. Die Schaltzentrale dieser reichen und umstrittenen Organisation präsentiert sich also mit allen Merkmalen der Anonymität.

Hier in Rom, könnte man sagen, befindet sich das «politische» Zentrum, das «ökonomische» dagegen hat seinen Sitz jenseits des Atlantiks. Es besetzt dort gut siebzehn Stockwerke eines luxuriösen Hochhauses in New York: Murray Hill Place, Lexington Avenue Nr. 243, zwischen der 34. und der 35. Straße. Konferenz- und Lesesäle, Bibliothek, Fitnesscenter, eine Kapelle, Unterkünfte für Studenten und Gäste, Ruhe, Bequemlichkeit, alles sehr amerikanisch, keine Finsternis.

In Rom liegen die Dinge nicht ganz so einfach. Hinter der anonymen Fassade des Viale Bruno Buozzi verbirgt sich ein größerer Gebäudekomplex: eine schmucklose, ziegelsteinrote Villa mit Türmen und Dachfenstern. Es ist die Frauen-Wohnanlage von Opus Dei, ein verzweigter, vielgestaltiger Bau, eine unendliche Abfolge von Speisesälen, Kapellen, Zimmern, Fluren, Türen.[1] Doch nicht einmal dieses kleine Labyrinth vermittelt eine angemessene Vorstellung vom Geist, der diese «Prälatur» prägt. Um einen genaueren Begriff davon zu bekommen, muss man sich zunächst auf die Ebene unterhalb der Straße begeben. Eine Marmortreppe führt nämlich zu einer schmalen unterirdischen Kapelle. In ihrem Inneren zur Rechten und zur Linken (längs des Schiffes) drei Reihen Bänke und unter dem Altar ein großer Schaukasten aus vergoldetem Metall. In diesem versteckten Winkel liegt, vor den Blicken Neugieriger und Fremder geschützt, der Leichnam des Gründers von Opus Dei, Josemaría Escrivá de Balaguer (1902–1975), seliggesprochen von Johannes Paul II. im Mai 1992, heiliggesprochen zehn Jahre später.

An seinem Grab hatte der polnische Kardinal übrigens am Vorabend des Konklaves, das ihn zum Papst wählen sollte, lange zum Beten niedergekniet. Wenige Schritte entfernt in einer kleinen Seitenkapelle eine schwarze Marmorplatte über einem weiteren Grab, dem von Don Álvaro del Portillo (1914–1994), Escrivás Nachfolger. Schweigsame unterirdische Gewölbe, feierlich, spiegelblank poliert, Wallfahrts- und Gebetsort für die zahlreichen Gläubigen dieser mächtigen Organisation.

Wenn man den Viale Bruno Buozzi in Richtung Tiber hinuntergeht, bis zu den Ausläufern des Parioli, trifft man auf die Basilika Sant'Eugenio, die mit ihrer wuchtigen Travertinfassade den Viale delle Belle Arti dominiert. Es ist ein Bauwerk, das nach dem Willen Eugenio Pacellis (Pius XII.) in den vierziger Jahren des 20. Jahrhunderts auf einem von den *Cavalieri di Colombo*, den Kolumbusrittern gestifteten Grundstück erbaut wurde. Der Bau wurde durch die Spenden von Katholiken aus der ganzen Welt finanziert, um damit des 25. Jahres der Bischofsweihe des Papstes zu gedenken. Nach einem Entwurf von Enrico Galeazzi und Mario Redini wurde er zwischen Sommer 1943 und März 1951 errichtet. Am 2. Juni desselben Jahres weihte der Papst die Basilika zu Ehren seines Namensvetters Sant'Eugenio.

Im September 1980 ist das Pfarramt den Priestern von Opus Dei übergeben worden, die sich dafür eingesetzt hatten, den Karren in die vom örtlichen Bischof gewollte Richtung zu ziehen, im vollen Bewusstsein, «welche Freude [es ist], aus tiefster Seele sagen zu können: Ich liebe meine Mutter, die heilige Kirche».[2] Zur Basilika gehören ein 33 Meter hoher Kampanile, ein Kloster und ein großer Sportplatz. Die Kirche hat einen Grundriss in Form eines lateinischen Kreuzes, drei Schiffe, sechs Seitenkapellen, elf Altäre, die Apsismosaiken sind von Ferruccio Ferrazzi, einige der bronzenen Stationen der *Via Crucis* von Giacomo Manzù.[3] Das Presbyterium wird beherrscht von einer imposanten Statue des hl. Eugenio. Zu seiner Linken eine kleine Kapelle mit zwei Kniebänken. Auf einem Altar das Porträt des Gründers des Opus.

> Am 2. Oktober 1928 gefiel es dem Herrn beim Fest des Heiligen Schutzengels, dass Opus Dei geboren wurde, eine Mobilmachung von Christen, die bereit waren, sich mit Freude für die anderen zu opfern, um alle Wege des Menschen auf Erden göttlich zu machen, jede ehrliche Arbeit zu heiligen, jedes rechtschaffene Werk, jede irdische Beschäftigung.

So wird vierzig Jahre später Josemaría Escrivá die jugendliche Erleuchtung beschreiben, bei der ihm Gottes Ratschluss der Gründung von Opus Dei offenbart wurde. Eine Institution also, die auf direkte göttliche Weisung entstanden ist, mit dem Auftrag, die Welt zu erlösen, ohne sich aber aus ihr zurückzuziehen, sie gewissermaßen von innen zu «christianisieren». Nach der Formel des Gründers: «Die Arbeit heiligen – sich in der Arbeit heiligen – andere durch die Arbeit heiligen.»

Dementsprechend sind die Mitglieder des Opus Ärzte, Journalisten, Bankiers, Rechtsanwälte, Manager, Krankenpfleger, Fahrer, Verkäufer. Berufstätige vor allem der oberen Mittelschicht, die in allen relevanten Bereichen des gesellschaftlichen Lebens der Städte im Einsatz sind. Artikel 116 des Statuts von 1982 sagt ausdrücklich, dass neue Mitglieder vor allem aus der Klasse der «Intellektuellen» rekrutiert werden sollen: «Aufgrund ihrer göttlichen Berufung bemühen sich die Christgläubigen der Prälatur, den Sinn des Dienstes an den Menschen und der Gesellschaft, in dem jede beliebige berufliche Arbeit ausgeübt werden soll, zur übernatürlichen Ordnung zu erheben. Sie werden beständig die Wirksamkeit des Apostolats mit Personen des intellektuellen Standes vor Augen haben, die wegen der Bildung, in der sie sich auszeichnen, wegen der Aufgaben, die sie erfüllen, oder der Würde, die sie auszeichnet, großes Gewicht haben»,[4] um im Sinne der von der Organisation verfolgten Ziele wirksam werden zu können.

Nach Escrivá sollte das «Opus» wie eine «intravenöse Injektion im Kreislauf jeder sozialen Schicht wirksam werden». Sein Symbol, ein Kreuz im Kreis, verweist auf die Mission der Heiligung der Welt von innen. Eine Anekdote illustriert emblematisch diesen totalisierenden Geist der Institution. Bei der Weihe seiner ersten drei Priester – Álvaro del Portillo, José María Hernández de Garnica und José Luis Múzquiz – stellte Escrivá enttäuscht fest, dass keiner der drei rauchte. Im Spanien der vierziger Jahre fast eine Anomalie, und niemand sollte glauben, dass die Mitglieder des «Opus» Menschen außerhalb der Welt waren, anders als die anderen. Der Gründer verlangte also, dass einer von ihnen sich das Rauchen angewöhnen sollte. Der Zufall wollte es, dass del Portillo der erste war, der eine Zigarette in die Hand nahm. Er sollte sein getreuester Schüler und auch sein Nachfolger werden.

Zu Beginn hatte Escrivá nicht an einen bestimmten Namen für seine «Schöpfung» gedacht. Erst nach der beiläufigen Frage seines vertrauten Beichtvaters, der sich erkundigt hatte: «Na, wie läuft es denn mit diesem Werk Gottes?», begann er, sie «Opus Dei» zu nennen. «Werk Gottes», genauso.

Ganz sicher ist dieses «Werk Gottes» kein religiöser Orden wie etwa die Dominikaner oder die Franziskaner; auch keine Laienbewegung. Es nimmt Männer und Frauen auf, Laien und Priester, und ist vom Vatikan im Lauf der Zeit zunächst als «Fromme Vereinigung» (*pia unione*), später als «Kirchliche Gemeinschaft» (*comunità ecclesiastica*), schließlich als «säkulares Institut» (*istituto secolare*) eingestuft worden.

Mit seinen Regeln, seinem *modus operandi*, seinem Gehorsamswahn erinnert das Opus an den ebenfalls in Spanien (allerdings im 16. Jahrhundert) entstandenen Orden des Ignatius von Loyola (siehe Kapitel X). Die düstere Religiosität der spanischen Art tritt auch beim Opus Dei zutage, zum Beispiel in Bezug auf den Gehorsam. Die Herrschaft der Organisation über ihre Anhänger ist absolut; wenn nicht Kadavergehorsam, so doch «blinder» Gehorsam wurde vom Gründer als Voraussetzung für den «Weg der Heiligkeit» betrachtet.

Alle Mitglieder, auch die «Supernumerarier», die meistens verheiratet sind und mit ihrer Familie leben, müssen schwören, in allen beruflichen und sozialen Angelegenheiten immer die Vorgesetzten zu konsultieren und diesen auch die intimsten Dinge anzuvertrauen. Die «Numerarier», also die internen Mitglieder der Organisation, müssen im Augenblick ihres Eintritts sogar ein Testament machen und ihren gesamten aktuellen und eventuellen künftigen Besitz abgeben. Bis vor wenigen Jahren, aber wahrscheinlich ist diese Norm noch in Kraft, mussten die «Eingeschriebenen» eine Blanko-Bescheinigung ausstellen, die es der Organisation gestattete, «dieses Eigentum zu veräußern, welches, auch wenn es nicht auf das Institut eingetragen ist, dennoch seiner Befugnis und Entscheidungsgewalt unterworfen ist» (Art. 372). Für alle gilt das Prinzip und die Verpflichtung zur Geheimhaltung. Ein Mitglied darf nie über seine Zugehörigkeit zum «Werk» sprechen noch die Namen anderer Mitglieder offenbaren, eine Diskretion, die sich sogar auf die eigene Familie erstreckt. Es gibt nur wenige Ausnahmen und es sind die Spitzen der Hierarchie, die bestimmen, wer seine Zugehörigkeit öffentlich machen darf.

Für die Frauen gelten besondere Normen, die sich, wie es in einer streng männlich-chauvinistischen Organisation nicht anders zu erwarten ist, auf sexuelle Diskriminierung gründen. Zahlreich sind unter denjenigen, die in den Niederlassungen des Opus Dei leben, die «Helferinnen» (Auxiliarnumerarierinnen), die logistische Dienste leisten: kochen, waschen, putzen, aufräumen. Zum Ausgleich sind sie von der Bußpflicht freigestellt, der ihre höhergradigen Schwestern nachzukommen haben, die auf einer Holzpritsche schlafen müssen.

Der Journalist Sandro Magister hat im Frühjahr 1986 mit einer Artikelserie des Wochenmagazins L'Espresso begonnen, einen Zipfel vom Schleier des Geheimnisses über dieser bis dahin praktisch unbekannten Organisation ein wenig zu lüften. Seither ist es möglich geworden, sehr viel mehr Informationen über Opus Dei zu erhalten, auch wenn das «Geheimnis» ein so wesentliches Kennzeichen bleibt, dass man im Zusammenhag mit dem «Werk» von «weißer» oder «katholischer Freimaurerei» gesprochen hat. Oder sogar abschätzig vom «O(cto)pus Dei», dem Krake Gottes.

Josemaría Escrivá stammt aus einer Familie des bürgerlichen Mittelstandes, er wird am 9. Januar 1902 in Barbastro, einer landwirtschaftlich geprägten Stadt der autonomen Region Aragonien in Nordspanien geboren. Als er noch sehr klein ist, erkrankt er an einer heftigen Meningitis und wird praktisch schon für tot erklärt. Die verzweifelte Mutter Dolores bringt ihn zum alten Friedhof Nuestra Señora de *Torreciudad*. Wundersamerweise überlebt das Kind. 1915 geht das Geschäft des Vaters, eines Tuchhändlers, in Konkurs und die Familie zieht nach Logroño um. Der offiziellen Biographie zufolge spürt Josemaría hier erstmals seine Berufung, die sich äußert, nachdem er an einem kalten Wintertag im Schnee die Fußspuren eines unbeschuhten Heiligen gesehen hat.

Im Alter zwischen 15 und 16 Jahren beschließt er, Priester zu werden, und beginnt mit einem Studium im Seminar des Ortes. Ab 1923 studiert er dann an der Päpstlichen Universität von Saragossa Rechtswissenschaften. 1925 wird er zum Priester geweiht. Am 2. Oktober 1928, mit knapp 26 Jahren, gründet er Opus Dei. Alles geht sehr schnell, was allein schon ein Hinweis auf die fieberhafte Dynamik ist, die ihn antreibt. Kurz nach dem Krieg, 1946, zieht er nach Rom, wo er bis zu seinem Tode 1975 bleiben wird.

Bei seiner Kanonisierung 2002 sagt Johannes Paul II. unter anderem: «Der heilige Josemaría wurde von Gott dazu auserwählt, die allgemeine Berufung zur Heiligkeit zu verkünden und aufzuzeigen, dass das Alltagsleben, die gewöhnliche Beschäftigung Weg der Heiligung ist. Man könnte sagen, daß er der Heilige des Alltäglichen war.» In der Realität ist «der Heilige des Alltäglichen» auch eine sehr kontroverse, sehr kritisch gesehene Figur gewesen. An erster Stelle wegen seiner mutmaßlichen Unterstützung für das Franco-Regime. Die Entwicklung und Expansion des Opus Dei fällt in die Jahre von Francisco Francos Diktatur in Spanien. An denselben Franco richtete der Geistliche am 23. Mai 1958 einen sehr bedeutsamen Brief aus Rom, in dem es unter anderem heißt:

> Auch wenn ich jeglicher politischen Aktivität fernstehe, kann ich doch, als Priester und als Spanier, meine Freude darüber nicht verhehlen, die bedeutende Stimme des Staatsoberhauptes verkünden zu hören, dass für die spanische Nation die Verbundenheit mit Gottes Gesetz ein Zeichen der Ehre ist, gemäß der Lehre der Heiligen Katholischen Apostolischen Römischen Kirche, dem einzigen und wahren Glauben, untrennbar vom nationalen Gewissen, der die Gesetzgebung inspirieren wird.

Ein gewichtiger Brief, in dem Glaubensbekenntnis, Bekenntnis zu einer politischen Zugehörigkeit und die Rolle der Religion im Staat aufs Engste miteinander verflochten sind.

2003 schrieb die Chicago Tribune: «Als General Franco den Krieg gewann, brachte Escrivá seine Bewegung auf eine Linie mit dessen autoritärem Regime, und zahlreiche Mitglieder von Opus Dei besetzten strategische Positionen in der Regierung.» Noch 1975, im Jahr von Francos Tod, wurden drei Mitglieder von Opus Dei Minister: der Wirtschaftswissenschaftler Alberto Ullastres Calvo Handelsminister; der Bankier Mariano Navarro Rubio Schatzminister; der Wissenschaftler Laureano López Rodó Staatssekretär des Außenministers, später Minister ohne Geschäftsbereich. Zwischen 1939 und 1975 sind acht Männer des Opus Minister in Regierungen des spanischen Diktators gewesen.

Dazu ist zu sagen, dass sich während des Bürgerkrieges die katholische Kirche Spaniens fast in ihrer Gesamtheit auf die Seite der Franquisten geschlagen hatte, auch weil die Republikaner Tausende von Priestern und Nonnen ermordeten. Auf der anderen Seite hat es während des Franquismus Mitglieder von Opus Dei gegeben, die aufgrund ihrer kritischen Haltung dem Regime gegenüber verfolgt und ins Gefängnis geworfen wurden. Dabei handelte es sich meist um Personen von geringerer oder marginaler Bedeutung. Diese Tatsache muss aber dennoch zur Kenntnis genommen werden.

Noch gravierender ist der Escrivá zur Last gelegte Vorwurf, er habe Sympathien für Hitler gehegt, unter anderem von einem tschechoslowakischen Priester, später britischem Staatsbürger.[5] Vladimir Felzmann, 1959 in das Opus Dei eingetreten und 1982 wieder ausgetreten. Zwei Jahre nach diesem Austritt – am 11. Mai 1984 – hat Felzmann dem deutschen katholischen Theologen Peter Hertel in London ein ausführliches Interview gegeben, in dem er den Gründer des «Werkes» scharf kritisiert:

> Wenn er in seinem Leben etwas hasste, dann war es der Kommunismus. Das war das Böse für ihn, weil er darunter gelitten hatte … Er sah Nazi-Deutschland als einen Kreuzzug gegen den Kommunismus. Er sah Hitler als Führer in einem Kreuzzug gegen den Kommunismus.
> [Und weiter:] Jedes einzelne Mitglied des Opus Dei meldete sich freiwillig für die Blaue Division [eine spanische Freiwilligentruppe, die auf deutscher Seite im Zweiten Weltkrieg gegen die Sowjetunion kämpfte]. … Sie wurden nicht genommen, aber sie meldeten sich freiwillig.[6]

Felzmann erzählt auch, dass ihm Escrivá einmal anvertraut habe: «... wenn die Leute behaupten, Hitler habe sechs Millionen Juden getötet, dann übertreiben sie. So schlecht sei Hitler nicht gewesen. Er könne nicht mehr als drei oder vier Millionen Juden getötet haben.»[7] Unerträgliche Worte, die vom Nachrichtenmagazin Newsweek am 13. Januar 1992 aufgegriffen wurden. Wenige Wochen später erfolgte das harsche Dementi von Prälat Álvaro de Portillo.

Allen Vorwürfen des Antisemitismus gegen ihren Gründer begegnet Opus Dei am 14. Februar 1975 mit einem Filmdokument. Bei einem Treffen in Venezuela tritt ein Mann auf, der das Wort ergreift:

> «Pater, ich bin Jude ...».
> Escrivá unterbricht ihn: «Ich liebe die Juden sehr, denn ich liebe Jesus Christus bis zum Wahnsinn, und er ist Jude. Ich sage nicht war, sondern ist. *Iesus Christus eri et hodie ipse et in saecula.* Jesus Christus lebt weiter und ist Jude wie du. Und die zweite Liebe meines Lebens ist auch Jüdin: die Heilige Jungfrau Maria, die Mutter Jesu Christi. Deshalb betrachte ich dich mit Zuneigung ...»
> Und der Mann: «Ich glaube, Sie haben auf meine Frage geantwortet, Pater.»

Es hat auch nie an Kritik gegen Opus Dei aus der katholischen Kirche selbst gefehlt, vor allem von Seiten der Jesuiten, deren Rivalität sich nie ganz gelegt hat. Der General der Societas Jesu, Włodzimierz Ledochówski (1866–1942), äußerte in einem für die vatikanische Kurie verfassten Bericht, Opus Dei sei «für die Kirche in Spanien sehr schädlich», beschrieb ihre charakteristische Geheimhaltungspraxis, in der er «die Zeichen einer verdeckten Tendenz zur Weltbeherrschung durch eine spezielle Form der christlichen Freimaurerei» sah.

Don Giussani, der Gründer der Bewegung *Comunione e Liberazione*[8] hat im Gespräch mit Vittorio Messori (der dies in seinem 1995 auch in Deutschland erschienenen Buch *Der «Fall» Opus Dei* berichtet) einmal gesagt:

> Sehen Sie, wir von CL sind die Pimpfe, die Irregulären, die Steine werfen. Sie aber, die vom Opus, haben die Panzer: die sind gut gerüstet auf dem Vormarsch, mit Raupenketten, auch wenn sie sie mit Gummi ummantelt haben. Man hört sie nicht, sie sind aber da, und wie. Und wir werden uns dessen immer mehr bewusst.

In einem vom Verlag Il Mulino (Bologna) 1984 veröffentlichten Interview hat sich Giuseppe Dossetti, ein den Werten des Evangeliums sehr verpflichteter Katholik, der 1959 zum Priester geweiht wurde, über das Opus so geäußert:

> Ich kann Ihnen nur empfehlen, im *Commentarium pro religiosis* … den Auszug aus einem Dokument der Religiosenkongregation[9] zu suchen, der das Opus Dei ermächtigte, in den Diözesen zu operieren, nachdem es den Bischöfen nur einen Extrakt der eigenen Statuten zugänglich gemacht hatte. Wir befinden uns hier in einem total demokratiefreien Raum … Es ist klar, dass die Bischöfe darauf heftig reagiert haben. Außerdem sind da diese geheimen Verfahren. Wo ist hier der Unterschied zur Freimaurerei?

Die Einschätzung der Verlässlichkeit der einzelnen, oft widersprüchlichen Bewertungen ist nicht einfach. Eine grundlegende politische Linie ist aber identifizierbar und sie ist auch deshalb nicht schwer zu erkennen, weil sie in der Substanz mit derjenigen übereinstimmt, die die Kirche selbst in ihrer überwiegenden Mehrheit verfolgt hat in den eisernen Jahren des 20. Jahrhunderts, als sich die beiden großen Diktaturen NS-Faschismus und Kommunismus in einem blutigen Krieg gegenseitig Europa streitig machten. Dieselbe Linie ist im Übrigen auch bei Papst Pius XII. auszumachen, sie begründet im Wesentlichen sein uneindeutiges Verhalten gegenüber Hitler-Deutschland, das ihm, wie wir gesehen haben, so viele Vorwürfe einbrachte. Geistliche wir er sahen in erster Linie *eine* große Gefahr, die alle anderen übertraf: den atheistischen Kommunismus. Auch der Nationalsozialismus war atheistisch, mit dem Hitler-Regime schien es aber dennoch möglich, zu einer Einigung zu kommen, zumindest zu einer unblutigen Koexistenz. Dies war mit dem Kommunismus unmöglich, der von der Grundschule an von jedem Kind verlangte, schon die bloße Vorstellung von einem Gott im Keim zu ersticken.

Am 28. November 1982, nach einem Weg durch die Instanzen, der ein halbes Jahrhundert gedauert hatte, wurde das Opus Dei von Papst Johannes Paul II. als Personalprälatur errichtet, die erste (und bis 2009 einzige) der katholischen Kirche, und er ernannte Álvaro del Portillo zum Prälaten. Dieser feierliche Akt markierte den Abschluss eines zähen Kampfes innerhalb der päpstlichen Kurie. In den Jahren Pauls VI. war das Opus von der Spitze des Vatikans mit Argwohn beäugt worden. Aus den Akten von Escrivás Seligsprechungsprozess geht hervor, dass sich Paul VI. sechs Jahre lang, von 1967 bis 1973, weigerte, den Gründer des Opus zu empfangen.

Erst sein Nachfolger Del Portillo fand einen Weg, zum Papst persönlich vorgelassen zu werden, die Voraussetzung für jeden folgenden Schritt. Mit der Ankunft Karol Wojtyłas auf dem Thron und der augenscheinlichen Gunst, die die Organisation bei ihm genoss, wurden die Dinge dann sehr viel einfacher und das führte schließlich auch zur Erhebung des Opus in den Rang einer Prälatur. Nicht zuletzt wollte der polnische Papst damit den Beistand der Organisation in zwei sehr schweren Krisen würdigen: der des IOR-Ambrosiano (siehe Kapitel XI – «Gottes Bankiers») und der seiner Heimat Polen, wo die katholisch geprägte Gewerkschaft Solidarność begonnen hatte, mit ihren Streiks die Einheitspartei der Regierung von sowjetischen Gnaden zu destabilisieren.

Die Bezeichnung «Prälatur» deutet auf eine Art nicht-territorialer Diözese hin, die in direkter Abhängigkeit vom *Summus Pontifex* von einem «Prälaten» geleitet wird, organisatorisch und finanziell autonom ist, mit der Befugnis, eigene Priester zu weihen. Dem *Päpstlichen Jahrbuch* 2004 entnehmen wir, dass das Opus in der Welt 1850 Priester und 83 641 Laien (davon 55 % Frauen) zählt. Der erste Italiener, der dazugehörte, war 1947 ein junger römischer Anwalt. Heute beläuft sich die Zahl der Gläubigen der Prälatur in Italien auf ca. 4 000, die meisten achtbare Beamte und Angestellte, Freiberufler, es fehlt aber auch nicht an Politikern. Im April 2006 ist Paola Binetti[10] in den Senat gewählt worden, eine Supernumerarierin des Opus Dei. Vor ihr war Alberto Michelini, auch er Supernumerarier, Abgeordneter von Berlusconis Partei *Forza Italia*. Zentren und Apostolische Werke der Prälatur sind in mehr als 27 italienischen Städten tätig.

Der bürokratische Weg bis zur Aufnahme als Mitglied von Opus Dei ist lang, er hat eine Reihe von Zwischenstationen, die strengen Prüfungen gleichzusetzen sind, und weist viele Ähnlichkeiten mit den Geheimgesellschaften auf. Der erste Schritt ist in der Regel ein eingeschriebener Brief mit der Bitte um Aufnahme in das «Werk». Das Mindestalter für diesen Antrag ist sechzehneinhalb, als «Aspirant» kann man sich aber bereits ab vierzehneinhalb Jahren registrieren lassen. Nach sechs Monaten erfolgt die «Zulassung» (*Admissio*): eine kurze Zeremonie in Anwesenheit zweier interner Mitglieder, bei der der Novize einwilligt, «im Geiste des Opus Dei zu leben». Anderthalb Jahre später erfolgt die «Oblation»: ein formaler Vertrag, der die juristische Eingliederung des neuen Mitglieds in Kraft setzt.

> Ich, [der Name], in voller Ausübung meiner Freiheit, erkläre hiermit, dass ich den festen Vorsatz habe, all meine Kräfte darauf zu verwenden, nach dem Geist und der Praxis des Opus Dei die Heiligkeit zu suchen und apostolisch tätig zu sein; und ich verpflichte mich, von diesem Augenblick an bis zum nächsten 19. März (ich verpflichte mich für mein ganzes Leben) … mich unter die Jurisdiktion des Prälaten und der übrigen zuständigen Leiter der Prälatur zu stellen …»[11]

Der Vertrag muss am 19. März eines jeden Jahres (Fest des hl. Joseph, des Schutzpatrons der arbeitenden Menschen und Beschützer des «Werkes») bestätigt und erneuert werden. Nach fünf Jahren kommt die «Fidelitas»: die permanente Mitgliedschaft, ohne die Notwendigkeit einer jährlichen Erneuerung.

Es gibt verschiedene Kategorien von Angehörigen. Den größten Teil (ca. 70 %) bilden die Supernumerarier, meist verheiratete Personen, die zu Hause leben, arbeiten, einen Numerarier als geistlichen Führer haben und bei den Priestern des «Werkes» ihre Beichte ablegen.

Die Numerarier (ca. 20 %) dagegen wohnen in den Zentren des Opus Dei, verpflichten sich zum Zölibat, stehen für Initiativen des Apostolats und das Bildungsprogramm der Prälatur zur Verfügung. Von einem kleinen Taschengeld abgesehen, geben sie zur Finanzierung der Organisation alle ihre Einkünfte ab. Mindestens zwei Stunden täglich, ausgenommen Sonn- und Feiertage, tragen sie das *cilicium* (Bußgürtel), ein mehrgliedriges Metallband, das mit nach innen gerichteten scharfen Metallteilen (Dornen) besetzt ist und um den nackten Oberschenkel gebunden wird. Einmal in der Woche wird beim Sprechen des Vaterunsers auch die *disciplina* benutzt: eine Handgeißel mit Lederriemen zur Kasteiung des Rückens. Die niederen Instinkte des Körpers gelten dem Opus als Feind, der unterworfen werden muss, und der Schmerz als ein gesegnetes Mittel der Sühne. Der Gründer sagt es mit klaren Worten: «Gesegnet sei der Schmerz. – Geliebt sei der Schmerz. – Geheiligt sei der Schmerz …

Verherrlicht sei der Schmerz!» (Der Weg, 208).[12] Und weiter: «Wenn du begriffen hast, dass der Leib dein Feind und Feind der Verherrlichung Gottes ist, weil er deine Heiligung bedroht, warum fasst du ihn dann so weich an?» (Der Weg, 227).[13] Nachdrücklich wird zur Keuschheit geraten. In einer anderen Passage von *Der Weg* hat der Gründer geschrieben: «Um seine Reinheit zu verteidigen, wälzte sich der heilige Franziskus im Schnee. Der heilige Benedikt sprang in ein Dornengestrüpp. Der heilige Bernhard stürzte sich in einen eisigen Teich ... – Und du? Was tust du?» (Der Weg, 143).[14]

In seiner Rangordnung sieht das Opus, wie bereits erwähnt, die «Auxiliarnumerarierinnen» vor, dabei handelt es sich um mehr als 4 000 Frauen, die als Vollzeitbeschäftigte in den verschiedenen Zentren der Organisation vorwiegend mit der Hauswirtschaft befasst sind. Bei der Ausübung ihrer Tätigkeiten haben sie eine Uniform zu tragen und sind einer strengen Überwachung unterworfen, die bis zur Kontrolle ihrer privaten Korrespondenz reicht.

Einige Kritiker haben in der rigiden Unterteilung von Männern und Frauen in «Klassen» nicht so sehr die übliche latente Frauenfeindlichkeit der Kirche, sondern vor allem das Symptom einer regelrechten sexistischen Ausbeutung ausgemacht, umso mehr als der Gründer in einem speziell an die Frauen gerichteten Passus im *Weg* vorschreibt:

> Wenn ihr euch Gott in der Welt hingeben wollt, muss noch vor eurer Gelehrsamkeit die Frömmigkeit kommen (die Frauen brauchen nicht gelehrt zu sein; es genügt, daß sie klug sind); ihr müsst eng verbunden sein mit dem Herrn im Gebet; ihr müsst einen unsichtbaren Mantel tragen, der alle eure Sinne und jede eurer Kräfte umhüllt: beten, beten und beten; sühnen, sühnen und sühnen.[15] (Der Weg, 946)

Eine nicht erst heute inakzeptable Betrachtungsweise, nur erklärbar durch das kulturelle Klima in Spanien in den ersten Jahrzehnten des 20. Jahrhunderts, die Zeit also, in der Escrivá ausgebildet wurde. Die Sexualphobie ist sicher eine starke Komponente der vorgeschriebenen Verhaltensweisen. Elena Longo, eine ehemalige Numerarierin hat einen Essay mit dem Titel *Vita quotidiana di una numeraria nell'Opus Dei* (Alltag einer Numerarierin im Opus Dei) geschrieben, der in der Zeitschrift Clarettianum (Nummer XLVI, 2006) veröffentlicht wurde. Dort ist zu lesen:

> Die der Institution eigene Askese erfordert das, was intern «strenge Bewachung des Herzens» genannt wird. Sie muss auch in den übrigen Situationen des alltäglichen Lebens befolgt werden, unter Kollegen und im Verhältnis zu Bekannten aller Art. Von den Numerarierinnen, wie auch von den Numerariern der Männerabteilung, wird verlangt, mit allen Mitteln Situationen zu vermeiden, gewohnheitsmäßig oder auch nur ausnahmsweise in Anwesenheit von Kollegen des anderen Geschlechts allein in einem Raum zu arbeiten, und dafür zu sorgen, dass die Tür des Zimmers, in dem man sich gerade aufhält, stets offen bleibt. Man vermeidet auch, sich von Personen des anderen Geschlechts im Auto mitnehmen zu lassen oder diese im Auto mitzunehmen. Wenn die Arbeitsbedingungen einer Numerarierin sich so entwickeln, dass die Beachtung dieser Vorsichtsmaßnahmen schwierig wird, wird eher auf die Ausübung des Berufes verzichtet, als die freiwillige Entscheidung eines Lebens im apostolischen Zölibat einer Gefahr auszusetzen.

Schließlich die Priester. Die Prälatur hat 1 850 eingegliederte Priester, die direkt dem Prälaten unterstellt sind. Weitere 2 000 Priester gehören zur eng an das Opus gebundenen *Società sacerdotale della Santa Croce* (Priestergesellschaft vom Heiligen Kreuz). Die von der Organisation geleiteten und kontrollierten «Apostolischen Werke» sind zahlreich. Darunter fünfzehn Universitäten mit mehr als 80 000 Studierenden (die größte ist die Universidad de Navarra in Pamplona, die jüngste ist der Campus Biomedico in Rom). Sieben Krankenhäuser mit 1 000 Ärzten und 1 500 Personen Pflegepersonal; elf Schulen für Betriebswirtschaft; 36 Grund- und Realschulen, 96 Berufsschulen; 166 Studentenwohnheime; eine TV-Presseagentur (Rome Reports). Eine imposante Organisation, deren Vermögen vom Nachrichtenmagazin Time (24. April 2006) auf ca. 3 Milliarden Dollar geschätzt wurde.

Was in der kollektiven Wahrnehmung von Opus Dei am meisten auffällt, ist zweifellos der Nimbus mysteriöser Geheimhaltung, der das «Werk» umgibt. Die Organisation hält nicht nur ihre Bilanzen geheim, sondern auch die Namen derer, die Mitglieder sind oder es nicht mehr sind. Artikel 190 der Konstitution von 1950 besagte: «Die

Mitglieder müssen wissen, dass sie im Hinblick auf die Namen der übrigen Mitglieder stets ein wohlbedachtes Schweigen zu bewahren haben und niemals irgendjemandem entdecken dürfen, dass sie zum Opus gehören.» Der Artikel ist in den Statuten von 1982 modifiziert worden. Heute steht es theoretisch jedem Mitglied frei, seine Zugehörigkeit zu offenbaren, in der Praxis aber ist die alte Reserviertheit geblieben. Eine Ausnahme bilden diejenigen Mitglieder, die offiziell autorisiert sind, sich zu erklären. Tatsache ist, dass noch heute Namen und Nummern der Mitglieder geheim bleiben.

Nicht alle halten auf die Dauer dem psychologischen Druck stand, den der Eintritt in das Opus, die Bußübung mit dem *cilicium*, die ständige Überwachung und Kontrolle mit sich bringen. Doch ist man einmal Mitglied, ist auch der Austritt nicht einfach. Mit den Jahren ist eine Reihe von Büchern veröffentlicht worden, in denen ehemalige Mitglieder die Schwierigkeiten und nicht selten Schikanen schildern, von denen solche Erfahrungen begleitet waren, vor allem im Falle von Frauen. Sehr beeindruckend die Memoiren von María del Carmen Tapia in ihrem Buch *Oltre la soglia, una vita nell'Opus Dei* (Dt. 1993 erschienen: *Hinter der Schwelle. Ein Leben im Opus Dei*). Dort werden in einfachen und unverschnörkelten Worten das Leben, der Zeitplan, das oft unerträgliche Verhältnis zu den Aufseherinnen, die Demütigungen beschrieben. Als die junge Frau die Absicht erkennen lässt, dass sie die Organisation verlassen will, um zu ihrer Familie und zur Welt zurückzukehren, artet die gewohnte Härte in den zwischenmenschlichen Beziehungen zur offenen Verfolgung aus. Sie schreibt:

> Wenn ich nach diesen Verhören in mein Zimmer zurückkehrte, stellte ich jedes Mal fest, dass Dinge von mir verschwunden waren ... Alles, wirklich alles wurde auf den Kopf gestellt ... Auch das Telefon neben der Galleria della Madonna wurde ständig überwacht. Man ließ mich nicht am Saubermachen teilnehmen. Auch durfte ich nicht in den Esssaal hinuntergehen. Man brachte mir ein Tablett mit dem Essen herauf ... Infolge des Terrors befiel mich ein chronisches Zittern. Ich hatte Angst, man könnte mich in eine Irrenanstalt bringen, da ich wusste, dass man dies schon zuvor mit anderen getan hatte.[16]

Eines Tages kann sie einen Moment der Unachtsamkeit ihrer Vorgesetzten nutzen und den Mann einer Freundin anrufen. Eine sehr kurze Nachricht, in der Furcht, erwischt zu werden. Der Mann begreift jedenfalls, was sie sagt, und sorgt dafür, dass sie herausgelassen wird. Die Demütigungen der Frau sind aber noch nicht zu Ende. Vor der Entlassung

> … wurde ich in den Versammlungssaal der Asesoría zitiert … Dann begann Monsignor Escrivá auf und ab zu gehen, aufgebracht, rot im Gesicht, wütend, und sagte: «Und dass du ja mit niemandem über das Werk und über Rom sprichst und uns deinen Eltern gegenüber nicht schlechtmachst … Wenn mir zu Ohren kommen sollte, dass du zu irgend jemandem etwas Abwertendes über das Werk sagst, werde ich, José María Escrivá de Balaguer, der ich die Weltpresse in meinen Händen halte …, dich öffentlich entehren!» Und er sah mir direkt ins Gesicht, schäumte vor Wut und schleuderte mir seine Arme entgegen, als wolle er mich schlagen, während er schrie: «… Hure!!! Schlampe!!!»[17]

Ein Ende 2006 erschienenes Buch hat weitere Erfahrungsberichte gesammelt: Ferruccio Pinottis *Opus Dei Segreta* (Opus Dei geheim). Unter diesen Zeugnissen sticht die Aussage Amina Mazzalis heraus, einer Frau von 36 Jahren aus Florenz: «Mir wurde vorgeschlagen, in das Opus Dei einzutreten, als ich 15 Jahre alt war, das war 1985. Und ich war noch nicht einmal die jüngste.» Amina wird Numerarierin, lässt ihre Eltern darüber in Unkenntnis.

> Es war erschreckend: Beim Opus Dei wurde mir davon abgeraten, mit meinen Eltern darüber zu sprechen … mir wurde gesagt: «Sie sind außerhalb unserer Welt, sie haben nicht unseren Geist und werden es wahrscheinlich nicht verstehen … sie können nicht im notwendigen Stand der Gnade sein, um dir einen guten Rat zu geben. Es ist besser, dass du jemanden von uns oder einen Priester des Werkes um Rat bittest.»

Mit dem Leben als Numerarierin beginnt Amina, die typischen Rituale der Organisation zu praktizieren:

> Mit 17 Jahren habe ich mit der körperlichen Abtötung begonnen: Ich musste das *cilicium* am Oberschenkel tragen und mich mit der *disciplina* geißeln. Das ist keine freiwillige Entscheidung oder eine fakultative Sache – das wird ausdrücklich von einem verlangt, die körperliche Abtötung … Von dem Moment an war meine Beziehung zum Opus Dei ganz und gar auf Schuldgefühl gegründet.

Amina geht auch auf Details ein: Das *cilicium* ist

> ein aus Stachelringen mit Stacheln zusammengesetzter Metallgürtel und muss am oberen Teil des Oberschenkels angelegt werden. Man kann ihn regulieren und enger schnallen, wie man will, es hängt natürlich von der Bereitwilligkeit der Person ab, ob er enger oder weiter gezogen wird. Die Narben habe ich heute noch. Inzwischen sieht man sie ein bisschen weniger, aber wenn sie frisch sind, sind sie scheußlich anzusehen.

Amina trägt das *cilicium* jeden Tag: «Ich trug es zwei Stunden täglich. Solange man es nur beim Lernen anhat, verliert das Bein allmählich an Empfindlichkeit. Im Sitzen ist es noch erträglich, wenn man aber aufsteht und herumläuft, tut es richtig weh.» Die körperliche Abtötung ist begleitet von der psychischen Abhängigkeit. Dazu wieder Amina:

> Der Schlüssel zur Unterwerfung des Willens der Leute ist folgender: Sie bringen dir bei, an dir selbst und deiner Urteilsfähigkeit zu zweifeln und ausschließlich dem zu vertrauen, was von den Direktoren und vom Opus kommt. Schritt für Schritt zeigen sie dir, dass du kein guter Führer für dich selbst sein kannst. Du musst den Anweisungen der Vorgesetzten folgen, die besser wissen als du selbst, was dir gut tut ... Das Motto ist: «Wer gehorcht, kann nie einen Fehler machen!»

Amina spricht auch von einer hemmungslosen Rekrutierung neuer Mitglieder, dem Proselytismus:

> Der Proselytismus wurde sehr professionell betrieben. Man bekam Zahlen, die erreicht werden mussten, regelrechte Planvorgaben, und es gab immer wieder Ad-hoc-Aktivitäten, um neue Numerarierinnen zu rekrutieren: Journalismus-Seminare, Lateinkurse, Konferenzen, Tagungen. Das Ziel war, dort neue Numerarier-Aspirantinnen anzuwerben.

Als die junge Frau beginnt, an Depressionen zu leiden, werden ihr Psychopharmaka verschrieben. Ende der neunziger Jahre schließlich beschließt sie, das «Werk» zu verlassen.

Das Opus Dei ist nach dem Welterfolg von Dan Browns Roman *Da Vinci Code* wieder in den Fokus der öffentlichen Aufmerksamkeit gerückt. Literarisch zwar recht anspruchslos, ist das Buch aber narrativ gut konstruiert, und vor allem greift es das diffuse Gefühl von

Misstrauen und Argwohn gegenüber dem Opus Dei auf. Dan Brown weiß die Aura der düsteren Legende, von der die Organisation umwoben ist, geschickt zu nutzen und lässt dabei die zahllosen Ungenauigkeiten, mit denen seine Geschichte gespickt ist, vergessen. Nur ein Beispiel: Silas, der Mörder, ist ein Albino-Mönch des «Werkes». Opus Dei aber ist gar kein Mönchsorden, sondern eine Laienorganisation.

Das «Werk» hat auf *Da Vinci Code* mit einem 2003 in New York herausgegebenen Kommuniqué der Prälatur reagiert. Dort heißt es, das Buch «beschreibt Mitglieder des Opus Dei, die makabere körperliche Kasteiungen praktizieren, Menschen töten. Es behauptet, die Prälatur setze Zwang und Gehirnwäsche ein. Es unterstellt, das Opus habe als Gegenleistung zu seiner Konstitution als Personalprälatur der Vatikanbank Bürgschaften gewährt. Alle diese Behauptungen sind absurd und ohne jede Grundlage.»

Eine sehr wichtige Rolle in der Organisation spielt das Geld. John Roche, der von 1959 bis 1973 Numerarier war, bekennender Katholik ist und heute Wissenschaftsgeschichte in Oxford lehrt, hat in dem erwähnten Buch von Ferruccio Pinotti eine entsprechende Aussage gemacht. Er sagt:

> Das Opus Dei war eine Organisation nach faschistischem Muster. Zu den Zeiten, als ich dort eintrat, war sie sehr geheim. Den Jesuiten waren sie zutiefst feindlich gesinnt. Ihren Gründer verehrten die Mitglieder rückhaltlos, zugleich aber lebten sie in Furcht und Schrecken vor ihm. Er hatte Zornausbrüche, die eines Hitler würdig gewesen wären.

Und über das Verhältnis zu Geld und wirtschaftlichem Einfluss:

> Ich war überrascht über die Tatsache, dass junge Numerarier, die sich die Evangeliums-Gelübde Armut, Keuschheit und Gehorsam zu Eigen gemacht hatten, so erpicht darauf waren, in Banken, an Börsen, in Firmen, in Import-Export-Gesellschaften zu arbeiten, um Finanzressourcen zu schaffen, die Opus Dei zugute kommen sollten. Stolz kultivierten sie die Idee des Reichtums.
> [Und weiter: Das «Werk»]... kontrolliert eine große Zahl multinationaler Unternehmen und eine riesige Business-Organisation. Durch ihre mit ihm verbundenen Gesellschaften [Pinotti spricht von «Auxiliargesellschaften» und meint damit Vereine, Stiftungen etc.; Erg. d. Ü.], d. h. die von Opus Dei kontrollierten und von ihren Laien-

> Mitgliedern verwalteten Wirtschaftsunternehmen, ist es enorm reich geworden … Opus Dei kontrolliert Zeitungen, Zeitschriften, Verlage, Journalismus-Fakultäten, Presseagenturen, es ist am Film- und Fernsehgeschäft beteiligt.

Ähnliche Anklagen kann man in einem offenen Brief lesen, den eine Gruppe von Ex-Numerariern im Oktober 2005 an Papst Ratzinger gerichtet hat: «Es ist beunruhigend zu beobachten», schreiben sie, «in welchem Ausmaß die leitenden Mitglieder des Opus Dei Verletzungen des Kirchen- und des Zivilrechtes begehen.» Verletzt würden auch

> … die moralischen und staatlichen Normen bezüglich der Verwendung des Geldes, der Vertragsklauseln und der Steuerpflichten … Die leitenden Mitglieder verhindern den Abschluss von unmoralischen und illegalen Geschäften nicht und wirken bei der Manipulation diesbezüglicher Informationen mit.

Schließlich sei Opus Dei gekennzeichnet von

> … systematischer Ausbeutung von Individuen mittels einer extremen Anwendung der Verpflichtung zu Armut, Keuschheit und Gehorsam, was es aufgrund der Abschaffung jeglicher individuellen Freiheit im Namen des blinden Gehorsams in eine leibhaftige Sekte verwandelt … Die Jüngsten werden gezwungen, sich von ihrer Familie abzuwenden, man verbietet ihnen sogar, das Foto ihrer Eltern im Zimmer zu haben.

Die Kohärenz und Schlüssigkeit solcher, zu verschiedenen Zeiten und an verschiedenen Orten erhobenen Anklagen gibt Anlass zu beunruhigenden Fragen. Und: Bei aller Naivität des Plots hätte selbst Dan Brown im *Da Vinci Code* nicht eine derart finstere, teilweise fast an Parodie grenzende Darstellung des Opus Dei geben können, wenn er nicht sicher gewesen wäre, auf ein weit verbreitetes Klischee bauen zu können. Im Übrigen scheint sich auch das Opus in letzter Zeit der Notwendigkeit einer größeren Öffnung bewusst geworden zu sein. Als Reaktion auf die Veröffentlichung von Pinottis Buch wurden auf die Homepage (www.opusdei.it) zahlreiche positive Gegenaussagen gestellt.[18] Zum Beispiel die von Maria Risari, einer Mailänder Numerarierin, mehr als zehn Jahre lang Direktorin des Opus Dei-Zentrums von Verona:

> Ich habe sehr viele Bildungs-Initiativen organisiert, immer mit Hilfe meiner Familie und sehr vieler weiterer Familien, die mit Freude sahen, wie sich ihre Töchter in spannenden Unternehmungen engagierten … Ich erinnere mich an die Kurse zu wirtschaftlichen Themen oder die Seminare über weibliche Identität und Arbeit, die kleinen Projekte in der Freiwilligenarbeit mit Behinderten, Alten oder Kindern in Verona oder in Ungarn kurz nach dem Ende des Kommunismus. Begeisternd war die Teilnahme so vieler Mädchen an den «Tagen der Jugend» in Loreto, Paris und Rom. Oder das Abenteuer der Weihnachts- und Neujahrstage in Kroatien mit Gruppen couragierter Veroneser Studentinnen, die den Mut hatten, Kriegsflüchtlingen Beistand zu leisten … Die Lehren und das Beispiel des hl. Josemaría ermutigen mich zum Einsatz für diejenigen, die mir auf meinem Weg begegnen: für die Jüngsten, um ihnen bei der Entdeckung ihrer Fähigkeiten zu helfen, dabei, Gott zu vertrauen, aber auch sich selbst und den anderen, und dabei zu lernen, einfach und natürlich mit Gott zu sprechen.

Harte Vorwürfe auf der einem Seite, beharrlicher Enthusiasmus auf der anderen. «Gesegnet sei deine Unterwerfung», hatte der Gründer empfohlen. Es ist möglich, dass dieselben Entbehrungen, Einmischungen, Abschottungen für die einen intolerable Verletzungen sind, für die anderen dagegen ein Beweis für Liebe und «gesegnete Unterwerfung». Aber auch jenseits der unterschiedlichen Erfahrungsberichte und Zeugenaussagen lösen gewisse Aspekte des Innenlebens von Opus Dei weiter Ratlosigkeit und Kritik aus.

Zum Beispiel unterscheidet sich der für die Mitglieder herausgegebene interne Index verbotener Bücher («Vademecum für die örtlichen Räte») nicht allzu sehr von jenem *Index librorum prohibitorum*, der 407 Jahre lang, von 1559 bis 1966, bestimmt hat, welche Bücher die katholischen Gläubigen nicht lesen durften. Die 60 541 rezensierten Bücher sind mit Noten von 1 bis 6 klassifiziert: von den Büchern für alle (1) bis zu denen (5 und 6), deren Lektüre ohne Erlaubnis des Prälaten verboten ist. Abgeraten wird von Isabel Allende, Norberto Bobbio, Benedetto Croce, Oriana Fallaci, Antonio Gramsci, Karl Marx, John Stuart Mill, Baruch Spinoza. Aber auch Umberto Ecos *Der Name der Rose*, die Romane Alberto Moravias, Elsa Morantes, Mario Soldatis, die Werke Pasolinis, die Romane von Philip Roth, einem der größten Schriftsteller der Gegenwart, von Jean-Paul Sartre und Max Weber, Gore Vidal, Voltaire und Emile Zola. Dagegen wird zum Beispiel Tolkiens *Der Herr der Ringe* ausdrücklich empfohlen.

Auf die Kritik antwortet Opus Dei folgendermaßen:

> Im Opus Dei wird empfohlen, sich über die Lektüre, die man vorhat, zu informieren, wovon die dem Einzelnen vorbehaltene Entscheidungsfreiheit unberührt bleibt. Es handelt sich also um eine spirituelle Praxis: verstehen, was es verdient, gelesen zu werden, und sich vom Wunsch leiten zu lassen, Bücher auszuwählen, die im Einklang mit dem eigenen Glauben und der freien Wahl des Lebens sind. Nichts könnte von einem «Index verbotener Bücher» entfernter sein.[19]

Einfache Ratschläge also, die allerdings schon allein deshalb eine gewisse Perplexität auslösen, da die «zu vermeidenden» Bücher nicht unbeträchtliche Teile der Kultur, der Literatur, des Denkens unserer Zeit enthalten.

Gibt es eine von Opus Dei empfohlene politische Vision für die Art zu leben, auf die Welt zu reagieren oder zu «denken»? Wenn man den Begriff «politisch» im weitesten Sinne interpretiert, sicher ja. Dazu noch einmal Prof. Roche:

> Das Opus Dei wird von der gesamten Weltpresse angeklagt, eine politische Organisation zu sein. In Wirklichkeit ist es vor allem an den herrschenden Klassen und an denen interessiert, die an der Macht sind. Durch sie versucht es, politischen Einfluss zu gewinnen. Solch ein Einfluss impliziert aber keine bestimmte Ideologie … Das Werk ist auf jeden Fall extrem autokratisch und von Ideen durchdrungen, die aus dem spanischen Faschismus abgeleitet und für religiöse Zwecke zugeschnitten wurden.

In der Tat schreibt Escrivá vor: «Das Opus agiert nicht, seine Mitglieder agieren.» Was (von geringfügigen Ausnahmen abgesehen) die unterschiedlichen Erfahrungen eint, ist die Tatsache, dass die Anhänger des Opus, trotz des Fehlens einer offiziell deklarierten politischen Linie, stets ausschließlich die konservativsten politischen Kräfte unterstützen. Unleugbar ist die ausgeprägte Tendenz, sich immer dann, wenn ethische Fragen im Spiel sind, zum Beispiel die Anerkennung der nichtehelichen Lebensgemeinschaften, die Euthanasie, die Abtreibung, die Verhütung, die künstliche Befruchtung, die Homosexualität, stets an der Seite der Konservativsten in Stellung zu bringen.

Wie jeder Organismus, der sich seiner Bedeutung bewusst ist, ist das vordringliche Ziel auch des Opus Dei die Erweiterung und Aufwertung seiner eigenen Rolle. Dies ist die eigentliche Leitlinie seiner «Politik». Zu Zeiten Pauls VI., der sich der Organisation entgegenstellte und ihr, wie oben erwähnt, unter anderem die ersehnte Anerkennung als «Personalprälatur» verweigerte, erwog Escrivà für den Fall, dass diese Verweigerung fortgesetzt würde, sogar eine Abspaltung. In der Zeitschrift Cronica (II, 1972) ging er zu einer offenen Drohung über: «Das Übel kommt aus dem Inneren der Kirche und von ihren Spitzen. In der Kirche gibt es eine echte Fäulnis und manchmal scheint es, als sei der mystische Körper Christi ein Kadaver in übelriechender Verwesung.» Mit dem Pontifikat Wojtyłas änderte sich die Haltung der Kirche, schnell kam es zur Personalprälatur (1983) und zur Heiligsprechung des Gründers (2002).

Mit Papst Ratzinger scheint dem «Werk» das Glück weiter hold zu sein. Am Tag nach seiner Wahl zum Papst erinnerte Prälat Bischof Javier Echevarría daran: «Der neue Papst kennt die Mission der Prälatur gut und weiß, dass er auf die eifrigen Bemühungen der ihr angehörenden Priester und Laien zählen kann, um der Kirche zu dienen, einziges Trachten von San Josemaría Escrivá.»

Im März 2002 hatte der damalige Kardinal Joseph Ratzinger bei der Präsentation von Giuseppe Romanos Buch *Opus Dei. Il messaggio, le opere, le persone* (Opus Dei. Die Botschaft, die Werke, die Personen) gesagt:

> Escrivá de Balaguers Gotteszentrismus ist für mich eine Botschaft von größter Bedeutung. Denn sie stimmt mit den Worten Jesu überein, das heißt sie gründet auf diesem Vertrauen, dass Gott sich nicht von der Welt zurückgezogen hat, dass Gott jetzt am Werk ist und wir uns ihm nur zur Verfügung stellen müssen, fähig sein, auf seinen Ruf zu reagieren. Es ist eine Botschaft, die zur Überwindung dessen führt, was man die große Versuchung unserer Zeit nennen könnte: des Postulats also, dass Gott sich nach dem Urknall aus der Geschichte zurückgezogen habe.

Der künftige Papst hatte das Ziel des Opus fokussiert: Gott in der Geschichte aufspüren, wo immer er sich befindet und mit allen Mitteln.

NACHWORT
WENN EINE KIRCHE ZUM STAAT WIRD

Der Begriff «Vatikan» stammt aus der Antike. Er bezeichnete zunächst eine Örtlichkeit, ein Gebiet. *Ager vaticanus* war der verrufene, finstere Ort, von dem Aulus Gellius[1] spricht, der den Ortsnamen von *vaticinium* (Weissagung) herleitet: «Sowohl das vatikanische Gebiet (Vaticanus ager) als auch der Schutzgott dieses Gebietes sollen ihren Namen erhalten haben von den Weissagungen, welche durch die Macht und Eingebung dieser Gottheit auf besagtem Gebiete gegeben zu werden pflegten.»[2] Das Gebiet fiel immer wieder den Überschwemmungen des Flusses zum Opfer, war also lange Zeit morastig, von wilden Tieren heimgesucht und malariaverseucht. Die Ebene fand ihr natürliches Ende am *Mons vaticanus*, einer zu der flachen Bergkette zwischen dem Monte Mario im Westen und dem Gianicolo im Süden gehörenden Erhebung. Auf der Höhe des Petersdoms ist der Hügel aufgrund der gewaltigen Planierungsarbeiten, die als Voraussetzung für den Bau der Basilika notwendig waren, bereits seit geraumer Zeit praktisch verschwunden.

Tacitus spricht vom vatikanischen Tal als «einem verrufenen Ort», vielleicht auch deshalb, weil auf diesem öden Gelände eine Nekropole lag, die seine düstere Aura noch verstärkte und deren Überreste bei den zahlreichen für die Fundamente der Basilika oder ihre Befestigung notwendigen Planierungen immer wieder zum Vorschein gekommen sind. Später, vom 1. Jahrhundert an, ist das Gebiet nach und nach trockengelegt worden, und das Areal, auf dem heute der Petersdom, ein Teil der Borghi und das Ospedale di Santo Spirito stehen, entwickelte sich allmählich zu einem Wohngebiet.

Agrippina *maior* (die Ältere), Ehefrau des Germanicus[3] und damit künftige Großmutter – wenn man das so banalisieren darf – Neros, ließ hier einen Palast mit Gartenanlagen bauen, wo Kaiser Caligula, der Tiberius auf den Thron gefolgt war, seinen später von Nero fertiggestellten Circus bauen sollte. Im Circus des Kaisers wurden die in Rom sehr populären Pferderennen mit zweirädrigen Streitwagen und Quadrigen veranstaltet; hier wurden außerdem, vielleicht wegen des nahegelegenen Friedhofs, einige Hinrichtungen von Christen durchgeführt, die für schuldig erachtet worden waren, den großen Brand Roms im Jahre 64 verursacht zu haben. Das Gebiet wurde also sukzessive urbanisiert, auch wenn es im Verhältnis zum Stadtzentrum immer Peripherie blieb.

Der Staat der Vatikanstadt (Autokennzeichen SCV) ist eine souveräne Körperschaft öffentlichen und internationalen Rechts. Der kleinste unabhängige Staat der Welt hat eine Ausdehnung von 44 Hektar, er hat wenig mehr als 900 Einwohner, davon ca. 500 Staatsbürger, deren durchschnittliches Pro-Kopf-Einkommen recht hoch ist. Die öffentlichen Dienstleistungen sind für die Staatsbürger zumeist kostenlos.

Die Ökonomie des Vatikans basiert auf den Vermögensanlagen, den Renditen, den Abgaben der Diözesen und in aller Welt verstreuten sonstigen Einrichtungen, darüber hinaus den verschiedenen Zuwendungen (und damit zusammenhängenden indirekten Vorteilen) durch den italienischen Staat. Eine genaue Berechnung dieser Summen ist aufgrund der traditionell im Dunkeln gehaltenen vatikanischen Bilanzen und der Weigerung, die Positionen im Einzelnen auszuweisen, sehr schwierig. Der Journalist Curzio Maltese ist bei einer seiner Untersuchungen zu den Kosten des Staates der Vatikanstadt für die italienische Republik auf ein Gesamtvolumen von ca. 4 Milliarden Euro gekommen, der Mathematiker Piergiorgio Odifreddi auf mehr als das Doppelte: 9 Milliarden Euro. Die offizielle Bilanz des Vatikans wird von der Finanzverwaltung APSA (*Amministrazione del Patrimonio della Sede Apostolica* – Vermögensverwaltung des Apostolischen Stuhls) herausgegeben und von der *Prefettura per gli Affari economici* (Präfektur für wirtschaftliche Angelegenheiten) geprüft.

Wie jeder andere Staat hat auch der Vatikan einige für seine Eigenschaft als Staat konstitutive Elemente: ein Territorium, das

Münzrecht, die legislative Gewalt, ein Heer, ein abstraktes Konzept von «Nationalität», symbolisiert durch eine Flagge, eine Hymne, eine Sprache und diverse weitere Komponenten dieser Art. Von der Fläche haben wir gesprochen, das Heer ist inzwischen nur noch von symbolischer Dimension, sehr effizient dagegen sind die Polizeikräfte. Die Flagge ist in zwei gleichgroße Felder aufgeteilt, ein gelbes (direkt neben dem Mast) und ein weißes, in dessen Mitte das *Triregnum* und die gekreuzten Schlüssel thronen. Die Hymne *Marche pontificale* (Papstmarsch) hat Charles Gounod komponiert. Es gibt Justizorgane und eine Staatsanwaltschaft, die offen gestanden noch nicht durch besondere Leistungen hervorgetreten sind; zu ihrer Verteidigung ist zu sagen, dass solche Institutionen in einem absolutistischen Staat eher den politischen Anforderungen zu gehorchen haben als der Kraft des Faktischen.

Es gibt Organe der Rechtsprechung mit Gerichtsfunktion, darunter die *Sacra Romana Rota* (der höchste Zivil- und Strafgerichtshof der römisch-katholischen Kirche), die über die Ungültigkeit von Ehen befindet und die in Italien bis zum Inkrafttreten eines entsprechenden (italienischen) Gesetzes praktisch als Ersatzinstanz für Scheidungen fungierte. Außerdem gibt es das *Sant'Uffizio*, das dogmatische Streitfragen schlichtet und, solange das möglich war, für Zuwiderhandlungen strenge Strafen androhte, einschließlich der Todesstrafe. Diese grausamen Erinnerungen ließen es dann auch geraten erscheinen, den Namen zu ändern, der heute *Congregazione per la Dottrina della Fede* (Kongregation für die Glaubenslehre) lautet.

Der Vatikanstaat verfügt über eine Bank mit dem Namen *Istituto per le Opere di Religione* (IOR), von der im Kapitel XI die Rede war; über eine *Annona,* das Ernährungsamt, das heute zu einer Art Supermarkt geworden ist. Dort findet man auch Produkte, die in Italien nicht zum Verkauf angeboten werden, zu sehr günstigen Preisen, was daran liegt, dass sie, wie früher in den Duty Free Shops auf den Flughäfen, steuerfrei sind, einschließlich der Weine, Liköre und des Benzins. Der Zutritt ist eigentlich den Einwohnern vorbehalten, die Ausweiskontrolle ist aber sehr oberflächlich, vielleicht ganz bewusst; denn um dort einkaufen zu können, reicht es, irgendjemanden mit Ausweis zu kennen. Früher gab es auch eine vatikanische Münzprägeanstalt, deren Aufgabe aber auf die Anstalt der Republik Italien übertragen worden ist. Münzen und Briefmarken haben fast ausschließlich numismatischen Wert, besonders gesucht sind die zu Beginn eines neuen Pontifikats herausgegebenen.

Dann sind da zahlreiche Medien. Wenn viele der bisher aufgezählten Funktionen und Gewalten im Verhältnis zu denen eines «echten» Staates eher von embryonalen Ausmaßen sind, so ist Radio Vatikan dagegen ein mächtiger und ausgesprochen leistungsfähiger Sender, der in vielen Sprachen in die fernsten Länder überträgt, also auch über eine entsprechende Emissionsstärke verfügt. Der erste, der in diese Mikrofone sprach, war 1931 Papst Pius XI. bei der Einweihung der von Guglielmo Marconi aufgebauten Radiostation. Sehr schnell aber erwiesen sich die im Vatikan befindlichen Sendeanlagen als unzureichend.

1955 ließ der Heilige Stuhl bei Santa Maria di Galeria, ca. 20 Kilometer vor Rom, eine große Sendestation errichten. Die gigantische Antenne in Form eines Kreuzes ist schon von weitem sichtbar. Extrem leistungsstarke Apparaturen ermöglichen die Ausstrahlung der Programme in alle Welt, verursachen bei den Anwohnern der Umgebung aber auch beträchtliche Störungen und Risiken: Es soll dort Leute geben, die Radio hören können, wenn sie den Kühlschrank öffnen. Traditionell sind es Jesuiten, die die maßgeblichen Posten in dieser Programmstruktur bekleiden, die insgesamt in 33 Sprachen sendet.

Die offizielle Amtszeitung des Heiligen Stuhls ist der seit über hundert Jahren erscheinende L'Osservatore Romano (wörtlich: Der Römische Beobachter). Die erste Nummer erschien mit dem Untertitel *Giornale politico-morale* (Politisch-moralische Zeitung). Heute erscheint dagegen an derselben Stelle ein doppeltes Motto: *Unicuique suum* (Jedem das Seine) und *Non praevalebunt* (Sie werden sie nicht überwältigen[4]) – wobei natürlich von den Kräften des Bösen die Rede ist. Auch wenn einzelne Rubriken inzwischen etwas bunter geworden sind, ist der Osservatore praktisch das Sprachrohr des Papstes, also gehalten, nicht von der offiziellen Linie des Heiligen Stuhls abzuweichen. Während der deutschen Besatzung war er sehr begehrt, weil er Nachrichten enthielt, die in der unter strenger Zensur stehenden italienischen Presse nicht gemeldet wurden. Wenn auch mit großer Zurückhaltung, wie bei der Kirche Usus, vermittelte das vatikanische Organ eine ziemlich genaue Vorstellung von der politischen Temperatur in der Welt und dem Stand und Verlauf der militärischen Operationen an den verschiedenen Fronten. Doch von diesen außergewöhnlichen Momenten abgesehen, besteht die Linie der Tageszeitung im Allgemeinen in der Flankierung der konservativsten Positionen der Kirche.

Ein besonderes, vom Vatikanstaat zu unterscheidendes Gebilde ist der Heilige Stuhl, moralische Instanz mit öffentlich-rechtlicher Qualität, die durch die Person des Pontifex die Staatshoheit über den Vatikanstaat ausübt und die de facto als Inbegriff der Machtbefugnisse des Papstes beschrieben werden kann. Der Heilige Stuhl ist Völkerrechtssubjekt und tauscht akkreditierte Botschafter mit der ganzen Welt aus, er ist als ständiger Beobachter bei den Vereinten Nationen zugelassen, er unterhält diplomatische Vertretungen bei verschiedenen internationalen Organisationen.

Institutionell kann man ihn als eine absolute Wahlmonarchie bezeichnen, deren Thron also nicht vererbbar ist. An der Spitze befindet sich ein von einer auserwählten Versammlung (den im Konklave vereinten Kardinälen – den Fürsten der Kirche) auf Lebenszeit gewählter Monarch. Der Pontifex übt die Macht mit Hilfe einer von ihm ausgesuchten «Regierung» (der Kurie) aus, der sowohl politisch-administrative als auch doktrinäre Aufgaben und Funktionen obliegen. Der Chef dieser Regierung und Koordinator der Kurie ist der Staatssekretär.

Auf der offiziellen Homepage des Vatikans ist zu lesen:

> Bei der Ausübung der höchsten, vollen und unmittelbaren Gewalt über die Gesamtkirche bedient sich der Papst der Behörden der römischen Kurie. Diese versehen folglich ihr Amt in seinem Namen und mit seiner Vollmacht zum Wohle der Kirchen und als Dienst, den sie den geweihten Hirten leisten.

Im neuen Kodex des Kanonischen Rechts (1984) legte Papst Wojtyła im Kanon 331 nämlich fest, dass der Bischof der Kirche von Rom «kraft seines Amtes in der Kirche über höchste, volle, unmittelbare und universale ordentliche Gewalt [verfügt], die er immer frei ausüben kann». Neu ist der Terminus «unmittelbar», was bedeutet «ohne weitere Vermittlung», praktisch «absolut», eine Zuordnung von Befugnissen, die von Kanon 333 bekräftigt wird, in dem es heißt:

«Gegen ein Urteil oder ein Dekret des Papstes gibt es weder Berufung noch Beschwerde.»

Auch Artikel 1 des am 22. Februar 2001 in Kraft getretenen Grundgesetzes des Vatikanstaates lässt keinen Zweifel über die Rolle des Papstes: «Der Papst besitzt als Oberhaupt des Vatikanstaates die Fülle der gesetzgebenden, ausführenden und richterlichen Gewalt.» Der Vatikanstaat ignoriert also de facto nicht nur den von den repräsentativen Demokratien (Parlamenten) vorgesehenen sogenannten «Willen des Volkes», sondern auch die durch liberale Reformen im 18. Jahrhundert eingeführte Gewaltenteilung oder die durch eine Verfassung beschränkte Macht des Monarchen (konstitutionelle Monarchie), wie sie fast alle Monarchien Europas seit dem 19. Jahrhundert eingeführt haben.

Die Begriffe «Vatikan», «Heiliger Stuhl», «katholische Kirche» werden häufig verwechselt. Diese Konfusion wird aber durch eine gewisse Uneindeutigkeit begünstigt, die von der Kirche selbst bewirkt ist, die gern Doktrin und irdische Angelegenheiten, Spiritualität und Politik vermischt.

Die Etymologie des Titels *Summus Pontifex* ist übrigens kurios. Im Lateinischen bedeutete *pontifex* «der den Weg macht», der den Weg zur Göttlichkeit öffnet, der hilft, ihn zu durchlaufen, der auf den rechten Weg führt. In der Wortwurzel steckt in der Tat die Idee von der «Brücke» (lat. *pons*), und die *pontifices* waren die, die den richtigen Weg wiesen zu den heiligen Dingen. Der *Pontifex maximus* war im römischen Reich der Vorsitzende des Priesterkollegiums, das über die sakralen Dinge wachte und auch die vestalischen Jungfrauen zu nominieren hatte. Neben vielen anderen wurde dieses Amt auch Julius Caesar übertragen und nach ihm allen römischen Kaisern bis ins 4. Jahrhundert, als die Funktion Schritt für Schritt auf die Päpste überging. Es ist nicht verwunderlich, dass die Kirche für ihr höchstes Amt einen so traditions- und sinnträchtigen Titel verwendete.

Wenn der päpstliche Stuhl vakant ist, geht die Geschäftsführung des Heiligen Stuhls auf das Kardinalskollegium und den *Kardinal-Camerlengo* (Kämmerer) über. Es muss also wohlunterschieden werden zwischen dem Heiligen Stuhl und dem Vatikanstaat, der das Gebiet ist, über das dieser seine Staatshoheit ausübt. Die ausländischen Botschafter zum Beispiel sind beim Heiligen Stuhl akkreditiert und nicht beim Vatikanstaat, weil es der Heilige Stuhl ist, der die Hoheit über die internationalen Beziehungen innehat. Ein Urteilsspruch des italienischen Kassationsgerichtshofes vom Dezember 1979 fasst diese Sachlage so zusammen:

> Dem Heiligen Stuhl, in dem sich die Leitungsaufgaben der Katholischen Kirche und des Staates der Vatikanstadt bündeln, ist die Völkerrechtssubjektivität für beide Bereiche der Machtausübung zuerkannt worden, und dies auch in der Periode, in der die Amtsführung jeglicher staatlicher Gewalt eingestellt ist.

Die Besitzungen des Heiligen Stuhls beschränken sich nicht auf die 44 Hektar der Vatikanstadt, sie umfassen auch zahlreiche weitere Immobilien von großem historischem und kunsthistorischem Wert, nicht nur in Rom. Wie in den Lateranverträgen von 1929 vereinbart, genießen alle diese Liegenschaften das Privileg der Exterritorialität. Einige Beispiele: die Basilika San Giovanni in Laterano; der Lateranspalast; die Basilika Santa Maria Maggiore; die Basilika St. Paul vor den Mauern, einschließlich des Klosters; Immobilien auf dem Gianicolo-Hügel und an der Piazza di Spagna, die zum Collegio di Propaganda Fide gehören; der Palazzo dei Santi Apostoli, daneben die gleichnamige Basilika; der Palazzo della Cancelleria zwischen Corso Vittorio Emanuele und Campo de' Fiori; der Palazzo del Sant'Uffizio direkt an der Porta Cavalleggeri; verschiedene Standorte der Gregorianischen Universität in der Via Del Seminario und auf der Piazza della Pilotta. Aber auch außerhalb Roms ist der Heilige Stuhl Eigentümer ausgedehnter Liegenschaften: vom päpstlichen Palast Castel Gandolfo bis zu den Basiliken von Loreto, Assisi, Padua.

Grob zusammengefasst kann man sagen, dass die Bezeichnung «Heiliger Stuhl» die Körperschaft bedeutet, die die volle Souveränität einschließlich des Eigentumsrechts über den Staat der Vatikanstadt ausübt.

Unter der «katholischen Kirche» schließlich versteht man die christliche Konfession, die sich zum Primat des Papstes bekennt und zu seiner *ex cathedra* als unfehlbar, da direkt vom Heiligen Geist inspiriert, betrachteten Lehre. Dieses Sonderrecht wurde im Juli 1870 durch die mit Macht von Papst Pius IX. durchgesetzte dogmatische Konstitution *Pastor Aeternus* vorgegeben, der das Ende seiner weltlichen Herrschaft drohen sah. Das Dokument legt fest:

> Im treuen Anschluss also an die Überlieferung, wie wir sie von der ersten Zeit des Christentums an übernommen haben, lehren Wir zur Ehre Gottes, unseres Heilandes, zur Verherrlichung der katholischen Religion und zum Heil der christlichen Völker, unter Zustimmung des heiligen Konzils, und erklären es als von Gott geoffenbartes Dogma: Wenn der römische Papst «ex cathedra» spricht – das heißt, wenn er in Ausübung seines Amtes als Hirte und Lehrer aller Christen mit seiner höchsten Apostolischen Autorität erklärt, dass eine Lehre, die den Glauben oder das sittliche Leben betrifft, von der ganzen Kirche gläubig festzuhalten ist –, dann besitzt er kraft des göttlichen Beistandes, der ihm im heiligen Petrus verheißen wurde, eben jene Unfehlbarkeit, mit der der göttliche Erlöser seine Kirche bei Entscheidungen in der Glaubens- und Sittenlehre ausgerüstet wissen wollte. Deshalb lassen solche Lehrentscheidungen des römischen Papstes keine Abänderung mehr zu, und zwar schon von sich aus, nicht erst infolge der Zustimmung der Kirche.

Zur Katholischen Kirche, die ihre Gründung auf Jesus, genannt Christus (Messias, der Gesalbte), zurückführt, gehören alle getauften Christen, die sich zu ihr bekennen. «Katholisch» leitet sich von dem griechischen Adjektiv καθολικός *(katholikòs)* her, was «universal, allgemeingültig» bedeutet.

Die Tatsache, dass der Heilige Stuhl seinen Hauptsitz in einer Enklave des Staatsgebiets der italienischen Republik hat, hat für diese (von gewissen Vorteilen abgesehen, wie der Tatsache des speziell auf die sakralen Orte der Stadt Rom gerichteten Tourismus) besondere Belastungen zur Folge. Die Koexistenz zweier verschiedener Träger souveräner Gewalt, des italienischen und des vatikanischen, auf mehr oder weniger demselben Territorium hat in der Vergangenheit

Konflikte und Missverständnisse hervorgerufen und tut dies weiter, zumal die Grenzen sich über wenige Meter erstrecken.

Zu dieser Materie, zu der endlos viele Bücher und Veröffentlichungen vorliegen, beschränke ich mich auf ein sehr beredtes visuelles Beispiel, das auch mit der Zeit nichts von seiner Suggestivkraft verloren hat. Es gibt ein berühmtes Foto, das 1944 während der deutschen Besatzung Roms aufgenommen wurde. Es zeigt zwei deutsche Soldaten mit Maschinengewehren auf dem Rücken, die auf dem Petersplatz patrouillieren und dabei an dem Travertinsteinband entlanggehen, das zwischen den beiden Flügeln von Berninis Kolonnaden am Boden die Grenze des Heiligen Stuhls markiert und virtuell ihr Rondell schließt. Hier ist Italien, dort der Vatikan. Nur wenige wissen das, niemand schenkt dieser Tatsache besondere Aufmerksamkeit, prinzipiell aber begibt man sich mit der Überquerung dieser Pflastersteine von einem «Land» in ein anderes.

In der Zeit seiner größten Ausdehnung erstreckte sich das Territorium des Heiligen Stuhls, der Kirchenstaat oder Papststaat, über einen Großteil Zentralitaliens (ohne das Großherzogtum Toskana) von Terracina, wo das Königreich Neapel begann, bis zur Mündung des Po an der Grenze zu den Territorien der Republik Venedig, der Serenissima. Dieses beachtliche Staatsgebiet wurde nach und nach kleiner und schließlich nach dem 20. September 1870 auf die aktuellen Dimensionen festgelegt, als die Bersaglieri von La Marmora, nachdem sie mit Kanonenschüssen wenige Meter neben der Porta Pia eine bescheidene Bresche geschlagen hatten, in Rom einmarschierten und die «Ewige Stadt» mit dem neun Jahre zuvor (1861) proklamierten Königreich Italien vereinten (siehe Kapitel VII).

Regierender Papst war damals Pius IX. (Giovanni Mastai-Ferretti), der, wie wir gesehen haben, uneinsichtig auf seinem weltlichen Dominium beharrte, obwohl die politische und wirtschaftliche Lage des Staates unhaltbar geworden war. Vergeblich hatte Graf Cavour, der brillanteste politische Kopf des *Risorgimento*, versucht, ihm die spirituellen Vorteile klarzumachen, die der Kirche durch das Aufgeben einer Macht zuteil geworden wäre, die in der neuen Zeit nicht mehr tolerierbar war.

1871 bot das Parlament des Königreichs dem Papst das sogenannte Garantiegesetz (*legge delle Guarentigie*) an, mit dem nach der Auflösung des Kirchenstaates die Rechte des Papstes und sein Verhältnis zum italienischen Königreich geregelt werden sollten. Es garantierte dem *Summus Pontifex* begrenzte Souveränitätsrechte, die «Heiligkeit und Unverletzlichkeit» seiner Person, außerdem eine jährliche Rente in Höhe von 750 000 Lire sowie die exterritorialen Gebiete des Vatikans, des Lateran und Castel Gandolfo. Auf dieses Angebot antwortete Pius IX., er bevorzuge es, vom Peterspfennig zu leben, erklärte sich zum «Gefangenen» Italiens und zog sich hinter die Mauern des Vatikans zurück. Katholischen Staatsoberhäuptern wurde verboten, sich im Quirinalspalast empfangen zu lassen, der zur Residenz des Königs von Italien geworden war, im Übrigen war allen italienischen Gläubigen mit der berühmen, mehrfach wiederholten, später immer weiter abgeschwächten und offiziell erst 1919 abgeschafften Formel *Non expedit* (Es ist nicht angebracht) verboten worden, an politischen Wahlen teilzunehmen.

Der «Kalte Krieg» zwischen dem Königreich Italien und dem Heiligen Stuhl wurde erst im Februar 1929 beendet, als Pius XI. und der damalige Regierungschef Benito Mussolini das Konkordat unterzeichneten. Dem Staat der Vatikanstadt wurde für die 1870 vorgenommenen Enteignungen eine stattliche Entschädigung zugesprochen. In der Finanzkonvention wurden noch weitere Vergünstigungen ökonomischer Art geregelt, die den Profiten Rechnung trugen, die Italien infolge der Präsenz des Vatikans durch den Zustrom an Pilgern zuflossen. Darüber hinaus wurde die katholische Religion als Staatsreligion anerkannt. Die politische Vernunft und die Suche nach dem Zuspruch des Volkes hatten Benito Mussolini, der in seiner Jugend ein glühender Antiklerikaler gewesen war, aus reinem Machtinteresse zu einem Ausgleich mit dem Vatikan geführt und zu einem gefügigen Werkzeug in den Händen der Kuriendiplomatie gemacht.

Dieses erste Konkordat ist später teilweise von dem neuen Abkommen zwischen dem Heiligen Stuhl und der Republik Italien revidiert worden, das 1984 von Kardinalstaatssekretär Agostino Casaroli und Regierungschef Bettino Craxi ausgehandelt wurde. Zu den Kernabsprachen, die dank eines zähen Ringens um Kompromisse getroffen werden konnten, gehört der Verlust der Anerkennung des Katholizismus als «Staatsreligion». In dem Text heißt es: «Das ursprünglich von den Lateranverträgen bestätigte Prinzip der katholischen Religion als einziger Religion des Staates Italien wird als nicht mehr gültig erachtet.»

Auch wichtig: die neue Unterhaltsregelung für den Klerus, nach der eine Acht-Promille-Steuer auf alle Einkommen physischer Personen erhoben wird, die bei den Steuerzahlern direkt einzuziehen ist, es sei denn, sie hätten explizit erklärt, diese Summe anderen Zwecken zuführen zu wollen. Weitere Vereinbarungen betrafen die Reform der kirchlichen Körperschaften und Güter, die Ernennung der kirchlichen Amtsleiter, die zivilrechtliche Anerkennung der religiösen Feiertage, die Freiwilligkeit des katholischen Religionsunterrichts in den Schulen, die Anerkennung akademischer Titel der vom Heiligen Stuhl akkreditierten Fakultäten, der Schutz der Kulturgüter von religiösem Interesse sowie der kirchlichen Archive und Bibliotheken.

Die Beziehungen zwischen dem Heiligen Stuhl und dem italienischen Staat sind nie einfach gewesen, auch weil es sich um ein erklärtermaßen asymmetrisches Verhältnis handelt. Erzbischof Rino Fisichella, Rektor der *Pontificia Universitas Lateranense* (Päpstliche Lateranuniversität), hat das in seinem Buch *Identità dissolta* (etwa: Aufgelöste Identität, 2009) resümiert:

> Aufgrund seiner demokratischen Verfassung muss der Staat die Auseinandersetzung mit der Kirche nicht nur akzeptieren, sondern er muss ihre etwaigen Einmischungen auch aufgreifen und erst in einem zweiten Moment zu temperieren wissen ... Die Kirche hingegen, die sich auf Prinzipien beruft, die einen höheren als den menschlichen Ursprung haben, könnte niemals eine irgendwie geartete Einmischung des Staates in ihre Inhalte akzeptieren.

Wenn man dieser These das Dogma der päpstlichen Unfehlbarkeit hinzufügt, sieht man, wie in diesen Worten, kaum verbrämt von der Zeit, die alte, nie widerrufene Idee der politischen Vormachtstellung wieder hochkommt, die in den längst vergangenen Kämpfen zwischen Papsttum und Kaiserreich offenbar tiefe Wurzeln geschlagen hat.

Aus ihrer Doppelnatur, der irdischen und der gewissermaßen «himmlischen», erklärt sich auch das Auftreten der Kirche oder besser: des Heiligen Stuhls in Situationen, in denen ihre Verhaltensweisen zu Verdächtigungen, Kritik oder Klärungsbedarf Anlass gaben. Einige der in diesem Buch erzählten Ereignisse demonstrieren das: nicht die geringste Unterstützung bei polizeilichen Ermittlungen, keine Reaktion oder absolute Zurückhaltung bei Anfragen der Justiz.

Die gleiche Haltung ist lange Zeit anlässlich des Pädophilie-Skandals aufrechterhalten worden, der seit Ende 2009 eine weltweite Dimension angenommen hat. Von Time zu Der Spiegel, von The New York Times bis zu Le Monde, El Pais, Frankfurter Allgemeine Zeitung, Washington Post – in allen großen Zeitungen und Wochenmagazinen der Welt haben die schändlichen Missbrauchsfälle um pädophile Priester und sexuelle Übergriffe von Geistlichen Schlagzeilen und Titelgeschichten provoziert. Von allen wurde kritisiert, dass Papst Ratzinger die Krise in seiner Osterbotschaft 2010 mit keinem Wort erwähnt hat. Von einigen Seiten wurde seine «Abdankung» gefordert, andere (Der Spiegel) haben explizit von «gescheiterter Mission» gesprochen.

Trotz allem (oder vielleicht gerade deswegen) erschien die Reaktion der Kirche und vor allem ihrer hohen Würdenträger anfangs unangemessen, fast so, als habe die Betretenheit über die Ausmaße des Skandals die gewohnte Souveränität und das Fingerspitzengefühl der vatikanischen Diplomatie schachmatt gesetzt. Im Übrigen war schon seit dem 16. Jahrhundert die sogenannte *sollicitatio ad turpia* (die «Verleitung zur Unzucht» im Beichtstuhl) ein Alptraum für die Kirche, so groß war die Zahl der Priester, die sich dieses Verbrechens (und dieser Sünde) schuldig machten. In den ersten Reaktionen versuchten die vatikanischen Autoritäten, die Vorwürfe als einen Angriff auf den Papst, ein «Komplott» gar, kleinzureden, wobei gravierende Fälle von Missbrauch an Minderjährigen (darunter Behinderten) ebenso unter den Tisch fielen wie die Deckung und das Schweigen, die von den vatikanischen Hierarchien und der ein Vierteljahrhundert lang vom damaligen Kardinal Joseph Ratzinger geleiteten Glaubenskongregation (dem ehemaligen Sant'Uffizio) jedem ernsthaften Aufklärungsversuch entgegengesetzt wurden.

Die übertriebene Verteidigung Papst Benedikts durch Teile der Hierarchie wurde heftig erschüttert, als Associated Press am 9. April

2010 ein von Kardinal Joseph Ratzinger unterzeichnetes Schreiben mit dem Briefkopf der *Sacra Congregatio pro Doctrina Fidei* vom November 1985 publik machte. Der Kardinal bezog sich darin auf einen von der Diözese Oakland vorgebrachten Fall des drei Jahre zuvor seines Amtes enthobenen pädophilen Paters Stephen Kiesle. In elegantem Kurienlatein antwortete der Kardinal:

> Dieses Dikasterium hält es, wenngleich es die zugunsten einer Enthebung vorgebrachten Argumente für sehr gewichtig erachtet …, dennoch für notwendig, neben dem Wohl des Antragstellers auch das der universellen Kirche in Rechnung zu stellen, und kann daher dem Schaden, den die Gewährung der Amtsenthebung in der Gemeinschaft der Gläubigen provozieren könnte, kein geringes Gewicht einräumen.

Im Versuch, das Gesicht zu wahren, sind der Papst – und mit ihm die Kirche – als Opfer eines «heftigen Angriffs» dargestellt worden. Der persönliche Prediger Papst Benedikts, Pater Cantalamessa, hat die Kritik an der katholischen Kirche im Zusammenhang mit den Missbrauchsfällen mit der Judenverfolgung in der Nazizeit verglichen. Während der Ostersonntagsmesse im Vatikan sagte Kardinal Sodano, das «Volk Gottes lässt sich gewiss nicht vom Geschwätz des Augenblicks beeindrucken», womit er nahezu die gesamte Weltöffentlichkeit zu «Schwätzern» degradierte. Einige Wochen später wird der Erzbischof von Wien, Kardinal Christoph Schönborn, Sodano wegen dieser unglücklichen Formulierung Leichtfertigkeit vorwerfen und ihn außerdem beschuldigen, fünfzehn Jahre zuvor verhindert zu haben, dass der Vatikan die Missbrauchsvorwürfe gegen Kardinal Hans Herrmann Groer, Schönborns Vorgänger im Amt des Wiener Erzbischofs, untersuchte.

Sodano hatte noch einen draufgesetzt und die Angriffe auf Papst Ratzinger mit denen gegen Pius XII., Papst Pacelli, wegen seines Schweigens zur Shoah verglichen. Der Präsident der jüdischen Gemeinden Italiens, Renzo Gattegna, nannte dies in seiner Replik im Corriere della Sera «unangemessen, inopportun, gefährlich». Der emeritierte Bischof von Grosseto, Monsignor Giacomo Babini, bezeichnete in einem am 11. April 2010 auf der Website «Pontifex» (*Blog di informazione cattolica* – Katholischer Informationsblog) veröffentlichten Interview den Pädophilie-Skandal als einen «Angriff der Zionisten … sie wollen die Kirche nicht, sind ihre natürlichen Feinde.

Im Grunde sind die Juden, historisch gesehen, Gottesmörder.» Schwerwiegende Worte, die wenige Stunden später zurückgenommen wurden. Jedenfalls aber eine Serie von aus der Hüfte geschossenen Statements, ein falscher Schritt nach dem anderen, die man bestenfalls als Symptome von Verlegenheit und Ratlosigkeit bezeichnen kann angesichts einer Situation, die sich schon zu lange hingezogen hatte, ohne dass jemand den Mut aufbrachte, sich gründlich damit auseinanderzusetzen. In Deutschland dagegen hat der Bischof von Trier, Stephan Ackermann, der von der Deutschen Bischofskonferenz als Missbrauchsbeauftragter eingesetzt wurde, Klartext gesprochen und die Courage besessen, ganz offen von «Vertuschung» und «falschen Rücksichten» innerhalb der Kirche zu sprechen (Rhein Zeitung, 16. März 2010).

Ähnliche Äußerungen kommen von dem Journalisten Clark Hoyt, dem internen Schlichter und Leservertreter der New York Times. Angesichts der Vorwürfe, seine Zeitung betreibe Anti-Papst-Berichterstattung schreibt er am 25. April 2010:

> Ob es einem nun gefällt oder nicht, es gibt Umstände, die diesen Schlendrian jahrelang legitimiert haben, einschließlich eines gut dokumentierten Systems von Leugnung und Vertuschung in einer Institution mit Milliarden von Anhängern. So schmerzlich es auch sein mag, die Zeitung hat die Pflicht, diese Angelegenheit zu verfolgen, wo auch immer sie hinführt, und sei es direkt vor die Tür des Papstes.

Am 15. April 2010 veröffentlichte die französische Online-Zeitung Golias.fr einen Brief, der 2001 vom damaligen Präfekten der Kongregation für den Klerus, dem kolumbianischen Purpurträger Dario Castrillon Hoyos, an Pierre Pican, Bischof von Bayeux geschrieben wurde, nachdem dieser zu drei Monaten Gefängnis mit Bewährung verurteilt worden war, weil er einen pädophilen Priester nicht angezeigt hatte:

> Ich gratuliere Ihnen, einen Priester nicht der staatlichen Administration angezeigt zu haben ... Sie haben gut daran getan und ich beglückwünsche mich, einen Mitbruder zu haben, der in den Augen der Geschichte und aller übrigen Bischöfe der Welt das Gefängnis der Denunziation seines Priester-Sohnes vorgezogen hat.

Castrillons Schreiben, so stellte der vatikanische Pressesprecher Federico Lombardi klar, gebe nicht die Position des Heiligen Stuhls wieder. Kardinal Castrillon Hoyos ließ das aber nicht auf sich sitzen und betonte in einem Interview mit der spanischen Website La Verdad, dass Papst Wojtyła ihn 2001 ausdrücklich ermächtigt habe, einen Gratulationsbrief an den französischen Bischof zu schreiben, weil dieser einen pädophilen Priester nicht den staatlichen Autoritäten angezeigt hatte.

Verirrungen und Anzeichen von Verwirrung, von internen Konflikten, jedenfalls aber handelt es sich in diesem Fall um Positionen einer Minderheit. Von dem riesigen Skandal erschüttert, hatte Benedikt XVI. bereits am 19. März 2010 einen Hirtenbrief an die Katholiken in Irland geschrieben, in einer Sprache, die man im Vergleich zur üblichen ekklesiastischen Tendenz zur Abmilderung geradezu als beherzt bezeichnen muss. Hier heißt es unter anderem:

> [Es ist] nun Eure Aufgabe, das Problem des Missbrauchs aufzuarbeiten, der in der katholischen Gemeinschaft von Irland geschehen ist, und dies mit Mut und Entschlossenheit zu tun. Niemand erwartet, dass sich diese schmerzhafte Situation schnell lösen lässt. Es sind positive Schritte getan worden, aber es bleibt noch viel zu tun.

Mit noch größerem Nachdruck hat Benedikt XVI. angeordnet, die *Legionäre Christi* einer kommissarischen Verwaltung zu unterstellen. Dabei handelt es sich um eine Organisation, die von dem mexikanischstämmigen, von Papst Johannes Paul II. protegierten, von Papst Ratzinger dagegen abgesetzten Priester Marcial Maciel Degollado (1920–2008) gegründet wurde. Ratzinger hatte ihn 2006 nach einer kirchlichen Untersuchung wegen Vorwürfen des langjährigen sexuellen Missbrauchs von Kindern vom aktiven Dienst suspendiert und ihm ein Leben des «Gebets und der Buße» verordnet. In einer offiziellen Note vom 1. Mai 2010 befand ihn der Papst «echter Verbrechen» für schuldig und warf ihm vor, ein «Privatleben ohne Skrupel» geführt zu haben.

Schließlich hat am 30. April 2010 der Generalsekretär der Italienischen Bischofskonferenz (Cei), Mariano Crociata, die Legitimität der

Enthüllungen und Anschuldigungen anerkannt, die zu dem Skandal des Missbrauchs von Minderjährigen durch Geistliche geführt hatten. Er hat außerdem zugestanden, dass es falsch gewesen sei, den Skandal als eine Diffamierungskampagne zu bezeichnen: «Kein Medienkomplott, ein solches Verhalten ist doppelt verdammungswürdig, wenn es von einem Mann der Kirche, einem Priester, einer geweihten Person begangen wird.» Der Sekretär der Cei ist denn auch mit den «Schutzmaßnahmen» sehr hart ins Gericht gegangen, die die kirchliche Hierarchie den Urhebern solcher Gewalttaten lange Jahre hatte angedeihen lassen. «Wer Nachsicht geübt oder Vertuschungsmaßnahmen begünstigt hat, hat nicht Direktiven der Kirche umgesetzt, er hat sie sogar verraten, indem er die gebotene Diskretion in komplizenhafte Deckung verkehrte.»

Diese Interpretation der Fakten entspricht nicht ganz der historischen Wahrheit, man sollte sie aber schon wegen der dahinterstehenden Absicht zu würdigen wissen, ist sie doch ein Zeichen, dass sich die Einstellung der obersten kirchlichen Leitungsebene nach so vielen Jahren des Schweigens und in einigen Fällen der Komplizenschaft geändert zu haben scheint. Einige weitere Äußerungen Benedikts XVI. zu jüngst ans Licht gekommenen Skandalen, diesmal im Zusammenhang mit schmutzigen Immobiliengeschäften in Rom, scheinen diese neue Linie zu bestätigen.

Die Erzählung der Fakten endet hier. Eine Galerie von Ereignissen, die sich im Laufe der Jahrhunderte abgespielt haben, in unterschiedlichem historischem Kontext und unterschiedlich in den von ihnen ausgelösten Folgen, mit einer Gemeinsamkeit jedoch: Sie entspringen alle jener Staatsräson, die den Heiligen Stuhl de facto zu einer politischen Einheit macht, die sich nicht allzu sehr von den übrigen 192 Staaten unterscheidet, die zur Generalversammlung der Vereinten Nationen gehören. Abgesehen von dem Umstand, und der ist in der Tat einzigartig, dass der vatikanische «Beobachter» bei der UNO[5] der einzige Repräsentant eines Staates ist, der sich selbst zu einer direkten göttlichen Emanation proklamiert. Es ist das ewige Dilemma, die konstante Herausforderung zwischen unvereinbaren Zielsetzungen: der politischen Macht und der spirituellen Verpflichtung. Hier kommen wieder die Worte des Kardinals Carlo Maria Martini aus den «Nächtlichen Gebeten in Jerusalem» in den Sinn. Wir haben sie schon als Motto des Buches gelesen, dennoch scheint es mir angebracht, sie noch einmal in Erinnerung zu rufen:

> Es gab eine Zeit, da habe ich von einer Kirche der Armut und der Demut geträumt, die unabhängig ist von den Mächten dieser Welt. Einer Kirche, die den Leuten Raum gibt, die weiter denkt. Einer Kirche, die Mut macht, vor allem denjenigen, die sich klein oder als Sünder fühlen. Einer jungen Kirche. Heute habe ich solche Träume nicht mehr. Seit ich 75 bin, habe ich beschlossen, für die Kirche zu beten.

ANHANG

DANKSAGUNG DES AUTORS

Ich schulde vielen Menschen großen Dank für ihren Beitrag zu diesem Buch, das viele Jahre Arbeit gekostet hat. Vladimiro Polchi hat mich mit Spürsinn, Findigkeit, Sorgfalt und Scharfsinn bei den Recherchen unterstützt. Claudio Rendina verdanke ich freundschaftliche Hilfe und wichtige Informationen. Laura Bainis und Nunzio Giustozzis wertvolle Erläuterungen haben mein Verständnis von der Geschichte der Engelsburg vertieft. Andrea Cane und Nicoletta Lazzari von Mondadori haben den Text lektoriert und mit kritischen Anmerkungen versehen. Ich möchte die Gelegenheit nutzen, um auf eine Frage zu antworten, die mir oft gestellt wird: warum ich meine Bücher trotz der umstrittenen Besitzverhältnisse weiter bei Mondadori publiziere. Die Antwort ist einfach: wegen der professionellen und freundschaftlichen Beziehungen, die sich im Laufe der Zeit mit einigen der Verantwortlichen und Redakteure dort aufgebaut haben. Pier Angela Mazzarino hat den Text mit außerordentlicher Akribie und Kompetenz durchgesehen und überarbeitet. Sabine Heymann hat mich während ihrer Arbeit an der für das Frühjahr 2011 geplanten deutschen Ausgabe auf einige Unstimmigkeiten hingewiesen. Antonella Colombo und Mara Samaritani vom römischen Sitz des Verlagshauses Mondadori haben mir die Arbeit durch ihre großzügige Unterstützung erleichtert.

Dieses Buch enthält tausende von Namen, Daten, Ereignissen. Trotz aller noch so sorgfältiger Korrekturen ist es möglich, dass in der Darstellung noch die eine oder andere Ungenauigkeit zu finden ist. Natürlich habe ich allein solche Fehler zu verantworten.

Corrado Augias

DANKSAGUNG DER ÜBERSETZERIN

Die Übersetzung dieses Buches war für mich alles andere als ein Routine-Auftrag.

Ich kannte Corrado Augias bereits von der Übersetzung seines zuvor erschienenen Buches «Die Geheimnisse Roms». Bei diesem Buch waren wir schnell übereingekommen, dass eine Reihe von Dingen für deutsche Leser ausführlicher erläutert werden müssen als für italienische. Corrado Augias hat mir freie Hand gegeben, erläuternde Anmerkungen hinzuzufügen. Bei den «Geheimnissen des Vatikan» sind wir noch einen Schritt weiter gegangen: Manche kurze Erläuterung haben wir direkt in den Text eingefügt. Teilweise greift die Übersetzung auf das vom Originalverlag Mondadori noch nicht gekürzte und bearbeitete Originalmanuskript zurück, wenn hier bestimmte Sachverhalte anschaulicher erklärt waren. Die Erläuterungen im Anhang, die Papstliste und die Literaturhinweise wurden von mir in Absprache mit dem Autor eigens für die deutsche Ausgabe zusammengestellt. Für diese vertrauensvolle und unkomplizierte Zusammenarbeit per e-Mail Tag und Nacht und bei unserem dreitägigen Arbeitstreffen in Rom, das wegen einer isländischen Aschewolke fast nicht zustande gekommen wäre, möchte ich Corrado Augias von Herzen danken.

Sehr viele Menschen haben zum Gelingen der Übersetzung beigetragen. Großer Dank geht an meine Freunde Thomas Clasen, Barbara Jessen und Henning Lobin für ihre Lektorate und Einschätzungen in verschiedenen Phasen des Projektes sowie an Barbara Lynker, die als Altphilologin die Latein-Zitate und -Übersetzungen überprüft hat. Albrecht von der Heyden hat mich bei Fragen zur staats- und völkerrechtlichen Terminologie, Brigitte Zypries bei der allgemeinen rechtlichen Terminologie beraten. Der Kunsthistoriker Marcel Baumgartner wusste Rat bei Quellenfragen im Zusammenhang mit Bernini und Borromini. Der katholische Theologe Jörg Johannes Lechner und ein wissenschaftlicher Mitarbeiter bei der Katholischen Bischofskonferenz haben mich in die Hintergründe katholischer und kirchengeschichtlicher Terminologie eingeführt. Guido Eisfeller war mir bei ingenieurwissenschaftlichen Fachbegriffen eine große Hilfe. Mit der Italienisch-Lektorin Grazia Caiati habe ich immer wieder vertrackte Übersetzungsprobleme besprechen können. Die großartigen Poesie-Übersetzer Ernst-Jürgen Dreyer und Geraldine Gabor haben schwierige Belli-Zitate und Carducci-Verse kongenial ins Deutsche übertragen. Ich danke meinem Sohn Stefano Di Buduo, der mit mir in Rom geduldig viele der Originalschauplätze des Buches besichtigte und mich bis ins Herz der Opus Dei-Zentrale im Viale Bruno Buozzi begleitete. Ich danke meiner Tochter Beatrice Di Buduo, die sich mit mir an einem heißen Tag im Mai in die endlosen Schlangen vor den Vatikanischen Museen eingereiht hat, nur damit ich in der Sixtinischen Kapelle – inmitten hunderter amerikanischer und japanischer Touristen – einige Details von Michelangelos Fresken überprüfen konnte. Der Historikerin Gabi von der Heyden danke ich für die Überprüfung der Papstliste. Nicoletta Lazzari und den anderen Mitarbeitern von Mondadori danke ich für die stets zuverlässige Zusammenarbeit.

Ein besonderer Dank geht an den Historiker Volker Reinhardt für die kritische Durchsicht des Manuskripts, an Petra Rehder für ihr kluges, einfühlsames und akkurates Lektorat und an den Lektor des Verlags C. H. Beck, Ulrich Nolte, der mir in den Monaten der langen Arbeit am Text ein wichtiger Gesprächspartner war.

Sabine Heymann

VERZEICHNIS DER IM BUCH GENANNTEN PÄPSTE

ALEXANDER III. (vermutlich Rolando Bandinelli, um 1100 oder 1105 bis 1181), Papst ab 1159.

ALEXANDER VI. (Rodrigo Borgia, um 1431 bis 1503), Papst ab 1492.

ALEXANDER VII. (Fabio Chigi, 1599 bis 1667), Papst ab 1655.

ANAKLET II. (um 1090 bis 1138), (Gegen-)Papst ab 1130.

BENEDIKT XI. (Niccolò di Boccasio, auch Nikolaus Boccasini, 1240 bis 1304), Papst ab 1303.

BENEDIKT XIII. (Pietro Francesco Orsini, 1649 bis 1730), Papst ab 1724.

BENEDIKT XIV. (Prospero Lambertini, 1675 bis 1758), Papst ab 1740.

BENEDIKT XV. (Giacomo Marchese della Chiesa, 1854 bis 1922), Papst ab 1914.

BENEDIKT XVI. (Joseph Alois Ratzinger, geb. 1927), Papst seit 2005.

BONIFAZ VIII. (Benedetto Caetani, 1235 bis 1303), Papst ab 1294.

CLEMENS III. (Wibert von Ravenna oder Guibert von Ravenna, geb. zwischen 1020 und 1030 bis 1100), Gegenpapst ab 1080 (gegenüber Gregor VII., Viktor III., Urban I. und Paschalis II.).

CLEMENS IV. (Gui Foucois, Guido Foucois, auch Fulcodi oder Guido le Gros, um 1200 bis 1268), Papst ab 1265.

CLEMENS V. (Bertrand de Got, um 1250/65 bis 1314), Papst ab 1305.

CLEMENS VII. (Giulio de' Medici, 1478 bis 1534), Papst ab 1523.

CLEMENS VIII. (Ippolito Aldobrandini, 1536 bis 1605), Papst ab 1592.

CLEMENS IX. (Giulio Rospigliosi, 1600 bis 1669), Papst ab 1667.

CLEMENS X. (Giovanni Battista Emilio Altieri, 1590 bis 1676), Papst ab 1670.

CLEMENS XI. (Giovanni Francesco Albani, 1649 bis 1721), Papst ab 1700.

CLEMENS XIII. (Carlo della Torre di Rezzonico, 1693 bis 1769), Papst ab 1758.

CLEMENS XIV. (Lorenzo Ganganelli, eigentl. Giovanni (Gian) Vincenzo Antonio Ganganelli, 1705 bis 1774), Papst ab 1769.

CÖLESTIN V. (Pietro Angeleri da Morrone, um 1209/15 bis 1296), Papst von Juli bis Dezember 1294.

DAMASUS I. (um 305 bis 384), Papst ab 366.

EUGEN III. (Bernardo Paganelli, gest. 1153), Papst ab 1145.

FORMOSUS (816 bis 896), Papst ab 891.

GREGOR I. genannt der Große (auch: Gregorius Magnus, ca. 540 bis 604), Papst ab 590.

GREGOR II. (669 bis 731), Papst ab 715.

GREGOR VII. (Hildebrand von Soana, um 1020 bis 1085), Papst ab 1073.
GREGOR X. (Tebaldo Visconti, 1210 bis 1276), Papst ab 1271.
GREGOR XIII. (Ugo Boncompagni, 1502 bis 1585), Papst ab 1572.
GREGOR XV. (Alessandro Ludovisi, 1554 bis 1623), Papst ab 1621.
GREGOR XVI. (Bartolomeo Alberto Cappellari, 1765 bis 1846), Papst ab 1831.
HADRIAN I. (gest. 795), Papst ab 772.
INNOZENZ II. (Gregorio Papareschi di Guidoni, vor 1116 bis 1143), Papst ab 1130.
INNOZENZ III. (Lotario dei Conti di Segni, 1160 oder 1161 bis 1216), Papst ab 1198.
INNOZENZ IV. (Sinibaldo Fieschi Conte di Lavagna, 1195 bis 1254), Papst ab 1243.
INNOZENZ VIII. (Giovanni Battista Cibo, 1432 bis 1492), Papst ab 1484.
INNOZENZ X. (Giovanni Battista Pamphilj, 1574 bis 1655), Papst ab 1644.
INNOZENZ XI. (Benedetto Odescalchi, 1611 bis 1689), Papst ab 1676.
JOHANNES VIII. (vor 852 bis 882), Papst ab 872.
JOHANNES X. (Tossignano, gest. 929), Papst von 914 bis 928.
JOHANNES XI. (Graf von Tusculum, gest. 935), Papst ab 931.
JOHANNES XII. (Octavian von Spoleto, von 937 oder 939 bis 964), Papst von 955 bis zu seiner Absetzung 963.
JOHANNES XXIII. (Angelo Giuseppe Roncalli, 1881 bis 1963), Papst ab 1958.
JOHANNES PAUL I. (Albino Luciani, 1912 bis 1978), im August 1978 zum Papst gewählt und 33 Tage später gestorben. 1978 ging daher als das Dreipäpstejahr in die Geschichte ein.
JOHANNES PAUL II. (Karol Wojtyła, 1920 bis 2005), Papst ab 1978.
JULIUS II. (Giuliano della Rovere, 1443 bis 1513), Papst ab 1503.
JULIUS III. (Giovanni Maria Ciocchi del Monte, 1487 bis 1555), Papst ab 1550.
LEO I. (um 400 bis 461), Papst ab 440.
LEO III. (gest. 816), Papst ab 795.
LEO IV. (um 400 bis 461), Papst ab 440.
LEO VI., 928 Papst.
LEO VIII. (gest. 965), Papst ab 963.
LEO X. (Giovanni de' Medici, 1475–1521), Papst ab 1513.
LEO XIII. (Vincenzo Gioacchino dei conti Pecci, 1810 bis 1903), Papst ab 1878.
NIKOLAUS II. (Gerhard von Burgund, um 990/95 bis 1061), Papst ab 1058.
NIKOLAUS III. (Giovanni Gaetano Orsini, um 1210/20 bis 1280), Papst ab 1277.
NIKOLAUS IV. (Girolamo Masci, 1227 bis 1292), Papst ab 1288.
NIKOLAUS V. (Tommaso Parentucelli, 1397 bis 1455), Papst ab 1447.
PAUL III. (Alessandro Farnese, 1468 bis 1549), Papst ab 1534.
PAUL IV. (Gian Pietro Carafa, 1476 bis 1559), Papst ab 1555.
PAUL V. (Camillo Borghese, 1552 bis 1621), Papst ab 1605.
PAUL VI. (Giovanni Battista Montini, 1897 bis 1978), Papst ab 1963.
PIUS IV. (Giovanni Angelo Medici, 1499 bis 1565), Papst ab 1559.

PIUS V. (Antonio Michele Ghislieri, 1504 bis 1572), Papst ab 1566.
PIUS VI. (Giovanni Angelo Braschi, 1717 bis 1799), Papst ab 1775.
PIUS VII. (Luigi Barnabà Niccolò Maria Chiaramonti, 1742 bis 1823), Papst ab 1800.
PIUS IX. (Giovan Maria Graf Mastai-Ferretti, 1792 bis 1878), Papst ab 1846. Längstes historisch nachweisbares Pontifikat in der Geschichte der Römisch-Katholischen Kirche.
PIUS X. (Giuseppe Melchiorre Sarto, 1835 bis 1914), Papst ab 1903.
PIUS XI. (Achille Ambrogio Damiano Ratti, 1857 bis 1939), Papst ab 1922.
PIUS XII. (Eugenio Pacelli, 1876 bis 1958), Papst ab 1939.
SERGIUS II. (gest. 847), Papst ab 844.
SERGIUS III. (gest. 911), Papst ab 904.
SILVESTER I. (gest. 335), Papst ab 314.
SIXTUS IV. (Francesco della Rovere, 1414 bis 1484), Papst ab 1471.
SIXTUS V. (Felice Peretti, 1521 bis 1590), Papst ab 1585.
STEPHAN II. (gest. 757), Papst ab 752.
STEPHAN VI. (VII.), Papst 896/97.
STEPHAN VII. (gest. 931), Papst ab 929.
URBAN II. (Odo de Châtillon, Odo de Lagery oder Eudes de Châtillon, um 1035 bis 1099), Papst ab 1088.
URBAN V. (Guillaume de Grimoard, 1310 bis 1370), Papst ab 1362.
URBAN VI. (Bartolomeo Prignano, ca. 1318 bis 1389), Papst ab 1378.
URBAN VIII. (Maffeo Barberini, 1568 bis 1644), Papst ab 1623.
URSINUS (gest. nach 384), Papst von 366 bis 367.

ERLÄUTERUNGEN

VORWORT

1 *Summus Pontifex Ecclesiae Universalis* bedeutet: Oberster Priester der Weltkirche; auch die Bezeichnung *Pontifex maximus* ist gebräuchlich.

EIN HAUS GANZ AUS GOLD

1 Nero stirbt, während sich die neue, «Christentum» genannte Religion auch unter seiner Herrschaft weiter durchgesetzt hat. Tertullian, ein christlicher Theologe, der um die Jahrhundertwende vom 2. zum 3. Jahrhundert in Karthago wirkte, sagt eingedenk der Verfolgung dieser ersten Gläubigen: *Semen est sanguis christianorum* (Das Blut der Christen … ist eine Saat).
Tacitus, *Annalen* (XV,44). Zitiert nach der Übersetzung von Walther Sontheimer, Stuttgart 2006 (1967), S. 191 f.

2 Tacitus, a. a. O. (XV,44), S. 191.

3 Die «Christianer» wurden sogar des rituellen Kindermordes beschuldigt.

4 Sueton: *Nero* (16). Zitiert nach der Übersetzung von Marion Giebel, Stuttgart 2006 (1978), S. 29.

5 *Leges duodecim tabularum*, eine um 450 v. Chr. in Rom entstandene Gesetzessammlung, die in zwölf hölzernen Tafeln auf dem Forum Romanum ausgestellt war.

6 Sueton, a. a. O. (31,1), S. 53. In der Anlage ähnlich der noch heute zu besichtigenden Hadriansvilla bei Tivoli.

7 Ebd. (31,2).

8 *Portasanta* (wörtl. Heiliges Tor): gelb gesprenkelter Marmor, der für die Porta Santa im Petersdom benutzt wurde; *lumachella orientale* (wörtl. orientalisches Schneckchen): hellgrauer Muschelkalk aus Ägypten; *pavonazzetto* (von pavone = Pfau): Pfauenmarmor, weißer Marmor mit dunkelvioletten Adern und Flecken; *serpentino* (Serpentin): Speckstein aus Talk und Quarz, dessen Farbe zwischen grün, braun, grau, gelb und

rötlich wechselt; *granito degli obelischi* (Obeliskengranit): urspr. rötlicher Assuangranit; *africano* (Afrikaner): schwarz mit weißen und roten Flecken, von der Insel Chios stammend.

9 Sueton, a. a. O. (31,2), S. 53 und 55. Ein Planetarium also, nach dem Vorbild mittelorientalischer Bauten der Zeit. Der Kuppelsaal ist noch erhalten. Das Meerwasser wurde aus 25 Kilometern Entfernung hergeleitet. Die Albulaquelle, die zwischen Rom und Tivoli in den Anio mündet, ist schwefelhaltig und heilkräftig.

10 Tacitus, a. a. O. (XV,42), S. 189.

11 *Bocca di lupo* – ital. Fachbezeichnung für die Licht- und Luftschächte unterirdischer antiker Bauten in Form eines weit geöffneten «Wolfsmauls».

12 Sueton, a. a. O. (6,1), S. 13.

13 Lat. Schriftsteller des 2. Jahrhunderts n. Chr., fälschlich auch unter dem Namen Agellius bekannt. Sein einziges Werk, *Noctes Atticae (Attische Nächte)*, eine Sammlung von Kurz-Essays, verfasste er um das Jahr 170.

14 Tacitus, a. a. O. (XI,38), S. 28. Die aristokratische Etikette der Zeit hätte es geboten, dass Messalina sich angesichts ihrer Lage selbst das Leben nahm. Daher die ungeschickten Versuche, sich mit dem Dolch zu durchbohren.

15 Lucius Annaeus Seneca, genannt Seneca der Jüngere (ca. 1–65), römischer Philosoph, Dramatiker, Naturforscher, Staatsmann und als Stoiker einer der meistgelesenen Schriftsteller seiner Zeit. Auf Betreiben Messalinas war er von Kaiser Claudius im Jahre 41 nach Korsika in die Verbannung geschickt worden.

16 Tacitus, a. a. O. (XII,67), S. 70 f.

17 Ebd. (XII,17), S. 84 f.

18 Ebd. (XIII,12), S. 80.

19 Ebd. (XIV,2), S. 117 f.

20 Ebd. (XIV,3), S. 118.

21 Sueton, a. a. O. (28,2), S. 49.

22 Tacitus, a. a. O. (XIV,4), S. 120.

23 Sueton, a. a. O. (34,2), S. 63.

24 Tacitus, a. a. O. (XIV,5), S. 120.

25 Ebd. (XIV,5), S. 121.

26 Ebd. (XIV,8), S. 123.

27 Durch Vermählung mit einer Prinzessin aus dem Hause d'Albret wurde Cesare Borgia Herzog von Valentinois, weshalb er in Italien Il Valentino oder der Valentinois genannt wurde. Als Machiavelli 1513 sein Traktat *Il principe* über den «idealen Fürsten» schrieb, stand dabei der von ihm bewunderte Machtmensch Cesare Borgia Pate.

28 Tacitus, a. a. O. (XIV,11), S. 125.

29 Ebd. (XIII,2), S. 73 f.

30 Seneca: *De vita beata – Vom glücklichen Leben* (20,1). Zitiert nach der Übersetzung von Fritz Hans Mutschler, Stuttgart 2009 (1990), S. 49.

31 Ebd. (XVIII,1), S. 45.

32 Ebd. (XXIII,1), S. 57.

33 *(Francesco) Guicciardini's Geschichte Italiens.* Zweiter Band. Zit. nach: Bibliothek der neueren Geschichte Italiens. Sammlung der vorzüglichsten Geschichtsschreiber vom Anfange des sechzehnten Jahrhunderts bis auf die Gegenwart. Erster Teil (Hg. Hedw. Külb), Darmstadt 1846, S. 15 f.

34 Tacitus, a. a. O. (XIV,54), S. 153.

35 Ebd. (XV,60), S. 204.

36 Ebd. (XV,63), S. 206.

37 Ebd. (XVII,1–2; XXVIII,1), S. 47 ff.

38 Ebd. (XXIX,1), S. 49 ff.

39 Petron: *Satyricon* (48). Zitiert nach der Übersetzung von Harry C. Schnur, Stuttgart 2009 (1968), S. 56.

40 Ebd. (40), S. 48.

41 Ebd. (140), S. 190 f.

42 Tacitus, a. a. O. (XIV,60), S. 158.

43 Juvenal schreibt in seiner sechsten Satire über eine Frau: «Dabei sieht sie abstoßend und lächerlich aus, ihr Gesicht dick bepflastert mit Brotteig und duftender Salbe à la Poppaea. Des armen Gatten Lippen bleiben daran kleben … .», und bezieht sich dabei auf Poppaeas Erfindung einer Art kosmetischen Brotteigs (Juvenal: *Satiren* (VI). Zitiert aus der Übersetzung von Harry C. Schnur, Stuttgart 1969, S. 70).

44 Bei Tacitus heißt es dazu nach einer Aufzählung der heiligen römischen Stätten, die in Flammen aufgingen: «ferner die in so vielen Siegen erworbenen Schätze und Schmuckstücke griechischer Kunst, sodann die alten, noch unverfälschten Denkmäler großer Geister, deren viele, möchte auch die Stadt in noch so großer Schönheit wiedererstanden sein, die ältere Generation noch im Gedächtnis hat und die nicht wiederhergestellt werden konnten.» In: Tacitus, a. a. O. (XV,41), S. 189.

45 Ebd. (XV,38), S. 186.

46 Henryk Sienkiewicz: *Quo vadis. Erzählung aus der Zeit Neros*, Berlin o. Jahr (Übersetzung von Ernst P. Bauer), S. 270.

47 Juvenal, a. a. O. (XIII), S. 136.

48 Und weiter: «…, die Väter würgte, der den Bruder mordete wild und grausam, dem die Hand befleckte das Blut der Mutter!» Boethius Anicius Manlius Severinus: *Trost der Philosophie*. Zit. nach: http://www.pinselpark.org/philosophie/b/boethius/texte/trost2_3.html.

49 Zu Beginn von Neros Regierungszeit hatten die Prätorianer monatliche Getreiderationen umsonst erhalten. «Die feindselige Gesinnung gegen ihn wuchs noch», heißt es bei Sueton, «da er um seines eigenen Vorteils willen die Notlage der Getreideversorgung verschlimmerte. Es geschah

nämlich folgendes: Während die Bevölkerung gerade Hunger litt, meldete man das Eintreffen eines Schiffes aus Alexandria – und dieses brachte feinen Sand für die Ringkämpfer am kaiserlichen Hof.» In: Sueton, a. a. O. (45,1), S. 87.

50 Sueton, a. a. O. (47,3), S. 91.

51 Ebd. (48,1), S. 91 ff.

52 Ebd. (49,3–4), S. 95 ff.

DIE HELLEBARDIERE DES PAPSTES

1 Zit. nach: Discepoli di Verità: *Ihr habt getötet. Der Machtkampf der Logen im Vatikan*, Berlin 2003, S. 233.

2 Im Anhang des Buches findet sich eine alphabetische Liste aller erwähnten Päpste mit Lebensdaten, bürgerlichem Namen und Angaben zur Dauer des Pontifikats.

3 Im Hochmittelalter zur Wiederbevölkerung verödeter ländlicher Gebiete errichtete Gutshaus-Festungen.

4 Giuseppe Gioachino Belli (1791–1863) war einer der bedeutendsten italienischen Dichter des 19. Jahrhunderts. Mit seinen 2279 im römischen Dialekt *Romanesco* verfassten Sonetten (32 208 Verse) setzte er «dem gemeinen Volk von Rom ein Denkmal». Er schuf ein Porträt der Stadt, ihrer Bewohner, ihrer privaten und öffentlichen Sitten und Bräuche und nicht zuletzt ihrer Päpste.

5 Übersetzt von Geraldine Gabor und Ernst-Jürgen Dreyer.

6 Ohne die finanzielle Hilfe der Augsburger Jakob und Ulrich Fugger wäre die Gründung der Schweizergarde nicht möglich gewesen.

7 1496/97 stellte Karl VIII. von Frankreich als persönliche Leibgarde und Palastwache aus Schweizer Legionären die *Compagnie des Cent Guardes Suisses ordinaires du Corps du Roi* auf.

8 Der *Sacco di Roma*, die Plünderung Roms am 6. Mai 1527 durch deutsche Landsknechte und spanische Söldner, fand in einer Pause des Krieges zwischen Karl V., dem König von Spanien und deutschem Kaiser, und Franz I. von Frankreich statt – mit Duldung Karls, weil diesem die Mittel fehlten, seine Soldaten zu bezahlen.

9 «Hier hatte ein braver Handwerker seine Werkstatt nebst unvergittertem Fenster in die Mauer gebaut, was die Kontrolleure bei ihren oberflächlichen Inspektionen schlicht übersehen hatten. Bei den Attacken auf diesen Schwachpunkt und an anderen, kaum besser geschützten Stellen warfen sich den Angreifern nur schwache Kräfte entgegen» (Volker Reinhardt: *Geschichte Roms. Von der Antike bis zur Gegenwart*, München 2008, S. 68 f.).

10 1835–1907, italienischer Dichter (von manchen «Nationaldichter» genannt), Redner und Literaturhistoriker.

11 Übersetzt von Geraldine Gabor und Ernst-Jürgen Dreyer.
12 Ital. Quelle: R. Ugolini: Perugia 1859: *l'ordine di saccheggio*. In: Rassegna storica del Risorgimento, LIX-1972, fsc. III, luglio-settembre, S. 357.
13 Zit nach: http://www.verfassungen.eu/va/lateranvertrag1929.htm.
14 Ebd.
15 Stendhal (Henri Beyle): *Wanderungen in Rom*. Deutsch auf der Grundlage der Übertragung von Friedrich von Oppeln-Bronikowski und Ernst Diez von Bernhard Frank, Berlin 1982, S. 233.
16 Das Gendarmeriekorps der Vatikanstadt, das im Vatikanstaat die Funktionen einer Staats-, Justiz- und Verkehrspolizei ausübt. Das heute zwischen 130 und 150 Mann starke Korps ist aus der alten Päpstlichen Gendarmerie entstanden, die 1970 von Papst Paul VI. in eine zivile Polizeieinheit – die *Vigilanza* (*Corpo di Vigilanza dello Stato della Città del Vaticano*) – umgewandelt wurde. 2002 wurde die *Vigilanza* von Johannes Paul II. in «Gendarmeriekorps» rückbenannt.
17 Zit. nach Discepoli, a. a. O., S. 20.
18 Alle Zitate des Bulletins nach Discepoli, a. a. O., S. 101–107.
19 Ebd., S. 93 f.
20 Ebd., S. 95.
21 *Obra de Dios* ist der spanische Name der 1928 in Madrid von Josemaría Escrivá grgründeten katholischen Laienorganisation Opus Dei (vgl. Kap. XVI).
22 Discepoli, a. a. O., S. 194 f.

KREUZ UND SCHWERT

1 Hadrian gab den 137 eingeweihten Bau in Auftrag, um in der Kultgemeinschaft der beiden Göttinnen zwei Überlieferungsstränge zu vereinigen, die gleicherweise den Ewigkeitsanspruch Roms begründeten: den römischen und den trojanischen.
2 Dante Alighieri: *Die Göttliche Komödie* (Hölle, XIX,115–117). Übersetzt von Hermann Gmelin, Stuttgart 2007, S. 75.
3 Die 313 zwischen Konstantin als Kaiser des Westens und Licinius (um 265–325), dem Kaiser des Ostens, getroffene Mailänder Vereinbarung, die den Christen «als auch überhaupt allen Menschen freie Vollmacht» gewährte, «der Religion anzuhängen, die ein jeder für sich wählt».
4 Mit Licinius zerstritt sich Konstatin 314 und schlug ihn 324 in einer Schlacht bei Adrianopel.
5 «Unbesiegter Sonnengott», häufig ungenau übersetzt als «unbesiegbarer Sonnengott», ist der antike römische Sonnengott.
6 Corrado Augias: *Die Geheimnisse Roms. Eine andere Geschichte der Ewigen Stadt*, Berlin 2009.

7 Die Legende besagt weiter, dass Dionysius in der Zeit der Christenverfolgungen um das Jahr 249 auf dem Montmartre enthauptet wurde, seinen Kopf aufnahm und bis zum Standort der heutigen Kirche wanderte, wo er tot zusammenbrach und bestattet wurde.

8 Damit war die Basis für die enge Verbindung des römischen Papsttums mit dem fränkischen Königshaus gelegt. Auf diesem Fundament wurde später das römisch-deutsche Kaiserreich errichtet.

9 Im Mittelalter wurden die an der adriatischen Küste gelegenen Städte Rimini, Ancona, Fano, Pesaro und Senigallia und die fünf wichtigsten Küstenstädte an der apulischen Adria *Pentapolis* genannt.

10 Der Investiturstreit war im mittelalterlichen Europa der Höhepunkt des politischen Konflikts zwischen geistlicher und weltlicher Macht um die Amtseinsetzung von Geistlichen (Investitur). Datiert wird der Investiturstreit im Allgemeinen in die Jahre ab 1076 (Reichstag von Worms) bis zur Kompromisslösung im Jahre 1122 mit dem Wormser Konkordat.

11 Nach Papst Gregor VII. benannte kirchliche Reformbewegung des 11. und 12. Jahrhunderts, die auf den als Gegenentwurf zur Simonie, Priesterehe (Nikolaitismus) und Laieninvestitur entstandenen *Dictatus Papae* (1075) zurückgeht. Mit der Herauslösung der Kurie aus der Abhängigkeit von weltlichen Gewalten und der Stärkung des Papsttums verlor sie Anfang des 12. Jahrhunderts an Wirkung.

12 Trotz aller Einwände konnten sich Gregor und seine Nachfolger auf lange Sicht mit ihren kirchlichen Forderungen durchsetzen. Das Erste Vatikanische Konzil (1870) erhob den Lehr- und Jurisdiktionsprimat des Papstes zum Dogma.

13 Ferdinand Gregorovius: *Geschichte der Stadt Rom im Mittelalter vom V. bis XVI. Jahrhundert* (X,3), neu hg. von Waldemar Kampf, Darmstadt 1957, Bd. II, S. 519 f. Gregorovius (1821–1891) war ein ungewöhnlicher deutscher Historiker, der lange in Rom lebte und dort über ein Netzwerk ausgezeichneter Kontakte verfügte, dessen literarischer Stil sich aber deutlich von seinen zeitgenössischen Historiker-Kollegen absetzte. Da er auch keine offizielle akademische Position innehatte, gab es lange Schwierigkeiten, sein Werk einzuordnen. Seine *Geschichte der Stadt Rom im Mittelalter* gilt inzwischen als Klassiker der Literatur über die Renaissance.

14 «Und als ich manchen dort erkennen konnte,/ Sah und erkannte ich den Schatten dessen,/ Der feig die große Weigerung begangen.» Dante, a. a. O., S. 16.

15 Gregorovius zufolge ließen die Cölestinermönche Cölestins Schicksal als das eines Märtyrers und Bonifaz als Mörder erscheinen und verbreiteten die «dunkelsten Gerüchte; man zeigte sogar als Reliquie einen Nagel, welcher auf Befehl des Papstes in das schuldlose Haupt seines Gefangenen sollte geschlagen sein». Gregorovius, a. a. O., S. 520.

16 Ebd., S. 530 f.

17 «Grad in der Mitte unsrer Lebensreise ...» Dante (1. Gesang der Hölle), a. a. O., S. 7.

18 Gregorovius, a. a. O., S. 533.

19 Ebd., S. 546.

20 Dante, a. a. O., S. 198.

21 Ebd., S. 368.

22 Den Spaniern wurden mit *Inter caetera* die Rechte an den neuen Ländern in Amerika «geschenkt», denen sie den katholischen Glauben bringen sollten.

23 Wer das Land regierte, sollte den Glauben bestimmen. Die Formel *«cuius regio, eius religio»* führte der Greifswalder Jurist Joachim Stephani 1576 ein. Es bedeutete die Freiheit der Fürsten, ihre Religion zu wählen. Den Untertanen, die nicht konvertieren wollten, wurde lediglich das «Recht» eingeräumt, in ein Territorium ihres Glaubens auszuwandern.

24 Guicciardini, a. a. O. Erster Band, Darmstadt 1843, S. 514.

25 Antonio Gramsci: *Gefängnishefte*, Bd. 3. Hg. von Klaus Bochmann und Wolfgang Fritz Haug. Verschiedene, nicht einzeln ausgewiesene Übersetzer, Hamburg/Berlin 1992, S. 533 f. Der in eckige Klammern gesetzte Textteil fehlt in der deutschen Ausgabe.

26 Zit. nach: http://www.verfassungen.eu/it/ital48-i.htm.

DER PREIS DES RUHMS

1 Ein Effekt, der sich heute noch beim plötzlichen Auftauchen der Fontana di Trevi einstellt. Der Petersplatz war ursprünglich von den Gebäuden des umliegenden Viertels «abgeschlossen». Mit der Öffnung der Via della Conciliazione – von Mussolini geplant, aber erst 1950 fertiggestellt – wurde anstelle der alten sog. Spina di Borgo, der Häuserreihe zwischen den auf den Petersdom zuführenden schmalen Straßen Borgo Vecchio und Borgo Nuovo, eine breite Zufahrtsstraße zur vatikanischen Basilika angelegt, die den Blick auf die Kuppel der Peterskirche schon von weitem freigibt.

2 Die *Spina* (lat. Stachel, Dorn) bezeichnet die mittlere Trennlinie, -schranke oder -mauer im antiken *Circus*.

3 *Die Bibel. Einheitsübersetzung. Altes und Neues Testament.* Freiburg/Basel/Wien 1980, S. 1258.

4 Ammianus Marcellinus: *Römische Geschichte* (XXXI). Übersetzt von Dr. Ludwig Troß und Dr. Carl Büchele, Stuttgart 1853, S. 690 f.

5 Theodosius lehnte als Kaiser übrigens endgültig den Titel *Pontifex maximus* ab, da er der höchste Titel der heidnisch-altrömischen Religion gewesen war.

6 Nikolaus V. wollte «sein vatikanisches Befestigungssystem mit einem

Umbau der Leonina genial vereinigen. Dieser verrottete Borgo sollte zu einer riesigen Papststadt werden» (Gregorovius, a. a. O. Bd. III, S. 298).

7 Übersetzt von Geraldine Gabor und Ernst-Jürgen Dreyer.

8 Gregorovius, a. a. O. Bd. III, S. 62.

9 Vom «wankenden Sankt Peter» spricht Gregorovius, und: «Die alte Basilika drohte damals in ihrer nördlichen Seite, welche auf den Fundamenten des Circus Caligulas ruhte, zu weichen und zeigte bedenkliche Risse; dies war für Nikolaus ein Vorwand seines kühnen [Neubau-]Plans, aber er begann den Umbau keineswegs an der bedrohten Stelle, die sogar noch lange stehen blieb, sondern am Chor» (ebd., S. 295 und 299 f.).

10 Von lat. *nepos* (Genitiv *nepotis*) für Enkel oder Neffe (ital. *nipote*) stammt der Begriff Nepotismus, auch: Vetternwirtschaft.

11 Nach Vergils *Aeneis* soll Aeneas, als er die Opferung Laokoons erleben musste, erkannt haben, dass die Stadt verloren war, und aus Troja geflohen sein, um in Italien das römische Volk zu begründen. Der Tod Laokoons wäre somit gleichsam das Gründungsopfer der Ewigen Stadt. Das Epos, an dem Vergil zwischen 29 v. Chr. und seinem Tod 19 v. Chr. arbeitete, besteht aus zwölf Büchern mit 10 000 hexametrischen Versen.

12 «Seinen Biographen zufolge entwarf Michelangelo ein geniales Gerüst, das als sein erster Bauplan gilt … Als Stütze für die Brücke verwendete er sogenannte ‹sorgozzoni›, eine Konstruktion aus Holzbalken, die in Florenz zur Abstützung von Vorbauten weit verbreitet war und aus einem horizontalen und einem schrägen Balken bestand, die beide mit der dahinter liegenden Wand verbunden wurden. Auf diese Weise konnte er den zu überbrückenden Abstand von 14 Metern (über dem ersten Gesims ist das Gewölbe breiter) auf ca. 7 Meter reduzieren und die Arbeitsbühne als normalen Holzbinder ausführen» (Antonio Forcellino: *Michelangelo. Eine Biographie.* Übersetzt von Petra Kaiser, Martina Kempter und Sigrid Vagt, München 2006, S. 115).

13 Praktisch eine uneingeschränkte Vollmacht. Ein *motu proprio* (lat. «(aus) eigenem Beweggrund», sinngemäß: «selbst veranlasst») ist ein Apostolisches Schreiben des Papstes, das ohne förmliches Ansuchen anderer ergangen ist und vom Papst persönlich entschieden wurde. «Mit der Bezeichnung *motu proprio* ist der in Latein formulierte Text als eine Entscheidung hervorgehoben, die der Papst aus eigenem Antrieb verfasst und mit unabänderlichem Inhalt versehen hat» (Horst Bredekamp: Michelangelo. Fünf Essays, Berlin 2009, S. 59).

14 Übersetzt von Geraldine Gabor und Ernst-Jürgen Dreyer.

15 Die altrömische *Libra* (lat.: Pfund, Waage) entsprach 327 Gramm. Unter Karl dem Großen wurde das Gewicht auf 406 Gramm festgesetzt.

16 These 86, zit. nach http://www.ekd.de/glauben/95_thesen.html.

17 Griech. καθολικός (*katholikos*) bedeutet «das Ganze betreffend, allgemein gültig».

18 Seit der Titel Heinrich VIII. 1521 von Papst Leo X. in Anerkennung des Buches *Assertio Septem Sacramentorum* (Verteidigung der Sieben Sakramente) verliehen wurde, ist dies der offizielle Titel der englischen Monarchen. Geschrieben hatten es Heinrich und (ungenannt) Thomas Morus zur Verteidigung des sakramentalen Charakters der Ehe und der Vorrangstellung des Papstes. Es wurde als wichtige Gegenmaßnahme zu den Anfängen der Reformation und besonders den Vorstellungen Martin Luthers gesehen. Als der Tudorkönig mit Rom brach und sich selbst zum Oberhaupt der *Church of England* machte, wurde Heinrich der Titel von Papst Paul III. allerdings wieder aberkannt.

19 Sforza Pallavicino (1607–1667) erhielt 1652 von Papst Innozenz den Auftrag, eine Geschichte des Konzils zu schreiben, mit der ein Gegengewicht zu der in dieser Zeit tonangebenden Darstellung *Istoria del concilio Tridentino* von Paolo Sarpi (1552–1623) geschaffen werden sollte. Sarpi hatte den Nachweis zu erbringen versucht, dass die Wiedervereinigung der Protestanten mit der katholischen Kirche beim Konzil von Trient nur durch die Intrigen der Kurie verhindert worden sei.

KIRCHE OHNE STIMME

1 Die Organisation *Propaganda Due* (P2) war eine italienische Freimaurerloge, die in den 1970er Jahren zur Tarnung einer politischen Geheimorganisation zweckentfremdet wurde. 1887 unter dem Namen *Propaganda Masonica* in Rom als freimaurerisches Gegenstück zur Kurienkongregation *Propaganda Fide* gegründet, wurde sie während des Faschismus verboten und 1944 als zweite Loge des Grande Oriente d'Italia als *Propaganda Due* neu gegründet. 1972 beschloss der Großlogentag des Grande Oriente d'Italia den Ausschluss, der 1974 wirksam wurde. Bei der Untersuchung der Aktivitäten der P2 wurde 1981 bekannt, dass unter maßgeblicher Beteiligung von Licio Gelli ein konspiratives Netzwerk aus Führungspersonen der Polizei, des Militärs, der Wirtschaft, der Politik, der Mafia und der Geheimdienste geschaffen worden war. Es bestand der begründete Verdacht, dass die P2 Pläne für einen Staatsstreich entwickelt und bei einigen spektakulären Terroranschlägen der siebziger Jahre die Finger im Spiel hatte, was sich später teilweise bestätigte. Die P2 wurde 1982 aufgelöst und verboten. Dazu auch Kap. XI.

2 Der Apostel Paulus wurde um 67 am Platz der späteren Kirche S. Paolo alle tre Fontane an der Via Laurentina als römischer Bürger mit dem Schwert enthauptet und vor den Mauern Roms an der Straße nach Ostia beigesetzt. Die Stätte blieb bekannt und verehrt.

3 Das Grabmal zeigt den marmornen Pius VII. nicht triumphierend, sondern segnend. «Ein Verzicht auf die Attribute der Macht stand dem Papst, der in Napoleons Gefängnissen geschmachtet hatte, wohl an. Für

die konservativen Kardinäle hingegen war die Statue zu ‹protestantisch›» (Reinhardt, *Geschichte Roms*, a. a. O., S. 103).

4 Diese Kopie des 19. Jahrhunderts übernimmt das Thema eines Apsismosaiks, das Papst Honorius III. 1220 von byzantinisch-venezianischen Künstlern ausführen ließ: «den als Pantokrator zwischen den Aposteln Petrus und Paulus, Paulus und Lukas thronenden Christus. In einer schmalen unteren Zone der Halbkuppel erscheinen zu Seiten eines Gemmenkreuzes Apostel und Engel, deren Schriftbänder das Gloria verkünden. Von der Kraft der Farbe und des Ausdrucks des verlorenen Urbildes zeugen Bruchstücke, die über der Sakristeitür in die Wand gesetzt wurden» (Anton Henze et al., *Rom und Latium. Kunstdenkmäler und Museen*, Stuttgart 1981, S. 256 f.).

5 Er selbst nannte sich so im Brief an die Römer 11,13.

6 *Die Bibel*, a. a. O., S. 1268.

7 Ebd., S. 1231.

8 Ebd., S. 1303.

9 Ebd., S. 1287 f.

10 Der Begriff *volontariato* steht für die in Italien fast unzähligen Freiwilligen und Ehrenamtlichen.

11 Ursprünglich hieß er Iacobus de Benedictis und war Advokat. Der plötzliche Unfalltod seiner jungen Frau soll sein Leben vollkommen durcheinandergebracht haben. Er gab seinen Beruf auf und lebte fortan in den Straßen seiner Heimatstadt Todi als armer Büßer. So erzählt es eine Lebensbeschreibung, die allerdings erst viel später entstand. Seine drastischen Verhaltensweisen brachten ihm den Spottnamen «Iacopone» (etwa: «verrückter Jakob») ein.

12 Don Lorenzo Milani (1923–1967) war italienischer Priester und Erzieher, bedeutender Reformpädagoge.

13 Lat. *a divinis* – von Gott her; *latae sententiae* bezeichnet eine Tatstrafe, bei der die Suspendierung bzw. Exkommunikation automatisch bei der Tat eintritt, also: im Wiederholungsfalle mit sofortiger Wirkung.

14 Die Laisierung ist in der römisch-katholischen Kirche die kirchenrechtliche Aussetzung der Rechte und Pflichten eines Klerikers.

15 Die lat. Formel *possumus* im Titel des offenen Briefes («wir können») ist die Umkehrung der Weigerungsformel der römischen Kurie gegenüber der weltlichen Macht: *non possumus* («wir können nicht»). Eine Art «Yes, we can!».

GENIES UND RIVALEN

1 Die antike Scheitelstraße, die schnurgerade über den Rücken des Quirinals verläuft und sich außerhalb der Stadtmauern als Via Nomentana in Richtung Sabinergebirge fortsetzt.

2 Aelius Spartianus als angeblicher Verfasser einer *Vita* des Hadrian ist einer von sechs höchstwahrscheinlich fiktiven Autoren der in der *Historia Augusta* (lat. Kaisergeschichte, wahrscheinlich um 300 verfasst) gesammelten 30 Biographien römischer Kaiser.

3 Optischer Eindruck und Konstruktion sind nicht identisch. Lt. Henze, a. a. O., S. 148 vermutet der Besucher «auf den ersten Blick ... eine flache Ellipse als Mitte des Grundrisses; tatsächlich jedoch handelt es sich um einen gestreckten Rhombus, dessen spitze Winkel mit Kreis- und die flachen mit Ellipsensegmenten gerundet werden».

4 Das war beim Abschluss der Bauarbeiten zum Palazzo di Propaganda Fide, ursprünglich Sitz der Kongregation zur Verbreitung des Glaubens (*«de propaganda fide»*), heute des Jesuitenkollegs der Vatikanstadt. Dem urprünglich als Architekt eingesetzten Bernini wurde 1644 der Auftrag entzogen; an seiner Stelle wurde Borromini berufen, der dort 1660 nach langem Hin und Her die 1634 von Bernini errichtete kleine Cappella dei Re Magi abreißen und neu errichten ließ. Dies praktisch unter den Fenstern von Berninis Wohnhaus. Angesichts dieser Beleidigung soll Bernini an einer der Konsolen seines Balkons zur Antwort einen Priapus angebracht haben (vgl. Paolo Portoghesi: Borromini und die Hauptakteure des Barock. In: Richard Bösel/Christoph Luitpold Frommel (Hg.): *Borromini. Architekt im barocken Rom*, Mailand 2000, S. 85). Auch Borrominis Rolle als Mitglied der Baukommission, die den Abbruch von Berninis Kampanile am Petersdom beschloss, hat nicht gerade zu einem besseren Verhältnis der beiden Künstler beigetragen.

5 «Als die eigentlichen Vorläufer der Freimaurerei gelten ... heute in der freimaurerischen Forschung die handwerklichen Bruderschaften, auf deren Brauchtum sehr viel maurerisches Gedankengut zurückgeführt werden kann, und die Bauhütten, die überall entstanden, wo Dome gebaut wurden. Sie setzten sich aus Mitgliedern des Steinmetzstandes zusammen, nahmen aber auch Maurer und Decker auf. Während der Reformation wurde den Bauhütten der Vorwurf gemacht, sie würden geheime Zusammenkünfte abhalten und die Gesetze des Staates und der Kirche missachten» (Helmut Reinalter: *Die Freimaurer*, München 2006 (2000), S. 11).

6 Richard Bösel empfiehlt im Zusammenhang mit Borrominis spanischen Halskrausen und seiner bevorzugten Farbe Schwarz Vorsicht beim Hineinlesen einer politischen Bedeutung in den Kleidungsstil: «Vor allem die Farbe Schwarz war nicht auf die spanische Welt beschränkt. Konser-

vative Herren sowohl in protestantisch wie auch in katholisch dominierten Ländern begannen in der zweiten Hälfte des 17. Jahrhunderts damit, ausschließlich Schwarz zu tragen. Ursprünglich aus Burgund stammend, war die Vorliebe für Schwarz bald nicht mehr an irgendwelche politische Lager gebunden, sondern ein Phänomen, das man ‹Farbgleichheit bei Feinden› genannt hat. Schwarz wurde ebenso häufig in Staaten getragen, die mit Spanien im Konflikt lagen, wie etwa in den Niederlanden und im puritanischen England, wie in solchen Ländern, die unter spanischem Einfluss standen, wie z. B. Neapel oder Mailand. Schwarz vermittelte Würde und Ernsthaftigkeit auf einer hohen sozialen Ebene der Gesellschaft. (…) Doch sollte Schwarz auch die Farbe der Melancholiker werden» (Richard Bösel: Einführung in die Ausstellung. In: Bösel/Frommel, Borromini, a. a. O., S. 27).

7 *I promessi sposi* von Alessandro Manzoni (1785–1873), dt. unter dem Titel *Die Brautleute* oder *Die Verlobten* erschienen.

8 Giovanni Pietro Aloisio Sante da Palestrina, Komponist und Erneuerer der Kirchenmusik (1514/15 oder 1524/25/29–1594).

9 Der hl. Filippo Neri, für den Borromini u. a. das Oratorium baute, hatte mit seiner Frömmigkeit Menschen aus allen Schichten angezogen, vor allem aber aus Adelskreisen. In den Räumlichkeiten von S. Girolamo della Carità veranstaltete er für diese Höflinge Nachmittage mit Gebet und frommen Unterhaltungen, die sich nach und nach zu jener paraliturgischen Frömmigkeitsübung erntwickelten, die heute als Oratorium bekannt ist. Die Predigten wurden von Musik unterbrochen, und bald schon spielte die Musik die Hauptrolle in den Oratorien (vgl. Bösel/ Frommel, Borromini, a. a. O., S. 355).

10 Nach ital. *pimpante* – «dreist, aufgedreht», wobei die pejorative Endung *-accia* die Geringschätzung noch steigert.

11 Kirchliches Amt, ursprünglich der Armenpfleger, dessen Aufgabe in der Verteilung von Almosen an die Armen und der Verwaltung der dafür vorgesehenen Güter und Gelder bestand.

12 Filippo Baldinucci: *Vita des Gio. Lorenzo Bernini*. Mit Übersetzung und Kommentar von Alois Riegl, Wien 1912, S. 127.

13 Nicola Zingarelli (1860–1935), ital. Philologe und Lexikograph, der 1922 in Mailand erstmals ein *Vocabolario della lingua italiana* (Wörterbuch der ital. Sprache) veröffentlichte, eine Art Duden, der seither regelmäßig überarbeitet und aktualisiert wird. Eines der Standardwerke unter den einsprachigen italienischen Wörterbüchern, kurz der *Zingarelli* genannt.

DER QUIRINAL

1 1989 in der Libreria dello Stato erschienen

2 Der fast 60 Jahre andauernde Konflikt um den Status Roms als italienischer Hauptstadt einerseits und andererseits den staatsrechtlichen Status des Vatikans im Hinblick auf Rom nach der Einnahme des verbliebenen Kirchenstaates durch italienische Truppen am 20. September 1870 und dessen Integration 1861 in den bestehenden Nationalstaat Italien.

3 Dt. «Wiedergeburt/Wiedererstehung»; politisch-soziale Bewegung im Italien des 19. Jahrhunderts, die für einen Nationalstaat kämpfte. Held dieser Bewegung war Giuseppe Garibaldi, dessen Anhänger die *Garibaldini* genannt wurden.

4 Katholisch geprägte politische Bewegung im Italien des 19. Jahrhunderts, deren Vorreiter der Politiker und Philosoph Vincenzo Gioberti (1801–1852) war.

5 August Bernhard Hasler: *Wie der Papst unfehlbar wurde. Macht und Ohnmacht eines Dogmas*, München/Zürich 1979, S. 241.

6 Unter anderem wurde den Katholiken die aktive und passive Teilnahme an demokratischen Wahlen verboten.

GRÄBER DER POLITIK

1 Abt Luigi Cesare Vanini, ein von Christina geförderter Dichter, war «von nicht geringer Herkunft, aber schlechten Eigenschaften und trefflich eingebildet» (zit. nach Franckenstein: *Leben der schwedischen Königin Christina und ihres Hofes*, Rom 1705, S. 262). Der Geistliche, der in dem Ruf stand, ein großer Verführer zu sein, vergewaltigte, während Christina im Sterben lag, ihren Schützling Angelica Quadrelli (vgl. Veronica Buckley: *Christina Königin von Schweden. Das rastlose Leben einer europäischen Exzentrikerin.* Aus dem Englischen von Xenia Osthelder, Frankfurt a. Main 2005, S. 514 ff.

2 Ebd., S. 528.

3 Med. lat. *Caput galeatum* ist das Phänomen eines mit der Fruchtblase (also Amnion und Chorion) über Kopf, Gesicht oder Körper geborenen Kindes.

4 *Discours de la méthode pour bien conduire sa raison, et chercher la verité dans les sciences* (Abhandlung über die Methode des richtigen Vernunftgebrauchs und der wissenschaftlichen Wahrheitsforschung).

5 Theodor Ebert: *Der rätselhafte Tod des René Descartes*, Aschaffenburg 2009.

6 Ebd., S. 52.

7 «In der Renaissance war es ein vor allem bei den Machthabern oft angewandtes Tötungsmittel. Bekannt sind die Giftmorde der Borgia, des Papstes Alexander VI. sowie Cesare Borgias mit Hilfe von Arsenik. Der Papst Alexander VI. dürfte auch selbst durch dieses Gift umgekommen sein.» Ebd., S. 69 f.

8 Auch bezeichnet als: *aristocrazia di cappa* oder *di tonaca* – «Mantelaristokratie» oder «Talararistokratie», um den weltlichen Adel von dem zu unterscheiden, der seine Titel vom Papst erhalten hatte.

9 Reicher Jude aus biblischer Zeit, vielleicht ein Mitglied des Sanhedrins (altjüdisches Gericht in Jerusalem), der zum Jünger Jesu geworden war, dies aus Furcht aber geheim hielt.

10 Im Mittelalter wurde in England der strafrechtlich nicht beschränkte Haftbefehl des Königs mit den lat. Worten «*Habeas corpus …*» («Du habest den Körper…») eingeleitet. Mit dem *Habeas Corpus Amendment Act* von 1679 erhielten die Angeklagten das Recht auf Haftprüfungsverfahren.

11 Meist kurz als *Magna Carta* bezeichnet: Vereinbarung Johann Ohnelands mit dem revoltierenden englischen Adel, die als wichtigste verfassungsrechtliche Rechtsquelle Englands gilt und in der grundlegende politische Freiheiten des Adels gegenüber dem englischen König verbrieft wurden.

RÄTSELHAFTE KRIEGERMÖNCHE

1 François-René de Chateaubriand: *Erinnerungen (Memoires d'outre-tombe).* Herausgegeben, neu übertragen und mit einem Nachwort von Sigrid von Massenbach, München 1968, S. 533.

2 Enrico Guazzoni (1876–1949), Spezialist für Historien- und Sandalenfilme; Carlo Ludovico Bragaglia (1894–1998), Bruder des Futuristen Anton Giulio Bragaglia (1890–1960), drehte 1957 *La Gerusalemme liberata*, frei nach Torquato Tasso.

3 Chateaubriand, *Erinnerungen*, a. a. O., S. 516.

4 Dt. Ariost (1474–1533), großer italienischer Humanist, Militär, Höfling und Autor. Sein Versepos *Orlando furioso* (*Der rasende Roland),* einer der wichtigsten Texte der italienischen Literatur, wurde in ganz Europa begeistert rezipiert.

5 Fulcher von Chartes: *Historia hierosolymitana*, I, 3, 7, R. H. C., Hist. occ,. Bd. III, S. 324; dt. *Historia Hierosolymitana* (1095–1127), hg. von H. Hagenmeier, Heidelberg 1913, Buch I, 3, 7.

6 Jakob von Vitry: *Historia Hierosolymitana*, zit. von M. Melville: *La vie des templiers*, Paris 1951, S. 18 f. Dt. zit. nach Alain Demurger: *Die Templer. Aufstieg und Untergang 1120–1314*, München 2007 (1991), S. 17.

7 Das Tatzenkreuz symbolisiert das Leiden Christi, die Farbe Rot das von Christus vergossene Blut, ist aber auch ein Symbol des Lebens.

8 Vgl. dazu Demurger, a. a. O., S. 116 f.: «Die schiitische Sekte der Ismaeliter teilte sich in einen persischen Zweig mit Sitz in el-Alamuth südlich des Kaspischen Meeres und einen syrischen Zweig im Gebirgszug der Assassinen. Ein Oberhaupt mit starker Autorität, der ‹Alte vom Berge›, leitete diese mystische Sekte; ihre reinsten und zuverlässigsten Mitglie-

der wurden Assassinen genannt, weil sie sich für bestimmte Aktionen mit Haschisch [franz. *hachich*] berauschten. Das Wort setzte sich durch und nahm im Französischen deswegen seinen heutigen Sinn an [*assassin* = Mörder], weil die bevorzugte Aktionsmethode des ‹Alten› und der fanatisierten Gläubigen, die ihm gehorchten, der terroristische Meuchelmord war.»

9 Im Londoner Imperial War Museum kann man noch heute den Lorbeerkranz aus Bronze bewundern, den Lawrence von Arabien damals als Trophäe vom Grab des Sultans Salah ad-Din al-Aiyubi entwendet hat.

10 Dante, a.a. O., S. 75.

11 Z. B. durch Verringerung des Edelmetallgehaltes neu geschlagener Münzen oder Entwertungen älterer Münzen.

12 Zit. nach Demurger, a.a.O., S. 242.

13 Zit. nach Alain Demurger: *Der letzte Templer. Leben und Sterben des Großmeisters Jacques de Molay*, München 2005 (2004), S. 271.

14 Vgl. ebd., S. 250.

15 Vgl. ebd. Demurger zitiert hier seinerseits: L. Harff-Lancner und M. N. Polino, *Le gouffre de satalie: survivance médiévale du mythe de Méduse. Le Moyen Age XCIV* (1988), S. 100.

DAS UNRUHIGE HEER DES PAPSTES

1 Aloisius von Gonzaga (1568–1591), eigentlich Luigi Gonzaga, war ein Jesuit, der mit 23 Jahren bei einer Pestepidemie in Rom starb. 1605, nur 14 Jahre nach seinem Tod, wurde er durch Papst Paul V. seliggesprochen. 1726 wurde er gemeinsam mit Stanislaus Kostka durch Papst Benedikt XIII. heiliggesprochen.

2 Auch auf der offiziellen deutschen Website der Jesuiten www.jesuiten.de/ sind in der Rubrik Profil/Fakten ähnliche Beispiele für Jesuitenwitze in deutscher Sprache zusammengestellt.

3 *Cherubini* und *Zingarelli* sind dem deutschen Duden vergleichbare italienische Wörterbücher.

4 Blaise Pascal: *Briefe in die Provinz.* In: Blaise Pascal: *Werke III.* Heidelberger Ausgabe. Hg. Karl August Ott. Übersetzt, eingeleitet und kommentiert von Karl August Ott., Heidelberg 1990, S. 208 f.

GOTTES BANKIERS

1 Jg. 1924, bedeutender Journalist und Schriftsteller, ehem. Chefredakteur des Wochenmagazins L'Espresso, Gründer und ehem. Chefredakteur der Tageszeitung *La Repubblica.*

2 *Die Bibel*, a. a. O., S. 1088.

3 Wörtl. «Reumütige», so werden vom Clan abgefallene Mafiosi bezeichnet, die als «Kollaborateure» und Kronzeugen mit den Justizbehörden zusammenarbeiten.

4 Der 1939 geborene Jurist war eine Symbolfigur im Kampf gegen die Mafia. Er wurde 1982 gemeinsam mit seiner Ehefrau (auch sie Richterin) und drei Leibwächtern durch eine Bombe getötet.

5 Zit. nach: Gianluigi Nuzzi: *VATIKAN AG. Ein Geheimarchiv enthüllt die Wahrheit über die Finanz- und Politskandale der Kirche.* Aus dem Italienischen von Friederike Hausmann, Petra Kaiser und Rita Seuß, Salzburg 2009 (2010), S. 57. Dort ist das Dokument vollständig veröffentlicht.

6 2 000 Lire entsprachen bei der Einführung des Euro ungefähr 1 €.

7 Der im Februar 1987 von der Mailänder Staatsanwaltschaft erlassene Haftbefehl gegen Marcinkus führte lediglich dazu, dass er zeitweise den Vatikan nicht verlassen konnte.

8 Etwa: Riesenschmiergeldkomplott.

9 Von ital. *tangente* – «Schmiergeld/Bestechungsgeld». Ein Skandal von enormen Ausmaßen, der 1992 ausbrach, ein flächendeckendes System illegaler Parteienfinanzierung aufdeckte und das gesamte politische System Italiens zum Einsturz brachte.

10 Nuzzi, a. a. O., S. 134.

11 *Arnaldo Forlani,* geb. 1929, führender Politiker der italienischen Christdemokraten, mehrfach Minister. *Bettino Craxi,* 1934–2000, führender Politiker der Sozialistischen Partei Italiens und Ministerpräsident. 1994 nach Tunesien geflüchtet, in Italien in Abwesenheit zu insgesamt mehr als 28 Jahren Haftstrafe verurteilt. Im Exil in Hammamed gestorben. *Umberto Bossi,* geb. 1941, Vorsitzender der norditalienischen Partei Lega Nord, mehrfach Minister unter Ministerpräsident Berlusconi. *Gianni De Michelis,* geb. 1940, Politiker der Sozialistischen Partei Italiens, mehrfach Minister, Außenminister in der Regierung Craxi. *Giorgio La Malfa,* geb. 1939, Politiker, zunächst in der Republikanischen Partei, später in Berlusconis Forza Italia, mehrfach Minister. *Paolo Cirino Pomicino,* geb. 1939, Politiker zunächst der Christdemokratischen Partei, später in verschiedenen, den Democristiani nahestehenden Parteien.

DIE GÖTTLICHE KAPELLE

1 Der Name kommt von ital. *al fresco, affresco* = wörtl. «ins Frische».

2 Giorgio Vasari: *Das Leben des Michelangelo.* Neu übersetzt von Victoria Lorini. Herausgegeben, kommentiert und eingeleitet von Caroline Grabbert, Berlin 2009, S. 74.

3 Zitiert nach: Volker Reinhardt: *Der Göttliche. Das Leben des Michelangelo.* München 2010, S. 106.

4 Ebd., S. 109.

5 Ascanio Condivi: *Das Leben des Michelangelo Buonarroti,* in der Übersetzung von Robert Diehl, Leipzig 1940, S. 14.

6 Ebd., S. 46.

7 Ebd., S. 47.
8 *Die Bibel*, a. a. O., S. 1097.
9 Zit. nach: http://www.vatican.va/archive/DEU0035/_PS.HTM.
10 Gregorovius, a. a. O., Bd. I, S. 584.
11 Ebd., S. 594.
12 Ebd.
13 Ebd., S. 596.
14 Zit. nach Gregorovius, ebd., S. 623.
15 Ebd., Bd. II, S. 108.
16 Augias rekurriert hier auf Giancarlo Zizola: *Il conclave, storia e segreti: l'elezione papale da san Pietro a Giovanni Paolo II*, Roma 2005.
17 Dante, a. a. O., S. 16. Vgl. Kap. III.
18 Gregorovius, a. a. O., Bd. III, S. 434.
19 Ebd., S. 460.
20 Ebd., S. 465 f.
21 Zit. nach: ebd., S. 468.
22 1520 im *Brief Luthers an Papst Leo X.* (Übersetzung: Fidel Rädle). Zit. nach: *Martin Luther. Lateinisch-Deutsche Studienausgabe*, Bd. 2. Hg. und eingeleitet von Johannes Schilling, Leipzig 2006, S. 107 und 109.

16. OKTOBER 1943

1 Giacomo Debenedetti: *Am 16. Oktober 1943. Eine Chronik.* Aus dem Italienischen übersetzt von Lieselotte Kittenberger, Berlin 1993, S. 15 f.
2 Im Original deutsch.
3 Akten zur deutschen auswärtigen Politik 1918–1945, Serie E, Bd. 7, S. 85 (zit nach Michael F. Feldkamp: *Pius XII. und Deutschland*, Göttingen 2000, S. 150).
4 Ebd., S. 130 f.
5 «Die Interalliierte Erklärung zur Vernichtung der Juden 1942» wurde von den zwölf alliierten Regierungen von Belgien, Großbritannien, den Niederlanden, Griechenland, Luxemburg, Norwegen, Polen, USA, Sowjetunion, Tschechoslowakei, Jugoslawien und Frankreich verfasst.
6 *Die Bibel*, a. a. O., S. 1119.
7 Die Frauen mussten ein gelbes angenähtes Tuch tragen. Diese Kennzeichnung war bei Strafandrohung verpflichtend.
8 Hans Küng in einer Ansprache zu seinem 75. Geburtstag 2003 am Institut für Ökumenische Forschung der Universität Tübingen. In seinem Buch *Das Judentum* (München 2007) hat er diese These bekräftigt und ausgeführt.
9 Theodor Herzl: *Briefe u. Tagebücher 3: Zionistisches Tagebuch 1899–1904*, Berlin/Frankfurt/Wien 1985, S. 656 f.
10 Nach der Absetzung Mussolinis setzte der König den politisch sehr un-

erfahrenen Marschall Badoglio als ersten italienischen Ministerpräsidenten der postfaschistischen Zeit ein. Obwohl auch die neue Regierung aus dem Umfeld Mussolinis kam, versuchte sie eine Balance zwischen den Alliierten und dem Bündnispartner Deutschland und begann gegen den Willen des Königs mit zaghaften Säuberungen unter den Faschisten. Als die Alliierten ihre Bombenangriffe auf die Städte forcierten, nahm Badoglio Waffenstillstandsverhandlungen mit ihnen auf. Am 8. September 1943 wurde der Frontwechsel verkündet, allerdings ohne die italienischen Soldaten zu informieren. Die Deutsche Wehrmacht schloss daraufhin Rom ein und nahm 800 000 italienische Soldaten gefangen.

11 Bürgschaft eines Bürgers des Aufnahmelandes für einen Einwanderer.

12 Deutsch: *Adressat unbekannt*, Hamburg 2002.

13 Aus einem von Weizsäckers «Rundbriefen aus Rom», die er von seiner Ankunft im Juni 1943 bis zur Besetzung durch die Alliierten fortlaufend schrieb und die unter den Mitgliedern der Familie in Deutschland rundgereicht wurden. Zit. nach: Leonidas E. Hill (Hg.): *Die Weizsäcker-Papiere. 1933–1950*, Frankfurt a. M. / Berlin / Wien 1974, S. 341.

14 In einem Brief Weizsäckers an seine Mutter. Ebd.

15 In einem «Rundbrief» vom 3. März 1944. Ebd., S. 371.

16 Das Originalzitat konnte nicht gefunden werden, daher wurde hier aus dem Italienischen rückübersetzt.

17 Als *Rat Line*, zu deutsch «Rattenlinie», bezeichneten die amerikanischen Alliierten den Fluchtweg vieler führender Nationalsozialisten, SS- und Ustascha-Leute, auf dem diese mit Hilfe vatikanischer Kreise meist über Südtirol nach Rom und von dort aus vor allem in südamerikanische, aber auch arabische Staaten geschleust wurden.

EMANUELA

1 Die *Banda della Magliana*, benannt nach einer Gegend in der römischen Peripherie, ist die einzige kriminelle Bande mafiöser Struktur, die in Rom je operiert hat, und zwar in den 1970er und 80er Jahren. Der (Schauspieler und) Regisseur Michele Placido erzählt die Geschichte der Bande in seinem Film *Romanzo criminale*, basierend auf einem Tatsachenroman des Richters Giancarlo De Cataldo. Die römischen Kriminellen sollen systematisch vom italienischen Geheimdienst unterwandert und auch geschützt worden sein. Sie sollen als Provokation gedachte Attentate des rechten Terrorismus und Dutzende von politischen Morden ausgeführt haben. Als ab 1989 die «blutige Faust des italienischen Antikommunismus» (Dirk Schümer) nicht mehr gebraucht wurde, habe man die Gangster fallengelassen.

2 Im italienischen Schulsystem gehen die Noten von 0 bis 10, wobei 0 die

schlechteste und 10 die beste Note ist. In der Regel jedoch wird in Betragen eine 10 gegeben.

3 Das «Gelbe Telefon» war eine Sendung des Autors Corrado Augias im italienischen Staatsfernsehen RAI, die sich mit ungelösten Kriminalfällen befasste und versuchte, sie aufzuklären oder doch zumindest als exemplarische Fälle der Kultur- und Sittengeschichte, manchmal auch der politischen Geschichte Italiens nachzuerzählen. Das «*Giallo*» rührt von einer in Italien populären Groschenkrimi-Reihe, deren gelber Einband das charakteristische äußerliche Erkennungsmerkmal war. Inzwischen wurde *Giallo*, losgelöst vom fiktionalen Krimigenre, zum Synonym für unaufgeklärte Fälle und Verbrechen.

4 Im Original deutsch.

5 Im Original sehr holpriges Italienisch.

DAS TRIBUNAL DES GLAUBENS

1 Die Ebene zu Füßen des Vatikanischen Hügels (*Mons Vaticanus*) zwischen dem Monte Mario (*Mons Marius*) im Norden und dem Gianicolo (*Mons Janiculus*) im Süden wurde in der römischen Antike als *ager vaticanus* (vatikanisches Feld) bezeichnet. In republikanischer Zeit war dies eine beliebte Gegend für Sommervillen.

2 «Nachdem er sein Diadem abgelegt hat, schlägt er sich auf die Brust dort, wo sich der Körper des Fischers befindet. Er denkt über die Verdienste Petri nach, glaubt an seinen Sieg, hofft, durch ihn zu Gott zu gelangen, und fühlt und findet sich durch seine Gebete gestärkt», heißt es in einer kürzlich aufgefundenen Predigt des Heiligen Augustinus (Augustin: *Sermon Dolbeau* 25.26 (Mainz 61), in: François Dolbeau (Hg.): *26 sermons au peuple d'Afrique*. Paris 1996 [Études augustiniennes série Antiquité, 147], S. 76: 526–531. Zit. nach: http://trivium.revues.org/index1652.html).

3 Ein ca. 800 Meter langer Fluchtgang vom Vatikan zur Engelsburg. 1277 von Papst Nikolaus III. erbaut, wirkt er nach außen wie eine gewöhnliche Mauer, verbirgt in seinem Inneren aber einen geheimen Gang, der diversen Päpsten zur Flucht aus dem Vatikan in die schwer einnehmbare Engelsburg verhalf. Vgl. Kap. II.

4 Ital. F*regnese* ist eine Wortschöpfung aus *fregna* (obszönes Wort für das weibliche Geschlechtsteil) und dem Eigennamen Farnese. Alessandro Farnese war ein stadtbekannter Wüstling und wurde im Volksmund auch der «Schürzenkardinal» genannt.

5 Vergil: *Aeneis*. Zweisprachige Ausgabe Lateinisch / Deutsch. Übersetzt von Gerhard Fink, Düsseldorf 2006, S. 295.

6 Die Erschießung des wegen Hochverrats zum Tode verurteilten Cavaradossi.

7 1500–1571, bedeutender italienischer Goldschmied und Bildhauer, Schrift-

steller, Musiker, ein typischer *uomo universale* der italienischen Renaissance. Aufgrund des von Feinden lancierten Gerüchts, er habe beim Einschmelzen des päpstlichen Schatzes wertvolle Edelsteine entwendet, wurde er verhaftet und blieb zwei Jahre ohne Anklage in der Engelsburg eingekerkert. Ein Fluchtversuch führte zu noch strengerer Haft, einen Vergiftungsversuch überlebte er. Nach Intervention des Kardinals von Ferrara, Ippolito d'Este, kam Cellini wieder frei und konnte nach Frankreich ausreisen.

8 *Leben des Benvenuto Cellini, florentinischen Goldschmieds und Bildhauers, von ihm selbst geschrieben*. Übersetzt und mit einem Anhange herausgegeben von Johann Wolfgang Goethe, Frankfurt 1981, S. 248.

9 Fjodor M. Dostojewskij: *Der Großinquisitor*. Übers. von Marliese Ackermann. Hrsg. u. erl. von Ludolf Müller, München 1985, S. 17 f., S. 20 f.

10 Vgl. ebd., S. 33.

11 Historiker, Spezialist für Kultur- und Kirchengeschichte des 16. Jahrhunderts (Università di Torino, Accademico dei Lincei).

12 Hubert Wolf weist darauf hin, dass «die Aufgabe des Lehramtes der katholischen Kirche und infolgedessen auch das Amt der Reinerhaltung der Lehre damals noch bei den theologischen Fakultäten und namentlich bei der Sorbonne in Paris lag». In: Hubert Wolf: *Index. Der Vatikan und die verbotenen Bücher*. München 2007, S. 25.

13 Zit. nach Wolf, Index, a. a. O., S. 26.

14 So der italienische Titel. Dt. Hubert Wolf: *Papst & Teufel. Die Archive des Vatikan und das Dritte Reich*, München 2008.

15 Wolf, Index, a. a. O., S. 240 f. Als einen der möglichen Gründe gibt Wolf an: «Nach katholischer Auffassung war man der staatlichen Gewalt als von Gott eingesetzt zu Gehorsam verpflichtet.»

16 Ebd., S. 242 ff. Hubert Wolf zitiert dies nach: Norbert Trippen: *Joseph Kardinal Frings* (1887–1978). Bd. 2: *Sein Wirken für die Weltkirche und seine letzten Bischofsjahre* (Veröffentlichungen der Kommission für Zeitgeschichte. Reihe B 104), Paderborn 2005, S. 384.

DAS WERK GOTTES

1 Josemaría Escrivá soll zu den Gebäuden des Komplexes folgene Betrachtung angestellt haben: «Ich versichere euch, ich kann einen Kardinal am Eingang empfangen, ihn raschen Schritts durch das Haus führen, eine halbe Stunde Essenspause einlegen, die Besichtigung fortführen und ihn zur Stunde des Abendessens durch die Hintertür hinauslassen, ohne dass er auch nur die Hälfte des Hauses gesehen hat.» (Zit. nach: María del Carmen Tapia: *Hinter der Schwelle. Ein Leben im Opus Dei. Der schockierende Bericht einer Frau*, Zürich 1993, S. 18).

2 Josemaría Escrivá de Balaguer: *Der Weg*, Köln 1982, Textabschnitt Nr. 518,

S. 125. Auch im Internet auf den deutschen Seiten von Opus Dei: http://de.escrivaworks.org/book/der_weg.htm.

3 Giacomo Manzù (1908–1991) ist ein bedeutender italienischer Künstler, vor allem als Bildhauer hervorgetreten, während des Faschismus im Widerstand und Zeit seines Lebens Kommunist.

4 http://opusfrei.org/statutenneu.html.

5 Felzmann, Leiter und Priester im Opus Dei, zudem ein enger Vertrauter Escrivás, entschloss sich nach 22 Jahren Mitgliedschaft, Opus Dei zu verlassen, weil er die Diskrepanz zwischen «den edlen und großmütigen ursprünglichen Vorstellungen des Gründers» und dem, was aus der Organisation geworden war – vor allem die herrschende Zensur und Furcht –, nicht mehr ertragen konnte.

6 Father Vladimir Felzmann im Interview mit Peter Hertel; Tonbandaufnahme vom 11.5.1984 in London (aus dem Englischen übersetzt). In: Peter Hertel: *«Ich verspreche euch den Himmel». Geistlicher Anspruch, gesellschaftliche Ziele und kirchliche Bedeutung des Opus Dei*, Düsseldorf 1991 (1990), S. 205.

7 Ebd., S. 206.

8 1954 in Italien entstandene kirchliche Bewegung, deren Ziel nach eigener Aussage «die Erziehung derer, die ihr verbunden sind, zur christlichen Reife sowie die Zusammenarbeit für die Mission der Kirche in allen Bereichen der heutigen Gesellschaft» ist (zit. nach: http://www.cl-deutschland.de/wasistcl.php).

9 Die heutige Kongregation für die Institute des geweihten Lebens und für die Gemeinschaften des apostolischen Lebens, ein Organ der Römischen Kurie.

10 Für die Mitte-Links-Partei *Democrazia e Libertà – Margherita* (Demokratie und Freiheit – Margerite). Vorher war Binetti Mitglied des linken *Partito Democratico*, in den sie aber Corrado Augias zufolge vor allem eingetreten war, um sich dort mit ihren integralistischen Positionen als *spina nel fianco* (Stachel im Fleisch) zu betätigen. Seit sie in die *Margherita* eingetreten ist, ist es um sie sehr still geworden.

11 Zit. nach: Peter Hertel: *Geheimnisse des Opus Dei. Geheimdokumente – Hintergründe – Strategien*, Freiburg/Basel/Wien 1995, S. 113.

12 Escrivá, *Der Weg*, a. a. O., S. 50.

13 Ebd., S. 53.

14 Ebd., S. 35.

15 Ebd., S. 234.

16 Tapia, a. a. O., S. 359. María del Carmen Tapia war von 1948 bis 1967 im Opus Dei, die meiste Zeit als Leiterin der Frauenabteilung in Venezuela. Nachdem ihr Zweifel am Werk gekommen waren, wurde sie von Escrivá unter einem Vorwand nach Rom zurückgerufen, wo sie acht Monate lang unter scharfem Hausarrest gehalten wurde.

17 Ebd., S. 365.

18 Als Pendant dazu siehe auch: www.opusdei.de.

19 Auf der italienischen Homepage des Opus Dei wird am 27. Dezember 2006 als Antwort auf Ferruccio Pinottis Buch *Opus dei segreta* mit den Berichten von Opus-Dei-Aussteigern auf grundsätzliche Probleme oder Fragen geantwortet. Der hier zitierte Abschnitt betrifft die Problematik der *Libri e letture* (Bücher und Lektüren).

NACHWORT

1 Vgl. Kapitel EIN HAUS GANZ AUS GOLD, Erläuterung 13.

2 Aulus Gellius: *Die attischen Nächte.* Zum ersten Male vollständig übersetzt und mit Anmerkungen versehen von Fritz Weiss, Darmstadt 1992 (Nachdruck der Leipziger Ausgabe von 1876), zweiter Band, S. 343 f.

3 Nero Claudius Germanicus (15 v. Chr.–19 n. Chr.) römischer Feldherr.

4 Nach Matthäus,16,18: «Ich aber sage dir: Du bist Petrus und auf diesen Felsen werde ich meine Kirche bauen und die Mächte der Unterwelt werden sie nicht überwältigen.» *Die Bibel* a. a. O., S. 1102.

5 Der Staat der Vatikanstadt nimmt selbst keine diplomatischen Beziehungen zu anderen Staaten auf. Das überlässt er dem Heiligen Stuhl. Er ist daher kein Mitglied der Vereinten Nationen, während der Heilige Stuhl permanenten Beobachterstatus genießt.

LITERATURHINWEISE

AUGIAS, CORRADO: Die Geheimnisse Roms, Berlin 2009.

AULUS GELLIUS: Die attischen Nächte. Zum ersten Male vollständig übersetzt und mit Anmerkungen versehen von Fritz Weiss, Darmstadt 1992 (Nachdruck der Leipziger Ausgabe von 1876).

BALDINUCCI, FILIPPO: Vita des Gio. Lorenzo Bernini. Mit Übersetzung und Kommentar von Alois Riegl, Wien 1912.

DIE BIBEL. Einheitsübersetzung Altes und Neues Testament. Hrsg. Bischöfe Deutschlands und Österreichs und der Bistümer Bozen-Brixen und Lüttich, Freiburg/Basel/Wien 1980.

BÖSEL, RICHARD/ FROMMEL, CHRISTOPH LUITPOLD (HG.): Borromini – Architekt im barocken Rom, Mailand 2000.

BREDEKAMP, HORST: Michelangelo. Fünf Essays, Berlin 2009.

BUCKLEY, VERONICA: Christina Königin von Schweden. Das rastlose Leben einer europäischen Exzentrikerin. Aus dem Englischen von Xenia Osthelder, Frankfurt a. M. 2005.

Leben des Benvenuto Cellini, florentinischen Goldschmieds und Bildhauers, von ihm selbst geschrieben. Übersetzt und mit einem Anhange herausgegeben von Johann Wolfgang Goethe, Frankfurt a. M. 1981.

CHATEAUBRIAND, FRANÇOIS-RENÉ DE: Erinnerungen (Mémoires d'outretombe). Herausgegeben, neu übertragen und mit einem Nachwort von Sigrid von Massenbach, München 1968.

CONDIVI, ASCANIO: Das Leben des Michelangelo Buonarroti, in der Übersetzung von Robert Diehl, Leipzig 1940.

DANTE ALIGHIERI: Die Göttliche Komödie. Übersetzung von Hermann Gmelin, Stuttgart 2007.

DEBENEDETTI, GIACOMO: Am 16. Oktober 1943. Eine Chronik. Aus dem Italienischen übersetzt von Lieselotte Kittenberger, Berlin 1993.

DEMURGER, ALAIN: Der letzte Templer. Leben und Sterben des Großmeisters Jacques de Molay, München 2005 (2004).

DEMURGER, ALAIN: Die Ritter des Herrn. Geschichte der geistlichen Ritterorden, München 2003.

DEMURGER, ALAIN: Die Templer. Aufstieg und Untergang 1120–1314, München 2007 (1991).

DISCEPOLI DI VERITÀ: Ihr habt getötet. Der Machtkampf der Logen im Vatikan, Berlin 2003.

DOSTOJEWSKIJ, FJODOR M.: Der Großinquisitor. Übers. von Marliese Ackermann. Hg. u. erl. von Ludolf Müller, München 1985.

EBERT, THEODOR: Der rätselhafte Tod des René Descartes, Aschaffenburg 2009.

FELDKAMP, MICHAEL F.: Pius XII. und Deutschland, Göttingen 2000.

FORCELLINO, ANTONIO: Michelangelo. Eine Biographie, München 2006.

FULCHER VON CHARTES: Historia hierosolymitana, Hist. occ., Bd. III; dt. Historia Hierosolymitana (1095–1127). Hg. von H. Hagenmeier, Heidelberg 1913, Buch I.

GRAMSCI, ANTONIO: Gefängnishefte, Bd. 3. Hg. von Klaus Bochmann und Wolfgang Fritz Haug. Verschiedene, nicht einzeln ausgewiesene Übersetzer, Hamburg/Berlin 1992.

GREGOROVIUS, FERDINAND: Geschichte der Stadt Rom im Mittelalter vom V. bis XVI. Jahrhundert (X,3). Neu hg. von Waldemar Kampf, Darmstadt 1957, 3 Bde.

GUICCIARDINI, FRANCESCO: (Francesco) Guicciardini's Geschichte Italiens. Bibliothek der neueren Geschichte Italiens. Sammlung der vorzüglichsten Geschichtsschreiber vom Anfange des sechzehnten Jahrhunderts bis auf die Gegenwart. Zweiter Band, Erster Teil (Hg. Hedw. Külb), Darmstadt 1846.

HASLER, AUGUST BERNHARD: Wie der Papst unfehlbar wurde. Macht und Ohnmacht eines Dogmas, München/Zürich 1979.

HENZE, ANTON ET. AL.: Rom und Latium. Kunstdenkmäler und Museen, Stuttgart 1981.

HERTEL, PETER: Geheimnisse des Opus Dei. Geheimdokumente – Hintergründe – Strategien, Freiburg/Basel/Wien 1995.

HERTEL, PETER: «Ich verspreche euch den Himmel.» Geistlicher Anspruch, gesellschaftliche Ziele und kirchliche Bedeutung des OPUS DEI, Düsseldorf 1991 (1990).

HERZL, THEODOR: Briefe u. Tagebücher 3: Zionistisches Tagebuch 1899–1904, Berlin/Frankfurt/Wien 1985.

HILL, LEONIDAS E. (HG.): Die Weizsäcker-Papiere. 1933–1950, Frankfurt a. M./ Berlin/Wien 1974.

JUVENAL: Satiren. Übersetzung von Harry C. Schnur, Stuttgart 1969.

KRESSMANN TAYLOR, KATHRINE: Adressat unbekannt, Hamburg 2002.

LUTHER, MARTIN: Lateinisch-Deutsche Studienausgabe. Hg. und eingeleitet von Johannes Schilling, Leipzig 2006.

MÖHRING, HANNES: Saladin – der Sultan und seine Zeit 1138–1193, München 2005.

NUZZI, GIANLUIGI: VATIKAN AG. Ein Geheimarchiv enthüllt die Wahrheit über die Finanz- und Politikskandale der Kirche. Aus dem Italienischen von Friederike Hausmann, Petra Kaiser und Rita Seuß, Salzburg 2009 (2010).

PASCAL, BLAISE: Briefe in die Provinz. In: Blaise Pascal: Werke III. Heidelberger Ausgabe. Hg. v. Karl August Ott. Übersetzt, eingeleitet und kommentiert von Karl August Ott, Heidelberg 1990.

PETRON: Satyricon. Übersetzung von Harry C. Schnur, Stuttgart 2009 (1968).

REINALTER, HELMUT: Die Freimaurer, München 2006 (2000).

REINHARDT,VOLKER: Geschichte Roms. Von der Antike zur Gegenwart, München 2008.

REINHARDT, VOLKER: Der Göttliche. Das Leben des Michelangelo, München 2010.

SENECA: De vita beata – Vom glücklichen Leben. Übersetzt von Fritz-Heiner Mutschler, Stuttgart 2009 (1990).

SIENKIEWICZ, HENRYK: Quo vadis? Erzählung aus der Zeit Neros. Aus dem Polnischen übersetzt und bearbeitet von Ernst P. Bauer, Berlin o. J.

STENDHAL (HENRI BEYLE): Wanderungen in Rom. Deutsch auf der Grundlage der Übertragung von Friedrich von Oppeln-Bronikowski und Ernst Diez von Bernhard Frank, Berlin 1982.

SUETON: Nero. Übersetzung von Marion Giebel, Stuttgart 2006 (1978).

TACITUS: Annalen XI-XVI. Übersetzt von Walther Sontheimer, Stuttgart 2006 (1967).

TAPIA, MARÍA DEL CARMEN: Hinter der Schwelle. Ein Leben im Opus Dei. Der schockierende Bericht einer Frau, Zürich 1993.

VASARI, GIORGIO: Das Leben des Michelangelo. Neu übersetzt und kommentiert von Victoria Lorini, Berlin 2009.

VERGIL: Aeneis. Zweisprachige Ausgabe Lateinisch – Deutsch. Übersetzt von Gerhard Fink, Düsseldorf 2006.

WOLF, HUBERT: Index. Der Vatikan und die verbotenen Bücher, München 2007.

WOLF, HUBERT: Papst & Teufel. Die Archive des Vatikan und das Dritte Reich, München 2008.

PERSONENREGISTER